W0370827

FRANÇAIS 4e

manuel unique

PROGRAMME 2011

Jardin des lettres

Directrice d'ouvrage

Évelyne Ballanfat

Catherine Briat
Professeur au collège Anatole France
(Gerzat, 63)

Magali Brunel-Ventura
Professeur à l'IUFM
de La Seyne-sur-mer (83)

Jean-Michel Cavrois
Professeur au collège Jean Jaurès
(Lens, 62)

Florence Digne
Professeur au collège Anatole France
(Les Pavillons-sous-Bois, 93)

Vanessa Dottelonde
Professeur au collège Gustave Monod
(Vitry, 94)

Corinne Durand Degranges
Professeur au collège Jeanne d'Arc
(Apt, 84)

Caroline Guidon
Professeur au collège Marseilleveyre
(Marseille, 13)

Luce Lagrange
Professeur au collège Beauregard
(Cran-Gevrier, 74)

Kareen Lahana
Professeur au collège Jean-Baptiste Vermay
(Tournan-en-Brie, 77)

Sandrine Legrand
Professeur au lycée Valentine Labbé
(La Madeleine, 59)

Hélène Solnica
Professeur au collège Rosa Luxemburg
(Aubervilliers, 93)

Michael Zobel
Professeur au collège Pierre Mendès France
(Arques, 62)

Les auteurs et les éditions Magnard remercient vivement Paulo de Almeida (collège Robert Desnos, Orly - 94), Bertrand Ladevèze (collège des Petits Ponts, Clamart - 92), Béatrice Meunier (collège Henri Guillaumet, Mourmelon-le-grand - 51) et Delphine Triquet (collège Jean Jaurès, Pantin - 93) pour leur relecture et leurs suggestions, ainsi que tous les enseignants qui ont participé aux études menées sur ce manuel.

Collège Maria Casarès
Vie Scolaire

MAGNARD

www.magnard.fr

Les auteurs remercient : Jean et Anne, Christophe, Camille et Paula ; Jean ; Stéphane et Aurélien ; Marc, Jean, Anna et Lydie ; Jean-Marc et les enfants ; Kristell ; particulièrement Marc et Elsa.

Maquette de couverture : Delphine d'Inguimbert, Valérie Goussot et Oxygène
Maquette intérieure et réalisation de la 1re partie : Delphine d'Inguimbert et Valérie Goussot
Réalisation de la 2e partie : Barbara Tamadonpour
Iconographie : Véronique Billiotte
Cartographie : Marie-Christine Liennard
Relecture : Marjolaine Revel
Coordination éditoriale : Mathilde Mayeux, assistée de Margaud Fossé

Aux termes du code de la propriété intellectuelle, toute reproduction ou représentation intégrale ou partielle de la présente publication, faite par quelque procédé que ce soit (reprographie, microfilmage, scannérisation, numérisation…), sans le consentement de l'auteur ou de ses ayants droit ou ayant cause, est illicite et constitue une contrefaçon sanctionnée par les articles L.335-2 et suivants du code de la propriété intellectuelle. L'autorisation d'effectuer des reproductions par reprographie doit être obtenue auprès du Centre Français d'exploitation du droit de Copie (CFC), 20 rue des Grands-Augustins – 75006 Paris – Tél. : 01 44 07 47 70 – Fax : 01 46 34 67 19.

Cet ouvrage a été imprimé sur du papier provenant de forêts durablement gérées et par un imprimeur labellisé Imprim'Vert.

© Magnard – Paris, 2011
5, allée de la 2e D.B., 75015 Paris
ISBN : 978-2-210-44607-6

Le nouveau *Jardin des lettres* vous ouvre ses portes !

Son intention ? **donner aux élèves l'envie d'apprendre**, donner **au professeur** les outils nécessaires pour **transmettre** ce qu'il veut faire partager.

- Dès les premières pages, un **dossier d'ouverture** invite à la rencontre des œuvres et des auteurs comme des énigmes à découvrir, pour que l'élève se familiarise avec son livre et qu'il feuillette les pages avec plaisir et curiosité.
- La présence de nombreux **textes intégraux** (cinq nouvelles, mais aussi une courte pièce de théâtre), en fait un outil de travail complet et un vrai livre de littérature.
- Des groupements, indiqués de façon claire, distinguent les textes choisis autour d'une **œuvre**, d'un **thème** ou d'un **auteur**, afin de varier les approches.

AUTOUR D'UN AUTEUR | AUTOUR D'UNE ŒUVRE | AUTOUR D'UN THÈME

- Chaque texte est abordé selon un **projet de lecture** précis tout en laissant les questionnaires ouverts afin de solliciter la **réflexion personnelle** de l'élève.
- Les reproductions nombreuses – tableaux, gravures, séquences filmiques – invitent à l'analyse des œuvres et s'inscrivent pleinement dans **l'histoire des arts**.
- Dans un souci d'équilibre entre **étude des textes** et **maîtrise de la langue**, chaque chapitre offre quatre pages de **LANGUE & EXPRESSION** en vue d'une production écrite : points de lexique, grammaire, orthographe et conjugaison renvoient aux **leçons de langue**, enrichies de nombreux exercices, dans la deuxième partie du manuel.
- Sans abus de termes techniques, une ***Synthèse*** récapitule les acquis du chapitre ; elle est suivie d'une évaluation qui entraîne les élèves à une épreuve-bilan, prélude au brevet.
- Des critères d'évaluation facilitent le **travail par compétences** et permettent la mise en œuvre du **socle commun**. SOCLE COMMUN
- Activités collectives et pratiques innovantes s'exercent dans le cadre de quatre **Ateliers** ; trois **Dossiers** permettent aux élèves **d'enrichir leur culture** en situant les œuvres dans un courant ou une époque ; des pages ***Repères*** donnent aux textes l'éclairage littéraire ou sociologique qui en facilite la compréhension et en augmente la portée.

Donner vie aux textes, rendre présents les écrivains et les artistes, **lier analyse des œuvres et pratique de l'écriture** grâce à une **étude progressive de la langue**, enrichir sans cesse **le lexique**, voilà ce que souhaite vous offrir ce nouveau *Jardin des Lettres*. Qu'il soit pour vous riche de découvertes.

Les auteurs

SOMMAIRE

Dossier

Partez à la rencontre des auteurs et des œuvres de votre manuel

→ Découvrir le programme de la classe de 4e

Repères chronologiques

SOCLE COMMUN

Les activités permettant de travailler et d'évaluer par **compétences** sont indiquées par ce logo. Un récapitulatif des **items** et **critères d'évaluation** est proposé sur la page SYNTHÈSE de chaque chapitre et à la fin de chaque Atelier.

chapitre 1

La nouvelle réaliste

→ Le réalisme : l'art de montrer la réalité

chapitre 2

La nouvelle fantastique

→ Le fantastique, un monde inquiétant d'illusions et d'apparitions

Dossier

Les écrivains et la presse au XIXe siècle

→ Comprendre les rapports entre presse et littérature au XIXe siècle

chapitre 3 Le roman, regard sur la société

→ Des romans comme critique de la société

chapitre 4

Les héros de roman

→ Le destin exemplaire des héros de roman

chapitre 5

La lettre

→ Un regard sur le monde et sur soi-même

Dossier Histoire des arts

Le romantisme

→ Reconnaître l'artiste romantique

chapitre 6

La poésie lyrique

→ Le lyrisme : une voix, des émotions

chapitre 7 Faire rire au théâtre

→ Le rire comme critique de la société

chapitre 8 Émouvoir au théâtre

→ L'expression des sentiments sur scène

Étude de la langue

LEXIQUE

Figures de style et procédés

GRAMMAIRE

Classes de mots

Fonctions grammaticales

Grammaire du verbe

Analyse de la phrase

Grammaire du texte

SOCLE COMMUN C1 **Compétence 1 : Maîtrise de la langue.**
Le bilan des acquis de chacune des 52 fiches de langue donne lieu à un récapitulatif des **connaissances** et **capacités** qui sont évaluées dans l'**item**.

Édouard Manet (1832-1883), *Le fifre, Un joueur de flûte* (détail), 1866, huile sur toile (0,97 x 1, 61 m), musée d'Orsay, Paris.

Programme d'enseignement du français - Classe de quatrième

B.O. spécial n° 6 du 28 août 2008

Les objectifs et les principes de mise en œuvre des programmes sont développés dans le préambule auquel les professeurs doivent se reporter pour organiser l'enseignement dans le cadre des domaines suivants.
L'étude de la langue, indispensable en elle-même, se met au service de la pratique constante de la lecture et de l'expression écrite et orale.

I. L'ÉTUDE DE LA LANGUE

1. Grammaire

L'analyse de la phrase

– les propositions subordonnées circonstancielles de temps (antériorité, simultanéité, postériorité) ; les propositions subordonnées circonstancielles de cause, de conséquence, de but ; les propositions subordonnées circonstancielles de comparaison ;
– le discours rapporté : le discours indirect (initiation).

Les classes de mots

– les déterminants indéfinis et les pronoms indéfinis : quantifiants (quantité nulle, égale à 1, pluralité) ; non quantifiants ;
– les mots exclamatifs, les interjections, les onomatopées ;
– les adverbes (repérage du suffixe *-ment* ; les adverbes modifiant le sens d'un verbe, d'un adjectif, d'un autre adverbe, de toute la phrase).

Les fonctions

– **l'apposition** (sa proximité avec l'attribut, son détachement).

La grammaire du verbe

– les verbes transitifs (direct, indirect) et intransitifs, les verbes attributifs ;
– la forme pronominale (les verbes essentiellement pronominaux ; les verbes mis à la forme pronominale de sens réfléchi, réciproque, passif) ;
– la forme impersonnelle (les verbes essentiellement impersonnels, les verbes mis à la forme impersonnelle) ;
– analyse complète du verbe (infinitif, groupe, temps, mode, personne, voix, forme) ;
– le subjonctif dans les propositions indépendante ou principale (valeur de souhait ou de prières) ; le subjonctif dans les propositions subordonnées conjonctives introduites par *que* (après un verbe de souhait, de volonté ou de sentiment).

Initiation à la grammaire du texte

– les connecteurs spatiaux (dans la description) ; les connecteurs temporels (dans le récit) ; les connecteurs argumentatifs.

Initiation à la grammaire de l'énonciation

– la définition et les composantes de la situation d'énonciation (qui parle à qui, quand et où ? Le repérage par rapport au moi-ici-maintenant) ;
– le fonctionnement des pronoms personnels par rapport à la situation d'énonciation (1re et 2e personnes engagées dans la situation d'énonciation, 3e personne absente de la situation d'énonciation).

2. Orthographe

Orthographe grammaticale

les accords complexes sujet-verbe ; les verbes du 3e groupe présentant des particularités orthographiques (verbes en *-dre* / *-tre*...) ; la morphologie de quelques verbes très usités : *(pouvoir / devoir / valoir / paraître...)* ; les déterminants numéraux ; le pluriel des noms composés ; *nul, tel, tel quel, quel.*

Orthographe lexicale

les familles régulières de mots ; les séries préfixales : *bi(s)-, dé(s)-, sous-, trans-, con-*... ; les séries suffixales : finales en *-oir/-oire, -ette/-ète, -otte/-ote*... ; l'adverbe en *-ment*.

Quelques homonymes et homophones

Distingués par l'accent : *des/dès, sur/sûr*... ; autres : *l'ai/les, on/on n', quant/quand/qu'en, plus tôt/plutôt ; près/prêt*...

3. Lexique

L'étude du lexique vise à enrichir le vocabulaire des élèves de façon structurée à partir de réseaux de mots. Ces réseaux se rapportent à des domaines lexicaux définis pour chaque niveau. Ils se construisent à l'aide de notions lexicales dont la progression se poursuit au cours des quatre années de collège.

Domaines lexicaux

Le vocabulaire des sentiments ; du jugement ; des genres et registres littéraires (le lyrisme, le fantastique ; versification et formes poétiques) ; le vocabulaire abstrait (initiation).

Notions lexicales

Les figures de style : antithèse, procédés de l'ironie, hyperbole (en lien avec l'étude grammaticale de l'emphase). Ces notions sont utilisées en complément de celles étudiées les années précédentes. Pour mettre ce travail en cohérence avec les activités de lecture et d'écriture, le professeur construit des réseaux de mots à partir d'entrées lexicales choisies en relation avec les œuvres étudiées. Il peut, par exemple, privilégier les pistes suivantes : misère et bonheur / la critique sociale / la peur et l'étrange / l'expression du moi.

II. LA LECTURE

La progression pédagogique du professeur s'attache à traiter toutes les entrées du programme de lecture, certaines pouvant faire l'objet de plusieurs lectures d'œuvres. Les œuvres qu'elle retient sont étudiées en œuvre intégrale ou par groupements de textes en classe ; elles peuvent aussi faire l'objet d'une lecture cursive en dehors du temps scolaire. Un projet d'organisation raisonnable au regard des objectifs poursuivis par ces programmes comprendra la lecture d'au moins trois œuvres intégrales et trois groupements de textes étudiés en classe, et trois œuvres lues en lecture cursive en dehors du temps scolaire. Le programme rassemble des propositions parmi lesquelles le professeur est libre de faire des choix à l'intérieur des rubriques, selon le niveau de sa classe et son projet d'enseignement.

1. La lettre

Le professeur fait lire, sous forme d'un groupement de textes, des lettres, par exemple des auteurs suivants : Mme de Sévigné, Voltaire, D. Diderot, G. Sand.

2. Le récit au XIXe siècle

Le professeur fait lire au moins deux œuvres choisies dans le deux entrées suivantes :
– une nouvelle réaliste et/ou fantastique, intégralement ;
– un roman, intégralement ou par extraits.
Les œuvres sont choisies parmi celles d'auteurs français ou étrangers : Honoré de Balzac, Victor Hugo, Alexandre Dumas, Prosper Mérimée, George Sand, Théophile Gautier, Gustave Flaubert, Guy de Maupassant, Émile Zola ;
E. T. A. Hoffmann, Alexandre Pouchkine, Edgar Allan Poe, Nicolas Gogol, Charlotte ou Emily Brontë, Ivan Tourgueniev.

3. Poésie : le lyrisme

Le professeur fait lire des poèmes d'époques variées empruntés par exemple aux auteurs suivants :
Moyen Âge : Rutebeuf, François Villon ;
XVIe siècle : Louise Labé, Joachim du Bellay, Pierre de Ronsard ;
XIXe siècle : Marceline Desbordes-Valmore, Alphonse de Lamartine, Victor Hugo, Gérard de Nerval, Alfred de Musset, Charles Baudelaire, Paul Verlaine, Arthur Rimbaud, Jules Laforgue ;
XXe et XXIe siècle : Charles Péguy, Anna de Noailles, Guillaume Apollinaire, Marie Noël, Jules Supervielle, Paul Eluard, Louis Aragon, Georges Schéhadé, François Cheng.

4. Théâtre : faire rire, émouvoir, faire pleurer

Le professeur fait lire, intégralement ou par extraits, au moins une pièce d'un des auteurs suivants :
Molière : par exemple *Les Précieuses ridicules, Georges Dandin, L'Avare ;*
Pierre Corneille : *Le Cid ;*
Alfred de Musset : par exemple *Les Caprices de Marianne, Fantasio, On ne badine pas avec l'amour ;*
Victor Hugo, une pièce du *Théâtre en liberté* ;
Edmond Rostand, *Cyrano de Bergerac* ;
Jean Anouilh : une pièce « rose » ou une pièce « grinçante ».

5. Étude de l'image

En classe de 4e, l'étude de l'image privilégie les fonctions explicative et informative. Les rapports entre texte et image sont approfondis autour de la notion d'ancrage. L'étude peut porter sur le thème de la critique sociale, qui est approfondi en 3e, à travers la caricature, le dessin d'humour ou le dessin de presse. L'image peut aussi contribuer à la compréhension des caractéristiques du romantisme : on songe notamment à des tableaux tels que *Le Voyageur au-dessus de la mer des nuages* de C. D. Friedrich ou à des scènes de tempête par exemple chez Vernet.

III. L'EXPRESSION ÉCRITE

1. Objectifs

L'objectif à atteindre pour la classe de 4e est la rédaction d'un texte correct et cohérent de deux pages (40 lignes environ). Il est souhaitable que les élèves rédigent un devoir complet et abouti au moins toutes les trois semaines. Les écrits attendus gagnent en complexité parallèlement à l'approfondissement de la connaissance des genres et formes littéraires. L'élève recourt à des techniques et procédés étudiés dans les textes. Le professeur initie l'élève à la rédaction du résumé d'un récit ou d'une scène de théâtre, ainsi qu'à la rédaction de paragraphes argumentés.

2. Modalités de mise en œuvre

Comme dans les classes précédentes, le professeur veille à favoriser l'inventivité des élèves et le goût d'écrire en variant les exercices. L'apprentissage du vocabulaire des sentiments enrichit les textes écrits par les élèves. L'initiation au vocabulaire de l'abstraction, du jugement et du raisonnement leur donne les éléments nécessaires à la rédaction de réponses argumentées et à l'expression justifiée de leur point de vue. Le professeur est attentif, plus encore que dans les classes précédentes, à la précision du lexique et à la correction de l'expression, en systématisant l'usage du brouillon. L'élève utilise autant qu'il est nécessaire des dictionnaires variés et des ouvrages encyclopédiques.

3. Travaux d'écriture

- récits à contraintes narratives particulières : changement de points de vue, variations chronologiques ;
- fragments d'une nouvelle réaliste ou fantastique ;
- récits brefs illustrant un trait de caractère d'un héros ;
- textes poétiques variés, favorisant l'expression de soi ;
- scènes de théâtre : l'attention est portée en particulier sur l'enchaînement et la progression du dialogue ;
- réponses argumentées à des questions de lecture analytique et expression justifiée d'un point de vue ;
- prolongement narratif en relation avec les œuvres étudiées dans le cadre de l'histoire des arts.

Une écriture longue peut être envisagée de façon individuelle ou collective, notamment la rédaction d'une nouvelle réaliste ou fantastique.

IV. L'EXPRESSION ORALE

En 4e, l'apprentissage de l'oral poursuit les objectifs définis pour les classes antérieures. La pratique du dialogue entre les élèves est enrichie et approfondie : dialogue explicatif ou argumentatif, dans lequel chacun présente son point de vue, accepte et comprend celui d'autrui et le prend en compte. On passe progressivement de situations à deux interlocuteurs à des situations plus complexes (interlocuteurs nombreux, échanges avec un groupe). Les élèves pratiquent régulièrement la lecture à haute voix et la récitation en prenant en compte la nécessaire mise en valeur du texte.

V. L'HISTOIRE DES ARTS

Dans une perspective plus largement européenne, les thématiques « Arts, espace et temps » et « Arts, rupture, continuités » constituent celles qui permettent le mieux d'aborder des mouvements artistiques et culturels des XVIIIe et XIXe s. Le retour à l'antique contraste avec les mouvements nouveaux et l'entrée dans l'âge de la modernité (romantisme, réalisme, impressionnisme). Le domaine « Arts du spectacle vivant » invite, quant à lui, à mettre l'accent sur les représentations de la société ou l'expression du moi.

Dans le *Jardin des lettres* 4e

Types d'écrits

Faire une description
Pages : 87, 121, 283, 289, 297, 315, 353, 355, 373, 377, 379

Faire un portrait
Pages : 46, 63, 125, 127, 291, 311, 313, 319, 327, 361

Décrire des sentiments
Pages : 65, 77, 145, 195, 216, 273, 317

Écrire un texte court à contraintes narratives
Pages : 73, 75, 77, 83, 192, 293

Écrire une lettre
Pages : 83, 175, 179, 181, 183, 189, 191, 193, 337

Écrire une nouvelle réaliste (en partie ou en intégralité)
Pages : 53, 56 à 59

Écrire une nouvelle fantastique (en partie ou en intégralité)
Pages : 85, 94 à 95, 327

Écrire un dialogue, rapporter des paroles
Pages : 83, 163, 249, 385, 287, 303, 309, 343, 345, 347

Écrire un texte poétique
Pages : 207, 208, 216, 295, 301, 319, 365, 381

Rédiger une biographie
Page : 165

Faire des réponses argumentées en lecture analytique
Pages : 31, 35, 41, 43, 45, 47, 49, 63, 65, 67, 75, 89, 107, 119, 141, 145, 179, 183, 259, 275

Exprimer un point de vue, écrire un court texte argumentatif
Pages : 72, 73, 111, 123, 145, 149, 159, 175, 187, 197, 210, 233, 239, 266, 273, 357, 359, 367

Faire des réponses argumentées en lecture d'image et histoire des arts
Pages : 24, 37, 43, 55, 60, 80, 81, 105, 120, 121, 134, 137, 151, 161, 171, 181, 184, 189, 202, 211, 217, 226, 231, 233, 254

Expression orale

Lire à voix haute de manière expressive
Pages : 107, 173, 215, 229, 237, 269

Dire un poème de manière expressive
Pages : 130 à 133, 219, 221

Dire une scène de théâtre
Page : 237

Jouer une scène de théâtre
Pages : 251, 257, 267

Mettre en scène un affrontement
Page : 47

Improviser une discussion, un dialogue
Pages : 157, 161

Exprimer un point de vue
Pages : 35, 111, 114, 212

Défendre une cause dans un débat
Pages : 142, 259

Objectifs
- → Découvrir le programme de la classe de 4e
- → Se familiariser avec le manuel

Le nouveau *Jardin des lettres* vous ouvre ses portes :

Partez à la rencontre des auteurs et des œuvres de votre manuel !

Grâce à ce dossier, vous êtes invité à parcourir votre ***manuel****. Vous découvrirez les* ***auteurs****, les* ***artistes*** *et les* ***œuvres*** *de votre année de 4e. Vous trouverez les réponses aux* ***20 énigmes*** *dans les pages du Jardin des lettres indiquées par les différents* ***parcours à suivre****. À vous de* ***mener l'enquête*** *!*

ÉTAPE 1 > La nouvelle

Parcours à suivre → chapitre 1 (▸ p. 24 à 55), Atelier d'écriture (▸ p. 56 à 59), chapitre 2 (▸ p. 60 à 89) et Atelier Lire pour écrire (▸ p. 90 à 95)

Un miroir de la réalité

1821 Énigme 1

Je suis né à Rouen. J'écris des nouvelles et des romans réalistes. Madame Bovary, c'est moi ! J'ai l'habitude de dire à haute voix tout ce que j'écris, dans une pièce que j'ai appelée le « gueuloir ».

→ **Qui est cet auteur ?**

- Comment se nomme le personnage principal de sa nouvelle *Un cœur simple* ? ☐ Félicité ☐ Désirée ☐ Aimée
- Il a encouragé dans sa vocation un auteur normand qui a 30 ans de moins que lui. Cet auteur normand a écrit des centaines de nouvelles. → **De qui s'agit-il ?** Il a notamment dépeint, dans ses récits réalistes, le monde paysan. → **Citez un titre.**

1887 Énigme 2

Lorsque j'écris Le Horla*, je suis encore lucide, et j'ignore à ce moment-là que je finirai fou comme mon frère et comme l'un de mes personnages, en proie à des hallucinations.*

→ **Qui suis-je ?**

- *Le Horla* est une nouvelle ☐ réaliste ☐ fantastique. Justifiez votre réponse en observant cette couverture.
- Sous quelle forme ce récit est-il écrit ?
☐ une lettre ☐ un journal intime ☐ un article de presse

Un univers inquiétant

Énigme 3

- Dans une vieille librairie, il se passe des faits inquiétants à la tombée de la nuit… On entend d'étranges conversations en différentes langues. Ce sont les fantômes des écrivains Hoffmann, Gogol, Pouchkine, Tourgueniev et Edgar Poe.
→ **Quelle est la nationalité de chacun d'eux ?**
- Soudain, les livres prennent vie et se mélangent mystérieusement. Les titres des œuvres se brouillent ! On peut alors lire sur quatre couvertures : *Le Marchand de sable ; Le Nez de l'homme ; Le Cercueil ovale ; Portrait et Apparitions.* Mais la cinquième est illisible.
→ **Retrouvez les cinq bons titres et attribuez chacun d'eux à leur auteur.**

ÉTAPE 2 > Le roman

Parcours à suivre → Dossier (▸ p. 98 à 103), chapitre 3 (▸ p. 104 à 129) et chapitre 4 (▸ p. 134 à 167)

Grandes figures du XIXe siècle

1846 Énigme 4

• Vous rencontrez trois romanciers. Identifiez-les en vous aidant de leur présentation et de leur portrait.

J'ai analysé la société de mon époque dans une œuvre monumentale ! J'ai montré la réalité comme elle est.

Enfant, je voulais être Chateaubriand ou rien. Tant que je vivrai, je défendrai le peuple, je dénoncerai la pauvreté et le travail des enfants, je me battrai contre la peine de mort…

Moi aussi plus tard, je deviendrai écrivain ! Je me battrai contre l'injustice !

Énigme 5

• Voici une liste de personnages créés par ces trois auteurs : CHAGROVE, ANNA, ENDISE, SECOTTE, GRASTINAC, TRIOGO.

→ Remettez les lettres dans le bon ordre afin de retrouver leur nom.

→ Associez chacun d'eux à son auteur.

Édouard Manet (1832-1883), portrait exécuté en remerciement du soutien apporté par l'écrivain journaliste au peintre, 1868, huile sur toile (1, 46 x 1, 14 m), musée d'Orsay, Paris.

1868 Énigme 6

• Vous entrez dans l'atelier du peintre Manet. L'artiste fait le portrait de l'écrivain que vous avez rencontré lorsqu'il était enfant.

→ Où l'écrivain est-il représenté ? Quels éléments renvoient à son métier ?

→ Comment voit-on le goût de l'auteur pour la peinture ?

1883 Énigme 7

• Une calèche passe à vos côtés. Vous entendez une femme élégante dire au cocher : *Vite, au* Bonheur des dames *!*

→ Où se rend-elle ?

☐ dans un grand magasin ☐ dans un salon ☐ dans un théâtre

Indice : l'auteur que vous venez de rencontrer pourra sans doute vous servir de guide !

1898 Énigme 8

• Vous engagez la conversation avec cet auteur, et il vous dit :

Je me suis toujours engagé dans la société de mon temps. Cela apparaît d'ailleurs dans mes romans. J'ai aussi pris la défense du capitaine Dreyfus, accusé de trahison.

→ Cherchez le titre du roman qui peint le monde de la mine et des mineurs en 1885 et celui de l'article qu'il a consacré à l'affaire Dreyfus.

ÉTAPE 3 > La lettre

Parcours à suivre → chapitre 5 (▸ p. 170 à 197)

Des gens de « lettres »

1689 Énigme 9

À Madame de Grignan
aux Rochers, dimanche 13 novembre

Je n'ai point reçu votre lettre, ma fille ; c'est toujours une tristesse pour moi, quoique je me sois un peu mise au-dessus de la crainte que ce retardement me donnait autrefois. C'est la fantaisie de la poste ; il n'y a qu'à la souffrir.

• Lisez le billet ci-contre.

→ Parmi les trois signatures proposées, trouvez celle qui convient à cette lettre.

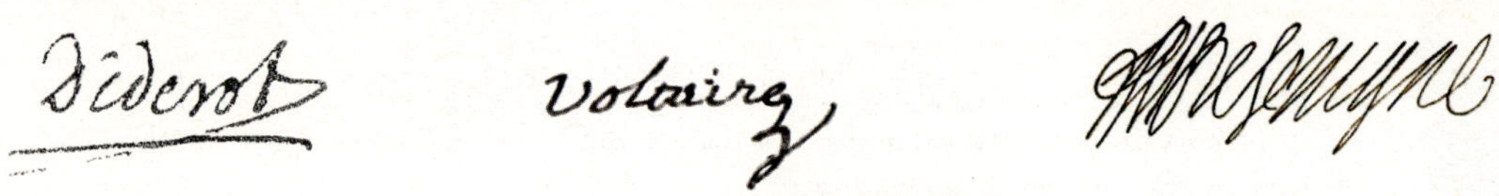

Un été romantique à Nohant

1842 Énigme 10

• Vous recevez une mystérieuse invitation.

Je vous attends dans ma propriété de Nohant :
vous y rencontrerez peintres, compositeurs, écrivains
qui viennent puiser leur inspiration.
L'art est une affaire de partages et d'échanges.

• La lettre n'est pas signée mais l'auteur vous a laissé quelques indices pour que vous puissiez l'identifier : *J'ai pris le nom d'un homme pour pouvoir publier mes textes. Je mène une existence assez libre, ce qui choque souvent. Je me tue au travail : j'écris de minuit à six heures du matin : des correspondances et des romans essentiellement. Je mène aussi des combats politiques.*

→ De qui s'agit-il ?

• La propriétaire vient vous accueillir. Elle porte une tenue masculine : un pantalon et une redingote.

Venez nous rejoindre au salon : Frédéric joue du piano. Eugène pense à sa nouvelle toile. Tous deux aiment discuter de longues heures durant. Si vous étiez venu(e) il y a quelques années, vous auriez pu rencontrer Alfred.

→ Qui sont ces trois artistes habitués à fréquenter les lieux ? Retrouvez leurs traces dans votre manuel (▸ p. 187).

Énigme 11

• Votre hôtesse ajoute : *Eugène partage mes convictions politiques ; il se bat lui aussi pour la démocratie et la liberté. Peut-être connaissez-vous l'un de ses plus célèbres tableaux ?*
Allez le voir aux chapitres 3 et 4 : recopiez son titre.

→ Dans quel musée peut-on l'admirer aujourd'hui ?

Si vous souhaitez séjourner davantage dans la demeure de Nohant et découvrir ses habitants, rendez-vous sur le site indiqué par votre manuel.

www.4e.jdl.magnard.fr/liens

ÉTAPE 4 > La poésie

Parcours à suivre → Atelier de lecture orale (▸ p. 130 à 133), Dossier d'Histoire des arts (▸ p. 198 à 201) et chapitre 6 (▸ p. 202 à 225)

Au bord d'un lac romantique

1820 Énigme 12

• Au bord du lac des *Méditations*, se trouve un homme solitaire. Il vient chercher refuge dans les vallons, oublier son désespoir et l'absence de l'être aimé. En tendant l'oreille, vous l'entendez se parler à lui-même : *J'ai trop vu, trop senti, trop aimé dans ma vie...*
Il vous remarque alors et vous chuchote : *Un seul être vous manque et tout est dépeuplé.*

→ Quel est ce mystérieux poète aux intonations mélancoliques ?

→ De quels poèmes ces deux vers sont-ils extraits ?

Théodore Chasseriau (1819-1856), *Portrait de L****, 1834, huile sur toile (22 x 31 cm) musée du Louvre, Paris.

À la table des poètes

1872 Énigme 13

• Vous participez à un repas qui réunit un homme politique et des poètes. Deux d'entre eux, assis sur la gauche, sont particulièrement connus pour leurs œuvres et pour la relation qu'ils entretenaient.
Retrouvez le nom du poète n°1, grâce à cette charade :

Mon premier est le contraire de prose.
Mon second est utilisé pour tricoter.
Mon tout est l'auteur des recueils Poèmes saturniens *et* Romances sans paroles.

→ Quel peut bien être le nom du poète qui se trouve à ses côtés (n°2) ?

Énigme 14

• Ce tableau devait initialement rendre hommage à l'auteur du *Spleen de Paris*, mort en 1867.
Or ce poète ne figure pas sur la toile.

→ Comment se nomme cet absent ?

→ Donnez le titre d'un célèbre recueil de ce poète.

☐ *Le Nom de la rose* ☐ *Les Fleurs du mal*
☐ *Le Lys dans la vallée*

Henri Fantin-Latour (1836-1904), *Un coin de table*, 1872, huile sur toile (225 x 160 cm), musée d'Orsay, Paris.

ÉTAPE 5 > Le théâtre

Parcours à suivre → chapitre 7 (▸ p. 226 à 253) et chapitre 8 (▸ p. 254 à 275)

Répliques célèbres

1636 Énigme 15

• Vous arrivez au beau milieu d'une répétition théâtrale. Les acteurs apprennent leur texte. Les répliques fusent :
Rodrigue as-tu du cœur ? ; Va, je ne te hais point ; Ô rage ! ô désespoir ! ô vieillesse ennemie !

→ De quelle pièce s'agit-il ? Quel en est l'auteur ?

→ S'agit-il d'un texte en prose ? De quel autre genre littéraire peut-on la rapprocher ?

1659 Énigme 16

• Jean-Baptiste Poquelin est en train d'écrire une comédie en un acte.

CATHOS. – Ma chère, il faudroit faire donner des sièges.

→ Sous quel nom ce dramaturge est-il davantage connu ?

Jean-Baptiste Poquelin (1622-1673).

Énigme 17

Vite, voiturez ici les commodités de la conversation.

Madeleine Béjart dans le rôle de Magdelon.

→ Quel est le titre de la pièce à laquelle il est fait allusion ?

→ Que désigne ici cette réplique de Magdelon ? Trouvez la réponse dans les paroles du dramaturge.

→ Quel était le lien entre Madeleine Béjart et l'auteur de cette comédie ?

1668 Énigme 18

• Dans son affolement, ce personnage de théâtre s'est égaré ; il ne retrouve plus la pièce à laquelle il appartient. Il sollicite alors votre aide.

→ Menez votre enquête : notez l'identité de ce personnage, le motif de sa plainte, le titre de cette comédie et le nom de son auteur.

Au voleur ! au voleur ! à l'assassin ! au meurtrier ! Justice, juste Ciel ! Je suis perdu, je suis assassiné !

Parcours à suivre → Repères chronologiques (▸ p. 22-23), chapitre 1 (▸ p. 24 à 55)

Du réalisme à l'impressionnisme

Énigme 19

1855

Gustave Courbet (1819-1877), *L'atelier du peintre*, 1855, huile sur toile (5,98 x 3,61 m), musée d'Orsay, Paris.

Claude Monet (1840-1926), *Impression, soleil levant*, 1872, huile sur toile (63 x 48 cm), musée Marmottan, Paris.

1874

• Imaginez que les peintres Courbet et Monet vous présentent leur œuvre.

→ Attribuez à chacun les paroles qu'il aurait pu prononcer.

1. *Je fais partie de ces peintres qui posent leur chevalet, en plein air, dans la nature. Sensible aux variations de la lumière, je cherche à saisir les impressions de l'instant, les reflets mobiles sur l'eau, les jeux d'ombres... Comme Édouard Manet, dont je me sens proche, je peins ce que je vois et non ce qu'il plaît aux autres de voir. J'appartiens à cette « bande d'impressionnistes » mal considérée par la critique et les salons officiels.*

2. *Je cherche à représenter la réalité comme elle est. Je fuis les sujets mythologiques et historiques de la peinture traditionnelle. Je choisis de peindre le peuple, la vie à la campagne et ses paysans... C'est pourquoi, certaines de mes toiles, trop réalistes, ont été refusées dans les salons officiels. En littérature, on pourrait me rapprocher notamment de Flaubert.*

→ Approfondissez vos connaissances en relevant une autre œuvre de chacun de ces deux peintres, dans le manuel.

À la recherche du tableau perdu

1863 Énigme 20

• Un célèbre tableau du XIXe siècle a disparu des pages ! On en a reproduit ci-contre une partie. Vous avez déjà rencontré le peintre de cette œuvre qui a ouvert la voie à l'impressionnisme. À une lettre près, il ressemble à Monet. Ce tableau a fait scandale. Émile Zola l'a défendu, et pour le remercier, le peintre a fait son portrait.

→ De qui s'agit-il ? Menez votre enquête au sein du manuel pour retrouver le tableau et donner son titre. Soyez attentif : il est tout petit, mais il peut être collant ! Si vous n'ouvrez pas l'œil, il passera inaperçu comme une lettre à la poste !

Prolongez votre visite du nouveau *Jardin des lettres*, n'hésitez pas à consulter le manuel numérique ! www.4e.jdl.magnard.fr

Découvrez les auteurs de votre manuel

Les XVIe et XVIIe siècles

Louise Labé
(1524-1566)
Sonnets **(1555)** ▸ p. 204

Pierre Corneille
(1606-1684)
Le Cid **(1636)**
▸ p. 256-262, 275

Molière (1622-1673)
Les Précieuses ridicules **(1659)** ▸ p. 238
L'Avare **(1668)**
▸ p. 228-233, 253
George Dandin **(1668)**
▸ p. 234

Madame de Sévigné
(1626-1696)
Lettres **(1648-1726)**
▸ p. 170-176

Gabriel de Guilleragues
(1628-1685)
Lettres portugaises **(1669)** ▸ p. 197

Le XVIIIe siècle

Montesquieu
(1689-1755)
Lettres persanes **(1721)**
▸ p. 178

Voltaire (1694-1778)
Relation de la mort du chevalier de La Barre **(1766)** ▸ p. 182

Denis Diderot
(1713-1784)
Correspondances **(1760)**
▸ p. 180

Le XIXe siècle

E. T. A. Hoffmann (1776-1822)
L'Homme au sable **(1816)** ▸ p. 62-66

Marceline Desbordes-Valmore
(1786-1859) *Isolement* **(1830)** ▸ p. 207

Joseph von Eichendorff (1788-1857)
Nuit de lune **(1835)** ▸ p. 201

Alphonse de Lamartine (1790-1869)
Méditations poétiques **(1820)** ▸ p. 200, 206

Honoré de Balzac (1799-1850)
Le Père Goriot **(1835)** ▸ p. 106-115, 129
Avant-propos de 1842 à la Comédie humaine ▸ p. 114

Alexandre Pouchkine (1799-1837)
Le Marchand de cercueils **(1831)** ▸ p. 83

Alexandre Dumas (1802-1870)
Les Trois Mousquetaires **(1844)** ▸ p. 102

Victor Hugo (1802-1885)
Claude Gueux **(1834)** ▸ p. 154
Discours **(1848-1850)**
▸ p. 137, 152
Souvenir de la nuit du 4 **(1853)**
▸ p. 132
Melancholia **(1856)** ▸ p. 136
Les Misérables **(1862)**
▸ p. 136-151, 167

Prosper Mérimée
(1803-1870)
La Vénus d'Ille **(1837)** ▸ p. 73

George Sand (1804-1876)
Correspondance **(1848)**
▸ p. 186, 188

Nicolas Gogol (1809-1852)
Le Nez **(1842)** ▸ p. 83

Edgar Allan Poe (1809-1849)
Le Portrait ovale ▸ p. 90-93

Alfred de Musset (1810-1857)
On ne badine pas avec l'amour **(1834)** ▸ p. 266
Nuit de décembre **(1835)** ▸ p. 199

Théophile Gautier (1811-1872)
La Cafetière **(1831)** ▸ p. 68-72
Omphale **(1834)** ▸ p. 89

Ivan Tourgueniev (1818-1883)
Apparitions ▸ p. 83

Charles Baudelaire (1821-1867)
Traduction des nouvelles d'Edgar Allan Poe (1857) ▸ p. 90-92
Le Joujou du pauvre (1869) ▸ p. 131

Gustave Flaubert (1821-1880)
Un cœur simple **(1877)** ▸ p. 46-49

Émile Zola (1840-1902)
L'Assomoir **(1877)** ▸ p. 156-157
Nana **(1880)** ▸ p. 160
Au Bonheur des dames **(1883)** ▸ p. 116-123
Germinal **(1885)** ▸ p. 158-159
J'accuse... ! **(1898)** ▸ p. 99

Paul Verlaine (1844-1896)
Poèmes saturniens **(1866)** ▸ p. 209
Fêtes galantes **(1869)** ▸ p. 210
Sagesse **(1880)** ▸ p. 208

Guy de Maupassant (1850-1893)
Contes et nouvelles réalistes **(1877-1884)** ▸ p. 26-45, 57-59
Le Horla **(1887)** ▸ p.74-78

Arthur Rimbaud (1854-1891)
Les Effarés **(1870)** ▸ p. 130
Ophélie **(1870)** ▸ p. 213

Edmond Rostand (1868-1918)
Cyrano de Bergerac **(1897)** ▸ p. 268-269

Le XIXe siècle

Anna de Noailles (1876-1933)
L'Ombre des jours **(1902)** ▸ p. 225

Leopold Sédar Senghor (1906-2001)
Jardins de France **(1960)** ▸ p. 218

Jules Supervielle (1884-1960)
Oublieuse Mémoire **(1949)** ▸ p. 214

Simone de Beauvoir (1908-1986)
Lettres à Nelson Algren **(1947)** ▸ p. 190

Paul Eluard (1895-1952)
Capitale de la douleur **(1926)** ▸ p. 214

Jean Anouilh (1910-1987)
Humulus le muet **(1939)** ▸ p. 240-247

Robert Desnos (1900-1945)
Corps et Biens **(1930)** ▸ p. 216

Grand Corps Malade (né en 1977)
Enfant de la ville **(2008)** ▸ p. 219

Les XXe et XXIe siècles

Découvrez les œuvres de votre manuel

Du XVIe au XVIIIe siècle

Le joueur de Luth **(1596)** ▸ p. 205
tableau de Michelangelo Merisi da Caravaggio, dit **Le Caravage** (1573-1610)

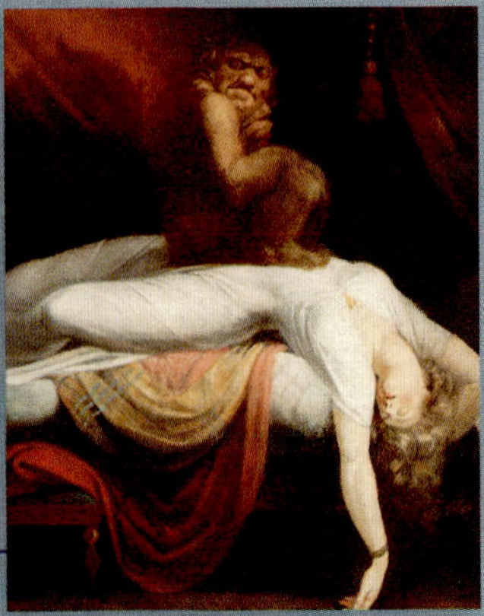

Le cauchemar **(1781)** ▸ p. 80
tableau de **Johann Heinrich Füssli** (1741-1825)

Le XIXe siècle

Moine au bord de la mer **(1808)** ▸ p. 201
Le rêveur **(1835)** ▸ p. 200
tableaux de **Caspar David Friedrich** (1774-1840)

Le salon de Madame Geoffrin en 1755 **(1812)** ▸ p. 185
tableau d'**Anicet-Charles-Gabriel Lemonnier** (1743-1824)

La liberté guidant le peuple **(1831)** ▸ p. 150
tableau d'**Eugène Delacroix** (1798-1863)

Le bateau négrier **(1840)** ▸ gardes avant
tableau de **Joseph M. W. Turner** (1775-1851)

Lamartine repoussant le drapeau rouge à l'Hôtel de Ville **(1848)** ▸ p. 189
tableau de **Henri F.-E. Philippoteaux** (1815-1884)

La mort d'Ophélie **(1852)** ▸ p. 212
tableau de **John Everett Millais** (1829-1896)

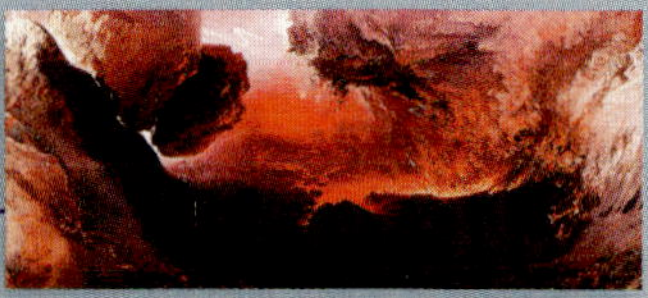

Le grand jour de Sa colère **(1853)** ▸ p. 198
Manfred sur la montagne Jungfrau **(1837)** ▸ p. 206
tableaux de **John Martin** (1789-1854)

Les cribleuses de blé **(1854)** ▸ p. 55
L'atelier du peintre **(1855)** ▸ p. 19
La falaise d'Étretat après l'orage **(1870)** ▸ p. 24
tableaux de **Gustave Courbet** (1819-1877)

Les glaneuses **(1857)** ▸ p. 36
La famille du paysan **(1872)** ▸ p. 35
tableaux de **Jean-François Millet** (1814-1875)

Femme dans un jardin **(1867)** ▸ p. 4
Meules de foin à midi **(1890)** ▸ p. 37
Cour de ferme en Normandie **(1863)** ▸ p. 33
Impression, soleil levant **(1872)** ▸ p. 19
tableaux de **Claude Monet** (1840-1926)

Orphée **(1865)** ▸ p. 203
tableau de **Gustave Moreau** (1826-1898)

Le déjeuner sur l'herbe **(1863)** ▸ p. 19
Portrait d'Émile Zola **(1868)** ▸ p. 15
Argenteuil, couple en habit de rameurs **(1874)** ▸ p. 42
Nana **(1877)** ▸ p. 161
tableaux d'**Édouard Manet** (1832-1883)

Un coin de table **(1872)** ▸ p. 17
tableau de **Henri Fantin-Latour** (1836-1904)

La Ghirlandata **(1873)** ▸ p. 215
tableau de **Dante Gabriel Rossetti** (1828-1882)

Le déjeuner au bord de la rivière **(1880)** ▸ p. 43
Le déjeuner des canotiers **(1881)** ▸ p. 51
tableaux de **Pierre-Auguste Renoir** (1841-1919)

Marine **(1880)** ▸ p. 29
tableau de **Gustave Caillebotte** (1848-1894)

Le berceau **(1887)** ▸ p. 25
tableau d'**Auguste Pinchart** (1842-1924)

La cueillette des pommes **(1888)** ▸ p. 36
tableau de **Camille Pissarro** (1830-1903)

Melancholy **(1894)** ▸ p. 209
tableau d'**Edvard Munch** (1863-1944)

L'amour **(1895)** ▸ p. 216
Portrait de Sonia Knips **(1898)** ▸ p. 225
tableaux de **Gustav Klimt** (1862-1918)

Nocturne au parc royal de Bruxelles **(1897)** ▸ p. 211
tableau de **William Degouve de Nuncque** (1867-1935)

La chapelle **(1898)** ▸ p. 61
tableau d'**Arnold Böcklin** (1827-1901)

Le XIXe siècle

Une partie de campagne **(1936)** ▸ p. 44
film de **Jean Renoir** (1894-1979)

Cyrano de Bergerac **(1960)** ▸ p. 278
film de **Claude Barma** (1918-1992)

Cyrano de Bergerac **(1990)** ▸ p. 276, 280
film de **Jean-Paul Rappeneau** (né en 1932)

Le Cid (de Corneille)
mise en scène de **Francis Huster** **(1994)** ▸ p. 259

L'Avare (de Molière)
mise en scène de **Jérôme Savary** **(1999)** ▸ p. 233

Cyrano de Bergerac (d'Edmond Rostand)
mise en scène de **Denis Podalydès** **(2006)** ▸ p. 280

Le XXe siècle

chapitre 1

La nouvelle réaliste

Le réalisme : l'art de montrer la réalité

Lire, observer et découvrir

Guy de Maupassant est célèbre pour ses nouvelles réalistes et fantastiques (▸ p. 60). Il en a écrit plus de trois cents. Maupassant passe son enfance à Étretat, partagé entre la mer et la campagne. La **Normandie** est donc une région qui sert souvent de cadre à ses nouvelles. Il observe tous les **milieux sociaux** : paysans, pauvres des villes ou personnages aisés. Ses écrits lui apportent la fortune, il voyage beaucoup. La maladie lui fera perdre la vue, puis la raison : il meurt fou et paralysé.

Maupassant écrit : *Le romancier [...] transforme la vérité constante, brutale et déplaisante, pour en tirer une aventure exceptionnelle et séduisante* (préface de son roman *Pierre et Jean*). C'est un **auteur réaliste** qui essaie, par son style, de reproduire le réel de la façon la plus véridique possible. De la même façon, à cette époque, des **peintres** s'engagent dans le **mouvement réaliste** et veulent donner l'**illusion de la réalité**.

LE SAVEZ-VOUS ?

Maupassant est encouragé dans sa vocation d'écrivain par **Gustave Flaubert** (▸ p. 46). Flaubert est né à Rouen et a vécu en Normandie ; il restera lui aussi attaché à cette région. Flaubert est un ami de la famille de Maupassant, il a presque trente ans de plus que Maupassant.

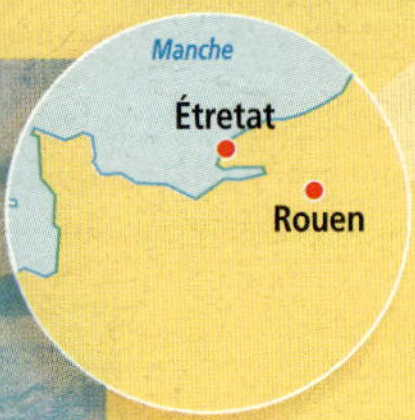

Gustave Courbet (1819-1877), *La falaise d'Étretat après l'orage*, 1870, huile sur toile (1,33 x 1,62 m).

- En quoi ce paysage évoque-t-il l'univers de Maupassant ?

Lecture de l'image

Analyser une représentation de la réalité

1. Qu'est-ce qui occupe le centre du tableau ? Quels sont les différents éléments qui guident les yeux du spectateur vers ce centre ?
2. Quels détails montrent le souci de précision de l'artiste ?
3. Quelle pourrait être la condition sociale des deux femmes ?
4. Ce tableau vous semble-t-il réaliste ? Justifiez votre réponse.

Auguste Pinchart (1842-1924), *Le berceau*, 1887, huile sur toile, musée Centre des Arts, Fécamp.

AUTOUR D'UN AUTEUR

Guy de Maupassant

Texte 1 INTÉGRAL

Mon oncle Jules

DATES CLÉS

1850
Naissance de **Guy de Maupassant**

1880
Maupassant participe au recueil de nouvelles naturalistes intitulé *Les Soirées de Médan*

1883
Publication des *Contes de la bécasse*

1893
Mort de Maupassant

À M. Achille Bénouville.

Un vieux pauvre, à barbe blanche, nous demanda l'aumône[1]. Mon camarade Joseph Davranche lui donna cent sous. Je fus surpris. Il me dit :

« Ce misérable m'a rappelé une histoire que je vais te dire et dont le souvenir me poursuit sans cesse. La voici :

Ma famille, originaire du Havre[2], n'était pas riche. On s'en tirait, voilà tout. Le père travaillait, rentrait tard du bureau et ne gagnait pas grand-chose. J'avais deux sœurs.

Ma mère souffrait beaucoup de la gêne où nous vivions, et elle trouvait souvent des paroles aigres[3] pour son mari, des reproches voilés et perfides. Le pauvre homme avait alors un geste qui me navrait. Il se passait la main ouverte sur le front, comme pour essuyer une sueur qui n'existait pas, et il ne répondait rien. Je sentais sa douleur impuissante. On économisait sur tout ; on n'acceptait jamais un dîner, pour n'avoir pas à le rendre ; on achetait les provisions au rabais, les fonds de boutique. Mes sœurs faisaient leurs robes elles-mêmes et avaient de longues discussions sur le prix du galon qui valait quinze centimes le mètre. Notre nourriture ordinaire consistait en soupe grasse et bœuf accommodé à toutes les sauces. Cela est sain et réconfortant, paraît-il ; j'aurais préféré autre chose.

On me faisait des scènes abominables pour les boutons perdus et les pantalons déchirés.

Mais chaque dimanche nous allions faire notre tour de jetée[4] en grande tenue. Mon père, en redingote[5], en grand chapeau, en gants, offrait le bras à ma mère, pavoisée comme un navire un jour de fête. Mes sœurs, prêtes les premières, attendaient le signal du départ ; mais, au dernier moment, on découvrait toujours une tache oubliée sur la redingote du père de famille, et il fallait bien vite l'effacer avec un chiffon mouillé de benzine[6].

Mon père, gardant son grand chapeau sur la tête, attendait, en manches de chemise, que l'opération fût terminée, tandis que ma mère se hâtait, ayant ajusté ses lunettes de myope, et ôté ses gants pour ne les pas gâter.

On se mettait en route avec cérémonie. Mes sœurs marchaient devant, en se donnant le bras. Elles étaient en âge de mariage, et on en faisait montre en ville. Je me tenais à gauche de ma mère, dont mon père gardait la droite. Et je me rappelle l'air pompeux[7] de mes pauvres parents dans ces promenades du dimanche, la rigidité de leurs traits, la sévérité de leur allure. Ils avançaient d'un pas grave, le corps droit, les jambes raides, comme si une affaire d'une importance extrême eût dépendu de leur tenue.

Et chaque dimanche, en voyant entrer les grands navires qui revenaient de pays inconnus et lointains, mon père prononçait invariablement les mêmes paroles :

1 **l'aumône :** don fait à un pauvre.
2 **Le Havre :** ville portuaire en Normandie.
3 **paroles aigres (reproches perfides) :** paroles méchantes.
4 **jetée :** construction destinée à protéger un port, on peut la longer à pied.
5 **redingote :** veste longue.
6 **benzine :** mélange à base de pétrole.
7 **l'air pompeux :** qui feint d'être solennel, mais qui est ridicule.

Arrivée du bateau de Jersey dans le port de Granville, photographie, vers 1900.

Le port de Granville, photographie, vers 1890.

– Hein ! si Jules était là-dedans, quelle surprise !

Mon oncle Jules, le frère de mon père, était le seul espoir de la famille, après en avoir été la terreur. J'avais entendu parler de lui depuis mon enfance, et il me semblait que je l'aurais reconnu du premier coup, tant sa pensée m'était devenue familière. Je savais tous les détails de son existence jusqu'au jour de son départ pour l'Amérique, bien qu'on ne parlât qu'à voix basse de cette période de sa vie.

Il avait eu, paraît-il, une mauvaise conduite, c'est-à-dire qu'il avait mangé quelque argent[8], ce qui est bien le plus grand des crimes pour les familles pauvres. Chez les riches, un homme qui s'amuse *fait des bêtises*. Il est ce qu'on appelle en souriant, un noceur. Chez les nécessiteux, un garçon qui force les parents à écorner le capital devient un mauvais sujet, un gueux[9], un drôle !

Et cette distinction est juste, bien que le fait soit le même, car les conséquences seules déterminent la gravité de l'acte.

Enfin l'oncle Jules avait notablement diminué l'héritage sur lequel comptait mon père ; après avoir d'ailleurs mangé sa part jusqu'au dernier sou.

On l'avait embarqué pour l'Amérique, comme on faisait alors, sur un navire marchand allant du Havre à New York.

Une fois là-bas, mon oncle Jules s'établit marchand de je ne sais quoi, et il écrivit qu'il gagnait un peu d'argent et qu'il espérait pouvoir dédommager mon père du tort qu'il lui avait fait. Cette lettre causa dans la famille une émotion profonde. Jules, qui ne valait pas, comme on dit, les quatre fers d'un chien, devint tout à coup un honnête homme, un garçon de cœur, un vrai Davranche, intègre[10] comme tous les Davranche.

Un capitaine nous apprit en outre qu'il avait loué une grande boutique et qu'il faisait un commerce important.

Une seconde lettre, deux ans plus tard, disait : « Mon cher Philippe, je t'écris pour que tu ne t'inquiètes pas de ma santé, qui est bonne. Les affaires aussi vont bien. Je pars demain pour un long voyage dans l'Amérique du Sud. Je serai peut-être plusieurs années sans te donner de mes nouvelles. Si je ne t'écris pas, ne sois pas inquiet. Je reviendrai au Havre une fois fortune faite. J'espère que ce ne sera pas trop long, et nous vivrons heureux ensemble... »

Cette lettre était devenue l'évangile de la famille[11]. On la lisait à tout propos, on la montrait à tout le monde.

Pendant dix ans en effet, l'oncle Jules ne donna plus de nouvelles ; mais l'espoir de mon père grandissait à mesure que le temps marchait ; et ma mère disait souvent :

– Quand ce bon Jules sera là, notre situation changera. En voilà un qui a su se tirer d'affaire !

Et chaque dimanche, en regardant venir de l'horizon les gros vapeurs noirs vomissant sur le ciel des serpents de fumée, mon père répétait sa phrase éternelle :

– Hein ! si Jules était là-dedans, quelle surprise !

Et on s'attendait presque à le voir agiter un mouchoir, et crier :

– Ohé ! Philippe.

8 **mangé quelque argent :** dépensé de l'argent.

9 **gueux :** terme péjoratif pour désigner une personne qui vit d'aumônes.

10 **intègre :** d'une honnêteté absolue.

11 **l'évangile de la famille :** les Évangiles sont des textes sacrés qu'on lit régulièrement.

On avait échafaudé mille projets sur ce retour assuré ; on devait même acheter, avec l'argent de l'oncle, une petite maison de campagne près d'Ingouville. Je n'affirmerais pas que mon père n'eût point entamé déjà des négociations à ce sujet.

L'aînée de mes sœurs avait alors vingt-huit ans ; l'autre vingt-six. Elles ne se mariaient pas, et c'était là un gros chagrin pour tout le monde.

Un prétendant enfin se présenta pour la seconde. Un employé, pas riche, mais honorable. J'ai toujours eu la conviction que la lettre de l'oncle Jules, montrée un soir, avait terminé les hésitations et emporté la résolution du jeune homme.

On l'accepta avec empressement, et il fut décidé qu'après le mariage toute la famille ferait ensemble un petit voyage à Jersey.

Jersey est l'idéal du voyage pour les gens pauvres. Ce n'est pas loin ; on passe la mer dans un paquebot et on est en terre étrangère, cet îlot appartenant aux Anglais[12]. Donc, un Français, avec deux heures de navigation, peut s'offrir la vue d'un peuple voisin chez lui et étudier les mœurs[13], déplorables d'ailleurs, de cette île couverte par le pavillon britannique[14], comme disent les gens qui parlent avec simplicité.

Ce voyage de Jersey devint notre préoccupation, notre unique attente, notre rêve de tous les instants.

On partit enfin. Je vois cela comme si c'était d'hier : le vapeur chauffant contre le quai de Granville ; mon père, effaré, surveillant l'embarquement de nos trois colis ; ma mère inquiète ayant pris le bras de ma sœur non mariée, qui semblait perdue depuis le départ de l'autre, comme un poulet resté seul de sa couvée ; et, derrière nous, les nouveaux époux qui restaient toujours en arrière, ce qui me faisait souvent tourner la tête.

Le bâtiment[15] siffla. Nous voici montés, et le navire, quittant la jetée, s'éloigna sur une mer plate comme une table de marbre vert. Nous regardions les côtes s'enfuir, heureux et fiers comme tous ceux qui voyagent peu.

Mon père tendait son ventre, sous sa redingote dont on avait, le matin même, effacé avec soin toutes les taches, et il répandait autour de lui cette odeur de benzine des jours de sortie, qui me faisait reconnaître les dimanches.

Tout à coup, il avisa deux dames élégantes à qui deux messieurs offraient des huîtres. Un vieux matelot déguenillé[16] ouvrait d'un coup de couteau les coquilles et les passait aux messieurs qui les tendaient ensuite aux dames. Elles mangeaient d'une manière délicate, en tenant l'écaille sur un mouchoir fin et en avançant la bouche pour ne point tacher leurs robes. Puis elles buvaient l'eau d'un petit mouvement rapide et jetaient la coquille à la mer.

Mon père, sans doute, fut séduit par cet acte distingué de manger des huîtres sur un navire en marche. Il trouva cela bon genre, raffiné, supérieur, et il s'approcha de ma mère et de mes sœurs en demandant :

– Voulez-vous que je vous offre quelques huîtres ?

Ma mère hésitait, à cause de la dépense ; mais mes deux sœurs acceptèrent tout de suite. Ma mère dit, d'un ton contrarié :

– J'ai peur de me faire mal à l'estomac. Offre ça aux enfants seulement, mais pas trop, tu les rendrais malades.

Puis, se tournant vers moi, elle ajouta :

– Quant à Joseph, il n'en a pas besoin ; il ne faut point gâter les garçons.

Je restai donc à côté de ma mère, trouvant injuste cette distinction. Je suivais de l'œil mon père, qui conduisait pompeusement ses deux filles et son gendre vers le vieux matelot déguenillé[16].

Les deux dames venaient de partir, et mon père indiquait à mes sœurs comment il fallait s'y prendre pour manger sans laisser couler l'eau ; il voulut même donner l'exemple et il s'empara d'une huître. En essayant d'imiter les dames, il renversa immédiatement tout le liquide sur sa redingote et j'entendis ma mère murmurer :

– Il ferait mieux de se tenir tranquille.

Mais tout à coup mon père me parut inquiet ; il s'éloigna de quelques pas, regarda fixement sa famille pressée autour de l'écailleur, et, brusquement, il vint vers nous. Il me sembla fort pâle, avec des yeux singuliers[17]. Il dit, à mi-voix, à ma mère.

– C'est extraordinaire, comme cet homme qui ouvre les huîtres ressemble à Jules.

Ma mère, interdite, demanda :

– Quel Jules ?...

12 **Jersey :** île anglaise située près des côtes normandes.
13 **mœurs :** coutumes d'un peuple.
14 **couverte par le pavillon britannique :** sous la souveraineté du Royaume-Uni.
15 **le bâtiment :** le navire.
16 **déguenillé :** vêtu d'habits en lambeaux.
17 **avec des yeux singuliers :** ses yeux ont une expression inhabituelle et étonnante.
18 **le courrier des Indes :** bateau qui transportait le courrier pour les Indes.

Gustave Caillebotte (1848-1894), *Marine*, vers 1880, huile sur toile (101 x 75 cm), coll. privée.

Mon père reprit :

– Mais... mon frère... Si je ne le savais pas en bonne position en Amérique, je croirais que c'est lui.

Ma mère effarée balbutia :

– Tu es fou ! Du moment que tu sais bien que ce n'est pas lui, pourquoi dire ces bêtises-là ?

– Va donc le voir, Clarisse ; j'aime mieux que tu t'en assures toi-même, de tes propres yeux.

Elle se leva et alla rejoindre ses filles. Moi aussi, je regardais l'homme. Il était vieux, sale, tout ridé, et ne détournait pas le regard de sa besogne.

Ma mère revint. Je m'aperçus qu'elle tremblait. Elle prononça très vite :

– Je crois que c'est lui. Va donc demander des renseignements au capitaine. Surtout sois prudent, pour que ce garnement ne nous retombe pas sur les bras, maintenant !

Mon père s'éloigna, mais je le suivis. Je me sentais étrangement ému.

Le capitaine, un grand monsieur, maigre, à longs favoris, se promenait sur la passerelle d'un air important, comme s'il eût commandé le courrier des Indes[18].

Mon père l'aborda avec cérémonie, en l'interrogeant sur son métier avec accompagnement de compliments :

Quelle était l'importance de Jersey ? Ses productions ? Sa population ? Ses mœurs ? Ses coutumes ? La nature du sol, etc., etc.

On eût cru qu'il s'agissait au moins des États-Unis d'Amérique.

Puis on parla du bâtiment qui nous portait, l'*Express*, puis on en vint à l'équipage. Mon père, enfin, d'une voix troublée :

– Vous avez là un vieil écailleur d'huîtres qui parait bien intéressant. Savez-vous quelques détails sur ce bonhomme ?

Le capitaine, que cette conversation finissait par irriter, répondit sèchement :

– C'est un vieux vagabond français que j'ai trouvé en Amérique l'an dernier, et que j'ai rapatrié. Il a, paraît-il, des parents au Havre, mais il ne veut pas retourner près d'eux, parce qu'il leur doit de l'argent. Il s'appelle Jules... Jules Darmanche ou Darvanche, quelque chose comme ça, enfin.

Il paraît qu'il a été riche un moment là-bas, mais vous voyez où il en est réduit maintenant.

Mon père, qui devenait livide, articula, la gorge serrée, les yeux hagards:

– Ah ah, très bien... fort bien... Cela ne m'étonne pas... Je vous remercie beaucoup, capitaine.

Et il s'en alla, tandis que le marin le regardait s'éloigner avec stupeur.

Il revint auprès de ma mère, tellement décomposé qu'elle lui dit :

– Assieds-toi; on va s'apercevoir de quelque chose.

Il tomba sur le banc en bégayant :

– C'est lui, c'est bien lui!

Puis il demanda.

– Qu'allons-nous faire?...

Elle répondit vivement.

– Il faut éloigner les enfants. Puisque Joseph sait tout, il va aller les chercher. Il faut prendre garde surtout que notre gendre ne se doute de rien.

Mon père paraissait atterré. Il murmura:

– Quelle catastrophe!

Ma mère ajouta, devenue tout à coup furieuse:

– Je me suis toujours doutée que ce voleur ne ferait rien, et qu'il nous retomberait sur le dos! Comme si on pouvait attendre quelque chose d'un Davranche!...

Et mon père se passa la main sur le front, comme il faisait sous les reproches de sa femme.

Elle ajouta :

– Donne de l'argent à Joseph pour qu'il aille payer ces huîtres, à présent. Il ne manquerait plus que d'être reconnu par ce mendiant. Cela ferait un joli effet sur le navire. Allons-nous-en à l'autre bout, et fais en sorte que cet homme n'approche pas de nous!

Elle se leva, et ils s'éloignèrent après m'avoir remis une pièce de cent sous.

Mes sœurs, surprises, attendaient leur père. J'affirmai que maman s'était trouvée un peu gênée par la mer, et je demandai à l'ouvreur d'huîtres :

– Combien est-ce que nous vous devons, monsieur?

J'avais envie de dire: mon oncle.

Il répondit:

– Deux francs cinquante.

Je tendis mes cent sous et il me rendit la monnaie.

Je regardais sa main, une pauvre main de matelot toute plissée, et je regardais son visage, un vieux misérable visage, triste, accablé, en me disant:

«C'est mon oncle, le frère de papa, mon oncle!»

Je lui laissai dix sous de pourboire. Il me remercia:

– Dieu vous bénisse, mon jeune monsieur!

Avec l'accent d'un pauvre qui reçoit l'aumône. Je pensai qu'il avait dû mendier, là-bas!

Mes sœurs me contemplaient, stupéfaites de ma générosité.

Quand je remis les deux francs à mon père, ma mère, surprise, demanda:

– Il y en avait pour trois francs?... Ce n'est pas possible.

– J'ai donné dix sous de pourboire.

Ma mère eut un sursaut et me regarda dans les yeux:

– Tu es fou! Donner dix sous à cet homme, à ce gueux!...

Elle s'arrêta sous un regard de mon père, qui désignait son gendre.

Puis on se tut.

Devant nous, à l'horizon, une ombre violette semblait sortir de la mer. C'était Jersey.

Lorsqu'on approcha des jetées, un désir violent me vint au cœur de voir encore une fois mon oncle Jules, de m'approcher, de lui dire quelque chose de consolant, de tendre.

Mais, comme personne ne mangeait plus d'huîtres, il avait disparu, descendu sans doute au fond de la cale[19] infecte où logeait ce misérable.

Et nous sommes revenus par le bateau de Saint-Malo, pour ne pas le rencontrer. Ma mère était dévorée d'inquiétude.

Je n'ai jamais revu le frère de mon père!

Voilà pourquoi tu me verras quelquefois donner cent sous aux vagabonds.»

7 août 1883.

Guy de Maupassant, *Miss Harriet et autres nouvelles*, 1884.

Edme Pigal, *Mendiant et deux jeunes bourgeois*, «scènes populaires», illustration, 1824.

[19] **cale :** espace situé entre le pont et le fond du navire.

Entrer dans la lecture

- Que reproche la mère du narrateur au père ?
- Où habite la famille ?

Analyser le rôle de la pauvreté dans la nouvelle

Des détails pour montrer la pauvreté

1. À quelle occasion l'ami du narrateur se met-il à raconter l'histoire de son oncle Jules ?

2. Relevez dans le début de la nouvelle (l. 8 à 30) les détails qui montrent la gêne financière de la famille.

3. **a.** Qui est désigné par le pronom *On* à la ligne 19 ?
b. Dans quelle condition le narrateur est-il élevé ?

4. Expliquez l'importance du voyage à Jersey.

5. Pour quelle raison en réalité la mère du narrateur l'empêche-t-elle de manger des huîtres ? Justifiez précisément votre réponse.

Un rêve de réussite

6. **a.** Pourquoi la lettre de l'oncle Jules est-elle si importante pour toute la famille ? **b.** L. 299 : *Puis on se tut.* Donnez les raisons de ce brusque silence.

7. Relisez la dernière réplique de la mère (l. 295-296) : décrivez les sentiments qui l'animent et expliquez ce qui fait naître ces sentiments chez elle.

8. Selon vous, comment expliquer la générosité du garçon pour son oncle ?

BILAN **9** **Expliquez en quoi la rencontre avec l'oncle Jules est un drame pour la famille.**

James Jacques Tissot (1836-1902), *Le bal à bord d'un navire vers 1874* (détail), 1874, huile sur toile (129 x 84 cm), Tate gallery, Londres.

Aux champs

Texte 2 INTÉGRAL

À Octave Mirbeau.

Les deux chaumières étaient côte à côte, au pied d'une colline, proches d'une petite ville de bains. Les deux paysans besognaient[1] dur sur la terre inféconde[2] pour élever tous leurs petits. Chaque ménage[3] en avait quatre. Devant les deux portes voisines, toute la marmaille grouillait du matin au soir. Les deux aînés avaient six ans et les deux cadets quinze mois environ; les mariages et, ensuite les naissances, s'étaient produits à peu près simultanément dans l'une et l'autre maison.

Les deux mères distinguaient à peine leurs produits[4] dans le tas; et les deux pères confondaient tout à fait. Les huit noms dansaient dans leur tête, se mêlaient sans cesse; et, quand il fallait en appeler un, les hommes souvent en criaient trois avant d'arriver au véritable.

La première des deux demeures, en venant de la station d'eaux de Rolleport, était occupée par les Tuvache, qui avaient trois filles et un garçon; l'autre masure abritait les Vallin, qui avaient une fille et trois garçons.

Tout cela vivait péniblement de soupe, de pomme de terre et de grand air. À sept heures, le matin, puis à midi, puis à six heures, le soir, les ménagères réunissaient leurs mioches pour donner la pâtée, comme des gardeurs d'oies assemblent leurs bêtes. Les enfants étaient assis, par rang d'âge, devant la table en bois, vernie par cinquante ans d'usage. Le dernier moutard[5] avait à peine la bouche au niveau de la planche. On posait devant eux l'assiette creuse pleine de pain molli dans l'eau où avaient cuit les pommes de terre, un demi-chou et trois oignons; et toute la lignée mangeait jusqu'à plus faim. La mère empâtait[6] elle-même le petit. Un peu de viande au pot-au-feu, le dimanche, était une fête pour tous, et le père, ce jour-là, s'attardait au repas en répétant: « Je m'y ferais bien tous les jours. »

Par un après-midi du mois d'août, une légère voiture s'arrêta brusquement devant les deux chaumières, et une jeune femme, qui conduisait elle-même, dit au monsieur assis à côté d'elle:

– Oh! regarde, Henri, ce tas d'enfants! Sont-ils jolis, comme ça, à grouiller dans la poussière.

L'homme ne répondit rien, accoutumé à ces admirations qui étaient une douleur et presque un reproche pour lui.

La jeune femme reprit:

« Il faut que je les embrasse! Oh! comme je voudrais en avoir un, celui-là, le tout petit. »

Et, sautant de la voiture, elle courut aux enfants, prit un des deux derniers, celui des Tuvache, et, l'enlevant dans ses bras, elle le baisa passionnément sur ses joues sales, sur ses cheveux blonds frisés et pommadés de terre, sur ses menottes qu'il agitait pour se débarrasser des caresses ennuyeuses.

Puis elle remonta dans sa voiture et partit au grand trot. Mais elle revint la semaine suivante, s'assit elle-même par terre, prit le moutard dans ses bras, le bourra de gâteaux, donna des bonbons à tous les autres; et joua avec eux comme une gamine, tandis que son mari attendait patiemment dans sa frêle voiture.

Elle revint encore, fit connaissance avec les parents, reparut tous les jours, les poches pleines de friandises et de sous.

Elle s'appelait Mme Henri d'Hubières.

Un matin, en arrivant, son mari descendit avec elle; et, sans s'arrêter aux mioches, qui la connaissaient bien maintenant, elle pénétra dans la demeure des paysans.

Ils étaient là, en train de fendre du bois pour la soupe; ils se redressèrent tout surpris, donnèrent des chaises et attendirent. Alors la jeune femme, d'une voix entrecoupée, tremblante commença:

– Mes braves gens, je viens vous trouver parce que je voudrais bien... je voudrais bien emmener avec moi votre... votre petit garçon...

Les campagnards, stupéfaits et sans idée, ne répondirent pas.

Elle reprit haleine et continua.

– Nous n'avons pas d'enfants; nous sommes seuls, mon mari et moi... Nous le garderions... voulez-vous?

La paysanne commençait à comprendre. Elle demanda:

– Vous voulez nous prend'e Charlot? Ah ben non, pour sûr.

Alors M. d'Hubières intervint:

– Ma femme s'est mal expliquée. Nous voulons l'adopter, mais il reviendra vous voir. S'il tourne bien, comme tout porte à le croire, il sera notre héritier. Si nous avions, par hasard, des enfants, il partagerait également avec eux. Mais s'il ne répondait pas à nos soins, nous lui donnerions, à sa majorité, une somme de vingt mille francs,

Claude Monet (1840-1926), *Cour de ferme en Normandie dans le pays de Caux*, (détail) 1863, huile sur toile (81 x 65 cm), musée d'Orsay, Paris.

qui sera immédiatement déposée en son nom chez un notaire. Et, comme on a aussi pensé à vous, on vous servira jusqu'à votre mort, une rente[7] de cent francs par mois. Avez-vous bien compris?

La fermière s'était levée, toute furieuse.

– Vous voulez que j'vous vendions Charlot? Ah! mais non; c'est pas des choses qu'on d'mande à une mère çà! Ah ! mais non! Ce serait abomination[8].

L'homme ne disait rien, grave et réfléchi; mais il approuvait sa femme d'un mouvement continu de la tête.

Mme d'Hubières, éperdue, se mit à pleurer, et, se tournant vers son mari, avec une voix pleine de sanglots, une voix d'enfant dont tous les désirs ordinaires sont satisfaits, elle balbutia:

– Ils ne veulent pas, Henri, ils ne veulent pas!

Alors ils firent une dernière tentative.

– Mais, mes amis, songez à l'avenir de votre enfant, à son bonheur, à ...

La paysanne, exaspérée, lui coupa la parole :

– C'est tout vu, c'est tout entendu, c'est tout réfléchi... Allez-vous-en, et pi, que j'vous revoie point par ici. C'est i permis d'vouloir prendre un éfant comme ça!

Alors Mme d'Hubières, en sortant, s'avisa qu'ils étaient deux tout petits, et elle demanda à travers ses larmes, avec une ténacité de femme volontaire et gâtée, qui ne veut jamais attendre :

– Mais l'autre petit n'est pas à vous?

Le père Tuvache répondit :

– Non, c'est aux voisins; vous pouvez y aller si vous voulez.

Et il rentra dans sa maison, où retentissait la voix indignée de sa femme.

Les Vallin étaient à table, en train de manger avec lenteur des tranches de pain qu'ils frottaient parcimonieusement[9] avec un peu de beurre piqué au couteau, dans une assiette entre eux deux.

M. d'Hubières recommença ses propositions, mais avec plus d'insinuations, de précautions oratoires, d'astuce.

Les deux ruraux hochaient la tête en signe de refus; mais quand ils apprirent qu'ils auraient cent francs par mois, ils se considèrent, se consultant de l'œil, très ébranlés.

Ils gardèrent longtemps le silence, torturés, hésitants. La femme enfin demanda:

– Qué qu't'en dis, l'homme?

1 **besognaient :** travaillaient.
2 **inféconde :** qui donne peu de récolte.
3 **ménage :** couple.
4 **leurs produits :** leurs enfants.
5 **moutard :** enfant (familier).
6 **empâtait :** nourrissait (péjoratif).
7 **rente :** somme d'argent versée, ici, tous les mois.
8 **abomination :** un acte abominable.
9 **parcimonieusement :** avec beaucoup d'économie.

Il prononça d'un ton sentencieux :

– J'dis qu'c'est point méprisable.

Alors Mme d'Hubières, qui tremblait d'angoisse, leur parla de l'avenir du petit, de son bonheur, et de tout l'argent qu'il pourrait leur donner plus tard.

Le paysan demanda :

– C'te rente de douze cents francs, ce s'ra promis d'vant l'notaire ?

M. d'Hubières répondit :

– Mais certainement, dès demain.

La fermière, qui méditait, reprit :

– Cent francs par mois, c'est point suffisant pour nous priver du p'tit ; ça travaillera dans quéqu'z'ans ct'éfant[10] ; i nous faut cent vingt francs.

Mme d'Hubières trépignant d'impatience, les accorda tout de suite ; et, comme elle voulait enlever l'enfant, elle donna cent francs en cadeau pendant que son mari faisait un écrit. Le maire et un voisin, appelé aussitôt, servirent de témoins complaisants.

Et le jeune femme, radieuse, emporta le marmot hurlant, comme on emporte un bibelot[11] désiré d'un magasin.

Les Tuvache sur leur porte, le regardaient partir muets, sévères, regrettant peut-être leur refus.

On n'entendit plus du tout parler du petit Jean Vallin. Les parents, chaque mois, allaient toucher leurs cent vingt francs chez le notaire ; et ils étaient fâchés avec leurs voisins parce que la mère Tuvache les agonisait d'ignominies[12], répétant sans cesse de porte en porte qu'il fallait être dénaturé pour vendre son enfant, que c'était une horreur, une saleté, une corromperie[13].

Et parfois elle prenait en ses bras son Charlot avec ostentation, lui criant, comme s'il eût compris :

– J't'ai pas vendu, mé, j't'ai pas vendu, mon p'tiot. J'vends pas m's éfants, mé. J'sieus pas riche, mais vends pas m's éfants.

Et, pendant des années et encore des années, ce fut ainsi chaque jour des allusions grossières qui étaient vociférées[14] devant la porte, de façon à entrer dans la maison voisine. La mère Tuvache avait fini par se croire supérieure à toute la contrée parce qu'elle n'avait pas vendu Charlot. Et ceux qui parlaient d'elle disaient :

– J'sais ben que c'était engageant, c'est égal, elle s'a conduite comme une bonne mère.

Le Couple, dessin de **Guy de Maupassant**.

On la citait ; et Charlot, qui prenait dix-huit ans, élevé dans cette idée qu'on lui répétait sans répit, se jugeait lui-même supérieur à ses camarades, parce qu'on ne l'avait pas vendu.

Les Vallin vivotaient à leur aise, grâce à la pension. La fureur inapaisable des Tuvache, restés misérables, venait de là.

Leur fils aîné partit au service. Le second mourut ; Charlot resta seul à peiner avec le vieux père pour nourrir la mère et deux autres sœurs cadettes qu'il avait.

Il prenait vingt et un ans, quand, un matin, une brillante voiture s'arrêta devant les deux chaumières. Un jeune monsieur, avec une chaîne de montre en or, descendit, donnant la main à une vieille dame en cheveux blancs. La vieille dame lui dit :

– C'est là, mon enfant, à la seconde maison.

Et il entra comme chez lui dans la masure des Vallin.

La vieille mère lavait ses tabliers ; le père, infirme, sommeillait près de l'âtre. Tous deux levèrent la tête, et le jeune homme dit :

– Bonjour, papa ; bonjour maman.

Ils se dressèrent, effarés. La paysanne laissa tomber d'émoi son savon dans son eau et balbutia :

– C'est-i té, m'n éfant ? C'est-i té, m'n éfant ?

Il la prit dans ses bras et l'embrassa, en répétant : « Bonjour, maman. » Tandis que le vieux, tout tremblant, disait, de son ton calme qu'il ne perdait jamais : « Te v'là-t'i revenu, Jean ? ». Comme s'il l'avait vu un mois auparavant.

Et, quand ils se furent reconnus, les parents voulurent tout de suite sortir le fieu[15] dans le pays pour le montrer. On le conduisit chez le maire, chez l'adjoint, chez le curé, chez l'instituteur.

Charlot, debout sur le seuil de sa chaumière, le regardait passer.

Le soir, au souper il dit aux vieux :

– Faut-i qu'vous ayez été sots pour laisser prendre le p'tit aux Vallin !

Sa mère répondit obstinément :

– J'voulions point vendre not' éfant !

Le père ne disait rien.

Le fils reprit :

– C'est-i pas malheureux d'être sacrifié comme ça !

Alors le père Tuvache articula d'un ton coléreux :

10 **dans quéq'z'ans ct'éfant :** dans quelques années, cet enfant…
11 **bibelot :** petit objet décoratif.
12 **les agonisait d'ignominies :** les injuriait en leur reprochant leur déshonneur.
13 **une corromperie :** mot inventé pour imiter le langage paysan, signifie ici la corruption par l'argent.
14 **vociférées :** criées avec colère.
15 **le fieu :** le fils, en patois normand.

Jean-François Millet (1814-1875), *La famille du paysan*, 1872, huile sur toile (110,4 x 81 cm), National Museum of Wales, Cardiff, Grande-Bretagne.

– Vas-tu pas nous r'procher d' t'avoir gardé ?

Et le jeune homme, brutalement :

– Oui, j'vous le r'proche, que vous n'êtes que des niants. Des parents comme vous, ça fait l'malheur des éfants. Qu'vous mériteriez que j'vous quitte.

La bonne femme pleurait dans son assiette. Elle gémit tout en avalant des cuillerées de soupe dont elle répandait la moitié :

– Tuez-vous donc pour élever d's éfants !

Alors le gars, rudement :

– J'aimerais mieux n'être point né que d'être c'que j'suis. Quand j'ai vu l'autre, tantôt, mon sang n'a fait qu'un tour. Je m'suis dit : « V'là c'que j'serais maintenant ! ».

Il se leva.

– Tenez, j'sens bien que je ferai mieux de n'pas rester ici, parce que j'vous le reprocherais du matin au soir, et que j'vous ferais une vie d'misère. Ça, voyez-vous, j'vous l'pardonnerai jamais !

Les deux vieux se taisaient, atterrés, larmoyants.

Il reprit :

– Non, c't' idée-là, ce serait trop dur. J'aime mieux m'en aller chercher ma vie aut'part !

Il ouvrit la porte. Un bruit de voix entra. Les Vallin festoyaient avec l'enfant revenu.

Alors Charlot tapa du pied et, se tournant vers ses parents, cria :

– Manants[16], va !

Et il disparut dans la nuit.

Guy de Maupassant, *Les Contes de la bécasse*, 1883.

16 **manants :** très péjoratif, pour parler de paysans comme des gens grossiers.

Entrer dans la lecture

- Relisez le second paragraphe : comment vivent les enfants ?
- Pourquoi la jeune femme de l'automobile revient-elle souvent ?

Comprendre la morale que propose l'auteur

Le jugement du narrateur

1. Au quatrième paragraphe, que désigne le groupe sujet *Tout cela* ? Que pensez-vous du choix de ce terme par l'auteur ?

2. À la ligne 167, justifiez l'emploi de l'adverbe *peut-être*.

3. Relisez les arguments de Mme d'Hubières, lignes 146 à 148 : relevez l'énumération. Pourquoi peut-on dire que la jeune femme est astucieuse ?

L'amour et l'argent

4. Pour quelles raisons la mère Tuvache, d'une part, et Charlot, d'autre part, se sentent-ils supérieurs ?

5. À la fin du texte, relevez les deux groupes nominaux qui servent à décrire le jeune homme et la femme qui descendent de voiture.

6. À quoi servent ces détails donnés par l'auteur ?

7. Selon vous, pourquoi Charlot traite-t-il ses parents de *Manants* (l. 263) ?

BILAN **8** **Résumez, en quelques lignes, comment atteindre le bonheur, selon Maupassant. Résumez la morale que propose ici Maupassant, pour atteindre le bonheur.**

À l'oral

SOCLE COMMUN C1

Répartissez-vous en groupes, donnez chacun votre avis sur les comportements des Tuvache et des Vallin.

À l'écrit

Individuellement, rédigez votre définition du bonheur. Selon vous, quelle morale faut-il suivre ?

Histoire des arts

Du réalisme à l'impressionnisme

Étudier comment les peintres représentent la réalité au XIXe siècle

1. Jean-François Millet (1814-1875), *Les glaneuses*, 1857, huile sur toile (111 x 83,5 cm), musée d'Orsay, Paris.

Ai-je bien observé ?

- À quelle catégorie sociale appartiennent les femmes au premier plan ?
- Quels sont les détails vestimentaires qui le montrent ?

2. Camille Pissarro (1830-1903), *La cueillette des pommes, Éragny-sur-Epte*, 1888, huile sur toile (74 x 61 cm), coll. Munger, Museum of Art, Dallas, États-Unis.

Ai-je bien observé ?

- Les détails sont-ils nettement visibles pour le spectateur ? Pourquoi ?
- Selon vous, de quoi Camille Pissarro veut-il que nous nous souvenions ?

Qu'est-ce que le réalisme ?

- Dans la deuxième moitié du XIXe siècle, certains artistes, à travers livres et tableaux, souhaitent rendre compte de la **réalité telle qu'elle est**.
- Avant eux, l'art représentait surtout la beauté, eux font le choix de décrire la **vérité** : celle de tous les milieux sociaux, la **misère** comme la **richesse**. Ces artistes créent le réalisme. Parmi eux, l'on peut citer **Gustave Courbet** (▸ p. 24 et 55) et **Jean-François Millet**.

Qu'est-ce que l'impressionnisme ?

- Certains peintres décident de rompre avec la représentation « photographique » de la réalité. Ils veulent peindre **la réalité telle qu'ils la voient**, avec leurs **impressions**. Toutes les expositions refusent leurs œuvres. Ils présentent eux-mêmes leurs toiles, en 1874. À la suite de cet événement, un journaliste les nomme les « impressionnistes ».
- Les plus célèbres sont **Claude Monet, Camille Pissarro, Gustave Caillebotte** (▸ p. 29), **Pierre Auguste Renoir** (▸ p. 43 et 51). **Édouard Manet** (▸ p. 42) en est le précurseur.

3. Claude Monet (1840-1926), *Meules de foin à midi*, 1890, National Gallery of Australia, Canberra.
Entre 1889 et 1890, Claude Monet a peint une trentaine de toiles représentant des meules de foin. Il écrit en 1890 : *Je vois qu'il me faut beaucoup travailler pour arriver à rendre ce que je cherche, l'instantanéité, surtout l'enveloppe, la même lumière répandue partout.*

Ai-je bien observé ?

- Qu'est-ce qui surprend dans ce tableau ?
- Comparez la place occupée par le ciel et celle occupée par la terre : que remarquez-vous ?
- D'après la citation du peintre ci-dessus, que cherche à montrer l'artiste impressionniste ?

Bilan

SOCLE COMMUN C5

Étude comparée des trois tableaux

1. **a.** Quel est le thème commun à ces trois œuvres ?
   b. Qu'est-ce qui disparaît complètement dans le dernier tableau ?
2. Comment la peinture semble-t-elle appliquée sur la toile dans les tableaux 2 et 3 ?
3. En quoi ces tableaux sont-ils de moins en moins réalistes ?
4. Selon vous, quelle est l'impression que veut exprimer Claude Monet ?
5. Grâce à vos réponses, expliquez ce qui évolue dans la peinture, du réalisme à l'impressionnisme.

Le donneur d'eau bénite

Texte 3 INTÉGRAL

LE SAVEZ-VOUS ?

Entre 1880 et 1890, Maupassant écrit de très nombreux textes, romans, nouvelles et récits de voyages. Nombre de ses nouvelles paraissent dans la presse (▸ p. 98) sous différents **pseudonymes**. Par exemple, la nouvelle *Le Donneur d'eau bénite* paraît sous le nom de Guy de Valmont.

Il habitait autrefois une petite maison, près d'une grande route, à l'entrée d'un village. Il s'était établi charron[1] après avoir épousé la fille d'un fermier du pays, et comme ils travaillaient beaucoup tous les deux, ils amassèrent une petite fortune. Seulement, ils n'avaient pas d'enfants, ce qui les chagrinait énormément. Enfin un fils leur vint ; ils l'appelèrent Jean, et ils le caressaient l'un après l'autre, l'enveloppant de leur amour, le chérissant tellement qu'ils ne pouvaient rester une heure sans le regarder.

Comme il avait cinq ans, des saltimbanques[2] passèrent dans le pays et établirent une baraque sur la place de la Mairie.

Jean, qui les avait vus, s'échappa de la maison, et son père, après l'avoir cherché bien longtemps, le retrouva au milieu des chèvres savantes et des chiens faiseurs de tours, qui poussait de grands éclats de rire sur les genoux d'un vieux paillasse[3].

Trois jours après, à l'heure du dîner, au moment de se mettre à table, le charron et sa femme s'aperçurent que leur fils n'était plus dans la maison. Ils le cherchèrent dans le jardin, et comme ils ne le trouvaient pas, le père, sur le bord de la route, cria de toute sa force : « Jean ? » – La nuit venait ; l'horizon s'emplissait d'une vapeur brune qui reculait les objets dans un lointain sombre et effrayant. Trois grands sapins, tout près de là, semblaient pleurer. Aucune voix ne répondit ; mais il y avait dans l'air comme des gémissements indistincts. Le père écouta longtemps, croyant toujours entendre quelque chose, tantôt à droite, tantôt à gauche, et, la tête perdue, il s'enfonçait dans la nuit en appelant sans cesse : « Jean ? Jean ? »

Il courut ainsi jusqu'au jour, emplissant les ténèbres de ses cris, épouvantant les bêtes rôdeuses, ravagé par une angoisse terrible et se croyant fou par moments. Sa femme, assise sur la pierre de sa porte, sanglota jusqu'au matin.

On ne retrouva pas leur fils.

Alors ils vieillirent rapidement dans une tristesse inconsolable.

Enfin, ils vendirent leur maison et ils partirent pour chercher eux-mêmes.

Ils questionnèrent les bergers sur les côtes, les marchands qui passaient, les paysans dans les villages et les autorités des villes. Mais il y avait longtemps que leur fils était perdu ; personne ne savait rien ; lui-même avait sans doute oublié son nom maintenant et celui de son pays ; et ils pleuraient, n'espérant plus.

Bientôt, ils n'eurent plus d'argent ; alors ils se louèrent à la journée dans les fermes et dans les hôtelleries, accomplissant les besognes les plus humbles, vivant des restes des autres, couchant sur la dure[4] et souffrant du froid. Mais comme ils devenaient très faibles à force de fatigues, on n'en voulut plus pour travailler et ils furent obligés de mendier sur les routes. Ils accostaient les voyageurs avec des figures tristes et des voix suppliantes ; imploraient un morceau de pain des moissonneurs qui dînent autour d'un arbre, à midi, dans la plaine ; et ils mangeaient silencieusement assis sur le bord des fossés.

Un hôtelier, auquel ils racontaient leur malheur, leur dit un jour : « J'ai connu aussi quelqu'un qui avait perdu sa fille ; c'est à Paris qu'il l'a retrouvée. »

Ils se mirent tout de suite en route pour Paris.

Lorsqu'ils entrèrent dans la grande ville, ils furent épouvantés par son immensité et par les multitudes qui passaient. Ils comprirent cependant

1 **charron :** celui qui fabrique des charrettes.
2 **saltimbanques :** personnes qui passent de ville en ville pour montrer des acrobaties.
3 **un vieux paillasse :** un vieil acrobate qui appartient au groupe des forains.
4 **la dure :** la terre nue.

Fernand Pelez (1848-1913), *Grimaces et misère, les saltimbanques* (détail), 1888, huile sur toile (6,25 x 2,22 m), musée des Beaux-arts de la ville de Paris, Petit Palais.

qu'il devait être au milieu de tous ces hommes, mais ils ne savaient comment s'y prendre pour le chercher. Puis ils craignaient de ne pas le reconnaître, car il y avait alors quinze ans qu'ils ne l'avaient vu.

Ils visitèrent toutes les places, toutes les rues, s'arrêtèrent à tous les attroupements qu'ils voyaient, espérant une rencontre providentielle, quelque prodigieux hasard, une pitié de la destinée.

Souvent ils marchaient à l'aventure devant eux, l'un contre l'autre, ayant l'air si tristes et si pauvres qu'on leur faisait l'aumône sans qu'ils l'eussent demandée.

Chaque dimanche, ils passaient leur journée à la porte des églises, regardant rentrer et sortir les foules et cherchant sur les figures quelque ressemblance lointaine. Plusieurs fois, ils crurent le reconnaître, mais toujours ils s'étaient trompés.

Il y avait, au seuil d'une des églises où ils revenaient le plus souvent, un vieux donneur d'eau bénite[5] qui était devenu leur ami. Son histoire était aussi fort triste, et la commisération[6] qu'ils avaient pour lui fit naître entre eux une grande amitié. Ils finirent par habiter ensemble tous les trois dans un pauvre taudis, tout en haut d'une grande maison, située très loin, auprès des champs, et le charron quelquefois remplaçait à l'église son nouvel ami, lorsque celui-ci se trouvait malade. Un hiver vint, qui fut très dur. Le pauvre porteur de goupillon[7] mourut, et le curé de la paroisse désigna pour le remplacer le charron dont il avait appris les malheurs.

Alors il vint chaque matin s'asseoir au même endroit, sur la même chaise, usant continuellement du frottement de son dos la vieille colonne de pierre contre laquelle il s'appuyait. Il regardait fixement tous les hommes qu'il voyait entrer, et il attendait les dimanches avec autant d'impatience qu'un collégien, parce que l'église, ce jour-là, était sans cesse pleine de monde.

Il devint très vieux, s'affaiblissant encore sous l'humidité des voûtes ; et son espoir s'émiettait tous les jours.

5 **donneur d'eau bénite :** personne chargée de distribuer de l'eau bénite par le prêtre aux gens qui viennent prier dans l'église.

6 **commisération :** sentiment de pitié pour les malheureux.

7 **goupillon :** manche surmonté d'une touffe de poils, on s'en sert pour asperger d'eau bénite.

Il connaissait à présent tous ceux qui venaient aux offices[8] ; il savait leurs heures, leurs habitudes, distinguait leurs pas sur les dalles.

Son existence était tellement rétrécie que l'entrée d'un étranger dans l'église était pour lui un grand événement. Un jour deux dames vinrent. L'une était vieille et l'autre jeune. C'était la mère et la fille probablement. Derrière elles un homme se présenta qui les suivit. Il les salua à la sortie et, après leur avoir offert de l'eau bénite, il prit le bras de la plus vieille.

« Ce doit être le fiancé de la jeune », pensa le charron.

Et il chercha jusqu'au soir dans ses souvenirs où il avait pu voir autrefois un homme qui ressemblait à celui-là. Mais celui qu'il se rappelait devait être à présent un vieillard, car il lui semblait l'avoir connu là-bas dans sa jeunesse.

Ce même homme revint souvent accompagner les deux dames, et cette ressemblance vague, éloignée et familière qu'il ne pouvait retrouver importunait tellement le vieux donneur d'eau bénite, qu'il fit venir sa femme avec lui pour aider sa mémoire affaiblie.

Un soir, comme le jour baissait, les étrangers entrèrent tous les trois. Lorsqu'ils furent passés :

« Eh bien, le connais-tu ? » dit le mari.

La femme inquiète cherchait à se rappeler aussi. Tout à coup elle dit tout bas :

« Oui… Oui… mais il est plus noir, plus grand, plus fort et habillé comme un monsieur ; pourtant, père, vois-tu, c'est ta figure quand tu étais jeune. »

Le vieux fit un soubresaut.

C'était vrai ; il lui ressemblait, et il ressemblait aussi à son frère qui était mort, et à son père qu'il avait connu jeune encore. Ils étaient tellement émus qu'ils ne trouvaient rien à dire. Les trois personnes redescendaient, allaient sortir. L'homme touchait le goupillon du doigt. Alors le vieux, dont la main tremblait tellement qu'elle faisait par terre une pluie d'eau bénite, s'écria : « Jean ? »

L'homme s'arrêta, le regardant.

Il reprit plus bas :

« Jean ? »

Les deux femmes l'examinaient sans comprendre.

Alors il dit pour la troisième fois en sanglotant :

« Jean ? »

L'homme se pencha tout près, tout près de sa figure, et illuminé par un souvenir d'enfance, il répondit :

« Papa Pierre, maman Jeanne ! »

Il avait tout oublié, l'autre nom de son père et celui de son pays ; mais il se rappelait toujours ces deux mots qu'il avait tant répétés : papa Pierre, maman Jeanne !

Il tomba, la figure sur les genoux du vieux, et il pleurait, et il embrassait l'un après l'autre son père et sa mère, qui suffoquaient d'une joie démesurée.

Les deux dames pleuraient aussi, comprenant qu'un grand bonheur était arrivé.

Alors ils allèrent tous chez le jeune homme et il leur raconta son histoire.

Les saltimbanques l'avaient enlevé[9]. Pendant trois ans il parcourut avec eux bien des pays. Puis la troupe s'était dispersée, et une vieille dame, un jour, dans un château, avait donné de l'argent pour le garder, parce qu'elle l'avait trouvé gentil. Comme il était intelligent, on le mit à l'école, puis au collège, et la vieille dame n'ayant pas d'enfants lui avait laissé sa fortune. Lui aussi avait cherché ses parents ; mais comme

8 **aux offices :** aux messes.

9 **l'avaient enlevé :** une croyance populaire prétendait que les saltimbanques enlevaient les enfants.

10 **la ténacité du malheur :** ils étaient venus à bout de l'acharnement contre eux.

Nicolas-Toussaint Charlet (1792-1845), *Le donneur d'eau bénite*, vers 1830, huile sur toile (26 x 35 cm), Palais des Beaux-arts, Lille.

Le savez-vous ?

Dans une narration, l'auteur choisit parfois de raconter en quelques lignes, ou en quelques mots, une très longue période. Ce résumé rapide dans la narration s'appelle une **ellipse**.

il ne se rappelait que ces deux noms : « papa Pierre, maman Jeanne », il n'avait pu les retrouver. Maintenant, il allait se marier, et il présenta sa fiancée qui était très bonne et très jolie.

Quand les deux vieux eurent dit à leur tour leurs chagrins et leurs fatigues, ils l'embrassèrent encore une fois ; et ils veillèrent fort tard ce soir-là, n'osant pas se coucher, de crainte que le bonheur qui les fuyait depuis si longtemps ne les abandonnât de nouveau pendant leur sommeil.

Mais ils avaient usé la ténacité du malheur[10], car ils furent heureux jusqu'à leur mort.

Guy de Maupassant, texte publié pour la première fois dans le journal *La Mosaïque*, le 10 novembre 1877.

Jean Béraud (1848-1935), *Le rendez-vous* (détail), 1890, huile sur toile (38 x 55 cm), musée des Arts décoratifs, Paris.

Entrer dans la lecture

- La vie du couple semble-t-elle commencer de manière heureuse ?
- Pourquoi les parents tombent-ils dans la pauvreté après la disparition de leur enfant ?

Étudier comment Maupassant raconte une vie entière dans une nouvelle

Accélération et ralentissement du temps

1. a. Combien de temps s'écoule entre la ligne 30 et l'arrivée des parents à Paris (l. 44) ? En combien de lignes l'auteur raconte-t-il cette période ?
b. Pourquoi l'auteur n'insiste-t-il pas sur cette période ?

2. Lorsque les parents retrouvent Jean, le rythme de la narration choisi par l'auteur est-il le même que précédemment ? Justifiez votre réponse.

3. L. 121 à 128 : quel est le temps verbal majoritairement employé ? Pourquoi l'auteur l'emploie-t-il ici ?

L'importance des détails

4. Comment s'appelle la figure de style employée à la ligne 19 ? Qu'ajoute ici cette figure de style ?

5. Retrouvez le moment exact où le père adresse la parole à son fils. Quels détails retardent la prise de parole ? Quel est l'effet produit sur le lecteur ?

6. De quelle façon les parents reconnaissent-ils leur fils ?

BILAN **7** **Récapitulez les procédés utilisés par Maupassant pour raconter une vie de façon vivante dans un texte court.**

BILAN ▶ Guy de Maupassant

Définir la nouvelle réaliste chez Maupassant

Complétez brièvement les cases de ce tableau pour les nouvelles que vous aurez étudiées.
À partir de vos réponses, rédigez en quelques phrases les caractéristiques de la nouvelle réaliste chez Maupassant.

	Mon oncle Jules	Aux champs	Le Donneur d'eau bénite
Comment commence la nouvelle ?	......	......	......
Combien de personnages prennent la parole ?	......	......	......
Y a-t-il une description de la pauvreté ?	......	......	......
Voit-on une évolution de la vie des personnages ?	......	......	......
La fin est-elle heureuse ?	......	......	......

Retrouvez dans le tableau certains détails du texte de Maupassant.

Édouard Manet (1832-1883), *Argenteuil, couple en habit de rameurs*, 1874, huile sur toile (115 x 149 cm), musée des Beaux-arts de Tournai, Belgique.

Une partie de campagne

Texte 4

Les Dufour, commerçants parisiens, décident d'aller passer la journée à la campagne. Ils veulent déjeuner sur l'herbe car ils ne peuvent le faire à la ville. Mais l'endroit qu'ils avaient choisi a été pris par des jeunes hommes. Ceux-ci, avec galanterie, leur laissent la place.

« Un bien beau temps, monsieur », dit la grosse dame à l'un des canotiers. Elle voulait être aimable à cause de la place qu'ils avaient cédée.

« Oui, madame, répondit-il ; venez-vous souvent à la campagne ?

– Oh ! une fois ou deux par an seulement, pour prendre l'air ; et vous, monsieur ?

– J'y viens coucher tous les soirs.

– Ah ! ça doit être bien agréable ?

– Oui, certainement, madame. »

Et il raconta sa vie de chaque jour, poétiquement, de façon à faire vibrer dans le cœur de ces bourgeois privés d'herbe et affamés de promenades aux champs cet amour bête de la nature qui les hante toute l'année derrière le comptoir de leur boutique. La jeune fille, émue, leva les yeux et regarda le canotier[1]. M. Dufour parla pour la première fois. « Ça, c'est une vie », dit-il. Il ajouta : « Encore un peu de lapin, ma bonne.

– Non, merci, mon ami. »

Elle se tourna de nouveau vers les jeunes gens et, montrant leurs bras : « Vous n'avez jamais froid comme ça ? » dit-elle.

Ils se mirent à rire tous les deux, et ils épouvantèrent la famille par le récit de leurs fatigues prodigieuses, de leurs bains pris en sueur, de leurs courses dans le brouillard des nuits ; et ils tapèrent violemment sur leur poitrine pour montrer quel son ça rendait. « Oh ! vous avez l'air solides », dit le mari qui ne parlait plus du temps où il rossait les Anglais[2].

La jeune fille les examinait de côté maintenant ; et le garçon aux cheveux jaunes, ayant bu de travers, toussa éperdument, arrosant la robe en soie cerise de la patronne qui se fâcha et fit apporter de l'eau pour laver les taches. Cependant, la température devenait terrible. Le fleuve étincelant semblait un foyer de chaleur, et les fumées du vin troublaient les têtes. M. Dufour, que secouait un hoquet violent, avait déboutonné son gilet et le haut de son pantalon ; tandis que sa femme, prise de suffocations, dégrafait sa robe peu à peu. L'apprenti balançait d'un air gai sa tignasse de lin et se versait à boire coup sur coup. La grand-mère, se sentant grise, se tenait fort raide et fort digne. Quant à la jeune fille, elle ne laissait rien paraître ; son œil seul s'allumait vaguement, et sa peau très brune se colorait aux joues d'une teinte plus rose.

1 **canotier :** les jeunes hommes viennent à la campagne pour canoter, c'est-à-dire naviguer en barque.
2 M. Dufour se vantait avant ce passage de ses victoires contre les Anglais dans les courses de canotage qu'il faisait dans sa jeunesse.

3 **yole :** sorte de barque.
4 **goujon :** petit poisson d'eau douce.
5 **boutiquiers :** commerçants.

Le café les acheva. On parla de chanter et chacun dit son couplet, que les autres applaudirent avec frénésie. Puis on se leva difficilement, et, pendant que les deux femmes, étourdies, respiraient, les deux hommes, tout à fait pochards, faisaient de la gymnastique. Lourds, flasques, et la figure écarlate, ils se pendaient gauchement aux anneaux sans parvenir à s'enlever ; et leurs chemises menaçaient continuellement d'évacuer leurs pantalons pour battre au vent comme des étendards.

Cependant les canotiers avaient mis leurs yoles[3] à l'eau et ils revenaient avec politesse proposer aux dames une promenade sur la rivière. « Monsieur Dufour, veux-tu ? je t'en prie ! » cria sa femme. Il la regarda d'un air d'ivrogne, sans comprendre. Alors un canotier s'approcha, deux lignes de pêcheur à la main. L'espérance de prendre du goujon[4], cet idéal des boutiquiers[5], alluma les yeux mornes du bonhomme, qui permit tout ce qu'on voulut, et s'installa à l'ombre, sous le pont, les pieds ballants au-dessus du fleuve, à côté du jeune homme aux cheveux jaunes qui s'endormit auprès de lui.

Guy de Maupassant, « Une partie de campagne », texte publié pour la première fois dans le journal *La Vie moderne*, avril 1881, puis publié dans le recueil *La Maison Tellier*, 1881-1891.

Entrer dans la lecture

- Quels sont les personnages présents dans cet extrait ?

Lire une scène qui révèle le caractère des personnages

1. Observez les paroles de M. Dufour : que nous apprennent-elles sur son caractère ?

2. L. 27 à 37 : quelle expression désigne l'apprenti des Dufour ? Montrez que Maupassant cherche à nous rendre ce personnage ridicule (citez d'autres passages du texte).

3. Faites un portrait rapide de Mme Dufour, en vous appuyant sur son comportement et ses paroles.

4. Les Parisiens sont-ils habitués à la campagne ? Justifiez votre réponse à l'aide d'expressions.

5. Quelle est l'attitude de la jeune fille dans cet extrait ?

6. Quelle impression les canotiers cherchent-ils à produire sur les Parisiens par le récit de leur vie ? Quelles sont leurs intentions à la fin du texte ?

BILAN **7** **Montrez que Maupassant fait un portrait cruel de la société de son époque.**

Lecture de l'image

Analyser la composition d'une toile impressionniste

1. Comment le tableau est-il composé ? (Regardez le premier plan, le second plan, l'arrière-plan.)
2. Quels éléments du tableau sont mis en lumière ? Pourquoi ?
3. Quelle impression Renoir a-t-il voulu créer selon vous ?

Pierre Auguste Renoir (1841-1919), *Le déjeuner au bord de la rivière*, 1880, huile sur toile (65 x 55 cm), The Art Institute of Chicago, États-Unis.

Une partie de campagne

Cinéma

Jean Renoir *(1894-1979) est le fils du peintre impressionniste Auguste Renoir. Cinéaste français de renommée internationale à qui l'on doit en particulier* Nana *(1926),* La Bête humaine *(1938), adaptés tous deux des romans d'Émile Zola* (▸ **p. 116 et 156**)*,* La Grande illusion *(1937) et* La Règle du jeu *(1939).*

1. HENRI. Oh ! je crois que le temps est à l'orage.
Henri vient s'asseoir à côté d'Henriette. Rodolphe pousse Henri et s'installe auprès d'Henriette
RODOLPHE. Vous permettez ?
JULIETTE. Oh, mais je vous en prie.

2. RODOLPHE, *à Henriette.* Vous avez eu une bonne idée de venir ici mademoiselle.
JULIETTE. Oh oui ! Oh la friture était excellente !

5. JULIETTE. Ces jeunes gens sont parfaits. Ils ont d'excellentes manières.

6. RODOLPHE. Dis donc toi, si je comprends bien, tu braconnes dans mes eaux.

Étudier les photogrammes

Photogramme 1

1. Qui s'installe à côté d'Henriette ? Comment interprétez-vous l'attitude des deux canotiers ?

2. Observez l'attitude de la mère et de la fille sur l'image. Que traduit-elle ?

Photogrammes 2 et 3

3. a. À qui Rodolphe s'adresse-t-il ? Qui lui répond ?
b. À qui Henriette s'adresse-t-elle ? Qui lui répond ?
c. Que peut-on deviner sur les liens qui sont en train de se créer ?

4. Quel mouvement la caméra a-t-elle fait entre le plan 2 et le plan 3 ? Pourquoi le réalisateur a-t-il fait bouger sa caméra ainsi ?

Photogramme 4

5. Que traduisent les visages des deux actrices ?

Photogrammes 5 et 6

6. Décrivez ce que vous voyez au premier plan et à l'arrière-plan pour chacun des deux photogrammes. Que constatez-vous ?

7. Expliquez la métaphore employée par Rodolphe.

3. HENRIETTE, *à Henri.* C'est à vous, monsieur, ces jolis bateaux qui sont sous le hangar ?
HENRI. Oui mademoiselle. Enfin c'est à nous deux.
RODOLPHE. Vous voulez pas aller faire un tour ? Un tour en rivière tous les quatre, c'est ça qui serait épatant.

4. RODOLPHE *voix off.* Vous ne voulez pas ? [...]
HENRIETTE. C'est vrai qu'il fait beau. Je peux aller demander à papa, maman ? [...]

7. HENRI. Vous venez souvent à la campagne ?
HENRIETTE. Une fois par an. C'est peu. Et vous ?
HENRI. Moi j'y viens tous les soirs.
HENRIETTE. Vous avez de la chance.

Une partie de campagne, scénario et dialogues de Jean Renoir.
In **A. Sebbah, Ph. Grondin**, *Une partie de Campagne. Étude comparative : le film de Renoir et la nouvelle de Maupassant*
© Magnard, 1995.

Photogramme 7

8. Qui est présent dans ce plan ? Que nous annonce ce plan sur le dénouement de cette aventure ?

Pour connaître le **lexique du cinéma**, voir Atelier de mise en scène ▶ p. 276.

BILAN ▶ De Maupassant à Renoir : *Une partie de campagne*

Comparer un texte et sa relecture cinématographique

- Repérez les éléments que Renoir a repris de la nouvelle de Maupassant et expliquez comment il les a interprétés dans son scénario.
- Observez les détails physiques, les caractères, les relations entre les personnages, l'ambiance.

« Un cœur simple », G. Flaubert

Texte 1

Félicité, une servante

Gustave Flaubert (1821-1880) a vécu à Rouen en Normandie, où il écrit de nombreux romans et nouvelles. En 1877, il publie le recueil Trois Contes, *dans lequel figure la nouvelle « Un cœur simple ». Il est considéré par d'autres écrivains comme un maître pour sa recherche infatigable de la perfection dans l'écriture.*

L'auteur décrit Félicité, la remarquable servante de Mme Aubain et l'héroïne de la nouvelle.

Camille Pissarro (1830-1903), *La petite bonne de campagne*, 1882, huile sur toile (53 x 63,5 cm), Tate Gallery, Londres.

Elle se levait dès l'aube, pour ne pas manquer la messe, et travaillait jusqu'au soir sans interruption ; puis, le dîner étant fini, la vaisselle en ordre et la porte bien close, elle enfouissait la bûche sous les cendres et s'endormait devant l'âtre[1], son rosaire[2] à la main. Personne, dans les marchandages[3], ne montrait plus d'entêtement. Quant à la propreté, le poli de ses casseroles faisait le désespoir des autres servantes. Économe, elle mangeait avec lenteur et recueillait du bout du doigt sur la table les miettes de son pain […].

En toute saison elle portait un mouchoir d'indienne[4] fixé dans le dos par une épingle, un bonnet lui cachant les cheveux, des bas gris, un jupon rouge, et par-dessus sa camisole[5] un tablier à bavette[6], comme les infirmières d'hôpital.

Son visage était maigre et sa voix aiguë. À vingt-cinq ans, on lui en donnait quarante. Dès la cinquantaine, elle ne marqua plus aucun âge ; -et, toujours silencieuse, la taille droite et les gestes mesurés, semblait une femme en bois fonctionnant d'une manière automatique.

Gustave Flaubert, « Un cœur simple », 1877.

1 **l'âtre :** la cheminée. 2 **rosaire :** collier fait pour réciter ses prières : chaque perle correspond à une prière. 3 **les marchandages :** Félicité s'occupe de faire les courses, elle négocie les prix. 4 **indienne :** toile de coton imprimée. 5 **camisole :** vêtement court porté sur la chemise. 6 **tablier à bavette :** tablier dont la partie haute couvre la poitrine.

Étudier comment l'organisation du portrait révèle le personnage

1. Que Flaubert commence-t-il par décrire ? Pourquoi cet ordre de la description ?

2. Cherchez trois adjectifs pour décrire Félicité.

3. Dans le second paragraphe, combien y a-t-il de verbes conjugués ? Quel effet crée cette énumération ?

4. Pour illustrer la dernière phrase, cherchez ce qui est « automatique » (ligne 20) dans la vie de Félicité.

À l'écrit

Sur le même modèle, imaginez une courte description d'un personnage.

→ Dans un premier paragraphe, inventez ses habitudes.

→ Dans le paragraphe suivant, décrivez sa tenue vestimentaire.

→ Enfin, le dernier paragraphe décrit son apparence physique : voix, visage, allure…

Texte 2

Une domestique extraordinaire…

Félicité est entrée au service de Mme Aubain, elle s'est attachée à sa maîtresse et à ses deux enfants, Paul, sept ans et Virginie, trois ans. Souvent, la famille se rend à la ferme de Geffosses, pour pique-niquer.

Un soir d'automne, on s'en retourna par les herbages[1]. […] Un beuglement formidable s'éleva. C'était un taureau que cachait le brouillard. Il avança vers les deux femmes. Mme Aubain allait courir. – « Non ! non ! moins vite ! » Elles pressaient le pas cependant, et entendaient par-derrière un souffle sonore qui se rapprochait. Ses sabots, comme des marteaux, battaient l'herbe de la prairie ; voilà qu'il galopait maintenant ! Félicité se retourna et elle arrachait à deux mains des plaques de terre qu'elle lui jetait dans les yeux. Il baissait le mufle[2], secouait les cornes et tremblait de fureur en beuglant horriblement. Mme Aubain, au bout de l'herbage avec ses deux petits, cherchait éperdue[3] comment franchir le haut bord. Félicité reculait toujours devant le taureau, et continuellement lançait des mottes de gazon qui l'aveuglaient, tandis qu'elle criait : – « Dépêchez-vous ! dépêchez-vous ! »

Mme Aubain descendit le fossé, poussa Virginie, Paul ensuite, tomba plusieurs fois en tâchant de gravir le talus[4], et à force de courage y parvint.

Le taureau avait acculé[5] Félicité contre une claire-voie[6] ; sa bave lui rejaillissait à la figure, une seconde de plus il l'éventrait. Elle eut le temps de se couler entre deux barreaux, et la grosse bête, toute surprise, s'arrêta.

Cet événement, pendant bien des années, fut un sujet de conversation à Pont-l'Évêque. Félicité n'en tira aucun orgueil, ne se doutant même pas qu'elle eût rien fait d'héroïque.

Ibid.

LE SAVEZ-VOUS ?

Flaubert voulait écrire des textes qui soient beaux. Dans ce but, il lisait tous ses écrits, dans une pièce dévolue à cet usage. Pour entendre ce qui n'allait pas, il devait lire à haute voix, d'où le nom de cette pièce : le ***gueuloir*** !

1 **herbages :** champs où l'on fait paître les bêtes.
2 **mufle :** extrémité du museau.
3 **éperdue :** égarée sous l'effet de l'émotion.
4 **talus :** terrain en pente.
5 **acculé :** poussé contre.
6 **une claire-voie :** clôture faite de lattes entrecroisées.

Constant Troyon (1810-1865), *Vache et veau à la mare ou l'abreuvoir*, huile sur toile (103 x 78 cm), musée du Louvre, Paris.

Analyser comment l'auteur rend son personnage surprenant

1. Relisez toutes les paroles prononcées par Félicité : quel temps et quel mode sont employés ? Dans quelle position est-elle ainsi placée par rapport aux autres ?

2. Que pensez-vous de la méthode employée par Félicité pour lutter contre le taureau ?

3. Qu'apprenons-nous sur Félicité, avec cet extrait ?

4. Relisez la dernière phrase : quelle image l'auteur donne-t-il ainsi de son héroïne ?

Texte 3

Un grand malheur

Félicité n'a, pour toute famille, que son neveu. Il s'engage à bord d'un bateau et part à Cuba.

Ce fut quinze jours après que Liébard[1], à l'heure du marché comme d'habitude, entra dans la cuisine, et lui [à Félicité] remit une lettre qu'envoyait son beau-frère. Ne sachant lire aucun des deux[2], elle eut recours à sa maîtresse.

Mme Aubain, qui comptait les mailles d'un tricot, le posa près d'elle, décacheta la lettre, tressaillit[3], et, d'une voix basse, avec un regard profond :

– C'est un malheur…qu'on vous annonce. Votre neveu…

Il était mort. On n'en disait pas davantage.

Félicité tomba sur une chaise, en s'appuyant la tête à la cloison, et ferma ses paupières, qui devinrent roses tout à coup. Puis, le front baissé, les mains pendantes, l'œil fixe, elle répétait par intervalles :

– Pauvre petit gars ! pauvre petit gars ! [...]

Des femmes passèrent dans la cour avec un bard[4] d'où dégouttelait du linge.

En les apercevant par les carreaux, elle se rappela sa lessive ; l'ayant coulée[5] la veille, il fallait aujourd'hui la rincer ; et elle sortit de l'appartement. […]

Elle jeta sur la berge un tas de chemises, retroussa ses manches, prit son battoir[6] ; et les coups forts qu'elle donnait s'entendaient dans les autres jardins à côté. Les prairies étaient vides, le vent agitait la rivière ; au fond, de grandes herbes s'y penchaient, comme des chevelures de cadavres flottant dans l'eau. Elle retenait sa douleur, jusqu'au soir fut très brave ; mais, dans sa chambre, elle s'y abandonna[7], à plat ventre sur son matelas, le visage dans l'oreiller, et les deux poings contre les tempes.

Ibid.

1 **Liébard :** fermier qui travaille pour Mme Aubain.
2 **ne sachant lire aucun des deux :** aucun des deux personnages ne sachant lire.
3 **tressaillit :** sursauta.
4 **bard :** sorte de grille pour transporter le linge encore mouillé.
5 **l'ayant coulée :** elle a mis la lessive à tremper dans l'eau.
6 **battoir :** instrument pour nettoyer le linge en tapant dessus.
7 elle s'abandonna à sa douleur.

Étudier comment l'auteur rend son personnage émouvant

1. Relevez un détail choisi par Flaubert pour montrer la tristesse de son héroïne.

2. Peu après la lecture de la lettre, en quoi le comportement de Félicité est-il surprenant ?

3. a. Selon vous, qui voit *des chevelures de cadavres* dans la rivière ?

b. Que fait alors le narrateur quand il raconte lui-même ce détail ?

4. À la fin de cet extrait, que découvre le lecteur sur le personnage de Félicité ?

Paul-Camille Guigou (1834-1871), *Lavandière*, 1860, huile sur toile (59 x 81 cm), musée d'Orsay, Paris.

Loulou

Texte 4

Perroquet exotique, planche d'un manuscrit d'Histoire naturelle, 1603.

Une riche voisine offre à Mme Aubain son perroquet. Félicité, maintenant sourde et âgée, adore l'oiseau.

Il s'appelait Loulou. Son corps était vert, le bout de ses ailes rose, son front bleu, et sa gorge dorée.

Mais il avait la fatigante manie de mordre son bâton, s'arrachait les plumes, éparpillait ses ordures, répandait l'eau de sa baignoire[1] ; Mme Aubain, qu'il ennuyait, le donna pour toujours à Félicité. [...]

Loulou, dans son isolement[2], était presque un fils, un amoureux. Il escaladait ses doigts, mordillait ses lèvres, se cramponnait à son fichu[3] ; et, comme elle penchait son front en branlant la tête à la manière des nourrices[4], les grandes ailes du bonnet[5] et les ailes de l'oiseau frémissaient ensemble. [...]

Un matin du terrible hiver de 1837, qu'elle l'avait mis devant la cheminée, à cause du froid, elle le trouva mort, au milieu de sa cage, la tête en bas, et les ongles dans les fils de fer. Une congestion[6] l'avait tué, sans doute ? [...]

Elle pleura tellement que sa maîtresse lui dit : « Eh bien ! faites-le empailler ! »

Félicité fait empailler Loulou.

Au moyen d'une planchette, Loulou fut établi sur un corps de cheminée qui avançait dans l'appartement[7]. Chaque matin, en s'éveillant, elle l'apercevait à la clarté de l'aube, et se rappelait alors les jours disparus, et d'insignifiantes actions jusqu'en leurs moindres détails, sans douleur, pleine de tranquillité. [...]

À l'église, elle contemplait toujours le Saint-Esprit[8], et observa qu'il avait quelque chose du perroquet. Sa ressemblance lui parut encore plus manifeste sur une image d'Épinal, représentant le baptême de Notre-Seigneur. Avec ses ailes de pourpre et son corps d'émeraude, c'était vraiment le portrait de Loulou.

Ibid.

LE SAVEZ-VOUS ?

Pour décrire Loulou, Flaubert emprunte un perroquet empaillé au musée de Rouen. Il le pose sur sa table pendant qu'il écrit la nouvelle : *Je le garde, pour m'emplir la cervelle de l'idée de perroquet. Car j'écris présentement les amours d'une vieille fille et d'un perroquet.*

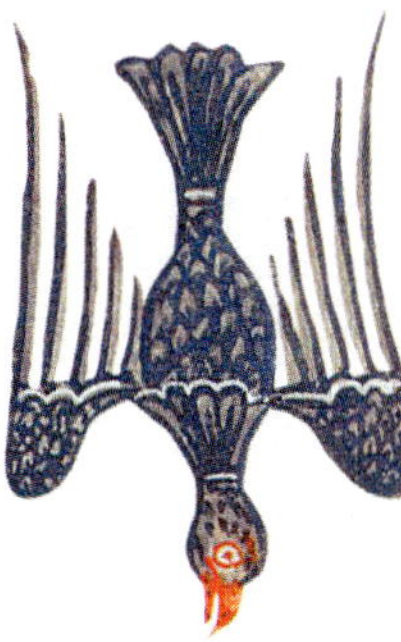

La colombe du Saint-Esprit, détail d'un manuscrit, 1330.

1 **sa baignoire :** abreuvoir dans la cage de l'oiseau.
2 **son isolement :** l'isolement de Félicité, qui est sourde. 3 **fichu :** foulard.
4 en bougeant doucement la tête, comme pour bercer un enfant.
5 **les ailes du bonnet :** la coiffe de Félicité est ornée de volants.
6 **congestion :** inflammation. 7 **l'appartement :** la chambre de Félicité.
8 **Saint-Esprit :** l'esprit de Dieu, représenté par une colombe.

Comprendre comment la vie de l'héroïne est bouleversée

1. Relevez les termes qui montrent l'importance que prend le perroquet dans la vie de Félicité.

2. Que pensez-vous de la réaction de Mme Aubain ?

3. À quoi Félicité associe-t-elle son perroquet, une fois mort ? Expliquez ce qui est surprenant dans cette association.

BILAN ▶ « Un cœur simple », G. Flaubert

Étudier comment Flaubert crée un personnage

Expliquez le titre de la nouvelle en quelques lignes. Vous citerez chacun des quatre extraits.

Votre professeur choisira certains exercices pour vous préparer au sujet d'écrit.

LEXIQUE

Les verbes de parole

Antonymes, synonymes RÉVISIONS

1 Cherchez dans un dictionnaire deux ou trois synonymes pour chaque verbe proposé.
Crier, chuchoter, répondre, dire, se fâcher.

2 Voici des phrases prononcées par des personnages. Imaginez le verbe de parole qui pourrait convenir. Vous le conjuguerez au passé simple.
1. La jeune femme ... : « Attention à toi ! »
2. « Mais qu'est-ce qui se passe ? » ... la voisine stupéfaite.
3. Un hôtelier leur ... : « J'ai connu, moi aussi, quelqu'un qui avait perdu sa fille. »
4. L'architecte ... aux visiteurs : « Excusez ! Il y a un peu de désordre dans le salon, c'est dû aux enfants ! »
5. Dans la cour, les enfants ... : « Simon, il n'a pas de papa, pas de papa ! »

Décrire une position

Formation des mots ▸ leçon 1, p. 282

3 Trouvez un verbe qui décrive une attitude à partir du nom proposé. Aidez-vous de la définition.
1. radical : dos. → Poser son dos : s'a...
2. radical : bras. → Prendre dans ses bras : e...
3. radical : genou. → Se mettre sur ses genoux : s'a...
4. radical : visage. → Regarder avec insistance le visage : d...
5. radical : coude. → S'appuyer sur son coude : s'a...
6. radical : jambe → Passer en tendant ses jambes : e...

Champ lexical RÉVISIONS

4 Observez le tableau de Renoir page 51. Choisissez trois personnages et décrivez leur position à l'imparfait. Aidez-vous des verbes de cette liste.
S'accouder à, s'appuyer sur, être adossé à, être penché sur, se pencher vers, se tourner vers, se rejeter en arrière, se redresser, poser sur, faire face à, s'asseoir à califourchon.

Décrire une réaction

5 Imaginez une suite pour chaque phrase en employant un adjectif de la liste. Vous pouvez vous aider d'un dictionnaire.
Abasourdi, hilare, affligé, indécis, stupéfait.
1. Quand son perroquet adoré mourut, Félicité ...
2. Devant les numéros de clowns, le garçonnet ...
3. Choisir entre ses parents et l'argent, le jeune Tuvache ...
4. Quand il reconnut son fils, le vieillard ...
5. Après cette chute, le canotier se releva indemne, la jeune femme ...

GRAMMAIRE

Discours direct, indirect ▸ leçons 32-33, p. 344-346

6 a. Ajoutez la ponctuation du discours direct manquante.

Simon, qui ne connaît pas son père, a affirmé à ses camarades que son papa s'appelait Philippe.
Un jour, pourtant, le gars qui l'avait attaqué le premier lui dit □
□ Tu as menti, tu n'as pas un papa qui s'appelle Philippe.
□ Pourquoi ça ? □ demanda Simon, très ému.
Le gars se frottait les mains, il reprit □ □ Parce que si tu en avais un, il serait le mari de ta maman. □ Simon se troubla devant la justesse de ce raisonnement.

Guy de Maupassant, *Le Papa de Simon*, 1879.

b. Qu'est-ce qui vous a permis de savoir si des guillemets étaient nécessaires ou non ?

7 Transformez ces phrases au discours indirect en discours direct.
Ex. : Son frère s'exclama qu'ils devaient rentrer tout de suite.
→ Son frère s'exclama : « Nous devons rentrer tout de suite ! »
1. L'homme s'écria qu'il lui ressemblait comme deux gouttes d'eau.
2. L'ouvrier demanda pourquoi l'enfant ne pouvait pas venir.
3. La jeune femme reprit, avec effusion, qu'il fallait qu'elle les embrasse.
4. Jean lui serra le bras et lui chuchota qu'il le lui promettait.

Verbes attributifs ▸ leçon 23, p. 326

8 Choisissez dans la liste proposée le verbe qui convient pour introduire l'attribut du sujet.
Sembler, avoir l'air, passer pour, devenir, demeurer, rester, être, se montrer, se révéler, se prendre pour...
1. Une fois veuve, la pauvre femme, bien que triste et délaissée, ... très courageuse.
2. Lorsqu'un fils ... ingrat, c'est impardonnable.
3. La jeune femme ... assez calme dans le petit boudoir japonais.
4. Il regarda une dernière fois cette femme qu'il avait aimée et qui ... inoubliable.
5. Depuis qu'il a perdu son fils, cet homme ... fou.

9 a. Trouvez un adjectif pour compléter chaque phrase.
1. Devant la réaction de sa maîtresse, cette domestique semble ... .
2. Le perroquet avait l'air ... par l'orage.
3. Mon oncle Jules est toujours resté ... dans nos mémoires.
4. Comment cet enfant des champs est-il devenu aussi ... ?
5. Les vieux parents paraissent ... d'avoir retrouvé leur fils.
6. Depuis la mort de sa fille, cette vieille femme demeure ... .

b. Mettez ces phrases au pluriel, faites tous les changements nécessaires.

ORTHOGRAPHE

Distinguer les homonymes ▸ leçon 52, p. 384

10 Transposez les deux phrases qui suivent au féminin, recopiez la règle que vous aurez complétée.
Le fils dormait près de ses parents. → ***Près*** est un … *(adverbe ou adjectif)*. Le fils était prêt à partir de chez lui. → ***Prêt*** est … *(adverbe ou adjectif)*.

11 Complétez les phrases avec le mot qui convient.
Rappel N'oubliez pas que l'adjectif *prêt* s'accorde si vous transposez la phrase au féminin.
1. Loulou est … de la fenêtre.
2. Jean était … à suivre les saltimbanques.
3. … à tout, Mme d'Hubières va convaincre une autre famille.
4. La grange se situe tout … de la maison.

Connecteurs spatiaux ▸ leçon 37, p. 354

dictée

12 Recopiez le texte qui suit, en retrouvant le connecteur spatial qui convient dans la liste.
Devant, derrière, entre, par-dessus, en avant, à côté.

Lorsque nous fûmes … la porte, je redressai le cadavre et lui parlai pour tromper le cocher. Comme il me glissait … les mains, je lui flanquai un coup d'épaule qui le jeta … le marchepied, et le fit basculer … sur la banquette. Enfin, je montai … lui et m'assis … de cet étrange voisin.

D'après **Guy de Maupassant**, *Une ruse*, 1882.

Répondez aux questions pour préparer la dictée.
a. Relevez toutes les terminaisons du passé simple.
b. Expliquez les terminaisons de *tromper* et de *basculer*.
c. Quelle est la différence de sens entre les noms communs *coup* et *cou* ?

Sujet d'écrit

Inventer un récit réaliste à partir d'un tableau

À partir du tableau de Renoir, imaginez un court récit rédigé aux temps du passé. Vous décrirez l'ambiance. Un événement inattendu survient : la chute d'un des convives…

Consignes d'écriture

→ Un premier paragraphe décrira l'ambiance à cette terrasse de restaurant. Développez un détail en quelques phrases (par exemple, présentez une des jeunes femmes).
→ Dans un deuxième paragraphe, l'homme appuyé à la barrière tombe ou saute. Décrivez cette scène, et la réaction des autres personnages.
→ Enfin, le dernier paragraphe donne la raison de cette chute. Soyez inventif, cette fin donnera tout son sel à votre récit !

Méthode

✓ Pour décrire la terrasse, pensez à utiliser des **connecteurs spatiaux** précis.
✓ Variez les **verbes** que vous employez dans votre **description**. De la même façon, essayez de trouver des **verbes attributifs** précis, n'oubliez pas les accords qui les suivent.
✓ Employez la ponctuation du **discours direct** quand vous donnez à entendre la voix de vos personnages.

Attention !
⚠ Ne rédigez que lorsque vous avez décidé de la fin.
⚠ Choisissez judicieusement vos verbes de parole pour qu'ils correspondent à ce qui est dit.

Pierre Auguste Renoir (1841-1919), *Le déjeuner des canotiers*, 1881, huile sur toile (1,73 x 1, 29 m), National Gallery of Art, Washington.

Votre professeur choisira certains exercices pour vous préparer au sujet d'écrit.

LEXIQUE

Misère et bonheur

Champ lexical RÉVISIONS

1 a. **Classez ces termes selon leur intensité, en commençant par le plus fort.**
Le dénuement, l'indigence, le besoin, la pauvreté, la misère.
b. **Choisissez deux de ces termes, et inventez deux phrases qui aideront à en comprendre le sens.**

2 Le mot *heur* vient du latin *augurium, augurii*, qui signifie « présage ». En français, le terme désigne la bonne fortune (la chance). On l'emploie encore aujourd'hui dans l'expression : *Je n'ai pas l'heur de le connaître…* (▸ p. 204).
a. **Avec quel mot qui se prononce de la même façon peut-on confondre *heur* ?**
b. **Cherchez au moins deux noms communs et deux adjectifs formés sur ce radical.**

3 **Pour chaque nom commun proposé, donnez l'adjectif qui correspond.** L'euphorie, l'allégresse, la béatitude, le bonheur, le contentement, l'optimisme, la satisfaction, l'enthousiasme, la gaieté, l'épanouissement, la joie.

GRAMMAIRE

Pronoms ▸ leçon 12, p. 304

Situation d'énonciation ▸ leçon 34, p. 348

4 **Le texte suivant a été recopié sans paragraphes. Lisez-le, puis retrouvez les trois paragraphes qui le constituaient, en délimitant les numéros de lignes.**

> Le salon était petit, tout enveloppé de tentures épaisses et discrètement odorant. Dans une cheminée large, un grand feu flambait ; tandis qu'une vieille lampe versait une lumière molle sur les deux personnes qui causaient. Elle, la maîtresse de maison, était une de ces vieilles à cheveux blancs. Mais une de ces vieilles adorables, dont la peau sans rides est lisse comme un fin papier. Lui était un ami d'autrefois, resté garçon, un ami de toutes les semaines. Ils avaient cessé de causer depuis une minute environ, et tous deux regardaient le feu, rêvant à n'importe quoi, quand une grosse bûche croula. Elle bondit par-dessus les chenets et roula sur le tapis en jetant des éclats de feu.
>
> D'après **Guy de Maupassant**, « La bûche », *Mademoiselle Fifi*, 1882.

Répondez aux questions.
a. En quoi les pronoms *elle* et *lui* sont-ils employés de façon particulière ? b. Quelle est la situation d'énonciation de cet extrait ? c. Qu'est-ce qui donne l'impression que le narrateur est présent ?

Connecteurs temporels et spatiaux ▸ leçon 37, p. 354

5 **Retrouvez les connecteurs temporels dans cet extrait.**

> Enfin, à trois heures, Boule de Suif retira de sous la banquette un large panier. Elle en sortit d'abord une petite assiette de faïence, puis une vaste terrine dans laquelle deux poulets entiers avaient confit ; l'on apercevait encore dans le panier d'autres bonnes choses. Tous se régalaient. La femme de Loiseau résista longtemps, puis, après une crispation qui lui parcourut les entrailles, elle céda.
>
> D'après **Guy de Maupassant**, *Boule de Suif*, 1880.

Compléments circonstanciels ▸ leçon 21, p. 322

6 **Complétez chaque phrase à l'aide d'un complément circonstanciel de temps de votre invention (groupe nominal ou groupe prépositionnel).**
Ex. : La petite fille se levait de bonne heure, **au chant des oiseaux**.
1. …, tous les convives riaient sur la terrasse chauffée par le soleil. **2.** Les conversations allaient bon train, … .
3. …, ses yeux pétillaient. **4.** On servit le dessert … .

Subordonnées circonstancielles de temps ▸ leçon 29, p. 338

7 a. **Soulignez la proposition subordonnée circonstancielle de temps dans chaque phrase.**
b. **Encadrez le verbe conjugué qu'elle contient et donnez son mode.**
1. Il lisait de l'œil et de la pensée, de tout son pauvre corps, jusqu'à ce que l'air rafraîchisse.
2. Aussitôt qu'elle riait, ce pli que nous connaissions si bien se formait au coin de ses lèvres.
3. Au moment où elle s'y attendait le moins, tout le monde la regarda.
4. L'officier s'inclina en passant près des dames, avant qu'elle ne l'ait reconnu.
5. Sitôt que sa femme sortit, une indignation exaspérée de faible, de timide, le saisit.
6. Lorsqu'il lui demandait de ses nouvelles, elle lui rétorquait : « Oui, tais-toi ! »
c. **Complétez la phrase de synthèse suivante.**
Les propositions subordonnées circonstancielles de temps peuvent être introduites par : …, …, …, …, …, *lorsque, quand, après que* et *dès que*.

8 **Complétez les phrases avec des propositions subordonnées circonstancielles de temps. Attention, elles doivent contenir un verbe conjugué.**
1. …, Félicité ne gâchait pas une miette de pain. **2.** Les parents cherchèrent longtemps leur fils, … **3.** Un embarras se produisit … . **4.** On allait se mettre à table, … .

Pronoms ▸ leçon 12, p. 304

9 **Dans chaque phrase, transformez le complément en gras en pronom personnel.** **Ex. :** Monsieur Dubuis lève **les bras**.
→ Monsieur Dubuis **les** lève.
1. Boule de Suif partage **sa collation**.
2. La jeune femme ouvre **les yeux**.
3. J'ai vu **le cocher**.
4. J'ai pris **les desserts**.
5. Dans le panier, on apercevait **une large tarte**.

ORTHOGRAPHE-CONJUGAISON

Savoir distinguer les homonymes ▸ leçon 52, p. 384

10 **Complétez chaque phrase avec *l'ai* ou *les*.**
Rappel **On peut remplacer la forme *ai* du verbe *avoir* par *avais*.**
1. Malgré mon interdiction, je ... surpris encore debout.
2. Je ... surprends tous les jours au même endroit.
3. Je suis très fière de ce cerf-volant car je ... fabriqué moi-même.
4. Ces enfants-là, je ... vois jouer tous les matins.

Temps simples, temps composés ▸ leçon 40, p. 360

11 **Recopiez chaque phrase et donnez le participe du verbe entre parenthèses en veillant à l'orthographier correctement.**
Rappel **Mettez le participe passé à une forme féminine pour entendre s'il y a, ou non, une consonne muette.**
1. Félicité a ... *(apprendre)* que c'était mal de se moquer.
2. Pour cent francs par an, elle a ... *(faire)* la cuisine et le ménage.
3. Le perroquet est ... *(tomber)* malade, il ne pouvait plus parler.
4. Les éclats de sa voix ont ... *(rebondir)* dans la cour.
5. Pendant toute la matinée, la viande a ... *(cuire)* dans l'âtre.

dictée

12 **Répondez aux questions pour préparer la dictée.**

Les saltimbanques l'avaient enlevé. Pendant trois ans il parcourut avec eux bien des pays. Puis la troupe s'était dispersée, et une vieille dame, un jour, dans un château, avait donné de l'argent pour le garder, parce qu'elle l'avait trouvé gentil. [...] La vieille dame n'ayant pas d'enfants lui avait laissé sa fortune.

Guy de Maupassant, *Le Donneur d'eau bénite*, 1877.

a. Justifiez toutes les terminaisons soulignées.
b. Expliquez la présence du ***-m-*** dans *saltimbanque*.
c. Récrivez ce texte en remplaçant *il* par *elle*.

Sujet d'écrit

Raconter une vie dans un court récit réaliste

Relisez les lignes 121 à 126 de la nouvelle *Le Donneur d'eau bénite* ▸ p. 40.

Les saltimbanques l'avaient enlevé. Pendant trois ans il parcourut avec eux bien des pays. [...] Lui aussi avait cherché ses parents.

Guy de Maupassant, *Le Donneur d'eau bénite*, 1877.

Jean a été enlevé à ses parents à l'âge de cinq ans. Il les retrouve, alors qu'il est adulte, et leur raconte ce qui s'est passé durant ses années d'absence. Racontez à la première personne ce qui lui est arrivé pendant toutes ces années.

Consignes d'écriture

→ Avant de rédiger, dégagez trois parties de cette vie, qui constitueront trois paragraphes dans votre devoir.
→ Pour une des trois périodes, inventez un épisode que vous racontez en détail. Pour une autre période, choisissez de la résumer en une phrase qui constituera une **ellipse** (▸ p. 41) dans vote récit.
→ Votre récit sera essentiellement au passé composé.

Méthode

✓ Constituez des **paragraphes cohérents** qui correspondront chacun à une partie de l'histoire. Utilisez correctement les **pronoms** qui lieront vos paragraphes.
✓ Pour raconter la vie de Jean, employez un **lexique** précis et varié de la **misère** et du **bonheur**.
✓ Vous préciserez l'enchaînement de l'action grâce à des **subordonnées circonstancielles de temps** qui aideront le lecteur à mieux se situer dans votre récit. Commencez chaque paragraphe par un **connecteur temporel**.

Attention !
⚠ Soyez attentifs aux accords du participe passé aux **temps composés** !

SYNTHÈSE

Qu'est-ce qu'une nouvelle réaliste ?

Un récit bref

• Une **nouvelle** est un **récit** plus **court** qu'un roman. L'intrigue en est simple. En général, il y a **peu de personnages principaux**. Ce genre est très répandu au XIXe siècle, chez des écrivains tels que Maupassant, Flaubert, Mérimée (▸ p. 73), Zola... Souvent, la **fin** de la nouvelle est **surprenante,** on parle de la « **chute** » de la nouvelle.

• Dans *Aux champs*, de Maupassant, la chute montre la soudaine colère du fils contre ses parents qui ne lui ont pas offert le bonheur, car ils ont refusé de le vendre !

Un témoignage sur la société

• Dans la nouvelle réaliste, les auteurs témoignent de la vie de leur époque. Ils montrent les plus grandes **réussites sociales**. Ils peignent aussi la **misère** et la **pauvreté** qu'ils révèlent ainsi à leurs lecteurs.

• Dans *Le Donneur d'eau bénite*, les parents, réduits à la misère à force de chercher leur fils, étaient si pauvres qu'*ils furent obligés de mendier sur les routes. Ils accostaient les voyageurs avec des figures tristes et des voix suppliantes*.

Des personnages qui ont l'air vrais

• Les auteurs réalistes décrivent leurs **personnages** de manière très **vivante**. Par exemple, Flaubert consacre toute sa nouvelle au récit de la vie d'une domestique dans *Un cœur simple*. Il montre comment son personnage mène une **vie simple,** remplie d'actes mécaniques ; mais il évoque aussi des **sentiments** plus profonds, tels qu'une pratique très superstitieuse de la religion. Ce portrait d'un personnage complexe se veut une **observation réaliste de la vie**.

Le goût du détail

• Les **auteurs**, tout comme les **peintres réalistes**, cherchent les détails qui donnent l'**illusion** que leur sujet est **vrai**. Pourtant, ces artistes, s'ils partent de la **réalité**, la transforment, la rendent **intéressante** et **surprenante**.

• Flaubert, lui aussi, pour rendre plus vivante une scène, mime dans l'écriture le bruit que les personnages entendent. Ainsi décrit-il la course d'un taureau qui fonce sur Félicité : *Ses sabots, comme des marteaux, battaient l'herbe de la prairie*. L'allitération (▸ p. 47) reproduit le bruit du galop sourd de l'animal.

• De la même manière, Gustave Courbet, dans *Les cribleuses de blé*, donne le visage de ses sœurs à des paysannes occupées à trier le blé (▸ p. 55).

SOCLE COMMUN

Compétence	Item	Critères d'évaluation	
1 Maîtrise de la langue (oral)	Formuler clairement un propos simple.	Je suis capable d'exprimer simplement une idée et d'organiser mon propos.	▸ p. 35
5 Culture humaniste	Lire et employer différents langages : textes-graphiques-cartes-images-musique.	Je suis capable de mettre en évidence des ruptures artistiques.	▸ p. 37
5 Culture humaniste	Avoir des connaissances et des repères relevant de la culture artistique.	Je sais distinguer un genre artistique majeur et en percevoir les enjeux.	▸ p. 55

VALUATION

Les cribleuses de blé

Gustave Courbet (1819-1877), *Les cribleuses de blé*, huile sur toile (1,67 x 1,31 m), 1854, musée des Beaux-Arts, Nantes.

***Gustave Courbet** (1819-1877) fait ses études à Paris où il fréquente de nombreux artistes intéressés par le réalisme. Le peintre bouscule les codes établis :* Les baigneuses*, en 1853, représente deux femmes, dont l'une est nue, ses formes généreuses ont choqué. Courbet finit sa vie en Suisse, exilé pour ses idées politiques. Il peint énormément car il a une dette colossale, qu'il ne remboursera jamais.*
Le tableau Les cribleuses de blé *nous montre comment une scène de la vie paysanne ordinaire devient une œuvre d'art quand le peintre s'en empare. Les deux jeunes sœurs de Courbet lui servent de modèle pour retrouver le geste des vraies cribleuses de blé.*

Culture littéraire

• Quel auteur aurait pu écrire une nouvelle que ce tableau illustrerait ?

Étudier un tableau réaliste

SOCLE COMMUN C5

Le sens du détail

1. Quelle catégorie sociale le peintre choisit-il de représenter ? Pourquoi selon vous ?

2. Relevez un détail de la vie quotidienne que Gustave Courbet a choisi de représenter. À votre avis, à quoi sert cette précision ?

3. Soyez attentifs aux couleurs utilisées. Sur qui le peintre veut-il attirer notre attention ?

Une représentation particulière de la réalité

4. Repérez le personnage principal de ce tableau. Qu'est-ce qui est étonnant dans son attitude par rapport au spectateur ? Selon vous, pourquoi le peintre fait-il ce choix dans la « mise en scène » ?

5. Quelle est la figure géométrique que l'on retrouve le plus dans la toile ? Quel effet cette répétition crée-t-elle ?

6. Lisez la présentation de ce tableau. Cette scène a-t-elle pu avoir lieu dans la réalité ?

BILAN **7** **Rédigez quelques phrases dans lesquelles vous donnerez trois caractéristiques du réalisme en peinture.**

- **Étape 1 :** lire et comprendre le sujet
- **Étape 2 :** élaborer son scénario
- **Étape 3 :** rédiger la nouvelle
- **Étape 4 :** composer le recueil
- Bilan et évaluation de l'atelier

Créer un recueil de nouvelles réalistes

En 1870, une **guerre** éclate entre la **France** et la **Prusse**. Après la défaite, une partie de l'Alsace-Lorraine est perdue et les Prussiens occupent le Nord-Est de la France. L'écrivain **Guy de Maupassant** (▸ p. 24) a évité le front grâce aux relations de son père, mais il retire de cette guerre un profond sentiment d'horreur. Quelques années plus tard, il en fait le décor de plusieurs de ses nouvelles.
Cet atelier vous guide, étape par étape, dans l'écriture d'une nouvelle réaliste et la constitution d'un recueil.
Quatre nouvelles de Maupassant, résumées ci-dessous, autour du thème tragique de la guerre, vont vous servir d'exemples.

- Dans « **L'horrible** » (extraits 1 et 6), le narrateur raconte la folie meurtrière qui a conduit les soldats de son régiment en déroute à malmener et tuer une innocente, certainement une mère désespérée à la recherche de son fils, qu'ils avaient prise pour un espion.
- Dans « **La Folle** » (extrait 5), une femme malade refuse de quitter son lit depuis vingt ans après avoir perdu son mari, son père et son fils. Elle est transportée de force sur ce lit dans la forêt, sur ordre d'un officier prussien cruel. Elle se laisse mourir de froid et finit dévorée par les loups.
- « **La Mère Sauvage** » (extrait 4) raconte la vengeance d'une mère qui apprend la mort de son fils sur le front et met le feu à sa maison après y avoir enfermé les quatre Prussiens qu'elle hébergeait.
- Dans « **Le Père Milon** » (extraits 2 et 3), un vieux paysan français entreprend, en secret, de décapiter les cavaliers ennemis, la nuit, avec sa faux jusqu'à ce qu'il soit découvert et exécuté sous les yeux de sa famille.

ÉTAPE 1 Lisez le sujet

Si la guerre n'est plus une réalité française au XXIe siècle, elle continue à faire des ravages dans le reste du monde. Ses premières victimes sont des millions d'enfants : blessés, mutilés, tués, enfants-soldats n'ayant connu que la guerre.

Sujet proposé pour le recueil

- **Comme Maupassant à son époque, écrivez à votre tour des nouvelles réalistes pour peindre et dénoncer cette réalité** en racontant l'histoire d'un enfant de votre âge, victime d'une guerre qui se déroule aujourd'hui.
- **Vous rassemblerez l'ensemble des textes de la classe dans un recueil** que vous pourrez diffuser dans votre collège et votre entourage.

Chrisrian Sell (1831-1883), *La garde prussienne en 1870*, huile sur toile (25 x 18 cm), coll. privée, Francfort.

Avant de commencer, documentez-vous !

- Trouvez les informations qui confèreront à votre récit un aspect vraiment réaliste (reportages, documentaires, sites internet...).
- Vous pourrez par exemple diffuser le recueil à l'occasion de la journée internationale des enfants-soldats ou de la journée mondiale du handicap !
- Consultez des liens utiles sur le site de votre manuel.

www.4e.jdl.magnard.fr/liens

ÉTAPE 2 Élaborez votre scenario

Vos nouvelles sont destinées à être lues, votre histoire et votre récit doivent intéresser et émouvoir vos lecteurs.

- **Choisissez le thème** qui vous touche le plus : la famine, la maladie, la destruction d'une école, les mines anti personnelles, les trafics ou encore l'enrôlement dans l'armée. Situez votre histoire dans un contexte précis et contemporain.
- Les circonstances climatiques : froid, sécheresse, pluie permettent de tirer de nombreux effets réalistes et dramatiques.

→ Pour comprendre, lisez l'**extrait 1** et répondez à la question.

- **Construisez vos personnages**, en particulier le **narrateur** : caractéristiques morales et physiques, nom.
- **Élaborez la structure de votre nouvelle**. Comme souvent dans les nouvelles de Maupassant, votre texte doit commencer par un récit à la première personne *(je)*. Ce narrateur raconte ensuite une histoire à la troisième personne. Votre récit doit contenir des **effets temporels** (retour en arrière et / ou anticipation). Un retournement de situation, un effet de surprise peuvent rendre votre récit plus frappant.

Extrait 1

C'était pendant la guerre de 1870. Nous nous retirions vers Pont-Audemer, après avoir traversé Rouen. L'armée, vingt mille hommes environ, vingt mille hommes de déroute, débandés, démoralisés, épuisés, allait se reformer au Havre.

La terre était couverte de neige. La nuit tombait. On n'avait rien mangé depuis la veille. On fuyait vite, les Prussiens n'étant pas loin.

Toute la campagne normande, livide[1], tachée par les ombres des arbres entourant les fermes, s'étendait sous un ciel noir, lourd et sinistre.

On n'entendait rien autre chose dans la lueur terne du crépuscule qu'un bruit confus, mou et cependant démesuré de troupeau marchant, un piétinement infini, mêlé d'un vague cliquetis de gamelles ou de sabres. Les hommes, courbés, voûtés, sales, souvent même haillonneux[2] se traînaient, se hâtaient dans la neige, d'un long pas éreinté[3].

La peau des mains collait à l'acier des crosses[4], car il gelait affreusement cette nuit-là. Souvent je voyais un petit moblot[5] ôter ses souliers pour aller pieds nus, tant il souffrait dans sa chaussure ; et il laissait dans chaque empreinte une trace de sang. Puis au bout de quelque temps il s'asseyait dans un champ pour se reposer quelques minutes, et il ne se relevait point. Chaque homme assis était un homme mort.

Jean-Baptiste E. Detaille (1848-1912), *En route pour le front*, guerre de 1870-1871, huile sur toile, musée des Beaux-Arts de Dunkerque.

En avons-nous laissé derrière nous, de ces pauvres soldats épuisés, qui comptaient bien repartir tout à l'heure, dès qu'ils auraient un peu délassé leurs jambes roidies ! Or, à peine avaient-ils cessé de se mouvoir[6], de faire circuler, dans leur chair gelée, leur sang presque inerte[7], qu'un engourdissement invincible les figeait, les clouait à terre, fermait leurs yeux, paralysait en une seconde cette mécanique humaine surmenée. Et ils s'affaissaient un peu, le front sur leurs genoux, sans tomber tout à fait pourtant, car leurs reins et leurs membres devenaient immobiles, durs comme du bois, impossibles à plier ou à redresser.

Guy de Maupassant, *L'horrible*, début de la nouvelle, 1884.

1 **livide** : blanche. 2 **haillonneux** : habillés de vêtements déchirés. 3 **éreinté** : épuisé. 4 **crosses** : manches des armes. 5 **moblot** : soldat. 6 **se mouvoir** : bouger. 7 **inerte** : immobile, qui ne circule pas.

Question Observez les effets des circonstances (froid extrême, déroute) sur les esprits et le corps des hommes. Relevez quelques expressions particulièrement réalistes.

ÉTAPE 3 Rédigez la nouvelle

• Utilisez **le traitement de texte** pour faciliter les réécritures.
• La qualité de votre texte dépendra du respect des caractéristiques **d'écriture du récit réaliste**.

Préparation de la rédaction

Vos descriptions doivent être précises, complètes, peindre la réalité au plus près, notamment grâce à des détails qui favorisent les effets de réel.
→ Pour vous préparer, lisez l'extrait 2 et répondez à la question.

Insérez des paroles rapportées :
– dialogues ou répliques frappantes pour rendre le récit plus vivant ou mettre en valeur un passage dramatique.
– discours direct pour caractériser les personnages : faites ressortir, par exemple, la naïveté et la jeunesse de l'enfant dans son langage.
→ Pour vous préparer, lisez l'extrait 3 et répondez à la question.

Insérez des passages qui expriment la douleur des victimes ou des témoins afin de **susciter l'émotion du lecteur**. Utilisez le point de vue interne (▸ leçon 36, p. 352).
→ Pour vous préparer, lisez l'extrait 4 et répondez à la question.

Insérez à un endroit du récit que vous choisirez un **commentaire du narrateur** ou d'un des autres personnages qui **dénonce la guerre**.
→ Pour comprendre, lisez les extraits 5 et 6.

Donnez un **titre parlant** à votre nouvelle.

Un gendarme français et un paysan, guerre de 1870.

Extrait 2

Le narrateur décrit le vieillard qui a assassiné les soldats prussiens.

Il avait soixante-huit ans. Il était petit, maigre, un peu tors[1], avec de grandes mains pareilles à des pinces de crabe. Ses cheveux ternes, rares et légers comme un duvet de jeune canard, laissaient voir partout la chair du crâne. La peau brune et plissée du cou montrait de grosses veines qui s'enfonçaient sous les mâchoires et reparaissaient aux tempes.

1 **tors** : voûté.

Guy de Maupassant, *Le Père Milon*, 1883.

Question Relevez les éléments qui visent à dresser un portrait réaliste du père Milon.

Extrait 3

Le père Milon est interrogé par un officier prussien.

« Père Milon […] comment avez-vous reçu la blessure que vous portez sur la figure ? »

Le paysan ne répondit rien.

Le colonel reprit :

« Votre silence vous condamne, père Milon. Mais je veux que vous me répondiez, entendez-vous ? Savez-vous qui a tué les deux uhlans[1] qu'on a trouvés ce matin près du Calvaire[2] ? »

Le vieux articula nettement :

« C'est mé[3]. »

Le colonel, surpris, se tut une seconde, regardant fixement le prisonnier. […]

Le colonel reprit :

« Savez-vous aussi qui a tué tous les éclaireurs de notre armée qu'on retrouve chaque matin, par la campagne depuis un mois ? »

Le vieux répondit avec la même impassibilité[4] de brute :

« C'est mé.
– C'est vous qui les avez tués tous ?
– Tretous, oui, c'est mé.
– Vous seul ?
– Mé seul.
– Dites-moi comment vous vous y preniez. »

Cette fois l'homme parut ému ; la nécessité de parler longtemps le gênait visiblement. Il balbutia :

« Je sais-ti, mé ? J'ai fait ça comme ça s' trouvait. »

Guy de Maupassant, *Le Père Milon*, 1883.

1 **uhlans** : soldats d'Europe centrale qui portaient une lance.
2 **Calvaire** : monument représentant le Christ sur la croix.
3 **mé** : *moi* en patois. 4 **impassibilité** : calme, froideur, sang-froid.

Question Relevez ce qui, dans ses paroles, traduit à la fois la force et le caractère brutal du vieux paysan.

Extrait 4

La mère Sauvage vient d'apprendre la mort de son fils au front.

Elle ne pleurait point. Elle demeurait immobile, tellement saisie, hébétée, qu'elle ne souffrait même pas encore. Elle pensait: « V'là Victor qu'est tué, maintenant. » Puis peu à peu les larmes montèrent à ses yeux, et la douleur envahit son cœur. Les idées lui venaient une à une, affreuses, torturantes. Elle ne l'embrasserait plus, son enfant, son grand, plus jamais! Les gendarmes avaient tué le père, les Prussiens avaient tué le fils...

Guy de Maupassant, « La Mère Sauvage », *Miss Harriet*, 1884.

Question

Relevez les indices du point de vue interne et les expressions qui expriment la douleur dans cette lamentation de la mère Sauvage.

Extrait 5

Le narrateur devine la sinistre vérité sur la pauvre femme malade.

Et soudain je compris, je devinai tout. Ils l'avaient abandonnée sur ce matelas, dans la forêt froide et déserte; et, fidèle à son idée fixe, elle s'était laissé mourir sous l'épais et léger duvet des neiges et sans remuer le bras ou la jambe.

Puis les loups l'avaient dévorée.

Et les oiseaux avaient fait leur nid avec la laine de son lit déchiré.

J'ai gardé ce triste ossement. Et je fais des vœux pour que nos fils ne voient plus jamais de guerre.

Guy de Maupassant, « La Folle », *Contes de la bécasse*, 1883.

Extrait 6

Le narrateur s'exprime sur l'événement tragique dont il a été témoin (le meurtre injustifié d'une femme par des soldats français).

Et moi qui avais vu des choses bien terribles, je me mis à pleurer. Et je sentis, en face de cette morte, dans cette nuit glacée, au milieu de cette plaine noire, devant ce mystère, devant cette inconnue assassinée, ce que veut dire ce mot: « Horreur ».

Guy de Maupassant, *L'horrible*, 1884.

ÉTAPE 4 Composez le recueil

- **Rassemblez les nouvelles de la classe.**
- **Réfléchissez à l'organisation du recueil:** ordre des nouvelles, parties (en fonction des thèmes, des personnages ou encore du cadre spatio-temporel), documents annexes, bibliographie. Vous pouvez collectivement rédiger une préface ou une introduction qui présente votre projet.
- Définissez un **titre** au recueil. Élaborez la **première** et la **quatrième** de couverture.
- Choisissez ou réalisez des **illustrations** (photographies, dessins).

Bilan et évaluation

SOCLE COMMUN

- **La grille suivante fait la synthèse des savoir-faire pouvant être évalués lors de la mise en œuvre du projet.**

Compétence	Item	Critères d'évaluation
1 Maîtrise de la langue	Rédiger un texte bref, cohérent et ponctué, en réponse à une question ou à partir de consignes données.	J'ai utilisé un vocabulaire précis et varié et les champs lexicaux caractéristiques du réalisme. Je suis capable d'insérer des passages descriptifs et de caractériser des personnages, des objets, des lieux, pour permettre au lecteur d'imaginer la scène. J'ai habilement inséré des paroles rapportées et varié les types de discours.
4 Usage des TICE B2i	Saisir et mettre en page un texte.	3.1) Je sais modifier la mise en forme des caractères et des paragraphes, paginer automatiquement.
	Organiser la composition du document, prévoir sa présentation en fonction de sa destination.	3.3) Je sais regrouper dans un même document plusieurs éléments (texte, image, tableau, son, graphique, vidéo…).
7 Autonomie et initiative	Manifester curiosité, créativité, motivation, à travers des activités conduites ou reconnues par l'établissement.	Nous avons fait preuve d'inventivité, de capacités de composition et d'exploration artistique.

chapitre 2

La nouvelle fantastique

Le fantastique, un monde inquiétant d'illusions et d'apparitions

LE SAVEZ-VOUS ?

Le mot *fantastique* vient du grec *phantastikos* qui signifie : « qui imagine des choses irréelles, qui se crée des illusions ». Au Moyen Âge, il peut signifier : « fou, insensé » ou : « ce qui n'existe pas dans la réalité ». Dès le XVIe siècle, le terme s'applique à ce qui est étrange. C'est en 1821 que l'écrivain Charles Nodier l'utilise pour nommer le genre de récits jouant sur l'extraordinaire.

Observer et découvrir

SOCLE COMMUN C5

- Le fantastique se limite-t-il à un seul pays ?
- Où a-t-il pris naissance ?

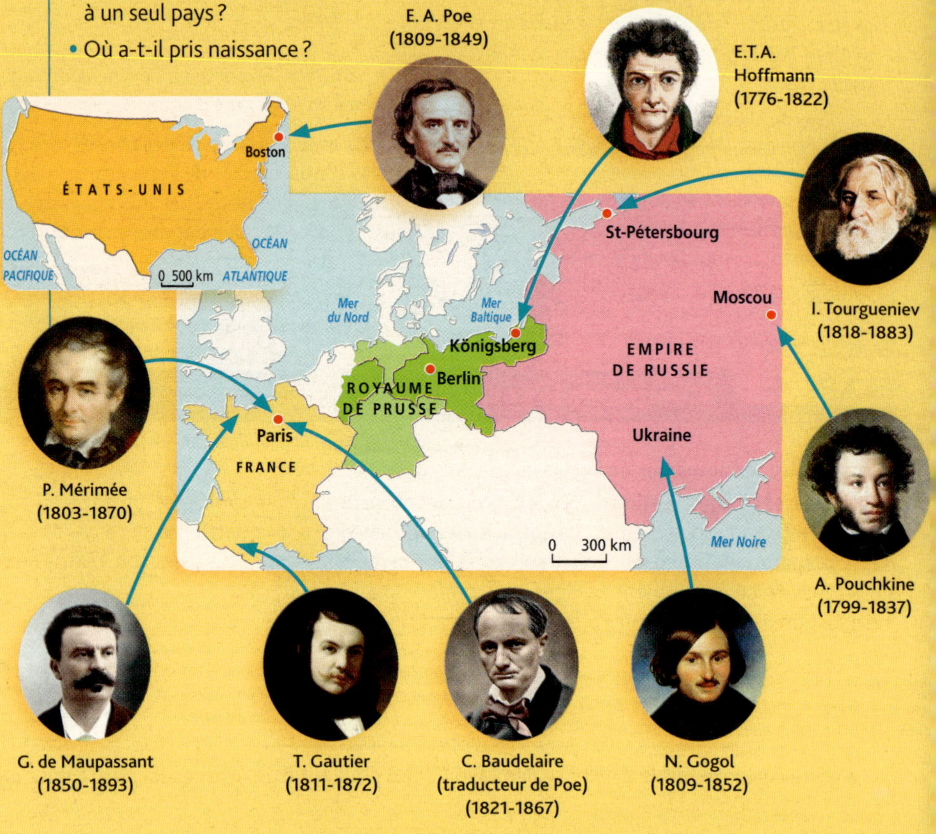

Lire et découvrir

Comme l'obscurité des soirs devait être sombre, terrible, autrefois, quand elle était pleine d'êtres fabuleux, inconnus, rôdeurs méchants, dont on ne pouvait deviner les formes, dont l'appréhension glaçait le coeur, dont la puissance occulte[1] passait les bornes de notre pensée, et dont l'atteinte était inévitable !

1 inconnue.

Guy de Maupassant, *La Peur*, 1884.

- Relevez les termes qui selon vous évoquent l'univers du fantastique.
- Expliquez pourquoi cet extrait illustre le titre *un monde inquiétant d'illusions et d'apparitions*.

Lecture de l'image

Repérer la présence du surnaturel

1. En quoi ce paysage est-il inquiétant ?
2. Quels éléments du tableau montrent la présence du surnaturel ?

Arnold Böcklin (1827-1901), *La chapelle*, 1898, huile sur toile (70,5 x 94 cm), coll. privée.

AUTOUR D'UNE ŒUVRE

L'Homme au sable, E. T. A. Hoffmann

Texte 1

Une légende effrayante

Nathanaël, étudiant allemand habitant la ville de Göttingen, évoque ses souvenirs dans une lettre à son ami Lother.

Dans notre enfance, ma sœur et moi, nous ne voyions notre père qu'à l'heure des repas. C'était un homme fort occupé de choses que nous n'avons jamais pu connaître. Mais, presque chaque soir, après le souper, ma mère nous conduisait près de lui dans son cabinet[1], autour d'une table ronde, couverte d'un tapis vert. Mon père se faisait apporter un pot de bière, qu'il vidait à petites gorgées, et nous contait, en fumant sa pipe, une foule d'histoires fantastiques. Quand il n'était point d'humeur à causer, il ouvrait devant nous de gros livres pleins de vieilles estampes[2], et s'enfonçait dans son fauteuil, en suivant, d'un œil distrait les bouffées de tabac qui montaient, en spirales bleuâtres vers le plafond. Mais ces jours-là, notre mère était triste, et dès que l'horloge sonnait neuf heures : « Allons, enfants, disait-elle, au lit, au lit ! voici l'Homme au sable : il monte l'escalier ! vite, vite !… »

Nous entendions en effet un bruit de pas lents et lourds, qui nous faisait fuir comme des chats. Ma mère s'étant aperçue que mon imagination se frappait d'épouvante, voulut effacer l'effet de cette menace. « Cher petit, me dit-elle en m'embrassant, il n'y a point d'homme au sable. Mais quand vous avez bien sommeil, ne vous semble-t-il pas qu'on vous a jeté du sable dans les yeux ? C'est cette idée que je tourne en plaisanterie ». L'explication fut loin de me satisfaire, car je me demandais sans cesse pourquoi j'entendais du bruit dans l'escalier, chaque fois que ma mère annonçait l'homme au sable. J'en parlai en secret à la vieille servante qui berçait ma petite sœur. « L'homme au sable ? s'écria-t-elle avec un gros rire édenté, c'est un vilain homme, sec comme du bois, qui vient chercher les enfants quand ils refusent d'aller au lit ; il leur jette du sable dans les yeux pour les aveugler ; puis il les fourre dans un sac, et les emporte dans la lune pour servir de pâture aux hiboux. » Ce conte grossier[3] produisit un terrible effet sur ma tendre imagination. À partir de ce moment, je n'eus plus de repos, ni jour ni nuit. Je me mettais à trembler comme une feuille, chaque soir où j'entendais retentir des pas sur l'escalier, puis un être inconnu entrer dans le cabinet d'où je venais de m'échapper à toutes jambes. Ces impressions de terreur ne s'effacèrent point avec l'âge.

Quand j'eus atteint ma dixième année, ma mère me fit coucher seul dans une petite chambre située au fond d'un corridor, et contiguë[4] au cabinet de mon père ; le visiteur inconnu faisait toujours, très régulièrement, ses visites à la même heure. Un soir, enfin, la curiosité dominant en moi toute autre sensation, je feignis une fatigue extraordinaire, et demandai la permission de me coucher avant neuf heures. Dès que ma mère m'eut quitté, j'ouvris tout doucement la porte du cabinet de mon père, qui, absorbé dans ses pensées, et me tournant le dos, ne s'aperçut pas de mon équipée[5].

Ernst Theodor Amadeus Hoffmann *(1776-1822) est un écrivain allemand célèbre pour ses récits fantastiques. Il compose également de la musique et des opéras. Il est considéré comme l'écrivain fondateur du fantastique moderne, influençant des écrivains français comme Théophile Gautier* (▸ **p. 68**).

LE SAVEZ-VOUS ?

Le personnage du **marchand de sable** (en allemand *der Sandmann*) vient d'une expression populaire du XVIIe siècle : ce personnage folklorique jette du sable dans les yeux des enfants pour les endormir et représente le sommeil.

1 **cabinet :** petit bureau. 2 **estampes :** illustrations. 3 **grossier :** sans nuance.
4 **contiguë :** qui a un mur en commun. 5 **mon équipée :** ma sortie clandestine.

Je me glissai derrière un immense rideau, et retenant mon souffle pour n'être pas découvert, j'attendis en frissonnant. Bientôt le pas mystérieux fit craquer la boiserie de l'escalier, la sonnette tinta, mon père se leva brusquement et vint ouvrir : j'aperçus… devine qui, cher Lother ? le vieil avocat Coppélius, un habitué de la maison.

Ce Coppélius est l'homme le plus laid que je connaisse.

E. T. A. Hoffmann, *L'Homme au sable*, 1816, traducteur inconnu (édition de 1859 par A. de Vresse).

John Harden (1772-1847), *Père faisant la lecture à ses enfants*, crayon et encre sur papier.

Entrer dans la lecture

- À quel moment de la journée cette scène se déroule-t-elle ?
- Que fait alors le père ?

Comprendre comment naît une peur d'enfant

Une imagination nourrie par la légende

1. Par quelle légende la mère de Nathanaël explique-t-elle le bruit des pas dans l'escalier à neuf heures ? Dans quel but ?

2. Quel effet cette légende produit-elle sur les enfants ? Que fait alors la mère ?

3. a. Qui fournit une autre explication à l'enfant ?
b. Quel effet produit-elle sur lui ? Justifiez votre réponse en citant le texte.

Peur et curiosité face au mystère

4. a. Un des cinq sens est particulièrement sollicité dans les paragraphes 2 et 3. Lequel ?
b. Quel est l'effet produit sur l'imaginaire de l'enfant ?

5. Quand l'enfant décide-t-il de percer le mystère ? Comment y parvient-il ?

Le commencement du récit

6. a. À qui le narrateur raconte-t-il cet épisode de son enfance ? Quel genre littéraire utilise-t-il ?
b. Quelle impression cela donne-t-il au lecteur ?

7. a. Quel personnage nouveau donne une explication aux pas dans l'escalier ?
b. À partir de ce moment, l'enfant croit-il toujours à la légende de l'Homme au sable ?

BILAN

8 **Énumérez les différents éléments effrayants qui font de cet épisode un événement marquant pour le narrateur.**

Enrichir son vocabulaire

- Relevez dans le texte deux synonymes du mot *peur*. Ont-ils exactement le même sens ?
- Cherchez le sens du terme *bleuâtre* (l. 9), puis d'autres adjectifs de couleur ayant le même suffixe. Quel changement de sens ce suffixe apporte-t-il ?

À l'écrit

Faire le portrait physique de l'avocat Coppélius

→ Votre portrait devra correspondre à la dernière phrase du texte.

→ Décrivez d'abord le visage, puis le corps et la tenue vestimentaire de cet homme.

LECTURE AUTONOME

Pour découvrir le destin tragique du **père de Nathanaël** et en savoir plus sur le mystérieux *Coppélius*, lisez le passage correspondant dans l'œuvre (p. 15-16).

© Magnard

Texte 2

Un personnage étrange et séduisant

Devenu étudiant, Nathanaël rencontre Olympia, la fille de son professeur de physique, Spallanzani. Puis il fait la connaissance d'un marchand, Giuseppe Coppola. Il croit reconnaître en lui l'avocat Coppélius qui l'avait tant impressionné enfant. Il lui achète une lorgnette (sorte de petite longue vue) avec laquelle il observe Olympia : fasciné, il tombe follement amoureux. Peu après, il est invité à un bal chez Spallanzani. Au cours de ce bal, Olympia doit chanter.

Olympia, illustration pour *Les Contes d'Hoffmann*, XIXe siècle.

Le concert commença. Olympia prit place au clavecin et chanta une romance nouvelle avec une voix dont l'éclat et les modulations argentines ressemblaient aux mélodies qu'on exécute sur l'harmonica[1]. Nathanaël était ravi. Placé au dernier rang des assistants, il ne pouvait pas bien distinguer les traits d'Olympia au milieu de l'éblouissante clarté des bougies. Alors, sans que l'on s'en aperçût, il tira de sa poche la lorgnette de Coppola, et, la tenant à demi cachée dans le creux de sa main, il se mit à dévorer du regard tous les charmes de la jolie fille de Spallanzani. Il lui semblait de temps en temps qu'elle lui décochait à la dérobée des œillades[2] langoureuses, et que tout son être exprimait à l'avance chaque nuance de son chant. Les roulades[3] compliquées d'Olympia résonnaient à son oreille comme les cris de joie, céleste d'une âme exaltée par l'amour, et, lorsqu'enfin retentit bruyamment dans le salon le trille[4] prolongé de la cadence finale, Nathanaël sentit un nuage passer sur ses yeux et son cœur défaillir. Son imagination, détachée de tout ce qui l'entourait, s'égarait dans un monde idéal, tout peuplé de légers fantômes qui prenaient, pour lui sourire, les traits d'Olympia.

Le concert fini, le bal commença. Danser avec elle ! c'était pour Nathanaël le but de tous ses désirs, de toute son ambition. Mais comment oser l'inviter ? On ne saurait dire comment cela se fit ; personne, sans doute, n'y prit garde ; mais la danse était à peine engagée, que Nathanaël se trouva près d'Olympia dont il avait saisi la main sans pouvoir prononcer une parole. Cette main était froide comme du marbre. Nathanaël tressaillit et fixa un regard craintif sur la jeune fille ; mais il crut lire dans ses yeux l'expression d'un doux encouragement. Cette croyance lui rendit son aplomb, et il l'entraîna dans le cercle des valseurs. Olympia dansait avec une précision qui rendit jalouses toutes les femmes. Quand l'orchestre se tut, Nathanaël la reconduisit à sa place avec un frémissement d'orgueil, et, s'emparant d'un siège vide auprès d'elle, il se mit à lui faire bravement sa déclaration d'amour, entourée de toutes les fleurs de rhétorique[5] que sa mémoire put lui fournir. Mais la très vertueuse fille, en véritable modèle de modestie, se contenta de répondre à toutes ses avances par un monosyllabe guttural[6] qui ressemble assez au son produit par : « Ach ! ach ! ach ! »

Tout autre que Nathanaël eût été fort ébahi de ce langage aussi bizarre que peu clair. Mais notre étudiant croyait entendre une musique céleste, et lui disait tout bas : « Ô femme digne de l'amour des anges ! ô chaste reflet du bonheur des élus, laisse encore tomber sur moi un de tes doux regards !... » À quoi mademoiselle Olympia se contentait de répondre : « Ach ! ach ! ach ! »

1 **harmonica :** instrument composé de récipients de verre qu'on faisait résonner par frottement.
2 **œillades :** regards.
3 **roulades :** succession de notes chantées rapidement.
4 **trille :** battement ininterrompu sur deux notes voisines.
5 **rhétorique :** art de bien parler.
6 **guttural :** qui provient de la gorge.
7 **intelligible :** compréhensible.

Pendant cet entretien délicieux, le professeur Spallanzani avait passé plusieurs fois devant le pauvre Nathanaël, et chaque fois il lui souriait d'une manière étrange. L'amoureux transi ne s'apercevait pas que les bougies s'éteignaient, et que les invités avaient depuis longtemps abandonné la place. Il ne pouvait se résoudre à partir sans avoir obtenu un aveu ou une espérance, et s'exténuait à découvrir des phrases qui pussent lui mériter la faveur d'une réponse intelligible[7]. [...] Spallanzani le tira enfin de cette espèce d'hallucination en l'arrêtant par le bras pour lui dire : « Mon cher monsieur, puisque la conversation de ma fille a tant de charmes pour vous, je vous autorise de grand cœur à nous faire de temps en temps quelques visites ».

E. T. A. Hoffmann, *L'Homme au sable*, 1816.

Les Contes d'Hoffmann, opéra mis en scène par Julie Depardieu et Stéphane Druet, orchestre dirigé par Philippe Hui, 2008.

Entrer dans la lecture

- Dans quelles circonstances Nathanaël peut-il approcher Olympia ?
- Que va-t-il lui dire à cette occasion ?

Percevoir l'étrangeté d'un personnage clé

Le rôle des sensations

1. Par l'intermédiaire de quel sens Nathanaël est-il d'abord séduit par Olympia ?

2. Pourquoi Nathanaël se sert-il de sa lorgnette pour voir Olympia ? Rappelez d'où vient cet objet.

3. a. Durant le bal, quel autre sens de Nathanaël est sollicité ? **b.** Que remarque-t-il et quelle est sa réaction ?

Une créature étrange

4. À quoi la voix d'Olympia est-elle comparée ? Que remarquez-vous aussi dans sa façon de danser ?

5. a. Comment Olympia répond-elle aux paroles de Nathanaël ? **b.** Comment le narrateur explique-t-il ce comportement ?

L'égarement de Nathanaël

6. L. 21 à 36 : comment Nathanaël interprète-t-il les regards d'Olympia ?

7. Dans le même passage, relevez trois termes appartenant à la même famille de mots. Qu'est-ce que cela révèle ?

8. L. 10 à 16 : **a.** Quel sentiment Nathanaël éprouve-t-il alors ? Relevez dans ce passage les termes précis qui le montrent.
b. Quelle décision prend-il ? (l. 25 à 31)

9. Relisez les lignes 14 à 16 et 32-33 : en quoi ces commentaires du narrateur sont-ils utiles au lecteur ?

BILAN **10** **Récapitulez les éléments qui font d'Olympia un personnage étrange et mystérieux. Formulez des hypothèses pour expliquer cette étrangeté.**

À l'écrit

Imaginer la déclaration d'amour de Nathanaël

Il se mit à lui faire bravement sa déclaration d'amour (l. 27) : rédigez le discours que Nathanaël tient à Olympia.

→ Utilisez des figures de style (comparaisons, métaphores...) évoquant la beauté de la jeune fille.

→ Utilisez des verbes au futur pour les promesses que l'amoureux fait à sa belle.

LECTURE AUTONOME

Pour en savoir plus sur cette mystérieuse **Olympia**, lisez un autre passage dans l'œuvre (p. 22 à 25).

© Magnard

Texte 3

L'incroyable vérité

Un mois après le bal, Nathanaël se rend chez Spallanzani pour demander Olympia en mariage. Il entend des bruits de bagarre. Inquiet, il enfonce la porte pour entrer.

Jamais spectacle plus horrible n'eût pu s'offrir à ses regards ! Le professeur Spallanzani se cramponnait aux épaules d'une femme que son adversaire tirait avec rage par les jambes. Cette femme, c'était Olympia !...

Le barbare inconnu, c'était l'Italien Coppola !...

« Horreur ! » s'écria Nathanaël en sautant sur le maudit marchand de lorgnettes. Mais avant que l'étudiant eût pu le saisir à la gorge, Coppola, qui jouissait d'une force peu commune[1], avait fini par arracher Olympia des mains de Spallanzani, et la soulevant de ses bras nerveux, il la fit tournoyer comme une massue, et en déchargea un si rude coup sur la tête du professeur, que le pauvre homme, presque assommé, alla rouler à dix pas.

Un nuage passa sur les yeux de Nathanaël qui s'affaissa comme une masse, dans un état d'hébétude impossible à décrire. Coppola entraînant sa proie descendit fièrement l'escalier tout le long duquel les jambes d'Olympia cliquetaient comme des castagnettes. La tête de la victime était restée sur le champ de bataille... c'était une tête de cire, dont les yeux d'émail roulaient sur le plancher !

L'infortuné Spallanzani gémissait dans son coin, parmi des débris de cornues[2] et d'alambics[2] et de bocaux. Son visage, ses mains, sa poitrine débraillée étaient couverts d'égratignures saignantes qui attestaient une lutte furieuse. – « Coppélius, Coppélius ! disait-il d'une voix étouffée, tu m'emportes le fruit de vingt ans de travail !... mais, c'est égal... j'ai sauvé les yeux !.. »

C'en était trop pour la raison de Nathanaël. Sa cervelle se fondait comme au feu d'un brasier. Il fixait des yeux hagards[3] sur les preuves de la cruelle mystification[4], qu'il avait si longtemps subie. Nathanaël, l'amant d'un mannequin, d'un automate !... Il devenait fou à lier ; ses nerfs se tordaient, ses yeux sortaient de leur orbite, sa bouche écumait... quelques voisins, accourus au bruit, eurent à peine le temps de le contenir pour qu'il ne se jetât point sur Spallanzani. On le porta, étroitement garrotté, à l'hôpital des fous, et son ami Sigismond alla s'établir, en pleurant, au chevet de son lit, pour lui prodiguer les soins d'un cœur dévoué.

Le célèbre professeur Spallanzani fut guéri en peu de jours de ses légères blessures ; mais dès qu'il put marcher, il se hâta de quitter la ville, car les étudiants de l'Université avaient juré de lui tordre le cou pour venger leur ami Nathanaël. Il avait même été question de lui intenter un procès criminel comme coupable d'avoir, par ses perfides artifices[5], détraqué le cerveau d'un élève qui donnait les plus belles espérances. Heureusement pour lui qu'il parvint à fuir à temps. On ne revit pas davantage le marchand de lorgnettes, Giuseppe Coppola.

E. T. A. Hoffmann, *L'Homme au sable*, 1816.

Graine de culture

Le compositeur Offenbach (1819-1880) a écrit, en 1851, un opéra inspiré des *Contes d'Hoffmann*. Sur le site de votre manuel, vous pouvez visionner la vidéo où Olympia interprète la chanson. *Les Oiseaux dans la charmille*.

- Repérez ce qui rapproche cette scène du texte 2, et ce qui l'en éloigne.

www.4e.jdl.magnard.fr

1 qui était avantagé par sa force exceptionnelle.
2 **cornues, alambics :** vases dont on se sert pour la chimie.
3 **hagards :** effrayés et stupéfaits.
4 **mystification :** tromperie.
5 **perfides artifices :** procédés déloyaux, sournois.

Olympia, illustration pour *Les Contes d'Hoffmann*, XIXe siècle.

LECTURE AUTONOME

Pour apprendre ce qui arrive à Nathanaël après sa stupéfiante découverte, lisez l'**épilogue** dans l'ouvrage (p. 40 à 42).

© Magnard

Les Contes d'Hoffmann, opéra fantastique de **Jacques Offenbach** (1819-1880), mise en scène de Robert Carsen, Orchestre et Chœurs de l'Opéra National de Paris, Opéra Bastille, 2007.

Entrer dans la lecture

- Quel horrible spectacle découvre Nathanaël ?

Comprendre comment une illusion s'effondre

Une scène violente (l. 1 à 20)

1. **a.** Quelles phrases permettent d'identifier deux des personnages présents ? **b.** Quel effet produit la construction grammaticale de ces phrases ?

2. **a.** Comment Spallanzani appelle-t-il Coppola ?
b. Qui est vraiment ce personnage ? Expliquez-le en vous référant au texte 1.

La vraie nature d'Olympia

3. L. 5 à 15 : relevez deux comparaisons concernant Olympia.

4. De quelle façon Coppola agit-il avec elle ? De quelle façon est-elle désormais considérée ?

5. *tu m'emportes le fruit de vingt ans de travail* (l. 19) : expliquez ce qu'est réellement Olympia et son origine.

Une scène impressionnante

6. **a.** Relisez les lignes 5 à 15 : par quelle métaphore l'auteur met-il en évidence le choc qui frappe Nathanaël ?
b. Comment réagit-il ensuite ?

7. Quels détails de la scène vous semblent particulièrement horribles ?

BILAN **8** **À l'aide de vos réponses précédentes, expliquez pourquoi Nathanaël devient fou après avoir assisté à cette scène.**

BILAN ▶ *L'Homme au sable*, E. T. A. Hoffmann

Identifier les ressorts du fantastique

L. S. Caramba, *Coppélius*, 1881, aquarelle, Casa Ricordi, Milan.

Relisez les textes de *L'Homme au sable* de votre manuel, mais aussi les extraits de l'œuvre proposés en lecture autonome.

1. Expliquez ce qui est réellement arrivé à Nathanaël en développant votre réponse.

2. Expliquez pourquoi la lorgnette est un objet très important dans la nouvelle. Aidez-vous du texte 2 et de la lecture autonome qui vous est proposée page 65.

3. Relevez les passages dans lesquels les yeux sont mentionnés. Pourquoi la vue est-elle particulièrement importante dans les récits fantastiques ?

4. Dressez la liste des moyens qu'utilise Hoffmann pour effrayer et troubler le lecteur dans ce récit, en complétant ce tableau.

	Texte 1 ▶ p. 62	LECTURE AUTONOME ▶ p. 63	Texte 2 ▶ p. 64	LECTURE AUTONOME ▶ p. 65	Texte 3 ▶ p. 66	LECTURE AUTONOME ▶ p. 66
Personnages étranges	......	......	......	......	......	......
Situations inquiétantes	......	......	......	......	......	......
Objets troublants		......	......	......	......	......

AUTOUR D'UN THÈME

Quand l'objet prend vie

***Théophile Gautier** (1811-1872) est un écrivain, peintre et critique d'art français célèbre pour ses poèmes, ses romans d'aventure comme* Le Capitaine Fracasse, *mais aussi ses nouvelles fantastiques, pour lesquelles il s'inspire des récits d'Hoffmann (▸ **p. 62**). Il est l'ami de Victor Hugo, son « maître en littérature », et de Charles Baudelaire (▸ **p. 60**).*

Pour une lecture active

SOCLE COMMUN C1

- Prêtez attention à l'endroit et au moment où va se dérouler la scène **(I)**.
- Identifiez les indices qui annoncent l'intrusion du surnaturel, en portant votre attention sur les objets **(II)**.
- Repérez dans l'apparence de la jeune fille les aspects étranges et ceux qui peuvent faire penser à un songe **(II)**.
- Repérez le moment-clé de l'extrait qui fait passer le narrateur du songe au réel **(III)**.
- Soyez attentifs aux éléments qui permettent d'entretenir le doute au sujet de l'expérience qu'il a vécue **(IV)**.

La cafetière

Texte INTÉGRAL

I

L'année dernière, je fus invité, ainsi que deux de mes camarades d'atelier, Arrigo Cohic et Pedrino Borgnioli, à passer quelques jours dans une terre au fond de la Normandie.

Le temps, qui, à notre départ, promettait d'être superbe, s'avisa de changer tout à coup, et il tomba tant de pluie, que les chemins creux où nous marchions étaient comme le lit d'un torrent.

Nous enfoncions dans la bourbe jusqu'aux genoux, une couche épaisse de terre grasse s'était attachée aux semelles de nos bottes, et par sa pesanteur ralentissait tellement nos pas, que nous n'arrivâmes au lieu de notre destination qu'une heure après le coucher du soleil.

Nous étions harassés ; aussi, notre hôte, voyant les efforts que nous faisions pour comprimer nos bâillements et tenir les yeux ouverts, aussitôt que nous eûmes soupé, nous fit conduire chacun dans notre chambre.

La mienne était vaste ; je sentis, en y entrant, comme un frisson de fièvre, car il me sembla que j'entrais dans un monde nouveau.

En effet, l'on aurait pu se croire au temps de la Régence[1], à voir les dessus de porte de Boucher[2] représentant les quatre Saisons, les meubles surchargés d'ornements de rocaille[3] du plus mauvais goût, et les trumeaux[4] des glaces sculptés lourdement.

Rien n'était dérangé. La toilette couverte de boîtes à peignes, de houppes[5] à poudrer, paraissait avoir servi la veille. Deux ou trois robes de couleurs changeantes, un éventail semé de paillettes d'argent, jonchaient le parquet bien ciré, et, à mon grand étonnement, une tabatière d'écaille ouverte sur la cheminée était pleine de tabac encore frais.

Je ne remarquai ces choses qu'après que le domestique, déposant son bougeoir sur la table de nuit, m'eut souhaité un bon somme, et, je l'avoue, je commençai à trembler comme la feuille. Je me déshabillai promptement, je me couchai, et, pour en finir avec ces sottes frayeurs, je fermai bientôt les yeux en me tournant du côté de la muraille.

Mais il me fut impossible de rester dans cette position : le lit s'agitait sous moi comme une vague, mes paupières se retiraient violemment en arrière. Force me fut de me retourner et de voir.

Le feu qui flambait jetait des reflets rougeâtres dans l'appartement, de sorte qu'on pouvait sans peine distinguer les personnages de la tapisserie et les figures des portraits enfumés pendus à la muraille.

C'étaient les aïeux de notre hôte, des chevaliers bardés de fer, des conseillers en perruque, et de belles dames au visage fardé et aux cheveux poudrés à blanc, tenant une rose à la main.

Tout à coup le feu prit un étrange degré d'activité ; une lueur blafarde[6] illumina la chambre, et je vis clairement que ce que j'avais pris pour de vaines peintures était la réalité ; car les prunelles de ces êtres encadrés remuaient, scintillaient d'une façon singulière ; leurs lèvres s'ouvraient et se fermaient

1 **Régence :** époque où le duc d'Orléans gouvernait la France (1715-1723) après la mort de Louis XIV. 2 **François Boucher :** peintre français du XVIIIe siècle. 3 **ornements de rocaille :** décorations, souvent en forme de coquillages. 4 **trumeaux :** encadrements. 5 **houppes :** instrument servant à étaler la poudre, le fard. 6 **blafarde :** pâle, sans éclat. 7 personnage de théâtre. 8 **ais :** planches. 9 **pourpoint :** veston. 10 **forure :** trou. 11 **poupins :** joufflus comme des poupées ; **douairières :** vieilles femmes ; **petits-maîtres :** jeunes prétentieux. 12 **prunelle :** étoffe de laine.

comme des lèvres de gens qui parlent, mais je n'entendais rien que le tic-tac de la pendule et le sifflement de la bise d'automne.

Une terreur insurmontable s'empara de moi, mes cheveux se hérissèrent sur mon front, mes dents s'entrechoquèrent à se briser, une sueur froide inonda tout mon corps.

La pendule sonna onze heures. Le vibrement du dernier coup retentit longtemps, et, lorsqu'il fut éteint tout à fait…

Oh ! non, je n'ose pas dire ce qui arriva, personne ne me croirait, et l'on me prendrait pour un fou.

Les bougies s'allumèrent toutes seules ; le soufflet, sans qu'aucun être visible lui imprimât le mouvement, se prit à souffler le feu, en râlant comme un vieillard asthmatique, pendant que les pincettes fourgonnaient dans les tisons et que la pelle relevait les cendres.

Ensuite une cafetière se jeta en bas d'une table où elle était posée, et se dirigea, clopin-clopant, vers le foyer, où elle se plaça entre les tisons.

Quelques instants après, les fauteuils commencèrent à s'ébranler, et, agitant leurs pieds tortillés d'une manière surprenante, vinrent se ranger autour de la cheminée.

Maurice Leloir (1853-1940), *Soirée littéraire au XVIII*e *siècle*, lithographie, 1890, coll. privée.

II

Je ne savais que penser de ce que je voyais ; mais ce qui me restait à voir était encore bien plus extraordinaire.

Un des portraits, le plus ancien de tous, celui d'un gros joufflu à barbe grise, ressemblant, à s'y méprendre, à l'idée que je me suis faite du vieux sir John Falstaff[7], sortit, en grimaçant, la tête de son cadre, et, après de grands efforts, ayant fait passer ses épaules et son ventre rebondi entre les ais[8] étroits de la bordure, sauta lourdement par terre.

Il n'eut pas plutôt pris haleine, qu'il tira de la poche de son pourpoint[9] une clef d'une petitesse remarquable ; il souffla dedans pour s'assurer si la forure[10] était bien nette, et il l'appliqua à tous les cadres les uns après les autres.

Et tous les cadres s'élargirent de façon à laisser passer aisément les figures qu'ils renfermaient.

Petits abbés poupins[11], douairières[11] sèches et jaunes, magistrats à l'air grave ensevelis dans de grandes robes noires, petits-maîtres[11] en bas de soie, en culotte de prunelle[12], la pointe de l'épée en haut, tous ces personnages présentaient un spectacle si bizarre, que, malgré ma frayeur, je ne pus m'empêcher de rire.

Ces dignes personnages s'assirent ; la cafetière sauta légèrement sur la table. Ils prirent le café dans des tasses du Japon blanches et bleues, qui accoururent spontanément de dessus un secrétaire, chacune d'elles munie d'un morceau de sucre et d'une petite cuiller d'argent.

Quand le café fut pris, tasses, cafetière et cuillers disparurent à la fois, et la conversation commença, certes la plus curieuse que j'aie jamais ouïe, car aucun de ces étranges causeurs ne regardait l'autre en parlant : ils avaient tous les yeux fixés sur la pendule.

Je ne pouvais moi-même en détourner mes regards et m'empêcher de suivre l'aiguille qui marchait vers minuit à pas imperceptibles.

Enfin, minuit sonna ; une voix, dont le timbre était exactement celui de la pendule, se fit entendre et dit :

– Voici l'heure, il faut danser.

Toute l'assemblée se leva. Les fauteuils se reculèrent de leur propre mouvement ; alors, chaque cavalier prit la main d'une dame, et la même voix dit :

– Allons, messieurs de l'orchestre, commencez !

J'ai oublié de dire que le sujet de la tapisserie

était un concerto italien d'un côté, et de l'autre une chasse au cerf où plusieurs valets donnaient du cor. Les piqueurs[13] et les musiciens, qui, jusque-là, n'avaient fait aucun geste, inclinèrent la tête en signe d'adhésion.

Le maestro leva sa baguette, et une harmonie vive et dansante s'élança des deux bouts de la salle. On dansa d'abord le menuet.

Mais les notes rapides de la partition exécutée par les musiciens s'accordaient mal avec ces graves révérences : aussi chaque couple de danseurs, au bout de quelques minutes, se mit à pirouetter, comme une toupie d'Allemagne. Les robes de soie des femmes, froissées dans ce tourbillon dansant, rendaient des sons d'une nature particulière ; on aurait dit le bruit d'ailes d'un vol de pigeons. Le vent qui s'engouffrait par-dessous les gonflait prodigieusement, de sorte qu'elles avaient l'air de cloches en branle[14].

L'archet des virtuoses passait si rapidement sur les cordes, qu'il en jaillissait des étincelles électriques. Les doigts des flûteurs se haussaient et se baissaient comme s'ils eussent été de vif-argent[15] ; les joues des piqueurs étaient enflées comme des ballons, et tout cela formait un déluge de notes et de trilles si pressés et de gammes ascendantes et descendantes si entortillées, si inconcevables, que les démons eux-mêmes n'auraient pu deux minutes suivre une pareille mesure.

Aussi, c'était pitié de voir tous les efforts de ces danseurs pour rattraper la cadence. Ils sautaient, cabriolaient, faisaient des ronds de jambe[16], des jetés battus[16] et des entrechats[16] de trois pieds de haut, tant que la sueur, leur coulant du front sur les yeux, leur emportait les mouches[17] et le fard. Mais ils avaient beau faire, l'orchestre les devançait toujours de trois ou quatre notes.

La pendule sonna une heure ; ils s'arrêtèrent. Je vis quelque chose qui m'était échappé[18] : une femme qui ne dansait pas.

Elle était assise dans une bergère au coin de la cheminée, et ne paraissait pas le moins du monde prendre part à ce qui se passait autour d'elle.

Jamais, même en rêve, rien d'aussi parfait ne s'était présenté à mes yeux ; une peau d'une blancheur éblouissante, des cheveux d'un blond cendré, de longs cils et des prunelles bleues, si claires et si transparentes, que je voyais son âme à travers aussi distinctement qu'un caillou au fond d'un ruisseau.

Et je sentis que, si jamais il m'arrivait d'aimer quelqu'un, ce serait elle. Je me précipitai hors du lit, d'où jusque-là je n'avais pu bouger, et je me dirigeai vers elle, conduit par quelque chose qui agissait en moi sans que je pusse m'en rendre compte ; et je me trouvai à ses genoux, une de ses mains dans les miennes, causant avec elle comme si je l'eusse connue depuis vingt ans.

Mais, par un prodige bien étrange, tout en lui parlant, je marquais d'une oscillation[19] de tête la musique qui n'avait pas cessé de jouer ; et, quoique je fusse au comble du bonheur d'entretenir une aussi belle personne, les pieds me brûlaient de danser avec elle.

Cependant je n'osais lui en faire la proposition. Il paraît qu'elle comprit ce que je voulais, car, levant vers le cadran de l'horloge la main que je ne tenais pas :

– Quand l'aiguille sera là, nous verrons, mon cher Théodore.

Je ne sais comment cela se fit, je ne fus nullement surpris de m'entendre ainsi appeler par mon nom, et nous continuâmes à causer. Enfin, l'heure indiquée sonna, la voix au timbre d'argent vibra encore dans la chambre et dit :

– Angéla, vous pouvez danser avec monsieur, si cela vous fait plaisir, mais vous savez ce qui en résultera.

– N'importe, répondit Angéla d'un ton boudeur.

Et elle passa son bras d'ivoire autour de mon cou.

– Prestissimo! cria la voix.

Et nous commençâmes à valser. Le sein de la jeune fille touchait ma poitrine, sa joue veloutée effleurait la mienne, et son haleine suave[20] flottait sur ma bouche.

13 **piqueurs :** musiciens qui jouent des instruments à vent.
14 **en branle :** en mouvement.
15 **vif-argent :** autre nom du mercure, produit chimique miroitant.
16 **ronds de jambe, jetés battus, entrechats :** pas de danse.
17 **mouches :** petit rond de tissu noir qui ornait le visage des dames.
18 **qui m'était échappé :** auquel je n'avais pas fait attention.
19 **oscillation :** balancement.
20 **suave :** exquise.
21 **minauderies :** actions visant à séduire.

Jamais de la vie je n'avais éprouvé une pareille émotion ; mes nerfs tressaillaient comme des ressorts d'acier, mon sang coulait dans mes artères en torrent de lave, et j'entendais battre mon cœur comme une montre accrochée à mes oreilles.

Pourtant cet état n'avait rien de pénible. J'étais inondé d'une joie ineffable et j'aurais toujours voulu demeurer ainsi, et, chose remarquable, quoique l'orchestre eût triplé de vitesse, nous n'avions besoin de faire aucun effort pour le suivre.

Les assistants, émerveillés de notre agilité, criaient bravo, et frappaient de toutes leurs forces dans leurs mains, qui ne rendaient aucun son.

Angéla, qui jusqu'alors avait valsé avec une énergie et une justesse surprenantes, parut tout à coup se fatiguer ; elle pesait sur mon épaule comme si les jambes lui eussent manqué ; ses petits pieds, qui, une minute auparavant, effleuraient le plancher, ne s'en détachaient que lentement, comme s'ils eussent été chargés d'une masse de plomb.

– Angéla, vous êtes lasse, lui dis-je, reposons-nous.

– Je le veux bien, répondit-elle en s'essuyant le front avec son mouchoir. Mais, pendant que nous valsions, ils se sont tous assis ; il n'y a plus qu'un fauteuil, et nous sommes deux.

– Qu'est-ce que cela fait, mon bel ange ? Je vous prendrai sur mes genoux.

III

Sans faire la moindre objection, Angéla s'assit, m'entourant de ses bras comme d'une écharpe blanche, cachant sa tête dans mon sein pour se réchauffer un peu, car elle était devenue froide comme un marbre.

Je ne sais pas combien de temps nous restâmes dans cette position, car tous mes sens étaient absorbés dans la contemplation de cette mystérieuse et fantastique créature.

Je n'avais plus aucune idée de l'heure ni du lieu ; le monde réel n'existait plus pour moi, et tous les liens qui m'y attachent étaient rompus ; mon âme, dégagée de sa prison de boue, nageait dans le vague et l'infini ; je comprenais ce que nul homme ne peut comprendre, les pensées d'Angéla se révélant à moi sans qu'elle eût besoin de parler ; car son âme brillait dans son corps comme une lampe d'albâtre, et les rayons partis de sa poitrine perçaient la mienne de part en part.

L'alouette chanta, une lueur pâle se joua sur les rideaux.

Aussitôt qu'Angéla l'aperçut, elle se leva précipitamment, me fit un geste d'adieu, et, après quelques pas, poussa un cri et tomba de sa hauteur. Saisi d'effroi, je m'élançai pour la relever… Mon sang se fige rien que d'y penser : je ne trouvai rien que la cafetière brisée en mille morceaux. À cette vue, persuadé que j'avais été le jouet de quelque illusion diabolique, une telle frayeur s'empara de moi, que je m'évanouis.

Achille Deveria (1800-1857),
À onze heures du soir, jeune fille en toilette de soirée,
aquarelle, musée Carnavalet, Paris.

IV

Lorsque je repris connaissance, j'étais dans mon lit ; Arrigo Cohic et Pedrino Borgnioli se tenaient debout à mon chevet.

Aussitôt que j'eus ouvert les yeux, Arrigo s'écria :

– Ah ! ce n'est pas dommage ! voilà bientôt une heure que je te frotte les tempes d'eau de Cologne. Que diable as-tu fait cette nuit ? Ce matin, voyant que tu ne descendais pas, je suis entré dans ta chambre, et je t'ai trouvé tout du long étendu par terre, en habit à la française, serrant dans tes bras un morceau de porcelaine brisée, comme si c'eût été une jeune et jolie fille.

– Pardieu ! c'est l'habit de noce de mon grand-père, dit l'autre en soulevant une des basques de soie fond rose à ramages verts. Voilà les boutons de strass et de filigrane qu'il nous vantait tant. Théodore l'aura trouvé dans quelque coin et l'aura mis pour s'amuser. Mais à propos de quoi t'es-tu trouvé mal ? ajouta Borgnioli. Cela est bon pour une petite-maîtresse qui a des épaules blanches ; on la délace, on lui ôte ses colliers, son écharpe, et c'est une belle occasion de faire des minauderies[21].

– Ce n'est qu'une faiblesse qui m'a pris ; je suis sujet à cela, répondis-je sèchement.

Je me levai, je me dépouillai de mon ridicule accoutrement.

Et puis l'on déjeuna.

Mes trois camarades mangèrent beaucoup et burent encore plus; moi, je ne mangeais presque pas, le souvenir de ce qui s'était passé me causait d'étranges distractions.

Le déjeuner fini, comme il pleuvait à verse, il n'y eut pas moyen de sortir; chacun s'occupa comme il put. Borgnioli tambourina des marches guerrières sur les vitres; Arrigo et l'hôte firent une partie de dames; moi, je tirai de mon album un carré de vélin[22], et je me mis à dessiner.

Les linéaments[23] presque imperceptibles tracés par mon crayon, sans que j'y eusse songé le moins du monde, se trouvèrent représenter avec la plus merveilleuse exactitude la cafetière qui avait joué un rôle si important dans les scènes de la nuit.

– C'est étonnant comme cette tête ressemble à ma sœur Angéla, dit l'hôte, qui, ayant terminé sa partie, me regardait travailler par-dessus mon épaule.

En effet, ce qui m'avait semblé tout à l'heure une cafetière était bien réellement le profil doux et mélancolique d'Angéla.

– De par tous les saints du paradis ! est-elle morte ou vivante ? m'écriai-je d'un ton de voix tremblant, comme si ma vie eût dépendu de sa réponse.

– Elle est morte, il y a deux ans, d'une fluxion de poitrine[24] à la suite d'un bal.

– Hélas ! répondis-je douloureusement.

Et, retenant une larme qui était près de tomber, je replaçai le papier dans l'album.

Je venais de comprendre qu'il n'y avait plus pour moi de bonheur sur la terre !

Théophile Gautier, *La Cafetière*, 1831.

22 **vélin :** papier très blanc. 23 **les linéaments :** l'ébauche. 24 **fluxion de poitrine :** maladie des poumons.

Comprendre comment le récit fantastique mêle songe et réalité

De la réalité au fantastique

1. L. 1 à 78 : quels sont les différents éléments du décor qui préparent l'intrusion du fantastique ?

2. Quel élément sonore répétitif indique le moment propice à cette intrusion ? (l. 55 à 128)

3. Quelles sont les manifestations physiques ressenties par le narrateur ? (l. 36 à 81)

4. L. 73 à 88 : quelle phrase permet de comprendre que la surprise du narrateur ne fait qu'augmenter ?

Êtres et objets dans l'univers fantastique

5. Où figurent les personnages qui vont s'animer ? Par quels détails physiques prennent-ils progressivement vie ?

6. Quel objet est particulièrement important dans le récit ? Expliquez pourquoi.

7. Qui semble être à l'origine de toute cette scène selon le narrateur ? Observez les l. 153 à 162 et 283 à 289 pour répondre.

8. Dans un tableau, dressez la liste de tous les phénomènes surnaturels observés, en distinguant êtres et objets.

Sentiment amoureux et image féminine

9. Quel type de créature Angéla peut-elle être ?

BILAN **10** **Expliquez la signification de la dernière phrase du récit. Cette réaction du personnage est-elle surprenante ? Justifiez.**

Enrichir son vocabulaire

• Cherchez l'origine commune des mots suivants : *concerto, maestro, virtuose, trilles, prestissimo*. Cherchez ensuite d'autres mots de même origine appartenant au champ lexical de la musique.

À l'écrit

Rédiger un court texte argumentatif

Expliquez en une dizaine de lignes comment l'auteur s'y prend pour laisser le lecteur dans le doute : un événement surnaturel s'est-il produit ou le narrateur a-t-il simplement rêvé ? Envisagez les deux points de vue et justifiez-les avec des exemples précis.

LECTURE GUIDÉE

La Vénus d'Ille

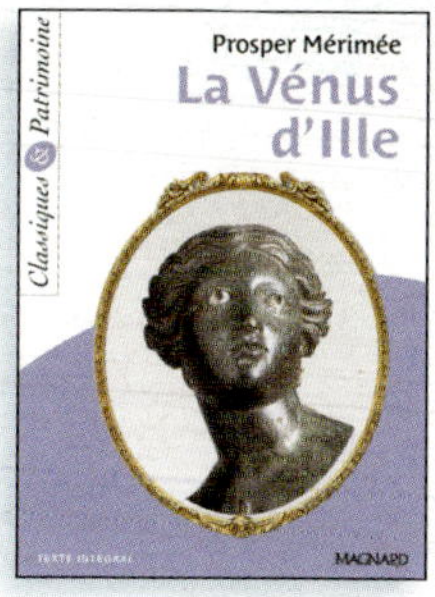

© Magnard

Découvrir la manifestation des forces du Mal dans un récit fantastique

*Vous allez lire de façon autonome la nouvelle de **Prosper Mérimée**. Vous pourrez ensuite constituer un **dossier illustré** afin de conserver une trace de votre lecture. Voici ce que contiendra votre dossier.*

1 Préparez votre lecture

Cherchez quelques renseignements sur les thèmes suivants et proposez pour chacun un paragraphe que vous illustrerez.

- **La vie de l'auteur :** ses dates, son intérêt pour l'Antiquité, son métier, ses autres œuvres célèbres, son lien avec les auteurs russes (▶ p. 82).
- **Vénus :** ses attributs, son rôle dans la mythologie romaine, ses aspects « positifs » ou « négatifs », une ou deux histoires dont elle est l'héroïne, son influence sur les êtres humains, ce qu'on peut lui demander (et en échange de quoi). Cherchez aussi des images de statues romaines.
- **Virgile :** auteur souvent cité dans la nouvelle (et l'*Enéide*) : dates, héros, thèmes…

2 Faites une lecture attentive

Prenez des notes au fur et à mesure de votre lecture.
Chaque fois que vous repèrerez une manifestation de la Vénus, résumez-la en quelques lignes et donnez-en deux explications différentes : l'une d'origine fantastique, l'autre, rationnelle.

Construisez un tableau comparatif.
Relevez tous les passages où le narrateur, M. de Peyrehorade et Alphonse sont fascinés par la Vénus, puis complétez ce tableau.

Personnage	Extraits évoquant sa fascination pour la Vénus	Explication possible de cette fascination
Le narrateur	…… (page …)	……
M. de Peyrehorade	…… (page …)	fier de sa trouvaille archéologique
Alphonse	…… (page …)	troublé et effrayé par la statue

Constituez une liste d'expressions tirées du texte.
Relevez les termes employés pour désigner la Vénus. Classez-les selon qu'ils relèvent de la mythologie ou de la religion chrétienne.

3 Écrivez à propos de votre lecture

Choisissez une activité d'écriture :

Activité 1 Écrivez un article de journal sur le fait divers raconté dans la nouvelle, dans lequel vous formulerez différentes hypothèses et explications (rationnelles ou non) envisagées par le journaliste à deux phénomènes : la mort d'Alphonse, le gel des vignes.

Activité 2 Selon vous, pourquoi Mérimée ne donne-t-il pas d'explication aux manifestations surnaturelles qui ont lieu dans la nouvelle ? Quel effet cela produit-il sur le lecteur ?

Carrel Willink (1900-1983), *Statue près de plaisir*, 1935, huile sur toile (75 x 100 cm).

BILAN ▶ Quand l'objet prend vie

Analyser un thème-clé du fantastique

1. Comment se manifeste la vie de la cafetière et de la statue dans chacune des nouvelles ?
2. Pour quelles raisons chacun de ces deux objets prend-il vie ?
3. Selon vous, pourquoi ce thème de l'objet qui prend vie est-il apprécié dans la littérature fantastique ?
4. Cherchez des histoires ou des mythes proches, antiques ou actuels, par exemple : Pygmalion et Galatée, Coppélia, le Golem.

Le Horla, G. de Maupassant

Texte 1

Un bien-être apparent

Guy de Maupassant *(1850-1893) est un écrivain français célèbre pour ses nouvelles réalistes (▸ p. 24) et fantastiques. Il en écrit plus de trois cents. De nombreux récits ont pour cadre sa Normandie natale. D'abord employé dans divers ministères, il est encouragé dans sa vocation d'écrivain par Gustave Flaubert (▸ p. 46). Atteint de la syphilis, il perd la vue, puis la raison : il meurt fou.*

Voici le début de la nouvelle.

8 mai. – Quelle journée admirable ! J'ai passé toute la matinée étendu sur l'herbe, devant ma maison, sous l'énorme platane qui la couvre, l'abrite et l'ombrage tout entière. J'aime ce pays, et j'aime y vivre parce que j'y ai mes racines, ces profondes et délicates racines, qui attachent un homme à la terre où sont nés et morts ses aïeux, qui l'attachent à ce qu'on pense et à ce qu'on mange, aux usages comme aux nourritures, aux locutions locales, aux intonations des paysans, aux odeurs du sol, des villages et de l'air lui-même.

J'aime ma maison où j'ai grandi. De mes fenêtres, je vois la Seine qui coule, le long de mon jardin, derrière la route, presque chez moi, la grande et large Seine qui va de Rouen au Havre, couverte de bateaux qui passent.

À gauche, là-bas, Rouen, la vaste ville aux toits bleus, sous le peuple pointu des clochers gothiques. Ils sont innombrables, frêles[1] ou larges, dominés par la flèche de fonte de la cathédrale, et pleins de cloches qui sonnent dans l'air bleu des belles matinées, jetant jusqu'à moi leur doux et lointain bourdonnement de fer, leur chant d'airain[2] que la brise m'apporte, tantôt plus fort et tantôt plus affaibli, suivant qu'elle s'éveille ou s'assoupit.

Comme il fait bon ce matin !

Vers onze heures, un long convoi de navires, traînés par un remorqueur, gros comme une mouche, et qui râlait de peine en vomissant une fumée épaisse, défila devant ma grille.

Après deux goélettes[3] anglaises, dont le pavillon rouge ondoyait[4] sur le ciel, venait un superbe trois-mâts brésilien, tout blanc, admirablement propre et luisant. Je le saluai, je ne sais pourquoi, tant ce navire me fit plaisir à voir.

12 mai. – J'ai un peu de fièvre depuis quelques jours ; je me sens souffrant, ou plutôt je me sens triste.

D'où viennent ces influences mystérieuses qui changent en découragement notre bonheur et notre confiance en détresse ? On dirait que l'air, l'air invisible est plein d'inconnaissables Puissances, dont nous subissons les voisinages mystérieux. Je m'éveille plein de gaieté, avec des envies de chanter dans la gorge. – Pourquoi ? – Je descends le long de l'eau ; et soudain, après une courte promenade, je rentre désolé, comme si quelque malheur m'attendait chez moi. – Pourquoi ? – Est-ce un frisson de froid qui, frôlant ma peau, a ébranlé mes nerfs[5] et assombri mon âme ? Est-ce la forme des nuages, ou la couleur du jour, la couleur des choses, si variable, qui, passant par mes yeux, a troublé ma pensée ? Sait-on ? Tout ce qui nous entoure, tout ce que nous voyons sans le regarder, tout ce que nous frôlons sans le connaître, tout ce que nous touchons sans le palper, tout ce que nous rencontrons sans le distinguer, a sur nous, sur nos organes et, par eux, sur nos idées, sur notre cœur lui-même, des effets rapides, surprenants et inexplicables. […]

16 mai. – Je suis malade, décidément ! Je me portais si bien le mois dernier ! J'ai la fièvre, une fièvre atroce, ou plutôt un énervement fiévreux, qui rend mon âme aussi souffrante que mon corps ! J'ai sans cesse cette sensation

1 **frêles :** fragiles.
2 **d'airain :** métallique.
3 **goélettes :** petits bateaux à voiles.
4 **ondoyait :** ondulait.
5 **ébranlé mes nerfs :** m'a bouleversé.
6 **appréhension :** crainte de ce qui va se produire.

affreuse d'un danger menaçant, cette appréhension[6] d'un malheur qui vient ou de la mort qui approche, ce pressentiment qui est sans doute l'atteinte d'un mal encore inconnu, germant dans le sang et dans la chair.

Guy de Maupassant, *Le Horla*, 1887.

Odilon Redon (1840-1916), *L'apparition*, huile sur papier, vers 1890, Otterlo, Musée Kröller-Müller, Pays-Bas.

Entrer dans la lecture

- Quelle impression donnent les premières phrases du passage ?
- Où se situe la maison du narrateur ?

Identifier les premiers signes du fantastique dans un cadre réaliste

Le narrateur, le cadre (l. 1 à 24)

1. Pourquoi le narrateur se sent-il bien dans son cadre de vie ?

2. Quel type d'écrit choisit Maupassant ? Expliquez ce choix.

3. Quelles parties de monument sont surtout visibles depuis la maison du narrateur ?

4. Quels sont les deux sens sollicités dans cette description ? Identifiez une figure de style qui évoque chacun d'eux et justifiez à chaque fois son emploi.

L'intrusion de l'inconnu

5. L. 8 à 23 : **a.** Quel élément inhabituel apparaît dans le paysage ? **b.** Qu'est-ce qui est remarquable dans son apparence ?

6. Quelles sont les modifications physiques et morales de l'état du narrateur le 12 mai ? Quel type de phrase revient souvent ?

7. Comment interprète-t-il le mal dont il est atteint le 16 mai ?

8. Relisez les lignes 35 à 39 : **a.** Selon vous, qui représente le pronom *nous* ?
b. Quelle idée le narrateur affirme-t-il sur le monde qui nous entoure ?

BILAN

9 **En deux colonnes, récapitulez les éléments rassurants qui rattachent le narrateur au réel, puis les éléments nouveaux et inquiétants dans ce début de récit.**

Éléments rassurants qui rattachent le narrateur au réel	Éléments nouveaux et inquiétants
……	……

À l'écrit

Écrire la page du journal du narrateur datée du 18 mai

→ Réfléchissez au contenu de cette page : quelle décision le narrateur prend-il ? Demande-t-il de l'aide ? Parvient-il à une conclusion quant au mal qui l'atteint ou se pose-t-il des questions ?

→ Réutilisez le type de phrase repéré à la question **6**.

Texte 2 La montée de l'angoisse

Jour après jour, le narrateur perçoit à ses côtés une présence étrangère et se sent de plus en plus mal.

25 mai. […] – Vers dix heures, je monte dans ma chambre. À peine entré, je donne deux tours de clef, et je pousse les verrous ; j'ai peur... de quoi ?... Je ne redoutais rien jusqu'ici... j'ouvre mes armoires, je regarde sous mon lit ; j'écoute... j'écoute... quoi ?... Est-ce étrange qu'un simple malaise, un trouble de la circulation peut-être, l'irritation d'un filet nerveux, un peu de congestion[1], une toute petite perturbation dans le fonctionnement si imparfait et si délicat de notre machine vivante, puisse faire un mélancolique du plus joyeux des hommes, et un poltron[2] du plus brave ? Puis, je me couche, et j'attends le sommeil comme on attendrait le bourreau[3]. Je l'attends avec l'épouvante de sa venue, et mon cœur bat, et mes jambes frémissent ; et tout mon corps tressaille dans la chaleur des draps, jusqu'au moment où je tombe tout à coup dans le repos, comme on tomberait pour s'y noyer, dans un gouffre d'eau stagnante. Je ne le sens pas venir, comme autrefois, ce sommeil perfide[4], caché près de moi, qui me guette, qui va me saisir par la tête, me fermer les yeux, m'anéantir.

Je dors – longtemps – deux ou trois heures – puis un rêve – non – un cauchemar m'étreint. Je sens bien que je suis couché et que je dors... je le sens et je le sais... et je sens aussi que quelqu'un s'approche de moi, me regarde, me palpe, monte sur mon lit, s'agenouille sur ma poitrine, me prend le cou entre ses mains et serre... serre... de toute sa force pour m'étrangler.

Moi, je me débats, lié par cette impuissance atroce, qui nous paralyse dans les songes ; je veux crier, – je ne peux pas ; – je veux remuer, – je ne peux pas ; – j'essaie, avec des efforts affreux, en haletant, de me tourner, de rejeter cet être qui m'écrase et qui m'étouffe, – je ne peux pas !

Et soudain, je m'éveille, affolé, couvert de sueur. J'allume une bougie. Je suis seul.

Se croyant fou, le narrateur décide de partir en voyage, ce qui améliore son état ; mais cela ne dure pas et d'autres événements étranges ont lieu...

6 août. […] Je me promenais à deux heures, en plein soleil, dans mon parterre de rosiers... dans l'allée des rosiers d'automne qui commencent à fleurir.

Comme je m'arrêtais à regarder un géant des batailles, qui portait trois fleurs magnifiques, je vis, je vis distinctement, tout près de moi, la tige d'une de ces roses se plier, comme si une main invisible l'eût[5] tordue, puis se casser, comme si cette main l'eût[5] cueillie ! Puis la fleur s'éleva, suivant une courbe qu'aurait décrite un bras en la portant vers une bouche, et elle resta suspendue dans l'air transparent, toute seule, immobile, effrayante tache rouge à trois pas de mes yeux.

Éperdu, je me jetai sur elle pour la saisir ! Je ne trouvai rien ; elle avait disparu. Alors je fus pris d'une colère furieuse contre moi-même ; car il n'est pas permis à un homme raisonnable et sérieux d'avoir de pareilles hallucinations.

Mais était-ce bien une hallucination ? Je me retournai pour chercher la tige, et je la retrouvai immédiatement sur l'arbuste, fraîchement brisée entre les deux autres roses demeurées à la branche.

Alors, je rentrai chez moi l'âme bouleversée, car je suis certain, maintenant, certain comme de l'alternance des jours et des nuits, qu'il existe près de moi un être invisible, qui se nourrit de lait et d'eau, qui peut toucher aux choses, les prendre et les changer de place, doué par conséquent d'une nature matérielle[6], bien qu'imperceptible pour nos sens, et qui habite comme moi, sous mon toit...

Guy de Maupassant, *Le Horla*, 1887.

1 **congestion :** afflux de sang dans les vaisseaux d'un organe ou d'une partie du corps.
2 **poltron :** peureux.
3 **bourreau :** homme qui exécute les condamnés à mort.
4 **perfide :** déloyal, sournois.
5 **eût :** avait.
6 **doué d'une nature matérielle :** doté d'un corps de chair.

LECTURE AUTONOME

Pour savoir à quoi le narrateur fait allusion aux lignes 64-65, lisez les passages datés du 4 au 6 juillet.

© Magnard

Entrer dans la lecture

- À quel moment particulier le narrateur consacre-t-il la page du 25 mai ?
- Les événements qu'il raconte dans cette page sont-ils exceptionnels ?

Saisir une progression au sein d'un récit fantastique

Le malaise s'installe

1. De quoi le narrateur a-t-il peur le 25 mai ? Quelles sont les manifestations physiques de cette peur ? Justifiez votre réponse en citant le texte.

2. Observez la construction grammaticale des phrases dans les lignes 1 à 12 et 22 à 29. Que permet-elle d'exprimer ?

Une lutte inégale

3. Dans les lignes 12 à 21, l'auteur utilise deux comparaisons : lesquelles ? Quel thème commun évoquent-elles ?

4. Que traduit la répétition des lignes 30 à 36 ?

5. Quelles sensations physiques le narrateur éprouve-t-il ? Quelle est, selon lui, leur origine ?

Des preuves irréfutables

6. Quel événement se produit le 6 août ? À quel moment de la journée ? En quoi est-ce important ?

7. **a.** Résumez les réactions successives du narrateur face à cet événement. **b.** Quelle preuve décisive le narrateur a-t-il de ce qu'il vient de vivre ?

BILAN **8** **À l'aide de vos réponses, expliquez ce qui change dans l'opinion du narrateur sur l'être invisible entre le 25 mai et le 6 août.**

Gravure illustrant *Le Horla*, 1910.

Enrichir son vocabulaire

- Relevez deux mots du champ lexical de l'inquiétude dans les lignes 50 à 62, puis cherchez d'autres termes de ce champ lexical.
- Cherchez quatre synonymes du terme *hallucination* dans le dictionnaire, puis employez-les chacun dans une phrase.

À l'écrit

Inventer un autre événement du *Horla*

Imaginez un autre événement qui prouve l'existence de l'être invisible dont parle le narrateur, et qu'il raconterait aussi dans son journal.

→ Évoquez par exemple un objet qui bouge ou qui se brise, une porte qui s'ouvre, une voix lointaine…

→ Veillez à exprimer la terreur qui s'empare alors du narrateur.

Texte 3

Un combat contre l'invisible

L'angoisse du narrateur augmente encore, et il hésite sans cesse entre la maladie et la folie pour expliquer les phénomènes étranges qu'il voit. Il se sent possédé par une puissance invisible qui contrôle sa volonté.

19 août. – Je sais... je sais... je sais tout ! Je viens de lire ceci dans la *Revue du Monde scientifique* : « Une nouvelle assez curieuse nous arrive de Rio de Janeiro. Une folie, une épidémie de folie, comparable aux démences contagieuses qui atteignirent les peuples d'Europe au Moyen Âge, sévit en ce moment dans la province de Sao-Paulo. Les habitants éperdus[1] quittent leurs maisons, désertent leurs villages, abandonnent leurs cultures, se disant poursuivis, possédés, gouvernés comme un bétail humain par des êtres invisibles bien que tangibles, des sortes de vampires qui se nourrissent de leur vie, pendant leur sommeil, et qui boivent en outre de l'eau et du lait sans paraître toucher à aucun autre aliment. [...] »

Ah ! Ah ! je me rappelle, je me rappelle le beau trois-mâts brésilien qui passa sous mes fenêtres en remontant la Seine, le 8 mai dernier ! Je le trouvais si joli, si blanc, si gai ! L'Être était dessus, venant de là-bas, où sa race est née ! Et il m'a vu ! Il a vu ma demeure blanche aussi ; et il a sauté du navire sur la rive. Oh ! mon Dieu ! [...]

Malheur à nous ! Malheur à l'homme ! Il est venu, le... le... comment se nomme-t-il... le... il me semble qu'il me crie son nom, et je ne l'entends pas... le... oui... il le crie... J'écoute... je ne peux pas... répète... le... Horla... J'ai entendu... le Horla... c'est lui... le Horla... il est venu !... [...]

Il est en moi, il devient mon âme ; je le tuerai !

19 août. – Je le tuerai. Je l'ai vu ! je me suis assis hier soir, à ma table [...] et soudain, je sentis, je fus certain qu'il lisait par-dessus mon épaule, qu'il était là, frôlant mon oreille.

Je me dressai, les mains tendues, en me tournant si vite que je faillis tomber. Eh bien ?... on y voyait comme en plein jour, et je ne me vis pas dans ma glace !... Elle était vide, claire, profonde, pleine de lumière ! Mon image n'était pas dedans... et j'étais en face, moi ! Je voyais le grand verre limpide[2] du haut en bas. Et je regardais cela avec des yeux affolés ; et je n'osais plus avancer, je n'osais plus faire un mouvement, sentant bien pourtant qu'il était là, mais qu'il m'échapperait encore, lui dont le corps imperceptible avait dévoré mon reflet.

Comme j'eus peur ! Puis voilà que tout à coup je commençai à m'apercevoir dans une brume, au fond du miroir, dans une brume comme à travers une nappe d'eau ; et il me semblait que cette eau glissait de gauche à droite, lentement, rendant plus précise mon image, de seconde en seconde. C'était comme la fin d'une éclipse. Ce qui me cachait ne paraissait point posséder de contours nettement arrêtés, mais une sorte de transparence opaque, s'éclaircissant peu à peu.

Je pus enfin me distinguer complètement, ainsi que je le fais chaque jour en me regardant.

Je l'avais vu ! L'épouvante m'en est restée, qui me fait encore frissonner.

20 août. – Le tuer, comment ? puisque je ne peux l'atteindre ? Le poison ? mais il me verrait le mêler à l'eau ; et nos poisons, d'ailleurs, auraient-ils un effet sur son corps imperceptible ? Non... non... sans aucun doute... Alors ?... alors ?...

Enrichir son vocabulaire

- Un **néologisme** est un mot inventé, par exemple par un écrivain. Essayez d'imaginer à partir de quels mots ou expressions Maupassant a pu forger le terme *Horla*. Comment aurait-il pu le nommer selon vous ?

1 **éperdus :** affolés.
2 **limpide :** transparent.
3 **fournaise :** très grande chaleur.

Le Horla, illustration, 1903.

Le narrateur, poussé à bout, met alors le feu à sa maison, oubliant la présence de ses domestiques.

10 septembre. – [...] Soudain le toit tout entier s'engloutit entre les murs et un volcan de flammes jaillit jusqu'au ciel. Par toutes les fenêtres ouvertes sur la fournaise[3], je voyais la cuve de feu, et je pensais qu'il était là, dans ce four, mort...

– Mort? Peut-être?... Son corps? son corps que le jour traversait n'était-il pas indestructible par les moyens qui tuent les nôtres? [...] Non... non... sans aucun doute, sans aucun doute... il n'est pas mort... Alors... alors... il va donc falloir que je me tue, moi!..

Guy de Maupassant, *Le Horla*, 1887.

Entrer dans la lecture

- Qu'affirme le narrateur dans le paragraphe du 19 août ?
- Cette affirmation va-t-elle le rassurer ?

Saisir une progression au sein d'un récit fantastique

La révélation de la vérité ?

1. **a.** Quelle nouvelle le narrateur apprend-il le 19 août ? Dans quel document ? **b.** Quel lien fait-il entre cette nouvelle et ce qui lui arrive ?

2. Lignes 16 à 19 : quelles remarques pouvez-vous faire sur les phrases de ce passage ? Que montrent-elles de l'état du narrateur ?

3. Le mot « Horla » n'existe pas dans le dictionnaire. Pourquoi, selon vous, le narrateur a-t-il besoin de créer ce mot ?

Une preuve terrifiante

4. Pourquoi le narrateur se lève-t-il brusquement dans le deuxième passage daté du 19 août ?

5. Quel fait précis le terrifie davantage ? Relevez les adjectifs qualificatifs qui décrivent ce phénomène.

6. Quelles comparaisons Maupassant emploie-t-il pour décrire la fin du phénomène ? Expliquez-les.

7. Quelle est la figure de style utilisée dans l'expression *transparence opaque* ? Pourquoi convient-elle pour traduire la présence du Horla ?

La seule issue (l. 40 à 51)

8. Observez la construction et le type de phrase. Que pouvez-vous en conclure sur l'état d'esprit du narrateur ?

9. **a.** Pourquoi le narrateur pense-t-il qu'il ne peut pas tuer le Horla ? **b.** Quelle solution lui paraît inévitable ? Expliquez pourquoi.

BILAN **10** **À l'aide de vos réponses, résumez les différentes étapes du raisonnement suivi par le narrateur à la fin de son journal. Comment expliquez-vous la décision qu'il prend alors ?**

BILAN ▸ *Le Horla*, G. de Maupassant

Comprendre comment le fantastique donne vie à ce qui n'existe pas

Relisez les textes 1 à 3 (▸ p. 74-78), puis complétez ce tableau :

Thème évoqué	Citation du texte	Réactions du narrateur
la lumière	......	......
le blanc	......	......
l'eau	......	......
l'invisible	......	......

À partir de ce tableau, écrivez un texte d'une dizaine de lignes pour expliquer ce qu'est le Horla pour le narrateur.

Histoire des arts

L'illusion en images

Étudier comment les artistes font voir l'invisible

1. Johann Heinrich Füssli (1741-1825), *Le cauchemar*, 1781, huile sur toile (127 x 101,6 cm), Detroit Institute of Art, États-Unis.

Lecture de l'image

Interpréter la mise en scène du fantastique

1. Combien de personnages figurent sur ce tableau ?
2. Lequel est mis en valeur ? De quelle façon ?
3. Comment expliquez-vous la présence des deux autres créatures ? Aidez-vous du titre de l'œuvre pour répondre.
4. Quel épisode du *Horla* ce tableau peut-il évoquer ? Expliquez pourquoi.

Graine de culture

- Cherchez l'étymologie du mot *cauchemar*. Quel lien peut-on faire avec le tableau de Füssli ? En anglais, « cauchemar » se dit *nightmare*.
- Cherchez le sens des mots *night* et *mare* en anglais. Expliquez en quoi ces mots ont pu inspirer le peintre.

2. **R. Child Bayley,** *Photo spirite*, trucage photographique, 1910.

3. *Un photographe*, gravure de 1880.

Les procédés photographiques

La photographie est une technique qui permet de réaliser des images reproduisant le réel. Elle a été créée dans les années 1830 par Nicéphore Niepce, mais c'est au début du XXe siècle que son utilisation se généralise. Au XIXe siècle, et jusqu'à l'apparition de la photographie numérique (dans les années 1990), elle se réalise en deux étapes : la **prise de vue** et le **développement**.

• Au XIXe siècle, la prise de vue est faite par le photographe, qui a la tête sous un drap noir, à l'aide d'un appareil à soufflet. On utilise d'abord des plaques de verre, mais dès la fin du XIXe siècle, la **pellicule** est inventée. C'est un morceau de plastique transparent recouvert de sels d'argent. Lors de la prise de vue, elle est impressionnée à certains endroits par la lumière, créant ainsi une image visible.

• La pellicule doit être ensuite développée dans le noir, pour éviter que l'image ne s'efface. Pour cela, on la plonge dans des bains de produits chimiques qui révèlent et fixent l'image.

• Dès les débuts de la photographie, les photographes jouent avec l'image et donnent l'illusion de la réalité grâce aux **trucages** et aux **photomontages**. La photographie offre ainsi de nouvelles possibilités de liberté et d'imagination…

Bilan

Analyser une représentation du fantastique

1. À quoi est occupé le personnage assis ? Vers quoi son regard est-il dirigé ?

2. Identifiez le personnage à droite. Justifiez votre réponse en citant des éléments de la photographie.

3. À quel épisode du *Horla* cette photographie peut-elle faire penser ? Justifiez votre réponse.

4. D'après vous, de quelle façon le photographe a-t-il pu procéder pour obtenir ce résultat ?

5. Du tableau (▸ p.80) ou de la photographie, lequel des deux vous semble le mieux montrer l'invisible ? Pourquoi ? Vos avis peuvent différer.

AUTOUR D'UN THÈME

Le fantastique russe

REPÈRES

Découvrir des amitiés littéraires franco-russes

Depuis le XVIIIe siècle, l'élite russe entretient des relations prvilégiées avec la France, qui découvre alors la littérature russe, que l'on continue de lire et d'étudier aujourd'hui.

Catherine II.

1 Au XVIIIe siècle : échanges et correspondance

- Si la Russie reste un **état féodal**, dirigé par un **tsar** (un empereur) tout puissant l'**influence de la culture européenne** et des Lumières (▸ **p. 184**) se fait pourtant sentir et, pour de nombreux aristocrates, il est élégant de parler français. Deux écrivains philosophes, Voltaire et Diderot (▸ **p. 184**), entament chacun de leur côté une correspondance avec l'impératrice Catherine II. Ces échanges épistolaires durent près de vingt ans.
- Plus tard, l'impératrice fait même l'acquisition de la bibliothèque de Diderot au moment où celui-ci souffre d'un manque d'argent. Elle acquiert également celle de Voltaire à la mort de ce dernier.

LE SAVEZ-VOUS ?

La langue russe comporte environ 350 mots d'origine française tels que : *appétit, ballade, béret, colosse, divan, gendarme, métro, perspective, tact, trottoir*, etc.
En français, nous avons aussi des mots d'origine russe tels que : *blini, icône, kopeck, mammouth, samovar.*
- Trouvez l'étymologie supposée du nom *bistrot*.
- Quelle est l'étymologie du mot *tsar* ?

Diderot (▸ **p. 180**).

Voltaire (▸ **p. 182**).

2 Au XIXe siècle : les « plumes amies »

Traduire du russe en français n'est pas une tâche facile. Le russe est une langue faite pour la poésie, d'une richesse extraordinaire et remarquable surtout par la finesse de ses nuances.

P. Mérimée, 1863.

- Donnez le titre d'une nouvelle fantastique de Prosper Mérimée. D'après la citation ci-dessus, quelle activité Mérimée avait-il en plus de celle d'écrivain ?

- En 1856, le **romancier russe Ivan Tourgueniev** s'installe près de Paris. Il se lie d'amitié avec de nombreux auteurs de l'époque : **Gustave Flaubert** (▸ p. 46), **Prosper Mérimée**, **Alexandre Dumas** (▸ p. 100)…
- Avec Alphonse Daudet, Émile Zola (▸ p. 116), Édouard de Goncourt et Flaubert, il forme le **groupe des Cinq**. Une fois par mois, ces auteurs se réunissent et parlent de leur métier d'écrivain. **Maupassant** (▸ p. 24), ami de Flaubert, les rejoint souvent. Le groupe a ainsi fait connaître la littérature russe à la France : les écrits de Tourgueniev, mais aussi ceux de **Nicolas Gogol** et **Alexandre Pouchkine**.

Tourgueniev.

B2i **www.4e.jdl.magnard.fr/liens**

Faites une recherche sur le « groupe des Cinq » en consultant le blog du musée Tourgueniev.

1. Comment s'intitule la nouvelle que Tourgueniev dédie à son ami Flaubert ?

2. Quel témoignage d'admiration Tourgueniev a-t-il voulu rendre à Flaubert ?

LECTURE GUIDÉE

Le nez et autres nouvelles fantastiques

Analyser et comparer des nouvelles fantastiques

Ce recueil Le nez et autres nouvelles fantastiques, *regroupe des nouvelles de trois auteurs russes : Gogol, Pouchkine et Tourgueniev.* On y découvre de mystérieux personnages évoluant dans le décor de la Russie du XIXe siècle.

© Le Livre de Poche Jeunesse

1 Faites une lecture active

- À mesure de votre lecture, remplissez le tableau suivant qui vous permettra de comparer les trois nouvelles.

	Éléments extraordinaires	Sentiments des personnages	Réaction du lecteur
Le nez **(N. Gogol)**	Apparition du nez dans le petit pain	Ivan Iakovlévitch est …	……
	……	……	……
	Réapparition du nez « grandeur nature »	Koliakov est …	……
Le marchand de cercueils **(A. Pouchkine)**	……	Adrian est …	……
Apparitions **(I. Tourgueniev)**	Apparition d'…	Le narrateur est …	……
	……	……	……

- Dans les trois nouvelles, faites la liste des thèmes et des éléments présents qui font référence à l'univers de la Russie (noms, fonctions, lieux, événements historiques et sociaux…).

2 Écrivez pour prolonger votre lecture

Choisissez un sujet et écrivez un texte d'une vingtaine de lignes.

- Imaginez une page du journal de Kovaliov une fois qu'il a retrouvé son nez : il fait le bilan de son aventure et exprime ses sentiments.
- Écrivez la lettre qu'Ellis aurait pu laisser au narrateur pour expliquer qui elle est, et pourquoi elle agit ainsi. Utilisez les indices que donne le narrateur au sujet de son identité.
- Le marchand de cercueils raconte à son ami, le cordonnier allemand, la vision qu'il a eue dans son sommeil. Écrivez leur dialogue : le cordonnier exprimera son opinion, réconfortera son ami…

3 Faites le bilan de vos lectures

Cherchez ce qui rapproche ou ce qui différencie les nouvelles russes des nouvelles françaises étudiées dans ce chapitre : *L'Homme au sable, La Cafetière, La Vénus d'Ille* (thèmes communs, sentiments éprouvés par le lecteur, dénouement, présence ou non d'explications rationnelles).

Votre professeur choisira certains exercices pour vous préparer au sujet d'écrit.

LEXIQUE

Le lexique de la peur

Vocabulaire des émotions ▸ leçon 4, p. 288

1 Classez les mots de chaque liste par degré d'intensité. Choisissez ensuite un mot et employez-le dans une phrase qui en précisera le sens.

1. Épouvante, crainte, frayeur. 2. Angoisse, effroi, inquiétude. 3. Appréhension, hantise, anxiété.

2 Complétez chaque phrase à l'aide des mots de la liste. *Frissonner, tremblotantes, se couvrit de sueur, retint, se dressèrent, haletant, coupa, livide.*

Louis lisait dans sa chambre, quand il entendit un craquement qui lui ...1... le souffle. Il crut distinguer une voix : ses cheveux ...2... Son front ...3... et il se mit à ...4... quand il entendit une plainte ! Il se leva, les jambes ...5..., et saisit un chandelier. Il avança le long du couloir en ...6..., puis s'immobilisa, si angoissé qu'il en avait le teint ...7... Un rayon de lune éclaira le couloir : Louis ...8... son souffle ! Mais ce n'était que le chat qui passait en miaulant.

Sens propre, sens figuré ▸ leçon 2, p. 284

3 Cherchez le sens de ces expressions imagées, puis employez-les chacune dans une phrase.

1. Être pétrifié d'horreur. 2. Avoir la peur au ventre. 3. Avoir la chair de poule. 4. Glacer le sang dans les veines.

Lexique des genres et des registres ▸ leçon 6, p. 292
Figures de style ▸ leçon 8, p. 296

4 a. Relevez les indices qui créent une atmosphère inquiétante. b. Identifiez deux figures de style.

Le ciel, obscurci dès le matin par une bruine rude et sifflante, mêlée de neige et de grêlons, ne se distinguait en rien, depuis le coucher du soleil, des horizons les plus sombres ; et comme il se confondait par ses ténèbres avec les ténèbres de la terre, les bruits de la terre se mêlaient aussi avec les siens d'une manière horrible qui faisait dresser les cheveux sur le front des voyageurs. L'ouragan, qui grossissait de minute en minute, se traînait en gémissements comme la voix d'un enfant qui pleure.

Charles Nodier, *La Combe de l'homme mort*, 1833.

Le lexique de la surprise

Vocabulaire des émotions ▸ leçon 4, p. 288

5 a. Chassez l'intrus dans chaque liste et justifiez votre réponse. b. Choisissez un mot dans chaque liste et employez-le dans une phrase qui en éclaire le sens.

1. Abasourdi, médusé, surpris, timide.
2. Sidéré, déconcerté, admiratif, interdit, pétrifié.
3. Nostalgique, épaté, étonné, stupéfait.

GRAMMAIRE

Connecteurs temporels ▸ leçon 37, p. 354

6 Complétez ce texte avec les adverbes qui conviennent de manière à ménager une progression dans les événements. *Soudain, peu à peu, ensuite, puis, d'abord, enfin, alors, tout à coup.*

Alphonse observait attentivement la statue, intrigué. Il crut ...1... voir ses paupières battre, ...2... il s'aperçut qu'elle inclinait doucement la tête vers lui. Ses jambes se mirent ...3... en mouvement : elle se redressait ...4... et se mit ...5... en marche. Il la vit ...6... avancer lentement vers lui. Paralysé de terreur, il entendit ...7... une voix sourde. La statue avança ...8... la main vers lui.

Le point de vue ▸ leçon 36, p. 352

7 Relevez les mots et expressions qui reflètent les sentiments et les jugements du narrateur.

Le narrateur suit un homme à la sortie d'un théâtre

On était au moment de le fermer, et le public s'écoulait par les portes. Je vis le vieil homme ouvrir la bouche, comme pour respirer, et se jeter parmi la foule ; mais il me sembla que l'angoisse profonde de sa physionomie était en quelque sorte calmée. Sa tête tomba de nouveau sur sa poitrine ; il apparut tel que je l'avais vu la première fois. Je remarquai qu'il se dirigeait maintenant du même côté que la plus grande partie du public, – mais, en somme, il m'était impossible de rien comprendre à sa bizarre obstination.

E. A. Poe, *L'Homme des foules*, 1840, trad. Ch. Baudelaire.

Mots exclamatifs, interjections, onomatopées ▸ leçon 14, p. 308

8 Relevez les mots exclamatifs et les interjections. Indiquez quels sentiments ils expriment.

14 août. – Je suis perdu ! Quelqu'un possède mon âme et la gouverne ! Quelqu'un ordonne tous mes actes, tous mes mouvements, toutes mes pensées. Je ne suis plus rien en moi, rien qu'un spectateur esclave et terrifié de toutes les choses que j'accomplis. Je désire sortir. Je ne peux pas. Il ne veut pas ; et je reste, éperdu, tremblant, dans le fauteuil où il me tient assis. [...] Oh ! mon Dieu ! Mon Dieu ! Mon Dieu ! Est-il un Dieu ? S'il en est un, délivrez-moi, sauvez-moi ! secourez-moi ! Pardon ! Pitié ! Grâce ! Sauvez-moi ! Oh ! quelle souffrance ! quelle torture ! quelle horreur !

Guy de Maupassant, *Le Horla*, 1887.

ORTHOGRAPHE-CONJUGAISON

Nul, tel / quel, qu'elle ▸ leçon 47, p. 374

9 Accordez convenablement *nul, tel, tel quel* et *quel*.

1. En entrant dans sa chambre, Tom sentit une présence mais nul... chose ne bougeait autour de lui.
2. Ce phénomène provoqua en lui une tel... frayeur qu'il ne parvenait pas à s'endormir. Quel... terreur il éprouvait !
3. Il crut alors distinguer des bruits, tel... qu'il les avait déjà entendus : nul... doute que quelqu'un buvait près de lui !
4. Le lendemain il retrouva tel... quel... la carafe et l'eau qu'il avait posées la veille sur sa table de nuit.

Accord de l'adjectif qualificatif ▸ 20 règles d'or, p. 402

10 Accordez convenablement les mots entre parenthèses.

Une lampe étrusque de terre rouge posait sur une armoire [...], aux panneaux d'ébène sévèrement (*rayé*) de filaments de cuivre; une duchesse[1] du temps de Louis XV allongeait nonchalamment ses pieds de biche sous une (*épais*) table du règne de Louis XIII, aux (*lourd*) spirales de bois de chêne, aux sculptures (*entremêlé*) de feuillages et de chimères. [...] Sur les tablettes (*denticulé*) des dressoirs[2] rayonnaient d'(*immense*) plats du Japon, aux dessins (*rouge*) et (*bleu*), (*relevé*) de hachures d'or.

1 un fauteuil. 2 étagères. **T. Gautier**, *Le Pied de momie*, 1840.

Situation d'énonciation ▸ leçon 35, p. 350

11 Récrivez ce passage en remplaçant *je* par *ils*.

J'éprouvais un malaise horrible, j'avais les tempes serrées, mon cœur battait à m'étouffer; et, perdant la tête, je pensai à me sauver à la nage; puis aussitôt cette idée me fit frissonner d'épouvante. Je me vis, perdu, allant à l'aventure dans cette brume épaisse, me débattant au milieu des herbes et des roseaux que je ne pourrais éviter [...] et il me semblait que je me sentirais tiré par les pieds tout au fond de cette eau noire.

Guy de Maupassant, *Sur l'eau*, 1876.

dictée

12 Mémorisez ce texte en vue d'une autodictée.

Nous restions immobiles, livides, dans l'attente d'un événement affreux, l'oreille tendue, le cœur battant, bouleversés au moindre bruit. [...] Et soudain tous ensemble, nous eûmes une sorte de sursaut : un être glissait contre le mur du dehors vers la forêt; puis il passa contre la porte, qu'il sembla tâter, d'une main hésitante; [...] puis soudain une tête apparut contre la vitre du judas, une tête blanche avec des yeux lumineux comme ceux des fauves.

Guy de Maupassant, *La Peur*, 1882.

Sujet d'écrit

Écrire la suite d'un récit fantastique

Le narrateur est entré chez un brocanteur. Le marchand lui demande s'il va lui acheter quelque chose.

« Je voudrais une figurine, un objet quelconque qui pût[1] me servir de serre-papier, car je ne puis souffrir[2] tous ces bronzes de pacotille que vendent les papetiers, et qu'on retrouve invariablement sur tous les bureaux. » [...] J'hésitais entre un dragon de porcelaine tout constellé de verrues, la gueule ornée de crocs et de barbelures, et un petit fétiche[3] mexicain fort abominable, représentant au naturel le dieu Witziliputzili, quand j'aperçus...

Théophile Gautier, *Le Pied de momie*, 1840.

1 puisse. 2 supporter. 3 porte-bonheur.

Écrivez la suite de ce récit fantastique : le narrateur achète un objet qui va lui servir de presse-papier. Il va le regretter...

Consignes d'écriture

→ Identifiez l'objet et écrivez-en une brève description.
→ Rédigez ensuite un passage narratif : le narrateur achète l'objet, rentre chez lui et l'installe sur son bureau. Formulez ses pensées : il imagine l'origine et l'histoire de l'objet.
→ Reprenez le fil du récit : l'objet s'anime plusieurs fois pendant la nuit.
→ Terminez votre récit en racontant la situation du narrateur au petit matin.

Méthode

✓ Gardez les **caractéristiques du texte-support** : même narrateur, cohérence du cadre, respect des temps verbaux.
✓ Ménagez une **progression** des événements étranges et effrayants.
✓ Exprimez les **sentiments** du narrateur face aux phénomènes fantastiques (peur, surprise...).
✓ Laissez le lecteur dans l'**incertitude** à la fin de votre récit.

Attention !

⚠ Ne faites pas basculer votre récit dans l'épouvante en utilisant trop d'éléments effrayants ou sanglants. Ménagez des moments d'accalmie.
⚠ N'écrivez pas un conte ou un récit merveilleux : restez dans le genre fantastique où l'atmosphère d'inquiétude doit être permanente.

Votre professeur choisira certains exercices pour vous préparer au sujet d'écrit.

LEXIQUE

Le lexique de l'étrange

Lexique des genres et des registres ▸ leçon 6, p. 292

1 Reliez chaque synonyme à son antonyme de la liste 2. Certains adjectifs de la liste 1 peuvent avoir le même antonyme.

Liste 1 : Incompréhensible, exceptionnel, inhabituel, bizarre, extraordinaire, insolite.

Liste 2 : Banal, habituel, ordinaire, courant, commun, intelligible.

2 a. Chassez l'intrus dans chaque liste. b. Les termes soulignés ont au moins deux sens : employez-les dans deux courtes phrases qui en montreront les différents sens.

1. Multiple, étonnant, inhabituel, singulier, extravagant.
2. Inexplicable, original, réjoui, inouï, incroyable.
3. Inquiétant, plaisant, louche, étrange, angoissant.
4. Indéfinissable, incandescent, inconnu, anormal, insolite.

3 Choisissez le terme qui convient pour rendre cette description inquiétante.

Il me quitta en face d'un de ces vieux hôtels de province, *(sombres / élégants / clairs)* clos, muets, *(lugubres / ludiques / luisants)*. Celui-là me parut d'ailleurs avoir une physionomie[1] particulièrement *(sinistre / pittoresque / moderne)*, et j'en découvris bientôt la cause. Toutes les grandes fenêtres du premier étage étaient *(ouvertes / entrouvertes / fermées)* jusqu'à la moitié par des contrevents[2] de bois plein. Le dessus seul s'ouvrait, comme si on eût voulu empêcher les gens *(enfermés / invités / conviés)* en ce vaste coffre de pierre de regarder dans la rue.

Guy de Maupassant, *Berthe*, 1884.

1 apparence. 2 volets.

Le lexique de la maison

4 Complétez avec le terme qui convient. Faites tous les accords nécessaires.

Vitrail, fenêtre, perron, balcon, charpente, toiture, tourelle, grenier.

On accède à la demeure par le ...1... de bois sculpté. La façade est ornée de deux ...2... rondes et de plusieurs ...3... forgés garnis de fleurs. La ...4... d'ardoise abrite un vaste ...5..., à la solide ...6.... Les hautes ...7... ornées de ...8... colorés reflètent la lumière du soleil.

5 Complétez à l'aide des mots de la liste.

Tentures, vestibule, antichambre, soupente, corridor, seuil.

Je m'arrêtai, interdit, sur le ...1... du manoir. Le domestique me fit entrer dans le ...2... et je le suivis le long du ...3.... J'aperçus un large escalier en dessous duquel une obscure ...4... abritait des étagères. Le domestique me dit : « Veuillez attendre dans l'...5... ». Je découvris alors une sombre pièce aux murs recouverts de ...6....

Vocabulaire du jugement et de la critique ▸ leçon 5, p. 290

6 Relevez les mots et expressions qui décrivent la maison. Comment peut-on appeler ces termes ?

Dans le jardin de mon oncle, outre toutes les belles choses que nous venons de décrire, il y avait un pavillon passablement maussade, auquel, sans doute par antiphrase[1], il avait donné le nom de Délices. Il était dans un état de dégradation complète. [...] Cette pauvre ruine d'hier, aussi délabrée que si elle eût mille ans, ruine de plâtre et non de pierre, toute ridée, toute gercée, couverte de lèpre, rongée de mousse et de salpêtre, avait l'air d'un de ces vieillards précoces, usés par de sales débauches.

Théophile Gautier, *Omphale*, 1834.

1 avec ironie.

ORTHOGRAPHE-CONJUGAISON

Accord de l'adjectif ▸ 20 règles d'or, p. 402

7 Accordez convenablement les mots entre parenthèses.

C'était le quartier le plus *(malsain)* de Londres, où chaque chose porte l'*(affreux)* empreinte de la plus *(déplorable)* pauvreté et du vice incurable. À la lueur *(accidentel)* d'un sombre réverbère, on apercevait des maisons de bois, *(haut)*, *(antique)*, *(vermoulu)*, menaçant ruine [...]. Les pavés étaient éparpillés à l'aventure, repoussés de leurs alvéoles par le gazon victorieux. Une *(horrible)* saleté croupissait dans les ruisseaux *(obstrué)*. Toute l'atmosphère regorgeait de désolation.

E. A. Poe, *L'Homme des foules*, 1840, trad. Ch. Baudelaire.

dictée

8 Complétez ce texte à l'aide des adjectifs de la liste (attention aux accords !) ; mémorisez leur orthographe en vue d'une dictée.

Dentelé, désolé, fantomatique, géant, informe, invisible, rabattu, rabougri, recouvert, sauvage.

C'est une lande[1] ...1... et ...2..., au cœur de la nuit. Au milieu, au premier plan, se dresse un chêne ...3.... Un vent farouche souffle, dont la force ...4... repousse toujours vers la gauche les branches ...5..., maigrement ...6... de feuilles ...7.... Une traînée de nuages ...8... dérive dans un ciel de désastre [...]. Au pied de l'énorme chêne se dresse la silhouette d'un homme [...]. Les traits de cet homme sont ...9..., car il a saisi son manteau à deux mains et l'a ...10... de chaque côté sur son visage.

Fitz James O'Brien, *La Chambre perdue*, 1858.

1 étendues de terre.

9 **Récrivez ce texte en mettant les mots en gras au pluriel. Faites toutes les transformations nécessaires.**

Bientôt apparaissait un **spectre** ; c'était un **vieillard**, accablé de maigreur et de misère, avec une longue barbe et des cheveux hirsutes. **Il** avait aux pieds des entraves, et aux mains des chaînes qu'**il** secouait. De là, pour les habitants de la ville, des nuits affreuses et sinistres, qu'ils passaient à veiller dans la terreur [...]. Aussi la **maison**, abandonnée et condamnée à la solitude, fut-**elle** laissée tout entière au spectre.

Pline le Jeune, *Lettres*, VII, 27, traduit du latin par F. Nathan, *Contes et récits traduits des écrivains de l'Antiquité*, 1939 © Nathan.

GRAMMAIRE

Expansions du GN ▸ leçon 15 à 18, p. 310 à p. 316

10 **Complétez avec les expansions du nom de la liste. Précisez la classe grammaticale de chacune d'elles.**

Bleuâtres, des parterres, aiguë, qui la recouvre, grande, mélancolique, de Vienne, rousses, du soir, de safran.

Le Jardin impérial ...1... était désert, une bise ...2... faisait tourbillonner les feuilles couleur ...3... et grillées par les premiers froids ; les rosiers ...4..., tourmentés et rompus par le vent, laissaient traîner leurs branchages dans la boue. Cependant la ...5... allée, grâce au sable ...6..., était sèche et praticable. Quoique dévasté par les approches de l'hiver, le Jardin impérial ne manquait pas d'un certain charme ...7... . La longue allée prolongeait fort loin ses arcades ...8..., laissant deviner confusément à son extrémité un horizon de collines déjà noyées dans les vapeurs ...9... et le brouillard ...10... .

Théophile Gautier, *Deux acteurs pour un rôle*, 1841.

Le point de vue ▸ leçon 36, p. 352

11 **Relevez les mots qui reflètent un jugement du narrateur et regroupez-les selon leur classe grammaticale.**

Le narrateur décrit la « Perspective Nevski », la plus grande avenue de Saint-Pétersbourg.

C'est l'heure mystérieuse où les lampes jettent sur toutes choses une lumière séduisante et merveilleuse. Vous rencontrerez alors nombre de jeunes gens, célibataires pour la plupart, bien chaudement vêtus. À cette heure-là, on devine qu'ils ont un but, ou plutôt quelque chose de très vague qui ressemble à un but. Leur démarche rapide devient assez incertaine : de longues ombres glissent sur les murs, sur la chaussée, et leur tête semble toucher le pont Politzeïski.

N. Gogol, *La Perspective Nevski*, 1835, trad. S. Howlett © Magnard.

Sujet d'écrit

SOCLE COMMUN C5

Décrire un lieu étrange et inquiétant

Lisez l'extrait ci-dessous puis rédigez une description du manoir qui justifie le sentiment du narrateur.

Consignes d'écriture

→ Rédigez une description en deux temps : extérieur et intérieur du manoir.
→ Traduisez les sentiments du narrateur au fur et à mesure de sa visite.
→ Ménagez une progression dans votre description : elle doit instaurer un climat de plus en plus étrange ou angoissant.

Le narrateur arrive devant le manoir d'un de ses amis qui l'y a invité.

Pendant toute une journée d'automne, [...], sombre et muette, où les nuages pesaient lourds et bas dans le ciel, j'avais traversé seul et à cheval une étendue de pays singulièrement lugubre, et enfin, comme les ombres du soir approchaient, je me trouvai en vue de la mélancolique Maison Usher. Je ne sais comment cela se fit, – mais, au premier coup d'œil que je jetai sur le bâtiment, un sentiment d'insupportable tristesse pénétra mon âme.

E. A. Poe, *La Chute de la maison Usher*, 1839, trad. Ch. Baudelaire.

Méthode

✓ Rendez votre description la plus précise possible en utilisant des **expansions du nom**.
✓ Faites part des impressions du narrateur face à ce qu'il voit en utilisant des **modalisateurs**.

Attention !

⚠ Évitez d'employer *il y a* et de répéter les mêmes verbes (*être*).
⚠ Ne confondez pas aspect inquiétant et laideur. Faites une description nuancée où les lieux peuvent être à la fois beaux et inquiétants.
⚠ Ne vous servez pas de personnages pour rendre la description inquiétante : la description des lieux doit suffire à provoquer le malaise et l'inquiétude.

Qu'est-ce que le fantastique ?

Aux sources du fantastique

- Le fantastique se développe en littérature et dans les arts au cours du XIXe siècle : de plus en plus, après un siècle des Lumières marqué par l'importance de la raison, le public européen prend goût à l'**étrange**, au **surnaturel**. Les écrivains sont influencés par la littérature anglaise du siècle précédent et par l'auteur allemand Hoffmann.
- Le fantastique puise également ses sources dans la **culture populaire** : légendes, contes, folklore, mais aussi dans les émotions humaines (angoisse nocturne de l'enfant dans *L'Homme au sable*, folie dans *Le Horla*).

De la réalité au surnaturel

- Le début d'un récit fantastique est **ancré dans la réalité quotidienne** : la lettre, le journal intime, renforcent cette impression de réel. C'est dans ce cadre, soit rassurant, soit déjà inquiétant, que des événements étranges viennent peu à peu **faire douter le personnage de ses certitudes**. L'épouvante le gagne ensuite, allant jusqu'à l'hallucination et la folie. Le fantastique fait parfois référence aux **forces du Mal** (*La Vénus d'Ille*). Il diffère donc du merveilleux ou de la *fantasy*, dans lesquels le surnaturel est admis et ne suscite donc ni le doute ni la peur.

Un monde d'incertitudes

- Les personnages des récits fantastiques doutent de leurs perceptions, de leur raison, de la nature même des événements. Les **procédés d'écriture** traduisent cette incertitude (verbes d'impression, noms et adjectifs exprimant le doute et la crainte, ponctuation). La fin du récit laisse souvent le lecteur dans l'incertitude : l'auteur suggère aussi bien des explications rationnelles (rêve, folie) que surnaturelles aux événements du récit.
- Dans cet univers où se brouillent les frontières entre **rêve** et **réalité**, vie et mort, réel et surnaturel, le lecteur est à la fois désorienté et fasciné. L'auteur cherche à lui faire éprouver les **émotions** et **sensations** qui envahissent le personnage. Le plaisir qu'éprouve le lecteur est alors de bouleverser ses certitudes, le temps du récit.

Les ressorts du fantastique

- Le fantastique s'appuie aussi sur des **personnages** et des **situations** que l'on retrouve souvent : l'irruption d'un être invisible qui agit sur la vie du personnage (*Le Horla*), le personnage revenu d'entre les morts (*La Cafetière*), les automates et les tableaux qui prennent vie (*L'Homme au sable, La Vénus d'Ille, Le Portrait ovale* ▸ p. 90)…
- Ces personnages et ces situations nourrissent encore aujourd'hui le cinéma à travers les films fantastiques qui ont conquis un large public aimant se faire peur.

SOCLE COMMUN

Compétence	Item	Critères d'évaluation	
5 Culture humaniste	Situer des événements, des œuvres littéraires ou artistiques, des ensembles géographiques.	Je maîtrise, de manière autonome, les repérages élémentaires dans le temps et dans l'espace. Je sais mettre en relation des éléments au regard d'une époque et d'un lieu.	▸ p. 60
1 Maîtrise de la langue	Adapter son mode de lecture à la nature du texte proposé et à l'objectif suivi.	Je sais parcourir un texte littéraire avec des consignes et des objectifs précis. Je suis capable de repérer des passages essentiels.	▸ p. 68
5 Culture humaniste	Connaître et pratiquer diverses formes d'expression à visée littéraire.	Je sais mettre en œuvre des pratiques écrites en lien avec les textes étudiés. Je choisis des procédés d'écriture pour donner sens à mon texte.	▸ p. 87

Une étrange tapisserie

Le narrateur, séjourne chez son oncle. Dans sa chambre se trouve une tapisserie représentant Omphale, reine de Lydie, qui fut la maîtresse d'Hercule.

En me déshabillant, il me sembla que les yeux d'Omphale avaient remué; je regardai plus attentivement, non sans un léger sentiment de frayeur, car la chambre était grande, et la faible pénombre lumineuse qui flottait autour de la bougie ne servait qu'à rendre les ténèbres plus visibles. Je crus voir qu'elle avait la tête tournée en sens inverse. La peur commençait à me travailler sérieusement; je soufflai la lumière[1]. Je me tournai du côté du mur, [...] et je finis par m'endormir. Je fus plusieurs jours sans oser jeter les yeux sur la maudite tapisserie. [...]

Un soir, pourtant, je m'aguerris au point de jeter un coup d'œil sur la belle maîtresse d'Hercule; elle me regardait de l'air le plus triste et le plus langoureux[2] du monde.

Cette fois-là j'enfonçai mon bonnet jusque sur mes épaules et je fourrai ma tête sous le traversin.

Je fis cette nuit-là un rêve singulier, si toutefois c'était un rêve. [...]

La lune donnait sur les carreaux et projetait dans la chambre sa lueur bleue et blafarde[3]. De grandes ombres, des formes bizarres, se dessinaient sur le plancher et sur les murailles. La pendule sonna un quart; la vibration fut longue à s'éteindre; on aurait dit un soupir. Les pulsations du balancier, qu'on entendait parfaitement, ressemblaient à s'y méprendre[4] au cœur d'une personne émue.

Je n'étais rien moins qu'à mon aise et je ne savais trop que penser.

Un furieux coup de vent fit battre les volets et ployer[5] le vitrage de la fenêtre. Les boiseries craquèrent, la tapisserie ondula. Je me hasardai à regarder du côté d'Omphale, soupçonnant confusément qu'elle était pour quelque chose dans tout cela. Je ne m'étais pas trompé.

La tapisserie s'agita violemment. Omphale se détacha du mur et sauta légèrement sur le parquet.

Théophile Gautier, *Omphale*, 1834.

Ian Rost, *Flore*, 1553, tapisserie d'après un dessin d'A. Bronzino, Palazzo Vecchio, Florence, Italie.

1 je soufflai sur la bougie pour l'éteindre.
2 **langoureux :** séducteur.
3 **blafarde :** pâle, sans éclat.
4 **à s'y méprendre :** au point qu'on aurait pu se tromper.
5 **ployer :** se déformer.

Repérer les caractéristiques du récit fantastique

Mise en place du cadre

1. a. Quel événement étrange trouble le narrateur au début de l'extrait ?
b. Est-il bien sûr de ce qu'il voit ? Justifiez votre réponse en citant des termes précis du texte.

2. Quel sentiment cette première vision provoque-t-elle chez lui ?

3. L. 15 à 19 : relevez les détails visuels inquiétants. À quoi les bruits de la pendule sont-ils comparés ? Relisez la fin de l'extrait et expliquez le choix de ces comparaisons.

Thèmes et procédés

4. Que se passe-t-il à la fin de l'extrait ? Cherchez deux explications possibles à ce phénomène.

5. Relevez dans les l. 21 à 26 ce qui prépare le lecteur à cet événement.

6. Quel thème fantastique, déjà étudié dans ce chapitre, pouvez-vous reconnaître ici ?

BILAN **7** **À l'aide de vos réponses, récapitulez les éléments qui font de ce texte un récit fantastique.**

Culture littéraire

• Quels autres auteurs de nouvelles fantastiques connaissez-vous ? Citez au moins un titre de nouvelle pour chacun d'eux.

Rédiger une nouvelle fantastique à plusieurs

- Découvrir *Le Portrait ovale* d'Edgar Allan Poe
- Écrire une adaptation contemporaine du *Portrait ovale*
- Bilan et évaluation de l'atelier

Vous avez lu et étudié de nombreuses nouvelles fantastiques (▸ p. 60). **Devenez vous-mêmes auteurs** en écrivant à plusieurs une adaptation contemporaine du *Portrait ovale* (d'Edgar Allan Poe) **destinée à être publiée**. La classe se répartit en petits groupes d'écriture. Cet atelier vous guide pas à pas dans la réalisation de votre projet, de la rédaction collective à la publication.

⇨ DÉCOUVREZ LA NOUVELLE

Le portrait ovale

Texte intégral

Dans cette nouvelle, inspirée à son auteur par un portrait du peintre Thomas Sully, le narrateur blessé a trouvé refuge pour la nuit dans un château abandonné. Allongé dans une des chambres à coucher, il est soudainement attiré par un des tableaux accrochés aux murs.

Edgar Allan Poe *(1809-1849) est un poète, romancier, dramaturge et éditeur américain. Il est célèbre pour ses nouvelles. Il est rapidement connu en France grâce aux traductions que fait le poète Charles Baudelaire de ses* Histoires extraordinaires, *parmi lesquelles* Le Masque de la mort rouge, Le Chat noir, Le Puits *et* Le Pendule. *Il est aussi considéré comme l'inventeur du genre policier.*

Le château dans lequel mon domestique s'était avisé de pénétrer de force, plutôt que de me permettre, déplorablement blessé comme je l'étais, de passer une nuit en plein air, était un de ces bâtiments, mélange de grandeur et de mélancolie, qui ont si longtemps dressé leurs fronts sourcilleux au milieu des Apennins[1], aussi bien dans la réalité que dans l'imagination de mistress Radcliffe. Selon toute apparence, il avait été temporairement et tout récemment abandonné. Nous nous installâmes dans une des chambres les plus petites et les moins somptueusement meublées. Elle était située dans une tour écartée du bâtiment. Sa décoration était riche, mais antique et délabrée. Les murs étaient tendus de tapisseries et décorés de nombreux trophées héraldiques[2] de toute forme, ainsi que d'une quantité vraiment prodigieuse de peintures modernes, pleines de style, dans de riches cadres d'or d'un goût arabesque[3]. Je pris un profond intérêt, ce fut peut-être mon délire qui commençait qui en fut cause, je pris un profond intérêt à ces peintures qui étaient suspendues non seulement sur les faces principales des murs, mais aussi dans une foule de recoins que la bizarre architecture du château rendait inévitables ; si bien que j'ordonnai à Pedro de fermer les lourds volets de la chambre, puisqu'il faisait déjà nuit, d'allumer un grand candélabre à plusieurs branches placé près de son chevet, et d'ouvrir tout grands les rideaux de velours noir garnis de crépines[4] qui entouraient le lit. Je désirais que cela fût ainsi, pour que je pusse au moins, si je ne pouvais pas dormir, me consoler alternativement par la contemplation de ces peintures et par la lecture d'un petit volume que j'avais trouvé sur l'oreiller et qui en contenait l'appréciation et l'analyse.

1 **Apennins :** chaîne de montagnes de l'Italie du Nord.
2 **trophées héraldiques :** objets, écussons portant des armoiries.
3 **d'un goût arabesque :** dans le style de l'art arabe.
4 **crépines :** sortes de franges.

Questions

Le regard du narrateur

1. Dans quel état, physique et moral, se trouve le narrateur ?
2. Observez la description des lieux (lumière, objets, champs lexicaux, etc.) : pourquoi ce décor peut-il frapper l'imagination du narrateur ?
3. Montrez que ce passage correspond au début d'un récit fantastique.

Je lus longtemps, longtemps ; je contemplai religieusement, dévotement ; les heures s'envolèrent rapides et glorieuses, et le profond minuit arriva. La position du candélabre me déplaisait, et, étendant la main avec difficulté pour ne pas déranger mon valet assoupi, je plaçai l'objet de manière à jeter les rayons en plein sur le livre.

Thomas Sully (1783-1872), portrait de Frances Keeling Valentine, huile sur bois.

Mais l'action produisit un effet absolument inattendu. Les rayons des nombreuses bougies (car il y en avait beaucoup) tombèrent alors sur une niche de la chambre que l'une des colonnes du lit avait jusque-là couverte d'une ombre profonde. J'aperçus dans une vive lumière une peinture qui m'avait d'abord échappé. C'était le portrait d'une jeune fille déjà mûrissante et presque femme. Je jetai sur la peinture un coup d'œil rapide, et je fermai les yeux. Pourquoi, je ne le compris pas bien moi-même tout d'abord. Mais pendant que mes paupières restaient closes, j'analysai rapidement la raison qui me les faisait fermer ainsi. C'était un mouvement involontaire pour gagner du temps et pour penser, pour m'assurer que ma vue ne m'avait pas trompé, pour calmer et préparer mon esprit à une contemplation plus froide et plus sûre. Au bout de quelques instants, je regardai de nouveau la peinture fixement.

Je ne pouvais pas douter, quand même je l'aurais voulu, que je n'y visse[1] alors très nettement ; car le premier éclair du flambeau sur cette toile avait dissipé la stupeur rêveuse dont mes sens étaient possédés, et m'avait rappelé tout d'un coup à la vie réelle.

Le portrait, je l'ai déjà dit, était celui d'une jeune fille. C'était une simple tête, avec des épaules, le tout dans ce style qu'on appelle en langage technique, style *de vignette* ; beaucoup de la manière de Sully[2] dans ses têtes de prédilection. Les bras, le sein, et même les bouts des cheveux rayonnants, se fondaient insaisissablement dans l'ombre vague mais profonde qui servait de fond[3] à l'ensemble. Le cadre était ovale, magnifiquement doré et guilloché dans le goût moresque[4]. Comme œuvre d'art, on ne pouvait rien trouver de plus admirable que la peinture elle-même. Mais il se peut bien que ce ne fût ni l'exécution de l'œuvre, ni l'immortelle beauté de la physionomie, qui m'impressionna si soudainement et si fortement. Encore moins devais-je croire que mon imagination, sortant d'un demi-sommeil, eût pris la tête pour celle d'une personne vivante. Je vis tout d'abord que les détails du dessin, le style de vignette, et l'aspect du cadre auraient immédiatement dissipé

1 **visse :** de *voir* (à l'imparfait du subjonctif).
2 **Sully :** peintre américain du XIXe siècle.
3 **fond :** arrière-plan du tableau.
4 **guilloché dans le goût moresque :** orné dans un style oriental, de lignes droites et courbes entrelacées.

un pareil charme, et m'auraient préservé de toute illusion même momentanée. Tout en faisant ces réflexions, et très vivement, je restai, à demi étendu, à demi assis, une heure entière peut-être, les yeux rivés à ce portrait. À la longue, ayant découvert le vrai secret de son effet, je me laissai retomber sur le lit. J'avais deviné que le charme de la peinture était une expression vitale absolument adéquate à la vie elle-même, qui d'abord m'avait fait tressaillir, et finalement m'avait confondu, subjugué, épouvanté. Avec une terreur profonde et respectueuse, je replaçai le candélabre dans sa position première.

Questions

Un très étrange portrait

Le charme de la peinture était une expression vitale absolument adéquate à la vie elle-même (l. 76-77).

1. Expliquez avec vos propres mots en quoi consiste ce charme.

2. Quels sont les différents sentiments éprouvés par le narrateur face à cette peinture ?

Ayant ainsi dérobé à ma vue la cause de ma profonde agitation, je cherchai vivement le volume qui contenait l'analyse des tableaux et leur histoire. Allant droit au numéro qui désignait le portrait ovale, j'y lus le vague et singulier récit qui suit :

« C'était une jeune fille d'une très rare beauté, et qui n'était pas moins aimable que pleine de gaieté. Et maudite fut l'heure où elle vit, et aima, et épousa le peintre. Lui, passionné, studieux, austère, et ayant déjà trouvé une épouse dans son Art ; elle, une jeune fille d'une très rare beauté, et non moins aimable que pleine de gaieté : rien que lumière et sourires, et la folâtrerie[1] d'un jeune faon ; aimant et chérissant toutes choses ; ne haïssant que l'Art qui était son rival ; ne redoutant que la palette et les brosses, et les autres instruments fâcheux qui la privaient de la figure de son adoré. Ce fut une terrible chose pour cette dame que d'entendre le peintre parler du désir de peindre même sa jeune épouse. Mais elle était humble et obéissante, et elle s'assit avec douceur pendant de longues semaines dans la sombre et haute chambre de la tour, où la lumière filtrait sur la pâle toile seulement par le plafond. Mais lui, le peintre, mettait sa gloire dans son œuvre, qui avançait d'heure en heure et de jour en jour. Et c'était un homme passionné, et étrange, et pensif, qui se perdait en rêveries ; si bien qu'il ne *voulait* pas voir que la lumière qui tombait si lugubrement dans cette tour isolée desséchait la santé et les esprits de sa femme, qui languissait[2] visiblement pour tout le monde, excepté pour lui. Cependant elle souriait toujours, et toujours, sans se plaindre, parce qu'elle voyait que le peintre (qui avait un grand renom) prenait un plaisir vif et brûlant dans sa tâche, et travaillait nuit et jour pour peindre celle qui l'aimait si fort, mais qui devenait de jour en jour plus languissante et plus faible. Et en vérité, ceux qui contemplaient le portrait parlaient à voix basse de sa ressemblance, comme d'une puissante merveille et comme d'une preuve non moins grande de la puissance du peintre que de son profond amour pour celle qu'il peignait si miraculeusement bien. Mais à la longue, comme la besogne approchait de sa fin, personne ne fut plus admis dans la tour ; car le peintre était devenu fou par l'ardeur de son travail,

1 **folâtrerie :** gaieté.
2 **languissait :** perdait peu à peu ses forces.
3 **glacis :** fine couche de peinture transparente appliquée comme un vernis.

et il détournait rarement ses yeux de la toile, même pour regarder la figure de sa femme. Et il ne *voulait* pas voir que les couleurs qu'il étalait sur la toile étaient *tirées* des joues de celle qui était assise près de lui. Et quand bien des semaines furent passées, et qu'il ne restait plus que peu de chose à faire, rien qu'une touche sur la bouche et un glacis[3] sur l'œil, l'esprit de la dame palpita encore comme la flamme dans le bec d'une lampe. Et alors la touche fut donnée, et alors le glacis fut placé ; et pendant un moment le peintre se tint en extase devant le travail qu'il avait travaillé ; mais une minute après, comme il contemplait encore, il trembla, et il devint très pâle, et il fut frappé d'effroi ; et criant d'une voix éclatante : en vérité c'est la *Vie* elle-même ! Il se retourna brusquement pour regarder sa bien-aimée ; elle était morte ! »

Edgar Allan Poe, *Nouvelles Histoires extraordinaires*, traduit de l'anglais par Charles Baudelaire, 1857.

Illustration pour *Le Portrait ovale*, XIXe siècle.

Question

Interprétation rationnelle ou irrationnelle ?

En vérité c'est la Vie *elle-même ! Il se retourna brusquement pour regarder sa bien-aimée ; elle était morte !* (l. 128 à 131). Pourquoi la femme est-elle morte ?

Bilan

1. Résumez la nouvelle : « *Le Portrait ovale,* c'est l'histoire de… ».

2. À l'aide du tableau suivant, faites la synthèse des éléments qui participent de la dimension fantastique de la nouvelle.

Cadre spatio-temporel, atmosphère	……
Énonciation / statut du narrateur / structure	……
Lexique	……
Éléments d'intrigue, explication de la mort de la jeune fille.	……
Visée	……

⇨ À VOUS D'ÉCRIRE !

▸ **Conservez l'intrigue et la trame narrative du *Portrait ovale*.** Comme dans la nouvelle d'Edgar Allan Poe, votre récit commence par les propos du **narrateur** à la première personne : il exprime son trouble devant une œuvre d'art qui paraît vivante (l. 1 à 83). Le lecteur découvrira alors l'**histoire** de cette œuvre (artiste fou, mort du sujet), raconté à la troisième personne, au passé (l. 83 à 129), puis l'effet de **chute** (l. 129 à 131).

▸ **Vous transposerez cette histoire dans un univers plus proche de votre quotidien et de notre époque.**

▸ Chaque groupe d'écriture constitué dans la classe écrira sa propre adaptation.

ÉTAPE 1 Écrivez le scénario

- Identifiez d'abord les modifications que vous allez devoir effectuer pour passer de l'univers d'Edgar Allan Poe au vôtre, d'une époque à une autre.

→ Quelques suggestions pour votre adaptation

L'artiste qui est au cœur de votre récit peut pratiquer un art lié aux technologies modernes (photographie, vidéo...).
La visite d'un musée d'art contemporain peut vous donner des sujets d'inspiration.

- Élaborez un **schéma détaillé** de votre nouvelle, assez précis, pour qu'elle reste **cohérente** au moment de la rédaction collective.
- Réfléchissez précisément à la **structure** (énonciation, type de narration, récit du narrateur qui introduit l'histoire du peintre et de la jeune femme).
- Votre scénario doit **séduire** et **intéresser** vos lecteurs.

ÉTAPE 2 Rédigez votre nouvelle

- Au sein de chaque groupe d'écriture, répartissez-vous précisément les parties de l'histoire à rédiger.
- **Travaillez les passages descriptifs :** désignation et caractérisation des personnages, des lieux, des objets. Employez les champs lexicaux adaptés à l'atmosphère du fantastique.
- **Travaillez l'expression des sentiments**, émotions des personnages face au phénomène fantastique (doute, surprise, peur).
- **Employez le discours direct ou indirect** pour rapporter paroles et pensées des personnages et selon l'effet que vous recherchez : rendre le récit plus vivant, rendre un passage plus saisissant.

REMARQUE : Apportez une attention particulière à l'emploi des temps verbaux, aux reprises nominales et pronominales, à la précision du vocabulaire, à l'emploi des connecteurs temporels.

- **Relisez et corrigez vos versions successives** (ajouts, remplacements, introduction d'une variété, correction de la langue) jusqu'à ce que votre récit soit complet et abouti et que vous puissiez le publier.

PUBLIEZ VOTRE NOUVELLE !

- Utilisez les media dont vous disposez dans votre établissement ou créez-les. Utilisez des supports papier et/ou numériques.
- Vous pouvez, par exemple, publier vos nouvelles :
  - dans le **journal de votre collège**, sur son site internet
  - sur un **blog** que vous allez créer, dans lequel vous ferez figurer tous les textes de la classe, vos témoignages sur les difficultés, l'intérêt et le plaisir rencontrés, des conseils à d'autres camarades qui voudraient se lancer dans l'aventure.
- Travailler en **interdisciplinarité** vous permettra de valoriser votre réalisation : votre professeur d'arts plastiques et votre professeur documentaliste peuvent vous assister dans la création ou le choix d'illustrations, l'élaboration de maquettes, la publication.
- **Organisez des lectures**, au sein de votre classe, dans le collège, à la bibliothèque municipale. Votre professeur d'éducation musicale peut vous aider à mettre vos textes en voix et à créer un accompagnement sonore.
- **Vous pouvez rédiger un bilan personnel de l'expérience qui a été menée.**

Faites-y figurer :
- ce que vous avez appris, retenu, trouvé difficile, plaisant, intéressant.
- les difficultés ou satisfactions que vous avez éprouvées au moment de la rédaction.
- ce que vous pensez avoir réussi, les progrès que vous estimez avoir accomplis.
- ce qui vous a surpris de vous-même.

Bilan et évaluation

SOCLE COMMUN

- **Cette grille fait la synthèse des savoir-faire pouvant être évalués lors de la mise en œuvre du projet.**

Compétence	Item	Critères d'évaluation
1 Maîtrise de la langue	Rédiger un texte bref, cohérent et ponctué, en réponse à une question ou à partir de consignes données.	Nous avons utilisé un vocabulaire précis et varié et les champs lexicaux caractéristiques du fantastique. Nous avons inséré des passages descriptifs et travaillé sur la caractérisation des personnages, des objets, des lieux pour permettre au lecteur d'imaginer la scène. Nous avons habilement inséré des paroles rapportées.
	Manifester par des moyens divers sa compréhension de textes variés.	J'étais audible. J'ai su capter mon auditoire par ma posture, mes gestes, mon regard et m'adapter à ses réactions. Mon rythme et mon intonation étaient adaptés au sens du texte et favorisaient la compréhension de mes auditeurs.
4 Usage des TICE B2i	Utiliser les logiciels et les services à disposition.	1.2) Je sais accéder aux logiciels et aux documents disponibles à partir de mon espace de travail.
	Utiliser, gérer des espaces de stockage à disposition.	1.3) Je sais organiser mes espaces de stockage.
	Organiser la composition du document, prévoir sa présentation en fonction de sa destination.	3.3) Je sais regrouper dans un même document plusieurs éléments (texte, image, tableau, son, graphique, vidéo...).
7 Autonomie et initiative	Savoir s'autoévaluer et être capable de décrire ses intérêts, ses compétences et ses acquis.	Je suis capable d'identifier mes intérêts dans une activité scolaire, de dégager mes points forts et mes points faibles.
	S'intégrer et coopérer dans un projet collectif.	J'ai pu accomplir une tâche selon les règles établies en groupe, j'ai correctement représenté le groupe ; j'accepte et partage la réussite ou l'échec du projet collectif.

Lectures personnelles

Lire des nouvelles réalistes et fantastiques

Nouvelles réalistes du patrimoine

Découvrez des **personnages attachants** et **passionnés** dans des **récits brefs** qui dépeignent les **réalités** de leurs temps et tiennent le lecteur en haleine.

© Le Livre de Poche Jeunesse

Stendhal, **Balzac**, **Zola**, *Vanina Vanini, La Vendetta, Nantas*

© Magnard

P. Mérimée, *Tamango*

© Le Livre de Poche

H. de Balzac, *Adieu*

© Hugo et compagnie

É. Zola, *Le paradis des chats et autres contes à Ninon*

Nouvelles réalistes contemporaines

Des nouvelles courtes, de tout genre, qui vous mènent de l'univers quotidien d'Anna Gavalda aux coups de théâtre de Frédéric Brown ou Roald Dahl. Des récits qui **témoignent** du monde d'aujourd'hui et qui ne cessent de vous **surprendre** !

© Magnard

A. Gavalda, **D. Buzzati**, **J. Cortàzar**, **C. Bourgeyx**, **F. Kassak**, **P. Mérigeau**, *Nouvelles à chute*

© Magnard

D. Daeninckx, *Cannibale*

© Éd. Gallimard

F. Brown, *Fantômes et farfafouilles*

© Éd. Gallimard Jeunesse

R. Dahl, *Coup de chance et autres nouvelles*

Nouvelles policières

Vous aimerez passer sans cesse de la **réflexion** au **frisson**. Pour **mener l'enquête** avec les spécialistes du genre policier, soyez attentifs à tous les indices et ne vous égarez pas sur e fausses pistes... !

© Rageot

B. Aubert, **G. Cavali**, **Y-M. Clément**, **S. Daniel**, *Crimes glacés : 12 histoires policières*

© Magnard

A. Conan Doyle, *Sherlock Holmes*

© Éd. Gallimard Jeunesse

E. A. Poe, *Double assassinat dans la rue Morgue*

© Le Livre de Poche

A. Christie, *Témoin à charge*

Tenez un carnet de lecture !

Cette année, vous allez lire de nombreux livres. Vous pourrez garder une trace de ces lectures dans un **carnet à personnaliser**. Il pourra vous suivre tout au long de l'année et même au-delà.

→ Prévoyez une ou deux pages du carnet par ouvrage.

→ Notez le titre et le nom de l'auteur en le personnalisant, et précisez par un système d'étoiles votre appréciation du livre.

→ Présentez en quelques lignes l'histoire ou le personnage central.

→ Décorez votre page en cherchant à faire ressentir l'atmosphère du livre :

- Vous pouvez écrire ou coller des mots découpés qui vous font penser au texte.
- Vous pouvez utiliser des couleurs : tons doux pour un texte sentimental et du noir pour un texte angoissant par exemple.
- Vous pouvez, suivant les techniques du *scrapbooking*, ajouter, coller, des objets et éléments qui font écho à l'histoire.

☺ Vous constituerez ainsi un joli carnet, que vous aurez plaisir à **feuilleter** et à **échanger** avec vos amis !

Recueils de nouvelles de Maupassant

Maupassant est sans conteste l'un des maîtres de la nouvelle : du **réalisme** au **fantastique**, il explore tous les tons et, par son talent de conteur, nous fait vivre les misères des **petites gens** ou les **terribles angoisses** face aux **manifestations surnaturelles**...

© Le Livre de Poche

G. de Maupassant, *Contes de la bécasse*

© Flammarion

G. de Maupassant, *Le papa de Simon et autres nouvelles*

© Le Livre de Poche

G. de Maupassant, *Contes du jour et de la nuit*

© Marabout

G. de Maupassant, *Contes fantastiques*

Nouvelles fantastiques du patrimoine

Quand une statue se met à bouger, quand une carte à jouer s'anime, quand un manteau devient ensorcelé, ou qu'un veston fait apparaître les billets de banque, alors **le monde bascule dans un univers où le lecteur lui-même se trouve désemparé**... pour son plus grand plaisir !

© Flammarion

N. Gogol, *Nouvelles de Pétersbourg*

© Magnard

E. A. Poe, **G. de Maupassant**, **T. Gautier**, **N. Gogol**, *Nouvelles fantastiques*

© Éd. J'ai Lu

A. Pouchkine, *La dame de Pique*

© Pocket, dpt. Univers Poche

D. Buzzati, *Le K*

© Flammarion

Villiers de l'Isle Adam, *Véra et autres nouvelles fantastiques*

Nouvelles fantastiques pour la jeunesse

Les nouvelles de ces auteurs nous font trembler de **crainte**, et l'on ne sait jamais vraiment si on est dans la réalité ou le **cauchemar**... L'humour noir nous emmène dans des univers horribles ou fantastiques, entre poursuites, squelettes et **disparitions mystérieuses**.

© Le Livre de Poche Jeunesse

A. Horowitz, *La photo qui tue, neuf histoires à vous glacer le sang*

© Mijade Eds.

J. Sternberg, *Contes glacés*

© Castor

P. Pullman, *La mécanique du diable*

© Éd. Gallimard

R. Dahl, *Kiss Kiss*

Participez à un défi-lecture !

Répartissez-vous en équipes de quatre ou cinq élèves et organisez-vous pour que chacun lise le maximum de nouvelles. Faites un tableau à double entrée pour tenir à jour les lectures de l'équipe.

→ **Préparez-vous pour la séance de défi.**
- Pendant vos lectures, faites une petite fiche pour chaque nouvelle où vous notez son nom et son auteur, le nom du/des personnage(s) principal(aux), le lieu, l'époque et les actions de l'histoire.

☺ Relisez vos notes la veille du défi !

→ **Préparez vos questions.**
- Sur une autre fiche, notez une ou deux questions par nouvelles que vous pourrez poser à une autre équipe. Pensez à noter aussi les réponses au dos.
- Dans votre équipe, réunissez-vous pour sélectionner cinq questions par nouvelle.
- Préparez une ou plusieurs feuilles de questionnaires en faisant vérifier leur formulation par votre professeur.

→ **Le jour du défi.**
- Les équipes échangent les questionnaires photocopiés en quatre ou cinq exemplaires.
- Seuls les élèves qui ont lu une nouvelle peuvent répondre aux cinq questions qui les concernent.
- Chaque bonne réponse est comptabilisée : un point par équipe.

☺ Bonne chance !

Les écrivains et la presse au XIXe siècle

Comprendre les rapports entre presse et littérature au XIXe siècle

G. Portalier, affiche pour *L'Éclair*, vers 1897.

L'essor de la presse

- Le XIXe siècle voit la presse se développer. Certains écrivains méprisent ce **moyen de communication populaire**, mais d'autres y voient une occasion de se faire entendre. La presse ne laisse personne indifférent !
- L'invention de la **presse typographique** moderne (ou **rotative**) augmente le nombre de tirages. Il s'agit d'une presse qui fonctionne avec deux **cylindres**, l'un encre le papier, l'autre entraîne la feuille. Le papier est placé en rouleau, il ne sort plus feuille après feuille.
- Grâce aux **inventions techniques**, comme la **presse mécanique**, les journaux sont imprimés plus rapidement. À partir de 1830, les **illustrations** sont de meilleure qualité. Elles sont reproduites à grande échelle, accompagnées de texte (jusqu'ici, les illustrations étaient regroupées dans un supplément à part).
- À partir de la fin du XIXe siècle, le nombre de journaux ne cesse d'augmenter : en 1914, il paraît tous les jours 350 journaux !

DATES CLÉS

1826
Invention de la photo par Joseph Nicéphore Niepce

1847
Fabrication de la première rotative par l'Américain Richard M. Hoe

1871
Premières photos publiées dans la presse lors de la Commune de Paris

1881
Loi sur la liberté d'information : *Tout journal ou écrit périodique peut être publié, sans autorisation préalable*

Félix Vallotton (1865-1925), *L'Âge de papier*, page de « une » du *Cri de Paris* n°, 23 janvier 1898.

N° 52. – 2e Année. 30 Centimes

Le cri de paris

Dimanche 23 Janvier 1898

Dessin de F. Vallotton. L'AGE DU PAPIER

Machines rotatives pour la presse, 1880.

Lecture de l'image

Analyser la page de « une » d'un journal du XIXe siècle

1. Selon vous, que veulent illustrer ce dessin et son titre ?
2. **a.** Quelles sont les deux catégories de personnes que vous remarquez ? **b.** Laquelle figure au second plan ? Pourquoi ?

Henri Monnier, *La lecture du journal*, 1827.

L'engagement d'un écrivain : Émile Zola et l'Affaire Dreyfus

Alfred Dreyfus (1859-1935).

• En 1894, les services secrets français découvrent des documents confidentiels destinées à l'Allemagne. Le **capitaine Dreyfus**, officier juif d'origine alsacienne, est accusé sur une simple ressemblance d'écriture… Il est déporté à vie en Guyane. Plus tard, le véritable traître est confondu, puis acquitté : les militaires refusent de revenir sur leur jugement.

• De nombreux accusateurs de Dreyfus agissent par antisémitisme. Zola, révolté, décide de **s'engager** pour défendre le capitaine Dreyfus. Le prestigieux écrivain publie dans le quotidien ***L'Aurore*** du 13 janvier 1898, une lettre ouverte intitulée « **J'Accuse… !** ». Ce combat va lui coûter cher : Zola va être **condamné**, pour diffamation, c'est-à-dire pour propos mensongers, à un an de prison ferme et à une amende.

Émile Zola (▶ p. 116 et 156).

Voici un extrait de la fin de la lettre.

J'Accuse…!

LETTRE AU PRÉSIDENT DE LA RÉPUBLIQUE

Par ÉMILE ZOLA

Telle est donc la simple vérité, monsieur le Président, et elle est effroyable, elle restera pour votre présidence une souillure. Je me doute bien que vous n'avez aucun pouvoir en cette affaire, que vous êtes le prisonnier de la Constitution[1] et de votre entourage. Vous n'en avez pas moins un devoir d'homme, auquel vous songerez, et que vous remplirez. Ce n'est pas, d'ailleurs, que je désespère le moins du monde du triomphe. Je le répète avec une certitude plus véhémente[2] : la vérité est en marche, et rien ne l'arrêtera. C'est d'aujourd'hui seulement que l'affaire commence, puisque aujourd'hui seulement les positions sont nettes : d'une part, les coupables qui ne veulent pas que la lumière se fasse ; de l'autre, les justiciers qui donneront leur vie pour qu'elle soit faite. Quand on enferme la vérité sous terre, elle s'y amasse, elle y prend une force telle d'explosion, que le jour où elle éclate, elle fait tout sauter avec elle. On verra bien si l'on ne vient pas de préparer, pour plus tard, le plus retentissant des désastres.

Mais cette lettre est longue, monsieur le Président, et il est temps de conclure. […]

Je n'ai qu'une passion, celle de la lumière, au nom de l'humanité qui a tant souffert et qui a droit au bonheur. Ma protestation enflammée n'est que le cri de mon âme. Qu'on ose donc me traduire en cour d'assises et que l'enquête ait lieu au grand jour !

J'attends. Veuillez agréer, monsieur le Président, l'assurance de mon profond respect.

ÉMILE ZOLA.

1 **la Constitution :** les lois. 2 **véhémente :** passionnée.

Questions

Étudier le titre

1. Pourquoi avoir choisi d'écrire le verbe *J'Accuse* avec deux majuscules à la suite ? Quel effet produisent les points de suspension ?

2. Au XIXe siècle, les journaux sont vendus ***à la criée***. Quelle peut donc être la raison du choix d'un tel titre ?

Étudier l'extrait

3. À quels termes est associé le mot *vérité* dans la première phrase ? Que pensez-vous du ton qu'adopte Zola avec le président ?

4. À la fin du premier paragraphe, à quoi est comparée la vérité, sans que Zola ne le dise explicitement ? Comment s'appelle cette figure de style ?

5. Quel effet produit la courte phrase *J'attends*, à la fin de la lettre ?

À l'écrit

Rédiger une lettre ouverte

Une « lettre ouverte » est une lettre adressée à une personne, mais qu'on souhaite faire lire à de nombreux lecteurs. En général, la presse constitue donc un excellent moyen de diffusion. Mais on peut aussi l'imprimer en tracts, en affiche, ou, aujourd'hui, la diffuser grâce à Internet. Imaginez la lettre ouverte que vous écririez…

→ Choisissez une cause qui vous révolte.

→ Quel destinataire aimeriez-vous toucher ?

→ Rédigez une lettre d'une dizaine de lignes, en suivant le modèle d'Émile Zola.

LE SAVEZ-VOUS ?

Le mot ***feuilleton*** désigne d'abord une marge laissée en bas de première page d'un journal consacré à des articles spécialisés. Le mot finit par évoquer ces articles eux-mêmes. Avec la mode des romans-feuilletons, le terme nomme les épisodes d'une histoire, racontée dans plusieurs numéros. C'est encore ainsi que l'on appelle un épisode de série télévisée.

Les romans-feuilletons

- En 1836, **Émile de Girardin**, directeur du quotidien *La Presse*, a l'idée de publier des **épisodes** d'une histoire en bas de la première page du journal. La suite est donnée à lire le lendemain aux lecteurs fidèles. Le roman-feuilleton est né.
- Très rapidement, ce procédé est étendu à de nombreux quotidiens, en même temps qu'il est critiqué. Certains parlent de « **littérature industrielle** » car il faut aller vite, écrire beaucoup (les auteurs sont payés à la ligne), et toujours ménager du suspense pour s'assurer la fidélité des lecteurs.
- Grâce à leur **diffusion massive**, ces récits palpitants, qui font voyager dans le temps et dans les différentes couches de la société, donnent naissance à une « **littérature populaire** », accessible à tous.

Émile de Girardin (1806-1881).

1. Un célèbre auteur de roman-feuilleton : Alexandre Dumas

- Alexandre Dumas est né en 1802. Il perd son père alors qu'il n'a que quatre ans. Sa mère et lui sont dans une situation difficile. Pour toute formation, le jeune homme est engagé comme clerc de notaire. Âgé de vingt ans, il gagne Paris. Sa situation se stabilise, il rencontre rapidement un grand **succès littéraire**. Il écrit de nombreuses **pièces de théâtre**, mais aussi des **romans**.
- Le succès est tel qu'il a besoin de l'aide d'autres auteurs moins connus. **Auguste Maquet** l'aide dans ses recherches, rédige même parfois des passages de ses romans. Cet associé n'a pourtant jamais signé les œuvres qu'il a aidées à créer !
- Alexandre Dumas amasse une fortune immense, mais son train de vie est tel qu'il se ruine. Il fuit la France, poursuivi par ses créanciers et meurt en 1870, peu après un accident cardiaque qui le laisse à moitié paralysé.

2. L'écriture du roman-feuilleton

Cette lettre est adressée à Auguste Maquet. Elle est écrite par le remplaçant du directeur de la revue Le Siècle *qui publiait des romans d'Alexandre Dumas sous forme de feuilletons.*

Paris, le 22 janvier 1858,

Mon cher Maquet,

En 1848 – je ne puis pas préciser la date – ***Le Siècle*** *publiait* ***Le Vicomte de Bragelonne****. Perrée[1] était absent et je le remplaçais. On m'avertit à six heures du soir que le feuilleton qu'on était allé chercher à Saint-Germain, chez Alexandre Dumas, était perdu. Il fallait au* ***Siècle*** *son feuilleton [...]. Vous alliez vous mettre à table. Vous eûtes la bonté de laisser là votre dîner et vous vîntes vous installer dans le cabinet de la direction. Je vous vois encore à l'œuvre. [...] De sept heures à minuit, les feuillets se succédèrent, je les passais de quart d'heure en quart d'heure aux compositeurs[2]. À une heure du matin, le journal était tiré avec son* ***Bragelonne****.*

Matharel de Fiennes.

1 Il s'agit du directeur-gérant du journal. 2 **compositeurs :** ouvriers de l'imprimerie.

Questions

Réfléchier à l'écriture du roman-feuilleton

1. Est-ce, finalement, Alexandre Dumas qui rédige le texte demandé ? Pourquoi ?

2. D'après cette lettre, en combien de temps l'épisode est-il écrit ?

3. Selon vous, quels défauts peut-on reprocher aux romans-feuilletons ?

4. Réfléchissez à votre époque : pensez-vous qu'une série télévisée soit, par définition, de moins bonne qualité qu'un film ?

La mythologie moderne, le tombeau des Danaïdes, caricature, gravure sur bois, vers 1860, d'après un dessin de Jean Breton, coll. de la Société des Amis d'Alexandre Dumas.

Lecture de l'image

Analyser une caricature d'Alexandre Dumas

1. Recherchez qui sont les Danaïdes dans la mythologie grecque : à quoi ont-elles été condamnées ?

2. À votre avis, que versent-elles dans le tonneau posé sur le bureau ? Pour quelle raison le tonneau ne déborde-t-il pas ?

3. De qui et de quoi se moque ce dessin ?

4. **a.** Selon vous, que peuvent reprocher les amoureux de la littérature au roman-feuilleton ? **b.** Que serait censé faire un « bon écrivain » ?

Activité — B2i

Explorez la presse du XIXᵉ siècle en ligne

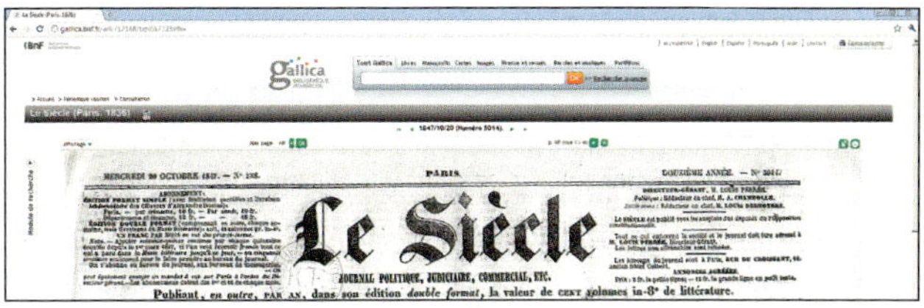

Sur le site Internet ***Gallica***, la Bibliothèque nationale de France met à disposition de nombreux journaux du XIXᵉ siècle. Vous les trouverez en suivant ce lien sur internet :
http://gallica.bnf.fr/editors?type=periodicals

Les exemplaires des différents journaux sont classés par années, puis par dates. Trouvez la page de « une » du *Siècle* du 20 octobre 1847. Cherchez le feuilleton dans la marge du bas.

- Quelle fut donc la date réelle de publication du feuilleton évoqué dans la lettre ci-contre ?
- D'après l'introduction en gras (colonne de gauche), pourquoi le journal publie-t-il cet épisode ?
- Que représente « Le Vicomte de Bragelonne » par rapport aux *Trois Mousquetaires* ?

3. Étude d'un épisode des *Trois Mousquetaires*

Vous pouvez observer ci-contre la première page d'un journal intitulé le Journal des Romans Populaires Illustrés *(1904-1905). Le roman d'Alexandre Dumas* Les Trois Mousquetaires *y était à nouveau publié en épisodes. En effet, le texte de Dumas avait suscité un tel engouement qu'il était encore publié soixante ans après sa création.*

L'histoire des *Trois Mousquetaires*

Le roman se déroule au XVIIe siècle, sous le règne de Louis XIII et de son ministre jaloux, le puissant cardinal de Richelieu. D'Artagnan et les trois mousquetaires vont tout faire pour empêcher les ruses de Richelieu d'aboutir. Richelieu est au courant d'une liaison qu'entretient Anne d'Autriche, la femme de Louis XIII. Il tend un piège à la reine : le cardinal conseille au roi de demander à sa femme de paraître à un bal, parée de diamants. Or, il sait qu'elle les a offerts à son amant en gage d'amour… D'Artagnan et ses amis sont chargés de récupérer le précieux bijou.

Les ferrets de la reine

Le roi a des soupçons et ne cesse d'accabler son épouse de questions. Elle lui demande, pour finir, ce qu'il cherche.

« Madame, dit-il avec majesté, il y aura incessamment bal à l'hôtel de ville ; j'entends que, pour faire honneur à nos braves échevins[1], vous y paraissiez en habit de cérémonie, et surtout parée des ferrets de diamants[2] que je vous ai donnés pour votre fête. Voici ma réponse. »
La réponse était terrible. Anne d'Autriche crut que Louis XIII savait tout […]. Elle devint excessivement pâle, appuya sur une console[3] sa main d'une admirable beauté, et qui semblait alors une main de cire, et regardant le roi avec des yeux épouvantés, elle ne répondit pas une seule syllabe.

« Vous entendez, madame, dit le roi, qui jouissait de cet embarras[4] dans toute son étendue, mais sans en deviner la cause, vous entendez ?

– Oui, Sire, j'entends, balbutia la reine.

– Vous paraîtrez à ce bal ?

– Oui.

– Avec vos ferrets ?

– Oui. »

La pâleur de la reine augmenta encore, s'il était possible ; le roi s'en aperçut, et en jouit avec cette froide cruauté qui était un des mauvais côtés de son caractère.

« Alors, c'est convenu, dit le roi, et voilà tout ce que j'avais à vous dire. […] Vous paraîtrez ?

– Oui, Sire.

– C'est bien, dit le roi en se retirant, c'est bien, j'y compte. »

La reine fit une révérence, moins par étiquette[5] que parce que ses genoux se dérobaient sous elle.

Le roi partit enchanté.

« Je suis perdue, murmura la reine, perdue, car le cardinal sait tout, et c'est lui qui pousse le roi, qui ne sait rien encore, mais qui saura tout bientôt. Je suis perdue ! Mon Dieu ! mon Dieu ! mon Dieu ! »

Elle s'agenouilla sur un coussin et pria, la tête enfoncée entre ses bras palpitants.

Alexandre Dumas, *Les Trois Mousquetaires*, 1844.

1 **échevins :** magistrats importants. 2 **ferrets de diamants :** ce sont les extrémités de différents lacets garnis de diamants. 3 **console :** petite table appuyée à un mur. 4 **jouissait de son embarras :** le roi pense qu'il est près de découvrir un secret que sa femme lui dissimule, il s'en réjouit… 5 **étiquette :** règles de conduite en usage à la Cour. L'étiquette exige qu'on fasse une révérence pour saluer le roi.

Questions

Étudier l'écriture du roman-feuilleton

1. a. Relevez toutes les parties du corps de la reine mentionnées dans cet extrait (n'oubliez pas les éventuels adjectifs). **b.** Que montrent ces éléments quant à la situation de la reine ?

2. Relevez les différents éléments de suspense dont use Alexandre Dumas. Expliquez quel est l'intérêt de ce type d'écriture.

Lecture de l'image

Observer la page de « une » d'une revue

1. Quelles sont les cinq parties qui composent cette page d'ouverture ?
2. Que propose le sommaire du journal ?
3. Quel est l'intérêt de présenter une illustration en couleurs ?
4. Qu'est-ce qui, dans l'illustration, peut retenir l'attention du lecteur et le pousser à lire le journal ?

N° 16. Prix : 10 centimes.

JOURNAL DES ROMANS POPULAIRES ILLUSTRÉS

Sommaire : A. DUMAS, Les Trois Mousquetaires. MAX. VILLEMER, Gogosse. ED. LADOUCETTE, Pauvre Mignon ! G. OHNET, Serge Panine. JULES MARY, Crime de Passion.

PUBLICATION HEBDOMADAIRE
ABONNEMENTS :
6 Mois, 3 fr. — Un An, 6 fr.

LIBRAIRIE ILLUSTRÉE
Jules TALLANDIER, Editeur
8, Rue Saint-Joseph, PARIS

La Cape et l'Epée

LES TROIS MOUSQUETAIRES

Par Alex. Dumas

LES TROIS MOUSQUETAIRES. — *Anne d'Autriche devint excessivement pâle; elle appuya sur une console sa main d'une admirable beauté, et qui semblait alors une main de cire, et regardant le roi avec des yeux épouvantés, elle ne répondit pas une seule syllabe.* (Page 245.)

chapitre

3 Le roman, regard sur la société

Des romans comme critique de la société

Hugo enfant, ▶ p. 134.

Balzac à 6 ans en 1805.

Zola à 6 ans, en 1846.

Observer et découvrir

1799	naissance d'Honoré de Balzac
1802	naissance de Victor Hugo
1830	révolution : monarchie de juillet
1834	publication du *Père Goriot* de Balzac dans la *Revue de Paris*
1840	naissance d'Émile Zola
1848	révolution : proclamation de la IIe République
1862	publication des *Misérables* de Hugo
1865	ouverture du *Printemps*, « grand magasin parisien »
1883	publication de *Au Bonheur des dames* de Zola
1884	grève de la mine d'Anzin
1885	publication de *Germinal* de Zola

- La publication du *Père Goriot* est proche d'un événement historique : lequel ?
- Que se passe-t-il en 1884 ? Que pouvez-vous en déduire sur la manière d'écrire de Zola ?

Eugène Delacroix (1798-1863), *La Liberté guidant le peuple* ▶ p. 150.

▶ p. 189.

▶ p. 119.

▶ p. 158.

LE SAVEZ-VOUS ?

Au Moyen Âge, le roman est rédigé en « langue romane », langue parlée au quotidien, par opposition au latin.
Lire un roman, c'est chercher le plaisir de l'**histoire inventée**. Mais, les romanciers font du roman un instrument de recherche pour **étudier la société** : le roman demande alors au lecteur un effort de **réflexion pour comprendre le monde**.

Honoré de Balzac à son bureau, dessin réalisé au XXe siècle. L'écrivain travaille la nuit en buvant du café.

Zola à son cabinet de travail, photographie, juillet 1897.

Lecture de l'image

Observer des écrivains au travail

1. Quelles ressemblances vous frappent particulièrement (attitude, expression du visage, environnement) ?
2. Que nous suggèrent ces représentations sur le métier d'écrivain ?

AUTOUR D'UNE ŒUVRE

Le Père Goriot, H. de Balzac

La pension Vauquer

Texte 1

Dans les premières lignes du roman, Balzac décrit le lieu où habitent les principaux personnages : le père Goriot, ancien commerçant ruiné par ses filles, et Eugène de Rastignac, jeune homme venu chercher fortune à Paris.

***Honoré* de Balzac** *(1799-1850) est un écrivain français. Sa vie est marquée par de constants soucis d'argent, de nombreuses passions amoureuses, et surtout par la création d'une œuvre gigantesque,* La Comédie humaine (▸ p. 114). *Il s'agit d'un vaste ensemble de romans dont le but est de dépeindre et d'analyser la société du XIXe siècle.*

Madame Vauquer, née de Conflans, est une vieille femme qui, depuis quarante ans, tient à Paris une pension bourgeoise[1] établie rue Neuve-Sainte-Geneviève, entre le quartier latin et le faubourg Saint-Marceau. Cette pension, connue sous le nom de la Maison-Vauquer, admet également des hommes et des femmes, des jeunes gens et des vieillards [...].

Le rez-de-chaussée se compose d'une première pièce éclairée par les deux croisées[2] de la rue, et où l'on entre par une porte-fenêtre. Ce salon communique à une salle à manger qui est séparée de la cuisine par la cage d'un escalier dont les marches sont en bois et en carreaux mis en couleur et frottés. Rien n'est plus triste à voir que ce salon meublé de fauteuils et de chaises en étoffe de crin[3] à raies alternativement mates et luisantes. [...]

Ch. A. d'Arnoux, dit **Bertall** (1820-1882), *Madame Vauquer*, illustration, BnF, Paris.

Cette première pièce exhale[4] une odeur sans nom dans la langue, et qu'il faudrait appeler l'*odeur de pension*. Elle sent le renfermé, le moisi, le rance[5] ; elle donne froid, elle est humide au nez, elle pénètre les vêtements ; elle a le goût d'une salle où l'on a dîné ; elle pue le service, l'office[6], l'hospice[7]. [...] Eh bien ! malgré ces plates horreurs, si vous le compariez à la salle à manger, qui lui est contiguë, vous trouveriez ce salon élégant et parfumé [...]. Cette salle, entièrement boisée, fut jadis peinte en une couleur indistincte aujourd'hui, qui forme un fond sur lequel la crasse a imprimé ses couches de manière à y dessiner des figures bizarres. [...] Dans un angle est placée une boîte à cases numérotées qui sert à garder les serviettes, ou tachées ou vineuses, de chaque pensionnaire. [...] Pour expliquer combien ce mobilier est vieux, crevassé, pourri, tremblant, rongé, manchot, borgne, invalide, expirant[8], il faudrait en faire une description qui retarderait trop l'intérêt de cette histoire. [...]

Cette pièce est dans tout son lustre au moment où, vers sept heures du matin, le chat de madame Vauquer précède sa maîtresse [...] et fait entendre son *rourou* matinal. Bientôt la veuve se montre, attifée[9] de son bonnet de tulle sous lequel

1 **pension bourgeoise :** maison où l'on pouvait louer des chambres au mois, et où les repas étaient assurés, à très bon marché.
2 **croisées :** fenêtres.
3 **étoffe de crin :** tissu bon marché, désagréable au toucher.
4 **exhale :** diffuse, répand.
5 **rance :** mauvaise odeur d'un laitage avarié.
6 **office :** petite pièce où l'on conservait les réserves de nourriture.
7 **hospice :** hôpital où sont recueillies les personnes sans logis.
8 **expirant :** qui est sur le point de mourir.
9 **attifée :** coiffée (péjoratif).

pend un tour de faux cheveux mal mis ; elle marche en traînassant ses pantoufles grimacées. Sa face vieillotte, grassouillette, du milieu de laquelle sort un nez à bec de perroquet ; ses petites mains potelées, sa personne dodue comme un rat d'église, son corsage trop plein et qui flotte, sont en harmonie avec cette salle où suinte[10] le malheur, [...] et dont madame Vauquer respire l'air chaudement fétide[11] sans en être écœurée.

Honoré de Balzac, *Le Père Goriot*, 1834.

10 **suinte :** coule lentement (image pour dire que la salle inspire le malheur).
11 **fétide :** nauséabond, qui sent très mauvais.

Image du téléfilm *Le Père Goriot*, de J.-D. Verhaeghe, scénario adapté par J.-C. Carrière, avec Nadia Barantin (la mère Vauquer), France 2, 2004.

Entrer dans la lecture

- Quelle impression d'ensemble se dégage de ce texte ?

Apprendre à lire une description balzacienne

La mise en place d'un décor (l. 9 à 37)

1. a. Quels sens sont utilisés par le narrateur pour décrire la pension ? Répondez en citant le texte. **b.** Selon vous, pourquoi l'auteur n'a-t-il pas seulement utilisé la vue ?

2. a. Relevez les deux adjectifs qui caractérisent les *serviettes* des pensionnaires. Que ressentez-vous à la lecture de ce détail ?
b. Quelles sont les autres mentions qui peuvent provoquer le même type de réaction ?

L'entrée en scène du personnage

3. Relevez différents éléments de la tenue et de l'attitude de Madame Vauquer. Quelle impression s'en dégage ?

4. Distinguez en deux colonnes les éléments qui concernent le portrait physique et ceux qui renvoient au portrait moral.

Inviter le lecteur à faire des déductions

5. Quels sont les indices donnés par le narrateur pour montrer la pauvreté de la Maison Vauquer ?

6. Recherchez les mots qui montrent que la Maison Vauquer est malsaine (l. 22 à 37).
Que dire des locataires qui acceptent de pareilles conditions de vie ?

BILAN **7** **Montrez en quoi Madame Vauquer et sa Maison se ressemblent. Pourquoi ce rapprochement est-il comique ?**

Enrichir son vocabulaire

Le texte suscite des impressions et des sensations désagréables. Cherchez les antonymes des adjectifs suivants : *triste*, *taché*, *froid*, *pourri*, *humide*, *tremblant*, *expirant*, *vieillot*, *fétide* ; puis insérez-les tous dans un court texte décrivant un lieu agréable.

À l'oral

Faire une lecture expressive de l'extrait

→ Lisez le deuxième et le troisième paragraphes du texte à voix haute. Vous veillerez à lire comme si vous étiez vraiment dans la Maison-Vauquer, et comme si vous sentiez les *plates horreurs* mentionnées par Balzac (l. 28).
→ Quel effet avez-vous produit sur les auditeurs ?

Les autres lieux du roman

Chez la comtesse de Restaud

Extrait 1

Eugène de Rastignac commence une série de visites pour entrer dans la haute société parisienne. Il arrive chez la première fille du père Goriot, Anastasie, qui a épousé le Comte de Restaud.

Il avait déjà compris son infériorité en entrant dans cette cour, où piaffait un beau cheval richement attelé à l'un de ces cabriolets[1] pimpants[2] qui affichent le luxe d'une existence dissipatrice[3], et sous-entendent l'habitude de toutes les félicités[4] parisiennes. [...] Rastignac se retourna brusquement et vit la comtesse coquettement vêtue d'un peignoir en cachemire blanc, à nœuds roses, coiffée négligemment, comme le sont les femmes de Paris au matin ; elle embaumait, elle avait sans doute pris un bain, et sa beauté, pour ainsi dire assouplie, semblait plus voluptueuse ; ses yeux étaient humides.

Honoré de Balzac, *Le Père Goriot*, 1834.

1 **cabriolet :** voiture à cheval luxueuse.
2 **pimpants :** qui se remarquent.
3 **une existence dissipatrice :** la vie de quelqu'un qui ne craint pas de gaspiller beaucoup d'argent.
4 **les félicités :** les joies.

Ai-je bien lu ?

- Pourquoi Eugène se sent-il inférieur ?

Image du téléfilm *Le Père Goriot*, de J.-D. Verhaeghe, avec Ch. Aznavour (Goriot), France 2, 2004.

La chambre du père Goriot

Extrait 2

De passage à la pension Vauquer (▸ p. 106), *Eugène découvre la chambre du père Goriot.*

Eugène, qui se trouvait pour la première fois chez le père Goriot, ne fut pas maître d'un mouvement de stupéfaction[1] en voyant le bouge[2] où vivait le père, après avoir admiré la toilette[3] de la fille. La fenêtre était sans rideaux ; le papier de tenture[4] collé sur les murailles s'en détachait en plusieurs endroits par l'effet de l'humidité, et se recroquevillait en laissant apercevoir le plâtre jauni par la fumée. Le bonhomme gisait sur un mauvais lit, n'avait qu'une maigre couverture et un couvre-pied ouaté[5] fait avec les bons morceaux des vieilles robes de madame Vauquer. Le carreau[6] était humide et plein de poussière. En face de la croisée se voyait une de ces vieilles commodes en bois de rose à ventre renflé, qui ont des mains[7] en cuivre tordu en façon de sarments décorés de feuilles ou de fleurs ; un vieux meuble à tablette de bois sur lequel étaient un pot à eau dans sa cuvette et tous les ustensiles nécessaires pour se faire la barbe. Dans un coin, les souliers ; à la tête du lit, une table de nuit sans porte ni marbre ; au coin de la cheminée, où il n'y avait pas trace de feu, se trouvait la table carrée, en bois de noyer [...]. L'aspect de cette chambre donnait froid et serrait le cœur, elle ressemblait au plus triste logement d'une prison.

Ibid.

1 **stupéfaction :** étonnement violent.
2 **bouge :** logement pauvre et sale.
3 **toilette :** tenue, vêtements.
4 **papier de tenture :** papier peint.
5 **couvre-pied ouaté :** dessus-de-lit rembourré.
6 **carreau :** sol en carrelage.
7 **main de commode :** poignée du tiroir.

Ai-je bien lu ?

- Qu'éprouve Eugène dans la chambre du père Goriot ? Expliquez l'expression *serrait le cœur* (l. 15).

Chez Delphine de Nucingen

Extrait 3

Rastignac effectue ensuite sa première visite chez l'autre fille du père Goriot, Delphine, qui a épousé le riche banquier Nucingen.

Rastignac arriva rue Saint-Lazare[1], dans une de ces maisons légères, à colonnes minces, à portiques mesquins[2], qui constituent le *joli* à Paris, une véritable maison de banquier, pleine de recherches coûteuses, des stucs[3], des paliers d'escalier en mosaïque de marbre. Il trouva madame de Nucingen dans un petit salon à peintures italiennes, dont le décor ressemblait à celui des cafés[4]. La baronne était triste. [...]

– Ne parlons pas de moi, dit-elle en faisant un sinistre mouvement de tête. Nous dînerons ensemble, tête à tête, nous irons entendre la plus délicieuse musique. Suis-je à votre goût ?[5] reprit-elle en se levant et montrant sa robe en cachemire[6] blanc à dessins perses[7] de la plus riche élégance.

Ibid.

1 **rue Saint-Lazare :** quartier élégant de Paris, habité à l'époque par des bourgeois récemment enrichis.
2 **mesquins :** de petite taille.
3 **des stucs :** décorations en plâtre.
4 à l'époque, il était principalement fait de dorures et de miroirs.
5 **Suis-je à votre goût ? :** Est-ce que je vous plais ?
6 **cachemire :** étoffe précieuse et très coûteuse.
7 **perses :** inspirés des motifs de décoration venus de Turquie.

Ai-je bien lu ?

- Quelle impression, selon vous, l'intérieur de cet appartement doit-il produire sur le visiteur ?

Interpréter les descriptions balzaciennes

Chez le père Goriot

1. Qualifiez l'impression ressentie à la lecture du texte. Relevez les détails qui mettent le plus en évidence la pauvreté de la chambre du père Goriot.

2. Où est le père Goriot ? Selon vous, pourquoi l'auteur ne lui consacre-t-il aucune description dans cet extrait ?

3. Que nous dit la chambre du père Goriot sur le personnage, son état moral et physique ?

Intérieur d'un salon, 1841, aquarelle.

Chez Anastasie et chez Delphine

4. Quels sont les deux objets que remarque Rastignac chez la Comtesse de Restaud ? Quelles en sont les caractéristiques ?

5. En quoi la maison de Delphine de Nucingen montre-t-elle la richesse du banquier ?

6. Complétez ce tableau en relevant les termes qui renvoient aux vêtements, à l'aspect physique de Delphine et Anastasie.

	Delphine	Anastasie
Vêtements	……	……
Aspect physique	…….	……

7. Quels traits de caractère d'Anastasie et de Delphine pouvez-vous en déduire ?

BILAN **8** **En réfléchissant à la pauvreté du père et à la richesse des filles, expliquez quel jugement Balzac porte sur ses personnages. En quoi s'agit-il ici d'une critique de la société ?**

Enrichir son vocabulaire

Reconstituez les expressions suivantes. Cherchez le sens de celles que vous ne connaissez pas. Employez quatre d'entre elles dans une courte histoire.

Jeter l'argent •	• le bonheur
L'argent ne fait pas •	• Job
L'argent n'a pas •	• par les fenêtres
Pauvre comme •	• Crésus
Riche comme •	• diable par la queue
Tirer le •	• d'odeur

Eugène de Rastignac découvre la société

Une série de rencontres (▸ p. 110 à 113) permet à Eugène de Rastignac de comprendre tout ce qui lui manque pour faire son chemin dans la haute société parisienne.

Extrait 1

Eugène étudiant

Très pauvre, mais désireux de faire sa place dans la société, Eugène est venu de province pour étudier le droit à Paris. Voici son premier portrait.

Eugène de Rastignac avait un visage tout méridional[1], le teint blanc, des cheveux noirs, des yeux bleus. Sa tournure[2], ses manières, sa pose habituelle dénotaient le fils d'une famille noble, où l'éducation première n'avait comporté que des traditions de bon goût. S'il était ménager de[3] ses habits, si les jours ordinaires il achevait d'user les vêtements de l'an passé, néanmoins il pouvait sortir quelquefois mis[4] comme l'est un jeune homme élégant. Ordinairement il portait une vieille redingote[5], un mauvais gilet, la méchante cravate noire, flétrie[6], mal nouée de l'Étudiant, un pantalon à l'avenant[7] et des bottes ressemelées.

Honoré de Balzac, *Le Père Goriot*, 1834.

Extrait 2

Une rencontre humiliante

Chez Anastasie, l'une des filles du père Goriot, Eugène, toujours pauvre, rencontre un jeune homme extrêmement riche : Maxime de Trailles.

Rastignac se sentit une haine violente pour ce jeune homme. D'abord les beaux cheveux blonds et bien frisés de Maxime lui apprirent combien les siens étaient horribles. Puis Maxime avait des bottes fines et propres, tandis que les siennes, malgré le soin qu'il en avait pris en marchant, s'étaient empreintes[8] d'une légère teinte de boue. Enfin Maxime portait une redingote qui lui serrait élégamment la taille et le faisait ressembler à une jolie femme, tandis qu'Eugène avait à deux heures et demie un habit noir[9]. Le spirituel enfant de la Charente sentit la supériorité que la mise[10] donnait à ce dandy[11], mince et grand, à l'œil clair, au teint pâle, un de ces hommes capables de ruiner des orphelins.

Ibid.

Extrait 3

Tristes réflexions

Eugène a constaté que les vêtements élégants et la richesse semblent donner certains droits à ceux qui les portent; il est en colère et s'interroge sur ses rêves d'avenir.

Quand Eugène mit le pied sur le perron, il s'aperçut qu'il pleuvait. – Allons, se dit-il, je suis venu faire une gaucherie[12] dont j'ignore la cause et la portée, je gâterai[13] par-dessus le marché mon habit et mon chapeau. Je devrais rester dans un coin à piocher le Droit[14], ne penser qu'à devenir un rude magistrat. Puis-je aller dans le monde quand, pour y manœuvrer convenablement, il faut un tas de cabriolets, de bottes cirées, d'agrès[15] indispensables, des chaînes d'or, dès le matin des gants de daim blancs qui coûtent six francs, et toujours des gants jaunes le soir ?

Ibid.

1 **méridional :** qui vient du Sud de la France. 2 **tournure :** allure. 3 **était ménager de :** faisait attention à. 4 **mis :** habillé. 5 **redingote :** veste longue. 6 **méchante cravate flétrie :** une cravate usée et froissée. 7 **à l'avenant :** comme le reste. 8 **empreintes :** couvertes, marquées. 9 **habit noir :** à l'époque, ne se portait normalement que le soir. 10 **mise :** façon de s'habiller. 11 **dandy :** jeune homme à la mode. 12 **gaucherie :** maladresse. 13 **gâterai :** abîmerai. 14 **piocher le Droit :** étudier le Droit. 15 **d'agrès :** d'éléments.

Un changement de garde-robe

Extrait 4

Eugène a obtenu de l'argent ; il l'emploie à refaire sa garde-robe et à fréquenter les gens riches et puissants. Il se rend ici à un bal.

Eugène fut tiré de sa rêverie par la voix de la grosse Sylvie[1], qui lui annonça son tailleur[2], devant lequel il se présenta, tenant à la main ses deux sacs d'argent, et il ne fut pas fâché de cette circonstance. Quand il eut essayé ses habits du soir, il remit sa nouvelle toilette du matin, qui le métamorphosait complètement. – Je vaux bien Monsieur de Trailles, se dit-il. Enfin j'ai l'air d'un gentilhomme !

Ibid.

Avant une soirée mondaine

Extrait 5

En faisant sa toilette, Eugène savoura tous ces petits bonheurs dont n'osent parler les jeunes gens, de peur de se faire moquer d'eux, mais qui chatouillent l'amour-propre[3]. Il arrangeait ses cheveux en pensant que le regard d'une jolie femme se coulerait sous[4] leurs boucles noires [...]. Il regarda complaisamment[5] sa taille mince, en déplissant son habit. – Il est certain, se dit-il, qu'on en peut trouver de plus mal tournés[6] !

Ibid.

1 **la grosse Sylvie :** servante de la pension Vauquer. 2 **son tailleur :** l'homme qui lui coud et lui vend ses habits. 3 **amour-propre :** l'amour qu'on a pour soi. 4 **se coulerait sous :** se glisserait sous. 5 **complaisamment :** avec un plaisir égoïste. 6 **de plus mal tournés :** des hommes moins beaux.

Ch. Bétout (1865-1945), deux maquettes de costume, crayon graphite, aquarelle, fusain, pastel et gouache, 1922, Paris, maison de Balzac.

Entrer dans la lecture

- De quoi Eugène se rend-il compte progressivement ? Aidez-vous des extraits 1 à 5 pour répondre.

Regarder naître un homme nouveau

Pauvreté et insatisfaction

1. Que prouve la tenue d'Eugène sur l'état de sa fortune, dans l'extrait 1 ?

2. De quels sentiments est animé Eugène à l'égard de Maxime (extrait 2) ? Citez le texte, puis cherchez le nom d'un autre sentiment correspondant à la définition suivante : « envie de posséder ce que l'on n'a pas et dont les autres disposent ».

3. Quel est, dans l'extrait 4, le mot qui indique le changement d'Eugène ?

Infériorité, supériorité

4. À votre avis, pourquoi Eugène attache-t-il une telle importance à sa tenue vestimentaire ?

5. Comment évolue le regard qu'Eugène porte sur sa tenue dans les extraits 2, 3 et 5 ?

À la conquête de la société

6. Dans quel texte vous paraît commencer l'ascension sociale d'Eugène ? Citez des indices.

7. a. Quel est le nom du trait de caractère correspondant à cette définition : « volonté de monter les échelons de la société, de faire fortune, de réussir et d'être reconnu » ? **b.** Eugène possède-t-il, selon vous, cette qualité ? Justifiez votre réponse.

BILAN **8** **À votre avis, que critique ici Balzac à travers le regard d'Eugène ?**

À l'oral

S'entraîner à l'argumentation

Faut-il être bien habillé pour avoir sa place dans la société ?

→ À partir d'exemples, vous donnerez votre opinion sur cette question.

Extrait 6

Les conseils d'une femme d'expérience

La comtesse de Beauséant vient d'être quittée par son amant. Elle se confie à Eugène, qui est son cousin.

– Le monde est infâme[1] et méchant, dit enfin la vicomtesse. [...] Eh bien ! monsieur de Rastignac, traitez ce monde comme il mérite de l'être. Vous voulez parvenir[2], je vous aiderai. Vous sonderez[3] combien est profonde la corruption[4] féminine, vous toiserez la largeur de la misérable vanité[5] des hommes. [...] Plus froidement vous calculerez, plus avant vous irez. Frappez sans pitié, vous serez craint. N'acceptez les hommes et les femmes que comme des chevaux de poste[6] que vous laisserez crever à chaque relais, vous arriverez ainsi au faîte[7] de vos désirs. Voyez-vous, vous ne serez rien ici si vous n'avez pas une femme qui s'intéresse à vous. Il vous la faut jeune, riche, élégante. Mais si vous avez un sentiment vrai, cachez-le comme un trésor ; ne le laissez jamais soupçonner, vous seriez perdu. Vous ne seriez plus le bourreau, vous deviendriez la victime.

Honoré de Balzac, *Le Père Goriot*, 1834.

Gazette des salons, décembre 1835, manteau de cachemire imprimé, Galliera, musée de la Mode de la Ville de Paris.

Découvrir un jugement sur le monde

1. L. 1 à 4 : quels sont les termes employés pour décrire : le monde, les hommes, les femmes ? Sont-ils péjoratifs ou mélioratifs ? Qu'en déduisez-vous ?

2. a. Quelle est la comparaison employée pour évoquer les rapports qu'Eugène devra avoir avec ceux qu'il rencontrera ? Expliquez-la : d'où Eugène « part-il » ? et où veut-il « aller » ?
b. Qu'en pensez-vous ? Justifiez votre opinion. Votre avis ne sera pas forcément le même que celui de vos camarades.

Extrait 7

Les réflexions d'Eugène

Ma jeunesse est encore bleue comme un ciel sans nuage : vouloir être grand[8] ou riche, n'est-ce pas se résoudre à[9] mentir, plier[10], ramper, se redresser, flatter, dissimuler ? n'est-ce pas consentir à[11] se faire le valet de ceux qui ont menti, plié, rampé ? Avant d'être leur complice, il faut les servir. Et bien ! non. Je veux travailler noblement, saintement ; je veux travailler jour et nuit, ne devoir ma fortune qu'à mon labeur[12]. Ce sera la plus lente des fortunes, mais chaque jour ma tête reposera sur mon oreiller sans une pensée mauvaise. Qu'y a-t-il de plus beau que de contempler sa vie et de la trouver pure comme un lis[13] ?

Ibid.

Partager un débat intérieur

Une règle de vie

1. Quelles sont les deux comparaisons utilisées par Eugène pour décrire sa jeunesse et sa vie ?

2. Que rejette Eugène ? Répondez en citant le texte. Comment imagine-t-il sa vie future ?

Un combat intérieur

3. Contre quelle tentation Eugène lutte-t-il ici en réalité ?

4. Selon vous, respectera-t-il la décision qu'il prend ici ? Justifiez votre réponse.

1 **infâme :** sans morale, mauvais. 2 **parvenir :** réussir socialement, devenir riche et puissant. 3 **sonderez :** mesurerez. 4 **la corruption :** le fait d'agir pour de l'argent, sans tenir compte des lois. 5 **vanité :** volonté de se faire remarquer. 6 **des chevaux de poste :** on les utilise pour aller le plus vite possible d'un lieu à un autre, sans crainte de les tuer de fatigue. 7 **au faîte :** au sommet. 8 **grand :** puissant. 9 **se résoudre à :** se décider à. 10 **plier :** céder devant ceux qui sont les plus forts. 11 **consentir à :** accepter de. 12 **labeur :** travail. 13 **lis** (ou lys) : fleur blanche, symbole de pureté.

Extrait 8

La société vue par un homme sans illusion

Un autre personnage donne des conseils à Eugène : il s'agit de Vautrin, homme au passé mystérieux, qui cherche à convaincre Eugène que les valeurs morales empêchent de s'élever dans la société.

Image du téléfilm *Le Père Goriot*, de J.-D. Verhaeghe, avec Tchéky Karyo (Vautrin), France 2, 2004.

Une rapide fortune est le problème que se proposent de résoudre en ce moment cinquante mille jeunes gens qui se trouvent tous dans votre position[1]. Vous êtes une unité de ce nombre-là. Jugez des efforts que vous avez à faire et de l'acharnement du combat. Il faut vous manger les uns les autres comme des araignées dans un pot, attendu[2] qu'il n'y a pas cinquante mille bonnes places[3]. Savez-vous comment on fait son chemin[4] ici ? par l'éclat du génie[5] ou par l'adresse de la corruption. Il faut entrer dans cette masse d'hommes comme un boulet de canon, ou s'y glisser comme une peste. L'honnêteté ne sert à rien.

Ibid.

1 **dans votre position :** dans le même état que vous. 2 **attendu que :** vu que. 3 **bonnes places :** emplois donnant du pouvoir. 4 **faire son chemin :** progresser dans la société, devenir plus puissant, plus riche. 5 **le génie :** la capacité d'inventer des choses nouvelles, de changer le monde.

Comprendre les mécanismes de la société

Une société sans pitié

1. Quelle image est employée par Vautrin pour décrire l'état de la société ? Quelle réaction cette image provoque-t-elle chez le lecteur ?

2. Résumez en quelques mots le portrait de la société dressé par Vautrin.

3. Résumez en une courte phrase le jugement que porte Balzac par la voix du personnage.

Devenir un homme fort

4. *L'honnêteté ne sert à rien* (l. 9) : expliquez le sens de cette phrase avec vos propres mots.

5. Comment Eugène peut-il réagir à ce discours ?

6. En tant que lecteur, quelles réflexions vous inspire le discours de Vautrin ?

7. D'après le discours de la comtesse de Beauséant et celui de Vautrin, Eugène a-t-il la moindre chance de parvenir uniquement par le travail ?

BILAN ▶ *Le Père Goriot*, H. de Balzac

Saisir comment le roman met en évidence les défauts des hommes et de la société

Illustration pour *Le Père Goriot*, milieu du XIXe siècle.

Résumez la situation d'Eugène de Rastignac. Justifiez à chaque fois votre réponse.

1. Que veut-il ? ☐ être riche ☐ être honnête ☐ être puissant ☐ être amoureux

2. Quelles sont les deux possibilités qui s'offrent à lui ?
☐ voler ☐ mentir ☐ changer de garde-robe ☐ rester pauvre et honnête ☐ assassiner le père Goriot

3. a. D'après les extraits que vous venez de lire, la société parisienne vue par Balzac est caractérisée :
☐ par l'injustice ☐ par l'équité ☐ par la moralité ☐ par le vice
☐ par des relations humaines harmonieuses ☐ par des rapports de force

b. On peut espérer : ☐ y progresser ☐ changer de place dans cette société

4. Le roman de Balzac est-il : ☐ une simple fiction faite pour s'évader ?
☐ une fiction utile faite pour réfléchir ?

REPÈRES

Replacer Le Père Goriot dans la Comédie humaine

La Comédie humaine

Une œuvre gigantesque…

La ***Comédie Humaine*** est le titre que Balzac a donné à ses écrits. Il s'agit de 95 romans et de plus de 40 textes de réflexion théorique. Le projet de Balzac est particulier : il ne veut rien inventer.

> La Société française allait être l'historien, je ne devais être que le secrétaire. […] En peignant les caractères, en choisissant les événements principaux de la Société […], peut-être pouvais-je arriver à écrire l'histoire oubliée par tant d'historiens, celle des mœurs. »
>
> **Honoré de Balzac**, *Avant-propos* de 1842 à *La Comédie humaine*.

▸ **Quelle est l'originalité du projet de Balzac ?**

… dont le sujet est « la société »

- Au XIXe siècle, la société est perçue comme un lieu de conflits.
- En effet, au XVIIIe siècle, le philosophe E. Kant a remarqué que, même si nous avons *besoin* les uns des autres, nous ne pouvons pas nous *supporter* ! De même, Rousseau dénonçait *l'inégalité parmi les hommes* (▸ p. 184).

Pourquoi une « comédie » ?

- Balzac s'attache à dénoncer les mensonges des hommes. Sa « comédie » ne cherche pas à faire rire en priorité, même si elle en a souvent l'occasion. Elle vise plutôt à faire perdre ses illusions au lecteur.
- Balzac ne veut donc pas faire de « fiction » : il fait le choix de la « réalité ». La réalité, c'est le monde où nous vivons, tel qu'il est. La fiction renvoie à ce qui est inventé, qui n'existe pas dans notre monde.
- La particularité des romans de Balzac est de « coller » à la réalité. En la faisant entrer dans la fiction, il cherche à nous la rendre plus sensible et à nous la faire mieux voir.

SOCLE COMMUN C1
SOCLE COMMUN C5

DÉBAT-ÉCHANGE

La lecture d'un roman a-t-elle déjà changé votre vision du monde ?

Présentation du père Goriot

Ces illustrations d'une édition ancienne du *Père Goriot* ont été placées dans le désordre. ▸ **Recherchez sur Internet ou au CDI un résumé de l'œuvre, et établissez l'ordre de l'histoire.**

1. Eugène reste seul à veiller le père Goriot mourant : ses filles ne viennent pas. Il comprend leur égoïsme et abandonne ses rêves d'honnêteté.

4. Eugène est tombé amoureux d'une des filles du père Goriot, mais elle est mariée. Le père Goriot leur offre un petit appartement pour qu'ils puissent se voir.

Lire des ouvrages de la Comédie humaine

© Hatier

La Peau de chagrin, 1831.

© Flammarion

Le Colonel Chabert, 1832.

© Magnard

La Bourse, 1832.

© Pocket, dpt. Univers poche

Eugénie Grandet, 1833.

2. Eugène comprend qu'il ne deviendra puissant qu'en fréquentant ceux qui le sont. Il se rend au bal dans la haute société parisienne.

3. Eugène fait la rencontre de Vautrin, qui lui explique la violence de la société. Il lui dit que ce n'est pas en faisant des études qu'il deviendra riche...

5. Eugène rencontre le père Goriot, qui s'est totalement ruiné par amour pour ses filles. Celles-ci le laissent dans la misère.

6. Eugène, jeune noble sans argent, loge à la pension tenue par Madame Vauquer. Il fait ses études de droit à Paris. Il est ambitieux et honnête.

AUTOUR D'UNE ŒUVRE

Au Bonheur des dames, É. Zola

Texte 1

Un monde nouveau

À la mort de leurs parents, Denise et ses frères arrivent à Paris. Ils se rendent chez leur oncle Baudu, qui a proposé de les accueillir.

Denise était venue à pied de la gare Saint-Lazare, où un train de Cherbourg l'avait débarquée avec ses deux frères, après une nuit passée sur la dure banquette d'un wagon de troisième classe. Elle tenait par la main Pépé, et Jean la suivait, tous les trois brisés du voyage, effarés et perdus au milieu du vaste Paris, le nez levé sur les maisons, demandant à chaque carrefour la rue de la Michodière, dans laquelle leur oncle Baudu demeurait. Mais, comme elle débouchait enfin sur la place Gaillon, la jeune fille s'arrêta net de surprise. […]

Il y avait là, au plein air de la rue, sur le trottoir même, un éboulement[1] de marchandises à bon marché, la tentation de la porte, les occasions qui arrêtaient les clientes au passage. Cela partait de haut, des pièces de lainage et de draperie, mérinos, cheviottes, molletons[2], tombaient de l'entresol[3], flottantes comme des drapeaux, et dont les tons neutres, gris ardoise, bleu marine, vert olive, étaient coupés par les pancartes blanches des étiquettes. À côté, encadrant le seuil, pendaient également des lanières de fourrure, des bandes étroites pour garnitures de robe, la cendre[4] fine des dos de petit-gris[5], la neige pure des ventres de cygne, les poils de lapin de la fausse hermine[5] et de la fausse martre[5]. Puis, en bas, dans des casiers, sur des tables, au milieu d'un empilement de coupons, débordaient des articles de bonneterie vendus pour rien, gants et fichus de laine tricotés, capelines, gilets, tout un étalage d'hiver aux couleurs bariolées, chinées[6], rayées, avec des taches saignantes de rouge. Denise vit une tartanelle[7] à quarante-cinq centimes, des bandes de vison d'Amérique à un franc, et des mitaines à cinq sous. C'était un déballage géant de foire, le magasin semblait crever et jeter son trop-plein à la rue. […]

Depuis un instant, un gros homme à cheveux blancs et à grande face jaune, debout sur le seuil d'une boutique, de l'autre côté de la rue, les regardait. Il était là, le sang aux yeux, la bouche contractée, mis hors de lui par les étalages du *Bonheur des dames*, lorsque la vue de la jeune fille et de ses frères avait achevé de l'exaspérer. Que faisaient-ils, ces trois nigauds, à bâiller ainsi devant des parades de charlatan ?

« Et l'oncle ? fit remarquer brusquement Denise, comme éveillée en sursaut.

– Nous sommes rue de la Michodière, dit Jean, il doit loger par ici. »

Ils levèrent la tête, se retournèrent. Alors, juste devant eux, au-dessus du gros homme, ils aperçurent une enseigne

Émile Zola *(1840-1902), orphelin très jeune, a été élevé par sa mère dans un foyer pauvre. Il abandonne tôt ses études et pratique différents métiers avant de devenir journaliste, puis écrivain. Le réalisme de ses romans est d'abord fort critiqué, mais il connaît le succès avec* L'Assommoir *(▸ p. 156). Son engagement dans l'affaire Dreyfus (▸ p. 99) est un épisode marquant de sa vie. Une foule considérable assiste à son enterrement.*

Carton publicitaire recto verso de la chapellerie féminine parisienne *Au Bonheur des dames* (vente à Paris et en province, deuxième moitié XIXe siècle).

1 **éboulement :** écroulement. 2 **mérinos, cheviottes, molletons :** tissus de laine. 3 **entresol :** demi-étage, entre le rez-de-chaussée et le premier étage. 4 **cendre :** couleur cendrée. 5 **petit-gris, hermine et martre :** animaux chassés pour leur fourrure. 6 **chinées :** aux couleurs mélangées. 7 **tartanelle :** tissu de laine à grands carreaux. 8 **badigeon :** peinture blanche à la chaux.

il risquait même des expositions de tableaux. Mais son idée la plus profonde était, chez la femme sans coquetterie, de conquérir la mère par l'enfant ; il ne perdait aucune force, spéculait sur tous les sentiments, créait des rayons pour petits garçons et fillettes, arrêtait les mamans au passage, en offrant aux bébés des images et des ballons. Un trait de génie que cette prime des ballons, distribuée à chaque acheteuse, des ballons rouges, à la fine peau de caoutchouc, portant en grosses lettres le nom du magasin, et qui, tenus au bout d'un fil, voyageant en l'air, promenaient par les rues une réclame vivante !

Émile Zola, *Au Bonheur des dames*, 1883.

Connaître l'univers des grands magasins parisiens

1. Dans le premier paragraphe, quelle métaphore utilise Zola pour parler du magasin ? Expliquez ce choix.

2. Dans le second paragraphe, montrez que Mouret veut que tout soit fait pour le confort des clientes.

3. a. Mouret cherche-t-il seulement à faire plaisir aux clientes ? Justifiez votre réponse. **b.** Quel champ lexical en témoigne dans les lignes 12 à 15 ?

4. Expliquez en quoi Mouret incarne la modernité de son époque.

Les abords du grand magasin parisien *Le Printemps*, à la fin du XIXe siècle.

Lecture de l'image

Observer l'architecture d'un grand magasin parisien

1. Justifiez la première phrase du texte page 118 en vous appuyant sur des détails de l'image.
2. Quels détails dans l'architecture montrent que le bâtiment est fait pour recevoir le plus de monde possible ?

REPÈRES

Étudier l'histoire des grands magasins au XIXe siècle

DATES CLÉS

1852
Aristide Boucicaut fonde *Le Bon marché*

1855
Alfred Chauchard et Auguste Hériot créent les *Grands magasins du Louvre*

1865
Jules Jalouzot fonde les grands magasins du *Printemps*

1870
Ernest Cognacq et Louise Jay ouvrent *La Samaritaine*

1893
Théophile Bader et Alphonse Kahn créent *Les Galeries Lafayette*

• Dès le XVIIIe siècle, naissent des magasins dits « de nouveautés », qui deviennent les ***grands magasins*** au début du XIXe siècle. Leur apparition provoque de grands bouleversements dans le commerce car ils s'appuient sur des pratiques nouvelles : les prix sont fixes et affichés, l'entrée libre. Ils préfèrent vendre moins cher pour vendre plus et proposent des marchandises abondantes et qui évoluent au gré de la mode. Les grands magasins développent la **publicité**.

• Zola s'inspire pour son roman, des différents magasins existant alors à Paris. Certains de ces grands magasins parisiens sont encore en activité aujourd'hui. Les *Galeries Lafayette* sont réputées pour leur voûte « Belle époque ».

Les grands magasins à travers le roman de Zola

SOCLE COMMUN C5

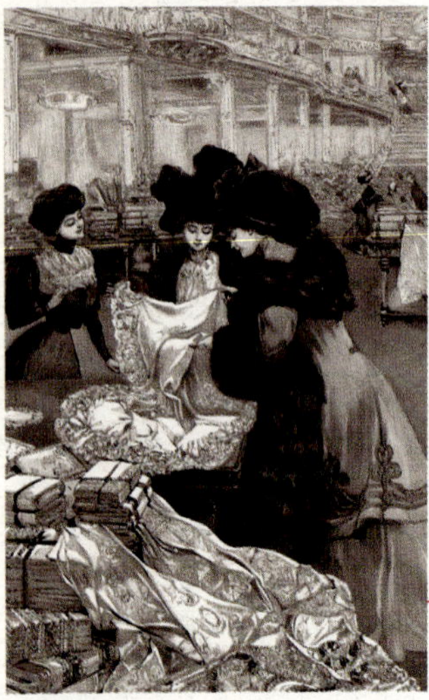

Clientes choisissant des étoffes, vers 1890, gravure.

[Une dame] examinait avec soin une pièce de Paris-Bonheur, car elle était uniquement venue pour profiter du bon marché exceptionnel de cette soie, si elle la jugeait réellement avantageuse. Sans doute elle en fut contente, elle en demanda vingt-cinq mètres, comptant bien couper là-dedans une robe pour elle et un paletot pour sa petite fille.

Émile Zola, *Au Bonheur des dames*, 1883.

• **Comment l'image montre-t-elle que ces dames sont venues profiter du *bon marché exceptionnel* ?**

Karl Fichot, *Les ascenseurs aux magasins du Louvre*, gravure, musée de la Mode de la Ville de Paris.

Salon d'accueil du grand magasin *Le Bon marché*, estampe, XIXe siècle.

Déjà, voulant éviter la fatigue des étages aux dames délicates, il avait fait installer deux ascenseurs, capitonnés de velours. Puis, il venait d'ouvrir un buffet, où l'on donnait gratuitement des sirops et des biscuits, et un salon de lecture, une galerie monumentale, décorée avec un luxe trop riche, dans laquelle il risquait même des expositions de tableaux.

Ibid.

• **Relevez dans cette image les détails qui font de ce lieu un confortable *salon*.**

Vue intérieure des grands magasins : à gauche, le *Bon marché*, à droite, le hall central du *Printemps*, XIXᵉ siècle.

▶ **Comment ces deux images illustrent-elles la comparaison avec une *nef de gare* dans le texte ci-dessous ?**

C'était comme une nef[1] de gare, entourée par les rampes à deux étages, coupée d'escaliers suspendus traversée de ponts volants. Les escaliers de fer, à double révolution, développaient des courbes hardies, multipliaient les paliers ; [...] et tout ce fer mettait là, sous la lumière blanche des vitrages, une architecture légère, une dentelle compliquée où passait le jour, la réalisation moderne d'un palais du rêve.

Ibid.

1 **une nef :** un hall (le mot *nef* est aussi utilisé pour parler de l'intérieur d'une église).

À l'écrit

Observez l'affiche ci-contre. En une dizaine de lignes, faites-en la description en repérant les arguments de vente du magasin.

J.-A. Rouchon, (1794-1878), affiche publicitaire, 1856.

L'ascension sociale d'une vendeuse

Extrait 1

Denise se présente pour un poste de vendeuse au Bonheur des dames.

Celle-ci ne faisait décidément pas une bonne impression. Elle était très propre, dans sa mince robe de laine noire ; on ne s'arrêtait pas à cette pauvreté de la mise, car on fournissait l'uniforme, la robe de soie réglementaire ; seulement, elle paraissait bien chétive et elle avait le visage triste. Sans exiger des filles belles, on les voulait agréables, pour la vente. Et, sous les regards de ces dames et de ces messieurs, qui l'étudiaient, qui la pesaient, comme une jument que des paysans marchandent à la foire, Denise achevait de perdre contenance[1].

Émile Zola, *Au Bonheur des dames* (chapitre 2), 1883.

Pages 122-123 : illustrations pour *Au Bonheur des dames*, édition illustrée en 2 tomes publiée en 1906 chez Fasquelle-Charpentier.
Dans un salon d'essayage du grand magasin, deux vendeuses déshabillent une cliente malhonnête pour récupérer les articles de lingerie qu'elle a volés.

Extrait 2

Après de longs et difficiles mois passés au Bonheur des dames.

C'était une victoire inespérée : Denise avait enfin conquis le rayon. Après s'être jadis débattue pendant près de dix mois, au milieu de ses tourments de souffre-douleur, sans lasser le mauvais vouloir de ses camarades, elle venait en quelques semaines de les dominer, de les voir autour d'elle souples et respectueuses. [...] Mais celle-ci avait également travaillé de tout son charme pour désarmer ses ennemies. La tâche était d'autant plus rude, qu'il lui fallait se faire pardonner sa nomination au poste de seconde. Ces demoiselles criaient à l'injustice, l'accusaient d'avoir gagné ça au dessert[2], avec le patron ; même elles ajoutaient des détails abominables. Malgré leurs révoltes pourtant, le titre de seconde agissait sur elles, Denise prenait une autorité, qui étonnait et pliait les plus hostiles. Bientôt, elle trouva des flatteuses, parmi les dernières venues. Sa douceur et sa modestie achevèrent la conquête.

Ibid. (chapitre 10).

1 **perdre contenance :** perdre son assurance. Denise est confuse et troublée.

2 Elles sous-entendent que Denise a cédé aux avances amoureuses de Mouret ; c'est pour cela qu'elle a maintenant une bonne place dans le magasin.

Des clientes affairées remplissaient déjà le magasin.

Extrait 3

Nommée « première », elle a désormais de longues conversations amicales avec Mouret.

Ses souffrances du début la poignaient encore, une pitié lui remuait le cœur, à chaque nouvelle venue qu'elle rencontrait dans les rayons, les pieds meurtris, les yeux gros de larmes, traînant sa misère sous sa robe de soie, au milieu de la persécution aigrie des anciennes. […] Était-ce humain, était-ce juste, cette consommation effroyable de chair que les grands magasins faisaient chaque année ? Et elle plaidait la cause des rouages de la machine, non par des raisons sentimentales, mais par des arguments tirés de l'intérêt même des patrons. Quand on veut une machine solide, on emploie du bon fer ; si le fer casse ou si on le casse, il y a un arrêt de travail, des frais répétés de mise en train, toute une déperdition de force. Parfois, elle s'animait, elle voyait l'immense bazar idéal, le phalanstère du négoce[1], où chacun aurait sa part exacte des bénéfices, selon ses mérites, avec la certitude du lendemain, assurée à l'aide d'un contrat. Mouret alors s'égayait, malgré sa fièvre. […] ; et il l'écoutait en la plaisantant, le sort des vendeurs était amélioré peu à peu, on remplaçait les renvois en masse par un système de congés accordés aux mortes-saisons, enfin on allait créer une caisse de secours mutuels, qui mettrait les employés à l'abri des chômages forcés, et leur assurerait une retraite. C'était l'embryon des vastes sociétés ouvrières du vingtième siècle.

Ibid. (chapitre 12).

1 **phalanstère du négoce :** expression imagée pour désigner l'ensemble des employés associés aux bénéfices du magasin.

Suivre l'évolution de l'héroïne au fil du roman

SOCLE COMMUN C5

Extraits 1 et 2

1. Quels obstacles Denise doit-elle surmonter pour se faire accepter au *Bonheur des dames* ? Justifiez votre réponse.

2. Quels sont ses atouts ?

Extrait 3

3. Pourquoi Denise veut-elle changer les conditions de travail du personnel ?

4. Profite-t-elle, pour y parvenir, de l'amour de Mouret ? Justifiez votre réponse.

5. Quel rôle bénéfique joue-t-elle pour le magasin et son personnel ?

BILAN

6 Pensez-vous que Denise et Octave soient faits l'un pour l'autre ? Justifiez votre réponse.

LECTURE AUTONOME

Lisez la fin du roman pour savoir comment finit l'histoire de Denise et Octave.

© Flammarion

Votre professeur choisira certains exercices pour vous préparer au sujet d'écrit.

LEXIQUE

L'aspect physique

Antonymes, synonymes RÉVISIONS

1 Associez ces termes et expressions de sens contraire.

a. Magnifique, divin, brillant, tiré à quatre épingles, dernier cri, délicat, bien pris, chef-d'œuvre.

b. Diabolique, dépassé, lourd, disproportionné, hideux, terne, dépenaillé, repoussoir.

2 Classez les termes suivants du plus faible au plus fort selon leur sens.

Joli, ravissant, charmant, bien, parfait, idéal, beau, splendide, magnifique, admirable.

3 Cherchez le sens précis de chacun de ces mots, puis utilisez-en trois dans une phrase qui en éclairera le sens.

Laid, disgracieux, vilain, horrible, hideux, affreux, repoussant.

Sens propre, sens figuré ▸ leçon 2, p. 284

4 Cherchez l'origine de ces deux expressions, puis associez chacune d'elles à des personnages connus, rencontrés dans des films ou des romans que vous connaissez.

Un vilain petit canard / un Apollon.

Le caractère

Antonymes, synonymes RÉVISIONS

5 Distinguez les mots qui désignent une qualité et ceux qui désignent un défaut (aidez-vous du dictionnaire).

Avarice, pudeur, magnanimité, égoïsme, altruisme, cupidité, dévouement, malveillance, piété, misanthropie, rancune.

Sens propre, sens figuré ▸ leçon 2, p. 284

6 Utilisez chacun de ces mots dans une phrase où il prendra un sens figuré.

Bouillonnant, froid, explosif, ouvert, effacé, rangé.

7 Reliez les deux parties de ces expressions en rapport avec le caractère, puis utilisez-les chacune dans une phrase.

Fier comme •	• une couleuvre
Rusé comme •	• un paon
Malin comme •	• les loups
Hurler avec •	• un singe
Fainéant comme •	• un renard
Bavard comme •	• un chat
Gourmand comme •	• une pie

Gazette des salons, décembre 1835, *robe de satin*, Galliera, musée de la mode de la Ville de Paris.

GRAMMAIRE

Compléments circonstanciels ▸ leçon 21, p. 322

8 Repérez un GN complément circonstanciel de comparaison dans les trois premières lignes du texte. Transformez ensuite les GN en gras selon l'exemple.

Ex. : Une vieille casquette flasque → une vieille casquette flasque comme un poisson mort.

M. Poiret était une espèce de mécanique. [On le voyait] s'étendre comme une ombre grise le long d'une allée au Jardin des plantes, la tête couverte **d'une vieille casquette flasque**, tenant à peine sa canne à pomme d'ivoire jauni dans sa main, laissant flotter **les pans flétris** de sa redingote qui cachait mal **une culotte presque vide**, et des jambes en bas bleus qui flageolaient comme celles d'un homme ivre, montrant **son gilet blanc sale** et son jabot **de grosse mousseline recroquevillée** qui s'unissait imparfaitement à sa cravate cordée autour de son cou de dindon.

Honoré de Balzac, *Le Père Goriot*, 1834.

Adverbes ▸ leçon 13, p. 306

9 Repérez les adjectifs. Ajoutez des adverbes qui augmentent ou réduisent le degré de ces adjectifs aux endroits indiqués, en respectant les signes + / -.

Quoique mademoiselle Victorine Taillefer eût une blancheur maladive, et un air (+ ...) pauvre et grêle, son visage n'était pas (+ ...) vieux, ses mouvements et sa voix étaient agiles. Sa physionomie (- ...) roussâtre, ses cheveux d'un blond fauve, sa taille (+ ...) mince, exprimaient cette grâce que les poètes modernes trouvaient aux statuettes du Moyen Âge. Ses vêtements, (+ ...) simples, (- ...) coûteux, trahissaient des formes (- ...) jeunes.

D'après **Honoré de Balzac**, *Le Père Goriot*, 1834.

Compléments circonstanciels ▸ leçon 21, p. 322

10 Retrouvez, dans cet extrait : trois CC de manière, un CC de temps, un CC de cause, deux CC de comparaison.

Laure, la sœur d'Eugène de Rastignac, lui écrit.

« Ta lettre est venue bien à propos, cher frère. Agathe et moi nous voulions employer notre argent de tant de manières différentes, que nous ne savions plus à quel achat nous résoudre. Tu as fait comme le domestique du roi d'Espagne quand il a renversé les montres de son maître, tu nous as mises d'accord. [...] Agathe a sauté de joie. Enfin, nous avons été comme deux folles pendant toute la journée... »

D'après **Honoré de Balzac**, *Le Père Goriot*, 1834.

Sujet d'écrit

ORTHOGRAPHE-CONJUGAISON

cord de l'adjectif qualificatif ▸ 20 règles d'or, p. 402

Accordez correctement chaque adjectif entre renthèses.

La *(vieux)* demoiselle Michonneau gardait sur ses yeux *(fatigué)*, un *(crasseux)* abat-jour en taffetas *(vert)*. Son châle à franges *(maigre)* et *(pleurard)* semblait couvrir un squelette, tant les formes qu'il cachait étaient *(anguleux)*. Quel acide avait dépouillé cette créature de ses formes *(féminin)* ? elle devait avoir été *(joli)* et bien faite [...] Son regard blanc donnait froid, sa figure *(rabougri)* menaçait.

D'après **Honoré de Balzac**, *Le Père Goriot*, 1834.

emps simples, temps composés ▸ leçon 40, p. 360

12 Repérez le sujet des verbes entre parenthèses, puis écrivez ces verbes à l'imparfait.

Généralement, les pensionnaires externes ne *(s'abonner)* qu'au dîner, qui *(coûter)* trente francs par mois. À l'époque où cette histoire commence, les internes *(être)* au nombre de sept. Le premier étage *(contenir)* les deux meilleurs appartements de la maison. Madame Vauquer *(habiter)* le moins considérable, et l'autre *(appartenir)* à madame Couture, veuve d'un commissaire. Elle *(avoir)* avec elle une très jeune personne, nommée Victorine Taillefer, à qui elle *(servir)* de mère.

D'après **Honoré de Balzac**, *Le Père Goriot*, 1834.

L'adverbe en *-ment* ▸ leçon 48 p. 376

13 a. Retrouvez les adjectifs dont sont dérivés ces adverbes.

1. heureusement, expressément.
2. vigoureusement, considérablement.
3. lamentablement, soigneusement.

b. Retrouvez les adverbes issus de ces adjectifs. Attention à l'orthographe !

Physique, prudent, naturel, heureux, moyen, définitif.

dictée

14 Récrivez l'extrait suivant en remplaçant *Eugène* par *Eugène et son ami Bianchon*. Faites toutes les modifications nécessaires.

Quand Eugène mit pied sur le perron, il s'aperçut qu'il pleuvait. – Allons, se dit-il, je suis venu faire une gaucherie dont j'ignore la cause et la portée, je gâterai par-dessus le marché mon habit et mon chapeau. Je devrais rester dans un coin à piocher...

D'après **Honoré de Balzac**, *Le Père Goriot*, 1834.

Décrire un personnage de roman

Vautrin, l'homme de quarante ans, à favoris[1] peints, [...] était de ces gens dont le peuple dit : « Voilà un fameux gaillard ! » [...]. Il était obligeant et rieur. Si quelque serrure allait mal, il l'avait bientôt démontée, rafistolée[2], huilée, limée, remontée, en disant : « Ça me connaît. » Il connaissait tout d'ailleurs, les vaisseaux, la mer, la France, l'étranger, les affaires, les hommes, les événements, les lois, les hôtels et les prisons. [...] Il y avait au fond de sa vie un mystère soigneusement enfoui[3].

Honoré de Balzac, *Le Père Goriot*, 1834.

1 **favoris :** partie de la barbe la plus proche des cheveux des oreilles. La mode était de les porter longs.
2 **rafistolée :** réparée (familier). 3 **enfoui :** enterré, caché.

Continuez ce portrait : multipliez les détails étonnants et révélateurs qui stimulent la curiosité du lecteur.

Consignes d'écriture

→ Décrivez les parties du corps de Vautrin qui ne sont pas mentionnées ici, et qui peuvent renseigner sur sa force, son attitude.
→ Cherchez à capter l'attention du lecteur en utilisant des adjectifs précis et en inventant des caractéristiques qui sortent de l'ordinaire.
→ À la manière de Balzac, suggérez comment les détails physiques renvoient à des traits de caractère et à des événements qui appartiennent au passé du personnage.

Méthode

✓ Conservez les caractéristiques du texte-support : **temps verbaux**, **ton** adopté par le narrateur, **précision** et **richesse** du **lexique**.
✓ Réfléchissez à des **détails** qui peuvent attirer l'attention, dans un visage ou une silhouette : le regard, des muscles particulièrement développés...

Attention !

⚠ Ne cédez pas à la tentation de faire du personnage un monstre ou un super-héros : il doit rester un être humain, avec des détails réalistes.

Honoré Daumier (1808-1879), *Vautrin*, gravure, Maison de Balzac, Paris.

Votre professeur choisira certains exercices pour vous préparer au sujet d'écrit.

LEXIQUE

Le jugement, la critique

Champ lexical — RÉVISIONS

1 a. Classez ces mots ou expression en deux colonnes selon qu'ils appartiennent au champ lexical de la bonté ou de la méchanceté.

Douceur, hargneux, acariâtre, sympathique, avoir le cœur sur la main, bougon, désagréable, franc comme l'or, être bonne pâte, maussade, affable, aigri, grondeur.

b. Complétez ensuite les phrases à l'aide des mots. Attention ! tous n'ont pas leur place, et deux solutions peuvent être valables.

1. Ce chien ... ne cesse pas d'aboyer contre les passants, il est toujours prêt à se jeter sur le premier venu.
2. Ma sœur m'accueille toujours chez elle quand je n'ai pas le temps de me faire à manger, elle a ... .
3. Aujourd'hui je n'ai envie de rien faire, je proteste contre tout, je me sens ... et ... .
4. Ce petit garçon dit toujours la vérité, il est ... .

2 Trouvez, pour chaque phrase, quel est le défaut souligné.

1. Lise : « pendant qu'elle se regarde au miroir, qu'elle met du rouge sur son visage et qu'elle place des mouches, elle convient qu'il n'est pas permis à un certain âge de faire la jeune. »
2. « Ménalque descend son escalier, ouvre sa porte pour sortir, il la referme : il s'aperçoit qu'il est en bonnet de nuit ; et venant à mieux s'examiner, il se trouve rasé à moitié, il voit que son épée est mise du côté droit, que ses bas sont rabattus sur ses talons, et que sa chemise est par-dessus ses chausses. »
3. Gnathon : « le jus et les sauces lui dégouttent du menton et de la barbe ; s'il enlève un ragoût de dessus un plat, il le répand en chemin dans un autre plat et sur la nappe ; on le suit à la trace. Il mange haut et avec grand bruit ; il roule les yeux en mangeant ; la table est pour lui un râtelier ; il écure ses dents, et il continue à manger. »

D'après **Jean de La Bruyère**, *Les Caractères*, 1688.

3 Reliez chaque qualité de la liste 1 au type de comportement correspondant dans la liste 2.

Liste 1

1. poli. 2. courageux. 3. généreux. 4. attentionné. 5. fidèle.

Liste 2

a. Il prend souvent des nouvelles de ses amis et n'oublie jamais leur anniversaire.
b. Il vient en aide à ceux qui ont besoin de lui et n'est avare ni de son temps ni de son argent.
c. Il dit bonjour quand il entre dans un endroit et s'adresse aux autres sans aucune agressivité.
d. On peut compter sur lui quand on a un problème : il est toujours là pour ses amis.
e. Il n'hésite pas à prendre des décisions difficiles et parfois à se mettre en danger.

4 Pour chaque qualité ou défaut de la liste, trouvez deux exemples de comportement qui l'illustrent.

Impatience, avarice, égoïsme, pudeur, sérieux, étourderie.

Ex. : la patience → Denise garde son calme quand les clientes lui font sortir toute la marchandise ; elle essaie les manteaux avec le sourire pour les satisfaire.

5 Selon le contexte, un même mot peut désigner une qualité ou un défaut. Imaginez deux exemples de comportement qui expriment l'acharnement. Dans la première phrase il s'agira d'une qualité, dans la seconde d'un défaut.

L'interrogative, l'exclamative — RÉVISIONS

6 Associez ces phrases interrogatives à l'attitude correspondante : *naïveté, stupeur, mauvaise foi, désarroi, colère, surprise.*

1. Que faire ? Devait-elle rester ou partir ?
2. Ne pouvait-elle pas faire confiance à ses nouvelles amies du magasin ?
3. M'avait-on surpris en train de voler ?
4. Mais de quoi avez-vous donc peur ?
5. Il veut épouser Denise ?
6. Comment ? C'est déjà fait ?

7 Imaginez une phrase exclamative correspondant à la situation demandée. Précisez la réaction exprimée.

Ex. : Denise découvre qu'Octave Mouret l'aime. → Comment ? Il m'aimerait, lui !

1. Denise apprend que son frère est malade.
2. Octave se rend compte que le chef de rayon n'a pas fait son travail.
3. Madame Aurélie voit que Denise progresse dans son métier.
4. Les autres vendeuses du *Bonheur des dames* apprennent que Denise a été nommée « première ».

8 a. Complétez ce tableau.

Nom	Adjectif	Adverbe
gentillesse	gentil, -ille	gentiment
......	courtois, -oise	......
......	......	agressivement
hypocrisie	......	......
......	poli, -ie	......

b. En vous aidant du tableau, variez la formulation des phrases. Ex. : La gentillesse de Denise était légendaire. → Denise se montrait gentille avec tous. / Denise s'adressait gentiment aux autres vendeuses et aux clientes.

1. Mouret restait courtois envers ses concurrents.
2. Henriette jeta agressivement le manteau par terre.
3. Quand Denise découvrit l'hypocrisie des autres vendeuses, elle se sentit bien solitaire.
4. Denise se montrait toujours polie envers les clients.

GRAMMAIRE

Adverbes ▸ leçon 13, p. 306

9 Complétez ce texte à l'aide des adverbes de la liste.

Passionnément, violemment, calmement, perfidement, posément.

Clara avait ...1... fait courir des rumeurs sur Denise. Celle-ci déclara ...2... à Monsieur Mouret qu'elle quittait le magasin et s'apprêtait à sortir ...3... du bureau. Mais Octave ferma ...4... la porte et serra ...5... Denise dans ses bras.

Expansions du GN ▸ leçon 15, p. 310

10 Complétez chaque phrase avec une proposition subordonnée relative qui précisera le comportement du personnage.

1. Octave Mouret, ..., interdisait au personnel du *Bonheur des dames* de prendre des vacances.
2. Le Vieux Baudu, ..., en voulait à ses riches voisins.
3. Les vendeuses, ..., riaient de la pauvre robe de Denise.
4. Les clientes, ..., se pressaient pour découvrir les nouveautés.

L'apposition ▸ leçon 18, p. 316

11 Complétez chaque phrase avec un adjectif apposé qui précisera le comportement du personnage.

1. Octave, ..., renversa d'un geste l'étalage qui ne lui plaisait pas.
2. Mme Desforges, ..., ne cessait de changer d'avis.
3. Denise, ..., continuait à travailler sans écouter les mauvaises langues.
4. Denise, ..., faisait tout ce qu'elle pouvait pour améliorer la condition des employés.
5. Octave, ..., voulait encore agrandir son magasin.

ORTHOGRAPHE-CONJUGAISON

Formation des mots ▸ leçon 1, p. 282

dictée

12 Corrigez les fautes indiquées dans ce texte et justifiez à chaque fois votre correction.

[Quand] à Geneviève, elle surveillait avec une inquiétude [croisante] Colomban, qui, ne se croyant pas [gaité], [rester] en extase, les regards [levaient] sur les vendeuses des confections, [donc] on [aperçevait] le comptoir, derrière les [glasses] de l'entresol.

D'après **Émile Zola**, *Au Bonheur des dames*, 1883.

Sujet d'écrit

Faire un portrait en action

Le lendemain, justement, elle eut à sourire, à jouer son rôle de fille bien mise. Des clientes connues vinrent au rayon, Mme Aurélie l'appela plusieurs fois, lui jeta des manteaux, afin qu'elle en fît valoir les coupes nouvelles. [...]

« Regardez, les épaules sont libres, disait Mme Aurélie. C'est très distingué et très commode… Mademoiselle peut croiser les bras.

– Oh ! parfaitement, répétait Denise, qui gardait un air aimable, on ne le sent pas … Madame en sera contente. [...]

– Montrez-moi autre chose, mademoiselle. »

Denise dépliait les vêtements, les repliait sans se permettre un geste d'humeur. [...]

« Je vais soumettre à madame d'autres modèles », disait tranquillement Denise.

Émile Zola, *Au Bonheur des dames*, 1883.

À votre tour, dans un court récit, racontez un événement particulier qui révèle la qualité ou le défaut principal d'une personne que vous connaissez.

Consignes d'écriture

→ Présentez en une ou deux phrases le contexte de la scène.
→ Racontez la scène elle-même à la troisième personne.
→ Introduisez un court passage dialogué.
→ Concluez en une phrase où sera nommée la qualité choisie (ou le défaut).

Méthode

✓ Vous penserez, au brouillon, à associer la qualité (ou le défaut) à un comportement et à des gestes caractéristiques.
✓ Vous utiliserez l'épithète et certains types de phrase pour traduire les sentiments et les réactions des personnages.
✓ Les adverbes et les relatives vous serviront à nuancer l'expression du comportement.

Attention !

⚠ Il ne doit pas s'agir d'un portrait mais d'une scène vivante. Vous devez montrer le personnage en train d'agir.

Publicité pour les *Grands magasins du Louvre*, 1882.

SYNTHÈSE

Pourquoi les romans du XIXe siècle nous émeuvent-ils encore ?

Une invitation à la réflexion

• Lire un roman du XIXe siècle, de *La Comédie humaine* de Balzac aux œuvres de Zola, permet de réfléchir : en provoquant des émotions chez le lecteur, l'auteur l'invite à **s'interroger sur le monde**. Le roman est donc **une fiction qui veut être utile**. Les écrivains de cette époque ont le souci de décrire la **société** dans l'espoir de **la faire évoluer**, en commençant par faire changer les idées des lecteurs.

• Balzac et Zola, parmi d'autres romanciers du XIXe siècle, ont fait du roman **un moyen d'étudier** les hommes et leur façon de vivre en société. Pour cela, ils mobilisent de nombreux **procédés d'écriture** : richesse et précision du lexique, utilisation des figures de style. Ces techniques sont au service des **descriptions des lieux** et de la **présentation des personnages**.

Des descriptions révélatrices

• **La description renseigne le lecteur** sur les lieux où vivent les personnages de roman, mais aussi sur leur niveau social, leur passé, leurs habitudes et leur façon d'être. Ces passages sont à lire comme si l'on menait une **enquête** : ils nous invitent à comparer, à chercher des **indices**, comme les pages sur la pension Vauquer (▸ p. 106). Les descriptions de Balzac ou de Zola aident le lecteur à **se former un jugement**. Elles développent son **sens critique** et lui révèlent les **injustices** et les **vices de la société**, à travers les personnages décrits.

• Le destin particulier des personnages permet de montrer l'**évolution de la société**. Ainsi Denise (▸ p. 122), issue d'une famille de petits commerçants, rejoint-elle le monde des grands magasins : le lecteur assiste à la **lutte** entre l'ancien commerce et le monde moderne.

Le roman, miroir de la société

• Les personnages sont **très attachants** : les portraits qui en sont donnés à divers stades de leur existence nous permettent de les « connaître » et de les imaginer avec beaucoup de précision. Par exemple, l'évolution d'Eugène de Rastignac fait l'objet d'une étude très complète de ses pensées et de ses émotions, que nous sommes amenés à partager. **Les réflexions que font les personnages de roman sur le monde qui les entoure aident le lecteur à construire sa propre vision du monde réel**.

SOCLE COMMUN

Compétence	Item	Critères d'évaluation	
1 Maîtrise de la langue	Adapter sa prise de parole à la situation de communication.	Je sais développer un propos sur un sujet donné, échanger mes idées dans le cadre de la classe.	▸ p. 114
5 Culture humaniste	Être capable de porter un regard critique sur un fait, un document, une œuvre.	Je peux développer une activité intellectuelle autonome, je fais preuve de recul critique.	▸ p. 114
5 Culture humaniste	Établir des liens entre les œuvres littéraires pour mieux les comprendre.	Je sais identifier des parentés et des contrastes et les utilise pour comprendre la portée de l'œuvre étudiée.	▸ p. 120
5 Culture humaniste	Être sensible aux enjeux esthétiques et humains d'un texte littéraire.	Je sais interpréter des procédés d'écriture et saisir la portée d'un texte littéraire.	▸ p. 123

La mort du père Goriot

Le père Goriot, sur le point de mourir, a fait avertir ses filles et espère les voir une dernière fois. Eugène et son ami Bianchon, étudiant en médecine, l'entourent et le soignent de leur mieux.

Image du téléfilm *Le Père Goriot*, de J.-D. Verhaeghe, France 2, 2004.

– Si elles ne viennent pas ? répéta le vieillard en sanglotant. Mais je serai mort, mort dans un accès de rage, de rage ! La rage me gagne ! En ce moment, je vois ma vie entière. Je suis dupe ! elles ne m'aiment pas, elles ne m'ont jamais aimé ! cela est clair. Si elles ne sont pas venues, elles ne viendront pas. [...]

– Vous allez les voir.

– Vrai ! cria le vieillard égaré. Oh ! les voir ! je vais les voir, entendre leur voix. Je mourrai heureux. Eh bien ! oui, je ne demande plus à vivre, je n'y tenais plus, les peines allaient croissant. Mais les voir, toucher leurs robes, ah ! rien que leurs robes, c'est bien peu ; mais que je sente quelque chose d'elles ! Faites-moi prendre les cheveux... veux...

Il tomba la tête sur l'oreiller comme s'il recevait un coup de massue. Ses mains s'agitèrent sur la couverture comme pour prendre les cheveux de ses filles.

– Je les bénis, dit-il en faisant un effort, bénis.

Il s'affaissa tout à coup. [...]

Son visage convulsé prit une expression de joie maladive. Les deux étudiants, frappés de ce terrible éclat d'une force de sentiment qui survivait à la pensée, laissèrent tomber chacun des larmes chaudes sur le moribond qui jeta un cri de plaisir aigu. [...]

Trompé sans doute par les larmes, Goriot usa ses dernières forces pour étendre les mains, rencontra de chaque côté de son lit les têtes des étudiants, les saisit violemment par les cheveux, et l'on entendit faiblement : « Ah ! mes anges ! » Deux mots, deux murmures accentués par l'âme qui s'envola sur cette parole.

Honoré de Balzac, *Le Père Goriot*, 1834.

Comprendre la tristesse d'une scène de roman

• Exprimez l'impression produite par les paroles du père Goriot dans tout le texte.

Une mort solitaire

1. Qui est présent au moment de la mort du père Goriot ? Comment se comportent les personnages ? Citez le texte.

2. Quel est le dernier souhait du père Goriot ? Est-il réalisé ?

Émotions et réflexions

3. Qu'a compris le père Goriot des sentiments de ses filles pour lui, au début du texte ?

4. Que croit le père Goriot au moment de mourir ? Quels sont les signes de l'émotion des personnages ? Classez-les dans ce tableau :

	Eugène et Bianchon	Goriot
Manifestations physiques	......	......
Paroles	......	......
Ponctuation expressive	......	......

BILAN **5** **Citez la phrase qui est pour vous la plus émouvante du texte. Justifiez votre choix.**

Culture littéraire

• Qui est Eugène de Rastignac ? D'après votre étude par extraits du roman de Balzac, dites ce que vous connaissez de lui.

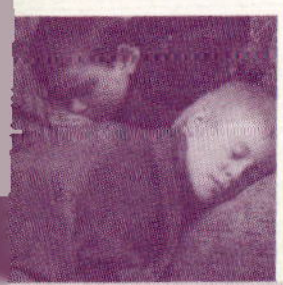

- **Étape 1 :** découvrir les poèmes
- **Étape 2 :** préparer sa lecture
- **Étape 3 :** lire le poème en public
- Bilan et évaluation de l'atelier

Échos poétiques : émouvoir pour critiquer la société

Les poètes, comme les romanciers, **observent la société** et ses transformations. Ils célèbrent la modernité, mais **dénoncent** également la **misère** et **critiquent** le pouvoir. Cet atelier vous guide pas à pas dans la préparation de la **lecture orale** de trois poèmes dans lesquels les poètes ont choisi de mettre en scène des **enfants** pour mieux toucher le lecteur. À vous de traduire l'émotion qu'ils veulent faire ressentir !

ÉTAPE 1 Découvrez les poèmes

- Il vous faut d'abord **comprendre** chaque poème : identifier son **thème** et les **moyens** employés pour **émouvoir**.

Arthur Rimbaud ▸ p. 213

Rimbaud a 16 ans lorsqu'il écrit ce poème ; il dépeint ici le triste tableau d'enfants affamés devant le four d'un boulanger.

Les effarés[1]

Poème 1

Noirs dans la neige et dans la brume,
Au grand soupirail qui s'allume,
Leurs culs en rond,

À genoux, cinq petits, – misère ! –
Regardent le boulanger faire
Le lourd pain blond.

Ils voient le fort bras blanc qui tourne
La pâte grise et qui l'enfourne
Dans un trou clair.

Ils écoutent le bon pain cuire.
Le Boulanger au gras sourire
Grogne un vieil air.

Ils sont blottis, pas un ne bouge,
Au souffle du soupirail[2] rouge
Chaud comme un sein.

Quand pour quelque médianoche[3],
Façonné comme une brioche
On sort le pain,

Quand, sous les poutres enfumées,
Chantent les croûtes parfumées
Et les grillons,

Que ce trou chaud souffle la vie,
Ils ont leur âme si ravie
Sous leurs haillons,

Ils se ressentent si bien vivre,
Les pauvres Jésus pleins de givre,
Qu'ils sont là tous,

Collant leurs petits museaux roses
Au treillage[4], grognant des choses
Entre les trous,

Tout bêtes, faisant leurs prières
Et repliés vers ces lumières
Du ciel rouvert,

Si fort qu'ils crèvent leur culotte[5]
Et que leur chemise tremblote
Au vent d'hiver.

Arthur Rimbaud, *Poésies*, 1870.

1 **effarés :** effrayés, stupéfaits.
2 **soupirail :** ouverture pratiquée pour aérer.
3 **médianoche :** repas de fête.
4 **treillage :** grillage.
5 **culotte :** pantalon.

Questions

Un tableau vivant et contrasté

1. Relevez toutes les sensations utilisées par le poète pour peindre cette scène afin d'aiguiser l'imagination du lecteur.

2. Relisez les vers 10 à 12, montrez comment la musique des mots donne à entendre les bruits du fournil.

3. À l'aide de ce tableau, relevez les oppositions, entre la rue et le fournil ; entre le boulanger et les enfants.

La rue	Le fournil
......	......

Les enfants	Le boulanger
......	......

Un tableau attendrissant

4. *Misère !* (v. 4), *Les pauvres Jésus pleins de givre* (v. 26) : quel sentiment le poète exprime-t-il ?

5. a. Dans la dixième strophe, à quoi les enfants sont-ils assimilés ? **b.** Identifiez dans l'ensemble du poème d'autres passages qui donnent cette même vision des enfants. Quelles sont les deux impressions opposées que le poète cherche à susciter chez le lecteur ?

Charles Baudelaire *(1821-1867) est un poète français du XIXe siècle célèbre notamment pour son recueil* Les Fleurs du mal, *qui a fait scandale en 1857.*

Le joujou du pauvre

Poème 2

Baudelaire rapporte le souvenir d'une scène dont il a été témoin : celle d'un jeune bourgeois observant avec fascination, derrière la grille de son château, un enfant pauvre qui s'amuse devant lui.

Je veux donner l'idée d'un divertissement innocent. Il y a si peu d'amusements qui ne soient pas coupables !

Quand vous sortirez le matin avec l'intention décidée de flâner sur les grandes routes, remplissez vos poches de petites inventions à un sol[1], – telles que le polichinelle plat mû par un seul fil, les forgerons qui battent l'enclume, le cavalier et son cheval dont la queue est un sifflet, – et le long des cabarets, au pied des arbres, faites-en hommage aux enfants inconnus et pauvres que vous rencontrerez. Vous verrez leurs yeux s'agrandir démesurément. D'abord ils n'oseront pas prendre ; ils douteront de leur bonheur. Puis leurs mains agripperont vivement le cadeau, et ils s'enfuiront comme font les chats qui vont manger loin de vous le morceau que vous leur avez donné, ayant appris à se défier[2] de l'homme.

Sur une route, derrière la grille d'un vaste jardin, au bout duquel apparaissait la blancheur d'un joli château frappé par le soleil, se tenait un enfant beau et frais, habillé de ces vêtements de campagne si pleins de coquetterie.

Le luxe, l'insouciance et le spectacle habituel de la richesse, rendent ces enfants-là si jolis, qu'on les croirait faits d'une autre pâte[3] que les enfants de la médiocrité ou de la pauvreté.

À côté de lui, gisait sur l'herbe un joujou splendide, aussi frais que son maître, verni, doré, vêtu d'une robe pourpre, et couvert de plumets et de verroteries[4]. Mais l'enfant ne s'occupait pas de son joujou préféré, et voici ce qu'il regardait :

De l'autre côté de la grille, sur la route, entre les chardons et les orties, il y avait un autre enfant, sale, chétif[5], fuligineux[5], un de ces marmots-parias[6] dont un œil impartial[7] découvrirait la beauté, si, comme l'œil du connaisseur devine une peinture idéale sous un vernis de carrossier, il le nettoyait de la répugnante patine[8] de la misère.

À travers ces barreaux symboliques séparant deux mondes, la grande route et le château, l'enfant pauvre montrait à l'enfant riche son propre joujou, que celui-ci examinait avidement[9] comme un objet rare et inconnu. Or, ce joujou, que le petit souillon agaçait[10], agitait et secouait dans une boîte grillée, c'était un rat vivant ! Les parents, par économie sans doute, avaient tiré le joujou de la vie elle-même.

Et les deux enfants se riaient l'un à l'autre fraternellement, avec des dents d'une *égale* blancheur.

Charles Baudelaire, *Le Spleen de Paris*, 1869.

1 **de petites inventions à un sol :** de petits jouets qui ne coûtent rien.
2 **se défier :** se méfier.
3 **on les croirait faits d'une autre pâte :** on croirait qu'ils ne sont pas faits de la même chair.
4 **plumets, verroteries :** petites plumes, bijoux en verre.
5 **chétif ; fuligineux :** maigre, maladif ; crasseux.
6 **marmots-parias :** enfants exclus de la société.
7 **impartial :** juste.
8 **patine :** dépôt qui se forme sur certains objets anciens.
9 **avidement :** avec beaucoup d'envie.
10 **agaçait :** taquinait.

Fernand Pelez (1848-1913), *La Vachalcade* (détail), huile sur toile, vers 1900, musée des Beaux-Arts de la Ville de Paris.

Questions

Richesse et misère

1. a. Relevez les éléments qui caractérisent chaque enfant, de part et d'autre de la grille.

	Devant la grille	Derrière la grille
Décor	……	……
Enfants	……	……
Jouet	……	……

b. Dites ce que représente cette grille.

Au-delà des apparences

2. Identifiez tous les passages du poème qui suggèrent une vérité cachée derrière les apparences.

3. Quel est le jouet le plus attrayant ? Justifiez votre réponse.

4. Montrez comment, dès le début du texte, Baudelaire invite le lecteur à prendre parti pour l'enfant des rues.

5. Relisez la dernière phrase. Que veut suggérer le poète ?

Souvenir de la nuit du 4 Poème 3

Après son coup d'État du 2 décembre 1851, Napoléon III engage une violente répression contre ses opposants. Victor Hugo, qui déteste l'empereur, évoque ici la nuit du 4 décembre : une grand-mère se lamente sur le corps de son petit fils assassiné par les troupes impériales. À travers la plainte de la vieille femme, c'est la voix du peuple que le poète laisse entendre.

L'enfant avait reçu deux balles dans la tête.
Le logis était propre, humble, paisible, honnête ;
On voyait un rameau bénit[1] sur un portrait.
Une vieille grand-mère était là qui pleurait.
Nous le déshabillions en silence. Sa bouche,
Pâle, s'ouvrait ; la mort noyait son œil farouche ;
Ses bras pendants semblaient demander des appuis.
Il avait dans sa poche une toupie en buis.
On pouvait mettre un doigt dans les trous de ses plaies.
Avez-vous vu saigner la mûre dans les haies ?
Son crâne était ouvert comme un bois qui se fend.
L'aïeule[2] regarda déshabiller l'enfant,
Disant : – Comme il est blanc ! approchez donc la lampe.
Dieu ! ses pauvres cheveux sont collés sur sa tempe ! –
Et quand ce fut fini, le prit sur ses genoux.
La nuit était lugubre ; on entendait des coups
De fusil dans la rue où l'on en tuait d'autres.
– Il faut ensevelir l'enfant, dirent les nôtres.
Et l'on prit un drap blanc dans l'armoire en noyer.
L'aïeule cependant l'approchait du foyer[3]
Comme pour réchauffer ses membres déjà roides.
Hélas ! ce que la mort touche de ses mains froides
Ne se réchauffe plus aux foyers d'ici-bas !
Elle pencha la tête et lui tira ses bas,
Et dans ses vieilles mains prit les pieds du cadavre.
– Est-ce que ce n'est pas une chose qui navre[4] !
Cria-t-elle ; monsieur, il n'avait pas huit ans !
Ses maîtres, il allait en classe, étaient contents.
Monsieur, quand il fallait que je fisse une lettre,
C'est lui qui l'écrivait. Est-ce qu'on va se mettre
À tuer les enfants maintenant ? Ah ! mon Dieu !
On est donc des brigands ! Je vous demande un peu,
Il jouait ce matin, là, devant la fenêtre !
Dire qu'ils m'ont tué ce pauvre petit être !
Il passait dans la rue, ils ont tiré dessus.
Monsieur, il était bon et doux comme un Jésus. […]
Pourquoi l'a-t-on tué ? Je veux qu'on me l'explique.
L'enfant n'a pas crié vive la République[5]. –
Nous nous taisions, debout et graves, chapeau bas,
Tremblant devant ce deuil qu'on ne console pas. […]

Victor Hugo, *Les Châtiments*, 1853.

1 **un rameau bénit :** petite branche de buis que le prêtre bénit en hommage aux morts.
2 **l'aïeule :** la grand-mère.
3 **foyer :** feu, cheminée.
4 **qui navre :** très triste.
5 l'enfant, lui, n'a pas critiqué le pouvoir. L'empereur Napoléon III a mis fin à la Seconde République.

Questions

Un crime révoltant

1. *L'enfant avait reçu deux balles dans la tête* (v. 1) : quel est le rôle de ce détail ? Relevez d'autres exemples.

2. Vers 13-14, 26-36 : dites pourquoi le poète a choisi de rapporter les paroles de la grand-mère au discours direct.

3. *Il avait dans sa poche une toupie en buis* (v. 8) : quel est l'effet recherché par la présence de ce détail ? Repérez d'autres passages visant le même effet.

Une lamentation déchirante

4. Dites quels sont les deux sentiments exprimés par la grand-mère. Justifiez en citant le texte. Quels types de phrase traduisent son émotion ?

5. *Il passait dans la rue, ils ont tiré dessus* (v. 35). Observez le rythme et le jeu de sonorités. Que traduisent-ils ?

ÉTAPE 2 Préparez votre lecture orale

Votre lecture doit permettre à vos camarades de **comprendre le texte. Vous chercherez à toucher votre auditoire**.

- Faites comprendre l'organisation de la phrase en détachant bien les groupes de mots.
- Utilisez l'intonation appropriée en fonction du **sens** du texte et de la **ponctuation**.
- Faites des pauses, variez le rythme, le volume de votre lecture. Qu'ils écrivent **en vers ou en prose**, les poètes recherchent les **effets de sonorités et de rythme**.
- Prononcez **toutes les syllabes** (le **-e-** muet se prononce devant une consonne, mais pas devant une voyelle).
- Effectuez toutes les **liaisons**.

Élaborez un document-support. → Reproduisez votre texte et notez en gras, surlignez, ou soulignez les mots ou passages sur lesquels vous devez insister ; les changements de rythme, de volume, les pauses, les enjambements, les diérèses.

Entraînez-vous ! → Faites plusieurs lectures : à un camarade, à un adulte. Vous pouvez aussi vous filmer ou vous enregistrer.

Athanase Fosse, *La nuit du 4 décembre 1851*, sculpture, maison de Victor Hugo, Paris.

Conseils de lecture

Poème 1 Les effarés

- Respectez bien le **mètre**. Effectuez la **diérèse** au vers 16 : *médianoche* doit être prononcé en quatre syllabes [mé-di-a-noche].
- La longueur réduite des vers génère de nombreux **enjambements** (vers 5-6, 7-8-9, 11-12, 14-15, 17-18) et **rejets** (v. 31-32). Cela crée un déséquilibre qui doit être perceptible à la lecture.
- Faites bien entendre les nombreux **jeux sur les sonorités**: marquez bien les nombreuses **allitérations**: en [R] et [gR] dans la quatrième strophe, en [s] dans la cinquième strophe; en [kR] et en [gR] dans la strophe 7.

Lexique de la poésie ▸ leçon 7, p. 294

Poème 2 Le joujou du pauvre

- Attention, même si le poème est en **prose**, prononcez toutes les syllabes et effectuez toutes les liaisons.
- Vous mettrez la dernière phrase en valeur: faites précéder sa lecture d'une pause et prononcez avec insistance les mots *fraternellement* et *égale*.

Poème 3 Souvenir de la nuit du 4

- Travaillez le ton: il doit traduire la **tristesse**, l'**indignation**, la **colère**, le **désespoir**.
- Le poème est écrit en alexandrins. Effectuez les **diérèses**: *jou-ait* (v. 33) et *tu-é* (v. 34); *tu-er* (v. 39), *tu-é* (v. 45).
- Respectez les **enjambements** (v. 16-17, 30-31, 38-39).

→ Une lecture à plusieurs voix peut permettre de favoriser la compréhension et de faire passer l'émotion.

ÉTAPE 3 Lisez le poème en public

- **Tenez-vous immobile face à votre auditoire ou déplacez-vous dans la salle** (attention dans ce cas à bien rester toujours audible).
- **Pensez à regarder votre auditoire pour capter son attention et voir ses réactions.** Ne gardez pas les yeux fixés sur votre document et laissez voir votre visage. Les expressions de votre visage, vos gestes peuvent aussi vous aider à faire passer l'émotion. Mais n'en faites pas trop!
- Pendant la séance de lecture orale les auditeurs peuvent prendre des notes. Ils pourront indiquer le poème et la lecture qui les ont le plus touchés et rédiger un court paragraphe pour en expliquer les raisons.

Fernand Pelez (1848-1913), *Sans asile ou Les Expulsés* (détail), huile sur toile, 1883, musée des Beaux-Arts de la Ville de Paris.

Bilan et évaluation

SOCLE COMMUN

- **La grille suivante fait la synthèse des savoir-faire pouvant être évalués lors de l'atelier.**

Compétence	Item	Critères d'évaluation
① Maîtrise de la langue	Dégager, par écrit ou oralement, l'essentiel d'un texte lu.	Je suis audible, je capte l'attention de mon auditoire par ma posture, mes gestes, mon regard et je m'adapte à ses réactions. Mon rythme et mon intonation sont adaptés au sens du texte et favorisent la compréhension de mes auditeurs.
	Adapter son mode de lecture à la nature du texte proposé et à l'objectif poursuivi.	Je suis capable de faire une lecture poétique du texte : je respecte le rythme imposé par le mètre, la ponctuation, les enjambements, les rejets, les diérèses, j'effectue les liaisons.
⑦ Autonomie et initiative	S'intégrer et coopérer dans un projet collectif.	J'écoute attentivement la lecture et je ne déconcentre pas mes camarades par mon attitude.

chapitre **4**

Les héros de roman

Le destin exemplaire des héros de roman

Lire et découvrir

Ce siècle avait deux ans
(Les feuilles d'automne)

Victor Hugo est né en 1802 d'un père engagé dans les armées de la Révolution et d'une mère issue de la petite bourgeoisie nantaise. Il grandit dans un climat de guerre civile et familiale. Malgré tout il continue de croire en l'avenir et gardera toute sa vie sa **foi dans le progrès**. Très tôt il se tourne vers la littérature et rejoint les **Romantiques** (▸ p. 222) dont il devient le chef de file. Mais Victor Hugo joue également un important rôle politique (Repères ▸ p. 136 et 152), qui lui vaudra l'exil.

Son œuvre est considérable et très variée :
- ses ***romans*** sont de grandes fresques historiques : *Notre-Dame de Paris* (1832), *Les Misérables* (1862) ;
- sa **poésie** souvent engagée (*Les Châtiments*, 1853) peut prendre aussi un tour plus intime : le quatrième livre des *Contemplations* est ainsi consacré à sa fille Léopoldine morte noyée ;
- au **théâtre**, il renonce aux codes classiques et crée le drame romantique qui fera scandale à l'époque : *Hernani* (1830), *Ruy Blas* (1838).

• Pourquoi, selon vous, Victor Hugo est-il une des plus grandes figures du XIXe siècle ?

Observer et découvrir

Auguste de Chatillon (1813 - 1881), *Victor Hugo en 1836 avec son fils François Victor*, huile sur toile, maison Victor Hugo.

Victor Hugo en famille dans le jardin de *Hauteville House* à Guernesey en 1874 (après la fin de son exil, il séjourna à plusieurs reprises à Guernesey) : assis par terre, ses petits-enfants Georges et Jeanne, photographie.

• Quelle image de Victor Hugo ce tableau et cette photographie donnent-ils ?

Lecture de l'image

Découvrir l'univers de Victor Hugo

1. Quels adjectifs peuvent qualifier l'univers de Victor Hugo ?
2. Quel épisode de sa vie pouvez-vous reconnaître sur cette image ?

Montage p. 135 : dessins réalisés par Victor Hugo, photographie et gravure le représentant, signature de l'écrivain.

Victor Hugo

Les Misérables, V. Hugo

REPÈRES

Étudier comment Hugo dénonce la misère de l'enfance

1 Lire un article de loi

Enfants travaillant dans les mines de Bruay-en-Artois (Pas-de-Calais), à la fin du XIXe siècle.

ARTICLE II. Les enfants devront, pour être admis, avoir au moins huit ans. De huit à douze ans, ils ne pourront être employés au travail effectif plus de huit heures sur vingt-quatre, divisées par un repos. De douze à seize ans, ils ne pourront être employés au travail effectif plus de douze heures sur vingt-quatre, divisées par des repos.

ARTICLE III. Un travail de nuit des enfants de plus de treize ans sera toléré s'il est reconnu indispensable dans les établissements à feu continu[1].

Loi sur le travail des enfants, 22 mars 1841 (extraits).

1 usines où les hauts fourneaux (les fours servant à fabriquer le métal) ne doivent jamais s'arrêter.

Quels sont les détails de cette loi qui vous choquent ?

2 Étudier un poème de Victor Hugo

SOCLE COMMUN C5

« Où vont tous ces enfants dont pas un seul ne rit ?
Ces doux êtres pensifs que la fièvre maigrit ?
Ces filles de huit ans qu'on voit cheminer seules ?
Ils s'en vont travailler quinze heures sous des meules ;
Ils vont, de l'aube au soir, faire éternellement
Dans la même prison le même mouvement.
Accroupis sous les dents d'une machine sombre,
Monstre hideux qui mâche on ne sait quoi dans l'ombre,
Innocents dans un bagne, anges dans un enfer,
Ils travaillent. Tout est d'airain[1], tout est de fer.
Jamais on ne s'arrête et jamais on ne joue.
Aussi quelle pâleur ! la cendre est sur leur joue.
Il fait à peine jour, ils sont déjà bien las.
Ils ne comprennent rien à leur destin, hélas !
Ils semblent dire à Dieu : « Petits comme nous sommes,
Notre père, voyez ce que nous font les hommes ! »

Victor Hugo, « Melancholia » (extrait), *Les Contemplations*, Livre II, II, 1856.

1 **airain :** bronze (métal).

Portrait de deux petits garçons pauvres, vêtus de haillons, XIXe siècle.

1. Vers 1 et 11 : de quoi ces enfants qui travaillent sont-ils privés ?
2. **a.** À quoi la machine est-elle comparée (vers 7 à 10) ?
   b. Quel effet sur le lecteur Victor Hugo cherche-t-il à produire avec cette image ?
3. Mettez en évidence les oppositions dans le vers 9.
4. **a.** Relevez les expressions qui montrent l'état de santé des enfants.
   b. À quel champ lexical appartiennent-elles ? Justifiez ce choix de l'auteur.
5. Expliquez précisément en quelques lignes ce que veut dénoncer le poète dans ce texte.

3 Analyser deux discours de Victor Hugo

« Messieurs, toute question a son idéal. Pour moi, l'idéal de cette question de l'enseignement, le voici : l'instruction gratuite et obligatoire. Obligatoire au premier degré, gratuite à tous les degrés. L'instruction primaire obligatoire, c'est le droit de l'enfant qui, ne vous trompez pas, est plus sacré encore que le droit du père et qui se confond avec le droit de l'État. [...]

Pas une commune sans une école, pas une ville sans un collège, pas un chef-lieu sans une faculté. Un vaste ensemble, ou, pour mieux dire, un vaste réseau d'ateliers intellectuels, lycées, gymnases, collèges, chaires, bibliothèques, mêlant leur rayonnement sur la surface du pays, éveillant partout les aptitudes et échauffant partout les vocations ; en un mot, l'échelle de la connaissance humaine dressée fermement par la main de l'État, posée dans l'ombre des masses les plus profondes et les plus obscures, et aboutissant à la lumière. »

Victor Hugo, *Discours à l'Assemblée législative*, 15 janvier 1850, sur la liberté de l'enseignement.

Victor Hugo à l'Assemblée, gravure, 1885.

Quelle solution Victor Hugo propose-t-il pour améliorer la vie des enfants ? Qu'en pensez-vous ?

André Gill (1840-1885), lithographie, 1877, maison de Victor Hugo, Paris.

Lecture de l'image

1. Que représente traditionnellement le lion ?
2. Quel objet symbolise ici la poésie ?
3. Que tient Victor Hugo dans ses bras ?
4. Dites quelle image de Victor Hugo donne cette gravure de presse.

« Figurez-vous ces caves dont rien de ce que je vous ai dit ne peut vous donner l'idée ; figurez-vous ces cours qu'ils appellent des courettes, resserrées entre de hautes masures, sombres, humides, glaciales, méphitiques, pleines de miasmes stagnants, encombrées d'immondices, les fosses d'aisance[1] à côté des puits ! Hé mon Dieu ! ce n'est pas le moment de chercher des délicatesses de langage !

Figurez-vous ces maisons, ces masures habitées du haut en bas, jusque sous terre, les eaux croupissantes filtrant à travers les pavés dans ces tanières où il y a des créatures humaines. Quelquefois jusqu'à dix familles dans une masure, jusqu'à dix personnes dans une chambre, jusqu'à cinq ou six dans un lit, les âges et les sexes mêlés, les greniers aussi hideux que les caves, des galetas où il entre assez de froid pour grelotter et pas assez d'air pour respirer ! »

Victor Hugo, *Discours sur les caves de Lille*, 30 juin 1850.

1 les toilettes.

Dire la misère : lexique et procédés de style

SOCLE COMMUN C5

1. Recherchez dans un dictionnaire le sens des mots soulignés.
2. Relevez le vocabulaire péjoratif du texte.
3. Quel procédé Hugo utilise-t-il pour renforcer le tableau de la misère dans le premier paragraphe ?
4. Que désignent les termes *tanières* et *créatures humaines* ? Pourquoi Hugo utilise-t-il ces mots ?
5. Comment Hugo insiste-t-il, dans la dernière phrase du texte, sur les mauvaises conditions de vie ? Observez les répétitions et les comparatives.

Saisir le parcours des héros des Misérables en images

Pierre-Jules Hetzel (1814-1886) fait paraître une édition des Misérables *en 1865, illustrée de gravures. Ces gravures vont vous permettre de découvrir les grandes étapes du roman.*

1. Jean Valjean, après avoir été libéré du bagne de Toulon, se rend à Digne. Mais personne n'accepte de l'héberger à cause de son passé.

2. Monseigneur Bienvenu est le seul à lui ouvrir sa porte. Mais Jean Valjean le vole. Monseigneur Bienvenu cependant le protège des gendarmes (▶ p. 140-141) et lui offre deux chandeliers en argent en échange de sa bonne conduite.

3. Jean Valjean commet une dernière faute : il vole une pièce au petit Gervais. Il en a ensuite d'horribles remords et décide de changer de vie (▶ p. 143).

4. À Montreuil, Jean Valjean devient le bienfaiteur de la ville, en créant une fabrique, où travaille Fantine. Mais celle-ci est renvoyée lorsqu'on découvre qu'elle a une enfant sans être mariée. Sans ressource, elle doit vendre ses cheveux et ses dents pour payer la pension de sa fille Cosette (▶ p. 144).

5. Jean Valjean se dénonce à la police pour éviter à un innocent de payer pour le vol du petit Gervais.

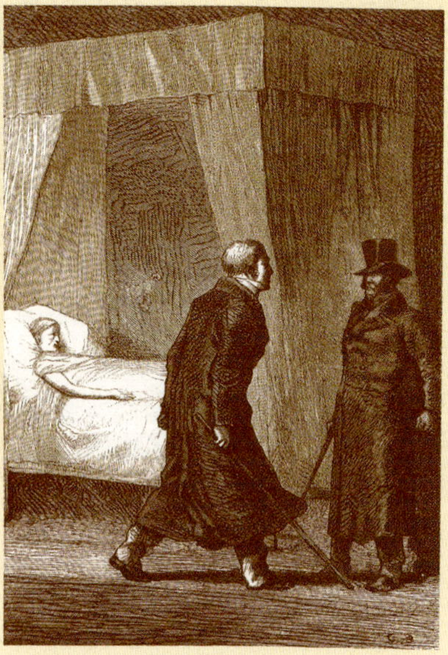

6. Fantine meurt : Jean Valjean lui jure qu'il s'occupera de sa fille. Mis en prison par le policier Javert, il s'évade.

7. Cosette est maltraitée par les Thénardier. Privée des jeux et des joies de son âge, elle doit accomplir des tâches ménagères très rudes.

8. Jean Valjean vient reprendre la petite fille aux Thénardier et l'emmène avec lui à Paris, toujours poursuivi par Javert.

9. Cosette a grandi. Devenue une belle jeune fille, elle rencontre Marius de Pontmercy. Ils tombent amoureux l'un de l'autre.

10. 1832 : Paris connaît de violentes émeutes. Gavroche, jeune garçon débrouillard, se fait tuer alors qu'il ramassait les cartouches pour les hommes du peuple en révolte.

11. Marius, blessé durant ces émeutes, est sauvé par Jean Valjean qui, par amour pour Cosette, risque sa vie et transporte Marius pour le mettre à l'abri, en passant par les égouts.

12. Cosette épouse Marius. Se sentant désormais inutile, Jean Valjean s'éloigne du couple. Cosette et Marius l'entourent au moment de sa mort.

Résumez le destin de chaque personnage des *Misérables* en une phrase.

Jean Valjean et monseigneur Bienvenu

Graine de culture

Le bagne est une prison où se trouvent des hommes condamnés aux travaux forcés. Les bagnards vivaient dans de mauvaises conditions, enchaînés parfois deux à deux, mais seuls les plus durs avaient un boulet attaché au pied.

• Cherchez sur Internet où se trouvaient les principaux bagnes français en métropole et outre-mer.

Un homme condamné

Texte 1

Jean Valjean arrive à Digne où on lui ferme les portes des hôtels et des auberges à cause de son passé : il a été emprisonné pendant de longues années au bagne parce qu'il avait volé du pain pour nourrir sa famille. Alors qu'il s'apprête à dormir dehors, on lui conseille de frapper à la porte de monseigneur Bienvenu, l'évêque de la ville. On le fait entrer.

« Voici. Je m'appelle Jean Valjean. Je suis un galérien. J'ai passé dix-neuf ans au bagne. Je suis libéré depuis quatre jours et en route pour Pontarlier qui est ma destination. Quatre jours que je marche depuis Toulon. Aujourd'hui, j'ai fait douze lieues à pied. Ce soir, en arrivant dans ce pays, j'ai été dans une auberge, on m'a renvoyé à cause de mon passeport jaune[1] que j'avais montré à la mairie. Il avait fallu. J'ai été à une autre auberge. On m'a dit : Va-t-en ! Chez l'un, chez l'autre. Personne n'a voulu de moi. J'ai été à la prison, le guichetier n'a pas ouvert. J'ai été dans la niche d'un chien. Ce chien m'a mordu et m'a chassé, comme s'il avait été un homme. On aurait dit qu'il savait qui j'étais. Je m'en suis allé dans les champs pour coucher à la belle étoile. Il n'y avait pas d'étoile. J'ai pensé qu'il pleuvrait, et qu'il n'y avait pas de bon Dieu pour empêcher de pleuvoir, et je suis rentré dans la ville pour y trouver le renfoncement d'une porte. Là, dans la place, j'allais me coucher sur une pierre, une bonne femme m'a montré votre maison et m'a dit : frappe là. J'ai frappé. Qu'est-ce que c'est ici ? êtes-vous une auberge ? J'ai de l'argent, ma masse[2]. Cent neuf francs quinze sous que j'ai gagnés au bagne par mon travail en dix-neuf ans. Je payerai. Qu'est-ce que cela me fait ? j'ai de l'argent. Je suis très fatigué, douze lieues à pied, j'ai bien faim. Voulez-vous que je reste ?

– Madame Magloire, dit l'évêque[3], vous mettrez un couvert de plus. »

Victor Hugo, *Les Misérables*, 1862, livre 1, *Fantine* (II, 3 et 12).

Image du film *Les Misérables*, de Raymond Bernard, 1934, avec Harry Baur dans le rôle de Jean Valjean.

1 **passeport jaune :** donné aux prisonniers à leur sortie de bagne.
2 **masse :** arme en bois à bout métallique servant à frapper.
3 **évêque :** homme d'Église, haut placé dans la hiérarchie ecclésiastique.

Découvrir le personnage de Jean Valjean

1. Repérez les indices qui nous informent du passé de Jean Valjean.

2. L. 4 à 13 : comment l'auteur montre-t-il que Jean Valjean est rejeté partout où il se rend ?

3. À quoi voit-on que Jean Valjean est un homme d'une grande résistance physique et morale ?

4. Pourquoi l'évêque porte-t-il bien le nom de « monseigneur Bienvenu » ?

Un homme racheté

Texte 2

L'évêque l'accueille généreusement mais Jean Valjean ne peut s'empêcher de lui voler son argenterie avant de fuir. Il est rattrapé par les gendarmes.

La porte s'ouvrit. Un groupe étrange et violent apparut sur le seuil. Trois hommes en tenaient un quatrième au collet. Les trois hommes étaient des gendarmes ; l'autre était Jean Valjean.

Un brigadier de gendarmerie, qui semblait conduire le groupe, était près de la porte. Il entra et s'avança vers l'évêque en faisant le salut militaire.

– Monseigneur,... dit-il.

À ce mot, Jean Valjean, qui était morne et semblait abattu, releva la tête d'un air stupéfait.

– Monseigneur ! murmura-t-il. Ce n'est donc pas le curé...

– Silence ! dit un gendarme. C'est monseigneur l'évêque.

Cependant monseigneur Bienvenu s'était approché aussi vivement que son grand âge le lui permettait.

– Ah ! vous voilà ! s'écria-t-il en regardant Jean Valjean. Je suis aise de vous voir. Et bien, mais ! je vous avais donné les chandeliers aussi, qui sont en argent comme le reste et dont vous pourrez bien avoir deux cents francs. Pourquoi ne les avez-vous pas emportés avec vos couverts ?

Jean Valjean ouvrit les yeux et regarda le vénérable évêque avec une expression qu'aucune langue humaine ne pourrait rendre.

– Monseigneur, dit le brigadier de gendarmerie, ce que cet homme disait était donc vrai ? Nous l'avons rencontré. Il allait comme quelqu'un qui s'en va. Nous l'avons arrêté pour voir. Il avait cette argenterie...

– Et il vous a dit, interrompit l'évêque en souriant, qu'elle lui avait été donnée par un vieux bonhomme de prêtre chez lequel il avait passé la nuit ? je vois la chose. Et vous l'avez ramené ici ? c'est une méprise.

– Comme cela, reprit le brigadier, nous pouvons le laisser aller ?

– Sans doute, répondit l'évêque.

Les gendarmes lâchèrent Jean Valjean qui recula.

– Est-ce que c'est vrai qu'on me laisse ? dit-il d'une voix presque inarticulée et comme s'il parlait dans le sommeil.

– Oui, on te laisse, tu n'entends donc pas ? dit un gendarme.

– Mon ami, reprit l'évêque, avant de vous en aller, voici vos chandeliers. Prenez-les.

Il alla à la cheminée, prit les deux flambeaux d'argent et les apporta à Jean Valjean. Les deux femmes le regardaient faire sans un mot, sans un geste, sans un regard qui pût déranger l'évêque.

Jean Valjean tremblait de tous ses membres. Il prit les deux chandeliers machinalement et d'un air égaré.

– Maintenant, dit l'évêque, allez en paix.

– À propos, quand vous reviendrez, mon ami, il est inutile de passer par le jardin. Vous pourrez toujours entrer et sortir par la porte de la rue. Elle n'est fermée qu'au loquet jour et nuit.

Puis se tournant vers la gendarmerie :

– Messieurs, vous pouvez vous retirer.

Les gendarmes s'éloignèrent.

Jean Valjean était comme un homme qui va s'évanouir.

L'évêque s'approcha de lui, et lui dit à voix basse :

– N'oubliez pas, n'oubliez jamais que vous m'avez promis d'employer cet argent à devenir honnête homme.

Jean Valjean, qui n'avait aucun souvenir d'avoir rien promis, resta interdit. L'évêque avait appuyé sur ces paroles en les prononçant. Il reprit avec solennité :

– Jean Valjean, mon frère, vous n'appartenez plus au mal, mais au bien. C'est votre âme que je vous achète ; je la retire aux pensées noires et à l'esprit de perdition, et je la donne à Dieu.

Victor Hugo, *Les Misérables*, 1862, livre 1, *Fantine* (II, 3 et 12).

5. Quelle version des événements monseigneur Bienvenu invente-t-il pour sauver Jean Valjean ?

6. Qu'espère-t-il provoquer comme changement dans l'esprit de Jean Valjean ?

7. Relevez les expressions qui traduisent les réactions de Jean Valjean.

8. Comparez ces deux phrases : *Les gendarmes s'éloignèrent* (l. 60), *L'évêque s'approcha* (l. 63). Que cherche à symboliser Victor Hugo par ces deux phrases ?

BILAN

9 Pourquoi peut-on parler d'un « rachat » de Jean Valjean dans ce texte ? Aidez-vous du sens figuré de ce mot.

Jean Valjean et le petit Gervais

LE VOCABULAIRE DE LA BD

- Une page est appelée « **planche** » ; elle est composée de plusieurs « **bandes** » ou « **strips** » c'est-à-dire de *lignes d'images*.
- Chaque bande est composée d'une série d'images appelées « **vignettes** ».
- Les paroles des personnages sont indiquées dans des « **bulles** ».
- Mais les **bruits** et exclamations peuvent aussi apparaître dans l'image sous la forme d'**onomatopées** (*ploc*).
- Parfois un cadre, placé généralement en haut de l'image, et appelé « **récitatif** » ou « **cartouche** » donne des indications sur la narration.

Entrer dans l'image

- Qui sont les deux personnages présents dans cette scène ?
- Dans quel cadre se déroule cette scène ? Justifiez votre réponse à l'aide des dessins.

Découvrir les deux faces d'un personnage

Une mauvaise action

1. Quels traits de caractère du petit garçon sont mis en valeur aux vignettes 1 et 2 ?

2. Expliquez quel acte commet Jean Valjean à la vignette 4.

3. Comment réagit le Petit Gervais ? Justifiez votre réponse en vous appuyant sur les bulles de la vignette 6.

4. Pourquoi, selon vous, Jean Valjean agit-il ainsi ?

Une mauvaise conscience

5. Expliquez l'évolution de Jean Valjean aux vignettes 7 à 10.

6. Dites ce que permet d'exprimer le récitatif de droite dans la vignette 11.

7. Comment le dessin de la vignette 11 fait-il ressortir la souffrance de Jean Valjean ?

BILAN **8** **Regroupez les détails qui montrent que Jean Valjean est encore un ancien bagnard et ceux qui montrent l'influence de monseigneur Bienvenu.**

Enrichir son vocabulaire

Recherchez dans un dictionnaire l'article « misérable » et recopiez sur une fiche les éléments suivants : l'origine de ce mot ; les principaux sens du mot (pour chaque sens, vous indiquerez un synonyme).

- Quel sens donnez-vous à ce mot dans la dernière vignette de la planche de BD ?
- Quel sens donnez-vous au titre de l'œuvre ?
- Trouvez quatre mots construits sur la même racine *miser-* et précisez-en le sens.

À l'oral

SOCLE COMMUN C1

Défendre une cause dans un débat

Faites deux équipes dans la classe. L'une condamnera Jean Valjean à cause de son comportement envers monseigneur Bienvenu et le Petit Gervais. L'autre défendra Jean Valjean et démontrera que monseigneur Bienvenu a eu raison de l'aider.

→ Chaque équipe devra échanger des arguments s'appuyant sur les deux premiers épisodes étudiés dans le livre.

LECTURE AUTONOME

Lisez le texte correspondant à cette scène.

© École des Loisirs

Bernard Capo (dessin), **Daniel Bardet** (scénario), *Les Misérables* © Éditions Adonis / Glénat.

Jean Valjean et Fantine

Le sacrifice de Fantine

Texte 3

Image du film *Les Misérables*, de Robert Hossein, 1982 avec Françoise Seigner et Jean Carmet (les Thénardier).

La jeune et jolie Fantine se retrouve sans argent, mais pour trouver du travail elle doit cacher qu'elle a un enfant sans être mariée. Elle confie donc sa petite Cosette aux Thénardier à qui elle verse une pension. Mais ils réclament de plus en plus d'argent. Un jour, sur la place, elle croise un arracheur de dents.

– Vous avez de jolies dents, la fille qui riez là. Si vous voulez me vendre vos deux palettes, je vous donne de chaque un napoléon d'or.

– Qu'est-ce que c'est que ça, mes palettes ? demanda Fantine.

– Les palettes, reprit le professeur dentiste, c'est les dents de devant, les deux d'en haut.

– Quelle horreur ! s'écria Fantine,

– Deux napoléons ! grommela une vieille édentée qui était là. Qu'en voilà une qui est heureuse !

Fantine s'enfuit et se boucha les oreilles pour ne pas entendre la voix enrouée de l'homme qui lui criait : – Réfléchissez, la belle ! deux napoléons, ça peut servir. Si le cœur vous en dit, venez ce soir à l'auberge du *Tillac d'argent*, vous m'y trouverez.

Fantine rentra, elle était furieuse et conta la chose à sa bonne voisine Marguerite :

– Comprenez-vous ? ne voilà-t-il pas un abominable homme ? comment laisse-t-on des gens comme cela aller dans le pays ! m'arracher mes deux dents de devant ! mais je serais horrible ! Les cheveux repoussent, mais les dents ! Ah ! le monstre d'homme ! j'aimerais mieux me jeter d'un cinquième la tête la première sur le pavé ! Il m'a dit qu'il serait ce soir au *Tillac d'argent*.

– Et qu'est-ce qu'il offrait ? demanda Marguerite.

– Deux napoléons.

– Cela fait quarante francs.

– Oui, dit Fantine, cela fait quarante francs.

Elle resta pensive, et se mit à son ouvrage. Au bout d'un quart d'heure, elle quitta sa couture et alla relire la lettre des Thénardier sur l'escalier. [...]

Le soir elle descendit et on la vit qui se dirigeait du côté de la rue de Paris où sont les auberges.

Le lendemain matin, comme Marguerite entrait dans la chambre de Fantine avant le jour, car elles travaillaient toujours ensemble et de cette façon n'allumaient qu'une chandelle pour deux, elle trouva Fantine assise sur son fil, pâle, glacée. [...]

Fantine depuis la veille avait vieilli de dix ans.

– Jésus ! fit Marguerite, qu'est-ce que vous avez, Fantine ?

– Je n'ai rien, répondit Fantine. Au contraire. Mon enfant ne mourra pas de cette affreuse maladie, faute de secours. Je suis contente.

En parlant ainsi, elle montrait à la vieille fille deux napoléons qui brillaient sur la table.

– Ah, Jésus Dieu ! dit Marguerite. Mais c'est une fortune ! Où avez-vous eu ces louis d'or ?

– Je les ai eus, répondit Fantine.

En même temps elle sourit. La chandelle éclairait son visage. C'était un sourire sanglant. Une salive rougeâtre lui souillait le coin des lèvres, et elle avait un trou noir dans la bouche.

Les deux dents étaient arrachées.

Victor Hugo, *Les Misérables*, 1862, livre 1, *Fantine* (V, 10).

Image du film *Les Misérables*, de Robert Hossein, 1982, avec Evelyne Bouix (Fantine) et Valentine Bordelet (Cosette).

Entrer dans la lecture

- Que vend Fantine pour obtenir de l'argent ?
- Pourquoi a-t-elle besoin de cet argent ?

Devenir lecteur-témoin de l'action

Un marché horrible

1. Pourquoi le « dentiste » propose-t-il à Fantine de lui acheter ses dents ?

2. Comment réagit-elle à cette proposition ? Justifiez votre réponse en vous appuyant sur le lexique et sur les types de phrase des lignes 8 à 22.

3. Pourquoi refuse-t-elle dans un premier temps ?

Les doutes de Fantine

4. a. Marguerite semble-t-elle choquée par ce marché ? Justifiez votre réponse. (l. 23 à 25)
b. Quel rôle joue Marguerite dans le changement d'attitude de Fantine ?

5. Quel type de point de vue le narrateur adopte-t-il dans ce texte ? Justifiez votre réponse.

6. À quoi le lecteur voit-il que Fantine hésite ?

Le sacrifice d'une mère (l. 35 à 51)

7. Quels détails décrivent l'état horrible où se trouve Fantine ?

8. Fantine regrette-t-elle sa décision ? Relevez dans le dernier paragraphe les expressions qui le montrent.

9. a. Quel personnage découvre la scène en même temps que le lecteur ? **b.** Quelle réaction, selon vous, Victor Hugo attend-il de son lecteur ?

BILAN **10** **Résumez les différents procédés utilisés par Hugo dans ce texte pour rendre le lecteur témoin de cette scène.**

LE SAVEZ-VOUS ?

Pourquoi Fantine a-t-elle vendu ses cheveux et ses dents ? Au XIXe siècle, les perruques étaient faites en cheveu véritable car le cheveu synthétique n'existait pas encore. Les perruquiers achetaient donc cette précieuse matière première auprès des plus pauvres. De même, les dents ne pouvaient être remplacées que par des dents en or ou de véritables dents. Ces dernières donnaient lieu à un véritable commerce.

À l'écrit

Exprimer les hésitations d'un personnage

Fantine reste *pensive* (l. 26) après sa première discussion avec Marguerite. Imaginez dans un texte à la première personne toutes les pensées qui lui traversent l'esprit.

→ Vous devrez mettre en évidence les hésitations qui la déchirent.

→ Vous exprimerez ce qu'elle ressent.

Graine de culture

Jean Valjean et Javert ont été interprétés au cinéma par des acteurs ayant souvent une forte personnalité.

- Recherchez sur Internet quelques interprètes célèbres et illustrez votre recherche de photos.

Jean Valjean face à Javert

Texte 4

Fantine a fini par perdre son emploi. Elle se retrouve dans la rue où elle est arrêtée par la police. Mais Jean Valjean, qui est maintenant devenu le maire de la ville et qui se fait appeler monsieur Madeleine pour pouvoir changer de vie, intervient et la fait libérer.

On vit l'inspecteur de police Javert se tourner vers monsieur le maire, pâle, froid, les lèvres bleues, le regard désespéré, tout le corps agité d'un tremblement imperceptible, et, chose inouïe, lui dire, l'œil baissé, mais la voix ferme :

– Monsieur le maire, cela ne se peut pas.

– Comment ? dit M. Madeleine.

– Cette malheureuse a insulté un bourgeois.

– Inspecteur Javert, repartit M. Madeleine avec un accent conciliant et calme, écoutez. Vous êtes un honnête homme, et je ne fais nulle difficulté de m'expliquer avec vous. Voici le vrai. Je passais sur la place comme vous emmeniez cette femme, il y avait encore des groupes, je me suis informé, j'ai tout su, c'est le bourgeois qui a eu tort et qui, en bonne police, eût dû être arrêté.

Javert reprit :

– Cette misérable vient d'insulter monsieur le maire[1].

– Ceci me regarde, dit M. Madeleine. **Mon injure est à moi peut-être**. J'en puis faire ce que je veux.

– Je demande pardon à monsieur le maire. **Son injure n'est pas à lui, elle est à la justice**.

– Inspecteur Javert, répliqua M. Madeleine, la première justice, c'est la conscience. J'ai entendu cette femme. Je sais ce que je fais.

– Et moi, monsieur le maire, je ne sais pas ce que je vois.

– Alors contentez-vous d'obéir.

– J'obéis à mon devoir. Mon devoir veut que cette femme fasse six mois de prison.

M. Madeleine répondit avec douceur :

– Écoutez bien ceci. Elle n'en fera pas un jour. [...]

– Monsieur le maire, permettez...

– Plus un mot.

– Pourtant...

– Sortez, dit M. Madeleine.

Javert reçut le coup, debout, de face, et en pleine poitrine comme un soldat russe. Il salua jusqu'à terre monsieur le maire, et sortit.

Fantine se rangea de la porte et le regarda avec stupeur passer devant elle.

Cependant elle aussi était en proie à un bouleversement étrange. Elle venait de se voir en quelque sorte disputée par deux puissances opposées. Elle avait vu lutter devant ses yeux deux hommes tenant dans leurs mains sa liberté, sa vie, son âme, son enfant ; l'un de ces hommes l'attirait du côté de l'ombre, l'autre la ramenait vers la lumière. Dans cette lutte, entrevue à travers les grossissements de l'épouvante, ces deux hommes lui étaient apparus comme deux géants ; l'un parlait comme son démon, l'autre parlait comme son bon ange. L'ange avait vaincu le démon, et, chose qui la faisait frissonner de la tête aux pieds, cet ange,

Image du film *Les Misérables*, de Robert Hossein, 1982, avec Michel Bouquet (Javert).

[1] Fantine a insulté M. Madeleine car elle le croit responsable de son renvoi de l'usine.
[2] **abhorrait :** détestait.
[3] **hideuse :** effrayante.
[4] **éperdue :** troublée par une émotion violente.
[5] **effarée :** étonnement profond qui la rend incapable de parler.
[6] **ineffable :** que l'on n'arrive pas à exprimer par des mots.

ce libérateur, c'était précisément l'homme qu'elle abhorrait[2], ce maire qu'elle avait si longtemps considéré comme l'auteur de tous ses maux, ce Madeleine ! et au moment même où elle venait de l'insulter d'une façon hideuse[3], il la sauvait ! S'était-elle donc trompée ? Devait-elle donc changer toute son âme ?... Elle ne savait, elle tremblait. Elle écoutait éperdue[4], elle regardait effarée[5], et à chaque parole que disait M. Madeleine, elle sentait fondre et s'écrouler en elle les affreuses ténèbres de la haine et naître dans son cœur je ne sais quoi de réchauffant et d'ineffable[6] qui était de la joie, de la confiance et de l'amour.

Jean Valjean promet à Fantine de l'aider à récupérer sa fille.

Victor Hugo, *Les Misérables*, 1862, livre 1, *Fantine* (V, 13).

Image du film *Les Misérables*, de Robert Hossein, 1982 avec Michel Bouquet (Javert), Evelyne Bouix (Fantine) et Lino Ventura (Jean Valjean).

Entrer dans la lecture

- Pourquoi Fantine a-t-elle été arrêtée ?
- Qui vient à son secours ?

Analyser l'affrontement verbal

L'affrontement de deux hommes

1. Comparez les réactions de Javert et Jean Valjean dans les lignes 1 à 8. Justifiez votre réponse en vous appuyant sur le texte.

2. a. De quoi Javert accuse-t-il Fantine dans les lignes 4 à 6, puis dans les lignes 12 à 15 ?
b. Quel trait de caractère ce comportement de Javert met-il en évidence ?

3. a. Observez les phrases en gras : comment traduisent-elles l'opposition entre Jean Valjean et Javert ?
b. Trouvez deux autres exemples de ce type (l. 18 à 25).

4. a. Quel type de phrase Jean Valjean utilise-t-il dans les lignes 25 à 29 ?
b. Que traduisent les points de suspension dans les réponses de Javert ?

5. Expliquez, en vous aidant des questions précédentes, en quoi on peut parler d'affrontement entre ces deux hommes.

« Deux puissances opposées »

6. Complétez le tableau ci-dessous.

Javert	Valjean
L'attirait du côté de l'ombre	......
......	*Son bon ange*
Affreuses ténèbres de la haine	......
> Javert symbolise ...	**> Valjean symbolise ...**

Le bouleversement de Fantine

7. a. Pourquoi Fantine est-elle bouleversée ?
b. Quels types de phrase et quelles expressions expriment ce bouleversement ?

BILAN **8** **Faites la liste des procédés utilisés par Hugo pour renforcer l'opposition entre Jean Valjean et Javert.**

À l'oral

Mettre en scène un affrontement

Jouez l'affrontement entre Jean Valjean et Javert (l. 1 à 31) comme s'il s'agissait d'une scène de théâtre. Vous utiliserez les paroles rapportées au discours direct comme répliques. Les parties narratives vous serviront de didascalies.

Jean Valjean et Cosette

Texte 5

Fantine meurt sans revoir Cosette. L'enfant reste seule aux mains des Thénardier qui la traitent comme leur servante.

Graine de culture

Cet épisode présente de nombreuses ressemblances avec *Le Petit Chaperon rouge*, de Charles Perrault (1697).

- Relisez ce conte et repérez les points communs et les différences entre les deux histoires.

Comme l'auberge Thénardier était dans cette partie du village qui est près de l'église, c'était à la source du bois du côté de Chelles que Cosette devait aller puiser de l'eau.

Elle ne regarda plus un seul étalage de marchand. Tant qu'elle fut dans la ruelle du Boulanger et dans les environs de l'église, les boutiques illuminées éclairaient le chemin, mais bientôt la dernière lueur de la dernière baraque disparut. La pauvre enfant se trouva dans l'obscurité. Elle s'y enfonça. Seulement, comme une certaine émotion la gagnait, tout en marchant elle agitait le plus qu'elle pouvait l'anse du seau. Cela faisait un bruit qui lui tenait compagnie.

Plus elle cheminait, plus les ténèbres devenaient épaisses. Il n'y avait plus personne dans les rues. Pourtant, elle rencontra une femme qui se retourna en la voyant passer, et qui resta immobile, marmottant[1] entre ses lèvres : Mais où peut donc aller cet enfant ? Est-ce que c'est un enfant-garou ? Puis la femme reconnut Cosette. – Tiens, dit-elle, c'est l'Alouette !

Cosette traversa ainsi le labyrinthe de rues tortueuses et désertes qui terminent du côté de Chelles le village de Montfermeil. Tant qu'elle eut des maisons et même seulement des murs des deux côtés de son chemin, elle alla assez hardiment. De temps en temps, elle voyait le rayonnement d'une chandelle à travers la fente d'un volet, c'était de la lumière et de la vie, il y avait là des gens, cela la rassurait. Cependant, à mesure qu'elle avançait, sa marche se ralentissait comme machinalement. Quand elle eut passé l'angle de la dernière maison, Cosette s'arrêta. Aller au delà de la dernière boutique avait été difficile ; aller plus loin que la dernière maison, cela devenait impossible. Elle posa le seau à terre, plongea sa main dans ses cheveux et se mit à se gratter lentement la tête, geste propre aux enfants terrifiés et indécis[2]. Ce n'était plus Montfermeil, c'étaient les champs. L'espace noir et désert était devant elle. Elle regarda avec désespoir cette obscurité où il n'y avait plus personne, où il y avait des bêtes, où il y avait peut-être des revenants. Elle regarda bien, et elle entendit les bêtes qui marchaient dans l'herbe, et elle vit distinctement les revenants qui remuaient dans les arbres. Alors elle ressaisit le seau, la peur lui donnait de l'audace : – Bah ! dit-elle, je lui dirai qu'il n'y avait plus d'eau – Et elle rentra résolument dans Montfermeil.

À peine eut-elle fait cent pas qu'elle s'arrêta encore, et se remit à se gratter la tête. Maintenant, c'était la Thénardier qui lui apparaissait ; la Thénardier hideuse avec sa bouche d'hyène et la colère flamboyante dans les yeux. L'enfant jeta un regard lamentable en avant et en arrière. Que faire ? que devenir ? où aller ? Devant elle le spectre de la Thénardier ; derrière elle tous les fantômes de la nuit et des bois. Ce fut devant la Thénardier qu'elle recula. Elle reprit le chemin de la source et se mit à courir.

Victor Hugo, *Les Misérables*, 1862, livre 2, *Cosette* (III, 5).

1 **marmottant :** en parlant entre ses dents.

2 **indécis :** qui ne savent pas quelle décision prendre.

Image du film *Les Misérables*, de Robert Hossein, 1982, avec Valentine Bordelet (Cosette) et Lino Ventura (Jean Valjean).

Lecture de l'image

Analyser une représentation de Cosette et Jean Valjean

1. Qui est la petite fille de l'image ? À quoi la reconnaissez-vous ?
2. Comment l'autre personnage est-il rendu inquiétant ?
3. Quels sentiments la petite fille peut-elle ressentir face à cet homme ? Comment le dessin l'exprime-t-il ?

À l'écrit

Écrire la suite d'un texte en s'appuyant sur une image

Imaginez la suite de ce texte en vous inspirant de l'image ci-contre. Vous écrirez ce texte du point de vue de la petite fille.

Jean Geoffroy, *Jean Valjean et Cosette*, huile sur bois, maison de Victor Hugo, Paris.

Entrer dans la lecture

- Pourquoi Cosette est-elle dehors à une heure tardive ?
- Où se trouve l'endroit où elle doit se rendre ?

Comprendre comment le roman traduit les peurs d'une enfant

L'ombre et la lumière

1. Relevez dans les lignes 4 à 18 les expressions désignant la lumière. Que remarquez-vous ?

2. Quels sont les deux adjectifs qui caractérisent le lieu où se trouve Cosette (l. 26) ? Retrouvez dans le texte un autre passage où l'on retrouve ces deux notions.

3. *La pauvre enfant se trouva dans l'obscurité. Elle s'y enfonça.* (l. 7) : quelle impression Hugo cherche-t-il à produire sur le lecteur ? Justifiez votre réponse.

4. Pourquoi Hugo utilise-t-il, selon vous, l'expression *le labyrinthe de rues tortueuses et désertes* (l. 15) pour désigner l'itinéraire de Cosette ?

Les monstres de Cosette

5. a. Quelles expansions du nom caractérisent l'obscurité ? (l. 27-28)

b. Quel est le point de vue adopté ici par le narrateur ? Justifiez votre réponse.

6. Comment évolue le comportement de Cosette dans les lignes 16 à 25 ?

7. Quel monstre fait le plus peur à Cosette ? Relevez les mots qui le caractérisent.

BILAN **8** **En un court paragraphe, expliquez comment les sentiments et les réactions de Cosette évoluent dans ce texte.**

BILAN ▶ *Les Misérables*, V. Hugo

Identifier la valeur symbolique des personnages

Relisez les textes 1 à 5 (▶ p. 140 à 148).

1. Quels personnages et quels lieux symbolisent la force cruelle et injuste ? Sous quels aspects ?
2. Quels sont les deux personnages incarnant la bienveillance ? Quelle différence fondamentale les oppose pourtant ?
3. **a.** Qui sont « les misérables » dans ces extraits, c'est-à-dire les pauvres gens du peuple ?
   b. Quels points communs pouvez-vous observer dans l'évolution de leur vie ?

Histoire des arts

Étudier la construction d'un mythe national

1 Connaître le personnage de Gavroche

Texte 1

Cet enfant était bien affublé d'un pantalon d'homme, mais il ne le tenait pas de son père, et d'une camisole de femme, mais il ne la tenait pas de sa mère. Des gens quelconques l'avaient habillé de chiffons par charité. Pourtant il avait un père et une mère. Mais son père ne songeait pas à lui et sa mère ne l'aimait point. C'était un de ces enfants dignes de pitié entre tous qui ont père et mère et qui sont orphelins. Cet enfant ne se sentait jamais si bien que dans la rue. Le pavé lui était moins dur que le cœur de sa mère.
Ses parents l'avaient jeté dans la vie d'un coup de pied.
Il avait tout bonnement pris sa volée.

C'était un garçon bruyant, blême, leste, éveillé, goguenard, à l'air vivace et maladif. Il allait, venait, chantait, jouait à la fayousse, grattait les ruisseaux, volait un peu, mais comme les chats et les passereaux, gaîment, riait quand on l'appelait galopin, se fâchait quand on l'appelait voyou. Il n'avait pas de gîte, pas de pain, pas de feu, pas d'amour; mais il était joyeux parce qu'il était libre.

Victor Hugo, *Les Misérables*, 1862, livre 3, *Marius* (I, 13).

Eugène Delacroix (1798-1863), *La Liberté guidant le peuple* (détail), 1831, huile sur toile (3,25 x 2,60 m), musée du Louvre, Paris.

Jamie Davis dans le rôle de Gavroche lors du salut final, après la représentation de la comédie musicale *Les Misérables*, à Londres, juin 2006.

Texte 2

La Chanson de Gavroche

Je ne suis pas notaire,
C'est la faute à Voltaire,
Je suis petit oiseau,
C'est la faute à Rousseau.

Joie est mon caractère,
C'est la faute à Voltaire,
Misère est mon trousseau,
C'est la faute à Rousseau. [...]

Je suis tombé par terre,
C'est la faute à Voltaire,
Le nez dans le ruisseau,
C'est la faute à...

Victor Hugo, *Les Misérables*, 1862, livre 5, *Jean Valjean* (I, 15).

1. Qu'apprend-on de la vie de Gavroche dans le texte 1 ? Quel semble être son principal trait de caractère ?

2. Repérez les éléments du texte 1 que l'on retrouve dans le texte 2.

3. Complétez votre fiche sur ce personnage en recherchant sur Internet les éléments suivants :
- qui sont ses parents ?
- quel rôle joue-t-il dans le roman ?
- quel est son destin ?

4. Aujourd'hui, le mot « gavroche » est devenu un nom commun. Recherchez dans le dictionnaire le sens de ce mot.

5. Pourquoi, à votre avis, Gavroche est-il un des personnages les plus appréciés de ce roman ?

2 Découvrir la comédie musicale

Le roman de Victor Hugo a été adapté en comédie musicale, d'abord en France en 1980, puis en Angleterre. Depuis sa création, elle n'a jamais cessé d'être jouée à travers le monde et détient le record de la comédie musicale la plus vue de tous les temps avec cinquante millions de spectateurs. La chanson de Gavroche est directement inspirée de celle que Victor Hugo fait chanter à son personnage.

Les Misérables, comédie musicale (production anglaise) au Théâtre du Châtelet, Paris, 2010.

Affiche du film de Raymond Bernard, 1934.

Affiche italienne du film de J.-P. Le Chanois en 1957, avec Jean Gabin dans le rôle de Jean Valjean.

3 Voir *Les Misérables* au cinéma

Le roman a eu une portée qui dépasse l'époque et le pays de Victor Hugo. Il en existe plus d'une trentaine d'adaptations au cinéma, sans compter les séries télévisées et les dessins animés. On trouve ainsi des versions anglaises, japonaises, italiennes, turques, américaines, mexicaines, arabes et bien sûr françaises. En 2007 sort au Japon *Shôjo Cosette*, un manga qui s'attache tout particulièrement au destin de cette petite fille.

Activité — B2i

Organiser une revue de presse

Recherchez sur Internet des articles de journaux faisant la critique de la comédie musicale *Les Misérables* et réalisez une revue de presse sous forme informatisée. Copiez et collez ces informations dans un fichier texte en distinguant les critiques positives et négatives.

Lecture de l'image

Analyser une affiche du manga *Shôjo Cosette*

1. Comment Cosette est-elle représentée sur cette affiche ?
2. Qui sont les autres personnages ? Expliquez pourquoi le dessinateur a choisi de les représenter ainsi chacun à cet endroit.

Shôjo Cosette, manga réalisé par Hiroaki Sakurai, diffusé au Japon en 2007 (52 épisodes). Dessins de Hajime Watanabe et Takahiro Yoshimatsu © Fuji TV/ Nippon Animation.

AUTOUR D'UN THÈME

L'engagement d'Hugo

REPÈRES

Étudier comment Hugo dénonce la peine de mort

DATES CLÉS

1812
Le parrain du jeune Hugo est exécuté

1829
Publication de *Le Dernier Jour d'un Condamné*

1832
Procès et condamnation à mort de Claude Gueux (▶ p. 154)

1834
Hugo publie la nouvelle *Claude Gueux*

1848
Discours à l'assemblée contre la peine de mort

LE SAVEZ-VOUS ?

Après une première tentative, soutenue par Victor Hugo, en 1848, la peine de mort est définitivement abolie en France le 9 octobre 1981, sur proposition du ministre de la Justice **Robert Badinter**, plus d'un siècle plus tard.

1 Lire un discours de Victor Hugo

« Messieurs, une constitution, et surtout une constitution faite par la France et pour la France, est nécessairement un pas dans la civilisation. Si elle n'est point un pas dans la civilisation, elle n'est rien.

Eh bien ! songez-y, qu'est-ce que la peine de mort ? La peine de mort est le signe spécial et éternel de la barbarie. Partout où la peine de mort est prodiguée, la barbarie domine ; partout où la peine de mort est rare, la civilisation règne.

Messieurs, ce sont là des faits incontestables. L'adoucissement de la pénalité est un grand et sérieux progrès. Le dix-huitième siècle, c'est là une partie de sa gloire, a aboli la torture ; le dix-neuvième siècle abolira la peine de mort. »

Victor Hugo, *Discours soutenant un amendement visant à abolir la peine de mort,* Assemblée constituante, 15 septembre 1848.

Un signe spécial et éternel de la barbarie

1. Quel mot, répété plusieurs fois dans le texte, est associé à la peine de mort ?

2. À quel autre mot s'oppose-t-il ?

3. Pourquoi Victor Hugo veut-il donc abolir la peine de mort ?

2 Étudier un extrait d'une œuvre de Victor Hugo

L'échafaud[1], […] quand il est là, dressé et debout, a quelque chose qui hallucine. […] L'échafaud est vision. L'échafaud n'est pas une charpente, l'échafaud n'est pas une machine, l'échafaud n'est pas une mécanique inerte faite de bois, de fer et de cordes. Il semble que ce soit une sorte d'être qui a je ne sais quelle sombre initiative ; on dirait que cette charpente voit, que cette machine entend, que cette mécanique comprend, que ce bois, ce fer et ces cordes veulent. Dans la rêverie affreuse où sa présence jette l'âme, l'échafaud apparaît terrible et se mêlant de ce qu'il fait. L'échafaud est le complice du bourreau ; il dévore ; il mange de la chair, il boit du sang. L'échafaud est une sorte de monstre fabriqué par le juge et par le charpentier, un spectre qui semble vivre d'une espèce de vie épouvantable faite de toute la mort qu'il a donnée.

Victor Hugo, *Les Misérables*, 1862, I, 4.

1 **l'échafaud :** désigne l'estrade sur laquelle est installée la guillotine.

La guillotine

1. *On dirait que cette charpente voit, que cette machine entend, que cette mécanique comprend* (l. 6-7) :
a. Relevez les GN désignant l'échafaud et les verbes qui leur sont associés.
b. Quel effet Victor Hugo cherche-t-il à produire ?

2. À quoi l'échafaud est-il comparé à la fin du texte ? Justifiez votre réponse en vous appuyant sur les verbes.

3. Montrez comment progresse la description de l'échafaud.

4. Quelle réaction Victor Hugo espère-t-il produire chez le lecteur ?

3 Analyser des images sur la peine de mort

Document n° 1

1. Que s'apprête à faire l'homme de droite ? Pourquoi s'arrête-t-il ?

2. Quelle est l'utilité de la guillotine, selon l'auteur du dessin ?

3. Comment l'image met-elle en valeur ce message ?

Document n° 2

4. Quel élément se répète sur cette image ?

5. Selon vous, le dessinateur est-il pour ou contre la peine de mort ?

6. Comparez le point de vue adopté dans ce dessin et dans le document 1.

1 Page de « une » du *Petit Journal*, 27 décembre 1908.

2 **Franquin** (1924-1997), *Idées noires* © Audie-Fluide Glacial, 2007.

3 **Pancho**, dessin paru dans le journal *Le Monde* pour l'anniversaire de l'abolition de la peine de mort, 9 octobre 2001.

Document n° 3

7. Identifiez dans quel lieu est placée la guillotine.

8. Expliquez pour quelle raison, selon vous, elle se trouve dans un tel lieu.

BILAN **À partir de ces trois images expliquez comment la société a évolué depuis l'époque de Victor Hugo.** SOCLE COMMUN C5

Claude Gueux

LECTURE GUIDÉE

Comprendre le parcours d'un condamné

Vous allez lire le récit de Victor Hugo, Claude Gueux*. Vous répondrez aux questions et ferez les différentes activités proposées sur ces pages.*

© Magnard

LE SAVEZ-VOUS ?

Claude Gueux a réellement existé : il s'agissait d'un vagabond de très mauvaise réputation, vivant seul, sans travail. Ce criminel récidiviste est condamné à mort en 1832. Pour que son discours soit plus convaincant, Victor Hugo en fait un père de famille, ouvrier à Paris. Claude Gueux incarne ainsi le nouveau type de héros de roman du XIXe siècle : l'ouvrier face à la société.

p. 11

Il y a sept ou huit ans, un homme nommé Claude Gueux, pauvre ouvrier, vivait à Paris. Il avait avec lui une fille qui était sa maîtresse, et un enfant de cette fille. Je dis les choses comme elles sont, laissant le lecteur ramasser les moralités à mesure que les faits les sèment sur leur chemin. L'ouvrier était capable, habile, intelligent, fort maltraité par l'éducation, fort bien traité par la nature, ne sachant pas lire et sachant penser. Un hiver, l'ouvrage manqua. Pas de feu, ni de pain dans le galetas. L'homme, la fille et l'enfant eurent froid et faim. L'homme vola. Je ne sais ce qu'il vola, je ne sais où il vola. Ce que je sais, c'est que de ce vol il résulta trois jours de pain et de feu pour la femme et pour l'enfant, et cinq ans de prison pour l'homme.

Victor Hugo, *Claude Gueux*, 1834.

1. Quelles sont les qualités de Claude Gueux ? Ses points faibles ? **2.** Pourquoi a-t-il volé ? Quelle en a été la conséquence pour lui ?

p. 12

Dans le dépôt où Claude Gueux était enfermé, il y avait un directeur des ateliers. [...] C'était un de ces hommes [...] qui ne résonnent au choc d'aucune idée, au contact d'aucun sentiment, qui ont des colères glacées, des haines mornes, des emportements sans émotion. [...] Quand cet homme donc avait une fois ajusté ce qu'il appelait sa « volonté » à une chose absurde, il allait tête haute et à travers toute broussaille jusqu'au bout de la chose absurde. L'entêtement sans l'intelligence, c'est la sottise soudée au bout de la bêtise et lui servant de rallonge. [...] Il paraît même qu'un jour, étant de bonne humeur, et voyant Claude Gueux fort triste, car cet homme pensait toujours à celle qu'il appelait sa femme, il lui conta, par manière de jovialité et de passe-temps, et aussi pour le consoler, que cette malheureuse s'était faite fille publique[1]. Claude demanda froidement ce qu'était devenu l'enfant. On ne savait.

Ibid.

1 prostituée.

3. Que manque-t-il au directeur aux yeux de l'auteur ? Quel champ lexical caractérise ce personnage ?

4. Que pensez-vous de son comportement vis-à-vis de Claude Gueux ?

p. 22-23

Tous les soirs, depuis l'explication que lui avait donnée le directeur, il faisait une espèce de chose folle qui étonnait de la part d'un homme aussi sérieux. Au moment où le directeur, ramené à heure fixe par sa tournée habituelle, passait devant le métier de Claude, Claude levait les yeux et le regardait fixement, puis il lui adressait d'un ton plein d'angoisse et de colère, qui tenait à la fois de la prière et de la menace, ces deux mots seulement : « Et Albin ? » Le directeur faisait semblant de ne pas entendre ou s'éloignait en haussant les épaules.

Ibid.

5. Quelle est l'attitude du directeur vis-à-vis de Claude Gueux ? Pourquoi ?

Images du téléfilm *Claude Gueux*, d'Olivier Dahan, avec Samuel Le Bihan, France 2, 2009.

p. 24

Une autre fois, un dimanche, comme il se tenait dans le préau, assis sur une pierre, les coudes sur les genoux et son front dans ses mains, immobile depuis plusieurs heures dans la même attitude, le condamné Faillette s'approcha de lui, et lui cria en riant :

– Que diable fais-tu donc là, Claude ?

Claude leva lentement sa tête sévère, et dit

– *Je juge quelqu'un.* *Ibid.*

p. 26

Il parla, à ce qu'il paraît, avec une éloquence singulière, qui d'ailleurs lui était naturelle. Il déclara qu'il savait bien qu'il allait faire une action violente, mais qu'il ne croyait pas avoir tort. Il attesta la conscience des quatre-vingt-un voleurs qui l'écoutaient :

Qu'il était dans une rude extrémité.

Que la nécessité de se faire justice soi-même était un cul-de-sac où l'on se trouvait engagé quelquefois. […]

Qu'il allait donc tuer M. D., mais que, si quelqu'un avait une objection à lui faire il était prêt à l'écouter.

Une voix seulement s'éleva et dit qu'avant de tuer le directeur, Claude devait essayer une dernière fois de lui parler et de le fléchir.

– C'est juste, dit Claude, et je le ferai. *Ibid.*

6. Quel est le personnage dont Claude Gueux fait le procès ici ? Justifiez votre réponse.

7. Quels arguments donne-t-il pour justifier le geste qu'il va commettre ?

À l'écrit

Comparer deux héros de Victor Hugo

Comparez le destin de Jean Valjean, le héros des *Misérables*, et de Claude Gueux, en montrant en particulier ce qui les distingue. Rédigez votre réponse en une dizaine de lignes.

p. 35 à 40

Les interrogatoires commencèrent. On lui demanda si c'était lui qui avait tué le directeur des ateliers de la prison de Clairvaux. Il répondit : *Oui*. On lui demanda pourquoi. Il répondit : *Parce que*. […]

Les débats fermés, le président fit son résumé impartial et lumineux. Il en résulta ceci : une vilaine vie ; un monstre en effet ; Claude Gueux avait commencé par vivre en concubinage avec une fille publique ; puis il avait volé, puis il avait tué ; tout cela était vrai. […]

Au moment d'envoyer les jurés dans leur chambre, le président demanda à l'accusé s'il avait quelque chose à dire sur la position des questions.

– Peu de chose, dit Claude. Voici, pourtant. Je suis un voleur et un assassin. J'ai volé et tué. Mais pourquoi ai-je volé ? pourquoi ai-je tué ? Posez ces deux questions à côté des autres, *messieurs les jurés*.

Après un quart d'heure de délibération, sur la déclaration des douze champenois qu'on appelait *messieurs les jurés*, Claude Gueux fut condamné à mort.

Il est certain que, dès l'ouverture des débats, plusieurs d'entre eux avaient remarqué que l'accusé s'appelait *Gueux*, ce qui leur avait fait une impression profonde.

On lut son arrêt à Claude, qui se contenta de dire :

– *C'est bien. Mais pourquoi cet homme a-t-il volé ? Pourquoi cet homme a-t-il tué ? Voilà deux questions auxquelles ils ne répondent pas.* *Ibid.*

8. Expliquez la réponse de Claude Gueux : *Parce que*.

9. Relevez les détails montrant que le procès n'a pas été mené avec sérieux.

BILAN **Selon vous, quelle réponse les jurés auraient-ils pu apporter aux questions de Claude Gueux ?**

Activité B2i

Créer la page de « une » d'un journal du XIXe siècle

À l'aide d'un logiciel de traitement de texte, réalisez la « une » d'un journal du XIXe siècle dont le gros titre sera la condamnation à mort de Claude Gueux. Rédigez deux courts articles d'une dizaine de lignes chacun :

- un résumé des faits, à partir des extraits de *Claude Gueux* proposés ci-dessus.
- un article où vous défendez le condamné à mort, et dénoncez la peine de mort.

Pensez à utiliser les fonctions du traitement de texte pour mettre en page cette « une » : création du titre du journal, mise en valeur du gros titre avec les polices de caractère, organisation des articles sur la page avec les zones de texte et les images de votre choix.

Héroïnes de roman chez Zola

Texte 1

Une héroïne au lavoir[1]

© Pocket, dpt Univers poche

Émile Zola
(1840-1902)
voir ▸ p. 116,
connaît le succès avec son roman L'Assommoir, *qui dépeint la déchéance d'un couple sombrant dans l'alcoolisme et décrit le monde ouvrier. Pourtant, le « réalisme » du roman fait aussi scandale. Le terme* Assommoir *désigne l'alcool lui-même, qui « assomme » l'esprit ; c'est aussi le nom du bistro où se rendent les personnages du quartier de la Goutte d'Or à Paris, où Zola situe l'action.*

Comme la plupart des femmes du temps de Zola, Gervaise va laver le linge de sa famille à la main, au lavoir.

C'était un immense hangar, à plafond plat, à poutres apparentes, monté sur des piliers de fonte, fermé par de larges fenêtres claires. […] Il pleuvait une humidité lourde, chargée d'une odeur savonneuse […] ; et, par moments, des souffles plus forts d'eau de javelle dominaient. Le long des batteries[2], aux deux côtés de l'allée centrale, il y avait des files de femmes, les bras nus jusqu'aux épaules, le cou nu, les jupes raccourcies montrant des bas de couleur et de gros souliers lacés. […]

Cependant, Gervaise, à petits pas, suivait l'allée, en jetant des regards à droite et à gauche. Elle portait son paquet de linge passé au bras, la hanche haute, boitant plus fort, dans le va-et-vient des laveuses qui la bousculaient.

– Eh ! par ici, ma petite ! cria la grosse voix de madame Boche. […]

Gervaise défaisait son paquet, étalait les chemises des petits. […] Elle avait trié le linge, mis à part les quelques pièces de couleur. Puis, après avoir empli son baquet de quatre seaux d'eau froide, pris au robinet, derrière elle, elle plongea le tas du linge blanc ; et, relevant sa jupe, la tirant entre ses cuisses, elle entra dans une boîte posée debout, qui lui arrivait au ventre.

– Ça vous connaît, hein ? répétait madame Boche. Vous étiez blanchisseuse dans votre pays, n'est-ce pas, ma petite ?

Gervaise, les manches retroussées, montrant ses beaux bras de blonde, jeunes encore, à peines rosés aux coudes, commençait à décrasser son linge. Elle venait d'étaler une chemise sur la planche étroite de la batterie, mangée et blanchie par l'usure de l'eau ; elle la frottait de savon, la retournait, la frottait de l'autre côté. Avant de répondre, elle empoigna son battoir[3], se mit à taper, criant ses phrases, les ponctuant à coups rudes et cadencés[4].

– Oui, oui, blanchisseuse… À dix ans… Il y a douze ans de ça… Nous allions à la rivière… Ça sentait meilleur qu'ici… […]

– C'est du chien, ça ! s'écria madame Boche, émerveillée de la rudesse des coups de battoir. Quelle mâtine[5] ! elle vous aplatirait du fer, avec ses petits bras de demoiselle !

1 **lavoir :** lieu où les femmes lavaient le linge, jusqu'au XXe siècle parfois.
2 **batteries :** planches à battre le linge pour le nettoyer.
3 **battoir :** instrument de bois pour battre le linge et le nettoyer.
4 **cadencés :** rythmés.
5 **mâtine :** femme énergique (familier).
6 **cristaux :** petits morceaux de soude, qui rendent le linge plus doux et propre.
7 **la concierge :** madame Boche.
8 **tréteau :** support en bois.

[…] Tout le linge blanc fut battu, et ferme ! Gervaise le replongea dans le baquet, le reprit pièce par pièce pour le frotter de savon une seconde fois et le brosser. […]

– Il faut que j'aille chercher mon eau chaude, murmura-t-elle. […]

– Tenez, mettez donc des cristaux[6], j'en ai là, dit obligeamment la concierge[7]. […]

Cependant, Gervaise lavait son linge de couleur dans l'eau chaude, grasse de savon, qu'elle avait conservée. Quand elle eut fini, elle approcha un tréteau[8], jeta en travers toutes les pièces, qui faisaient à terre des mares bleuâtres. Et elle commença à rincer.

Émile Zola, *L'Assommoir*, 1877.

André Gill (1840-1885), illustration, édition Fasquelle, 1906 (colorisée).

LE SAVEZ-VOUS ?

Le héros littéraire est un personnage dont les moyens physiques et intellectuels sont hors du commun : il fait l'admiration du lecteur. Le roman est l'histoire du héros, il raconte la manière dont ce dernier parvient à surmonter les obstacles. Mais les romanciers du XIXe siècle redéfinissent le héros, en prenant pour personnages centraux des gens ordinaires, et en montrant qu'ils sont ***extraordinaires chaque jour***…

Comprendre la dureté du travail féminin

Des tâches quotidiennes pénibles

1. Relevez les termes qui décrivent le lavoir : le lieu est-il sain, agréable ?

2. Qui fréquente le lavoir ? Les personnes présentes sont-elles riches ? Répondez en citant le texte.

Une besogne longue et difficile

3. Retrouvez et énumérez les huit opérations principales exécutées par Gervaise pour laver le linge. Estimez le temps passé.

4. Comment Gervaise décrasse-t-elle son linge (l. 21) ? Que pensez-vous de cette tâche ?

5. a. Gervaise utilise-t-elle toujours de l'eau chaude ? Que doit-elle faire pour disposer d'eau ? **b.** Ses mains sont-elles protégées ? Comment sa peau réagit-elle ? Commentez.

Une femme dure à la peine

6. À quel âge Gervaise a-t-elle commencé de travailler ? Quel âge a-t-elle ?

7. Relevez les termes montrant l'énergie de Gervaise. Quels mots indiquent que le travail est sa priorité ? Que devinez-vous de son caractère ?

BILAN **8** **À partir de la situation de Gervaise, que conclure sur la vie des femmes au temps de Zola ? En vous aidant de la rubrique « le savez-vous », dites si l'on peut qualifier cette vie d'« héroïque ».**

À l'oral

Improviser un dialogue

Gervaise ne peut échapper à la conversation avec madame Boche. Improvisez les questions indiscrètes de la vieille dame, et les réponses embarrassées de la jeune femme. Vous pouvez par exemple imaginer que madame Boche cherche à avoir des informations sur le couple de Gervaise. Cherchez à faire durer le dialogue, en soutenant l'intérêt de la classe.

Texte 2

Une héroïne dans les mines

LE SAVEZ-VOUS ?

Au XIXe siècle, le travail dans les mines s'est beaucoup développé pour répondre aux besoins en charbon des machines à vapeur utilisées dans l'industrie et les transports. Les mineurs étaient très mal payés, et vivaient misérablement ; leurs tâches extrêmement pénibles nuisaient à leur santé. Zola se sentait concerné par cet état de fait, et a cherché à le dénoncer dans *Germinal*.

Catherine est âgée de quinze ou seize ans. De santé précaire, elle travaille à la mine.

Catherine roulait, depuis une heure déjà, poussant les berlines[1] jusqu'au relais ; et elle était trempée d'un tel flot de sueur, qu'elle s'arrêta un instant pour s'essuyer la face. [...] Après deux voyages, Catherine étouffa de nouveau. [...]

— Ah ! çà, est-ce que tu dors ? reprit violemment Chaval[2], dès qu'il cessa d'entendre remuer Catherine. Qui est-ce qui m'a fichu une rosse[3] de cette espèce ? Veux-tu bien emplir ta berline et rouler !

Elle était au bas de la taille, appuyée sur sa pelle ; et un malaise l'envahissait, pendant qu'elle les regardait tous d'un air imbécile, sans obéir. [...]

Péniblement, Catherine s'était décidée à emplir sa berline ; puis, elle la poussa. La galerie[4] était trop large pour qu'elle pût s'arc-bouter[5] aux deux côtés des bois, ses pieds nus se tordaient dans les rails, où ils cherchaient un point d'appui, pendant qu'elle filait avec lenteur, les bras raidis en avant, la taille cassée. Et, dès qu'elle longeait le corroi[6], le supplice du feu[7] recommençait, la sueur tombait aussitôt de tout son corps, en gouttes énormes, comme une pluie d'orage.

À peine au tiers du relais, elle ruissela, aveuglée, souillée elle aussi d'une boue noire. Sa chemise étroite, comme trempée d'encre, collait à sa peau, lui remontait jusqu'aux reins dans le mouvement des cuisses ; et elle en était si douloureusement bridée, qu'il lui fallut lâcher encore la besogne.

Qu'avait-elle donc, ce jour-là ? Jamais elle ne s'était senti ainsi du coton dans les os. Ça devait être un mauvais air[8]. [...]

N'en pouvant plus, [...] elle tomba sur les genoux. La lampe, calée dans le charbon de la berline, lui parut s'éteindre[9]. Seule, l'intention d'en remonter la mèche surnageait, au milieu de ses idées confuses. Deux fois elle voulut l'examiner, et les deux fois, à mesure qu'elle la posait devant elle, par terre, elle la vit pâlir, comme si elle aussi eût manqué de souffle. Brusquement, la lampe s'éteignit. Alors, tout roula au fond des ténèbres, une meule[10] tournait dans sa tête, son cœur défaillait, s'arrêtait de battre, engourdi à son tour par la fatigue immense qui endormait ses membres. Elle s'était renversée, elle agonisait dans l'air d'asphyxie, au ras du sol.

– Je crois, nom de Dieu ! qu'elle flâne encore, gronda la voix de Chaval.

Il écouta du haut de la taille, n'entendit point le bruit des roues.

– Eh ! Catherine, sacrée couleuvre !

La voix se perdait au loin, dans la galerie noire, et pas une haleine ne répondait.

1 **berline :** benne remplie de charbon qui peut peser plus de 600 kg.
2 **Chaval :** un autre ouvrier de la mine.
3 **rosse :** vieux cheval.
4 **la galerie :** le tunnel de la mine.
5 **s'arc-bouter :** s'appuyer pour pousser de toute sa force.
6 **corroi :** revêtement du tunnel.
7 **le supplice du feu :** derrière le corroi, une veine de charbon enflammé diffuse une chaleur insupportable.
8 **mauvais air :** air pollué par des gaz toxiques ou explosifs dans une mine.
9 **la lampe… lui parut s'éteindre :** signe de présence de gaz.
10 **meule :** roue qui sert à broyer du grain ou aiguiser des lames.

Enfants dans les mines, gravures, 1844.

© Flammarion

Image du film *Germinal*, de Claude Berri, 1993, avec Judith Henry dans le rôle de Catherine.

– Veux-tu que j'aille te faire grouiller, moi !

Rien ne remuait, toujours le même silence de mort. Furieux, il descendit, il courut avec sa lampe, si violemment qu'il faillit buter dans le corps de la herscheuse[11], qui barrait la voie. Béant, il la regardait. Qu'avait-elle donc ? Ce n'était pas une frime au moins, histoire de faire un somme ? Mais la lampe, qu'il avait baissée pour éclairer la face, menaça de s'éteindre. Il la releva, la baissa de nouveau, finit par comprendre : ça devait être un coup de mauvais air. Sa violence était tombée, le dévouement du mineur s'éveillait, en face du camarade en péril.

Émile Zola, *Germinal*, 1885.

11 **herscheuse :** femme dont le travail consiste à pousser des berlines de charbon.

Comprendre la dénonciation des conditions du travail féminin

Un travail terrible

1. En quoi consiste le travail de Catherine ? Relevez les éléments qui indiquent ce qu'elle doit faire.

2. Quels sont les problèmes matériels auxquels se heurte Catherine ? Sa sécurité vous semble-t-elle assurée ? Justifiez.

Violence et exploitation

3. Relevez les termes utilisés par Chaval pour désigner Catherine. Quel champ lexical est commun à deux de ces mots ? Qu'en concluez-vous ?

4. Catherine est-elle de mauvaise volonté ? Citez le texte. Quel est le jugement porté sur elle par Chaval ? Que faut-il pour qu'il comprenne l'état de la jeune fille ? Commentez.

Émouvoir pour dénoncer

5. Comment les souffrances morales et physiques de Catherine sont-elles mises en évidence par le narrateur ?

6. Dans la Bible, quel lieu situé sous terre est habituellement caractérisé par une chaleur insupportable ? Peut-on faire un rapprochement avec le récit ? Justifiez.

BILAN **7** **Montrez comment Zola fait constater au lecteur la violence et l'injustice de la situation.**
En quoi l'attitude de Catherine peut-elle être qualifiée d'« héroïque » ?

Enrichir son vocabulaire

Quel mot, tiré du latin *tripalium* (instrument de torture), signifie à la fois :

- l'activité humaine exigeant un effort soutenu, visant la création ou la modification d'objets ou d'idées.
- l'activité visant à obtenir une rétribution (un salaire).
- les efforts de la femme en train d'accoucher.

Quels sont les autres sens de ce mot ?

Texte 3

Une héroïne face aux hommes

Nana est une jeune femme « entretenue » : pour vivre, elle est obligée d'obtenir l'argent que lui donne le Comte Muffat, avec qui elle n'est pas mariée. Elle est donc dépendante de lui – et des autres hommes avec qui elle entretient le même type de relation. Obligée de faire ainsi pour vivre, Nana s'ennuie, elle se sent dégradée et asservie.

Le matin, Nana se levait à dix heures. Bijou, le griffon[1] écossais, la réveillait en lui léchant la figure ; et c'était alors un joujou de cinq minutes, des courses du chien à travers ses bras et ses cuisses, qui blessaient le comte Muffat. Bijou fut le premier petit homme dont il eût de la jalousie. Ce n'était pas convenable qu'une bête mît de la sorte le nez sous les couvertures. Puis, Nana passait dans son cabinet de toilette, où elle prenait un bain. Vers onze heures, Francis[2] venait lui relever les cheveux, en attendant la coiffure compliquée de l'après-midi. Au déjeuner, comme elle détestait de manger seule, elle avait presque toujours madame Maloir[3], qui arrivait le matin de l'inconnu[4] avec ses chapeaux extravagants, et retournait le soir dans ce mystère de sa vie, dont personne d'ailleurs ne s'inquiétait. Mais le moment le plus dur, c'étaient les deux ou trois heures, entre le déjeuner et la toilette. D'ordinaire, elle proposait un bésigue[5] à sa vieille amie ; parfois, elle lisait le *Figaro*, où les échos des théâtres et les nouvelles du monde l'intéressaient ; même il lui arrivait d'ouvrir un livre, car elle se piquait de[6] littérature. Sa toilette[7] la tenait jusqu'à près de cinq heures. Alors, seulement, elle s'éveillait de sa longue somnolence, sortant en voiture ou recevant chez elle toute une cohue[8] d'hommes, dînant souvent en ville, se couchant très tard, pour se relever le lendemain avec la même fatigue et recommencer des journées toujours semblables.

Émile Zola, *Nana*, 1880.

1 **griffon :** un petit chien.
2 **Francis :** le coiffeur personnel de Nana.
3 **madame Maloir :** une vieille femme qui profite de l'argent de Nana.
4 **de l'inconnu :** on ne savait pas d'où.
5 **bésigue :** jeu de cartes.
6 **se piquait de :** se flattait de.
7 **toilette :** le fait de prendre un bain et de s'habiller.
8 **cohue :** foule.

Entrer dans la lecture

- Que diriez-vous du mode de vie de Nana ?

Comprendre la dénonciation de la dépendance féminine

Une femme sans occupation

1. Retracez l'emploi du temps de Nana en citant le texte.

2. Répartissez ses occupations dans le tableau suivant.

	Occupations nécessaires	Occupations pour tuer le temps
Occupations agréables	......	......
Occupations désagréables	......	......

Une femme sans but

3. À quoi Nana consacre-t-elle le plus de temps ? À votre avis, pourquoi ?

4. Relevez dans le texte les mots qui appartiennent au champ lexical de la lassitude. À votre avis, pourquoi Nana est-elle dans cet état ?

Une femme privée de liberté

5. Quels sont les indices qui montrent que Nana n'est pas tout à fait libre de ses mouvements ?

6. Nana semble-t-elle heureuse ? De quoi manque-t-elle ?

BILAN **7** **À votre avis, que cherche à dénoncer l'auteur ? Nana reste-t-elle malgré tout une héroïne ? Vos avis peuvent différer, justifiez-vous.**

Édouard Manet (1832-1883), *Nana*, 1877, huile sur toile (1,15 x 1,54 m), Kunsthalle, Hambourg.

Lecture de l'image

Comparer un texte et un tableau

1. Que vous paraît indiquer l'expression de Nana sur ce portrait ?
2. Pourquoi regarde-t-elle franchement l'observateur du tableau ? Que peut ressentir l'observateur face à ce regard ?
3. Ressemble-t-elle à l'idée que le texte vous donne d'elle ? Pourquoi ?

Enrichir son vocabulaire

Cherchez le sens de ces expressions liées à la *toilette*, puis employez-en trois dans une très courte histoire.

l'habit ne fait pas le moine • une main de fer dans un gant de velours • filer un mauvais coton • être droit dans ses bottes • avoir du foin dans ses bottes • avoir la tête près du bonnet • porter le chapeau

À l'oral

Inventer une conversation

Imaginez la conversation au déjeuner entre Nana et madame Maloir. Vous chercherez à renforcer l'impression de monotonie qui se dégage du texte.

→ Vous pouvez improviser cette conversation à l'oral, en choisissant un partenaire dans la classe.

Votre professeur choisira certains exercices pour vous préparer au sujet d'écrit.

LEXIQUE

Niveaux de langue ▸ leçon 3, p. 286

1 **Pour chaque passage des *Misérables* ci-dessous, précisez s'il est écrit dans le registre familier, courant ou soutenu. Justifiez à chaque fois votre réponse.**

> **1.** Comment est-ce que vous appelez ce monument gigantesque, que vous avez là au bout de la rue ? C'est le « Archives », pas vrai ? Il faudrait me chiffonner un peu ces grosses bêtes de colonnes-là, et en faire gentiment une barricade.
> **2.** Six mois ! six mois de prison ! Six mois à gagner sept sous par jour ! Mais que deviendra Cosette ?
> **3.** Dites donc, vous autres, avez-vous vu comme je te lui ai craché à la figure ? Ah ! vieux scélérat de maire, tu viens ici pour me faire peur, mais je n'ai pas peur de toi !
> **4.** Avant de vous répondre, dit-il, je vous prie de me pardonner. Je viens d'avoir un tort, monsieur. Vous êtes chez moi, vous êtes mon hôte. Je vous dois courtoisie. Vous discutez mes idées, il sied que je me borne à combattre vos raisonnements.
>
> **Victor Hugo**, *Les Misérables*, 1862.

2 **Complétez le tableau ci-dessous.**

Familier	Courant	Soutenu
……	manger	……
la gamine	……	……
……	de l'argent	……
……	……	morigéner
geindre	……	……

3 **Reformulez ces phrases orales et familières dans un registre courant.**

1. Cette fille, elle a pas beaucoup de courage.
2. Elle arrête pas de se plaindre, que j'vous dis.
3. Je te l'ai reçu, le bourgeois !
4. Y'a des gens qui pensent qu'vous êtes bien louche.
5. Ce que je vous dis, moi, c'est que cette gamine, elle est pas fort gentille.

L'art de détourner

Champ lexical — RÉVISIONS

4 **Complétez le texte avec les mots de la liste. Utilisez le dictionnaire.**

Adresse, détourner, échappatoire, feindre, fourbe, habilement, rouerie, subterfuge.

Javert demanda brutalement à Thénardier où était la petite fille qui servait habituellement chez lui. Dans un premier temps, l'aubergiste, avec …1… , tenta de …2… la conversation, lui parlant du prix du vin en constante augmentation. Mais Javert comprit la …3… et lui demanda …4… s'il avait vu passer un homme assez costaud pauvrement vêtu. Thénardier comprit que le policier en savait plus qu'il ne le disait. Il fallait trouver une …5… ! …6… l'ignorance ? Javert verrait le …7… ! Le …8… décida alors de dire que Cosette était allée voir sa mère.

Figures de style et procédés ▸ leçon 9, p. 298

5 **L'aspect négatif de ces phrases a été atténué : retrouvez le sens caché de chacune d'elles.**

Ex. : Elle ne va pas très bien ➜ elle est très malade.

1. Elle n'est pas bien grosse. **2.** La situation a été meilleure. **3.** Il a été remercié par son patron. **4.** Elle nous a quittés.

6 **Reformulez ces phrases de manière à atténuer l'aspect négatif.**

Ex. : Les Thénardier traitent Cosette comme une esclave ➜ Les Thénardier lui donnent un peu de travail.

1. Ils ont battu Cosette. **2.** Ils l'ont privée de nourriture. **3.** Ils lui ont parlé violemment. **4.** Ils l'ont jetée dehors.

GRAMMAIRE

Expansions du GN ▸ leçons 15 à 17, p. 310 à p. 315

7 **Utilisez ces expansions du nom dans des phrases de votre invention. Vous donnerez leur classe grammaticale.**

1. que la surprise fit sursauter. **2.** abasourdie. **3.** dont chaque geste exprimait la crainte. **4.** méfiant. **5.** qui se croisa les bras sans rien dire. **6.** qui ne put maîtriser un mouvement d'exaspération.

L'apposition ▸ leçon 18, p. 316

8 **Reformulez chaque phrase en introduisant un adjectif apposé choisi dans la liste.**

Méfiant, timide, irrité, impassible, tremblante, fourbe, impressionné, glacial.

1. Jean Valjean laissait parler Javert sans réagir.
2. Mais celui-ci avait de plus en plus de mal à cacher sa colère.
3. Fantine observait la scène.
4. Elle finit par s'approcher lorsque Jean Valjean l'appela.
5. Javert tenta de menacer la jeune femme.
6. Celle-ci se réfugia auprès de l'ancien bagnard.
7. Valjean regarda alors le policier droit dans les yeux.
8. Javert recula et sortit.

L'expression de l'ordre — RÉVISIONS

Discours direct ▸ leçon 32, p. 344

9 **Remplacez l'impératif par le futur dans chaque expression.**

1. Faites ce que je vous demande ! **2.** Obéissez donc ! **3.** Partez à la première heure ! **4.** Laissez-la partir ! **5.** Gardez l'argent !

10 **Reformulez ces phrases impératives en introduisant *il faut* ou le verbe *devoir*.**

Ex. : Va-t-en ! → Tu dois t'en aller !

1. Laisse-la partir !
2. Sois forte !
3. Oublie le passé !
4. Taisez-vous !
5. Ne te résigne pas !
6. Viens avec moi !

Discours direct ▸ leçon 32, p. 344

11 **Ponctuez le dialogue en plaçant au bon endroit des guillemets et des tirets.**

La femme de l'aubergiste entre dans l'écurie.
Est-ce que monsieur ne veut pas déjeuner ?
Tiens, c'est vrai, dit-il, j'ai même bon appétit.
Il suivit cette femme qui avait une figure fraîche et réjouie. Elle le conduisit dans une salle basse où il y avait des tables ayant pour nappes des toiles cirées.
Dépêchez-vous, reprit-il, il faut que je reparte. Je suis pressé.
Une grosse servante flamande mit son couvert en toute hâte. Il regardait cette fille avec un sentiment de bien-être.
C'est là ce que j'avais, pensa-t-il. Je n'avais pas déjeuné.

D'après **Victor Hugo**, *Les Misérables*, 1862.

ORTHOGRAPHE-CONJUGAISON

Voix active et voix passive ▸ leçon 41, p. 362

12 **Complétez le tableau ci-dessous.**

Présent passif	Passé simple passif	Imparfait passif
il est dominé	......	......
......	elle fut attrapée	......
......	......	j'étais pris
ils sont réduits au silence	......	......

13 **Transformez ces phrases à la voix passive.**

1. Javert obligea Fantine à faire des excuses.
2. Monseigneur Bienvenu sauva Jean Valjean de la prison.
3. Les gendarmes reprennent Jean Valjean après l'affaire du petit Gervais.
4. Jean Valjean soustrait Cosette aux Thénardier.
5. Jean Valjean emmenait Cosette à l'abri.

Accord de l'adjectif qualificatif ▸ 20 règles d'or, p. 402

dictée

14 **Récrivez ce texte en remplaçant *Le Thénardier* par *La Thénardier*.**

Le Thénardier était un homme petit, maigre, blême, anguleux, osseux, chétif [...]. Il souriait habituellement par précaution, et était poli à peu près avec tout le monde. [...] Thénardier était sournois, gourmand, flâneur et habile.

Victor Hugo, *Les Misérables*, 1862.

Écrire une scène d'affrontement

Rédigez la scène qui oppose Mme Thénardier à Jean Valjean lorsqu'il lui demande pourquoi elle traite si mal Cosette.

Consignes d'écriture

→ Racontez en deux phrases l'arrivée de Jean Valjean à l'auberge des Thénardier.
→ Vous rapporterez dans un passage au discours direct la demande de Jean Valjean et la réaction de la Thénardier, imaginez ensuite la querelle qui oppose les deux personnages.
→ Introduisez un passage narratif où vous précisez les pensées des deux personnages.
→ Vous terminerez avec un passage narratif qui raconte le dénouement de la scène.

Méthode

✓ Pensez à respecter le contexte de l'action.
✓ Utilisez un échange de phrases courtes pour le dialogue, où vous opposerez les **niveaux de langue** des deux personnages.
✓ Vous utiliserez les **expansions du nom** et l'**apposition** pour préciser les réactions des personnages.
✓ Vous montrerez que l'un des personnages prend peu à peu le dessus sur l'autre, en vous aidant de l'emploi de la **voix passive**, de l'expression de l'ordre, et des procédés de la ruse.

Attention !

⚠ Pensez à ponctuer correctement le dialogue.

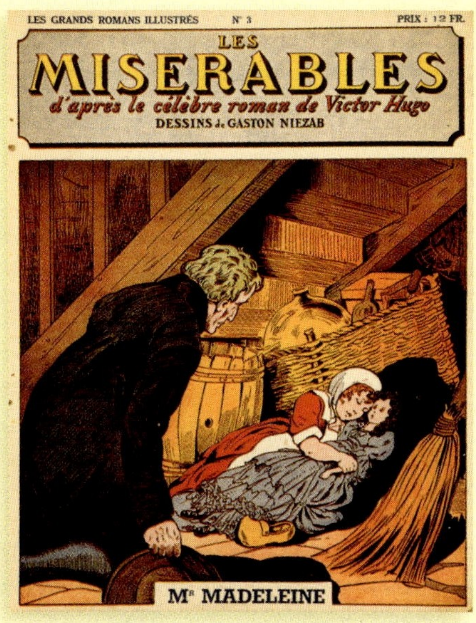

Bande dessinée des *Misérables* parue en 1947.

Votre professeur choisira certains exercices pour vous préparer au sujet d'écrit.

LEXIQUE

La vie humaine

Champ lexical — RÉVISIONS

1 **Associez cinq termes à chacun des mots de la liste ci-dessous pour élargir le champ lexical.** Naissance, enfance, adolescence, jeunesse, maturité, vieillesse, mort.

Antonymes et synonymes — RÉVISIONS

2 **En vous aidant d'un dictionnaire, retrouvez les paires d'antonymes parmi ces mots.** amitiés / célébrité / gloire / gêne financière / aventures / aisance matérielle / tranquillité / inimitiés / déchéance / engagement / anonymat / démission. **Vous utiliserez ces éléments pour enrichir votre biographie de l'auteur.**

Sens propre, sens figuré ▸ leçon 2, p. 284

3 **Tous les termes de la liste renvoient à la notion de début : expliquez à chaque fois par quelle association d'idées.** L'aube, le germe, le seuil, les balbutiements, le matin, l'éclosion, l'esquisse, les premiers pas, la fleur. **Employez trois de ces mots dans une phrase pour évoquer des étapes de la vie de Zola.**

La création littéraire

Lexique des genres et registres ▸ leçon 6, p. 292

4 **Complétez les phrases suivantes avec le terme qui convient (faites l'accord si nécessaire).**
Style, graphie, rédaction, recherche, plagiat, critique, lectorat.
1. Cet homme a copié l'œuvre d'un autre écrivain : il est l'objet d'une plainte pour ... .
2. J'aime la façon d'écrire de Zola, sa manière de choisir ses mots, de rythmer ses phrases, bref tout son ... .
3. Je me suis intéressé(e) aux manuscrits de cet écrivain, ses lettres sont formées comme des dessins, sa ... est fascinante.
4. Zola se documentait beaucoup avant de rédiger ses romans : ses ... lui prenaient beaucoup de temps.
5. Ses premiers romans n'ont pas remporté un grand succès : son œuvre a d'abord peiné à rencontrer son ... .
6. Certains ... ont porté des jugements sévères sur l'œuvre de cet auteur ; d'autres se sont montrés enthousiastes.
7. La ... de certains passages descriptifs a posé problème à notre auteur : comment informer exactement le lecteur sans jamais l'ennuyer ?

Sens propre, sens figuré ▸ leçon 2, p. 284

5 **a. Recherchez le sens et l'origine de chaque expression imagée.**
Aller dans le mur / Avoir le vent en poupe / Faire un tabac / Un coup de Trafalgar / Se casser les dents.
b. Quelles œuvres de Zola sont des « coups de Trafalgar » ? Avec lesquelles a-t-il « fait un tabac » ? Classez-les en deux catégories.

6 **Complétez le texte en utilisant les expressions imagées suivantes, après vous être assuré(e) de leur sens. Faites tous les accords nécessaires.** *Défrayer la chronique / Être du même bord / Mettre sa main au feu / Changer son fusil d'épaule.*
Pendant l'Affaire Dreyfus, Zola garde d'abord le silence, mais il finit par ...1... et son engagement va relancer le procès. Les déclarations vigoureuses de Zola ...2... : les français se passionnent et prennent parti pour ou contre Dreyfus. Pour Zola, les choses sont claires : le capitaine Dreyfus est innocent, il en ...3... ; Zola prend le parti des dreyfusards, il ...4... que d'autres écrivains de son temps, comme Marcel Proust, et s'oppose aux antisémites.

La critique sociale

Vocabulaire du jugement et de la critique ▸ leçon 5, p. 290

7 **Classez les expressions de chaque liste par ordre croissant d'intensité.**
1. Juger, corriger, sanctionner, condamner, critiquer, remettre en cause, désapprouver.
2. Domination, esclavagisme, servitude, liberté.
3. Pauvreté, richesse, aisance, sans ressources, vivre dans le luxe, être à l'abri du besoin, tirer le diable par la queue.

ORTHOGRAPHE-CONJUGAISON

dictée

8 **Récrivez ce passage en remplaçant *L'homme* par *Les hommes*.**
Étienne, le héros, arrive dans la région des mines de charbon.

L'homme était parti de Marchiennes[1] vers deux heures. Il marchait d'un pas allongé, grelottant sous le coton aminci de sa veste et de son pantalon de velours. Depuis une heure, il avançait ainsi, lorsque sur la gauche, à deux kilomètres de Montsou[2], il aperçut des feux rouges, trois brasiers brûlant au plein air, et comme suspendus. D'abord, il hésita, pris de crainte ; puis, il ne put résister au besoin douloureux de se chauffer un instant les mains.

Émile Zola, *Germinal*, 1885.

1 ville du Nord de la France. 2 nom de la ville où Étienne va travailler.

Accord de l'adjectif qualificatif ▸ 20 règles d'or, p. 402

9 **Accordez convenablement les adjectifs.**

Étienne découvre le « Voreux », le puits le plus profond du site minier sur lequel il vient travailler.

Étienne, qui s'oubliait devant le brasier à chauffer ses *(pauvre)* mains *(saignante)*, regardait [...]. Cette fosse, *(tassé)* au fond d'un creux, avec ses constructions *(trapu)* de briques, dressant sa cheminée comme une corne (menaçant), lui semblait avoir un air *(mauvais)* de bête *(goulu)*, *(accroupi)* là pour manger le monde.

D'après **Émile Zola**, *Germinal*, 1885.

B2i

Rédiger la fiche biographique d'Émile Zola

Vous trouverez des adresses de sites Internet où vous documenter sur le site de votre manuel.

www.4e.jdl.magnard.fr/liens

SOCLE COMMUN C4

Méthode

Faire la fiche biographique d'un écrivain ne signifie pas qu'il faut « tout dire » sur sa vie. Au contraire, vous devez parvenir à repérer l'essentiel dans les informations données. Pour aller aux plus importantes, suivez le guide :

- ✓ Quand est né Émile Zola ? Quelle est la date de sa mort ?
- ✓ Quelles études a-t-il suivies ?
- ✓ Qui sont ses amis ? Racontez brièvement sa vie de famille.
- ✓ Quel est son premier métier ?
- ✓ Quel est son premier roman à succès ? Citez cinq de ses principaux ouvrages.
- ✓ Expliquez brièvement sa méthode de travail.
- ✓ Résumez rapidement ce qu'est l'Affaire Dreyfus (vous pouvez vous aider de la page 99 de votre manuel). Expliquez le rôle de Zola dans cette affaire en quelques phrases, dites comment son engagement politique a été perçu.
- ✓ Racontez très brièvement la fin de sa vie.

Attention !

- ⚠ Choisissez quelques éléments biographiques : ceux qui permettent de mieux comprendre les œuvres ; retenez les ouvrages les plus importants (qui ont eu le plus de succès, ou qui ont déclenché le plus de critiques).
- ⚠ Adoptez un style précis et concis : des phrases brèves, apportant chacune une information.

André Gill (1840-1885), caricature d'Émile Zola parue dans *L'Éclipse*, journal hebdomadaire satirique, le 16 avril 1876.

Illustrez votre fiche biographique !

À partir de vos connaissances sur la biographie d'Émile Zola, expliquez la caricature ci-contre. La trouvez-vous drôle ? Pourquoi ? Insérez-la dans votre fiche biographique après l'avoir retrouvée sur Internet.

Pourquoi les héros de roman nous font-ils réfléchir ?

Des personnages « ordinaires »

• Le roman du XIXe siècle ne s'intéresse pas aux grands hommes qui font l'Histoire mais à des personnages issus du peuple.

• Victor Hugo s'attache plus particulièrement aux « **misérables** », c'est-à-dire aux **gens du peuple** qui doivent se battre pour leur survie (Jean Valjean condamné à voler, Fantine contrainte de vendre ses dents ou Cosette traitée comme une esclave).

Des personnages attachants

• Les auteurs invitent le lecteur à ressentir de la **pitié** pour les personnages en nous faisant partager leurs **souffrances** (la difficulté du travail à la mine de Catherine dans *Germinal*). Pour associer le lecteur à l'action, ils procèdent de deux manières : ils utilisent le **point de vue interne** pour nous faire vivre, de l'intérieur, les souffrances et les bouleversements d'un personnage (Fantine sauvée par Jean Valjean). Mais ils placent aussi le **lecteur** en situation de **témoin privilégié**, et donc de **juge**, dans des scènes de dialogue (Jean Valjean et Javert). Parfois un personnage-témoin, comme Marguerite (▸ p. 144), prend le relais du lecteur.

• Zola invite aussi à lire, à travers ses romans, de véritables **reportages** sur la société de son époque : les personnages et leurs conditions de vie sont présentés de manière **réaliste** afin que le lecteur découvre comment vivent les gens des classes populaires. Par exemple, il met en évidence les conditions de vie injustes des femmes comme Gervaise ou Catherine.

Des personnages symboliques

• Les personnages prennent donc une **valeur symbolique**, en particulier chez Hugo où la lutte sociale devient une **lutte entre le Bien et le Mal** : c'est ainsi que Fantine perçoit l'affrontement entre Jean Valjean, « son bon ange » et Javert, « son démon ». La Thénardier devient, aux yeux de Cosette, un véritable monstre. *Les Misérables* montrent ainsi des héros, tels Jean Valjean et Fantine, rejetés par la société et condamnés au Mal, mais que la bonté d'un homme viendra sauver.

• Hugo et Zola mettent en scène des **héros issus du peuple** qui doivent constamment lutter pour survivre. Ils **incarnent une société en évolution**, où il est encore permis d'espérer en une fin heureuse.

SOCLE COMMUN

Compétence	Item	Critères d'évaluation	
5 Culture humaniste	Être sensible aux enjeux esthétiques et humains d'une œuvre littéraire.	Je sais apprécier la dimension poétique d'un texte et ne pas le réduire à sa valeur informative. Je suis capable d'interpréter des procédés d'écriture. Je suis sensible aux questions humaines dont la littérature fait écho.	▸ p. 136-137
1 Maîtrise de la langue	Participer à un débat, à un échange verbal.	Je suis capable d'exposer mon opinion : je développe des arguments construits face à autrui, je défends mon point de vue.	▸ p. 142
5 Culture humaniste	Mobiliser ses connaissances pour donner du sens à l'actualité.	Je suis capable d'appréhender un fait historique et de faire le lien avec l'actualité.	▸ p. 153
4 Usage des TICE B2i	Faire preuve d'esprit critique face à l'information et à son traitement.	2.4) Je m'interroge sur le résultat des traitements informatiques.	▸ p. 165

Javert perd ses certitudes

Javert pendant des années a traqué Jean Valjean. Mais, lors d'une émeute, l'ancien bagnard lui sauve la vie sans lui témoigner aucune rancune.

Image du téléfilm *Les Misérables*, de Josée Dayan, 2000, avec John Malkovich dans le rôle de Javert.

Javert souffrait affreusement.

Depuis quelques heures Javert avait cessé d'être simple. Il était troublé ; ce cerveau, si limpide dans sa cécité, avait perdu sa transparence ; il y avait un nuage dans ce cristal. Javert sentait dans sa conscience le devoir se dédoubler, et il ne pouvait se le dissimuler. Quand il avait rencontré si inopinément[1] Jean Valjean sur la berge de la Seine, il y avait eu en lui quelque chose du loup qui ressaisit sa proie et du chien qui retrouve son maître.

Il voyait devant lui deux routes également droites toutes deux, mais il en voyait deux ; et cela le terrifiait, lui qui n'avait jamais connu dans sa vie qu'une ligne droite. Et, angoisse poignante, ces deux routes étaient contraires. L'une de ces deux lignes droites excluait l'autre. Laquelle des deux était la vraie ?

Sa situation était inexprimable.

Devoir la vie à un malfaiteur, accepter cette dette et la rembourser, être, en dépit de soi-même, de plain-pied[2] avec un repris de justice, et lui payer un service avec un autre service ; se laisser dire : Va-t'en, et lui dire à son tour : Sois libre ; sacrifier à des motifs personnels le devoir, cette obligation générale, et sentir dans ces motifs personnels quelque chose de général aussi, et de supérieur peut-être ; trahir la société pour rester fidèle à sa conscience ; que toutes ces absurdités se réalisassent[3] et qu'elles vinssent[3] s'accumuler sur lui-même, c'est ce dont il était atterré[4].

Victor Hugo, *Les Misérables*, 1862, livre 5, *Jean Valjean* (IV).

1 **inopinément :** à l'improviste. 2 **de plain-pied :** au même niveau que.
3 **se réalisassent, vinssent :** se réalisent ; viennent. 4 **atterré :** accablé.

Culture littéraire

- À quel siècle Hugo a-t-il vécu ? Donnez ses dates de naissance et de mort.

Étudier le bouleversement intime d'un personnage

L'expression d'une conscience

1. Relevez les expressions qui traduisent la souffrance de Javert. (l. 1 à 13)

2. Quelle image Hugo utilise-t-il pour traduire le trouble de Javert ? (l. 4)
Comment appelle-t-on cette figure de style ?

3. a. Quel est le point de vue adopté dans le dernier paragraphe ?
b. Que traduit la ponctuation dans le dernier paragraphe ?

Les valeurs de la société selon Hugo

4. Expliquez la phrase *il y avait en lui quelque chose… maître* (l. 7-8). Nommez la figure de style utilisée.

5. Quelle expression, dans le dernier paragraphe, montre que la différence entre le policier et l'ancien bagnard n'est plus si importante ?

6. Pourquoi Javert est-il donc perturbé par le geste de Jean Valjean ?

BILAN **7** **Quel message Hugo veut-il donner au lecteur par ce dénouement ? Vous développerez votre réponse en un court paragraphe.**

Lectures personnelles

Lire des romans du XIXe siècle

Romans du XIXe siècle du patrimoine

Pour **partir à l'aventure**, croiser de nombreux personnages qui s'affrontent, s'aiment, se haïssent, se séparent ou se retrouvent, et plonger dans des univers où les **rebondissements** s'accumulent et nous entraînent au fil des pages.

© Magnard

H. de Balzac, *Les Secrets de la princesse de Cadignan*

© Magnard

A. Dumas, *Le Bagnard de l'Opéra*

© Le Livre de Poche Jeunesse

T. Gautier, *Le capitaine Fracasse*

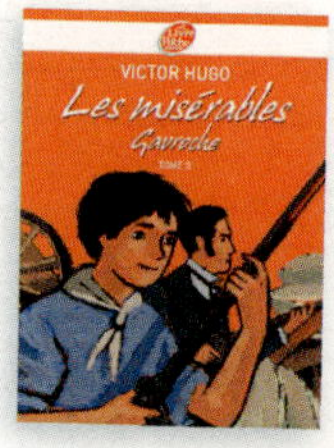

© Le Livre de Poche Jeunesse

V. Hugo, *Les misérables* (3 tomes)

Les **destins de jeunes femmes** qui, au cœur de la société du XIXe siècle, grandissent et cherchent à conquérir leur liberté et ne cessent de nous captiver pour nous faire vivre de **grandes émotions**.

© Éd. J'ai Lu

G. de Maupassant, *Pierre et Jean*

© Le Livre de Poche Jeunesse

V. Hugo, *Notre-Dame de Paris*

© Éd. Gallimard

A. Dumas, *Pauline*

© Éd. Gallimard Jeunesse

G. Sand, *La petite Fadette*

© Éd. J'ai Lu

É. Zola, *Naïs Micoulin*

Romans étrangers du XIXe siècle

Dans des cadres aussi dépaysants que la campagne anglaise ou les steppes russes, ces romans nous font vivre d'**intenses aventures** et parfois de **violentes passions** qui poussent les héros à se dépasser et à nous surprendre.

© Magnard

E. T. A. Hoffmann, *Mademoiselle de Scudéry*

© Éd. J'ai Lu

I. Tourgueniev, *Premier amour*

© Le Livre de Poche Jeunesse

Ch. Brontë, *Jane Eyre*

© Éd. Gallimard

A. Pouchkine, *La Fille du capitaine*

Romans du XIXe adaptés en bandes dessinées

© Delcourt

T. Lamy, **P. Thirault**, **B. Duhamel**, *Le Père Goriot d'Honoré de Balzac* (tomes 1 et 2)

© Delcourt

J-D. Morvan, **M. Dufranne**, **Ruben**, *Les Trois Mousquetaires d'Alexandre Dumas*

Gardez une trace de vos lectures

Pour répondre à un questionnaire de lecture sur un roman du XIXe siècle, vous devrez avoir en tête l'ouvrage que vous avez lu. Préparez une fiche que vous remplirez à mesure de votre lecture.

→ **Titre, auteur, date de première publication.** Attention, ne confondez pas avec la date de la réédition que vous avez !

→ **Narrateur :** à quelle personne le récit est-il raconté ? le narrateur est-il un personnage ?

→ **Époque, lieux de l'action :**
- Relevez les dates précises, ou les événements historiques présents dans le récit, et également les indications de lieux. Vous retracerez ainsi l'évolution des personnages dans leur cadre spatio-temporel.
- Vous pouvez alors préciser si le cadre est réaliste ou non.

→ **Les personnages :**
- Faites la liste des personnages importants à mesure qu'ils apparaissent.
- Repérez la page où le héros est présenté, notez-là et relevez quelques traits caractéristiques.

→ **L'action :**
- Faites la liste des événements principaux.
- En une ligne, résumez la situation finale.

→ **Le style de l'auteur :** copiez deux à cinq phrases que vous trouvez particulièrement bien écrites ou intéressantes.

☺ Relisez bien vos notes avant le test de lecture !

Lire des romans qui font voyager dans l'histoire

Romans qui se situent aux XVIIe et XVIIIe siècles

Au temps du **Roi Soleil**, au château de Versailles se passent des **événements bien mystérieux** dont sont témoins nos héros. Plus tard, tandis que se prépare la **Révolution française**, d'autres jeunes gens vivent des heures haletantes, au moment où le peuple s'agite et lutte pour sa dignité.

© Bayard Jeunesse

A. Pietri, *Les orangers de Versailles*

© Bayard Jeunesse

A. Pietri, *L'espionne du Roi Soleil*

© Milan

F. Lenormand, *L'orphelin de la Bastille*

© Éd. Gallimard Jeunesse

É. Brisou-Pellen, *Les disparus de la malle-poste*

Romans qui se situent au XIXe siècle

Une petite ouvrière qui se bat pour sa survie, deux jeunes héros qui assistent à la révolte populaire de la commune, ou encore un groupe d'orphelins qui s'unissent pour lutter contre leur pauvreté. Des **lectures attachantes** qui font découvrir la **vie des enfants et adolescents du XIXe siècle**.

© École des Loisirs

M. Desplechin, *Séraphine* et *Satin grenadine*

© Bayard Poche

J-P. Gourévitch, *La vengeance des Barbares*

© Actes Sud Junior

R. Bigot, *Les lumières du matin*

© Éd. Gallimard Jeunesse

C. Féret-Fleury, *Le temps des cerises : journal de Mathilde 1870-1871*

Romans sur le thème de l'esclavage

Quand des personnages sont victimes de la grande injustice de l'esclavage, suivre leur itinéraire semé d'embûches, de cruauté mais aussi de solidarité, c'est les accompagner sur le chemin qui mène à la liberté.

© Le Livre de Poche Jeunesse

H. Beecher Stowe, *La case de l'oncle Tom*

© Le Livre de Poche Jeunesse

É. Brisou-Pellen, *Deux graines de cacao*

© Milan Jeunesse

P. Maret, *Esclave !*

© Flammarion Jeunesse

B. Solet, *Les révoltés de Saint-Domingue*

Concevoir une 1re et une 4e de couverture

Pour donner envie à vos camarades de découvrir l'œuvre que vous avez lue, imaginez sur une feuille de format A3 une 1re et une 4e de couverture que vous pourrez afficher au tableau.

Sur la 1re de couverture :

→ Écrivez le titre, l'auteur et l'édition en utilisant une typographie qui les mettent en valeur.

→ Concevez, découpez, ou dessinez une illustration qui donne bien l'atmosphère du récit.

Sur la 4e de couverture :

→ Rédigez quelques lignes donnant les éléments importants de l'histoire.

→ Poursuivez en proposant quelques pistes qui vont donner envie de découvrir le livre : utilisez les formes interrogatives ou les points de suspension pour ménager le suspense.

☺ Répétez deux ou trois fois, car parler devant vos camarades n'est pas si facile !

chapitre 5

La lettre

Un regard sur le monde et sur soi-même

Observer et découvrir

SOCLE COMMUN C5

- À quel siècle a vécu chacun des auteurs du chapitre ?
- Pouvez-vous citer un événement historique dont chacun des auteurs a pu être le témoin ?
- Quels auteurs du chapitre sont des femmes ?

L'épistolaire

L'épistolaire est le domaine de la **communication écrite**. Il comprend la lettre, mais aussi toutes ses variantes modernes : le mail, le *chat*, ou le SMS.
Les raisons qui nous poussent à écrire sont variées : donner ou demander des nouvelles, parler de son état d'esprit, de ses émotions. Écrire, c'est aussi s'adresser à un **destinataire** pour lui faire partager ce que l'on éprouve soi-même : à propos d'amour, mais aussi de politique, ou face à un événement que l'on vient de raconter. La **lettre** est donc un véritable moyen de communication, qui permet de **partager idées** et **sentiments**.

Lire et découvrir

Le mercredi 17e de juin 1671

Je vous écris avec un serrement de cœur qui me tue. Enfin, voilà le second ordinaire[1] que je ne reçois point de nouvelles de ma fille. Je tremble depuis la tête jusqu'aux pieds, je n'ai pas l'usage de raison[2], je ne dors point ; et si je dors, je me réveille avec des sursauts qui sont pires que de ne pas dormir. Je ne puis comprendre ce qui empêche que je n'aie des lettres comme j'ai accoutumé[3]. […] Ma fille ne m'écrit-elle plus ? Est-elle malade ? Me prend-on mes lettres ? car, pour les retardements de la poste, cela ne pourrait pas faire un tel désordre.

Madame de Sévigné, lettre à D'Hacqueville.

1 une livraison de courrier. 2 je perds la tête. 3 j'ai l'habitude.

- Quel est l'état d'esprit de la rédactrice de la lettre ? Quelle en est la raison ?
- D'après ce texte, expliquez pourquoi, avant les moyens modernes, le courrier est un moyen de communication très important.

Affiche publicitaire pour la Poste australienne, 2000. Le slogan de l'affiche est : ***If you really want to touch someone, send them a letter*** *(Si vous voulez vraiment toucher quelqu'un, envoyez-lui une lettre).*

Lecture de l'image

Identifier le message que porte une image

1. Qu'y a-t-il de surprenant dans cette image ? Décrivez-la précisément.
2. Expliquez le slogan dans la légende. Pourquoi le verbe *toucher* est-il à la fois inattendu et bien choisi ?
3. Qu'attendriez-vous d'une lettre d'amour ? Expliquez-le en quelques phrases.

AUTOUR D'UN AUTEUR

Au XVIIe siècle : Madame de Sévigné

Lettre 1 À Monsieur de Coulanges[1]

À Paris, ce lundi 15 décembre 1670

Je m'en vais vous mander[2] la chose la plus étonnante, la plus surprenante, la plus merveilleuse, la plus miraculeuse, la plus triomphante, la plus étourdissante, la plus inouïe, la plus singulière, la plus extraordinaire, la plus incroyable, la plus imprévue, la plus grande, la plus petite, la plus rare, la plus commune, la plus éclatante [...], la plus digne d'envie ; enfin une chose dont on ne trouve qu'un exemple dans les siècles passés, encore cet exemple n'est-il pas juste ; une chose que nous ne saurions croire à Paris (comment la pourrait-on croire à Lyon ?) ; une chose qui fait crier miséricorde[3] à tout le monde ; une chose qui comble de joie Mme de Rohan et Mme d'Hauterive ; une chose enfin qui se fera dimanche, où ceux qui la verront croiront avoir la berlue[4] ; une chose qui se fera dimanche, [...] et qui ne sera peut-être pas faite lundi. Je ne puis me résoudre à la dire. Devinez-la ; je vous la donne en trois[5]. Jetez-vous votre langue aux chiens[6] ? Eh bien ! il faut donc vous la dire : M. de Lauzun épouse dimanche au Louvre, devinez qui ? Je vous le donne en quatre, je vous le donne en dix, je vous le donne en cent. Mme de Coulanges dit : Voilà qui est bien difficile à deviner ; c'est Mme de La Vallière. – Point du tout, Madame. – C'est donc Mlle de Retz ? – Point du tout, vous êtes bien provinciale. – Vraiment nous sommes bien bêtes, dites-vous, c'est Mlle Colbert ? – Encore moins. – C'est assurément Mlle de Créquy ? – Vous n'y êtes pas. Il faut donc à la fin vous le dire : il épouse dimanche, au Louvre, avec la permission du Roi, Mademoiselle... Mademoiselle de..., Mademoiselle... devinez le nom : il épouse Mademoiselle, ma foi ! par ma foi ! Ma foi jurée ! Mademoiselle, la grande Mademoiselle, Mademoiselle, petite-fille de Henri IV, Mademoiselle d'Eu, Mademoiselle de Dombes, Mademoiselle de Montpensier ; Mademoiselle d'Orléans ; Mademoiselle, cousine germaine du Roi ; Mademoiselle, destinée au trône ; Mademoiselle, le seul parti de France qui fût digne de Monsieur[7].

Voilà un beau sujet de discourir. Si vous criez, si vous êtes hors de vous-même, si vous dites que nous avons menti, que cela est faux, qu'on se moque de vous, que voilà une belle raillerie[8], que cela est bien fade à imaginer, si enfin vous nous dites des injures, nous trouverons que vous avez raison ; nous en avons fait autant que vous.

Adieu ; les lettres qui seront portées par cet ordinaire[9] vous feront voir si nous disons vrai ou non.

Marie de Rabutin-Chantal *(1626-1696), issue d'une famille aristocratique, reçoit une éducation raffinée. À dix-huit ans, elle épouse Henri de Sévigné. Veuve à vingt-cinq ans, elle éduque ses deux enfants, mène une brillante vie sociale, fréquente la cour, et rédige un courrier dont le style fait la joie de ses destinataires. Elle voyage en France, notamment pour voir sa fille, Madame de Grignan.*

LE SAVEZ-VOUS ?

Au XVIIe siècle, les lettres étaient le **seul moyen de communication à distance**. Leur transport était long et difficile, et le destinataire devait payer lui-même le prix de la distribution. Leur lecture était donc une véritable fête, et – sauf les lettres très privées, comme les lettres d'amour – on n'hésitait pas à partager ce moment à plusieurs. Les lettres étaient donc lues à haute voix et commentées : d'où l'importance de les rédiger avec soin, et la nécessité d'y écrire des faits intéressants !

1 **Monsieur de Coulanges :** oncle de la marquise de Sévigné. 2 **mander :** raconter.
3 **crier miséricorde :** pousser des cris d'étonnement. 4 **avoir la berlue :** avoir des hallucinations.
5 **je vous la donne en trois :** je vous donne trois chances.
6 **jeter sa langue aux chiens :** donner sa langue au chat – ne pas savoir.
7 **Monsieur :** désigne le frère du roi. 8 **raillerie :** moquerie.
9 **ordinaire :** distribution de courrier.

Entrer dans la lecture

- Quel(s) effet(s) a produit sur vous la lecture de cette lettre ? Pourquoi ? Comparez les réactions dans la classe.

Comprendre comment Madame de Sévigné provoque l'impatience du lecteur

L'annonce d'une nouvelle

1. Formulez en une phrase la nouvelle annoncée par Madame de Sévigné.

2. La nouvelle vous semble-t-elle importante ? Pourquoi ? Justifiez votre avis en utilisant le texte.

Un style travaillé

3. La nouvelle est donnée en cinq étapes : lesquelles ? Relisez tout le texte pour repérer les changements dans le discours (délimitez les lignes).

4. Combien de superlatifs sont accumulés au début de la lettre (l. 1 à 4) ? Quelle impression cela donne-t-il ?

5. À quel jeu Madame de Sévigné joue-t-elle avec le lecteur ? Repérez dans le texte les mots qui le prouvent.

6. Combien d'appellations *la grande Mademoiselle* reçoit-elle ici ? Quel effet cela produit-il ?

BILAN

7. Comment Madame de Sévigné réussit-elle à garder son lecteur attentif ? Qualifiez sa manière d'écrire et justifiez votre avis.

À l'oral

Comme au XVIIe siècle, lisez cette lettre à voix haute, en tenant compte des intentions de Madame de Sévigné. Il s'agit de tenir à votre tour vos auditeurs en haleine : surtout, ne lisez pas trop vite ! Prenez aussi le temps de mettre en valeur les finesses du texte, comme : *Mademoiselle… Mademoiselle de…, Mademoiselle… de…/vinez le nom.*

SOCLE COMMUN C1

Lecture de l'image

Analyser la place d'une lettre dans un tableau

1. Décrivez précisément l'attitude de la jeune femme. Selon vous, quels sentiments se lisent sur son visage ? Vos avis peuvent différer.
2. Que pouvez-vous dire de la place de la lettre dans le tableau ?
3. D'où vient la lumière ? Que met-elle en valeur ?
4. Les couleurs dominantes dans ce tableau sont-elles « chaudes » ou « froides » ? Quel type d'ambiance créent-elles ?

Gerard Ter Borch (1617-1681), *Femme lisant une lettre*, 1662, huile sur toile (33 x 45 cm), coll. Wallace.

Lettre 2

À Pomponne[1]

À Paris, le lundi 1er de décembre 1664

Il faut que je vous conte une petite historiette, qui est très vraie et qui vous divertira. Le Roi se mêle depuis peu de faire des vers ; Messieurs de Saint-Aignan et Dangeau lui apprennent comme il s'y faut prendre. Il fit l'autre jour un petit madrigal, que lui-même ne trouva pas trop joli. Un matin, il dit au maréchal[2] de Gramont : « Monsieur le maréchal, je vous prie, lisez ce petit madrigal[3], et voyez si vous en avez jamais vu un si impertinent[4]. Parce qu'on sait que depuis peu j'aime les vers, on m'en apporte de toutes les façons. » Le maréchal, après avoir lu, dit au Roi : « Sire, Votre Majesté juge divinement bien de toutes choses ; il est vrai que voilà le plus sot et le plus ridicule madrigal que j'aie jamais lu. » Le Roi se mit à rire, et lui dit : « N'est-il pas vrai que celui qui l'a fait est bien fat[5] ? – Sire, il n'y a pas moyen de lui donner un autre nom. – Oh bien ! dit le Roi, je suis ravi que vous m'en ayez parlé si bonnement ; c'est moi qui l'ai fait. – Ah ! Sire, quelle trahison ! Que Votre Majesté me le rende ; je l'ai lu brusquement. – Non, monsieur le maréchal ; les premiers sentiments sont toujours les plus naturels. »

Le Roi a fort ri de cette folie, et tout le monde trouve que voilà la plus cruelle petite chose que l'on puisse faire à un vieux courtisan. Pour moi, qui aime toujours à faire des réflexions, je voudrais que le Roi en fît là-dessus, et qu'il jugeât par là combien il est loin de connaître jamais la vérité.

LE SAVEZ-VOUS ?

Au temps de Madame de Sévigné, la **confidentialité du courrier** n'est pas garantie. À la cour, les services du roi ouvrent parfois le courrier privé. Les proches du roi n'osent pas toujours lui dire ce qui pourrait le contrarier, de peur d'être punis. Il arrive que le roi condamne des rédacteurs imprudents, qui critiquent sa politique ou sa vie personnelle ! Le secret du courrier privé est inscrit dans la loi depuis 1830.

A.-F. Callet (1741-1823), *Charles Gravier (1719-1787) Comte de Vergennes*, huile sur toile (détail), coll. privée.

1 **Simon Arnauld de Pomponne** est un diplomate, ami proche de Madame de Sévigné.
2 **un maréchal :** chef des armées du roi.
3 **un madrigal :** petit poème qui exprime souvent des sentiments amoureux.
4 **impertinent :** mal à propos, mal pensé, mal écrit.
5 **fat :** bête et prétentieux.

Entrer dans la lecture

- Résumez cette lettre en deux phrases. Que pensez-vous de l'anecdote ?

Observer comment l'auteur fait partager une réflexion

1. Le roi se comporte-t-il comme on s'y attend, dans cet épisode ? Pourquoi ?

2. Qu'est-ce qu'un courtisan ? Qu'est-ce qui caractérise son comportement ?

3. Pourquoi la situation est-elle « cruelle » ici ?

4. *Moi qui aime à faire des réflexions…* **a.** Quelle est la morale de cette histoire, selon Madame de Sévigné ? **b.** Quelles sont les deux critiques envers le roi suggérées par l'épistolière (l. 15 à 18) ? Tentez de les formuler plus explicitement.

BILAN **5** **Comment Madame de Sévigné se sert-elle d'une anecdote pour faire partager une profonde réflexion politique ?**

John Millar Watt (1895-1975), *Gentilshommes en perruque au temps de Louis XIV*, coll. privée.

Lettres à Madame de Grignan

Lettre 3

Madame de Sévigné écrit à sa fille, Madame de Grignan.

À Paris, le lundi 2 février de 1671

Puisque vous voulez absolument qu'on vous rende votre petite boîte, la voilà. Je vous conjure[1] de conserver et de recevoir, aussi tendrement que je vous le donne, un petit présent[2] qu'il y a longtemps que je vous destine. J'ai fait retailler le diamant avec plaisir, dans la pensée que vous le garderez toute votre vie. Je vous en conjure, ma chère bonne, et que jamais je ne le voie en d'autres mains que les vôtres. Qu'il vous fasse souvenir de moi et de l'excessive tendresse que j'ai pour vous.

Ai-je bien lu ?

- De quel(s) objet(s) cette lettre était-elle accompagnée ?

1 **conjure :** supplie.
2 **présent :** cadeau.

Lettre 4

Madame de Grignan, de passage à Paris, hésite à se faire héberger chez sa mère : cette dernière lui répond.

Paris, lundi 29 janvier 1674

Ma bonne, je suis en colère contre vous. Comment ! vous avez la cruauté de me dire, connaissant mon cœur comme vous faites, que vous m'incommoderez[3] chez moi, que vous m'ôterez mes chambres, que vous me romprez la tête[4] ! Allez ! vous devriez être honteuse de me dire de ces sortes de verbiages[5]. Est-ce pour moi que ce style est fait ? Prenez plutôt part à ma joie, ma bonne ; réjouissez-vous de ce que vous m'ôterez mes chambres. Qui voulez-vous qui les remplisse mieux que vous ? [...] Tout ce qui a rapport à vous n'est-il point au premier rang de toutes mes actions ?

Ai-je bien lu ?

- Quelle est apparemment la raison de cette *colère* ?

3 **m'incommoderez :** me gênerez. 4 **rompre la tête :** casserez les oreilles. 5 **verbiages :** bavardages.

Lettre 5

Printemps ou été 1679

Il faut, ma chère bonne, que je me donne le plaisir de vous écrire, une fois pour toutes, comme je suis pour vous. Je n'ai point l'esprit[6] de vous le dire ; je ne vous dis rien qu'avec timidité et de mauvaise grâce[7]. Tenez-vous donc à ceci. Je ne touche point au fonds de la tendresse sensible et naturelle que j'ai pour vous ; c'est un prodige[8].

Ai-je bien lu ?

- Expliquez ce qui est un *prodige* ici.

6 **l'esprit :** l'intelligence.
7 **de auvaise grâce :** contre mon gré.
8 **un prodige :** un événement hors du commun.

Entrer dans la lecture

- Quelle est votre impression d'ensemble à la lecture de ces trois lettres ?

Lire l'amour maternel

1. Par quelles actions Madame de Sévigné prouve-t-elle son affection à sa fille ?

2. Dans la lettre 4, la colère n'est pas le seul sentiment exprimé : quel est l'autre ? Que révèlent les types de phrases utilisés ? Qualifiez le rythme du texte.

3. Est-il facile pour Madame de Sévigné d'exprimer ses sentiments ? Relevez les mots qui le prouvent (lettres 4 et 5).

BILAN **4** Quels sont les différents moyens par lesquels Madame de Sévigné exprime son affection à sa fille ?

À l'écrit

Répondre à Madame de Sévigné

Prenez la plume de Madame de Grignan et répondez à l'une des lettres de Madame de Sévigné. Votre lettre sera très polie. Elle exprimera, selon votre désir, des sentiments opposés ou accordés à ceux de Madame de Sévigné.

Lettre 6

À Bussy-Rabutin[1]

Le dimanche 15e de mars 1648

Je vous trouve un plaisant mignon[2] de ne m'avoir pas écrit depuis deux mois. Avez-vous oublié qui je suis, et le rang que je tiens[3] dans la famille ? Ah ! vraiment, petit cadet[4], je vous en ferai bien ressouvenir ; si vous me fâchez, je vous réduirai au lambel[5]. Vous savez que je suis sur la fin d'une grossesse, et je ne trouve en vous non plus d'inquiétude de ma santé que si j'étais encore fille[6]. Eh bien, je vous apprends, quand vous en devriez enrager, que je suis accouchée d'un garçon, à qui je vais faire sucer la haine contre vous avec le lait, et que j'en ferai encore bien d'autres, seulement pour vous faire des ennemis. Vous n'avez pas eu l'esprit d'en faire autant [...].

Mais c'est assez vous cacher ma tendresse, mon cher cousin ; le naturel l'emporte sur la politique. J'avais envie de vous gronder de votre paresse depuis le commencement de ma lettre jusqu'à la fin ; mais je me fais trop de violence, et il en faut revenir à vous dire que M. de Sévigné et moi vous aimons fort, et que nous parlons souvent du plaisir qu'il y a d'être avec vous.

1 **Roger de Rabutin, comte de Bussy**, est un cousin de Madame de Sévigné.
2 **mignon :** mot ancien pour « favori du roi ». 3 **le rang que je tiens :** la place qui est la mienne (dans la hiérarchie familiale). 4 **cadet :** dernier-né de la famille. 5 **au lambel :** en lambeaux, déchirer.
6 **si j'étais encore fille :** si j'étais encore célibataire.

À l'écrit

Rédiger une « douche écossaise »

Exprimez à tour de rôle des sentiments contraires. En imitant Madame de Sévigné, choisissez parmi les expressions qui expriment l'amour (ou la haine), puis révélez vos vrais sentiments en utilisant les expressions de l'autre colonne. Votre lettre ne devra pas être trop longue (maximum 15 lignes). Elle s'adressera à un destinataire fictif.

Entrer dans la lecture

- Quelle est votre impression d'ensemble à la lecture de cette lettre ?

Exprimer ses sentiments sans tomber dans la banalité

Des sentiments contrastés

1. Comment est organisée la lettre ? Délimitez les lignes et justifiez votre choix en donnant un titre à chaque partie.

2. Relevez les termes appartenant aux champs lexicaux de l'amour et de la haine. Quel est l'effet produit par l'association de sentiments opposés dans cette lettre ?

Agresser pour séduire ?

3. Cette lettre est-elle vraiment agressive ? En quoi est-elle comique ?

4. Définissez l'ironie et expliquez en quoi cette lettre en est un exemple.

BILAN **5** Pourquoi a-t-on plaisir à lire cette lettre ?

BILAN ▶ Au XVIIe siècle : Madame de Sévigné

Comprendre l'écriture des anecdotes et des sentiments

Vrai ou faux ? Justifiez à chaque fois votre réponse à l'aide de votre étude des lettres ▶ p. 172 à 176.

Madame de Sévigné s'intéresse aux petits événements qui agitent la cour.	☐ V	☐ F
Madame de Sévigné ne se permet jamais de critiquer le roi.	☐ V	☐ F
Madame de Sévigné ne montre jamais ses sentiments à l'égard de son destinataire.	☐ V	☐ F
Les plaisanteries de Madame de Sévigné ne servent qu'à faire rire le lecteur.	☐ V	☐ F

Pietro Rotari (1707-1762), *Jeune femme écrivant une lettre d'amour*, 1745, huile sur toile (68,6 x 84,8 cm), Norton Simon Art Museum, Californie.

Lecture de l'image

Débattre du sujet d'un tableau

1. Décrivez la position de la jeune fille. Quelles pensées peut-elle évoquer ?
2. Observez les yeux et la bouche du personnage. Quels sentiments peuvent-ils exprimer ?
3. Qu'exprime la position des mains ? Vos avis peuvent différer.

AUTOUR D'UN THÈME

Au XVIIIe siècle : Juger et dénoncer

Lettre 1

Les étranges habitudes des Parisiens

Charles-Louis de Montesquieu *(1689-1755) est passionné de philosophie, de sciences. Il s'intéresse aussi à la politique et admire le régime britannique, qui associe royauté et démocratie. Il fait part de cette réflexion dans les* Lettres persanes, *roman épistolaire (roman par lettres) qui rencontre un vif succès, et, plus tard, dans* L'Esprit des lois, *qui fait de lui un des premiers représentants du mouvement des Lumières* (▸ **p. 184-185**).

RICA À IBBEN, À SMYRNE.

Nous sommes à Paris depuis un mois, et nous avons toujours été dans un mouvement continuel. Il faut bien des affaires[1] avant qu'on soit logé, qu'on ait trouvé les gens à qui on est adressé, et qu'on se soit pourvu[2] des choses nécessaires, qui manquent toutes à la fois.

Paris est aussi grand qu'Ispahan[3] : les maisons y sont si hautes qu'on jurerait qu'elles ne sont habitées que par des astrologues[4]. Tu juges bien qu'une ville bâtie en l'air, qui a six ou sept maisons les unes sur les autres, est extrêmement peuplée ; et que, quand tout le monde est descendu dans la rue, il s'y fait un bel embarras.

Tu ne le croirais pas peut-être : depuis un mois que je suis ici, je n'y ai encore vu marcher personne. Il n'y a point de gens au monde qui tirent mieux parti de leur machine[5] que les Français : ils courent ; ils volent ; les voitures lentes d'Asie, le pas réglé de nos chameaux, les feraient tomber en syncope. Pour moi, qui ne suis point fait à ce train, et qui vais souvent à pied sans changer d'allure, j'enrage quelquefois comme un chrétien : car encore passe qu'on m'éclabousse depuis les pieds jusqu'à la tête ; mais je ne puis pardonner les coups de coude, que je reçois régulièrement et périodiquement : un homme qui vient après moi et qui me passe, me fait faire un demi-tour ; et un autre, qui me croise de l'autre côté, me remet soudain où le premier m'avait pris : et je n'ai pas fait cent pas, que je suis plus brisé que si j'avais fait dix lieues[6].

Ne crois pas que je puisse, quant à présent, te parler à fond des mœurs[7] et des coutumes européennes : je n'en ai moi-même qu'une légère idée, et je n'ai eu à peine que le temps de m'étonner.

Le roi de France est le plus puissant prince de l'Europe. [...] D'ailleurs, ce roi est un grand magicien : il exerce son empire[8] sur l'esprit même de ses sujets ; il les fait penser comme il veut. S'il n'a qu'un million d'écus dans son trésor, et qu'il en ait besoin de deux, il n'a qu'à leur persuader qu'un écu en vaut deux ; et ils le croient. S'il a une guerre difficile à soutenir, et qu'il n'ait point d'argent, il n'a qu'à leur mettre dans la tête qu'un morceau de papier est de l'argent ; et ils en sont aussitôt convaincus.

LE SAVEZ-VOUS ?

Avant la Révolution de 1789, le roi de France, une fois par an, « touchait les écrouelles ». Les personnes atteintes de maladies de peau rencontraient le roi, qui prononçait la formule « Le roi te touche, Dieu te guérit ». Des guérisons avaient été constatées, et le prestige du roi auprès du peuple était lié à cette cérémonie. Mais Montesquieu ne croit pas à la vérité de ces « miracles ».

Un Persan du XVIIe siècle.

1 Il faut faire bien des choses. 2 **pourvu** (du verbe se pourvoir) : se munir, s'équiper.
3 **Ispahan :** capitale de la Perse, dont est originaire Rica. 4 **astrologue :** savant qui étudie les étoiles.
5 **leur machine :** leur corps. 6 **lieue :** unité de mesure de distance équivalent à environ 4 km.
7 **mœurs :** habitudes. 8 **son empire :** son pouvoir. 9 **le génie persan :** les habitudes de pensée persanes.

Il va même jusqu'à leur faire croire qu'il les guérit de toutes sortes de maux en les touchant, tant est grande la force et la puissance qu'il a sur les esprits.

Ce que je te dis de ce prince ne doit pas t'étonner : il y a un autre magicien plus fort que lui, qui n'est pas moins maître de son esprit, qu'il l'est lui-même de celui des autres. Ce magicien s'appelle le pape [...].

Je continuerai à t'écrire, et je t'apprendrai des choses bien éloignées du caractère et du génie persan[9]. C'est bien la même terre qui nous porte tous deux; mais les hommes du pays où je vis, et ceux du pays où tu es, sont des hommes bien différents.

De Paris, le 4 de la lune de Rebiab 1712.

Charles-Louis de Montesquieu, *Lettres persanes*, lettre 24, 1721.

Louis de Lespinasse (1734-1808), *Vie maritime sur les quais du port à blé à Paris en 1782*, dessin (détail), musée Carnavalet, Paris.

Entrer dans la lecture

- Résumez cette lettre en deux phrases, et dites quelle est l'impression générale qui s'en dégage.

Comprendre comment la fiction sert la critique politique et religieuse

La découverte d'un pays étranger

1. Quelle est la nationalité de Rica ? Relevez les mots qui le prouvent.

2. Où se trouve-t-il quand il écrit cette lettre ? Relevez, de la ligne 1 à la ligne 9, les mots qui décrivent ses impressions.

3. L. 10 à 22 : qu'est-ce qui frappe Rica dans l'attitude des Parisiens ? Résumez l'anecdote. Pourquoi est-elle comique ?

4. Quel terme désigne à la fois le roi de France et le pape ? Pourquoi est-il comique ?

Une lettre critique

5. Rica vous paraît-il complètement naïf ? Reformulez clairement sa pensée à propos du roi et du pape.

6. a. À votre avis, pourquoi Montesquieu fait-il tenir ce discours à un personnage étranger ? **b.** Pourquoi utilise-t-il un personnage fictif au lieu de s'exprimer à la première personne ?

BILAN **7** **Récapitulez les différents procédés de la lettre qui permettent de critiquer les pouvoirs du roi et du pape.**

Enrichir son vocabulaire

Recherchez, dans un dictionnaire étymologique, l'origine et le sens des mots suivants, qui caractérisent les régimes politiques : *monarchie*, *oligarchie*, *aristocratie*, *démocratie*.

À l'écrit

Rédiger une lettre fictive

À la manière de Rica, repérez une habitude contemporaine dont pourrait s'étonner quelqu'un qui viendrait de loin, et décrivez-la avec beaucoup de naïveté. Vous chercherez à inviter votre lecteur à s'étonner à son tour.

Lettre 2

Diderot à Voltaire

Louis Michel van Loo (1815-1891), portrait de Diderot (1713-1784), 1767.

Le projet encyclopédique (▸ p. 184) a suscité beaucoup d'hostilité. Diderot, meneur de l'entreprise, a été plusieurs fois menacé de prison, et même de mort. Voltaire, retiré en province, près de la Suisse, lui a écrit pour lui proposer l'hospitalité… et lui permettre de sauver sa liberté, peut-être sa vie, en passant facilement à l'étranger. Diderot lui répond.

Paris, 1766

Monsieur et cher maître, je sais bien que, quand une bête féroce a trempé sa langue dans le sang humain, elle ne peut plus s'en passer. Je sais bien que cette bête manque d'aliment, et qu'[…] elle va se jeter sur les philosophes[1]. Je sais bien qu'elle a les yeux tournés sur moi, et que je serai peut-être le premier qu'elle dévorera. Je sais bien qu'un honnête homme peut en vingt-quatre heures perdre ici sa fortune, parce qu'ils sont gueux[2] ; son honneur, parce qu'il n'y a point de lois ; sa liberté, parce que les tyrans sont ombrageux[3] ; sa vie, parce qu'ils comptent la vie d'un citoyen pour rien, et qu'ils cherchent à se tirer du mépris par des actes de terreur. Je sais bien qu'ils nous imputent[4] leurs désastres, parce que nous sommes seuls en état de remarquer leurs sottises. Je sais bien qu'un d'entre eux a l'atrocité de dire qu'on n'avancera rien, tant qu'on ne brûlera que des livres. […] Je sais bien qu'ils en sont venus au point que les gens de bien et les hommes éclairés[5] leur sont et leur doivent être insupportables. Je sais bien que nous sommes enveloppés des fils imperceptibles d'une nasse[6] qu'on appelle police et que nous sommes entourés de délateurs[7]. […] Je ne me dissimule rien, comme vous voyez ; mon âme est pleine d'alarmes ; j'entends au fond de mon cœur une voix qui se joint à la vôtre, et qui me dit : « Fuis, fuis. » Cependant je suis retenu par l'inertie[8] la plus stupide et la moins concevable[9], et je reste. C'est qu'il y a à côté de moi une femme déjà avancée en âge, et qu'il est difficile de l'arracher à ses parents, à ses amis et à son petit foyer ; c'est que je suis père d'une jeune fille à qui je dois l'éducation ; c'est que j'ai aussi des amis. Il faut donc les laisser, ces consolateurs toujours présents dans les malheurs de la vie, ces témoins honnêtes de nos actions ; et que voulez-vous que je fasse de l'existence, si je ne puis la conserver qu'en renonçant à tout ce qui me la rend chère ? Et puis, je me lève tous les matins avec l'espérance que les méchants se sont amendés[10] pendant la nuit ; qu'il n'y a plus de fanatiques[11] ; que les maîtres ont senti leurs véritables intérêts, et qu'ils reconnaissent enfin que nous sommes les meilleurs sujets qu'ils aient. C'est une bêtise, mais la bêtise d'une belle âme qui ne peut croire longtemps à la méchanceté. […] je sens toute la reconnaissance que je vous dois, et je jette d'ici mes bras autour de votre col. Je n'accepte ni ne refuse vos offres.

Denis Diderot, *Correspondances*, vers 1760.

Graine de culture

Les **philosophes** du XVIIIe siècle menacent le pouvoir royal en diffusant des opinions politiques nouvelles par le biais de l'***Encyclopédie***. C'est pour cela que l'entourage du roi essaie d'éviter que les philosophes fassent connaître leurs idées : la **censure** est renforcée. Il peut arriver que certains écrits jugés trop dangereux soient interdits de publication, et leurs auteurs poursuivis. **Diderot** et les **Encyclopédistes** ont beaucoup souffert de ce manque de liberté (▸ p. 184-185).

• Faites une recherche au CDI ou sur Internet : depuis quelle date la censure est-elle abolie en France ?

1 **les philosophes :** les gens instruits qui critiquent le régime monarchique. 2 **gueux :** pauvre.
3 **ombrageux :** susceptibles et violents. 4 **nous imputent :** nous rendent responsables de.
5 **les hommes éclairés :** ceux qui sont instruits et qui réfléchissent par eux-mêmes.
6 **une nasse :** un filet. 7 **délateurs :** dénonciateurs. 8 **l'inertie :** la force qui empêche un objet de bouger.
9 **concevable :** imaginable. 10 **s'amender :** se corriger.
11 **fanatiques :** hommes prêts à tuer ceux qui ne sont pas d'accord avec eux.

Entrer dans la lecture

- Dans quelle situation se trouve Diderot ? Que lui a proposé Voltaire ?

Comprendre comment s'exprime une opinion personnelle

Un écrivain menacé

1. Quels sont les termes qui prouvent que Diderot court un danger grave (l. 5 à 15) ?

2. Expliquez la métaphore : *quand une bête féroce a trempé sa langue dans le sang humain, elle ne peut plus s'en passer*.

L'espoir d'un changement

3. Quelles sont les raisons qui retiennent Diderot à Paris ? Qu'en pensez-vous ?

4. En vous appuyant sur l'expression *la bêtise… à la méchanceté* (l. 28-29), expliquez ce qui pousse Diderot à avoir de l'espoir. Aidez-vous des lignes 24 à 29.

L'expression de soi

5. Comment Diderot a-t-il organisé son texte ? Retrouvez les étapes. Pourquoi cet ordre est-il étonnant ?

6. Quelles sont les expressions qui reviennent plusieurs fois sous la plume de Diderot ? Pour chacune d'entre elles, quel est l'effet de sa répétition ?

7. Quelle image Diderot veut-il donner des ennemis des philosophes ? Quelle image donne-t-il de lui-même ?

BILAN **8** **De quoi Diderot cherche-t-il à convaincre Voltaire ? Comment s'y prend-il ?**

Jean-Louis-Ernest Meissonier (1815-1891), *La Confidence*, huile sur toile, château de Compiègne.

Lecture de l'image

Interpréter la mise en scène d'un tableau

1. Quelle est, à première vue, la relation entre les deux personnages ? Quel objet est au centre de leur conversation ?
2. Que révèle, en fait, l'attitude de chacun des deux hommes ?

Enrichir son vocabulaire

Retrouvez les couples d'antonymes.

doute •	• servitude
sceptique •	• pessimisme
libre penseur •	• tolérant
optimiste •	• certitude
critique •	• conformiste
fanatique •	• convaincu
liberté •	• croyant

À l'écrit

Répondre à Voltaire

Diderot n'a pas été arrêté, malgré ses craintes.

→ Mettez-vous deux par deux. L'un joue le rôle de Diderot et imagine une nouvelle lettre à Voltaire : il exprime son soulagement, ses espoirs, sa confiance envers ses contemporains. L'autre prend le rôle de Voltaire et lui répond dans une autre lettre en utilisant le lexique du danger. Il invite avec insistance Diderot à quitter Paris et à le rejoindre près des frontières du royaume.

Lettre 3

Une grave injustice

Voltaire raconte comment le chevalier de La Barre et le marquis d'Étallonde, âgés d'environ dix-huit ans, ont été condamnés parce qu'ils avaient omis d'ôter leurs chapeaux au passage d'un cortège religieux.

Dans ce procès, monsieur, qui a eu des suites si affreuses, vous ne voyez que des indécences[1], et pas une action noire ; vous n'y trouvez pas un seul de ces délits qui sont des crimes chez toutes les nations, point de meurtre, point de brigandage, point de violence, point de lâcheté : rien de ce qu'on reproche à ces enfants ne serait même un délit dans les autres communions chrétiennes[2]. [...]

Je vous dirai plus, monsieur ; il n'y a point en France de loi expresse qui condamne à mort pour des blasphèmes[3]. L'ordonnance de 1666 prescrit une amende pour la première fois, le double pour la seconde, etc., et le pilori[4] pour la sixième récidive.

Cependant les juges d'Abbeville, par une ignorance et une cruauté inconcevables[5], condamnèrent le jeune d'Étallonde, âgé de dix-huit ans :

1° À souffrir le supplice de l'amputation de la langue jusqu'à la racine, ce qui s'exécute de manière que si le patient ne présente pas la langue lui-même, on la lui tire avec des tenailles de fer, et on la lui arrache.

2° On devait lui couper la main droite à la porte de la principale église.

3° Ensuite il devait être conduit dans un tombereau à la place du marché, être attaché à un poteau avec une chaîne de fer, et être brûlé à petit feu. Le sieur d'Étallonde avait heureusement épargné, par la fuite, à ses juges l'horreur de cette exécution.

Le chevalier de La Barre étant entre leurs mains, ils eurent l'humanité d'adoucir la sentence, en ordonnant qu'il serait décapité avant d'être jeté dans les flammes ; mais s'ils diminuèrent le supplice d'un côté, ils l'augmentèrent de l'autre, en le condamnant à subir la question[6] ordinaire et extraordinaire, pour lui faire déclarer ses complices ; comme si des extravagances de jeune homme, des paroles emportées dont il ne reste pas le moindre vestige, étaient un crime d'État, une conspiration. [...]

Enfin, le 1er juillet de cette année, se fit dans Abbeville cette exécution trop mémorable : cet enfant fut d'abord appliqué à la torture. Voici quel est ce genre de tourment.

Les jambes du patient sont serrées entre des ais[7] ; on enfonce des coins de fer ou de bois entre les ais et les genoux, les os en sont brisés. Le chevalier s'évanouit, mais il revint bientôt à lui, à l'aide de quelques liqueurs spiritueuses, et déclara, sans se plaindre, qu'il n'avait point de complices.

On lui donna pour confesseur et pour assistant un dominicain[8], ami de sa tante l'abbesse[9], avec lequel il avait souvent soupé dans le couvent. Ce bon homme pleurait, et le chevalier le consolait. [...] il monta sur l'échafaud avec un courage tranquille, sans plainte, sans colère, et sans ostentation[10] : tout ce qu'il dit au religieux qui l'assistait se réduit à ces paroles : « Je ne croyais pas qu'on pût faire mourir un gentilhomme pour si peu de chose. » [...]

Vous vous étonnez sans doute, monsieur, qu'il se passe tant de scènes si tragiques dans un pays qui se vante de la douceur de ses mœurs, et où les étrangers mêmes venaient en foule chercher les agréments[11] de la société. Mais

LE SAVEZ-VOUS ?

Voltaire avait déjà manifesté son opposition à l'intolérance religieuse en prenant la défense d'un protestant injustement accusé. Avec le chevalier de La Barre, Voltaire affirme haut et fort que l'athéisme aussi doit être toléré : on doit avoir le droit de ne pas croire en Dieu. Cette position est extrêmement novatrice et lui vaut de dures attaques.

1 **indécences :** paroles grossières.
2 **les autres communions chrétiennes :** les autres groupes de la religion chrétienne (protestants, orthodoxes…).
3 **blasphèmes :** propos insultant Dieu.
4 **pilori :** instrument de torture.
5 **inconcevables :** inimaginables.
6 **la question :** la torture.
7 **des ais :** des planches de bois.
8 **un dominicain :** un moine.
9 **l'abbesse :** la tante du chevalier de La Barre dirigeait un couvent. Le chevalier avait pris sa défense contre un homme qui devint son ennemi et le fit accuser.
10 **sans ostentation :** sans chercher à attirer l'attention.
11 **les agréments :** les plaisirs.

je ne vous cacherai point que s'il y a toujours un certain nombre d'esprits indulgents et aimables, il reste encore dans plusieurs autres un ancien caractère de barbarie que rien n'a pu effacer. [...] Quelle politique imbécile et barbare ! Ah ! monsieur, quel crime horrible contre la justice de prononcer un jugement par politique, surtout un jugement de mort ! et encore de quelle mort !

L'attendrissement et l'horreur qui me saisissent ne me permettent pas d'en dire davantage.

Voltaire, *Relation de la mort du chevalier de La Barre à M. Le marquis de Beccaria*, 1766.

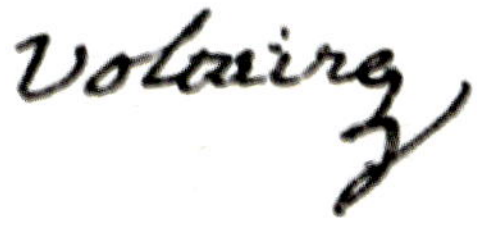

Chevalier de La Barre (1746-1766), statue de Jean-François Lefebvre.

Enrichir son vocabulaire

Faites correspondre un terme et sa définition.
Athée ; *agnostique* ; *croyant* ; *foi* ; *religion*.

- qui croit qu'il existe un dieu
- qui croit qu'il n'existe aucun dieu
- qui dit qu'il ne sait pas s'il existe un dieu
- démarche personnelle de confiance en l'existence d'un dieu
- organisation collective des croyants

À l'écrit

Devenir le correspondant de Voltaire

Répondez à Voltaire : demandez des précisions sur les points qui vous paraissent difficiles à comprendre, réagissez à son émotion. Vous pouvez citer sa lettre pour poser vos questions. Vous utiliserez le lexique de l'éloge et du blâme pour bien définir votre pensée.

Entrer dans la lecture

- Résumez brièvement ce que vous avez compris du texte. Quelles réactions la lecture provoque-t-elle ?

Comprendre le travail sur les émotions et sur le raisonnement

La mise en évidence d'une injustice

1. Que reproche-t-on au chevalier de La Barre ? Quelle est l'origine de son accusation ?

2. Les « crimes » commis par le chevalier sont-ils graves ? Citez la phrase qui le prouve.

Le récit d'une mort affreuse

3. À quoi est condamné le chevalier ? Citez le texte. Comment Voltaire caractérise-t-il les juges ? Expliquez.

4. Classez en deux colonnes les termes qui renvoient à la souffrance et à la dignité du chevalier.

Une lettre qui veut faire réagir

5. Combien de fois Voltaire interpelle-t-il directement le lecteur ? À quels moments précis ? Quelles réactions veut-il provoquer chez le destinataire ?

6. Justifiez l'emploi de l'impératif et celui de la ponctuation expressive à la fin de la lettre.

BILAN **7** **Pourquoi Voltaire décrit-il son état personnel dans les dernières lignes ? Quelle impression souhaite-t-il produire ? Expliquez ses raisons en quelques lignes.**

BILAN ▶ Au XVIIIe siècle : Juger et dénoncer

Comprendre l'utilisation de la lettre au siècle des Lumières

Complétez ce texte à l'aide des mots de la liste.
Défauts sociaux, témoignages, critique, politique, espoir, fictives, outil de réflexion, dénoncer, histoires vraies.

La lettre, au XVIIIe siècle, prend une dimension ...1... . À côté des récits d'...2... comme celle du chevalier de La Barre par Voltaire, ou de ...3... donnés sur le vif à la manière de Diderot, Montesquieu imagine des lettres ...4..., pour critiquer les ...5... qu'il ne peut ...6... directement. Cette démarche ...7... s'accompagne d'un ...8... très fort : celui de parvenir à changer la façon de penser et de vivre de leurs lecteurs. La lettre devient donc un ...9... sur la société.

REPÈRES

Acquérir des repères culturels sur le siècle des Lumières

Les **Lumières** sont un **mouvement littéraire et intellectuel du XVIIIe siècle**. Dans toute l'Europe, certains écrivains (Montesquieu, Voltaire, Diderot ▸ p. 178 à 182) et artistes mènent un combat, pour la diffusion de l'instruction et le progrès de la science, et se définissent ainsi comme opposants à « l'obscurantisme » : c'est pourquoi ils se nomment eux-mêmes les « Lumières ».

« Oser savoir »

À l'époque de l'Ancien Régime, ceux qui ne pensent pas comme le roi, ou s'opposent à lui risquent la prison ou la mort. La **démarche des Lumières**, qui demande à tous d'« **oser savoir** », veut :

- **Instruire les peuples :** peu de gens savent lire, ils ne peuvent donc pas comprendre les événements de l'actualité. L'esprit des Lumières dénonce les privilèges de la noblesse et l'esclavage.
- **Diminuer l'influence du pouvoir royal et religieux** dans la vie privée pour donner à tous plus de **liberté**. L'idée est nouvelle en Europe à cette époque, et c'est grâce à l'influence des Lumières qu'elle nous paraît aujourd'hui si naturelle. Dans la vie littéraire, les auteurs réclament plus de liberté d'expression, et luttent contre la **censure** (▸ p. 180).

L'entreprise encyclopédique

- Le projet de **recenser l'ensemble des connaissances humaines** dans un seul livre voit le jour : c'est l'*Encyclopédie*, projet de **Denis Diderot**, qui rassemble autour de lui plusieurs écrivains et hommes de science partageant ses idées. Chacun, selon ses connaissances, est chargé de la rédaction d'un ou plusieurs articles.
- Le but de cette immense entreprise, dont la réalisation s'étale de 1745 à 1776, est de **mettre le plus de savoir possible à la disposition du plus grand nombre**, afin de permettre à tout un chacun de **juger par lui-même**, et **librement**, de ce qu'on lui propose – ou de ce qu'on lui impose.

Ce dictionnaire réussit, selon le vœu de Diderot, à **changer la façon de penser habituelle** de nombreuses personnes en Europe.

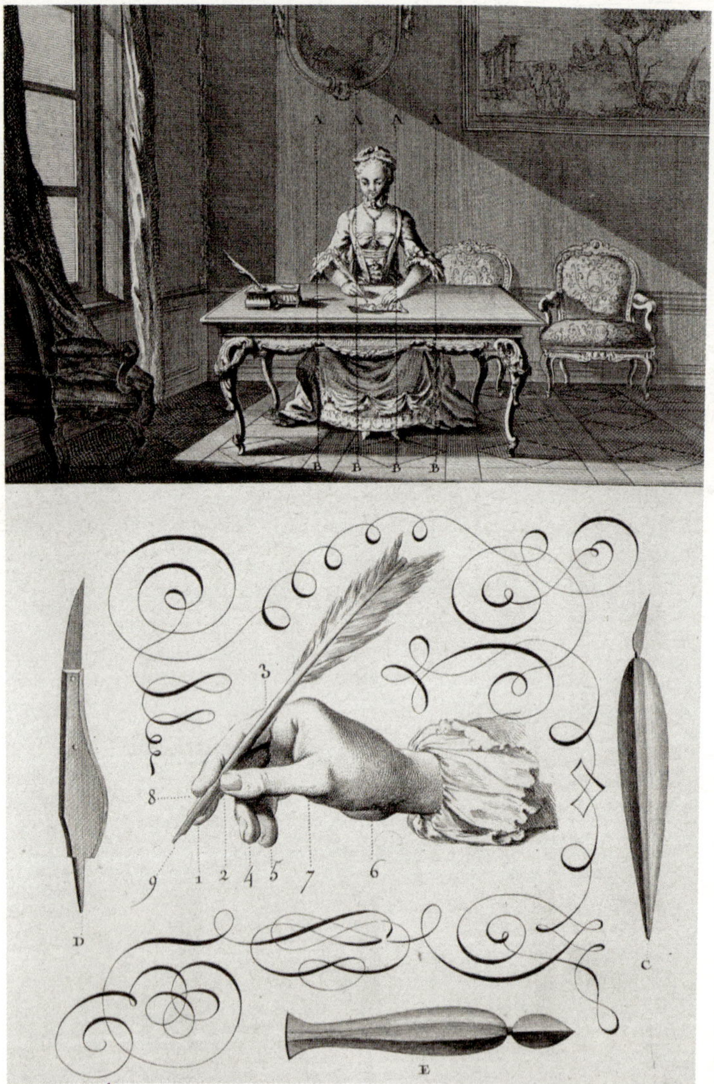

L'art d'écrire, planche de l'Encyclopédie, ou *Dictionnaire raisonné des sciences, des arts et des métiers*, 1751-1772.

Lecture de l'image

Analyser une planche de l'*Encyclopédie*

1. Comment la planche est-elle organisée ? Quel est le rapport entre les dessins ?
2. Donnez un titre à cette planche pour dire quelles connaissances elle vous paraît apporter.

Les Salons Parisiens

- Les salons sont des lieux de **réception privés**, tenus par des **femmes très instruites** et d'une condition sociale élevée. Elles y accueillent les **auteurs** et les **artistes** pour leur permettre d'**échanger** et de diffuser leurs idées.
- Ces salons sont des lieux de **liberté** très importants ; ils permettent de débattre en dehors du contrôle de l'Église et de l'État. Leur existence permet alors la naissance d'**idées nouvelles**.

Anicet-Charles-Gabriel Lemonnier (1743-1824), *Le Salon de Madame Geoffrin en 1755*, 1812, huile sur toile (1,96 x 1,29 m), châteaux de Malmaison et Bois-Préau, Paris.

Graine de culture

C'est quarante ans après la mort de Mme Geoffrin (12) que l'artiste a peint cette toile. La scène représente l'acteur Le Kain (6) en train de lire la pièce de Voltaire *L'Orphelin de la Chine*. Or le peintre a pris beaucoup de libertés. En effet, Voltaire, dont les écrits sont souvent censurés, se trouve à cette date en exil. L'artiste choisit donc de représenter son buste au centre du tableau (7).
En outre, si Mme Geoffrin faisait bien salon le mercredi, beaucoup d'écrivains, hommes de science ou hommes politiques figurant sur ce tableau ne fréquentaient pas ces réunions.

1. En vous aidant de la frise page 170, donnez une raison possible à l'absence de Montesquieu (13) chez Mme Geoffrin en 1755.

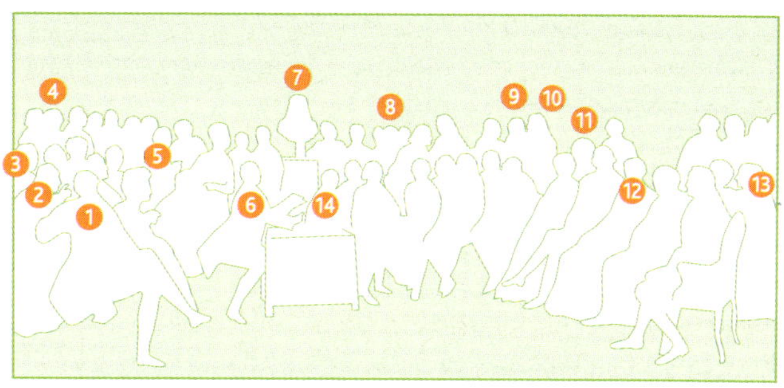

2. Rappelez qui est Diderot (9) et à quel projet il a participé. Cherchez qui est d'Alembert (14), qui fut élu à l'Académie française en 1754.

3. Cherchez qui sont Buffon (1), Daubenton (2), B. de Jussieu (3), Marivaux (4), Rousseau (5), Soufflot (8), Turgot (10), Malesherbes (11), et dites quelle était leur principale activité.

Au XIXe siècle : George Sand

Lettre 1

Un moment historique

L'année 1848 est marquée, en France, par une succession de brèves révolutions : l'abolition de la monarchie de Louis-Philippe est suivie d'un temps de flottement politique où beaucoup espèrent voir naître une république. George Sand fait partie des artistes qui s'engagent en faveur de la démocratie. Après les événements de février, elle raconte ce qu'elle vient d'observer à Paris.

Aurore Dupin *(1804-1876) prend un nom d'homme – George Sand – pour pouvoir publier ses textes, à une époque où les femmes écrivains étaient considérées comme méprisables ou dangereuses. Vêtue en homme, elle mène une vie riche d'amours, d'amitiés, de voyages et de création littéraire. Elle prend aussi part aux bouleversements politiques de son époque, ce qui, pour une femme, était alors hors du commun.*

À M. Charles Poncy[1], à Toulon
Nohant[2], 9 mars 1848

Vive la République ! Quel rêve, quel enthousiasme[3], et, en même temps, quelle tenue, quel ordre à Paris ! J'en arrive, j'y ai couru [...]. La République est conquise, elle est assurée, nous y périrons tous plutôt que de la lâcher. [...] D'un bout de la France à l'autre, il faut que chacun aide la République et la sauve de ses ennemis. [...]

Je repars pour Paris dans quelques jours probablement, pour faire soit un journal, soit autre chose. Je choisirai le meilleur instrument possible pour accompagner ma chanson. J'ai le cœur plein et la tête en feu.

Tous mes maux physiques, toutes mes douleurs personnelles sont oubliées. Je vis, je suis forte, je suis active, je n'ai plus que vingt ans. Je suis revenue ici aider mes amis, dans la mesure de mes forces, à révolutionner le Berry, qui est bien engourdi[4]. [...]

Allons, j'espère que nous nous retrouverons tous à Paris, pleins de vie et d'action, prêts à mourir sur les barricades[5] si la République succombe. Mais non ! La République vivra ; son temps est venu. C'est à vous, hommes du peuple, à la défendre jusqu'au dernier soupir. J'embrasse Désirée, j'embrasse Solange, je vous bénis et je vous aime.

Écrivez-moi ici. [...] Montrez ma lettre à vos amis. Cette fois, je vous y autorise et je vous le demande.

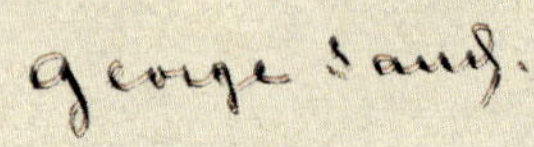

1 **Charles Poncy :** ami de George Sand. 2 **Nohant :** village du Berry, région du Centre de la France, où se trouve la maison de George Sand. 3 **enthousiasme :** joie très forte. 4 **est engourdi :** a du mal à bouger. 5 **les barricades :** tas d'objets placés dans les rues pendant les révolutions pour gêner les soldats.

Entrer dans la lecture

- Quel événement annonce George Sand ?

Comprendre l'intensité d'un engagement politique

Une actualité exaltante

1. Quel est le sentiment éprouvé par George Sand ? Relevez tous les termes qui le prouvent.

2. Comment George Sand exprime-t-elle l'état physique et mental dans lequel elle se trouve ? Qualifiez-le.

La participation à l'Histoire

3. Pourquoi peut-on dire qu'il s'agit bien ici d'un témoignage ? Utilisez le texte.

4. Quel vous paraît être le sens de la phrase : *Je choisirai le meilleur instrument possible pour accompagner ma chanson* (l. 6).

5. Quel moyen George Sand envisage-t-elle pour servir la République ? Justifiez votre réponse par des citations précises.

BILAN **6** **Quels sont les procédés employés par George Sand pour faire partager son choix politique ?**

Découvrir une femme qui dérange et qui fascine

Étudiez les images suivantes pour imaginer comment George Sand était perçue par ses contemporains.

❶ Portrait de Georges Sand par **Alfred de Musset**, 1893, coll. Lovenjoul.

❷ **Paul Gavarni** (1804-1866), *George Sand en costume d'étudiant, à Paris, avec Jules Sandeau,* gravure, 1831. Ils s'installèrent ensemble à Paris en 1831, travaillèrent tous deux comme journalistes. Aurore Dupin prit alors le pseudonyme de George Sand.

❸ **Lorentz**, *Portrait de George Sand* en pantalon et redingote, dessin paru dans *Le Charivari*, journal satirique, vers 1840.

❹ **Eugène Delacroix** (1798-1863), *George Sand* et *Frédéric Chopin*, portraits, 1838.

❺ **Josef Danhauser** (1804-1845), *Liszt au piano*, 1840, huile sur bois (1,62 x 1,22 m). De gauche à droite : A. Dumas ou bien A. de Musset (assis), V. Hugo (debout), G. Sand (assise), N. Paganini et G. Rossini (debout dans l'ombre), F. Liszt (au piano), Marie d'Agoul (par terre) et le buste de Beethoven sur le piano.

1. Comparez les dessins 1 et 2 : quelle image de George Sand se dégage de chacun d'eux ?

2. À votre avis, pourquoi George Sand s'habille-t-elle parfois comme un homme ? Que cherche-t-elle à dénoncer ?

3. Comment le caricaturiste (image 3) se moque-t-il de cette tentative ?

4. a. Cherchez dans un dictionnaire ou sur Internet qui sont les hommes présents sur ces images aux côtés de George Sand ou bien cités dans les légendes.
b. Qu'en déduisez-vous sur le cercle de ses relations ?

5. Résumez en quelques phrases les aspects marquants de la personnalité de George Sand.

Lettre 2

Une grande déception

De nouvelles violences entraînent un durcissement de la politique du gouvernement provisoire : l'armée veut intervenir. George Sand assiste à une manifestation et constate que les militaires reprennent la situation en main. C'est la fin des espoirs républicains. Le Second Empire sera proclamé le 2 décembre 1852. L'auteur informe son fils des événements.

LE SAVEZ-VOUS ?

En 1848, le poète Alphonse de Lamartine (▸ p. 202) a fait partie du Gouvernement provisoire. Il a tenté d'apaiser les partis opposés, et d'éviter la violence et les bains de sang, mais il n'est pas toujours parvenu à ses fins. George Sand a entretenu une correspondance avec lui pour essayer de le convaincre de proclamer définitivement la République et la démocratie : elle aussi a échoué.

À Maurice Sand, à Nohant,
Paris, 17 avril 1848

Mon pauvre Bouli,

J'ai bien dans l'idée que la République a été tuée dans son principe et dans son avenir, du moins dans son prochain avenir. [...] Il faut te dire comment tout cela est arrivé ; car tu n'y comprendrais rien par les journaux. [...]

C'était un beau et triste spectacle que ce peuple marchant, fier et mécontent, au milieu de toutes ces baïonnettes[1]*. La foule couvrait les trottoirs et les parapets*[2]*. J'étais avec Rochery, et il n'y avait pas moyen de marcher ailleurs qu'avec la colonne des ouvriers, toujours bonne, polie et fraternelle. [...] Arrivés sur la place de l'Hôtel-de-Ville, on les fit attendre une heure pour que toute la mobile*[3] *et toute la garde bourgeoise*[3] *fût placée et échelonnée ; Le gouvernement provisoire, aux fenêtres de l'hôtel de ville, se posait en Apollon*[4]*. [...] Les pauvres ouvriers étaient refoulés derrière la garde bourgeoise, le long des murs au fond de la place. Enfin, on leur ouvrit, au milieu des rangs, un petit passage si étroit, que, de quatre par quatre qu'ils étaient, ils furent forcés de se mettre deux par deux, et on leur permit d'arriver le long de la grille, c'est-à-dire devant cent mille baïonnettes et fusils chargés. Dans l'intérieur de la grille, la mobile armée, fanatisée*[5] *ou trompée, aurait fait feu sur eux au moindre mot. Le grand Lamartine daigna*[6] *descendre sur le perron. [...]*

Je suis bien triste, mon garçon. Si cela continue et qu'il n'y ait plus rien à faire dans un certain sens, je retournerai à Nohant écrire et me consoler près de toi. [...] Je crois bien que je n'aurai plus rien à faire ici.

1 **baïonnette :** long couteau fixé au bout du fusil.
2 **parapets :** petits murs qui servent de garde-fou.
3 **la mobile :** la police à cheval. **la garde bourgeoise :** police formée de volontaires.
4 **se posait en Apollon :** prenait une pose prétentieuse.
5 **fanatisée :** rendue violente pour une cause en laquelle elle croit.
6 **daigna :** accepta, en prenant les gens de haut.

Entrer dans la lecture

- Résumez très brièvement les faits rapportés par George Sand. Quel est, cette fois, le ton de sa lettre ?

Comprendre les raisons d'une désillusion

Des faits significatifs

1. Quelle est la position des ouvriers à la ligne 7 ? En face de qui se trouvent-ils ?

2. Que cherche à prouver George Sand en décrivant cette situation ?

Un jugement sans appel

3. Quels sont les termes qui caractérisent les ouvriers ? Et ceux qui renvoient aux membres du Gouvernement provisoire ?

4. Que signifie l'expression *cent mille baïonnettes* (l. 14-15) ? Nommez cette figure de style et expliquez son emploi.

5. a. Quel est le sens de l'adjectif *grand* dans l'expression *Le grand Lamartine daigna*... (l. 16) ?
b. Comment appelle-t-on ce procédé ? Quel est son effet ici ?

BILAN **6** **Comment George Sand fait-elle progressivement partager son désespoir à son destinataire ?**

Henri F.-E. Philippoteaux (1815-1884)
Lamartine repoussant le drapeau rouge à l'Hôtel de Ville, le 25 février 1848, musée de la Ville de Paris.
Le drapeau rouge est l'emblème du parti révolutionnaire ouvrier.

Lecture de l'image

Comparer une lettre et une image

1. Quel est le rapport entre la lettre 2 (▸ p. 188) et le tableau de Philippoteaux ?
2. Où se trouve le personnage principal du tableau ? Que fait-il ?
3. Quelles différences constatez-vous entre l'image et le texte ? Pouvez-vous en déduire l'opinion politique du peintre ?

Enrichir son vocabulaire

- Classez du plus faible au plus fort ces termes issus du champ lexical de la déception : *déconvenue, crève-cœur, déplaisir, contrariété, abattement, dépit, désespérance.*
- Utilisez trois mots de votre choix dans trois phrases qui évoqueront le parcours politique de George Sand.

À l'écrit

Écrire à Lamartine

Rédigez la lettre par laquelle George Sand tente de convaincre Lamartine d'écouter le peuple et de proclamer la République. Elle tente de lui faire partager ses émotions et son respect pour les ouvriers.

BILAN ▸ Au XIXe siècle : George Sand

Découvrir l'engagement d'un auteur à travers sa correspondance

Imaginez que vous êtes George Sand ; répondez aux questions de ce journaliste.

1. Vous considérez-vous comme une femme hors du commun ?
2. Comment avez-vous vécu les événements de février 1848 ?
3. Pourquoi aimez-vous écrire des lettres ?
4. Quelles sont les grandes causes que vous avez envie de défendre ?
5. Quel message voudriez-vous adresser aux jeunes femmes des générations futures ?

Autour d'un thème

Au XXe siècle : lettre d'amour

Un amour à distance

La Française Simone de Beauvoir et l'Américain Nelson Algren sont deux écrivains. Ils ont choisi de continuer leur vie et leur activité chacun d'un côté de l'Atlantique et de vivre leur amour à distance. Dans leur correspondance, Simone de Beauvoir raconte la vie intellectuelle française à Nelson, mais l'expression de l'amour domine cet échange : la lettre permet donc d'être « présent », malgré la distance et les difficultés de communication…

Simone de Beauvoir *(1908-1986) ressent dès l'enfance la nécessité d'écrire. Après de brillantes études, elle devient professeur de philosophie, et commence rapidement son œuvre : romans et textes de réflexion se succèdent. Elle mène une vie très libre, voyage beaucoup et se lie intimement avec de nombreux intellectuels : Jean-Paul Sartre, Albert Camus, mais aussi Nelson Algren, écrivain américain avec qui elle partage une longue passion amoureuse.*

Nelson Algren, 1949.

Jeudi 11 décembre 1947

Nelson mon amour

Vous croyez habiter Chicago, pas du tout, vous habitez cette maison. Hier le « bon pigeon de La Pouèze[1] » a apporté votre lettre, une sorte de fumée en émanait[2] qui a grandi, grandi, a pris votre forme, c'était vous et je ne vous ai plus lâché. Nous avons revécu tout ce que nous avons vécu ensemble[3] : à la petite Italie nous avons bu du Chianti[4], visité la prison du comté, admiré la sorcière d'Endor, écouté des disques, mangé du gâteau au rhum, bu du whisky, erré dans des rues oubliées. « Je n'aurais pas pu ne pas vous rencontrer », avez-vous dit, et aussi « Personne ne vous prendra à moi », « Vous m'avez rendu très heureux ». Si deux lettres vous ressuscitent en chair et en os, que sera-ce quand je vous toucherai ? Je n'ouvre pas souvent, pour ne pas les gâcher, le coffre de haute sécurité où je conserve les mots, les regards, les sourires, les baisers qui m'ont touchée au cœur, mais aujourd'hui je l'ai ouvert, j'ai serré contre moi tous mes trésors, c'était doux de vous sentir si proche tout le jour, mon amour. […]

Samedi, 2h du matin

Je vous aime, Nelson. Il n'y a en moi, non plus qu'en vous, rien d'extraordinaire, et pourtant mon amour pour vous me paraît la chose la plus précieuse sur terre. Quelle chance de vous aimer, et d'être aimée de vous. J'arrête, les mots m'attristent, si secs, il me faudrait toute ma personne, si peu qu'elle soit, pour vous dire mon amour.

Simone de Beauvoir, *Lettres à Nelson Algren*, traduit de l'anglais par Sylvie Le Bon de Beauvoir © Éd. Gallimard, 1999.

1 **le « bon pigeon de La Pouèze » :** le facteur, venu du village voisin de celui où séjourne S. de Beauvoir (par comparaison avec les pigeons voyageurs). 2 **émanait :** s'en échappait. 3 S. de Beauvoir fait référence à un séjour récent aux États-Unis, au cours duquel elle a partagé dix jours de vacances avec N. Algren. 4 **Chianti :** vin italien.

p. 191 : *Quinzaine nationale du papier à lettres*, carte publicitaire, 1953. *Aéropostal*, affiche, vers 1930.

Entrer dans la lecture

- Nelson Algren était-il vraiment présent au côtés de Simone de Beauvoir, à la date de rédaction de la lettre que vous avez sous les yeux ?

Découvrir l'expression de l'amour dans une lettre

Une femme amoureuse

1. Que traduit l'absence de ponctuation entre l'adresse de la lettre et le début du récit ? Que traduit l'absence de formule de salutation, de politesse ?

2. Relevez les mots et expressions qui montrent l'intensité des sentiments.

3. Pourquoi les mots sont-ils qualifiés de *secs* à la fin de la lettre (l. 20) ? Qu'en pensez-vous ?

L'enchantement de la lecture

4. Repérez les lignes où Simone de Beauvoir évoque les souvenirs partagés avec Algren. Classez-les en deux colonnes : expériences communes, gestes et paroles marquants.

5. Comment comprenez-vous l'image *une sorte de fumée… je ne vous ai plus lâché* (l. 2 à 5) ?

BILAN **6** **Comment Simone de Beauvoir utilise-t-elle la lettre pour combler le manque et l'absence ?**

Graine de culture

- Recherchez sur Internet les noms des amis de Simone de Beauvoir : Jean-Paul Sartre, Albert Camus, Alberto Giacometti. Qui étaient-ils ? Quelles étaient leurs idées politiques ? Citez quelques-uns de leurs ouvrages.
- **Présentez vos recherches à la classe en vous aidant d'images.** SOCLE COMMUN C1

À l'écrit

Écrire une lettre d'amour

Au choix :

→ une lettre que vous aimeriez recevoir ;
→ une lettre de Nelson Algren, répondant à Simone de Beauvoir ;
→ une lettre purement fictive.

Tâchez d'imiter le ton de Simone de Beauvoir et de varier les moyens d'exprimer les sentiments.

Lire des romans épistolaires

© Le Livre de Poche Jeunesse

Kathrine Kressman Taylor, *Inconnu à cette adresse*

© Le Livre de Poche Jeunesse

Véronique Massenot, *Lettres à une disparue*

© Flammarion

Rachel Hausfater Douieb, Yaël Hassan, *De Sacha à Macha*

© Le Livre de Poche Jeunesse

Jean-François Chabas, *Aurélien Malte*

© Magnard

Éric-Emmanuel Schmitt, *Oscar et la dame rose*

Activités d'écriture

Activité 1

B2i Faire un courrier électronique

SOCLE COMMUN C4

Rédigez un mail pour réagir, sur un forum d'internautes, à un sujet de votre choix :

- lettre papier ou courrier électronique ?
- lecture ou cinéma ?
- romans épistolaires ou romans d'aventures ?

Voici la première et la dernière phrase de votre message.

Je voudrais apporter ma pierre à ce débat qui me paraît très important – d'autant plus que je dispose de connaissances précises dans ce domaine.

J'espère vous avoir apporté des éléments qui vous permettront à tous de mieux comprendre ma position sur cette question ; bonne fin de semaine à tous et à bientôt !

Activité 2

B2i Écrire un roman épistolaire moderne

Voici deux mini-romans envoyés par SMS (ce sont donc des romans épistolaires miniatures). À vous d'inventer les phrases manquantes, sachant qu'aucune d'entre elles ne dépasse cent soixante signes (les espaces entre les mots comptent). Libre à vous de continuer si vous le désirez.

- Attention ! Vous conserverez l'orthographe normale de la langue française, et vous soignerez particulièrement la ponctuation.
- Utilisez les fonctionnalités de votre logiciel de traitement de texte pour vérifier le calibrage (nombre de caractères, espaces compris) de chaque SMS (menu Outils → statistiques).

Roman SMS 1

Et alors ? C'est arrivé comment ? Tu n'as pas pu t'opposer à cette contravention ? Et d'abord, pourquoi ton scooter était-il si mal garé ? C'est malin ! [158 caractères]

Ah oui, évidemment ! je comprends mieux maintenant. Cette histoire est bien de toi, il n'y a vraiment que toi pour te fourrer dans de telles situations. [156 caractères]

Alors là, je suis morte de rire. Tu crois vraiment que ça peut arranger les choses ! Sinon, je peux venir te chercher, je ne suis pas loin. [141 caractères]

Roman SMS 2

Jusqu'à quand comptes-tu me faire attendre ? Je suis dans le froid et la nuit depuis trop longtemps. Tu m'avais promis ! [140 caractères]

Ne crois pas que c'est facile pour moi. Je suis aussi dans une situation terrible. Je ne sais plus ce que je ressens, je sais juste que tu me manques. [153 caractères]

Tu as beau dire, j'espère toujours que les choses vont s'arranger pour le mieux. J'ai confiance en toi et en notre relation. J'attends de bonnes nouvelles. [158 caractères]

Activité 3

Devenir écrivain public

Étape 1

Observez l'image ci-dessous et répondez à l'oral aux questions suivantes.

1. Qu'est-ce qu'un écrivain public ? Consultez, si nécessaire, un dictionnaire.

2. Savez-vous si la profession a disparu en France aujourd'hui, ou si certaines personnes exercent encore ce métier ?

3. Que vous semble exprimer l'attitude de l'écrivain public ? celle de la jeune femme ?

4. À votre avis, quel est le sujet de cette lettre ? Justifiez votre idée en utilisant l'image : vos avis peuvent différer.

Étape 2

Répartissez-vous en binômes.

• L'un d'entre vous devient l'écrivain public. Son camarade lui dicte une lettre au choix, sur un sujet simple : lettre d'amour ou récit d'une très courte anecdote (8 lignes maximum).

• Reprenez ensuite tous les deux le texte noté par l'écrivain et tentez d'éliminer un maximum de fautes d'orthographe.

Maurice Leloir (1851-1940), *Un écrivain public travaille à sa table pour une cliente au XVIIIe siècle*, illustration, vers 1900.

Votre professeur choisira certains exercices pour vous préparer au sujet d'écrit.

LEXIQUE

Vocabulaire des sentiments et des émotions ▸ leçon 4, p. 288

La joie, la tristesse

1 a. **Classez ces expressions en deux colonnes suivant le champ lexical auquel elles appartiennent.**

Gaîté, chagrin, satisfaction, morose, inconsolable, désespéré, bonne humeur, aigreur, enjouement, peine, crève-cœur, ivre de joie, rayonnant, mélancolie, plainte, guilleret.

b. **Choisissez ensuite six mots dans une des deux colonnes, et imaginez une anecdote dont la narration vous permettra de les utiliser en moins de dix lignes.**

L'amour, la haine

2 a. **Vérifiez le sens de chacune de ces expressions, puis rangez chaque série par ordre d'intensité.**

1. Aimer, avoir de l'affection, porter dans son cœur, dévouement, attachement, tendresse, intimité, camaraderie, cher *alter ego*, préféré.
2. Hostilité, inimitié, exécration, aversion, antipathie, malveillance, ressentiment, hostile, bête noire, avoir en horreur.

b. **Écrivez ensuite un billet (une très courte lettre) pour exprimer vos sentiments envers l'un des auteurs du chapitre. Vous utiliserez au moins huit des mots de cet exercice. Vous pouvez choisir dans les deux listes si vos sentiments sont contradictoires.**

Vocabulaire du jugement et de la critique ▸ leçon 5, p. 290

L'opinion personnelle

3 **Sur une échelle graduée de 1 à 5, situez le degré de certitude du locuteur pour chacune de ces expressions en construisant une phrase pour l'illustrer.**

Ex. : J'imagine : degré de certitude 2/5 → Je n'ai pas bien vu, mais j'imagine que c'était Inès à la porte, j'ai cru reconnaître sa voix.

J'affirme / je ne suis pas sûr que / je certifie / je pense / on peut dire que / on peut tenir pour certain que / nous tenons pour assuré que / je mettrais ma main au feu que / nous croyons.

Le doute, la certitude

4 **Quels sont les mots qui expriment le doute dans cette liste ? Quels sont ceux qui renvoient à une certitude ? Classez-les en deux colonnes.**

À coup sûr / évidemment / sauter aux yeux / tomber sous le sens / probablement / hors de doute / ne pas se prononcer / peser le pour et le contre / se tâter / y regarder à deux fois / assurément / peut-être / sûrement / indubitablement / nettement.

GRAMMAIRE

L'interrogative, l'exclamative — RÉVISIONS

5 **À quel mot interrogatif (qui, quoi, où, comment...) correspond chacune de ces questions ?**

1. Vraiment nous sommes bien bêtes, c'est Mlle Colbert ? – Point du tout. – C'est assurément Mlle de Créquy ? – Vous n'y êtes pas.
2. N'est-il pas vrai que celui qui l'a fait est bien fat ? - Sire, il n'y a pas moyen de lui donner un autre nom
3. Avez-vous oublié qui je suis, et le rang que je tiens dans la famille ?
4. Que voulez-vous que je fasse de l'existence, si je ne puis la conserver qu'en renonçant à tout ce qui me la rend chère ?

D'après **Madame de Sévigné**, *Lettres*.

Les emplois du subjonctif ▸ leçon 26, p. 332

6 **Transformez chaque phrase selon l'exemple.**

Ex. : Soyez attentive à mes conseils, ma chère.
→ Il faut que vous soyez attentive à mes conseils, ma chère.

1. Pardonnez, mademoiselle, à ces longues réflexions ; ne les attribuez qu'à mon obéissance à vos ordres. (Voltaire à Mademoiselle***)
2. Faites si vous pouvez, du bien aux lettres... *(Ibid.)*
3. Tenez-vous-en, mademoiselle, à tout ce qui plaît en eux. *(Ibid.)*
4. Ne rognez pas de si près les ailes à nos écrivains, et ne faites pas des volailles de basse-cour de ceux qui pourraient devenir des aigles. (D'après Voltaire à un premier commis)

Mots exclamatifs, interjections, onomatopées ▸ leçon 14, p. 308

7 a. **Repérez la ponctuation qui exprime la force de l'émotion dans chaque phrase.**

1. Vive la République ! Quel rêve, quel enthousiasme, et, en même temps, quelle tenue, quel ordre à Paris !
2. Ah ! Monsieur, quel crime horrible contre la justice !
3. « Oh bien ! dit le Roi, je suis ravi que vous m'en ayez parlé si bonnement ; c'est moi qui l'ai fait. – Ah ! Sire, quelle trahison ! »
4. Il épouse Mademoiselle, ma foi ! Par ma foi ! Ma foi jurée !

b. **Quels sont les autres procédés qui prouvent l'intensité de l'émotion ressentie ? Quels autres signes de ponctuation sont appelés « expressifs » ?**

c. **Rédigez à votre tour des phrases porteuses d'une forte émotion, en les associant à une ponctuation expressive.**

ORTHOGRAPHE-CONJUGAISON

Accords sujet-verbe ▸ 20 règles d'or, p. 402

8 Reconstituez cette lettre en associant les mots de la colonne de gauche à ceux de la colonne de droite. Appuyez-vous sur l'accord des verbes.

Maria et Inès	avait été préparé par les parents.
Un panier pique-nique	t'es souvenu longtemps de leur enchantement à l'arrivée.
Les garçons	sont allées à Grignan.
La résidence des seigneurs de Grignan	sont arrivés pile à l'heure au rendez-vous.
Tu	leur est apparue dans le lointain.

Verbe, nom, adjectif qualificatif ▸ leçon 10, p. 300

9 Dans chaque phrase ou groupe de mots, recopiez le(s) nom(s) avec le(s)quel(s) s'accorde l'adjectif en gras. Justifiez l'accord à chaque fois.

1. Voilà une **méchante** moquerie.
2. Voilà le gâteau le plus **odorant** et le plus **succulent** que j'aie jamais vu.
3. Les premières amitiés sont toujours les plus **spontanées**.
4. Une ville **bâtie** au bord de la mer, qui a des commerces et des casinos, est extrêmement **fréquentée**.
5. Les fêtes et les festivals **rochelais**.
6. Les comportements et les habitudes **toulousaines**.

Le mode subjonctif ▸ leçon 42, p. 364

10 Qu'aimeriez-vous voir se réaliser dans un avenir proche ? et quand vous serez vieux ? Rédigez vos souhaits au subjonctif, en employant les verbes de la listes.

Dire, exprimer, rassurer, proposer, offrir, donner, arrêter, réconcilier, épanouir, se réjouir.

→ J'aimerais que…

dictée

11 Pour préparer la dictée de cet extrait, conjuguez les verbes entre parenthèses au futur simple.

Je t'avertis que nous *(se battre)* à coups de poing maintenant s'il le faut, mais que tu n'*(aller)* pas gaspiller toutes tes soirées loin de moi. Nous *(lire)*, nous *(causer)*, tu *(dessiner)*, nous irons au spectacle quand cela *(valoir)* la peine, et quand nous *(être)* bien fâchés, […] tu *(aller)* te coucher en convenant que j'ai raison.

George Sand à son fils, Maurice Dudevant, 1840.

Sujet d'écrit

Exprimer des sentiments personnels

Écrivez la lettre que vous aimeriez recevoir le jour de vos dix-huit ans. Cette lettre peut être écrite par la personne de votre choix. Elle exprimera les sentiments que cette personne éprouve pour vous, les développera, et montrera à quel point ce jour est exceptionnel.

Consignes d'écriture

→ Utilisez les codes de la lettre : rédaction à la première personne du singulier, adresses au destinataire (vous !) à la deuxième personne. Vous devrez aussi respecter les conventions de présentation de la lettre :

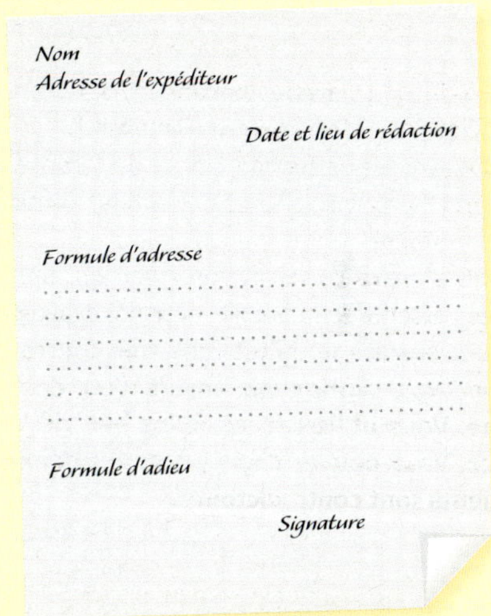

→ La lettre est celle que vous voudriez recevoir pour vos dix-huit ans. Réfléchissez à ce que vous aimeriez lire ce jour-là : mots d'amours, conseils, paroles d'espoir…

→ La lettre vous est envoyée par la personne de votre choix : donnez des indices à votre lecteur afin de l'aider à situer cette personne, et de le renseigner sur son lien avec vous.

Méthode

✓ Exprimez vos sentiments de manière développée. Faites appel à un **lexique des émotions** précis et varié.

✓ Le temps de la lettre dépend aussi de ce que l'on exprime : les sentiments sont dits au **présent**, les souvenirs qui les expliquent au **passé simple/passé composé**, ou à l'**imparfait**. Les projets et conseils sont donnés au **futur**, les souhaits au **subjonctif**.

Attention !

⚠ Faites bien attention à tous les **accords**, la lettre sera lue par le destinataire, son orthographe doit être irréprochable.

SYNTHÈSE

Pourquoi utiliser la lettre pour partager idées et sentiments ?

Un moyen de communication

- Elle permet de **faire part** au destinataire de **sentiments**, de **points de vue** sur des événements ou des situations extérieurs. La lettre permet aussi d'inviter le destinataire à **réfléchir** et à former ses propres idées.
- Madame de Sévigné cherche à éveiller la curiosité de son destinataire. Il se crée ainsi un véritable **dialogue à distance** entre les correspondants. Elle cherche aussi à **stimuler sa réflexion** (par exemple, sa réflexion politique, en mettant en scène le roi dans une situation inattendue ▸ p. 174). Elle exprime également des sentiments, en recherchant l'originalité et la séduction. En cherchant avant tout à donner du plaisir à ses correspondants, Madame de Sévigné crée une authentique **situation de communication** : la lettre n'a donc pas pour seul but de s'exprimer soi-même.
- Simone de Beauvoir a réussi, malgré la distance et grâce à la lettre, à vivre une grande **relation amoureuse** (▸ p. 190). À travers sa correspondance, elle exprime ses sentiments avec honnêteté et lucidité, tout en réfléchissant aussi à ce qu'est l'amour et à la façon dont il nous engage.

Un moyen de contestation

- Au **siècle des Lumières** (▸ p. 184), Montesquieu utilise la **lettre fictive** pour éveiller l'attention du lecteur. En utilisant le point de vue faussement naïf d'un Persan, il dénonce des situations et des comportements inacceptables.
- Diderot et Voltaire écrivent des lettres qui témoignent de leur **lutte pour la liberté** et des dangers qu'ils acceptaient de courir en raison de la **censure**. Mais cette démarche critique présente dans les lettres s'accompagne d'un espoir : celui de parvenir à **changer la façon de penser** et de vivre de leurs lecteurs. La lettre devient donc un **outil de réflexion sur la société**.

Un témoignage historique

- La lettre permet aussi de communiquer au lecteur les **émotions et réactions face à des événements historiques**, comme en témoignent les deux lettres de George Sand (▸ p. 186 et 188). Ces lettres révèlent son **engagement politique** en faveur du peuple au cours de la Révolution de 1848. Elles mettent en évidence la façon dont l'auteur a vécu et ressenti les journées révolutionnaires auxquelles elle a pris part. Pour communiquer ses émotions à son lecteur, elle utilise les procédés de la lettre (**adresse directe**, **prise à témoin**), et révèle ainsi sa volonté de **participer activement à l'Histoire**.

SOCLE COMMUN

Compétence	Item	Critères d'évaluation	
5 Culture humaniste	Avoir des connaissances et des repères relevant de la culture littéraire.	Je suis capable de situer un écrivain dans son siècle, je sais caractériser cette période historique.	▸ p. 170
1 Maîtrise de la langue	Adapter son mode de lecture à la nature du texte proposé et à l'objectif poursuivi.	Je fais ressortir le comique d'un texte à la lecture orale, je joue sur les effets d'attente.	▸ p. 173
	Développer de façon suivie un propos en public sur un sujet déterminé.	Je suis capable de construire et présenter un exposé.	▸ p. 191
4 Usage des TICE B2i	Écrire, envoyer, diffuser, publier.	5.3) Je sais envoyer ou publier un message avec un fichier joint. 5.4) Je sais utiliser un carnet d'adresses ou un annuaire pour choisir un destinataire.	▸ p. 192

ÉVALUATION

Une lettre enflammée

Une jeune femme portugaise a été séduite, puis abandonnée par un officier français. Elle lui écrit cinq lettres passionnées. Ce court roman épistolaire (roman par lettres) a captivé les lecteurs depuis sa parution, par son sujet, mais aussi parce que l'auteur en est mal connu : après avoir longtemps pensé à une femme, les spécialistes ont cru pouvoir affirmer qu'il s'agissait d'un homme.

Considère, mon amour, jusqu'à quel point tu as manqué de prévoyance[1]. Ah ! Malheureux ! [...] tu m'as trahie par des espérances trompeuses[2]. Une passion sur laquelle je faisais tant de projets de plaisir, ne me cause à présent qu'un mortel désespoir. Quoi ? [...] ton absence me privera donc pour toujours de regarder ces yeux dans lesquels je voyais tant d'amour, et qui me faisaient connaître des émotions qui me comblaient de joie, qui me tenaient lieu de toutes choses[3], et qui enfin me suffisaient ? Hélas ! les miens sont privés de la seule lumière qui les animait, il ne leur reste que des larmes. [...]

Je ne veux point m'imaginer que vous m'avez oubliée. Ne suis-je pas assez malheureuse sans me tourmenter par de faux soupçons ? Et pourquoi ferais-je des efforts pour ne me plus souvenir de tous les soins que vous avez pris de me témoigner de l'amour[4] ? J'ai été si charmée de tous ces soins, que je serais bien ingrate si je ne vous aimais avec les mêmes emportements[5] que ma passion me donnait, quand je jouissais des témoignages de la vôtre. Comment se peut-il faire que les souvenirs des moments si agréables soient devenus si cruels ? et faut-il que, contre leur nature, ils ne servent qu'à tyranniser[6] mon cœur ?

Guilleragues, *Lettres portugaises*, 1669.

1 **prévoyance :** capacité à prévoir. 2 **espérances trompeuses :** des espoirs mensongers.
3 **qui me tenaient lieu de toutes choses :** qui étaient tout pour moi.
4 **me témoigner de l'amour :** m'avouer votre amour. 5 **emportements :** sentiments exprimés par des mots et des gestes. 6 **tyranniser :** exercer un pouvoir trop violent.

Natale Schiavoni (1777-1858), *La jalousie*, huile sur toile, XIXe siècle, Trieste Museo Revoltella Galleria d'Arte Moderna, Italie.

Culture littéraire

- Connaissez-vous des auteurs féminins qui ont écrit des lettres restées célèbres ? Citez-les.

Analyser le pouvoir d'une lettre

Une femme amoureuse

1. À qui s'adresse l'expéditrice de la lettre et pourquoi ? Citez le texte.

2. Quels sont les termes qui prouvent que cette femme est toujours amoureuse ?

3. Relevez les mots du texte qui expriment des sentiments : appartiennent-ils tous au même champ lexical ?

4. Les verbes de ce texte sont-ils tous conjugués au même mode ? Pourquoi ? Vous vous appuierez, pour répondre, sur la valeur de chaque mode.

5. Quels signes de ponctuation reviennent dans le texte ? Qu'expriment-ils ?

La recherche d'un effet sur le destinataire

6. Comment l'expéditrice cherche-t-elle à émouvoir le destinataire ? Expliquez-le en vous appuyant sur la progression du texte.

BILAN **7** **Cette lettre s'adresse à un destinataire fictif, mais est-elle sans effet sur le lecteur ? À votre avis, pourquoi ?**

Dossier

Le romantisme

Histoire des arts

Reconnaître l'artiste romantique

LE SAVEZ-VOUS ?

Le romantisme est un **courant artistique** européen qui s'est développé en France au **début du XIXe siècle**. Il est issu d'un mouvement allemand dont le nom signifie « **tempête** et **passion** ». Il privilégie les **émotions** et l'**imagination**. Le romantisme est donc en **rupture** avec le règne de la raison des philosophes des Lumières (▸ p. 184).

*En peinture, en littérature comme en musique, le romantisme exprime une **façon d'être** et de **ressentir**, face à une société bourgeoise qui valorise les richesses matérielles. À travers ce dossier, vous allez découvrir les principales caractéristiques de la **sensibilité romantique**.*

Un être tourmenté

1. Le « mal du siècle » et son origine

- Le romantisme est lié à des **bouleversements historiques** et politiques dans une société en pleine **évolution**. Il révèle la sensibilité d'une *génération ardente, pâle, nerveuse* (Musset) et traduit le **malaise** de toute une époque.
- L'expression romantique est avant tout **lyrique** : elle se manifeste comme le chant des **émotions** et des **sentiments** (▸ p. 202). L'artiste romantique n'hésite pas à explorer et dévoiler son « moi » (sa personnalité profonde), ses joies comme ses tourments.

DATES CLÉS

1815
Bataille de Waterloo (défaite de Napoléon Ier)

1815-1830
Restauration

1830-1848
Monarchie de Juillet

1848-1851
IIe République

2 déc. 1851
Second Empire (Napoléon III)

Je suis né trop tard dans un monde trop vieux,
D'un siècle sans espoir naît un siècle sans crainte.
Alfred de Musset, *Rolla*, 1833.

Tout me lasse : je remorque avec peine mon ennui avec mes jours, et je vais partout bâillant ma vie.
F. R. de Chateaubriand, *Mémoires d'outre-tombe*, 1848.

La mélancolie, c'est le bonheur d'être triste.
Victor Hugo, *Les Travailleurs de la mer*, 1866.

E. L. Lami (1800-1890), *La nuit d'octobre*, aquarelle illustrant les œuvres de Musset (détail), XIXe s., musée du château de Malmaison.

Questions

Comprendre l'inspiration romantique

Observez les dates clés.

1. Quels événements historiques marquent le début et la fin du romantisme ? Cherchez des informations sur ces deux épisodes de l'histoire.

2. Quels différents régimes politiques la « génération romantique » a-t-elle connus ?

Lisez attentivement les trois citations.

3. Relevez dans chacune d'elles un ou deux mots qui vous permettent de caractériser l'artiste romantique.

→ À l'aide de l'ensemble de vos réponses, vous pouvez définir l'expression « le mal du siècle ».

2. Le poète face à lui-même

Après s'être séparé de George Sand en 1835 (▸ p. 187), Alfred de Musset écrit quatre poèmes autour de la « nuit ». Dans la « Nuit de décembre », le poète s'adresse à un personnage qui lui ressemble comme un frère et qui lui apparaît aux heures sombres de sa vie.

Questions

Étudier l'expression du tourment

1. Dans le poème, relevez les expressions qui désignent et caractérisent cet étrange *visiteur*. À votre avis, de qui s'agit-il ?

2. Par quels procédés d'écriture (type de phrase, lexique, figures de style) le poète exprime-t-il son tourment ?

Observez le tableau de John Martin.

3. Parmi les mots suivants, choisissez celui qui correspond le mieux à l'impression ressentie en regardant le tableau : *tristesse, tourment, chagrin, peine, mélancolie.*

4. Comment le peintre traduit-il la violence de la scène ?

Le Poète

Mais tout à coup j'ai vu dans la nuit sombre
Une forme glisser sans bruit.
Sur mon rideau j'ai vu passer une ombre ;
Elle vient s'asseoir sur mon lit.
Qui donc es-tu, morne et pâle visage,
Sombre portrait vêtu de noir ?
Que me veux-tu, triste oiseau de passage ?
Est-ce un vain rêve ? est-ce ma propre image
Que j'aperçois dans ce miroir ?

Qui donc es-tu, spectre de ma jeunesse,
Pèlerin que rien n'a lassé ?
Dis-moi pourquoi je te trouve sans cesse
Assis dans l'ombre où j'ai passé.
Qui donc es-tu, visiteur solitaire,
Hôte assidu de mes douleurs ?
Qu'as-tu donc fait pour me suivre sur terre ?
Qui donc es-tu, qui donc es-tu, mon frère
Qui n'apparais qu'au jour des pleurs ?

Alfred de Musset, « Nuit de décembre » (extrait), 1835.

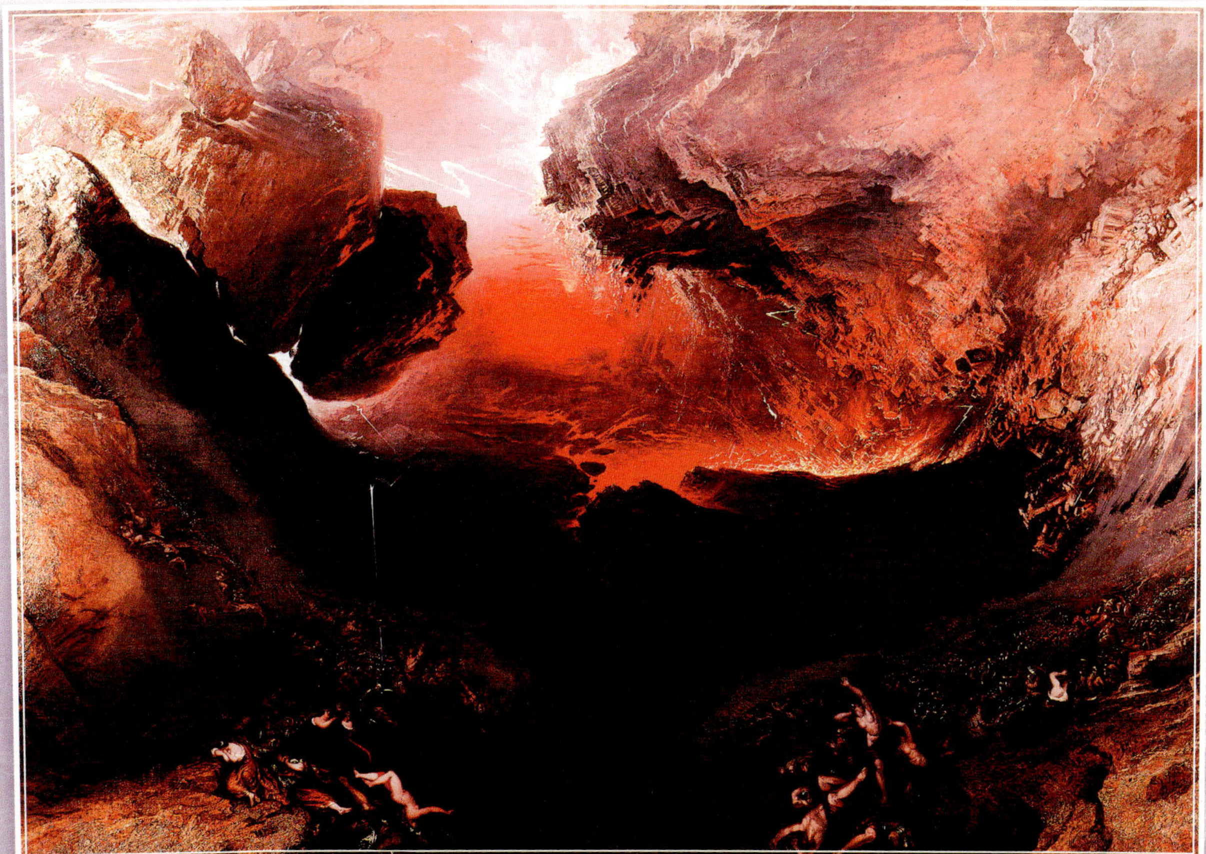

John Martin (1789-1854), *Le grand jour de Sa colère*, 1853, huile sur toile, Tate Gallery, Londres. Dieu condamne les hommes aux flammes de l'Enfer.

Un être en quête d'ailleurs

- L'artiste romantique ne se satisfait pas de la réalité. Il éprouve un désir d'évasion dans un monde idéal. La **solitude**, la **méditation** et la **contemplation de la nature** lui permettent d'entrevoir l'ailleurs dont il rêve.

1. L'homme aux portes d'un autre monde

B2i

Faites une recherche d'images sur Internet et associez chaque portrait à son artiste : Chopin, Goethe, Vigny et Delacroix. Précisez, pour chacun, sa nationalité et l'art dans lequel il s'est illustré. Citez une de ses œuvres.

Borné dans sa nature, infini dans ses vœux,
L'homme est un dieu tombé qui se souvient des cieux.

Alphonse de Lamartine, *Méditations poétiques*, 1820.

Le Rêve est une seconde vie. Je n'ai pu percer
sans frémir ces portes d'ivoire ou de corne
qui nous séparent du monde invisible.

Gérard de Nerval, *Aurélia*, 1855.

Quelles expressions montrent que le poète romantique cherche à dépasser le monde réel ?

2. L'homme au cœur de la nature

Le vallon

Ah ! c'est là qu'entouré d'un rempart de verdure,
D'un horizon borné qui suffit à mes yeux,
J'aime à fixer mes pas, et, seul dans la nature,
À n'entendre que l'onde, à ne voir que les cieux.

J'ai trop vu, trop senti, trop aimé dans ma vie ;
Je viens chercher vivant le calme du Léthé[1].
Beaux lieux, soyez pour moi ces bords où l'on oublie :
L'oubli seul désormais est ma félicité[2].

Alphonse de Lamartine, *Méditations poétiques* (extrait), 1820.

1 **Léthé :** fleuve de l'oubli chez les Grecs. 2 **félicité :** bonheur.

C. D. Friedrich (1774-1840), *Le rêveur (ruines du monastère d'Oybin)*, vers 1835, huile sur toile (27 x 21 cm), musée de l'Ermitage, Saint-Pétersbourg.

Questions

Étudier le sentiment de la nature

1. Que cherche le poète dans ce lieu ? Pourquoi ?
2. Pour lui, que représente la nature : un danger, une confidente, une menace, une ennemie, un refuge ? Relevez une expression pour confirmer votre réponse.
3. À quel poème du chapitre sur la poésie lyrique ce texte fait-il écho ? Justifiez.

Observez maintenant le tableau ci-contre.

4. Comment vous apparaît le personnage dans ce décor ? Appuyez-vous sur le titre, les couleurs et la composition de la toile.
5. Quels liens faites-vous entre ce tableau et les strophes du « Vallon » ?

3. L'homme seul face à l'immensité

Le peintre ne devrait pas seulement peindre ce qu'il voit devant lui, mais aussi ce qu'il voit en lui.
C. D. Friedrich.

C. D. Friedrich (1774-1840), *Moine au bord de la mer,* 1808, huile sur toile (1, 71 x 1,10 m), Nationalgalerie, Berlin.

Lecture de l'image

Voir l'homme face à l'univers

1. Qu'est-ce qui vous surprend dans ce tableau ?
2. Comment le peintre exprime-t-il le sentiment d'infini ?
3. Écrivez quelques lignes en adoptant le point de vue du personnage qui se trouve face au vaste univers.

Graine de culture

L'homme seul face à l'immensité est un sujet cher aux romantiques.

- Recherchez sur Internet une **photographie** de **V. Hugo** assis sur un rocher, en exil, et un tableau de **C. D. Friedrich** représentant un homme seul, regardant l'horizon, dont vous donnerez le titre.

4. L'homme dans l'infini de la nuit

Nuit de lune

On eût dit que sans bruit le ciel
Avait embrassé la terre,
Pour que dans la clarté des fleurs,
Elle rêvât plus que de lui.

La brise passait sur les champs,
Les blés ondoyaient avec grâce,
Les forêts bruissaient doucement,
Les astres illuminaient la nuit.

Et mon âme vaste éployait
Largement ses ailes,
Volait par les campagnes calmes,
Et comme revenant chez elle.

Joseph von Eichendorff (1788-1857), 1835, trad. J.-P. Lefebvre, *Anthologie bilingue de la poésie allemande* © Éd. Gallimard, 1995.

Questions

Sentir l'exaltation du poète dans la nuit

1. Quelle est l'atmosphère qui se dégage du poème ?
2. Relevez, tout au long du poème, la métaphore qui caractérise l'âme du poète.
3. Comment interprétez-vous le dernier vers ?

Bilan

Ma seule étoile est morte, et mon luth constellé
Porte le soleil noir de la mélancolie.
Gérard de Nerval, « El Desdichado », 1854.

→ À partir de l'ensemble de vos observations, montrez, dans un paragraphe d'une dizaine de lignes, que l'expression « soleil noir » illustre bien la sensibilité romantique.

chapitre

6 La poésie lyrique

Le lyrisme : une voix, des émotions

LE SAVEZ-VOUS ?

Le mot « lyrique » vient du grec *lurikos* qui signifie « lyre ». Dans l'Antiquité, il caractérise ce qui est destiné à être chanté avec un accompagnement musical.

Jean Delville (1867-1853), *Orphée*, 1893, musées royaux des Beaux-Arts, Belgique.

Lire, observer et découvrir

Le mythe d'Orphée

Orphée, fils du dieu de l'amour Apollon, est un poète musicien. Il épouse la nymphe Eurydice, mais celle-ci meurt. Inconsolable, il va la chercher aux Enfers, et chante en s'accompagnant de sa lyre. Il obtient alors le retour de sa bien-aimée dans le monde des vivants à condition de marcher devant elle sans se retourner. Mais il désobéit et la voit disparaître à tout jamais… Seul, il ne cesse de chanter son amour immortel. Les femmes de Thrace, en proie à une folie jalouse, s'acharnent sur lui et jettent son corps déchiqueté à l'eau. La légende raconte que la tête du poète parvient sur l'île de Lesbos où l'on dresse un tombeau ; il en sort parfois le son d'une lyre… C'est ainsi que la poésie lyrique est née du besoin de chanter sa souffrance.

1. Quel est le pouvoir de la poésie dans ce mythe ?
2. Que permet d'exprimer le chant du poète ?
3. De quel autre art la poésie lyrique se rapproche-t-elle ?

De la musique intérieure au chant universel…

Les chants désespérés sont les chants les plus beaux
Et j'en sais d'immortels qui sont de purs sanglots.

A. de Musset, « Nuit de mai », 1835.

Hélas ! ces longs regrets des amours mensongères,
Ces ruines du temps qu'on trouve à chaque pas,
Ces sillons infinis de lueurs éphémères
Qui peut se dire un homme et ne les connaît pas ?

A. de Musset, « Lettre à M. de Lamartine », Poésies, 1850.

Lecture de l'image

Étudier l'origine du lyrisme à travers un tableau

1. Quelle atmosphère se dégage de cette toile ? Justifiez en vous appuyant sur les couleurs et les éléments du décor.
2. À quel passage du mythe renvoie ce tableau ?
3. Sous quelle forme apparaît ici Orphée ? Comment l'interprétez-vous ?

Gustave Moreau (1826-1898), *Orphée ou jeune fille thrace portant la tête d'Orphée* (détail) 1865, huile sur bois, musée du Louvre, Paris.

AUTOUR D'UN THÈME

Exprimer l'absence

Pour entrer dans la poésie, écrivez un court poème en commençant chaque vers par L'absence, c'est... *(par exemple :* une bougie éteinte*). Lisez votre texte devant la classe.*

DATES CLÉS

1547-1559
règne d'Henri II (fils de François Ier)

1555
Louise Labé publie les *Sonnets*

***Louise Labé** (1524-1566) est la fille et l'épouse d'un marchand de cordes, ce qui lui vaut son surnom de « La Belle Cordière ». Femme cultivée, elle chante, joue du luth et compose des poèmes sur la passion amoureuse. Elle publie trois élégies et vingt-quatre sonnets (1555) qui la rendent célèbre.*

Poème 1

Tant que mes yeux...

Tant que mes yeux pourront larmes épandre
À l'heur[1] passé avec toi regretter,
Et qu'aux sanglots et soupirs résister
Pourra ma voix, et un peu faire entendre ;

Tant que ma main pourra les cordes tendre
Du mignard[2] Luth[3], pour tes grâces chanter ;
Tant que l'esprit se voudra contenter
De ne vouloir rien fors que[4] toi comprendre,

Je ne souhaite encore point mourir.
Mais quand mes yeux je sentirai tarir[5],
Ma voix cassée, et ma main impuissante,

Et mon esprit en ce mortel séjour
Ne pouvant plus montrer signe d'amante,
Prierai la mort noircir mon plus clair jour.

Louise Labé, *Sonnets*, 1555, *Œuvres poétiques*,
édition de F. Charpentier © Éd. Gallimard.

1 **heur :** bonne fortune, chance. 2 **mignard :** gracieux, délicat.
3 **Luth :** instrument de musique. 4 **fors que :** excepté.
5 **tarir :** sécher.

LE SAVEZ-VOUS ?

Poésie et musique ont toujours entretenu des liens étroits. Jusqu'au XVe siècle, les poètes s'accompagnaient souvent d'une lyre ou d'un luth. Par la suite, ils ont privilégié la sonorité des mots pour créer un chant *a cappella* (sans accompagnement musical). Mais bien qu'Hugo se soit exclamé : *Défense de déposer des notes au pied de nos vers !*, de nombreux chanteurs interprètent aujourd'hui encore des poèmes de Verlaine, Baudelaire, Aragon...

Enrichir son vocabulaire

- Dans la formation de quels mots trouvez-vous l'ancien nom *heur* (v. 2) ?

Le mot *heur* vient du terme latin classique *augurium*, signifiant « présage ». Au XVe siècle, il signifiait *chance* – *bon heur* ou *mal heur* –, puis *heur* a pris le sens de « chance » et a été remplacé par *bonheur*.

- On ne le trouve plus aujourd'hui que dans l'expression figée « avoir l'heur de ». Donnez sa définition à l'aide du dictionnaire ainsi qu'un exemple.

Écouter la voix du poète

- Quels sentiments vous inspire ce poème ?
- À qui appartient cette « voix » que l'on entend ? À votre avis, à qui s'adresse-t-elle ?

Comprendre la nécessité d'exprimer ses émotions

Une voix singulière

1. Délimitez ce sonnet (▸ p. 294) en deux parties auxquelles vous donnerez un titre. Citez les mots et les expressions qui s'opposent dans ces deux parties.

2. Relevez le champ lexical de la musique. Quel mot est mis en valeur dans le vers 6 ? Par quels procédés ?

3. a. Vers 1 à 8 : quelle particularité grammaticale notez-vous dans la construction des vers et la place des mots ? Donnez un exemple.
b. Récrivez ce sonnet en rétablissant l'ordre des mots correspondant à l'usage courant.

Dire ou mourir

4. Quelle expression est répétée dans les deux premières strophes ? Sur quelle idée insiste-t-elle ?

5. Que souhaite Louise Labé à la fin du poème ? Par quelle figure de style le montre-t-elle dans le dernier vers ?

BILAN **6** **Parmi les deux titres suivants, quel est celui qui vous semble le plus approprié au poème : *Célébration de l'être aimé* ou *Chant d'amour* ? Justifiez votre réponse dans un court paragraphe.**

Le Caravage (1573-1610), *Le joueur de luth*, huile sur toile, 1596, musée de l'Ermitage, Saint-Pétersbourg.

Lecture de l'image

Étudier les effets du clair-obscur

1. Qu'est-ce qui attire immédiatement votre regard ? Pourquoi ?

2. Diriez-vous que le joueur de luth est : rêveur, concentré, attentif ? Justifiez.

3. Quels vers du poème ce tableau pourrait-il illustrer ?

Poème 2

L'isolement

Lors d'un séjour à Aix-les-Bains, Lamartine rencontre Julie Charles au bord d'un « Lac » devenu célèbre. Cette passion l'inspire, mais deux ans plus tard, la jeune femme meurt. Le poète se réfugie alors près de Mâcon, dans le domaine familial.

Souvent sur la montagne, à l'ombre du vieux chêne,
Au coucher du soleil, tristement je m'assieds ;
Je promène au hasard mes regards sur la plaine,
Dont le tableau changeant se déroule à mes pieds.

Ici, gronde le fleuve aux vagues écumantes[1],
Il serpente, et s'enfonce en un lointain obscur ;
Là, le lac immobile étend ses eaux dormantes
Où l'étoile du soir se lève dans l'azur[2]. […]

Mais à ces doux tableaux mon âme indifférente
N'éprouve devant eux ni charme, ni transports ;
Je contemple la terre, ainsi qu'une ombre errante ;
Le soleil des vivants n'échauffe plus les morts.

De colline en colline en vain portant ma vue,
Du sud à l'aquilon[3], de l'aurore au couchant,
Je parcours tous les points de l'immense étendue,
Et je dis : Nulle part le bonheur ne m'attend.

Que me font ces vallons, ces palais, ces chaumières ?
Vains objets dont pour moi le charme est envolé ;
Fleuves, rochers, forêts, solitudes si chères,
Un seul être vous manque, et tout est dépeuplé.

Que le tour du soleil ou commence ou s'achève,
D'un œil indifférent je le suis dans son cours ;
En un ciel sombre ou pur qu'il se couche ou se lève,
Qu'importe le soleil ? je n'attends rien des jours. […]

Alphonse de Lamartine, *Méditations poétiques*, 1820.

DATES CLÉS

1815
Fin de l'Empire de Napoléon Ier

1820
Lamartine publie les *Méditations poétiques*

1830
Révolution de juillet : Louis-Philippe accède au pouvoir

1848
Révolution : proclamation de la IIe République

Alphonse de Lamartine *(1790-1869) est un écrivain français. Ce poète romantique* (▸ p. 198) *connaît le succès avec la parution de son recueil lyrique* Méditations poétiques, *en 1820. Il est élu à l'Académie française en 1829. Également très impliqué dans la société de son temps, il mène une carrière politique qui le conduit à participer activement aux événements de 1848* (▸ p. 189).

1 **écumantes** : couvertes de mousse blanchâtre.
2 **azur** : ciel.
3 **aquilon** : le nord.

Enrichir son vocabulaire

- À l'aide du dictionnaire, trouvez les différentes significations du mot *transports* (v. 10).
- Quel est le sens qui correspond à celui du poème ? Écrivez une phrase dans laquelle vous emploierez l'adjectif dérivé de ce nom.

John Martin (1789-1854), *Manfred sur la montagne Jungfrau*, 1837, aquarelle, Birmingham Museums and Art Gallery, Grande Bretagne.

Écouter la voix du poète

- Citez tous les mots qui vous viennent spontanément à l'esprit à la lecture de ce poème.

Voir comment le poète communique ses sentiments

Le tableau de la nature

1. Où le poète se trouve-t-il ? Justifiez à l'aide d'un champ lexical que vous nommerez.

2. Dans les strophes 1 et 2, de quelle façon le poète montre-t-il que la nature est vivante ?

3. Quelle allitération (▸ p. 294) trouvez-vous au vers 6 ? Quel effet produit-elle ?

4. Relisez les vers 3, 11, 13 et 22 : quelle idée expriment-ils ?

L'expression des sentiments

5. Citez les expressions qui traduisent ce que ressent le poète : de quels sentiments s'agit-il ?

6. a. Dans la strophe 5, quel vers nous montre que le poète parle de tout homme à travers son expérience personnelle ? Expliquez-en le sens.
b. Quelle est la valeur du présent dans cette phrase ?

7. Relisez les vers 11 et 20 : de quelle façon le poète s'exprime-t-il ? Quelle figure de style le permet ?

BILAN **8** **Vrai ou faux ? Justifiez en citant le poème.**

Le poète exprime ce qu'il ressent avec excès.	☐ V	☐ F
Lamartine se sent mort parmi les vivants.	☐ V	☐ F
L'auteur évoque seulement son expérience individuelle.	☐ V	☐ F
La nature apaise le cœur du poète.	☐ V	☐ F

Poème 3

Isolement

Quoi ! ce n'est plus pour lui, ce n'est plus pour l'attendre,
Que je vois arriver ces jours longs et brûlants ?
Ce n'est plus son amour que je cherche à pas lents ?
Ce n'est plus cette voix si puissante, si tendre,
Qui m'implore dans l'ombre, ou que je crois entendre :
Ce n'est plus rien ! Où donc est tout ce que j'aimais ?
Que le monde est désert ! n'y laissa-t-il personne ?
Le temps s'arrête et dort ; jamais l'heure ne sonne.
Toujours vivre, toujours ! on ne meurt donc jamais ! […]

Marceline Desbordes-Valmore, *L'Aurore en fuite*, *Poésies*, 1830.

Ai-je bien lu ?

- Relevez les mots qui font directement écho au poème de Lamartine.
- Quels sont les types de phrase dominants ? Qu'expriment-ils ?

À l'écrit

Composer deux quatrains

Vos vers devront se terminer par les mots suivants : *jour, amour, silence, immense, nature, blessure, saison, raison*.

→ Votre poème sera écrit à la première personne.

→ Vous utiliserez au moins une antithèse (▸ p. 298) et une comparaison.

BILAN ▸ Exprimer l'absence

Les procédés suivants ont été utilisés par les poètes pour exprimer les sentiments provoqués par l'absence de l'être aimé. Complétez le tableau en relevant des citations dans chacun des poèmes.

	L. Labé	A. de Lamartine	M. Desbordes-Valmore
pronoms personnels désignant le poète et l'être aimé	……	……	……
types de phrase	……	……	……
hyperboles	……	……	……
présence de la mort	……	……	……

AUTOUR D'UN AUTEUR

La musique de Paul Verlaine

Poème 1

Le ciel est par-dessus le toit…

DATES CLÉS

1852
Second Empire (Napoléon III)

1866
Verlaine publie les *Poèmes saturniens*

1870
Guerre de la France contre la Prusse
Rimbaud publie ses premiers poèmes (▸ p. 213)

1871
Commune de Paris

1880
Verlaine publie *Sagesse*

Paul Verlaine *(1844-1896) est un poète français dont les thèmes privilégiés sont la mélancolie et le regret. Sa relation passionnée avec le jeune poète Arthur Rimbaud bouleverse sa vie et finit par le conduire en prison. Sa poésie repose sur la volonté de créer de la musique avant toute chose.*

Lors d'une dispute, Paul Verlaine tire sur Arthur Rimbaud. Il passe alors deux années en prison. C'est à cette occasion qu'il écrit, entre autres, le poème suivant. La contemplation du ciel à travers les barreaux prend une dimension particulière.

Le ciel est, par-dessus le toit,
Si bleu, si calme !
Un arbre, par-dessus le toit,
Berce sa palme[1].

La cloche, dans le ciel qu'on voit,
Doucement tinte.
Un oiseau sur l'arbre qu'on voit
Chante sa plainte.

Mon Dieu, mon Dieu, la vie est là,
Simple et tranquille.
Cette paisible rumeur-là
Vient de la ville.

Qu'as-tu fait, ô toi que voilà
Pleurant sans cesse,
Dis, qu'as-tu fait, toi que voilà,
De ta jeunesse ?

Paul Verlaine, *Sagesse*, 1880.

1 **palme :** branche.

Étudier l'expression de la simplicité

Ce que voit le poète

1. Quelle impression se dégage de l'évocation du monde extérieur ? Justifiez par un relevé.

2. Par quel procédé, tout au long du poème, Verlaine traduit-il le mouvement de la branche des vers 3 et 4 ?

Ce que dit le poète

3. Quelles sont les deux parties du poème ? Quelle tournure d'insistance permet de les repérer ?

4. a. D'après vous, à qui renvoie le pronom de la deuxième personne des vers 13 à 16 ?
b. Comment ce « destinataire » est-il mis en valeur ?

5. Qu'exprime Verlaine dans la dernière strophe ?

BILAN **6** **Par quels moyens (lexique, mètres du vers) le poète exprime-t-il son désir de calme et de simplicité ?**

À l'écrit

Inventer la suite d'un poème

À travers le mur,
J'entends le murmure de l'eau.

À partir de ce début, écrivez un court poème en six à dix vers. Vous imaginerez le paysage qui se trouve de l'autre côté du mur.

→ Pour imiter la musique de Verlaine, vous alternerez deux longueurs de vers.

Edvard Munch (1863-1944), *Melancholy*, 1894, huile sur toile (6 x 4,78 m), The Bergen Art Museum, Norvège.

Étudier l'évocation du coucher de soleil

1. Quel sentiment inspire au poète la contemplation du soleil couchant ?

2. Dans les vers 9 à 15, à quoi ce spectacle est-il associé dans l'esprit du poète ?

3. Lequel des cinq sens est principalement sollicité ? Répondez en citant le poème.

4. Pourquoi l'emploi du pluriel « soleils couchants » est-il surprenant ? Quelle impression cela produit-il ?

5. Dites ce poème à voix haute : qu'est-ce qui lui donne toute sa musicalité ? Observez la longueur des vers, les rimes et les mots employés (▶ p. 294).

Activité

SOCLE COMMUN C4 — B2i

Réaliser un musée virtuel

La mélancolie, thème souvent abordé dans la poésie lyrique comme dans la peinture, a été différemment perçue selon les époques. Travaillez en petits groupes pour créer un musée virtuel présentant ce sujet, à l'aide d'un logiciel de traitement de texte ou en créant un diaporama à l'aide d'un logiciel de présentation.

- **Salle 1 :** l'état mélancolique (étymologie, interprétation médicale d'après Hippocrate, définition et symptômes).
- **Salles 2 et 3 :** les représentations de la mélancolie (tableaux et gravures d'Albrecht Dürer, Edvard Munch, François-André Vincent, Joseph-Marie Vien, Domenico Fetti…).

→ Quels sont les points communs dans l'attitude des personnages représentés dans ces œuvres ?

Poème 2

Soleils couchants

Une aube affaiblie
Verse par les champs
La mélancolie
Des soleils couchants.
La mélancolie
Berce de doux chants
Mon cœur qui s'oublie
Aux soleils couchants.
Et d'étranges rêves
Comme des soleils
Couchants sur les grèves[1],
Fantômes vermeils[2],
Défilent sans trêves,
Défilent, pareils
À des grands soleils
Couchants sur les grèves.

Paul Verlaine, *Poèmes saturniens*, 1866.

1 **grèves :** plages. 2 **vermeils :** rouge vif.

Poème 3

Colloque[1] sentimental

Dans le vieux parc solitaire et glacé
Deux formes ont tout à l'heure passé.

Leurs yeux sont morts et leurs lèvres sont molles,
Et l'on entend à peine leurs paroles.

Dans le vieux parc solitaire et glacé
Deux spectres ont évoqué le passé.

– Te souvient-il de notre extase[2] ancienne ?
– Pourquoi voulez-vous donc qu'il m'en souvienne ?

– Ton cœur bat-il toujours à mon seul nom ?
Toujours vois-tu mon âme en rêve ? – Non.

– Ah ! les beaux jours de bonheur indicible[3]
Où nous joignions nos bouches ! – C'est possible.

Qu'il était bleu, le ciel, et grand l'espoir !
– L'espoir a fui, vaincu, vers le ciel noir.

Tels ils marchaient dans les avoines folles,
Et la nuit seule entendit leurs paroles.

Paul Verlaine, *Fêtes galantes*, 1869.

1 **colloque :** conversation.
2 **extase :** joie extrême.
3 **indicible :** qu'on ne peut pas dire.

Écouter la voix du poète

- Caractérisez l'atmosphère de cette scène.
- Quel est le sujet de la discussion ?

Étudier un poème lyrique à la troisième personne

Un étrange colloque

1. Dans quel niveau de langue les personnages s'expriment-ils ? Donnez des exemples.

2. Relevez le champ lexical dominant dans ce poème.

3. Les deux interlocuteurs sont-ils en accord ? Quels sentiments éprouve chacun des deux personnages ? Justifiez votre réponse.

Le cœur mis en scène

4. Dans la plupart des poèmes lyriques, le poète s'exprime à la première personne. Que remarquez-vous dans celui-ci ?

5. Par quels groupes nominaux les personnages sont-ils désignés ? Quelle impression cela produit-il ?

BILAN ▶ La musique de Paul Verlaine

Parmi les mots suivants, relevez ceux qui pourraient caractériser le lyrisme de Paul Verlaine : *suggestion* ; *précision* ; *clarté* ; *mystère* ; *musicalité* ; *sensations* ; *murmure* ; *cri* ; *discrétion*.
Justifiez chacun de vos choix.

William Degouve de Nuncques (1867-1935), *Nocturne au Parc Royal de Bruxelles*, pastel, 1897, musée d'Orsay, Paris.

Lecture de l'image

Faire dialoguer peinture et poésie

1. Quelle atmosphère se dégage du tableau ? Quels éléments contribuent à la créer ?
2. Quels vers du poème « Colloque sentimental » ce tableau peut-il illustrer ?
3. Quels termes, utilisés dans la question bilan précédente, pourraient convenir à cette œuvre ?

Histoire des arts

Le personnage d'Ophélie

Dans Hamlet*, tragédie de l'auteur anglais William Shakespeare (1564-1616), Ophélie est amoureuse du prince Hamlet. Mais, délaissée par lui, elle sombre dans la folie et finit par se noyer. Cette histoire d'amour impossible a inspiré beaucoup de peintres et de poètes.*

La peinture et la poésie ont toujours entretenu des liens. Déjà dans l'Antiquité, les auteurs réfléchissaient à la parenté de ces deux arts. Le poète lyrique grec Simonide de Céos a résumé cette idée dans une formule célèbre : ***la peinture est une poésie muette et la poésie est une peinture parlante***.

1 Étudier une peinture comme « poème muet »

- Quelle atmosphère se dégage du tableau ci-contre ? Justifiez.
- Qu'est-ce qui attire immédiatement votre regard ?
- Comment est représentée Ophélie ? À quoi vous fait-elle penser dans ce décor naturel ?

2 Lire un poème comme « peinture parlante »

- Dans la première strophe, quel mot caractérise le mieux l'atmosphère de ce texte ? Relevez d'autres termes qui produisent une même impression dans les vers 1 à 16.
- Le poète exprime une douce tristesse dans les 4 premières strophes : quelles allitérations traduisent cette impression ?
- Comment la nature réagit-elle à la présence d'Ophélie ? Répondez en citant le poème.
- Pourquoi peut-on dire que le portrait de la jeune fille se confond avec le paysage ?
- Dites quels éléments « visuels » font de ce poème un tableau.

3 Du texte à l'image

- Quels liens percevez-vous entre le tableau et le poème ?

Activité B2i

Constituer un dossier illustré sur le personnage d'Ophélie

Cherchez sur Internet l'extrait de la pièce de théâtre *Hamlet* correspondant à la mort d'Ophélie ainsi que les tableaux d'**Eugène Delacroix** et d'**Odilon Redon**, qui représentent ce sujet. Vous penserez à accompagner chaque toile d'une **légende claire et précise** (nom du peintre, titre du tableau, date de création, musée où l'œuvre est conservée).

Échanger des points de vue sur l'art

SOCLE COMMUN C1

Êtes-vous plus sensible à la peinture ou à la poésie ? Pour quelles raisons ?

- **Bien préparer la discussion**

Faites la liste, à l'écrit, de tous vos arguments et développez-les par des exemples de poèmes et de tableaux. Pensez à utiliser les documents du manuel.

- **Vers une conclusion de la discussion**

Formulez, en une ou deux phrases, le point de vue qui a été soutenu par votre adversaire. Son opinion vous amène-t-elle à nuancer la vôtre ? Justifiez.

John Everett Millais, *La mort d'Ophélie*, 1852, huile sur toile (1,11 x 0,75 m), Tate Gallery, Londres.

Arthur Rimbaud *(1854-1891) est un poète français : il publie son premier poème à l'âge de 15 ans. Sa poésie traduit sa révolte et son besoin de liberté. Il voyage aux côtés de Paul Verlaine à Londres et à Bruxelles. Puis, le poète passe les dernières années de sa vie à parcourir le monde et à faire du commerce, s'éloignant définitivement de la poésie.*

Ophélie

Sur l'onde calme et noire où dorment les étoiles
La blanche Ophélia flotte comme un grand lys[1],
Flotte très lentement, couchée en ses longs voiles...
– On entend dans les bois lointains des hallalis.[2]

Voici plus de mille ans que la triste Ophélie
Passe, fantôme blanc, sur le long fleuve noir.
Voici plus de mille ans que sa douce folie
Murmure sa romance à la brise du soir.

Le vent baise ses seins et déploie en corolle[3]
Ses grands voiles bercés mollement par les eaux ;
Les saules frissonnants pleurent sur son épaule,
Sur son grand front rêveur s'inclinent les roseaux.

Les nénuphars froissés soupirent autour d'elle ;
Elle éveille parfois, dans un aune[4] qui dort,
Quelque nid, d'où s'échappe un petit frisson d'aile :
– Un chant mystérieux tombe des astres d'or.

Ô pâle Ophélia ! belle comme la neige !
Oui tu mourus, enfant, par un fleuve emporté !
– C'est que les vents tombant des grands monts de Norwège[5]
T'avaient parlé tout bas de l'âpre liberté ;

Arthur Rimbaud, *Poésies* (extrait), 1870.

1 **lys :** grande fleur blanche, symbole de pureté.
2 **hallalis :** cris de chasse qui annoncent que la bête poursuivie est dans une situation critique.
3 **corolle :** pétales d'une fleur.
4 **aune :** aujourd'hui orthographié *aulne* ; arbre d'Europe qui grandit dans les lieux humides.
5 **Norwège :** Norvège.

Chanter la femme aimée

***Paul Eluard** (1895-1952) est un poète français qui fréquente les milieux artistiques. On le surnomme d'ailleurs « l'ami des peintres ». Il publie entre autres le recueil poétique* Capitale de la douleur *en 1926 qui relate ses amours tourmentées avec Gala. Celle-ci le quittera pour le peintre espagnol Salvador Dali. Pendant la Seconde Guerre mondiale, il s'engage dans la Résistance, et compose le célèbre poème « Liberté ».*

DATES CLÉS

1914-1918
Première Guerre mondiale

1926
P. Eluard publie *Capitale de la douleur*

1930
R. Desnos publie *Corps et Biens* (▸ 216)

1939-1945
Seconde Guerre mondiale

1949
J. Supervielle publie *Oublieuse mémoire*

Poème 1

L'amoureuse

Elle est debout sur mes paupières
Et ses cheveux sont dans les miens,
Elle a la forme de mes mains,
Elle a la couleur de mes yeux,
Elle s'engloutit dans mon ombre
Comme une pierre dans le ciel.

Elle a toujours les yeux ouverts
Et ne me laisse pas dormir.
Ses rêves en pleine lumière
Font s'évaporer les soleils
Me font rire, pleurer et rire,
Parler sans avoir rien à dire.

Paul Eluard, « Mourir de ne pas mourir »,
Capitale de la douleur, 1926 © Éd. Gallimard.

Camille Claudel (1856-1913), *La Valse*, vers 1890, sculpture en bronze.

***Jules Supervielle** (1884-1960) est un poète, romancier et dramaturge français né en Uruguay. Il passe sa vie entre la France et l'Amérique du Sud. Il se tient volontairement à l'écart des courants artistiques qui révolutionnent son époque afin de créer une poésie accessible à tous. Il privilégie une certaine simplicité qui donne à son œuvre un ton particulièrement juste.*

Poème 2

Je vous rêve de loin…

Je vous rêve de loin, et, de près, c'est pareil,
Mais toujours vous restez précise, sans réplique,
Sous mes tranquilles yeux vous devenez musique,
Comme par le regard, je vous vois par l'oreille.

Vous savez être en moi comme devant mes yeux,
Tant vous avez le cœur offert, mélodieux,
Et je vous entends battre à mes tempes secrètes
Lorsque vous vous coulez en moi pour disparaître.

Jules Supervielle, *Oublieuse mémoire*, 1949 © Éd. Gallimard.

Graine de culture

L'amour est l'un des thèmes privilégiés de la poésie lyrique.

- Associez chaque poète à sa ***muse***, c'est-à-dire à la femme qui l'a inspiré.
- Dites à quel siècle chaque couple a vécu.

Les poètes : Dante, Pétrarque, Ronsard, Guillaume Apollinaire, Paul Eluard, Louis Aragon.

Leurs muses : Gala, Elsa Triolet, Béatrice, Hélène, Laure, Louise de Coligny-Châtillon (surnommée « Lou »).

Dante Gabriel Rossetti (1828-1882), *La Ghirlandata*, 1871-1874, huile sur toile, Londres.

À l'oral

Lire à voix haute

Relisez à haute voix les deux poèmes étudiés (▸ p. 214).

Lequel préférez-vous ? Justifiez votre réponse à l'aide de plusieurs arguments.

Étudier l'expression imagée de l'amour

1. Quel est le thème commun aux deux poèmes ? Citez un vers de chacun d'eux pour justifier.

2. Ces poètes vous semblent-ils avoir respecté les règles de la poésie classique (▸ p. 294) ? Justifiez précisément pour chacun d'eux.

3. Poème 2 : parmi les cinq sens, quels sont les deux qui s'entremêlent ? Relevez les deux exemples qui illustrent votre réponse.

4. Poème 2 : comment faut-il prononcer l'adjectif *mélodieux* au vers 6, pour lire un alexandrin (▸ p. 294) ? Pourquoi peut-on dire que le poète joue sur ce mot à partir de sa prononciation ?

5. Poème 2 : relevez la métaphore qui désigne la femme tout au long du poème. Que suggère-t-elle ?

6. Poème 1 : dans chacune des deux strophes, que vous font comprendre les images ? Quelle est celle qui vous surprend le plus ? Pourquoi ?

BILAN **7** **De quelle façon Paul Eluard et Jules Supervielle nous montrent-ils que la femme aimée hante leur esprit jour et nuit ?**

Robert Desnos *(1900-1945) est un poète français engagé dans la Résistance. Déporté, il meurt dans un camp de travail. Son œuvre poétique reflète son goût pour les rêves et les associations d'images inattendues.*

LE SAVEZ-VOUS ?

La poésie n'est pas nécessairement écrite en vers. À partir du XIXe siècle, les poètes commencent à se libérer des règles de la versification classique. En 1842, Aloysius Bertrand publie le premier recueil en prose intitulé *Gaspard de la Nuit*. Il sera suivi par Charles Baudelaire (▸ p. 131) avec *Le Spleen de Paris* paru en 1869. Selon lui, cette prose poétique, fluide et musicale, doit pouvoir exprimer le monde intérieur de l'artiste.

Poème 3

J'ai tant rêvé de toi

Ce poème, comme tant d'autres, est dédié « à la mystérieuse ». Il s'agit d'Yvonne George, une chanteuse de music-hall.

J'ai tant rêvé de toi que tu perds ta réalité.

Est-il encore temps d'atteindre ce corps vivant et de baiser sur cette bouche la naissance de la voix qui m'est chère ?

J'ai tant rêvé de toi que mes bras habitués, en étreignant ton ombre, à se croiser sur ma poitrine ne se plieraient pas au contour de ton corps, peut-être.

Et que, devant l'apparence réelle de ce qui me hante et me gouverne depuis des jours et des années, je deviendrais une ombre sans doute.

Ô balances sentimentales.

J'ai tant rêvé de toi qu'il n'est plus temps sans doute que je m'éveille. Je dors debout, le corps exposé à toutes les apparences de la vie et de l'amour et toi, la seule qui compte aujourd'hui pour moi, je pourrais moins toucher ton front et tes lèvres que les premières lèvres et le premier front venus.

J'ai tant rêvé de toi, tant marché, parlé, couché avec ton fantôme qu'il ne me reste plus peut-être, et pourtant, qu'à être fantôme parmi les fantômes et plus ombre cent fois que l'ombre qui se promène et se promènera allègrement sur le cadran solaire de ta vie.

Robert Desnos, « À la mystérieuse »,
Corps et Biens, 1930 © Éd. Gallimard.

Histoire des arts

Écoutez « La Danse du feu » du compositeur Manuel de Falla. Imprégnez-vous de ce rythme répétitif.

- Quelles émotions vous inspire ce morceau ?
- Quelles images vous viennent à l'esprit (scène immobile ou en mouvement, types de personnages, décor...) ?
- Écrivez un poème en prose de quelques lignes, inspiré par la musique, sur le thème d'une obsession.

Étudier un poème lyrique en prose

1. Sur quelle expression le poète insiste-t-il ? Comment appelle-t-on cette figure de style ?

2. Qu'est-ce qui caractérise la femme aimée ? Développez votre réponse en vous appuyant sur des expressions du texte.

3. Pourquoi peut-on dire que ce texte est un poème ?

4. Insérez une phrase dans ce poème en commençant par : *J'ai tant rêvé de toi*. Pensez à respecter la cohérence de l'ensemble.

Lecture de l'image

Étudier les contrastes d'un tableau lyrique

1. Qu'est-ce qui, d'après vous, fait l'originalité de cette toile ? Répondez en vous appuyant sur le format, la composition et les couleurs.
2. Quels éléments du tableau justifient son titre ?
3. Que distinguez-vous à l'arrière-plan ?
4. Auquel des trois poèmes célébrant la femme aimée (▸ p. 214 à 216) souhaitez-vous associer ce tableau ? Justifiez.

SOCLE COMMUN C5

Gustav Klimt (1862-1918) *L'amour*, 1895, huile sur toile (60 x 44 cm), Karlsplatz Museum, Vienne, Autriche.

BILAN ▸ Chanter la femme aimée

Relisez les trois poèmes (▸ p. 214 à 216) et complétez ce tableau.

	Forme poétique	Poème triste ou joyeux ? Citation du Poème	Pronom désignant l'être aimé	Expression de l'obsession	Emploi d'hyperboles	Adjectif caractérisant la femme aimée
Poème d'Eluard	......	......	......	......	......	......
Poème de Supervielle	......	......	......	......	......	......
Poème de Desnos	......	......	......	......	......	......

→ Quel est, selon vous, le poème qui chante le mieux la femme aimée ? Justifiez.

Célébrer la terre natale

Texte 1 Calme jardin…

***Léopold Sédar Senghor** (1906-2001) est un poète et homme politique sénégalais. Il est le premier président du Sénégal (1960-1980) et le premier Africain à siéger à l'Académie française (1983). Sa poésie redonne toute sa place au rythme et à l'oralité. Très impliqué dans la défense des Noirs, il lutte pour faire reconnaître leur culture et leur histoire.*

Calme jardin,
Grave jardin,
Jardin aux yeux baissés au soir
Pour la nuit,
Peines et rumeurs,
Toutes les angoisses bruissantes[1] de la Ville
Arrivent jusqu'à moi, glissant sur les toits lisses,
Arrivent à la fenêtre
Penchée, tamisées[2] par feuilles menues et tendres et pensives.

Mains blanches,
Gestes délicats
Gestes apaisants.

Mais l'appel du tam-tam
bondissant
par monts
et
continents,
Qui l'apaisera, mon cœur,
À l'appel du tam-tam
bondissant,
véhément[3],
lancinant[4] ?

Léopold Sédar Senghor,
« Jardins de France », *Œuvres poétiques*, 1964
© Éd. du Seuil, 1990.

Leslie Xuereb (née en 1959),
Two Drums, 2001.

1 **bruissantes :** frémissantes, murmurantes.
2 **tamisées :** filtrées, voilées.
3 **véhément :** qui emporte, entraîne.
4 **lancinant :** qui obsède et tourmente.

Écouter la voix du poète

- Où se trouve le poète lorsqu'il écrit ? De quel continent se souvient-il ?

Percevoir l'influence de la culture et des traditions sur le lyrisme

Une nature protectrice

1. Comment voit-on l'importance du jardin aux yeux de Senghor ?

2. Vers 1 à 9 : montrez que le jardin s'oppose à la ville. Appuyez-vous sur le lexique et les figures de style.

3. Relevez une allitération dans les vers 6 et 7 : quelle impression produit-elle ?

L'appel du tam-tam

4. Comment comprend-on que l'appel du tam-tam introduit une rupture dans le poème comme dans le cœur du poète ?

5. Quel sens donnez-vous au mot *appel* (v. 13 et 19) ? Quel sentiment cela traduit-il de la part de l'auteur ?

6. Comment voit-on que ce poème est écrit en vers libres ? Quel est l'intérêt de ce choix ?

BILAN **7** **Léopold Sédar Senghor puise son inspiration dans la culture africaine. Montrez-le dans une réponse développée.**

Texte 2

Enfant de la ville

Fabien Marsaud *(né en 1977), plus connu sous le nom de* Grand Corps Malade *(en référence à un douloureux accident survenu en 1997), est un slameur français. Il enregistre son premier album en 2006 :* Midi 20. *Il est chevalier dans l'Ordre des arts et lettres.*

À l'oral

S'entraîner à faire « claquer » les mots

Le *slam* signifie en anglais « claquement ». Choisissez un court passage du texte. Entraînez-vous à le dire « pour que ça claque et que ça sonne », sans utiliser d'accessoires ni de musique, comme dans les tournois de slam.

Grand Corps Malade est originaire de Saint-Denis, dans la banlieue de Paris. Il a beaucoup écrit sur sa ville natale. Reprenant une tradition lyrique et orale, le slam est une poésie urbaine moderne, née à Chicago dans les années 80.

Refrain : Je suis un enfant de la ville, je suis un enfant du bruit
J'aime la foule quand ça grouille, j'aime les rires et les cris
J'écris mon envie de croiser du mouvement et des visages
Je veux que ça claque et que ça sonne, je ne veux pas que des vies sages

Je trempe ma plume dans l'asphalte, il est peut-être pas trop tard
Pour voir un brin de poésie même sur nos bouts de trottoirs
Le bitume est un shaker où tous les passants se mélangent
Je ressens ça à chaque heure et jusqu'au bout de mes phalanges
Je dis pas que le béton c'est beau, je dis que le béton c'est brut
Ça sent le vrai, l'authentique, peut-être que c'est ça le truc
Quand on le regarde dans les yeux, on voit bien que s'y reflètent nos vies
Et on comprend que slam et hip-hop ne pouvaient naître qu'ici
Difficile de traduire ce caractère d'urgence
Qui se dégage et qu'on vit comme une accoutumance
Besoin de cette agitation qui nous est bien familière
Je t'offre une invitation pour cette grande fourmilière
J'suis allé à New York, je me suis senti dans mon bain
Ce carrefour des cultures est un dictionnaire urbain
J'ai l'amour de ce désordre et je ris quand les gens se ruent
Comme à l'angle de Broadway[1] et de la 42e rue[1]

[1] rues de New York.

Grand Corps Malade, *Enfant de la ville* (extrait), 2008
© ANOUCHE Productions www.grandcorpsmalade.com

Écouter la voix du poète

- Qu'est-ce qui vous surprend dans cette forme poétique ?

Étudier la poésie lyrique moderne : le slam

Une poésie urbaine

1. Comment interprétez-vous le titre ?

2. Que le poète apprécie-t-il dans la ville ? Justifiez.

3. Comment voit-on que la ville est une source d'inspiration poétique ?

Faire claquer les mots

4. Qu'est-ce qui donne du rythme et de la musicalité au refrain ?

5. Prononcez les mots et expressions *Le bitume est un shaker / Je ressens ça à chaque heure / Je ris quand les gens se ruent*. Que remarquez-vous ? Comment appelle-t-on ce procédé ?

BILAN **6** **Trouvez au moins deux ressemblances et deux différences entre ce slam et les poèmes lyriques étudiés.**

Votre professeur choisira certains exercices pour vous préparer au sujet d'oral et comprendre le poème « Green » de Paul Verlaine (▸ p. 221).

LEXIQUE

La versification

Sens propre, sens figuré ▸ leçon 2, p. 284

1 **a.** Dans le poème « Green » (v. 1 et 2), Verlaine offre un bouquet à la femme aimée. Pourquoi peut-on dire qu'il mêle des mots au sens propre et au sens figuré ?
b. Dans quel sens faut-il prendre le verbe *déchirez* (v. 3) ?

2 **a.** Écrivez deux vers en conservant la structure du début de « Green ». Dans le premier, vous ferez une énumération de termes au sens propre, et dans le suivant, vous emploierez un mot au sens figuré.
Voici ..., ..., ... et ...
Et puis voici ...
b. Faites une lecture expressive de ces deux vers devant la classe.

Lexique de la poésie ▸ leçon 7, p. 294

3 **a.** Combien ce poème comporte-t-il de strophes ? Comment les nomme-t-on ?
b. Quel est le mètre du vers ?
c. Recopiez les vers 2, 3, 4 et 7, puis délimitez les syllabes par une barre oblique.
d. Écrivez un quatrain en octosyllabes ou en alexandrins dans lequel vous exprimerez un sentiment à travers l'image d'une fleur.

> J'ai voulu ce matin te rapporter des roses ;
> Mais j'en avais tant pris dans mes ceintures closes
> Que les nœuds trop serrés n'ont pu les contenir.
>
> Les nœuds ont éclaté. Les roses envolées
> Dans le vent, à la mer s'en sont toutes allées.
> Elles ont suivi l'eau pour ne plus revenir ;
>
> La vague en a paru rouge et comme enflammée.
> Ce soir, ma robe encore en est tout embaumée...
> Respires-en sur moi l'odorant souvenir.
>
> **Marceline Desbordes-Valmore**, « Les roses de Saadi », *Poésies*, 1830.

4 **a.** Combien les vers suivants comportent-ils de syllabes ?
b. Citez un autre poème de Verlaine qui comporte un mètre impair.

> Cette âme qui se lamente
> En cette plainte dormante,
> C'est la nôtre, n'est-ce pas ?
> La mienne, dis, et la tienne,
> Dont s'exhale l'humble antienne
> Par ce tiède soir, tout bas ?
>
> **Paul Verlaine**, « C'est l'extase langoureuse », *Romances sans paroles*, 1874.

5 **a.** Quels sont les thèmes qui se croisent dans ce court poème ?
b. Entraînez-vous à lire ce poème en ménageant au moins trois pauses (à la fin d'un vers ou entre les mots) afin de lui donner un rythme lent et mélancolique.

> J'ai cueilli ce brin de bruyère
> L'automne est morte souviens-t'en
> Nous ne nous verrons plus sur terre
> Odeur du temps brin de bruyère
> Et souviens-toi que je t'attends
>
> **Guillaume Apollinaire**, « L'Adieu » (extrait), *Alcools*, 1913 © Éd. Gallimard.

Le lexique du verbe aimer

Figures de style et procédés ▸ leçons 8 et 9, p. 296 à 299

6 **a.** Repérez les assonances et les allitérations dans ces vers.
b. Expliquez l'effet produit.

> **1.** Je marcherai les yeux fixés sur mes pensées. (Victor Hugo)
> **2.** Mais l'amour infini me montera dans l'âme. (Arthur Rimbaud)
> **3.** Je fais souvent ce rêve étrange et pénétrant. (Paul Verlaine)
> **4.** Voici des fruits, des fleurs, des feuilles et des branches. (Paul Verlaine)

7 **a.** Écrivez un vers que l'amour vous inspire : utilisez une allitération ou une assonance afin de créer une impression (douceur, douleur...)
b. Lisez-le à haute voix en faisant ressortir sa musicalité.

8 **Dans les vers suivants, identifiez les figures de style (métaphore, personnification, comparaison, anaphore ou antithèse.)**

> **1.** Je t'aime pour toutes les femmes que je n'ai pas connues / Je t'aime pour tous les temps où je n'ai pas vécu (Paul Eluard)
> **2.** Je vis, je meurs, je me brûle et me noie, / J'ai chaud extrême en endurant froidure (Louise Labé)
> **3.** Souffrez que ma fatigue à vos pieds reposée / Rêve des chers instants qui la délasseront (Paul Verlaine)
> **4.** J'ai tout appris de toi comme on boit aux fontaines / Comme on lit dans le ciel les étoiles lointaines. (Louis Aragon)
> **5.** Votre âme est un paysage choisi. (Paul Verlaine)

Champ lexical

RÉVISIONS

9 Les verbes de la liste expriment différentes façons d'aimer. *Vouer un culte, se passionner, apprécier, vénérer, adorer, s'éprendre, révérer, idolâtrer, s'amouracher, affectionner.*

a. Donnez l'étymologie du verbe *adorer*. b. De quel nom *idolâtrer* est-il dérivé ? c. D'après vous, quels sont les verbes qui traduisent le mieux l'intensité de l'amour de Paul Verlaine dans « Green » ? Justifiez.

ORTHOGRAPHE-CONJUGAISON

Analyse du verbe ▸ leçon 39, p. 358

10 a. À quel temps les verbes du poème « Green » sont-ils principalement conjugués ?

b. Classez-les dans un tableau à trois colonnes selon le mode auquel ils appartiennent. Quel est le mode qui permet au poète d'exprimer une prière à l'être aimé ?

c. Récrivez le poème « Green » en tutoyant la femme aimée.

GRAMMAIRE

Expansions du GN : épithète ▸ leçon 16, p. 312

11 Relevez les adjectifs épithètes dans cet extrait. Précisez à chaque fois à quels noms ils se rapportent.

J'aime de vos longs yeux la lumière verdâtre,
Douce beauté, mais tout aujourd'hui m'est amer,
Et rien, ni votre amour, ni le boudoir, ni l'âtre,
Ne me vaut le soleil rayonnant sur la mer.

Et pourtant aimez-moi, tendre cœur ! soyez mère
Même pour un ingrat, même pour un méchant ;
Amante ou sœur, soyez la douceur éphémère
D'un glorieux automne ou d'un soleil couchant.

Courte tâche ! La tombe attend ; elle est avide !
Ah ! laissez-moi, mon front posé sur vos genoux,
Goûter, en regrettant l'été blanc et torride,
De l'arrière-saison le rayon jaune et doux !

Ch. Baudelaire, « Chant d'automne » (extrait), *Les Fleurs du mal*, 1857.

dictée

12 Lisez attentivement ce poème afin d'en repérer les difficultés.

[...] J'ai cueilli cette fleur pour toi, ma bien-aimée.
Elle est pâle, et n'a pas de corolle embaumée,
Sa racine n'a pris sur la crête des monts
Que l'amère senteur des glauques goémons ;
Moi, j'ai dit : Pauvre fleur, du haut de cette cime,
Tu devais t'en aller dans cet immense abîme
Où l'algue et le nuage et les voiles s'en vont.
Va mourir sur un cœur, abîme plus profond.
Fane-toi sur ce sein en qui palpite un monde. [...]

Victor Hugo, *Les Contemplations*, 1856.

Sujet d'oral

Dire un poème de façon expressive

Récitez ce poème devant la classe : vous en ferez ressortir le sens, l'émotion et la musicalité.

Consignes

→ Pour bien dire un poème, il faut le comprendre et en dégager l'atmosphère :

- Quelle est l'impression générale qui se dégage ?
- À quelle personne le poète s'adresse-t-il ?
- Quel sentiment éprouve-t-il à son égard ?
- Que lui demande-t-il ? Sur quel ton ?

Green

Voici des fruits, des fleurs, des feuilles et des branches
Et puis voici mon cœur qui ne bat que pour vous.
Ne le déchirez pas avec vos deux mains blanches
Et qu'à vos yeux si beaux l'humble[1] présent soit doux.

J'arrive tout couvert encore de rosée
Que le vent du matin vient glacer à mon front.
Souffrez que ma fatigue à vos pieds reposée
Rêve des chers instants qui la délasseront[2].

Sur votre jeune sein laissez rouler ma tête
Toute sonore encor de vos derniers baisers ;
Laissez-la s'apaiser de la bonne tempête.
Et que je dorme un peu puisque vous reposez.

Paul Verlaine, *Romances sans paroles*, 1874.

1 **humble :** modeste, simple.
2 **délasseront :** reposeront, détendront.

Méthode

✓ Recopiez le poème et lisez-le à haute voix pour vous familiariser avec son **rythme**. Pensez à bien **articuler** et à faire les **liaisons**.

✓ Identifiez les mots importants que vous devez mettre en valeur dans votre lecture : vous devez faire entendre, par votre **intonation**, les **émotions** du poète et l'**atmosphère** de la scène.

✓ Respectez bien le **mètre** du vers. Soulignez les **-e-** qu'il faut prononcer.

Remarques

☹ Veillez à ne pas faire une récitation rapide et monotone.

☺ Vous pouvez vous enregistrer grâce au logiciel gratuit « Audacity ». Entendre sa lecture est encore la meilleure façon d'améliorer sa diction et son intonation. B2i

Votre professeur choisira certains exercices pour vous préparer au sujet d'écrit.

LEXIQUE

Sensations

Champ lexical

RÉVISIONS

1 a. Quels sont les sens qui sont sollicités dans ce poème ?
b. Relevez tous les mots qui s'y rapportent et classez-les dans un tableau.

Laisse-moi respirer longtemps, longtemps, l'odeur de tes cheveux, y plonger tout mon visage, comme un homme altéré dans l'eau d'une source, et les agiter avec ma main comme un mouchoir odorant, pour secouer des souvenirs dans l'air. Si tu pouvais savoir tout ce que je vois ! tout ce que je sens ! tout ce que j'entends dans tes cheveux ! Mon âme voyage sur le parfum comme l'âme des autres hommes sur la musique.

Tes cheveux contiennent tout un rêve, plein de voilures et de mâtures ; ils contiennent de grandes mers dont les moussons me portent vers de charmants climats, où l'espace est plus bleu et plus profond, où l'atmosphère est parfumée par les fruits, par les feuilles et par la peau humaine.

Charles Baudelaire, « Un hémisphère dans une chevelure » (extrait), *Le Spleen de Paris*, 1869.

2 a. Dans ce poème, quelle est la sensation dominante ? Justifiez par un relevé.
b. Lisez ce poème à haute voix en faisant entendre le rythme et les silences suggérés par la disposition des vers.

La lune mêle nos ombres
aux ombres des branches
d'amandiers

Une brise mêle nos voix
aux cris intermittents
des grillons

Seuls nos pas résonnent
À la source cachée
qui chantant

Tait le secret de cette nuit du monde

François Cheng, *Le long d'un amour* © Arfuyen, 2003.

3 a. Chassez l'intrus dans chaque liste. Justifiez.
1. Parfum, fragrance, senteur, saveur, odeur.
2. Bruissement, gazouillis, clapotis, murmure, fracas.
3. Horizon, rugosité, panorama, silhouette, profil.

b. En vous aidant du dictionnaire, faites une liste de cinq mots qui se rapportent à l'un des cinq sens. Insérez un intrus. Demandez à votre voisin de table de le trouver.

Figures de style et procédés ▸ leçons 8 et 9, p. 296 à 299

4 Relisez l'extrait du poème en prose de Baudelaire (exercice 1).
a. L. 1 à 9 : relevez trois comparaisons, puis expliquez le sens de ces images.
b. *Pour secouer des souvenirs dans l'air* (l. 5) : de quelle figure de style s'agit-il ?
c. *Si tu pouvais savoir … dans tes cheveux !* (l. 5 à 7) : identifiez la figure de style et l'effet qu'elle produit.
d. Quelles allitérations entendez-vous dans les lignes 10 à 15 ?

Sentiments et émotions

Vocabulaire des sentiments et des émotions ▸ leçon 4, p. 288

5 Les mots de la liste expriment différents degrés de la joie. *Enthousiasme, joie, excitation, enjouement, ravissement, extase, entrain, allégresse, euphorie.*
a. Faites deux listes en regroupant les termes qui se rapportent à la gaieté et ceux qui traduisent l'exaltation.
b. Donnez un antonyme à chaque groupement.

6 a. Dans chaque liste, trouvez l'intrus. Justifiez.
1. Harmonie, communion, discordance, osmose, symbiose, accord.
2. Paix, quiétude, sérénité, bien-être, calme, inquiétude.
3. Admiratif, émerveillé, ébloui, subjugué, indifférent, impressionné.

b. Choisissez dans chaque liste un mot difficile et employez-le dans une phrase pour en éclairer le sens.

7 a. Montrez que la nature offre un véritable spectacle au poète.
b. Quels sentiments lui permet-elle de chasser et de trouver ? Appuyez-vous sur le lexique et les figures de style.

J'errais comme un nuage solitaire
Qui flotte au loin sur les monts et les prés
Quand tout à coup, je vis luire sur terre
Un bataillon de narcisses dorés.
Au bord d'un lac où la vague se brise,
Ils frissonnaient et dansaient dans la brise. […]

Triste ou sentant la tristesse venir,
Combien de fois, l'esprit rêveur ou sombre,
J'ai vu depuis danser les fleurs sans nombre
Avec les yeux charmés du souvenir !
Aussitôt plein de nouvelles délices
Mon cœur joyeux danse avec les narcisses !

William Wordsworth, « Les Narcisses », *Choix de poésies*, 1807, trad. É. Louis.

GRAMMAIRE

Vocabulaire du jugement et de la critique ▸ leçon 5, p. 290

8 **Relisez les strophes du poème « Ophélie » (▸ p. 213). Voici la fin du poème.**

C'est que la voix des mers folles, immense râle,
Brisait ton sein d'enfant, trop humain et trop doux ;
C'est qu'un matin d'avril, un beau cavalier pâle,
Un pauvre fou, s'assit muet à tes genoux !

Ciel ! Amour ! Liberté ! Quel rêve, ô pauvre folle !
Tu te fondais à lui comme une neige au feu :
Tes grandes visions étranglaient ta parole
– Et l'infini terrible effara ton œil bleu !

Et le poète dit qu'aux rayons des étoiles
Tu viens chercher, la nuit, les fleurs que tu cueillis,
Et qu'il a vu sur l'eau, couchée en ses longs voiles,
La blanche Ophélia flotter, comme un grand lys.

Arthur Rimbaud, « Ophélie » (extrait), *Poésies*, 1870.

Comment percevez-vous la présence du poète ? Pour répondre, relevez les procédés suivants : a. Les signes de ponctuation expressifs. b. Les mots qui expriment un jugement. c. Les figures de style.

Expansions du GN : épithète ▸ leçon 16, p. 312

9 **Relisez l'extrait du poème en prose de Baudelaire (exercice 1). Récrivez le deuxième paragraphe en enrichissant les groupes nominaux à l'aide d'adjectifs mélioratifs.**

ORTHOGRAPHE-CONJUGAISON

Accords dans le GN ▸ 20 règles d'or, p. 402

10 **Accordez convenablement les adjectifs entre parenthèses.**

Éternité, néant, passé, *(sombre)* abîmes,
Que faites-vous des jours que vous engloutissez ?
Parlez : nous rendrez-vous ces extases *(sublime)*
Que vous nous ravissez ?

Ô lac ! rochers *(muet)* ! grottes ! forêt *(obscur)* !
Vous, que le temps épargne ou qu'il peut rajeunir,
Gardez de cette nuit, gardez, *(beau)* nature,
Au moins le souvenir !

Qu'il soit dans ton repos, qu'il soit dans tes orages,
(Beau) lac, et dans l'aspect de tes *(riant)* coteaux,
Et dans ces *(noir)* sapins, et dans ces rocs *(sauvage)*
Qui pendent sur tes eaux.

D'après **Alphonse de Lamartine**, « Le Lac » (extrait), *Méditations poétiques*, 1820.

Écrire un poème lyrique sur la nature

Composez un poème en vers libres dans lequel vous célébrez un paysage réel ou imaginaire.

Consignes d'écriture

→ Décrivez le paysage en insistant sur les émotions et les sensations qu'il provoque en vous.
→ Inspirez-vous du vers de Charles Baudelaire : *Au pays parfumé que le soleil caresse.*

Méthode

✓ Définissez la **situation d'énonciation** : à quel moment ce paysage surgit-il ? Comment ? À qui vous adressez-vous ?
✓ Choisissez un **lexique mélioratif**.
✓ Employez de nombreuses **figures de style** pour rendre votre poème plus imagé : la métaphore, la comparaison et la personnification.
✓ Renforcez l'expression de vos **émotions** et de vos **sensations** en utilisant des hyperboles, des interjections et des phrases exclamatives.
✓ Donnez du **rythme** et de la **musicalité** grâce aux procédés suivants : rimes, assonances, allitérations, anaphores, répétitions.

Remarque

☺ Vous pouvez aussi insérer un refrain.

Joseph M. William Turner (1775-1851), *Le lac d'Uri depuis Brennen*, aquarelle.

dictée

11 a. **Relisez attentivement les strophes du poème précédent en vue d'une dictée.**
b. **Reliez chaque sujet au verbe dont il dépend.**

SYNTHÈSE Qu'est-ce que le lyrisme en poésie ?

Le monde intérieur de l'artiste

• Le plus souvent, la poésie lyrique fait entendre **la voix du poète** avec le pronom ***je***. Elle accorde une place importante à **l'expression des émotions personnelles**, des sensations et des impressions. Les poètes abordent **la douleur de l'absence**, **la mélancolie**, la nostalgie…

• Mais le lyrisme n'est pas que l'expression de la souffrance ; il peut être aussi **chant de célébration** : la femme aimée, la terre natale, l'art, la nature sont des thèmes fréquents.

• Quels que soient leurs sentiments, les poètes **communiquent** avec force ce qu'ils ressentent : les points de suspension et d'exclamation, les interjections et les hyperboles sont des procédés caractéristiques de ce registre. Ainsi, l'**expression** de l'émotion compte autant que l'émotion elle-même. Le lyrisme permet alors de **célébrer la beauté de la langue**.

Un langage musical et imagé

• Le **mythe d'Orphée**, à l'origine du lyrisme (▸ p. 202), souligne **le pouvoir du langage**, capable d'envoûter l'esprit comme les sens. C'est par son **travail sur la langue** que le poète parvient à communiquer ses émotions et ses impressions. En effet, la **musicalité des mots** et le **rythme des vers** font du poème lyrique un chant *a cappella* (▸ p. 204).

• Pour faire percevoir les sentiments qui l'animent, le poète crée des **images évocatrices** : il multiplie les **figures de style** (▸ leçons 8 et 9, p. 296-298), notamment l'anaphore, la métaphore, la comparaison, la personnification.

• Sous la plume de Rimbaud, Eluard, Desnos, la poésie lyrique peut faire penser à une « peinture parlante » (▸ p. 212).

Un chant universel

• Le lyrisme ne se limite pas à l'expression du monde intérieur de l'artiste : **le poète dépasse son expérience individuelle pour trouver un langage qui parle à tous les hommes**, d'où la formule célèbre de Victor Hugo : *Hélas ! quand je parle de moi, je vous parle de vous !* Le lecteur retrouve alors, dans la poésie lyrique, les pronoms ***nous*** et ***vous***, ainsi que le présent de vérité générale. Le poète va même jusqu'à utiliser la troisième personne (P. Verlaine ▸ p. 210). Ainsi, la poésie lyrique est l'expression d'une **musique intérieure** qui rejoint un **chant universel**.

SOCLE COMMUN

Compétence	Item	Critères d'évaluation	
4 Usage des TICE B2i	Participer à des travaux collaboratifs en connaissant les enjeux et en respectant les règles.	2.7) Je mets mes compétences informatiques au service d'une production collective.	▸ p. 209
1 Maîtrise de la langue	Participer à un débat, à un échange verbal.	Je construis et développe des arguments pour faire valoir mon point de vue. J'ai une attitude respectueuse envers autrui, je fais preuve de qualités d'écoute.	▸ p. 212
5 Culture humaniste	Établir des liens entre les œuvres (littéraires, artistiques) pour mieux les comprendre.	Je sais identifier des parentés et des contrastes et les utiliser pour comprendre la portée d'une œuvre.	▸ p. 217

VALUATION

J'écris pour que le jour…

***Anna de Noailles** (1876-1933) est une comtesse, femme de lettres d'origine grecque et de culture française. Elle aborde les grands thèmes lyriques de l'amour, de la nature et de la mort, notamment dans ses recueils* Le Cœur innombrable *(1901) et* L'Ombre des jours *(1902). Elle écrit également des romans et des nouvelles.*

J'écris pour que le jour où je ne serai plus
On sache comme l'air et le plaisir m'ont plu,
Et que mon livre porte à la foule future
Comme j'aimais la vie et l'heureuse Nature.

Attentive aux travaux des champs et des maisons,
J'ai marqué chaque jour la forme des saisons,
Parce que l'eau, la terre et la montagne flamme
En nul endroit ne sont si belles qu'en mon âme !

J'ai dit ce que j'ai vu et ce que j'ai senti,
D'un cœur pour qui le vrai ne fut point trop hardi[1],
Et j'ai eu cette ardeur[2], par l'amour intimée[3],
Pour être, après la mort, parfois encore aimée,

Et qu'un jeune homme, alors, lisant ce que j'écris,
Sentant par moi son cœur ému, troublé, surpris,
Ayant tout oublié des épouses réelles,
M'accueille dans son âme et me préfère à elles…

Anna de Noailles, *L'Ombre des jours*, 1902.

1 **hardi :** osé. 2 **ardeur :** désir, énergie. 3 **intimée :** imposée.

Culture littéraire

- Connaissez-vous d'autres femmes écrivant des poèmes ?
- Dites à quel siècle chacune d'elles a vécu.

Comprendre ce qui pousse le poète à écrire

L'amour de la vie

1. Étudiez la versification de ce poème : donnez le nombre de strophes, leur nom, le mètre du vers et la disposition des rimes.

2. Quel est le titre qui vous semble le plus approprié : ***Témoignage d'une vie*** ou ***Impressions du moment*** ? Justifiez en vous appuyant sur des expressions et sur les temps des verbes.

3. Par quels champs lexicaux voit-on que le poète aime la vie ?

Le pouvoir de la poésie

4. Pour quelles raisons Anna de Noailles écrit-elle ?

5. Relisez la dernière strophe : quel pouvoir Anna de Noailles prête-t-elle à la poésie ?

BILAN

6 a. Pourquoi peut-on dire que ce poème est lyrique ? Répondez en un paragraphe, en vous appuyant sur vos connaissances.
b. À quels poèmes étudiés ce texte vous fait-il penser ? Justifiez.

Gustav Klimt (1862-1918), *Portrait de Sonia Knips* (détail), 1898, huile sur toile (1,45 x 1,46), Galerie du Belvédère, Vienne, Autriche.

chapitre 7

Faire rire au théâtre

Le rire comme critique de la société

Observer et découvrir

Molière et les Caractères de ses comédies, gravure de Jahyer d'après une peinture d'Edmond Geffroy (1804-1895), peintre et comédien français, 1857.

- En vous aidant du titre de la gravure, dites qui représentent les personnages.
- En observant leur nombre, que peut-on dire de l'œuvre de Molière ?

Lire et découvrir

Le théâtre comique

• Le Moyen Âge et la farce
Lors des foires ou du carnaval, les gens se griment et improvisent des scènes comiques sur les **places publiques**. L'intrigue d'une farce est toujours la même : un personnage cherche à en tromper un autre, ils s'affrontent, s'insultent, et finalement le trompeur est trompé !

• La *Commedia dell'arte* (▸ p. 254)
Elle naît en Italie à la fin du Moyen Âge, et ses comédiens sont des professionnels. Les personnages sont reconnaissables par leur costume et leur masque : **Arlequin**, valet rusé au costume bariolé, **Pierrot**, valet naïf, vêtu de blanc, **Polichinelle**, paysan bossu, riche et lourdaud. Les acteurs improvisent leur texte à partir de **canevas** aux intrigues complexes.

• La comédie satirique au XVIIe siècle
Au XVIIe siècle, la comédie devient l'occasion de se moquer du ridicule de certains comportements en les grossissant : ce procédé se nomme « ***satire*** ». Certaines pièces décrivent les travers de la société, d'une catégorie sociale ; on parle alors de **comédie de mœurs**.

→ Molière a su associer ces différentes traditions comiques dans ses pièces.

Lecture de l'image

Observer des personnages comiques

1. Quelles traditions comiques pouvez-vous identifier dans ces mises en scène de pièces de Molière ?
2. Quelle est, selon vous, la caractéristique de chacun des personnages ?

L'Avare, mise en scène de J. Savary, 199
George Dandin, mise en scè
de M. Gonzalez, 200

AUTOUR D'UNE ŒUVRE

L'Avare, Molière

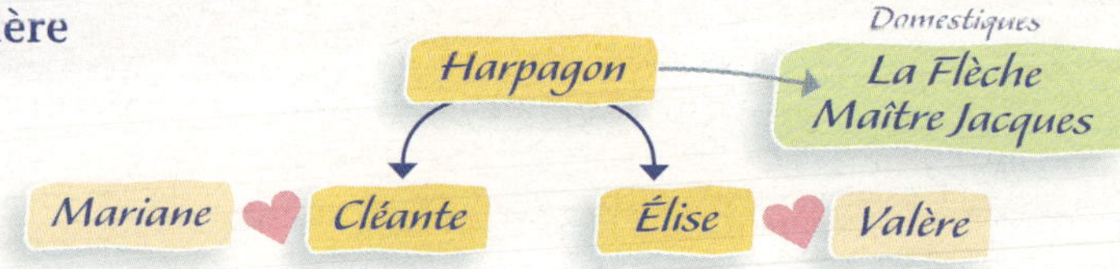

Texte 1

Un face-à-face familial

Molière *(1622-1673) a grandi dans une famille de tapissiers parisiens. Son grand-père l'emmène sur le Pont-Neuf écouter les comédiens de la* Commedia dell'arte *: il est attiré par le théâtre. Plus tard, il fonde la troupe de l'*Illustre Théâtre *en 1643, écrit ses premières pièces et connaît ses premiers succès en province. De retour à Paris, la troupe est désormais sous la protection du frère du roi et remporte un triomphe avec* Les Précieuses ridicules *en 1659* (▸ **p. 238**). *De nombreuses créations suivent, souvent appréciées par Louis XIV.*

LE SAVEZ-VOUS ?

Molière écrit *L'Avare* en 1668 : il s'inspire d'une pièce latine de Plaute, qui faisait la **satire** d'un avare (critique de ses défauts). Mais il y introduit également des éléments de sa propre vie : les dettes, bien connues à ses débuts, la *fluxion* d'Harpagon, qui rappelle la maladie dont il souffrait aussi et qui l'emporte, quatre ans plus tard, après la quatrième représentation du *Malade imaginaire*.

Élise et Cléante sont frère et sœur : Élise aime Valère, Cléante est amoureux de Mariane. Tous deux craignent leur père Harpagon, avare, égoïste et très autoritaire. Ce dernier possède une fortune mais refuse toute dépense. Soucieux de son trésor, il cherche à le dissimuler.

ÉLISE, CLÉANTE, HARPAGON.

HARPAGON. – Certes, ce n'est pas une petite peine que de garder chez soi une grande somme d'argent ; et bienheureux qui a tout son fait bien placé, et ne conserve seulement que ce qu'il faut pour sa dépense. On n'est pas peu embarrassé à inventer dans toute une maison une cache fidèle ; car pour moi, les coffres-forts me sont suspects, et je ne veux jamais m'y fier : je les tiens justement une franche amorce[1] à voleurs, et c'est toujours la première chose que l'on va attaquer. Cependant je ne sais si j'aurai bien fait d'avoir enterré dans mon jardin dix mille écus qu'on me rendit hier. Dix mille écus en or chez soi, est une somme assez...

Ici le frère et la sœur paraissent s'entretenant bas.

Ô Ciel ! je me serai trahi moi-même : la chaleur m'aura emporté, et je crois que j'ai parlé haut en raisonnant tout seul. Qu'est-ce ?

CLÉANTE. – Rien, mon père.

HARPAGON. – Y a-t-il longtemps que vous êtes là ?

ÉLISE. – Nous ne venons que d'arriver.

HARPAGON. – Vous avez entendu...

CLÉANTE. – Quoi ? Mon père.

HARPAGON. – Là...

ÉLISE. – Quoi ?

HARPAGON. – Ce que je viens de dire.

CLÉANTE. – Non.

HARPAGON. – Si fait, si fait.

ÉLISE. – Pardonnez-moi.

HARPAGON. – Je vois bien que vous en avez ouï quelques mots. C'est que je m'entretenais en moi-même de la peine qu'il y a aujourd'hui à trouver de l'argent, et je disais qu'il est bienheureux qui peut avoir dix mille écus chez soi.

CLÉANTE. – Nous feignions[2] à vous aborder, de peur de vous interrompre.

HARPAGON. – Je suis bien aise de vous dire cela, afin que vous n'alliez pas prendre les choses de travers et vous imaginer que je dise que c'est moi qui ai dix mille écus.

CLÉANTE. – Nous n'entrons point dans vos affaires.

HARPAGON. – Plût à Dieu que je les eusse, dix mille écus !

CLÉANTE. – Je ne crois pas...

HARPAGON. – Ce serait une bonne affaire pour moi.

ÉLISE. – Ce sont des choses...

HARPAGON. – J'en aurais bon besoin.

CLÉANTE. – Je pense que...

HARPAGON. – Cela m'accommoderait[3] fort.

ÉLISE. – Vous êtes...

HARPAGON. – Et je ne me plaindrais pas, comme je fais, que le temps est misérable.

CLÉANTE. – Mon Dieu ! mon père, vous n'avez pas lieu de vous plaindre, et l'on sait que vous avez assez de bien.

HARPAGON. – Comment ? j'ai assez de bien ! Ceux qui le disent en ont menti. Il n'y a rien de plus faux ; et ce sont des coquins qui font courir tous ces bruits-là.

ÉLISE. – Ne vous mettez point en colère.

HARPAGON. – Cela est étrange, que mes propres enfants me trahissent, et deviennent mes ennemis !

CLÉANTE. – Est-ce être votre ennemi, que de dire que vous avez du bien ?

HARPAGON. – Oui : de pareils discours et les dépenses que vous faites seront cause qu'un de ces jours on me viendra chez moi couper la gorge, dans la pensée que je suis tout cousu de pistoles[4].

Molière, *L'Avare*, 1668, Acte I, scène 4.

1 **amorce :** appât.
2 **feindre :** ici, faire mine de, avant de le faire vraiment.
3 **m'accommoderait :** me conviendrait.
4 **pistoles :** pièces d'or.

L'Avare, mise en scène de Jérôme Savary, Théâtre national de Chaillot, Paris, mars 1999.

Entrer dans la lecture

- En relisant l'arbre généalogique, précisez les liens de parenté qui unissent les trois personnages de la scène.

Découvrir un personnage

La construction de la scène

1. À qui parle Harpagon au début de la scène ? Qu'apprend le spectateur grâce à ses paroles ? À partir de quel moment s'adresse-t-il à d'autres personnages ?

2. Caractérisez les premières paroles de ces personnages :
☐ brèves et inquiètes ☐ longues et assurées
☐ brèves et agressives. Justifiez votre choix.

3. À partir de quelle ligne le dialogue s'équilibre-t-il ? Quel est alors le ton de ce dialogue ?

Le personnage principal

4. Quels traits de caractère d'Harpagon peut-on saisir des lignes 1 à 9 ? Citez des éléments précis du texte.

5. Comparez les phrases des lignes 7-8 et 24 à 26, quel aspect du caractère d'Harpagon est ici mis en évidence ?

6. Que pensez-vous des relations entre le père et ses enfants ?

BILAN **7** **Présentez le portrait moral d'Harpagon et précisez les différentes manières par lesquelles celui-ci provoque le rire.**

Petit lexique du théâtre

- Une **pièce de théâtre** s'organise en grandes unités : les **actes** se subdivisent en **scènes**, grâce aux **entrées** et aux **sorties** de personnages.
- Les **répliques** sont dites par les comédiens, les **didascalies** donnent des indications pour jouer.
- Une pièce qui fait rire et se termine bien est une **comédie**.
- Le fait de se moquer d'un caractère pour provoquer le rire s'appelle le **comique de caractère**.

À l'oral

SOCLE COMMUN C1

Lire un dialogue de théâtre

Lisez par groupe de trois, à haute voix, les paroles des personnages des passages de la ligne 11 à 23 et 31 à 43. Quelles difficultés présentent-elles ?

→ Entraînez-vous à enchaîner ces répliques pour traduire la rapidité de l'échange.

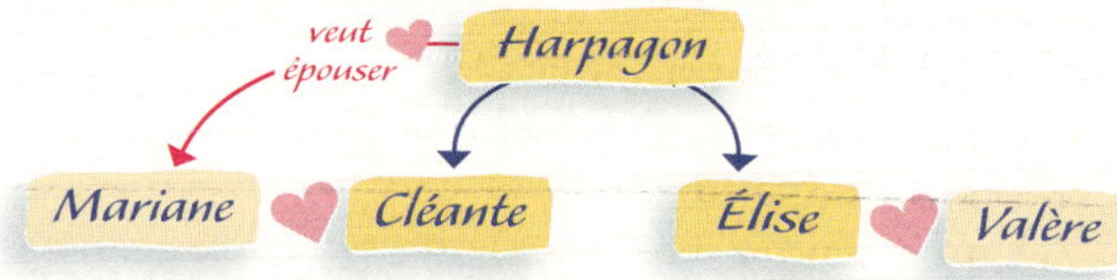

Texte 2

Un homme éperdu

Petit lexique du théâtre

Lorsque le vocabulaire, la répétition de mots, les figures de styles sont utilisés pour faire rire, on parle de **comique de mots**. Ici l'hyperbole fait rire, puisqu'elle montre le ridicule du personnage.

Harpagon a refusé les projets de mariage de ses enfants. Il veut lui-même épouser Mariane. Après plusieurs disputes avec Élise et Valère, il se rend compte qu'on lui a volé sa cassette (petit coffre) pleine de pièces d'or. Il en est complètement affolé.

Il crie Au voleur! *dès le jardin, et vient sans chapeau.*

HARPAGON. – Au voleur! au voleur! à l'assassin! au meurtrier! Justice, juste Ciel! Je suis perdu, je suis assassiné, on m'a coupé la gorge, on m'a dérobé mon argent. Qui peut-ce être? Qu'est-il devenu? Où est-il? Où se cache-t-il? Que ferai-je pour le trouver? Où courir? Où ne pas courir? N'est-il point là? N'est-il point ici? Qui est-ce? Arrête. Rends-moi mon argent, coquin... *(Il se prend lui-même le bras.)* Ah, c'est moi. Mon esprit est troublé, et j'ignore où je suis, qui je suis, et ce que je fais. Hélas! mon pauvre argent, mon pauvre argent, mon cher ami! on m'a privé de toi; et puisque tu m'es enlevé, j'ai perdu mon support, ma consolation, ma joie; tout est fini pour moi, et je n'ai plus que faire au monde: sans toi, il m'est impossible de vivre. C'en est fait, je n'en puis plus; je me meurs, je suis mort, je suis enterré. N'y a-t-il personne qui veuille me ressusciter, en me rendant mon cher argent, ou en m'apprenant qui l'a pris? Euh? Que dites-vous? Ce n'est personne. Il faut, qui que ce soit qui ait fait le coup, qu'avec beaucoup de soin on ait épié l'heure; et l'on a choisi justement le temps que je parlais à mon traître de fils. Sortons. Je veux aller quérir[1] la justice, et faire donner la question[2] à toute ma maison; à servantes, à valets, à fils, à fille, et à moi aussi. Que de gens assemblés! Je ne jette mes regards sur personne qui ne me donne des soupçons, et tout me semble mon voleur. Eh! de quoi est-ce qu'on parle là? De celui qui m'a dérobé? Quel bruit fait-on là-haut? Est-ce mon voleur qui y est? De grâce, si l'on sait des nouvelles de mon voleur, je supplie que l'on m'en dise. N'est-il point caché là parmi vous? Ils me regardent tous, et se mettent à rire. Vous verrez qu'ils ont part sans doute au vol que l'on m'a fait. Allons vite, des commissaires, des archers, des prévôts[3], des juges, des gênes[4], des potences[5] et des bourreaux. Je veux faire pendre tout le monde; et si je ne retrouve mon argent, je me pendrai moi-même après.

Molière, *L'Avare*, 1668, Acte IV, scène 7.

1 **quérir :** chercher.
2 **donner la question :** faire interroger.
3 **prévôts :** officiers du tribunal.
4 **gênes :** tortures.
5 **potences :** poteaux pour prendre les coupables.

❶ *L'Avare*, mise en scène de Jérôme Savary, avec Jacques Sereys (Harpagon), Théâtre national de Chaillot, Paris, mars 1999.

Entrer dans la lecture

• Quel est le sujet de l'affolement d'Harpagon ? Citez le passage qui l'évoque clairement au début de la scène.

Comprendre les fonctions du monologue

Le comique de la critique

1. Relisez la première phrase prononcée par Harpagon : que constatez-vous dans le choix des noms employés ?

2. Trouvez dans le texte d'autres mots et expressions qui exagèrent les propos du personnage.
Quel effet produisent ces hyperboles (leçon 9 ▸ p. 298) ?

3. La dernière phrase a une particularité de construction : laquelle ? Quel effet produit-elle sur le lecteur ?

Le portrait d'Harpagon

4. Relevez la didascalie dans le monologue de la scène : que penser d'Harpagon en la lisant ?

5. Identifiez les types de phrase employées de la ligne 4 à la ligne 6 : expliquez l'emploi de chacun d'eux.

6. Comment Harpagon désigne-t-il son état ? Nommez le champ lexical qu'il emploie. Qu'en déduisez-vous ?

7. Citez les différents personnages qu'Harpagon accuse tout au long du texte. Que pensez-vous de ses relations avec son entourage ?

8. a. De qui Harpagon veut-il parler lorsqu'il emploie ces mots : *Que de gens assemblés* (l. 18), *vous* (l. 23) ?
☐ les commissaires, les archers
☐ son fils, sa fille
☐ le public
☐ les voleurs
Plusieurs réponses sont possibles.
b. Selon vous, pourquoi Molière permet-il ici différentes interprétations ?

BILAN **9** **Diriez-vous de ce texte qu'il est seulement comique ? Justifiez votre réponse.**

Lecture de l'image

Étudier le personnage d'Harpagon

1. **Images 1 à 5 p. 230-231.** Quels aspects d'Harpagon chaque mise en scène met-elle en valeur ? (Costumes, attitudes, expressions du visage.)
2. **Images 2 à 5 p. 231. a.** Comment est représentée la cassette dans ces quatre documents ?
b. Qualifiez le comportement d'Harpagon à l'égard de cet objet sur chaque image.

Enrichir son vocabulaire

Une **hyperbole** consiste à exagérer le vocabulaire que l'on utilise pour insister sur une idée.
• À votre tour, composez deux hyperboles que vous insérerez dans le discours d'Harpagon.

❷ Mise en scène de Sissia Buggy, avec Bernard Levebvre, Espace Marais, Paris, mars 2004.

❸ Mise en scène de Catherine Hiegel, avec Denis Podalydès, Comédie Française, Paris, septembre 2010.

❹ Mise en scène de Jean-Luc Moreau, avec Jean-Paul Farre, Théâtre des Bouffes parisiens, Paris, mai 1993.

❺ Mise en scène de Roger Planchon, avec Roger Planchon (Harpagon), Théâtre National Populaire, Villeurbanne, janvier 2000.

Texte 3

Un heureux dénouement

Dans cette dernière scène, les obstacles aux amours de Cléante et d'Élise, sont résolus : leurs bien-aimés respectifs, Mariane et Valère, ont en effet appris qu'ils étaient tous deux les enfants du riche seigneur Anselme.

CLÉANTE, VALÈRE, MARIANE, ÉLISE, FROSINE, HARPAGON, ANSELME, MAÎTRE JACQUES, LA FLÈCHE, LE COMMISSAIRE, SON CLERC.

p. 232-233 : *L'Avare*, mise en scène de Jérôme Savary, Théâtre national de Chaillot, Paris, mars 1999.

CLÉANTE. – Ne vous tourmentez point, mon père, et n'accusez personne. J'ai découvert des nouvelles de votre affaire, et je viens ici pour vous dire que, si vous voulez vous résoudre à me laisser épouser Mariane, votre argent vous sera rendu.

HARPAGON. – Où est-il ?

CLÉANTE. – Ne vous en mettez point en peine : il est en lieu dont je réponds, et tout ne dépend que de moi. C'est à vous de me dire à quoi vous vous déterminez ; et vous pouvez choisir, ou de me donner Mariane, ou de perdre votre cassette.

HARPAGON. – N'en a-t-on rien ôté ?

CLÉANTE. – Rien du tout. Voyez si c'est votre dessein[1] de souscrire à ce mariage, et de joindre votre consentement à celui de sa mère, qui lui laisse la liberté de faire un choix entre nous deux.

MARIANE. – Mais vous ne savez pas que ce n'est pas assez que ce consentement, et que le Ciel, avec un frère que vous voyez, vient de me rendre un père dont vous avez à m'obtenir[2].

ANSELME. – Le Ciel, mes enfants, ne me redonne point à vous pour être contraire à vos vœux. Seigneur Harpagon, vous jugez bien que le choix d'une jeune personne tombera sur le fils plutôt que sur le père. Allons, ne vous faites point dire ce qu'il n'est pas nécessaire d'entendre, et consentez ainsi que moi à ce double hyménée[3].

HARPAGON. – Il faut, pour me donner conseil, que je voie ma cassette.

CLÉANTE. – Vous la verrez saine et entière.

HARPAGON. – Je n'ai point d'argent à donner en mariage à mes enfants.

ANSELME. – Hé bien ! j'en ai pour eux ; que cela ne vous inquiète point.

HARPAGON. – Vous obligerez-vous à faire tous les frais de ces deux mariages ?

ANSELME. – Oui, je m'y oblige : êtes-vous satisfait ?

HARPAGON. – Oui, pourvu que pour les noces vous me fassiez faire un habit.

ANSELME. – D'accord. Allons jouir de l'allégresse que cet heureux jour nous présente.

LE COMMISSAIRE. – Holà ! messieurs, holà ! tout doucement, s'il vous plaît : qui me payera mes écritures ?

HARPAGON. – Nous n'avons que faire de vos écritures.

LE COMMISSAIRE. – Oui ! mais je ne prétends pas, moi, les avoir faites pour rien.

HARPAGON. – Pour votre payement *(montrant maître Jacques)*, voilà un homme que je vous donne à pendre.

MAÎTRE JACQUES. – Hélas ! comment faut-il donc faire ? On me donne des coups de bâton pour dire vrai, et on me veut pendre pour mentir.

ANSELME. – Seigneur Harpagon, il faut lui pardonner cette imposture.

HARPAGON. – Vous payerez donc le Commissaire ?

ANSELME. – Soit. Allons vite faire part de notre joie à votre mère.

HARPAGON. – Et moi, voir ma chère cassette.

Molière, *L'Avare*, 1668, Acte V, scène 6.

1 **dessein :** projet.
2 **vous avez à m'obtenir :** vous avez à faire votre demande en mariage à mon père.
3 **hyménée :** mariage.

Entrer dans la lecture

- Précisez quels sont tous les personnages de la scène et expliquez leurs liens.

Lecture de l'image

- Quels éléments de cette image montrent qu'il s'agit d'une scène finale de comédie ?

Comprendre la fonction du dénouement

Un dénouement de comédie

1. Relevez les verbes de la première réplique qui annoncent que la situation a évolué ou va évoluer. Expliquez ces évolutions.

2. Quel événement important annonce Mariane à Cléante ?

3. Cherchez le sens du mot *hyménée* (l. 18) et expliquez l'expression d'Anselme *double hyménée*.

4. Relevez, dans les trois dernières répliques d'Anselme, les mots d'un même champ lexical.

5. À partir des réponses aux questions 2, 3 et 4, donnez les caractéristiques du dénouement dans une comédie.

Un portrait par opposition

6. À qui Anselme s'oppose-t-il par son attitude ? Montrez-le par des exemples précis.

7. Dressez la liste de tout ce que doit payer finalement Anselme à Harpagon.

8. La dernière réplique montre-t-elle une évolution d'Harpagon ?

BILAN **9** **Quelles situations cette dernière scène permet-elle de résoudre ? Que ne règle-t-elle pas ?**

BILAN ▶ *L'Avare*, Molière

Comprendre la construction des personnages

1. Complétez ce tableau.

		Prise de parole (majoritaire, importante, minoritaire, faible)	**Thème évoqué**	**Types de phrase utilisés**	**Caractéristique du discours** (assuré, hésitant, agressif, coléreux, amical, agité)
Acte I, scène 4 (▸ p. 228)	**Harpagon**	......	......	......	......
	Cléante	......	......	......	......
	Élise	......	......	......	......
Acte IV, scène 7 (▸ p. 230)	**Harpagon**	......	......	......	......
Acte V, scène 6 (▸ p. 232)	**Harpagon**	......	......	......	......
	Cléante	......	......	......	......
	Anselme	......	......	......	......

2. Montrez qu'à travers les paroles des personnages, Molière caricature les défauts humains et critique les relations familiales de son temps.

Faire rire et critiquer

Texte 1 Une drôle de farce

Pour cette courte pièce, Molière s'inspire de la Commedia dell'arte, et de La Jalousie du Barbouillé, *une farce qu'il a lui-même écrite en 1650. George Dandin, riche paysan, est le mari d'Angélique, fille de M. et Mme de Sotenville, qui appartiennent à la noblesse de province. Le jeune Clitandre, amoureux d'Angélique, cherche à la rencontrer et demande l'aide de son valet Lubin. Dans la première scène, George Dandin fait le bilan de son mariage.*

Scène 1

GEORGE DANDIN, *seul.* – Ah ! qu'une femme demoiselle[1] est une étrange affaire, et que mon mariage est une leçon bien parlante à tous les paysans qui veulent s'élever au-dessus de leur condition[2], et s'allier, comme j'ai fait, à la maison d'un gentilhomme[1] ! La noblesse de soi est bonne, c'est une chose considérable assurément ; mais elle est accompagnée de tant de mauvaises circonstances, qu'il est très bon de ne s'y point frotter. Je suis devenu là-dessus savant à mes dépens[3], et connais le style des nobles lorsqu'ils nous font, nous autres, entrer dans leur famille. L'alliance qu'ils font est petite avec nos personnes : c'est notre bien seul qu'ils épousent, et j'aurais bien mieux fait, tout riche que je suis, de m'allier en bonne et franche paysannerie que de prendre une femme qui se tient au-dessus de moi, s'offense de porter mon nom, et pense qu'avec tout mon bien je n'ai pas assez acheté la qualité de son mari. George Dandin, George Dandin, vous avez fait une sottise la plus grande du monde. Ma maison m'est effroyable maintenant, et je n'y rentre point sans y trouver quelque chagrin.

1 **demoiselle, gentilhomme :** issu(e) de la noblesse.
2 **condition :** classe sociale.
3 **à mes dépens :** en en subissant les conséquences et les inconvénients.

Scène 2

GEORGE DANDIN, *voyant sortir Lubin de chez lui.* – Que diantre ce drôle-là vient-il faire chez moi ?

LUBIN, *à part, apercevant George Dandin.* – Voilà un homme qui me regarde.

GEORGE DANDIN. – Il ne me connaît pas.

LUBIN. – Il se doute de quelque chose.

GEORGE DANDIN. – Ouais ! il a grand-peine à saluer.

LUBIN. – J'ai peur qu'il n'aille dire qu'il m'a vu sortir de là-dedans.

GEORGE DANDIN. – Bonjour.

LUBIN. – Serviteur.

GEORGE DANDIN. – Vous n'êtes pas d'ici, que je crois ?

LUBIN. – Non, je n'y suis venu que pour voir la fête de demain.

GEORGE DANDIN. – Hé ! dites-moi un peu, s'il vous plaît, vous venez de là-dedans ?

George Dandin, mise en scène de Mario Gonzalez, Théâtre 13, mars 2009.

LE SAVEZ-VOUS ?

Molière vit sous l'**Ancien Régime**. La société est alors divisée en trois ordres : le Clergé, la Noblesse et le Tiers-État qui comprend toutes les autres catégories de personnes, notamment les paysans.
Or, à partir du XVIIe siècle, une nouvelle classe sociale émerge : la **bourgeoisie**, constituée de marchands ou de propriétaires enrichis qui cherchent à imiter la noblesse, parfois même à s'intégrer à cette classe par le mariage. Tel est le sujet de *George Dandin*, de Molière.

LUBIN. – Chut !
GEORGE DANDIN. – Comment ?
LUBIN. – Paix !
GEORGE DANDIN. – Quoi donc ?
LUBIN. – Motus ! Il ne faut pas dire que vous m'ayez vu sortir de là.
GEORGE DANDIN. – Pourquoi ?
LUBIN. – Mon Dieu ! parce.
GEORGE DANDIN. – Mais encore ?
LUBIN. – Doucement. J'ai peur qu'on ne nous écoute.
GEORGE DANDIN. – Point, point.
LUBIN. – C'est que je viens de parler à la maîtresse du logis, de la part d'un certain Monsieur qui lui fait les doux yeux, et il ne faut pas qu'on sache cela. Entendez-vous ?
GEORGE DANDIN. – Oui.
LUBIN. – Voilà la raison. On m'a enchargé de prendre garde que personne ne me vît, et je vous prie au moins de ne pas dire que vous m'ayez vu.
GEORGE DANDIN. – Je n'ai garde.
LUBIN. – Je suis bien aise de faire les choses secrètement comme on m'a recommandé.

Molière, *George Dandin*, 1668, Acte I.

Entrer dans la lecture

- À quel moment de la pièce se situent ces extraits ?
- Dans le premier extrait, a-t-on l'impression d'entrer dans une comédie ?

Comprendre l'articulation entre les scènes

Un monologue surprenant (scène 1)

1. Qui s'exprime dans la première scène ? De qui parle-t-il ?

2. Sur quel mot se termine la scène ? Quels autres termes appartiennent au même champ lexical ?

3. a. Que veut dire le personnage lorsqu'il évoque *une sottise la plus grande du monde* ?
b. Quelles catégories de personnes sont mises en opposition ? Utilisez des éléments précis du texte pour répondre.

Un dialogue comique efficace (scène 2)

4. Que font les personnages sur scène des lignes 16 à 27 ? Justifiez votre réponse.

5. a. Lubin connaît-il George Dandin ?
b. Que montre son attitude des lignes 35 à 43 ?

6. Expliquez le comique de cette situation en vous appuyant notamment sur la dernière réplique de Lubin.

7. À quelle tradition comique peut-on lier le personnage incarné par Lubin ? Comment peut-on le nommer ? (Vous pouvez vous aider de la page 226.)

BILAN **8** **Montrez que, dans la scène 2, se réalisent les craintes exprimées par George Dandin dans la scène 1.**

Petit lexique du théâtre

- **Quiproquo :** expression qui vient du latin et qui signifie *le fait qu'on prenne une personne ou une chose pour une autre*. Le quiproquo est une des ressources du **comique de situation**, puisqu'il fait rire de la situation des personnages.
- Lorsque ce sont l'attitude, les mimiques, les mouvements ou les déplacements du personnage qui provoquent le rire, on parle de **comique de gestes**.

Graine de culture

Rendez-vous sur **le site *Tout Molière*** : cherchez à quelle époque ont été représentées ces différentes pièces : *Le Médecin malgré lui, George Dandin, Les Précieuses ridicules, L'Avare, Les Femmes savantes, Le Malade imaginaire.*

- Que remarquez-vous à propos de deux pièces étudiées dans ce manuel, *George Dandin* et *L'Avare* ? Quelle œuvre très connue paraît la même année ?

www.4e.jdl.magnard.fr/liens

Texte 2

L'art du coup de théâtre

George Dandin veut convaincre ses beaux-parents, M. et Mme de Sotenville, qu'Angélique le trompe. Il les invite à la surprendre en compagnie de Clitandre. Claudine, la servante d'Angélique, est complice de sa maîtresse.

SCÈNE 7

GEORGE DANDIN. – Oui. Mais vous, que pourrez-vous dire si je vous fais voir maintenant que le galant[1] est avec elle ?

MADAME DE SOTENVILLE. – Avec elle ?

GEORGE DANDIN. – Oui, avec elle, et dans ma maison.

MONSIEUR DE SOTENVILLE. – Dans votre maison ?

GEORGE DANDIN. – Oui, dans ma propre maison.

MADAME DE SOTENVILLE. – Si cela est, nous serons pour vous contre elle.

MONSIEUR DE SOTENVILLE. – Oui : l'honneur de notre famille nous est plus cher que toute chose ; et si vous dites vrai, nous la renoncerons pour notre sang[2], et l'abandonnerons à votre colère.

GEORGE DANDIN. – Vous n'avez qu'à me suivre.

MADAME DE SOTENVILLE. – Gardez de vous tromper.

MONSIEUR DE SOTENVILLE. – N'allez pas faire comme tantôt.

GEORGE DANDIN. – Mon Dieu ! vous allez voir. Tenez, ai-je menti ?

1 **galant :** l'amoureux qui lui fait la cour.

2 **nous la renoncerons pour notre sang :** nous la renierons.

SCÈNE 8

ANGELIQUE, *à Clitandre.* – Adieu. J'ai peur qu'on ne vous surprenne ici, et j'ai quelques mesures à garder.

CLITANDRE. – Promettez-moi donc, Madame, que je pourrai vous parler cette nuit.

ANGELIQUE. – J'y ferai mes efforts.

GEORGE DANDIN, *à M. et Mme Sotenville.* – Approchons doucement par-derrière, et tâchons de n'être point vus.

CLAUDINE. – Ah ! Madame, tout est perdu : voilà votre père et votre mère, accompagnés de votre mari.

CLITANDRE, *à part.* – Ah Ciel !

ANGELIQUE, *bas à Clitandre et à Claudine.* – Ne faites pas semblant de rien, et me laissez faire tous deux. *(Haut à Clitandre).* Quoi ? vous osez en user de la sorte, après l'affaire de tantôt, et c'est ainsi que vous dissimulez vos sentiments ? On me vient rapporter que vous avez de l'amour pour moi, et que vous faites des desseins[3] de me solliciter[4] ; j'en témoigne mon dépit[5], et m'explique à vous clairement en présence de tout le monde ; vous niez hautement la chose, et me donnez parole de n'avoir aucune pensée de m'offenser ; et cependant, le même jour, vous prenez la hardiesse[6] de venir chez moi me rendre visite, de me dire que vous m'aimez, et de me faire cent sots contes pour me persuader de répondre à vos extravagances[7] : comme si j'étais femme à violer la foi que j'ai donnée à un mari, et m'éloigner à jamais de la vertu que mes parents m'ont enseignée. Si mon père savait cela, il vous apprendrait bien à tenter de ces entreprises. Mais une honnête femme n'aime point les éclats[8]. *(Après avoir fait signe à Claudine d'apporter un bâton.)* Je n'ai garde de lui en rien dire, et je veux vous montrer que, toute femme que je suis, j'ai assez de courage pour me venger moi-même des offenses que l'on me fait. L'action que vous avez faite n'est pas d'un gentilhomme, et ce n'est pas en gentilhomme aussi que je veux vous traiter.

3 **desseins :** projets.

4 **me solliciter :** me faire une demande pressante.

5 **dépit :** déception mêlée de colère.

6 **hardiesse :** audace.

7 **extravagances :** folies.

8 **les éclats :** les éclats de voix, le scandale.

9 **apprenez à qui vous vous jouez :** apprenez à qui vous avez affaire. (Claudine s'adresse à George Dandin.)

10 **rejeton :** enfant.

Elle prend un bâton, et bat son mari au lieu de Clitandre, qui se met entre deux.

CLITANDRE, *criant comme si il avait été frappé.* – Ah, ah, ah, ah, ah. Doucement. *(Puis il s'enfuit)*

CLAUDINE. – Fort, Madame, frappez comme il faut.

ANGELIQUE, *faisant semblant de parler à Clitandre.* – S'il vous demeure quelque chose sur le cœur, je suis pour vous répondre.

CLAUDINE. – Apprenez à qui vous vous jouez[9].

ANGELIQUE. – Ah mon père, vous êtes là !

MONSIEUR DE SOTENVILLE. – Oui, ma fille, et je vois qu'en sagesse, et en courage tu te montres un digne rejeton[10] de la maison de Sotenville. [...] Mon gendre, que vous devez être ravi, et que cette aventure est pour vous pleine de douceurs ! Vous aviez un juste sujet de vous alarmer ; mais vos soupçons se trouvent dissipés le plus avantageusement du monde.[...]

GEORGE DANDIN, *à part.* – Euh ! traîtresse !

Molière, *George Dandin*, 1668, Acte II.

George Dandin, mise en scène d'Alain Gautre, Théâtre de l'Ouest parisien, Boulogne Billancourt, octobre 2007.

À l'oral

Mettre en voix une scène de théâtre

Relisez les deux passages de la scène 8 (l. 15 à 25 et l. 25 à 34) : quel volume de voix devrez-vous employer dans chacun de ces extraits ? Travaillez à plusieurs voix la lecture de ces passages, en fonction de cette remarque.

Entrer dans la lecture

- Quels sont les nouveaux personnages présents à la scène 8 ?

Comprendre la critique à travers le comique

Le retournement de situation

1. a. Que veut prouver George Dandin à ses beaux-parents au début de la scène 7 ? **b.** Pourquoi la fin de la scène 7 et le début de la scène 8 semblent-ils lui donner raison ?

2. Que pensent les Sotenville de leur fille à la fin de la scène 8 ?

3. Quelle est la réaction du lecteur devant cette évolution ? De qui rit-il et pourquoi ?

Le portrait d'Angélique

4. Résumez la réplique d'Angélique (l. 24 à 36) et expliquez son stratagème.

5. L. 33 à 39 : quel champ lexical relevez-vous ? Pourquoi est-il comique ?

6. Qui Angélique dit-elle vouloir punir à la fin de sa tirade ? À qui s'en prend-elle finalement ?

7. Quel est l'effet d'une telle attitude sur le spectateur ? À quelle tradition comique pouvez-vous la rattacher ? Aidez-vous de la page 226.

BILAN **8** **Replacez les différents types de comique (comique de situation ▸ p. 235, comique de mots ▸ p. 230 et comique de gestes ▸ p. 235) dans ce paragraphe.**
... est utilisé par Molière pour surprendre le spectateur de manière plaisante. ... est également utilisé pour critiquer le mensonge d'Angélique. ... est présent à la fin de la scène. Il permet à Molière de se moquer de George Dandin.

Texte 3

Le ridicule des femmes précieuses

Gorgibus, riche bourgeois veut marier, sans leur avis, sa fille Magdelon et sa nièce Cathos et à deux jeunes gens qu'il a choisis. De leur côté, les jeunes précieuses ne se disent sensibles qu'à la délicatesse des manières et des paroles. Dans ce passage, Gorgibus interroge sa servante Marotte avant d'aller leur demander leur impression sur les deux jeunes hommes.

LE SAVEZ-VOUS ?

Au XVIIe siècle, certaines élites cultivées, refusant les mauvaises manières, se réunissent pour plaisanter avec esprit ou lire des textes pleins de délicatesse : on les appelle les **précieux**. Certains s'attachent à l'apparence et aux beaux discours, parfois jusqu'à l'excès. Ils sont alors critiqués. *Les Précieuses ridicules* sont un des plus grand succès de Molière. Il s'y moque des fausses savantes, qu'il prend plaisir à tourner en ridicule.

SCÈNE 3

MAROTTE. – Que désirez-vous monsieur ?

GORGIBUS. – Où sont vos maîtresses ?

MAROTTE. – Dans leur cabinet[1].

GORGIBUS. – Que font-elles ?

MAROTTE. – De la pommade pour les lèvres.

GORGIBUS. – C'est trop pommadé, dites-leur qu'elles descendent. Ces pendardes-là avec leur pommade ont, je pense, envie de me ruiner. Je ne vois partout que blancs d'œufs, lait virginal[2], et mille autres brimborions[3] que je ne connais point. Elles ont usé, depuis que nous sommes ici, le lard d'une douzaine de cochons, pour le moins ; et quatre valets vivraient tous les jours des pieds de mouton qu'elles emploient.

SCÈNE 4

MAGDELON, CATHOS, GORGIBUS.

GORGIBUS. – Il est bien nécessaire, vraiment, de faire tant de dépenses pour vous graisser le museau. Dites-moi un peu ce que vous avez fait à ces messieurs, que je les vois sortir avec tant de froideur ? Vous avais-je pas commandé de les recevoir comme des personnes, que je voulais vous donner pour maris ?

MAGDELON. – Et quelle estime, mon père, voulez-vous que nous fassions du procédé irrégulier[4] de ces gens-là ?

CATHOS. – Le moyen, mon oncle, qu'une fille un peu raisonnable se pût accommoder de leur personne[5] ?

GORGIBUS. – Et qu'y trouvez-vous à redire ?

MAGDELON. – La belle galanterie[6] que la leur ! Quoi ? débuter d'abord par le mariage ?

GORGIBUS. – Et par où veux-tu donc qu'ils débutent, par le concubinage[7] ? N'est-ce pas un procédé, dont vous avez sujet de vous louer[8] toutes deux, aussi bien que moi ? Est-il rien de plus obligeant que cela ? Et ce lien sacré où ils aspirent n'est-il pas un témoignage de l'honnêteté de leurs intentions ? […]

MAGDELON. – Mon Dieu, que si tout le monde vous ressemblait, un roman serait bientôt fini : la belle chose, que ce serait, si d'abord Cyrus[9] épousait Mandane[9], et qu'Aronce[9] de plain-pied fût marié à Clélie[9].

GORGIBUS. – Que me vient conter celle-ci ?

MAGDELON. – Mon père, voilà ma cousine, qui vous dira, aussi bien que moi, que le mariage ne doit jamais arriver qu'après les autres aventures. Il faut qu'un amant, pour être agréable, sache débiter les beaux sentiments ; pousser le doux, le tendre, et le passionné, et que sa recherche soit dans les formes. […]

GORGIBUS. – Quel diable de jargon entends-je ici ? Voici bien du haut style[10].

CATHOS. – En effet, mon oncle, ma cousine donne dans le vrai de la chose. Le moyen de bien recevoir des gens qui sont tout à fait incongrus[11] en galanterie ?

1 **cabinet :** petite pièce.
2 **lait virginal :** produit de beauté.
3 **brimborions :** objets sans valeur.
4 **irrégulier :** qui ne suit pas une règle.
5 **s'accommoder de leur personne :** s'accorder avec ces personnes.
6 **galanterie :** élégance de parole et de manière.
7 **concubinage :** fait de vivre ensemble sans être marié, très mal jugé au XVIIe siècle.
8 **avoir sujet de se louer :** avoir de bonnes raisons d'être satisfait.
9 **Cyrus, Mandane, Aronce, Clélie :** personnages de romans précieux.
10 **haut style :** un style précieux, raffiné, exagéré.
11 **incongru :** maladroits.

12 **Carte de Tendre :** fait référence au roman *Clélie* de Mlle de Scudéry (1654-1660). L'auteur y a composé une carte imaginaire qui présente un itinéraire vers l'amour. On y trouve par exemple les villages *Billet-galant*, *Billet-doux* et *Petits-soins*.
13 **indigence :** pauvreté.
14 **bonne faiseuse :** artisane d'expérience.
15 **hauts-de-chausses :** pantalon.
16 **baragouin :** langage incompréhensible.

Je m'en vais gager qu'ils n'ont jamais vu la Carte de Tendre[12], et que Billet-doux, Petits-soins, Billets-galants et jolis-vers, sont des terres inconnues pour eux. Ne voyez-vous pas que toute leur personne marque cela, et qu'ils n'ont point cet air qui donne d'abord bonne opinion des gens ? Venir en visite amoureuse avec une jambe tout unie ; un chapeau désarmé de plumes ; une tête irrégulière en cheveux et un habit qui souffre une indigence[13] de rubans ! mon Dieu, quels amants sont-ce là ! quelle frugalité d'ajustement, et quelle sécheresse de conversation ! On n'y dure point, on n'y tient pas. J'ai remarqué encore que leurs rabats ne sont pas de la bonne faiseuse[14], et qu'il s'en faut plus d'un grand demi-pied, que leurs hauts-de-chausses[15] ne soient assez larges.

GORGIBUS. – Je pense qu'elles sont folles toutes deux, et je ne puis rien comprendre à ce baragouin[16].

Molière, *Les Précieuses ridicules,* 1659.

Saisir un personnage de théâtre : la précieuse

Le souci de l'apparence

1. a. Que font les jeunes filles à la scène 3 ? Relevez les ingrédients dont elles se servent. **b.** Quelle réaction peut avoir, selon vous, le spectateur qui entend cette liste ?

2. a. Quels autres personnages sont décrits physiquement à la scène 4 ? **b.** Comment qualifier cette description ? Répondez en citant le texte.

3. Quel caractère des jeunes filles est révélé ? Quel type de comique emploie donc Molière ?

La question du mariage

4. Que cherche à faire Gorgibus ? Évoque-t-il le bonheur des jeunes filles ?

5. Expliquez ce que veut dire Magdelon sur le mariage (l. 31 à 34). Que souhaitent les deux jeunes filles ?

6. Dans quel univers les jeunes filles trouvent-elles leurs modèles ? (Vous pouvez vous aider des notes de vocabulaire 9 et 12). Que peut-on en déduire sur leur connaissance de la réalité ?

BILAN **7** **Expliquez, par des exemples précis, que cette scène est à la fois comique et critique.**

Lecture de l'image

Percevoir le ridicule des personnages

1. Quels personnages sont représentés ici ? En quoi leur portrait semble correspondre au texte ci-contre ? Commentez par exemple leurs vêtements, leur coiffure, leur maquillage.
2. Décrivez les mimiques des deux jeunes filles. Leur donnent-elles l'air intelligent ? Quel comique est alors ajouté à la mise en scène ?

Les Précieuses ridicules, mise en scène de Jérôme Deschamps et Macha Makeieff, Théâtre National de Bretagne, Rennes, avril 1997.

BILAN ▶ Faire rire et critiquer

Identifier les différentes traditions comiques chez Molière

1. Relisez les extraits p. 234 à 239 et remplissez ce tableau. Vous pouvez vous aider de la page 226.

	Tradition de la farce	Tradition de la *Commedia dell'arte*	Tradition de la comédie satirique
Georges Dandin, I, 1 et 2	……	……	……
Georges Dandin, II, 7 et 8	……	……	……
Les Précieuses ridicules	……	……	……

2. Identifiez les différents thèmes ou types de personnages que critique Molière dans ses pièces.

AUTOUR D'UNE ŒUVRE

Humulus le muet, J. Anouilh

Mettre en scène une courte pièce du XXe siècle

Les questions et activités suivantes vont vous aider à comprendre, mettre en scène et jouer la pièce en un acte de Jean Anouilh, Humulus le muet. *Vous travaillerez par groupes de deux ou trois élèves, selon les activités. Vous vous préparerez d'abord au* ***jeu théâtral*** *(Activités 1 à 3), qui vous aidera ensuite à comprendre la pièce (Activités 4 à 6). Enfin, vous pourrez construire votre* ***carnet de mise en scène****.*

Jean Anouilh *(1910-1987), est un célèbre dramaturge français. Il a écrit un grand nombre de pièces très variées, comiques ou tragiques, dont la plus célèbre,* Antigone, *est inspirée de la mythologie grecque. Il connaît également un grand succès avec une série de comédies qu'il a regroupées sous le titre* Pièces roses, *dont fait partie* Humulus le muet.

Humulus le muet

Texte INTÉGRAL

SCÈNE 1

La Duchesse, sorte de personnage fabuleux sur un immense fauteuil à oreilles armoriées[1]. À côté d'elle, l'oncle Hector, un grand hobereau[2] maigre et faisandé[3] qui met alternativement son monocle à l'œil droit puis à l'œil gauche sans plus de succès. On entend un orchestre.

LA DUCHESSE. – Hector, voici une petite fête qui m'est un plaisir nouveau chaque année.

HECTOR. – L'orchestre est charmant.

LA DUCHESSE. – Oui. Les musiciens coûtent horriblement cher. J'ai dû me débattre contre eux comme une marchande *(Entrent les domestiques à la queue leu leu et portant des bouquets.)* Mes amis. Je suis touchée de votre présence et de vos bonnes intentions. Mais il est des traditions de famille auxquelles une Brignoc ne déroge pas[4]. Je dois entendre les vœux de mes enfants avant ceux de mes gens[5]. Un peu de patience. Mon petit-fils, Monsieur Humulus, ne saurait tarder. Hector, vous vous souvenez de mon petit Humulus ?

HECTOR. – Mal. Il avait, je crois, dix-huit jours lorsque je partis pour les Îles.

LA DUCHESSE. – Vous le trouverez bien changé. C'est un bon petit, un peu timide. N'était son infirmité[6], il ferait un duc charmant.

HECTOR. – Je crois me souvenir que le pauvre petit est muet ?

LA DUCHESSE. – Était, Hector, était ! On voit bien que vous n'êtes revenu que d'hier. Dieu a fait un miracle durant votre séjour aux Îles.

HECTOR. – Dieu a toujours protégé les Brignoc.

LA DUCHESSE. – Un médecin anglais, à force de soins, est arrivé à lui faire prononcer un mot par jour.

HECTOR. – Un seul mot ?

LA DUCHESSE. – Oui, mais il est si petit. En grandissant, nous espérons qu'il pourra en dire davantage. Notez, d'ailleurs, Hector, que si mon petit Humulus s'abstient un jour de prononcer son mot, il peut en prononcer deux le lendemain.

HECTOR. – Il vous serait donc possible de lui apprendre à réciter une de ces petites fables que les bambins de cet âge savent ordinairement par cœur ?

LA DUCHESSE. – J'y ai songé. Mais il faudrait trop longtemps. Pour dire : « Fors l'honneur[7] », la devise des Brignoc, mon cher Hector, il est obligé de rester trois jours sans parler... Je fais ce petit sacrifice tous les ans au moment

Activité 1

Réfléchir sur le titre

Humulus signifie « petit homme » et « le muet » implique une contrainte de jeu. Les activités suivantes seront donc menées de façon muette.

Traverser l'espace de jeu, exprimer des sentiments sans paroles

- Par groupes de deux ou trois, traversez l'espace de jeu, arrêtez-vous et fixez votre regard sur un point fixe au-dessus de la tête des spectateurs. Gardez cette position quelques secondes, puis quittez cet espace.
- Peu à peu, ajoutez des contraintes à cet exercice : une expression particulière (joie, surprise, peur, agacement, impatience...), un geste.

de la fête du pays, mais je ne saurais me passer bien longtemps de lui entendre dire son mot. Car, je l'ai exigé, Humulus vient me dire son mot chaque matin. Hier, vendredi, par exemple, il m'a dit « morue ». Hé bien, Gouverneur, mon petit-fils est prêt ?

LE GOUVERNEUR. – Madame la Duchesse, le voici. Nous avons longuement cherché, Madame la Duchesse, ce que dirait monsieur Humulus, cette année, à l'occasion du Nouvel An. Il ne manque certes pas de compliments à l'usage des jeunes personnes, mais ils étaient tous sensiblement trop longs. C'est pourquoi j'ai pensé que le mot le plus indiqué, le plus expressif et, j'oserai dire, le plus raccourci était le mot « bonheur », Madame la Duchesse.

LA DUCHESSE. – C'est parfait, Gouverneur.

Le Gouverneur sort et revient en poussant Humulus, grand dadais encore en culottes courtes et s'empêtrant dans un immense bouquet. Murmure des domestiques alignés qui se penchent pour le voir.

LA DUCHESSE, *l'arrêtant d'un geste au bout de la file des domestiques.* – Monsieur mon petit-fils, avant même que vous lui offriez vos souhaits, votre grand-mère veut vous dire, la première, sa tendresse au seuil de cette nouvelle année. Depuis que votre pauvre mère est morte, Humulus, c'est moi qui vous aime. Vous avez une grand-mère, il faut en profiter pour l'écouter. Soyez bon et vaillant comme un vrai Brignoc. Chérissez-moi et ne m'en veuillez pas si je ne vous vois qu'aux grandes fêtes. Tout mon temps est pris par mes pauvres. Maintenant, venez m'embrasser et me dire votre mot. Gouverneur, faites arrêter la musique, pour que mon petit-fils vienne me dire son mot.

Le Gouverneur sort. La musique s'arrête. Il revient prendre sa place et claque discrètement dans ses mains. Alors Humulus, rouge, les sourcils froncés, se met lentement en marche vers la Duchesse. Tout le monde sourit avec attendrissement. Arrivé devant le dernier domestique, tout près du bout, il laisse tomber son bouquet. Le domestique le ramasse et le lui remet. Alors, dans le silence, après avoir lutté un instant, cramoisi, entre plusieurs devoirs également bien inculqués.

HUMULUS. – Merci.

Horrible tintamarre à l'orchestre. Tout le monde se voile la face avec consternation.

LE GOUVERNEUR. – Malheureux enfant ! Voilà votre mot prononcé. Comment direz-vous maintenant le mot « bonheur » à madame la Duchesse ?

LA DUCHESSE. – Monsieur Humulus, vous êtes un maladroit !

Elle sort, suivie de l'oncle Hector et de tous les domestiques. Humulus reste seul au milieu de la scène, avec son bouquet. Le Gouverneur est affalé sur les marches de l'estrade.

À suivre.

Questions sur la scène 1

Lisez la scène 1 à haute voix, par groupes, de façon expressive.

1. Cette cérémonie familiale vous paraît-elle chaleureuse ?
2. Trouvez plusieurs adjectifs qualificatifs qui caractérisent : la Duchesse ; Humulus.
3. Avec qui Humulus a-t-il le plus de liens d'affection selon vous ?
4. La Duchesse commente la scène avec l'oncle Hector : imaginez ses réactions en écrivant un court dialogue.

1 **oreilles armoriées :** côtés arrondis du dossier, décorés des emblèmes de la famille.
2 **hobereau :** homme de petite noblesse.
3 **faisandé :** vieilli.
4 **ne déroge pas :** ne veut pas renoncer.
5 **mes gens :** mes domestiques.
6 **n'était son infirmité :** s'il n'était pas infirme.
7 **Fors l'honneur :** sauf l'honneur.

Jean-Denis Malclès (1912-2002), gouache pour la création du décor d'*Humulus le muet*.

Activité 2

Parler comme la Duchesse (scène 1)
Travailler le placement de voix et l'articulation

Jouer, c'est aussi parler distinctement. Voici deux répliques de la Duchesse afin de parfaire votre prononciation :

> *Je dois entendre les vœux de mes enfants avant ceux de mes gens.* (l. 13)
> *Chérissez-moi et ne m'en veuillez pas si je ne vous vois qu'aux grandes fêtes.* (l. 65-66)

• Prononcez ces deux répliques en exagérant l'articulation des mots prononcés, puis de plus en plus vite.

Travailler les intonations de la Duchesse

• Par groupes de deux, jouez le rôle de la Duchesse et de son petit-fils muet, Humulus. Chaque fois qu'il essaie de parler, elle répète deux répliques. Changez de rôle régulièrement en variant intonations et gestes des personnages.

> *Mes amis. Je suis touchée de votre présence et de vos bonnes intentions.* (l. 10-11)
> *Monsieur mon petit-fils, avant même que vous lui offriez vos souhaits, votre grand-mère veut vous dire, la première, sa tendresse au seuil de cette nouvelle année.* (l. 58 à 61)

SCÈNE 2

Même décor. Les personnages sont dans la même position qu'au premier lever de rideau. Mais ils sont tous très vieillis. Il y a en plus un petit groom[1] *au bout de la file des domestiques. Musique.*

LA DUCHESSE. – Mes amis, je suis touchée de votre présence et de vos bonnes intentions. Mais il est des traditions de famille auxquelles une Brignoc ne déroge pas. Je dois entendre les vœux de mes enfants avant ceux de mes gens. Un peu de patience, mon petit–fils, Monsieur Humulus, ne saurait tarder. À votre avis, Hector, que peut-il faire ?

HECTOR. – Qui ? Humulus ? Peut-être répète-t-il son mot devant une glace ?

Entre le Gouverneur.

LA DUCHESSE. – Hé bien, Gouverneur ?

LE GOUVERNEUR, *qui semble nerveux.* – Madame la Duchesse, Monsieur Humulus sollicite l'honneur de venir vous présenter ses vœux. Monsieur Humulus prononcera le mot « prospérité ».

La Duchesse sourit avec indulgence. L'orchestre se tait. Un silence. On introduit Humulus qui est maintenant un jeune homme. Le gouverneur toussote, Humulus se tait.

LA DUCHESSE. – Dites votre mot, mon cher enfant. *(Silence. On se regarde.)* Ne vous troublez pas, cher Humulus. Une grand-mère est toujours indulgente. *(Silence.)* Qu'est-ce à dire, Gouverneur ?

LE GOUVERNEUR, *bafouille.* – Je suis extrêmement surpris, Madame la Duchesse.

LA DUCHESSE. – Humulus, auriez-vous déjà prononcé votre mot ? Ce mot, qu'au seuil de la nouvelle année, vous devez réserver à votre grand-mère ?

HECTOR. – Le garnement aura lâché quelque juron en voulant faire son nœud de cravate.

LE GOUVERNEUR. – C'est mal connaître mon élève, Monsieur le Baron. Monsieur Humulus ne jure pas.

LA DUCHESSE. – Gouverneur, un mot ne se perd pas ainsi. Avez-vous bien veillé sur mon petit-fils ce matin ?

LE GOUVERNEUR. – Je n'ai pas quitté Monsieur Humulus ce matin Madame la Duchesse, sauf le temps de sa garde-robe[2] et je puis certifier…

Humulus lui donne un coup de coude.

LA DUCHESSE. – Vous me semblez tous deux être de connivence[3]. Vous me cachez quelque chose, Gouverneur.

LE GOUVERNEUR. – Voilà, Madame la Duchesse. Puisse le ciel qui me voit témoigner quelque jour que je n'ai pas cru mal faire en acceptant les propositions de Monsieur Humulus.

LA DUCHESSE. – Des propositions ? Expliquez-vous, Gouverneur. Quelles propositions ?

Activité 3

Aborder deux rôles dans un passage dialogué
Pratiquer différents débits et différentes intonations

• Cette activité est menée par petits groupes, les comédiens étant face à face dans l'espace de jeu. Dans des passages de la pièce que vous répéterez chacun en adoptant différents **débits de parole** (lent, rapide, bégaiement, fou rire…), **accents** (anglais, allemand, régional…), différentes **attitudes** (pressé, distrait, angoissé, hautain…), **intonations** (joyeux, effrayé, surpris, autoritaire, moqueur…).

Les répliques sont à choisir dans les passages suivants : scène 1 l. 5 à 9 / scène 2 l. 24 à 26 ou l. 93-94.

• Essayez ensuite de deviner quels thèmes sont développés dans la suite de la pièce.

Le Gouverneur. – Des propositions qui étaient de véritables injonctions[4], Madame la Duchesse.

La Duchesse. – Quelles injonctions ? Hector, entendez-vous[5] quelque chose au discours du Gouverneur ?

Hector. – J'hésite entre plusieurs hypothèses également pénibles.

La Duchesse. – Gouverneur, je vous somme de vous expliquer clairement.

Le Gouverneur. – Je le ferai, Madame la Duchesse, tant pour décharger ma conscience que pour donner satisfaction aux désirs de Monsieur Humulus. Monsieur Humulus m'a demandé de vous lire ce papier, Madame la Duchesse. *(Il lit:)* « Madame ma grand-mère, je suis passionnément amoureux d'une femme qui s'appelle Hélène… »

La Duchesse pousse un cri terrible et s'évanouit. Tintamarre à l'orchestre. Tumulte, désordre, on se précipite.

La Duchesse, *se dressant.* – Hector, faites sortir mes gens.

Hector pousse les domestiques dehors.

La Duchesse. – Gouverneur, vos insolences m'ont fait évanouir devant mon personnel, je n'oublierai jamais l'humiliation dont vous êtes la cause. Poursuivez.

Le Gouverneur. – Je me permets respectueusement, Madame la Duchesse…

La Duchesse. – Ne vous permettez plus rien et poursuivez.

Le Gouverneur, *se remet à lire.* – « Je suis passionnément amoureux d'une femme qui s'appelle Hélène… »

La Duchesse. – Ayez soin de sauter les passages inconvenants…

Le Gouverneur. – « … d'une femme qui s'appelle Hélène. Je compte lui déclarer mon amour le plus tôt possible. Ma triste infirmité ne me permettant de dire qu'un seul mot par jour, je suis décidé, à partir d'aujourd'hui, à m'abstenir de prononcer mon mot quotidien pendant une période d'un mois. Le gouverneur et moi-même avons pensé… » Voilà qui est inexact, Madame la Duchesse. *(D'un geste de son éventail, elle lui fait signe de continuer.)* « … que trente mots pourront suffire à cette déclaration… Je viens donc m'excuser, Madame ma grand-mère, de ne pouvoir, ce jour de l'an, venir vous dire le mot "prospérité" ».

La Duchesse. – Gouverneur, arrêtez. Pareille ingratitude me révolte. Je me refuse à en entendre davantage et je ne paraîtrai pas aux fêtes de ce soir. Monsieur Humulus, vous êtes un garnement. Qu'avez-vous à répondre ?

Le Gouverneur. – Vous savez bien qu'il ne peut pas parler, Madame la Duchesse.

La Duchesse. – Gouverneur, vous êtes un sot.

Elle sort.

Hector. – Bravo, mon gaillard. Tu es un vrai Brignoc. À ton âge, j'avais une maîtresse au Vaudeville[6].

Il sort.

Le Gouverneur. – Vous me forcez à tenir de bien pénibles rôles, mon cher élève. Vos fantaisies me conduiront au tombeau.

À suivre.

Jean-Denis Malclès (1912-2002), gouache pour la création du décor d'*Humulus le muet*.

1 **groom :** jeune domestique portant un uniforme.
2 **le temps de sa garde-robe :** le moment pendant lequel il est allé aux toilettes.
3 **être de connivence :** être complices.
4 **injonctions :** ordres.
5 **entendez-vous :** comprenez-vous.
6 **Vaudeville :** nom d'un théâtre parisien, dont les actrices jouaient des pièces légères.

Questions sur la scène 2

Lisez la scène 2 à haute voix, par groupes, de façon expressive.

1. Pour quelle raison Humulus ne prononce-t-il pas son mot ?
2. Lisez la didascalie l. 43. Quel rôle le Gouverneur joue-t-il auprès d'Humulus ?
3. Pour quelle raison la Duchesse s'évanouit-elle ?
4. Lisez la lettre d'Humulus à sa grand-mère. Que nous apprend-elle ?

Activité 4

Comprendre les relations entre les personnages par le théâtre-image

- Par groupes de deux, efforcez-vous de représenter, sous la forme d'une statue vivante, les liens unissant la Duchesse et le Gouverneur, la Duchesse et Hector, la Duchesse et Humulus, puis Humulus et Hélène.
- Prenez des photos de chaque groupe, puis, en comparant chaque série de statues vivantes, dites en quelques phrases quelles sont les relations entre les personnages en faisant des hypothèses sur la cause de ces relations.

SCÈNE 3

Le rideau se lève sur une route bordée de platanes; Hélène paraît à bicyclette. Elle porte sur son guidon une petite boîte noire. Derrière elle, Humulus, à bicyclette également. Visiblement, il la suit. Ils décrivent d'abord quelques sinuosités[1] *puis elle descend de bicyclette. Humulus descend aussi.*

HÉLÈNE. – Pardon, Monsieur, pouvez-vous me dire combien il y a de kilomètres d'ici à la plage?

Humulus s'incline sans répondre, la main sur le cœur.

HÉLÈNE. – Je vous remercie beaucoup, Monsieur, ce n'est pas trop loin. J'ai le temps d'y aller avant le déjeuner.

Elle remonte à bicyclette et sort en lui faisant des sourires. Il remonte également et la suit. On les entend sonner au loin.

SCÈNE 4

Un jardin public. Le gouverneur entre, un papier à la main, et va à Humulus.

LE GOUVERNEUR. – Monsieur Humulus, j'ai bien travaillé, croyez-moi; je n'ai pas fermé l'œil de la nuit dernière pour mettre la dernière main à ce document. Mais faire une déclaration en trente mots est une chose extrêmement malaisée. Mon cher élève, ne m'accusez pas de ne pas y avoir mis assez de mots d'amour. Il y a les prépositions, les articles et les conjonctions qui sont des mots neutres, sans doute,

Jean-Denis Malclès (1912-2002), esquisse pour la création du décor d'*Humulus le muet*.

Activité 5

Improviser pour comprendre les enjeux de la pièce et les motivations des personnages

• Vous allez vous exercer à l'improvisation, exercice qui consiste à jouer en inventant ses répliques à mesure qu'on joue.
Après la lecture de la pièce, choisissez ensuite un sujet d'improvisation.

Sujet 1 La Duchesse explique à Humulus à quel point elle est déçue de ne pas entendre son mot. Hector et le Gouverneur prennent la défense du jeune homme, qui ne peut s'exprimer mais qui est présent sur scène.

Sujet 2 Improviser sur le sujet 1 en n'utilisant, pour la Duchesse, qu'une seule réplique, qui, dite sur tous les tons, fera comprendre les sentiments qui l'animent. Choisissez cette réplique dans les l. 24 à 39 (▸ p. 242).

Sujet 3 Après leur départ (l. 67 ▸ p. 243), les domestiques se retrouvent dans la cuisine et commentent l'attitude de la Duchesse vis-à-vis d'Humulus et du Gouverneur. Ils formulent des hypothèses sur les raisons pour lesquelles Humulus refuse de prononcer son mot.

mais nécessaires à la bonne intelligence[2] du texte. Voilà: *(Il lit:)* «Mademoiselle. Un amour éclatant m'a pris aux entrailles depuis l'autre jour. Que mes larmes et mes soupirs attendrissent votre beauté cruelle. Un seul geste de vous guérirait toutes mes blessures». Ça fait trente. Je ne devrais certes pas me prêter à ces folies. Mais j'ai aimé, moi aussi, et cette aventure me rappelle de bien doux souvenirs. *(Il tire sa montre.)* Cette jeune fille ne saurait tarder maintenant... Préférez-vous que je demeure pour vous souffler, le cas échéant, ou que je m'éloigne de la distance d'un jet de pierre?

Humulus fait un geste, le Gouverneur s'éloigne. Resté seul, Humulus relit son texte avec les gestes les plus passionnés. Hélène est entrée à bicyclette et elle décrit pendant un instant des sinuosités autour de lui sans qu'il la remarque. Finalement le timbre[3] d'Hélène le tire de ses songeries; il pâlit, marche sur elle relisant une dernière fois son papier. Hélène est descendue de bicyclette et le regarde venir, souriante.

HUMULUS, *d'une voix de stentor[4] qu'on n'attendait pas.* – Mademoiselle, c'est moi, qui étais derrière vous à bicyclette. Vous m'avez demandé la route. Hé bien, il y avait dix kilomètres jusqu'à la mer.

Il s'arrête tout pâle, épouvanté, il murmure encore, comme malgré lui:

Par le raccourci...

Puis sa voix s'étrangle, il se met à compter fébrilement sur ses doigts. Hélène le regarde toujours en souriant.

HUMULUS, *qui n'a plus que trois mots à dire.* – Je vous aime...

HÉLÈNE, *qui sourit toujours.* – Je vous demande pardon, Monsieur, mais je suis un peu dure d'oreille, je n'ai rien entendu.

Elle sort de la petite boîte noire de son guidon un énorme cornet acoustique[5] et se l'adapte à l'oreille; puis gentiment:

Voulez-vous répéter, s'il vous plaît?

Humulus la regarde et le tintamarre de l'orchestre couvre son désespoir pendant que le rideau tombe.

Jean Anouilh, *Humulus le muet*, in *Pièces roses*, 1939
© Éditions de La Table Ronde, 1958.

1 **sinuosités :** courbes.
2 **intelligence :** compréhension.
3 **timbre :** sonnette de bicyclette.
4 **voix de stentor :** voix forte.
5 **cornet acoustique :** instrument en forme de corne servant aux sourds pour mieux entendre.

Activité 6

Identifier une scène d'amour, jouer le décalage de la pièce

Par groupes, apprenez le texte et jouez les scènes 3 et 4.

• Le Gouverneur lit la lettre. Humulus remue les lèvres et fait des gestes pour l'interpréter. Hélène est charmée, le nouveau couple s'en va.

• Jouez ensuite la scène 4 à trois comédiens: l'un dit les didascalies à voix haute, le deuxième joue le rôle d'Humulus en prononçant les répliques très fort, le troisième joue Hélène. Soyez particulièrement attentifs à la manière de rendre visible le sentiment d'Humulus dans la dernière didascalie.

Construire son carnet de mise en scène

Après la phase de préparation et celle de la recherche, il est temps de consigner vos idées par écrit. Vous allez réaliser un carnet de mise en scène dans un cahier ou un dossier de plusieurs pages. Si vous travaillez en groupes, vous pouvez vous répartir les tâches et les pages.

1 Les choix techniques

Costumes et maquillage

Pour chaque personnage, cherchez un costume qui corresponde. Trouvez une façon de signifier au spectateur que le temps a passé entre la scène 1 et la scène 2 : changements de costume, cheveux blanchis par la farine… Construisez par exemple un tableau.

Personnage	Maquillage et costume dans la scène 1	Maquillage et costume dans la scène 2
……	……	……

Décor

Notez les éléments de décor dont vous aurez besoin pour les scènes 1 et 2, puis pour les scènes 3 et 4.

Accessoires

Pour chaque personnage, trouvez un accessoire qui symbolise le mieux son caractère ; répertoriez ces accessoires en fonction de chaque scène.

2 Jeu théâtral et sens du texte

Gestuelle

En observant la mise en œuvre des Activités 4 et 5 (▸ p. 244-245), notez les gestes, expressions et intonations qui caractérisent la Duchesse, Hector, le Gouverneur. Modifiez cette gestuelle entre la scène 1 et la 2 pour montrer que ces personnages ont vieilli. Recopiez et complétez ensuite ce tableau, pour faire correspondre les gestes à leur personnalité.

	Traits de caractère	Gestuelle
La Duchesse	……	……
Hector	……	……
le Gouverneur	……	……

Humulus

Après la série d'improvisations de l'Activité 5, écrivez un court paragraphe afin de donner plusieurs raisons pour lesquelles Humulus ne peut pas s'exprimer, en vous fondant sur vos remarques à propos du rôle de la Duchesse. À mesure des improvisations, prenez des notes sur les mimiques, gestes, déplacements, que chaque comédien aura trouvés pour jouer Humulus.

Hélène

Lisez les didascalies des scènes 3 et 4. Que pouvez-vous en déduire sur la personnalité d'Hélène ?

Choisissez un costume (couleurs, motifs…) et une coiffure qui reflètent cette personnalité. Observez les gestes et intonations des comédiens qui jouent les scènes 3 et 4 (▸ p. 244-245) et notez-les.

Les rôles multiples

La pièce comporte des rôles dont le nombre est imprécis : les domestiques, et l'orchestre. Leurs gestes et déplacements sont définis dans de nombreuses didascalies. Ces rôles ne doivent pas être négligés : l'orchestre offre un écho à l'action, et les domestiques révèlent le statut social et l'autorité de la Duchesse.

L'orchestre

Si vous n'avez pas la possibilité de former un orchestre d'élèves, cherchez par quoi remplacer l'orchestre prévu par Jean Anouilh : ensemble de percussions, d'instruments-jouets et d'ustensiles de cuisine, chœur de comédiens répétant des répliques-clés de la pièce après les comédiens ou commentant les scènes par des exclamations ou des mimiques…

Les domestiques

Relevez chaque didascalie concernant les domestiques et réglez soigneusement leurs déplacements (individuels ou groupés). Notez à quelles répliques de la pièce ils entrent ou sortent. Chaque entrée ou sortie devra être différente de la précédente : variez la gestuelle, le déplacement, les accessoires (parfois indiqués par des didascalies) et cherchez à produire des effets comiques.

La chute

Elle doit être soigneusement préparée. En observant les scènes jouées dans l'Activité 6, notez les expressions, intonations et gestes qui permettent de faire comprendre au spectateur l'émotion d'Humulus. Faites de même pour les gestes et expressions qui montrent la surdité d'Hélène.

LECTURE CROISÉE

Humulus le muet / L'Avare

Découvrir et comprendre des points communs entre les œuvres

Vous venez d'étudier L'Avare *et de préparer la mise en scène d'*Humulus le muet*, ces deux œuvres présentent des thèmes communs.*

SOCLE COMMUN C5

Complétez d'abord ce tableau.

	La Duchesse de Brignoc	Harpagon
Le lien de parenté entre eux et les jeunes gens*	......	......
Leur réaction vis-à-vis des sentiments amoureux des jeunes gens*	......	......
Leur façon de parler aux jeunes gens (ton, modes verbaux…)	......	......

* Les jeunes gens sont **Humulus**, **Cléante**, **Élise**.

1 Les rapports entre générations

- Quelles caractéristiques Molière donne-t-il des jeunes gens de son temps ?
- Quel portrait est fait d'Humulus dans la pièce d'Anouilh ?
- Les jeunes gens parviennent-ils à communiquer avec leurs aînés ? Pour quelles raisons ? Répondez en faisant référence à des exemples précis dans les deux pièces.
- Qu'en déduisez-vous des rapports entre ces deux catégories de personnages ?

2 La difficulté de l'émancipation

- Que doivent faire les jeunes gens pour échapper au contrôle de leurs aînés ? Humulus, Cléante et Élise y parviennent-ils de la même façon ?
- Dans les deux pièces, quels sont les personnages qui viennent en aide aux jeunes gens ? Présentez-les et cherchez leurs points communs.

3 L'actualité de ce problème

- Est-il étonnant que cette question des rapports entre les plus jeunes et les plus mûrs puisse être traitée aussi bien au XVIIe siècle qu'au XXe siècle ? Justifiez votre réponse.
- De quel côté va la sympathie de Molière ? Celle d'Anouilh ? Justifiez votre réponse en citant des exemples précis des œuvres étudiées.

L'Avare, mise en scène de Pierre Franck, avec Michel Bouquet (Harpagon) et Clotilde Coureau (Élise), Théâtre de l'Atelier, septembre 1989.

Votre professeur choisira certains exercices pour vous préparer au sujet d'écrit.

LEXIQUE

Le lexique du théâtre

1 Reliez chaque terme à sa définition.

Réplique •	• Changement de situation brutal et inattendu.
Tirade •	• Parole prononcée dans un dialogue théâtral.
Acte •	• Scène qui se compose d'une seule tirade d'un personnage.
Didascalie •	• Division de la pièce en grandes unités.
Scène •	• Comique lié au caractère grotesque, inattendu d'une situation.
Monologue •	• Unité de la pièce liée à l'entrée ou à la sortie de personnages.
Comique de situation •	• Longue prise de parole d'un personnage dans une scène.
Coup de théâtre •	• Indication pour le comédien, non prononcée sur scène.

Les figures de l'exagération

Figures de style et procédés
▸ leçons 8 et 9, p. 296 à p. 299

2 Proposez deux termes supplémentaires dans chaque liste afin de former une énumération.

1. Égoïste, jaloux, *(défauts)* … .
2. Je suis énervé, furieux *(sentiment de colère)* … .
3. Belle, adorable, *(qualités)* … .

3 Imaginez la fin de chaque phrase en employant une gradation et en tenant compte du personnage qui les prononce.

1. Cléante. – Mariane est la femme que j'ai choisie, je l'apprécie, je l'aime, … .
2. Harpagon. – Tu es mon fils, tu me dois le respect, l'obéissance, … .
3. Harpagon. – Si tu ne m'obéis pas, je te fronderai, je te punirai, … .
4. Cléante. – J'épouserai Mariane, même si elle n'a pour dot qu'une petite somme, … .

D'après **Molière**, *L'Avare*, 1668.

4 Récrivez ces phrases en y insérant une hyperbole.

1. Je suis en colère. **2.** Si tu ne m'obéis pas, je te battrai. **3.** Vous êtes méchant. **4.** J'aime Mariane.

5 Lisez ce texte et répondez aux questions.

Vadius et Trissotin sont des hommes sans talent qui se disent poètes et se flattent l'un l'autre.

Vadius. – […] Voici de petits vers pour de jeunes amants,
Sur quoi je voudrai bien avoir vos sentiments.
Trissotin. – Vos vers ont des beautés que n'ont point tous les autres.
Vadius. – Les Grâces et Vénus règnent dans tous les vôtres.
Trissotin. – […] Aux ballades[1] surtout vous êtes admirable.
Vadius. – Et dans les bouts-rimés[1] je vous trouve adorable.

1 formes de poème.

Molière, *Les Femmes savantes*, III, 3, 1672.

a. Repérez les termes et expressions hyperboliques : quel défaut des personnages est mis en évidence grâce à l'emploi de l'hyperbole ?

b. Poursuivez en trois phrases le dialogue entre les deux personnages en utilisant des tournures et expressions hyperboliques.

GRAMMAIRE

Les emplois du subjonctif ▸ leçon 26, p. 332

6 Relevez les formes verbales à l'impératif et au subjonctif présent, et analysez-les.

1. Ne crois pas que je ne t'aie pas vu !
2. Elle voudrait que je danse avec son ami.
3. Vivez désormais tranquillement, et fêtons votre victoire !
4. Je souhaite qu'un témoin dise enfin la vérité pour que nous puissions en avoir le cœur net.
5. Prie pour que cette plante pousse bien !
6. Sache que je viendrai t'applaudir, ne l'oublie pas !

7 Conjuguez chaque verbe entre parenthèses au temps qui convient.

Molière écrivit de nombreuses pièces mais il *(devoir)* reprendre le texte de certaines à cause de la censure. Toutes ces pièces *(pouvoir)* être jouées ; cependant, elles ne lui *(valoir)* pas toutes le même succès. En effet, les pièces étaient d'abord présentées devant le roi, et *(devoir)* lui plaire pour que la troupe *(pouvoir)* jouer plus longtemps. Si le roi les aimait, il *(pouvoir)* même parfois jouer un personnage, et cela *(valoir)* assurément une grande considération à Molière.

ORTHOGRAPHE-CONJUGAISON

Analyse du verbe ▸ leçon 39, p. 358

8 Lisez ce texte et répondez aux questions.

Le Gouverneur est chargé d'écrire une lettre en trente mots ; il la relit.

« Mademoiselle. Un amour éclatant m'a pris aux entrailles depuis l'autre jour. Que mes larmes et mes soupirs attendrissent votre beauté cruelle. Un seul geste de vous guérirait toutes mes blessures. » Ça fait trente. Je ne devrais certes pas me prêter à ces folies. Mais j'ai aimé, moi aussi, et cette aventure me rappelle de bien doux souvenirs.

Jean Anouilh, « Humulus le Muet », *Pièces roses*, 1938 © Éd. de la Table Ronde, 1958.

a. Identifiez le mode de chaque verbe.
b. À quel mode sont les verbes qui décrivent une action certaine. À quels modes sont les autres ?

9 Identifiez le temps, la personne et le mode de chaque verbe.

Le Gouverneur interroge Humulus.

LE GOUVERNEUR. – Cette jeune fille ne saurait tarder maintenant… Préférez-vous que je demeure pour vous souffler, le cas échéant, ou que je m'éloigne de la distance d'un jet de pierre ?

Jean Anouilh, « Humulus le Muet », *Pièces roses*, 1938 © Éd. de la Table Ronde, 1958.

10 Lisez le texte et répondez aux questions.

Le Crieur public prévient la population qu'une bande de voleurs sévit dans la ville.

LE CRIEUR PUBLIC. – Ville de Vichy. La municipalité, soucieuse de la sécurité et du bien-être des malades et des baigneurs, les met en garde et les informe : que nombre de plaintes ont été déposées par les estivants. […] La police municipale est alertée… […] Cependant chacun est invité à observer la plus grande prudence, particulièrement sur la voie publique, dans les parcs et tous autres lieux fréquentés. Une prime en nature est offerte par le syndicat d'initiative à qui donnera un indice permettant l'arrestation des voleurs.

Jean Anouilh, « Le Bal des voleurs », *Pièces roses*, 1938 © Éd. de la Table Ronde, 1958.

a. Identifiez la voix et le temps auxquels les verbes sont conjugués.
b. Pourquoi, selon vous, l'emploi de la voix passive est-il particulièrement efficace ici ?

Sujet d'écrit

Composer un dialogue théâtral

Harpagon se dispute avec son fils Cléante, qui vient d'apprendre que son père veut épouser Mariane, la jeune femme dont il est lui-même amoureux. Harpagon est bien plus vieux que Mariane.

HARPAGON. – […] il faut songer, s'il vous plaît, à vous défaire de votre amour ; à cesser toutes vos poursuites auprès d'une personne que je prétends pour moi ; et à vous marier dans peu avec celle qu'on vous destine.

CLÉANTE. – Oui, mon père, c'est ainsi que vous me jouez ! Hé bien ! puisque les choses en sont venues là, je vous déclare, moi, que je ne quitterai point la passion que j'ai pour Mariane. […]

HARPAGON. – Comment, pendard ? tu as l'audace d'aller sur mes brisées[1] ?

CLÉANTE. – C'est vous qui allez sur les miennes ; et je suis le premier en date.

HARPAGON. – Ne suis-je pas ton père ? et ne me dois-tu pas respect ?

Molière, *L'Avare*, 1668, Acte IV, scène 3.

1 me faire concurrence.

Imaginez la suite de ce dialogue en enchaînant une douzaine de répliques, avant de clôturer la scène.

Consignes d'écriture

→ Enchaînez soigneusement vos répliques au texte de départ.
→ Ménagez une progression dans la dispute en fonction de la fin de votre dialogue (réconciliation, domination d'un personnage sur l'autre, violence des deux personnages).
→ Proposez des arguments pour chaque personnage. Variez leurs répliques.
→ Conservez le registre comique et critique de la pièce.

Méthode

✓ Employez les **verbes modalisateurs** *(pouvoir, devoir, falloir)* pour présenter les **arguments** des personnages.
✓ Utilisez l'**impératif** et le **subjonctif** pour caractériser Harpagon, le **conditionnel** pour présenter une hypothèse.
✓ Utilisez l'**hyperbole** et les autres figures de style que vous connaissez pour marquer la colère et la violence des propos des personnages.
✓ Utilisez les différentes **ressources comiques** que vous connaissez (les gestes, les mots, la caricature d'un personnage).

Votre professeur choisira certains exercices pour vous préparer au sujet d'oral.

LEXIQUE

L'argent et la possession

Champ lexical

RÉVISIONS

1 Classez les mots selon leur classe grammaticale.
Monnaie, trésor, richesse, fortuné, pauvre, désargenté, enrichissement, enrichir, dépouillé, avidité, prospère, opulent, ressource, magot, financièrement.

2 Complétez ce texte à l'aide des mots de la liste.
Amasser, détenir, patrimoine, propriété, acquérir, dérober, dépouiller, malfaiteur, s'emparer.
Le personnage de *L'Avare* ...1... des pièces d'or et finit par ...2... un trésor important. Il semble en revanche n'avoir ...3... aucun ...4... ni ...5.... Dès lors, son bien étant rassemblé dans sa précieuse cassette, il n'est pas à l'abri d'un ...6... qui viendrait lui ...7... celle-ci. Il serait en effet facile de ...8... de son or et de le ...9... .

Sens propre, sens figuré ▸ leçon 2, p. 284

3 Expliquez le sens de ces expressions.
- L'argent ne fait pas le bonheur.
- L'argent n'a pas d'odeur.
- Le temps, c'est de l'argent.
- Avoir les moyens.
- Être tout cousu d'or.
- Rouler sur l'or.
- Vivre de ses rentes.
- Être sur la paille.

Mots exclamatifs, interjections, onomatopées ▸ leçon 14, p. 308

4 Repérez les interjections dans ces phrases de Sganarelle.

1. Ah ! Ah ! Ah ! Messieurs, je suis tout ce qu'il vous plaira !
2. Eh bien, Messieurs, oui, puisque vous le voulez, je suis médecin [...].
3. Ma foi ! je ne l'ai pas trouvée.
4. Parbleu ! venez-en à tout ce qu'il vous plaira.

D'après **Molière**, *Le Médecin malgré lui*, I, 5, 1666.

5 Précisez les émotions ou les bruits qui peuvent être transcrits par ces onomatopées.
1. Clic. **2.** Ha ! ha ! **3.** Hum ! hum ! **4.** Chut ! **5.** Ouaaah ! **6.** Toc toc toc.

6 Complétez ce texte avec les onomatopées qui conviennent. Vous pouvez utiliser celles de l'exercice 4.
Tout à coup on entend : ...1... . « Entrez ! »
...2... ! La clé tourne dans la porte ! Mon père entre brusquement :
– ...3..., bonjour papa ! »
Il ne me répond pas, et ferme la porte violemment. ...4...
« ...5... papa, je viens de te dire bonjour !
– ...6... n'en rajoute pas, toi, ...7... . »

GRAMMAIRE

Les emplois du subjonctif ▸ leçon 26, p. 332

7 Soulignez dans chaque phrase l'expression du souhait, du regret ou de la crainte et précisez l'intention exprimée.
1. Mon vœu le plus cher est qu'il rentre le plus tôt possible.
2. Je voudrais bien que tu viennes.
3. Pourvu qu'il fasse beau !
4. Il a regretté le fait que tu ne sois pas venu.
5. Si seulement tu étais venu !
6. Plût à Dieu que je réussisse !
7. Nous craignons qu'ils ne nous écoutent pas.

8 Indiquez le temps et le mode verbal par lequel le souhait, le regret ou la crainte est exprimé.
1. Je rêve que ce soit une fortune !
2. Puisses-tu dire vrai !
3. Pourvu qu'un tel malheur ne se produise jamais !
4. Il a bien peur que les choses s'enveniment.
5. Mon inquiétude est qu'elles aient raté leur train.
6. J'aimerais mieux que nous y allions ensemble.

9 Analysez le subjonctif dans chaque phrase et indiquez la nuance qu'il exprime (souhait, regret, crainte, position après des verbes de volonté).

1. Surtout, que le ballet soit beau.
2. Les menuets sont ma danse, je veux que vous me les voyiez danser.
3. J'enrage que mon père et ma mère ne m'aient pas fait bien étudier dans toutes les sciences, quand j'étais jeune.
4. Par où vous plaît-il que nous commencions ? Voulez-vous que je vous apprenne la logique ?
5. La peste étouffe le tailleur !

D'après **Molière**, *Le Bourgeois gentilhomme*, 1670.

Situation d'énonciation ▸ leçon 34, p. 348

10 a. Ajoutez dans cette scène les noms des personnages manquants : *Martine* ou *Sganarelle*.

... . – Non, je te dis que je n'en veux rien faire, et que c'est à moi de parler et d'être le maître.
... . – Et je te dis, moi, que je veux que tu vives à ma fantaisie, et que je ne me suis point mariée avec toi pour souffrir tes fredaines.
... . – Ô la grande fatigue que d'avoir une femme ! et qu'Aristote a bien raison quand il dit qu'une femme est pire qu'un démon !

Molière, *Le Médecin malgré lui*, I, 1, 1666.

b. De quel type de discussion s'agit-il ici ? Appuyez-vous sur des éléments du texte pour préciser le ton que les personnages doivent utiliser dans le dialogue.

11 **Dans cette scène où une fille s'oppose à son père, qui vous semble dominer l'autre ? Justifiez votre réponse en citant des éléments de la scène.**

LUCINDE. – C'est une chose où je suis déterminée.
GÉRONTE. – Mais …
LUCINDE. – Il n'est puissance paternelle qui me puisse obliger à me marier malgré moi.
GÉRONTE. – J'ai … […]
LUCINDE. – Et je me jetterai plutôt dans un couvent que d'épouser un homme que je n'aime point.
GÉRONTE. – Mais…
LUCINDE, *parlant d'un ton de voix à étourdir.* – Non. En aucune façon. Point d'affaire. Vous perdez le temps. Je n'en ferai rien. Cela est résolu.

Molière, *Le Médecin malgré lui*, 1666, Acte III, scène 6.

12 **Voici plusieurs expressions qui peuvent servir d'adresse à un interlocuteur. Classez-les dans les colonnes du tableau.**
Mon brave, cher monsieur, coquin, de grâce Monseigneur, poltron, mon pauvre, mon bon monsieur.

Celui qui parle domine son interlocuteur	Celui qui parle est dominé ou marque son respect à son interlocuteur
......	......

ORTHOGRAPHE-CONJUGAISON

dictée

13 **Identifiez les difficultés soulevées par chaque mot en gras pour vous préparer à la dictée.**
Harpagon commande un repas à Maître Jacques. Valère parle pour son maître…
HARPAGON. – **Taisez**-vous. Qu'est ce qu'il nous faudra ? Je veux que tu me **répondes**.
MAÎTRE JACQUES. – Hé bien ! il faudra quatre grands potages, et cinq assiettes. Potages… Entrées… Rôt…
VALÈRE. – **Apprenez**, maître Jacques, vous et vos pareils, que c'est un coupe-gorge qu'une table remplie de trop de viandes ; que pour se bien montrer ami de ceux que l'on invite, il **faut** que la frugalité **règne** dans les repas qu'on donne ; et que, suivant le dire d'un ancien, il **faut** manger pour vivre et non pas vivre pour manger.
HARPAGON. – Ah ! que cela est bien dit ! **Approche**, que je t'**embrasse** pour ce mot. Voilà la plus belle sentence que j'**aie entendue** de ma vie.

D'après **Molière**, *L'Avare*, 1668, Acte III, scène 1.

Sujet d'oral

Concevoir une scène avec un accessoire à partir d'un canevas

SOCLE COMMUN C7

Petit lexique du théâtre

Qu'est ce qu'un **canevas** au théâtre ?
- Le canevas est une **trame de l'intrigue** qui guide les comédiens et peut proposer des répliques. Il permet aussi d'**improviser**, de faire de bons mots et d'imaginer une mise en scène.
- Dans la *Commedia dell'arte*, le canevas était épinglé dans les coulisses et les comédiens le consultaient, comme un aide-mémoire !

Par groupes de deux, jouez en respectant le canevas ci-dessous :

Canevas support

→ Un personnage est en scène : Lucas, un homme pauvre ; il tient une boîte enveloppée d'un tissu. Il la découvre, la regarde, la recouvre, l'air à la fois réjoui et méfiant. Un deuxième personnage entre : Dorante, élégant et assuré.
→ Ils évoquent la collecte des impôts et la dureté de la vie.
→ Lucas tente de cacher sa boîte, mais Dorante finit par la voir et lui demande ce qu'elle contient. Lucas évite de répondre et sort.

Pistes pour l'improvisation

→ Le début de la scène est **silencieux** (le travail porte sur le corps).
→ Lucas évoque ensuite ses **souhaits** et **craintes** au sujet du bien qu'il vient d'obtenir, tout en manipulant la boîte.
→ Dorante doit adopter une attitude hautaine dans sa démarche et sa façon de s'adresser à Lucas.
→ Le dialogue finit en interrogatoire qui pousse Lucas à fuir.

Méthode

✓ **Rôle de Lucas :** les mimiques du visage et la gestuelle avec la boîte sont essentielles. Utilisez aussi des **onomatopées** ; le lexique de la possession, et des expressions comiques.
✓ **Le face-à-face des deux personnages :** l'un peut vouvoyer, tandis que l'autre tutoie ; l'un peut utiliser l'impératif, l'autre hésite.
✓ Cherchez des moyens de **faire rire**.

Attention !
⚠ Rejouez plusieurs fois votre scène pour arriver à faire rire.

SYNTHÈSE

Qu'est-ce qu'une comédie ?

L'héritage des traditions comiques

• L'œuvre de Molière est très diverse : ainsi, avec ses coups de bâton et ses personnages piégés, *George Dandin* est plus proche de la **farce** que *Les Précieuses ridicules*. Les personnages de valets naïfs sont, eux, caractéristiques de la ***Commedia dell'arte***, tandis que le personnage du galant, incarné par Clitandre, propose une **image en miroir** de la société, à la manière des **écrivains satiriques** (▸ p. 226). Molière **mêle ainsi les différentes traditions de la comédie**.

Les ressources de la comédie

• Molière varie les **types de scène** : il emploie des **monologues**, comme celui d'Harpagon, des **dialogues** vifs comme celui de Lubin et Dandin, ou encore des scènes avec de **nombreux personnages** (▸ p. 232).

• Certains **procédés théâtraux** font aussi progresser l'action, tout en suscitant le rire : le **quiproquo** (où un personnage ne sait pas à qui il a affaire), l'**aparté**, les **personnages dissimulés** ou les **retournements de situation**. Ces procédés révèlent un aspect caractéristique des personnages, et provoquent des **comiques de situation**.

• Les **dialogues** sont aussi source de comique : la vivacité des répliques, l'enchaînement de répliques courtes, favorisent les **jeux de mots** et le **comique de répétition**. Mais le dialogue est également le lieu de la **confrontation** des personnages, comme celui qui oppose Cléante et son père dans *L'Avare*, ou celui de la Duchesse et du Gouverneur dans *Humulus le muet*. Le **type de langage** permet alors de mieux comprendre le personnage, pour mieux le critiquer. Ainsi se moque-t-on d'Harpagon, qui utilise sans cesse l'**hyperbole** pour parler de son argent.

Un regard critique

• Molière offre un **tableau de la société** de son temps et une **critique des vices humains**. Il pousse le **comique de caractère** jusqu'à la **caricature**, comme pour Harpagon. Ainsi, les auteurs de comédies critiquent les excès de leurs contemporains (précieux, bourgeois parvenus) mais également des défauts intemporels, tels l'égoïsme (Les Sotenville de *George Dandin*) ou l'autoritarisme (la Duchesse d'*Humulus le muet*).

• Parfois, le comique peut se faire **grinçant**, et suscite alors notre réflexion (comme dans *L'Avare*). Les comédies sont alors l'occasion de soulever des **débats** intemporels – celui du droit de choisir son conjoint, ou celui du choix entre les biens matériels et la richesse des relations humaines.

SOCLE COMMUN

Compétence	Item	Critères d'évaluation	
1 Maîtrise de la langue	Adapter son mode de lecture à la nature du texte proposé et à l'objectif poursuivi.	Je sais exprimer et restituer des émotions à travers ma lecture.	▸ p. 229
5 Culture humaniste	Établir des liens entre les œuvres (littéraires, artistiques) pour mieux les comprendre.	Je sais identifier des points communs et des différences entre deux œuvres.	▸ p. 247
7 Autonomie et initiative	Manifester curiosité, créativité, motivation à travers des activités.	J'ai fait preuve d'un sens de l'improvisation, d'inventivité et d'aptitudes à la composition et à l'exploration artistique.	▸ p. 251

ÉVALUATION

Un affrontement domestique

Harpagon s'en prend à son valet La Flèche, qu'il soupçonne de lui avoir volé quelque chose.

LA FLÈCHE, *à part.* – Ah! qu'un homme comme cela mériterait bien ce qu'il craint! et que j'aurais de joie à le voler!

HARPAGON. – Euh?

LA FLÈCHE. – Quoi?

HARPAGON. – Qu'est-ce que tu parles de voler?

LA FLÈCHE. – Je dis que vous fouilliez bien partout, pour voir si je vous ai volé.

HARPAGON. – C'est ce que je veux faire.

Il fouille dans les poches de La Flèche.

LA FLÈCHE, *à part.* – La peste soit[1] de l'avarice et des avaricieux!

HARPAGON. – Comment? que dis-tu?

LA FLÈCHE. – Ce que je dis?

HARPAGON. – Oui : qu'est-ce que tu dis d'avarice, et d'avaricieux?

LA FLÈCHE. – Je dis que la peste soit de l'avarice et des avaricieux!

HARPAGON. – De qui veux-tu parler?

LA FLÈCHE. – Des avaricieux!

HARPAGON. – Et qui sont-ils ces avaricieux?

LA FLÈCHE. – Des vilains et des ladres.

HARPAGON. – Mais qui est-ce que tu entends par là?

LA FLÈCHE. – De quoi vous mettez-vous en peine?

HARPAGON. – Je me mets en peine de ce qu'il faut.

LA FLÈCHE. – Est-ce que vous croyez que je veux parler de vous?

HARPAGON. – Je crois ce que je crois; mais je veux que tu me dises à qui tu parles quand tu dis cela.

L'Avare, mise en scène de Georges Werler, Théâtre de Cachan, septembre 2006.

LA FLÈCHE. – Je parle... Je parle à mon bonnet.

HARPAGON. – Et moi, je pourrais bien parler à ta barrette[2].

LA FLÈCHE. – M'empêcherez-vous de maudire les avaricieux?

HARPAGON. – Non; mais je t'empêcherai de jaser[3] et d'être insolent. Tais-toi.

LA FLÈCHE. – Je ne nomme personne.

HARPAGON. – Je te rosserai[4], si tu parles.

LA FLÈCHE. – Qui se sent morveux, qu'il se mouche.

HARPAGON. – Te tairas-tu?

LA FLÈCHE. – Oui, malgré moi.

Molière, *L'Avare*, 1668, Acte I, scène 3.

1 **la peste soit :** maudits soient. 2 **barrette :** sorte de bonnet. Au XVIIe siècle, l'expression *parler à la barrette de quelqu'un* signifie « faire des reproches ». 3 **jaser :** parler à tord et à travers. 4 **rosser :** battre.

Culture littéraire

- Qu'est-ce qu'un « précieux » au XVIIe siècle?

Identifier les caractéristiques d'une comédie de Molière

Une situation de comédie traditionnelle

1. Quelles relations entretiennent les personnages présents sur scène ? Justifiez.

Le rôle des procédés scéniques

2. À qui parle La Flèche dans sa première réplique?

3. Ce procédé se reproduit-il dans la scène? Précisez dans quelles répliques et justifiez vos réponses.

Un face à face révélateur

4. Quel type de phrase utilise principalement Harpagon? Quel aspect de son caractère est ainsi souligné?

5. a. À quel genre de texte vous font penser les deux phrases de la Flèche? (l. 11 et 39) **b.** Ces paroles sont-elles habituelles dans la bouche d'un valet? Que veut montrer Molière par ce choix?

BILAN **6** **Que cherche à dénoncer cette scène? En quoi est-elle comique?**

chapitre **8**

Émouvoir au théâtre

L'expression des sentiments sur scène

Observer, lire et découvrir

1. -500 av. J.-C., les comédiens grecs sont juchés sur des **cothurnes** (sandales à semelle compensée), ils sont cachés sous de longues robes. Effrayants, ils récitent leur texte derrière leurs énormes **masques porte-voix**.

Statuette d'ivoire d'un acteur jouant une héroïne tragique, Grèce antique.

2. Au IIIe siècle av. J.-C., les citoyens romains jouent le visage recouvert d'un **masque**. Le masque sert à identifier les personnages et permet aux hommes de jouer des rôles de femmes, qui n'ont pas le droit de monter sur scène.

Statuette en terre cuite de comédien déclamant, Pompéi, Ier siècle av. J.-C., musée archéologique de Naples.

Masque de théâtre romain, musée archéologique de Marseille.

3. Au IIe siècle av. J.-C., les acteurs jouent sans masque (ce ne sont plus des citoyens romains), mais tout est codé : la manière de se déplacer, les mimiques, le maquillage…

Scène de tragédie, fresque romaine, Pompei, Ier siècle av. J.-C., musée archéologique de Naples.

- Qu'est-ce qui disparaît au XVIIe siècle ? Selon vous, en quoi le jeu se trouve-t-il modifié ?
- Que dire de l'évolution du costume et du maquillage des comédiens ? D'après vous, qu'apporte ce changement dans le jeu théâtral ?

4. À la fin du Moyen Âge, la *Commedia dell'arte* met en scène des comédiens qui portent un demi-masque de cuir. Les rôles sont toujours les mêmes, chaque personnage se reconnaît à son costume. Les femmes peuvent enfin jouer sur scène, elles aussi !

Trivellino et Giangurgolo, personnages de la *Commedia dell'arte*, dessins du XIXe siècle.

5. Au XVIIe siècle, le théâtre classique abandonne les masques. Les comédiens sont maquillés et costumés.

Comédiens dans la pièce *Monsieur de Pourceaugnac*, de Molière, 1669, gravure.

Lecture de l'image

- Imaginez ce que peuvent se dire les deux personnages. Quels éléments vous aident à répondre ?

Le Cid, mise en scène d'Alain Ollivier, Théâtre Gérard Philipe, Saint-Denis, octobre 2007.

Le Cid, P. Corneille

Texte 1

Un monologue émouvant

Pierre Corneille *(1606-1684) est né à Rouen. D'abord avocat du roi, il s'engage finalement dans une troupe célèbre de l'époque, en tant qu'auteur. Ce changement de vie lui réussit : sa pièce,* Le Cid, *est un triomphe. Dans ses œuvres, il fait réfléchir aux rapports entre la noblesse, la société et le pouvoir. Signe de sa notoriété, il est élu à l'Académie française à l'âge de quarante et un ans. Une pension versée par le roi l'aide à vivre jusqu'à ses derniers jours.*

Rodrigue et Chimène s'aiment. Don Diègue, père de Rodrigue, a été récompensé par le roi : il est donc chargé de l'éducation du Prince. Le Comte, père de Chimène, trouve cet honneur injuste. Il gifle Don Diègue, qui, plus vieux et plus faible que lui, ne peut donc pas se venger.

DON DIÈGUE

Ô rage ! ô désespoir ! ô vieillesse ennemie !
N'ai-je donc tant vécu que pour cette infamie[1] ?
Et ne suis-je blanchi[2] dans les travaux guerriers
Que pour voir en un jour flétrir tant de lauriers[3] ?
Mon bras, qu'avec respect toute l'Espagne admire,
Mon bras, qui tant de fois a sauvé cet empire,
Tant de fois affermi le trône de son roi[4],
Trahit donc ma querelle, et ne fait rien pour moi ?
Ô cruel souvenir de ma gloire passée !
Œuvre de tant de jours en un jour effacée !
Nouvelle dignité[5], fatale à mon bonheur,
Précipice élevé d'où tombe mon honneur !
Faut-il de votre éclat voir triompher le Comte,
Et mourir sans vengeance, ou vivre dans la honte ?

Pierre Corneille, *Le Cid*, 1636, Acte I, scène 4, vers 237 à 250.

1 **infamie :** honte et déshonneur faits à la réputation de quelqu'un.
2 **ne suis-je blanchi… :** ses cheveux ont blanchi pendant les longues années passées au service du roi.
3 **lauriers :** symbole antique de la gloire.
4 **Mon bras… roi :** j'ai tant de fois aidé le roi à conserver son trône par mes combats (le bras tient l'épée).
5 **Nouvelle dignité :** Don Diègue fait ici référence à sa récente promotion.

LE SAVEZ-VOUS ?

Le duel à l'épée

En 1636, le ministre principal de Louis XIII est Richelieu. Tous deux souhaitent renforcer la puissance du roi, seul autorisé à rendre la justice. Ainsi les nobles (qui portaient l'épée) n'ont-ils plus le droit de se battre en duel. Ils sont furieux de cette limite imposée à leur liberté et désobéissent souvent, comme on le voit dans la pièce…

Le Cid, mise en scène d'Alain Ollivier, Théâtre Gérard Philipe, Saint-Denis, octobre 2007.

Entrer dans la lecture

- Dans quelle situation Don Diègue se trouve-t-il ?
- Quels sentiments éprouve le vieil homme ?

Petit lexique du théâtre en vers

- Un **monologue** est une tirade prononcée par un personnage seul sur scène.
- Un **alexandrin** est un vers qui compte douze syllabes.

Étudier comment exprimer ses sentiments dans un monologue

Un homme dévoué

1. Pour quelle cause Don Diègue a-t-il combattu jusqu'ici ?

2. Quand il fait rimer *roi* et *pour moi* (vers 7 et 8), sur quel sentiment de Don Diègue Corneille veut-il insister ?

3. Expliquez alors la déception de Don Diègue.

Exprimer l'émotion par l'écriture

4. Comptez les syllabes entre chaque point d'exclamation au vers 1 : que montre ainsi Corneille ?

5. Quels sont les deux types de phrase employés ? Pourquoi ?

6. En répétant *Mon bras* aux vers 5 et 6, sur quoi insiste Don Diègue ? Quel sentiment cela crée-t-il chez le spectateur ?

BILAN **7** **À qui s'adresse Don Diègue ? À quoi sert ce monologue dans la pièce ?**

Le Cid, mise en scène de Brigitte Jacques-Wajeman, Comédie française, Paris, 2006.

Lecture de l'image

1. Pourquoi choisir de faire jouer Don Diègue à plat ventre ?
2. Selon vous, quelle est la difficulté pour le comédien ?
3. Que peut symboliser l'épée abandonnée, au premier plan sur la photo ?

À l'oral

Jouer une scène du *Cid*

Imaginez une mise en scène des 8 premiers vers en réutilisant vos réponses aux questions :

→ marquez les répétitions, les exclamations ;
→ mimez les sentiments du personnage ainsi que sa vieillesse ;
→ aidez-vous des virgules pour articuler le texte ;
→ imaginez les déplacements ou les mouvements du corps.

Votre interprétation doit exprimer les sentiments du personnage.

Texte 2

Une coûteuse vengeance

Cette scène suit immédiatement la précédente. Don Diègue décide d'être vengé par un homme plus jeune : son fils, Don Rodrigue, à qui il remet son épée.

LE SAVEZ-VOUS ?

Le **dilemme** est une situation difficile où il faut choisir entre deux solutions qui s'opposent. Corneille aime à développer un dilemme dans ses pièces, d'où l'expression ***dilemme cornélien***. L'expression est utilisée, aujourd'hui encore, quand on est face à un choix difficile.

DON DIÈGUE

Rodrigue, as-tu du cœur[1] ?

DON RODRIGUE

Tout autre que mon père
L'éprouverait[2] sur l'heure.

DON DIÈGUE

Agréable colère !
Digne ressentiment[3] à ma douleur bien doux !
Je reconnais mon sang à ce noble courroux ;
Ma jeunesse revit en cette ardeur si prompte[4]. […]
Va contre un arrogant éprouver ton courage :
Ce n'est que dans le sang qu'on lave un tel outrage,
Meurs ou tue. Au surplus, pour ne te point flatter,
Je te donne à combattre un homme à redouter : […]
J'ai vu par sa valeur cent escadrons rompus[5]
Et pour t'en dire encor quelque chose de plus,
Plus que brave soldat, plus que grand capitaine,
C'est …

DON RODRIGUE

De grâce, achevez.

DON DIÈGUE

Le père de Chimène.

DON RODRIGUE

Le…

DON DIÈGUE

Ne réplique point, je connais ton amour ;
Mais qui peut vivre infâme est indigne du jour.
Plus l'offenseur est cher, et plus grande est l'offense.
Enfin tu sais l'affront, et tu tiens la vengeance :
Je ne te dis plus rien. Venge-moi, venge-toi,
Montre-toi digne fils d'un père tel que moi.
Accablé des malheurs où le destin me range,
Je vais les déplorer[6] : va, cours, vole, et nous venge.

Pierre Corneille, *Le Cid*, 1636, Acte I, scène 5, vers 261 à 290.

Le Cid, mise en scène de Francis Huster, avec Francis Huster (Rodrigue), Théâtre Marigny, Paris, janvier 1994.

1 **cœur :** ici, de la fierté, du courage.
2 **L'éprouverait :** Rodrigue se battrait avec toute personne qui lui poserait cette question… mais pas avec son père.
3 **Digne ressentiment :** la rancune éprouvée par Rodrigue fait plaisir à son père.
4 **ardeur :** élan. **prompte :** rapide. Rodrigue a montré immédiatement de l'enthousiasme à l'idée de venger l'honneur de son père.
5 **cent escadrons rompus :** des troupes ont été mises en déroute par ce courageux guerrier.
6 **les déplorer :** pleurer sur ces malheurs.

Entrer dans la lecture

- Au début de l'extrait, pense-t-on que Rodrigue est prêt à aider son père ?
- Relisez avec attention la première tirade de Don Diègue. Quelle aide précise attend-il de Rodrigue ?

Petit lexique du théâtre en vers

- Un **hémistiche** correspond à la moitié d'un alexandrin. Entre les deux hémistiches, on marque souvent une pause, appelée **césure**.

Étudier la mise en place du dilemme

Les liens entre un père et son fils

1. Quatre alexandrins ne sont pas écrits chacun sur une seule ligne : retrouvez-les et donnez le numéro de leur vers. Selon vous, pourquoi Corneille a-t-il choisi de les couper ainsi ?

2. Relevez les pronoms personnels qui accompagnent le verbe *venger* dans les quatre derniers vers : que remarquez-vous ? Expliquez cette évolution.

L'obéissance d'un fils

3. Qui prononce les répliques les plus longues ? Pourquoi ?

4. Relevez tous les verbes au présent de l'impératif, avec leur complément s'il y en a. Que nous apprend ce relevé sur les relations qu'établit le père avec son fils ?

5. Expliquez le premier hémistiche du vers 18 : *Je ne te dis plus rien.*

6. a. Relevez toutes les constructions symétriques dans les vers 16 à 19.
b. Selon vous, pourquoi Don Diègue met-il ainsi sa situation et celle de son fils en parallèle ?

BILAN **7** **Résumez en quelques phrases le dilemme auquel Rodrigue est confronté.**

Enrichir son vocabulaire

Les mots ***cœur*** et ***courage*** viennent du même mot latin *cor, cordis*, qui désignait l'endroit où naissaient les sentiments et l'esprit. On observe cette origine commune encore aujourd'hui, dans certaines expressions.
Associez chaque expression à la définition qui lui correspond.

Expressions	Définitions
Le cœur lui manqua. •	• Faire preuve de courage face à l'adversité, en prenant les choses du bon côté.
Donner du cœur à l'ouvrage. •	• Se dévouer totalement pour une cause.
Haut les cœurs ! •	• Se dépenser sans compter pour un projet.
Faire contre mauvaise fortune bon cœur. •	• Courage !
Si le cœur t'en dit. •	• Accepter une proposition parce qu'on en a envie.
Prendre une chose à cœur. •	• Manquer de courage.

À la suite de cette scène, Rodrigue, resté seul, réfléchit à voix haute.

Réduit au triste choix ou de trahir ma flamme
Ou de vivre en infâme,
Des deux côtés mon mal est infini.
Ô Dieu, l'étrange peine !
Faut-il laisser un affront impuni ?
Faut-il punir le père de Chimène ?

- Expliquez à quel comportement correspond la proposition *trahir ma flamme*, puis *vivre en infâme*.

• *À l'écrit* → Rédiger un paragraphe argumenté

Selon vous, que doit faire Rodrigue ? Écrivez un court paragraphe où vous donnerez deux raisons pour expliquer votre réponse.

• *À l'oral* → Organiser un débat en classe

Répartissez-vous en petits groupes, faites la liste des raisons qui pousseraient Rodrigue à venger son père, puis de celles qui l'incitent à ne pas tuer le père de Chimène. Le groupe choisit une position. Un élève du groupe soutient le point de vue choisi, devant la classe.

SOCLE COMMUN C1

Texte 3

Entre amour et haine

Courageux, Rodrigue choisit de venger son père. Le jeune héros parvient, lors d'un duel, à tuer le Comte. Chimène, encore amoureuse de Rodrigue, se sent obligée de demander justice au roi : que soit puni l'assassin de son père. Elle s'entretient de cette situation douloureuse avec sa confidente Elvire, quand Rodrigue survient.

DON RODRIGUE

Eh bien ! sans vous donner la peine de poursuivre,
Assurez-vous l'honneur de m'empêcher de vivre.

CHIMÈNE

Elvire, où sommes-nous, et qu'est-ce que je voi[1] ?
Rodrigue en ma maison ! Rodrigue devant moi !

DON RODRIGUE

N'épargnez point mon sang : goûtez sans résistance
La douceur de ma perte et de votre vengeance.

CHIMÈNE

Hélas !

DON RODRIGUE

Écoute-moi.

CHIMÈNE

Je me meurs.

DON RODRIGUE

Un moment.

CHIMÈNE

Va, laisse-moi mourir.

DON RODRIGUE

Quatre mots seulement :
Après, ne me réponds qu'avecque[1] cette épée.

CHIMÈNE

Quoi ! Du sang de mon père encor toute trempée !

DON RODRIGUE

Ma Chimène…

CHIMÈNE

Ôte-moi cet objet odieux,
Qui reproche ton crime et ta vie à mes yeux.

DON RODRIGUE

Regarde-le plutôt pour exciter ta haine,
Pour croître[2] ta colère, et pour hâter ma peine.

CHIMÈNE

Il est teint de mon sang[3].

LE SAVEZ-VOUS ?

La **litote** (▸ p. 298) est une figure de style qui consiste à minimiser son propos, en sachant que l'interlocuteur doit entendre le sens caché des paroles.
La plus célèbre litote est *Va, je ne te hais point*, grâce à laquelle Chimène exprime son amour à Rodrigue, malgré l'interdiction qui pèse sur eux. Le spectateur doit comprendre : « Je t'aime encore ».

1 **voi, avecque :** ces orthographes sont autorisées dans les vers ; cela permet de mieux rimer ou d'avoir une syllabe supplémentaire quand c'est nécessaire.
2 **croître :** faire grandir.
3 **de mon sang :** du sang de sa famille.
4 **chaleur trop prompte :** énervement, irréfléchi et irrespectueux du Comte contre Don Diègue.
5 **j'ai dû m'y porter :** j'ai dû te faire cette offense (qui consiste à assassiner son père).
6 **notre amitié :** au XVIIe siècle, le mot peut avoir le sens très fort de l'amour.
7 **des feux :** des sentiments amoureux.

Don Rodrigue

Plonge-le dans le mien
Et fais-lui perdre ainsi la teinture du tien. [...]
Car enfin n'attends pas de mon affection
Un lâche repentir d'une bonne action.
L'irréparable effet d'une chaleur trop prompte[4]
Déshonorait mon père, et me couvrait de honte. [...]
Je t'ai fait une offense et j'ai dû m'y porter[5]
Pour effacer ma honte et pour te mériter. [...]
Au nom d'un père mort ou de notre amitié[6],
Punis-moi par vengeance ou du moins par pitié.
Ton malheureux amant aura bien moins de peine
À mourir par ta main qu'à vivre avec ta haine.

Chimène

Va, je ne te hais point.

Don Rodrigue

Tu le dois.

Chimène

Je ne puis. [...]
Malgré des feux[7] si beaux, qui troublent ma colère
Je ferai mon possible à bien venger mon père. [...]

Rodrigue sort. Chimène reste seule avec Elvire.

Ne m'importune plus, laisse-moi soupirer,
Je cherche le silence et la nuit pour pleurer.

Pierre Corneille, *Le Cid*, 1636, Acte III, scène 4, vers 849 à 1000.

Le Cid, mise en scène de Bénédicte Budan, Théâtre Silvia Montfort, Paris, avril 2004.

Collège Maria Casarès
Vie Scolaire

Entrer dans la lecture

- Que vient demander Rodrigue à Chimène ?
- Pour quelles raisons Chimène est-elle horrifiée ?

Comprendre le sens caché des mots dans une déclaration

Un raisonnement implacable

1. Que représente l'épée, portée sur scène, pour Chimène, d'une part, et pour Rodrigue, d'autre part ?

2. Expliquez en quoi le geste qu'il vient de commettre est qualifié par Rodrigue de *bonne action*. Justifiez en vous aidant des explications qu'il donne aux vers 21-22.

3. Pourquoi, dans le vers 22, la deuxième raison est-elle surprenante (*pour te mériter*) ?

Des sentiments gênants

4. Relevez, dans la dernière tirade de Rodrigue, tous les noms communs appartenant aux champs lexicaux des sentiments et de l'honneur. À quel conflit sont confrontés Rodrigue et Chimène ?

5. Commentez la répétition *ta haine / te hais* aux vers 26-27. Quel est exactement le sentiment de Chimène quand elle répond à Rodrigue au vers 27 ?

6. Pourquoi les deux derniers vers ne sont-ils adressés qu'à Elvire ?

BILAN **7** **Recopiez et complétez ce tableau avec une ou deux phrases à chaque fois.**

	Ce que l'honneur lui commande	Ce que l'amour lui inspire
Rodrigue	......	......
Chimène	......	......

Texte 4

L'aveu de Chimène

Chimène demande au roi, Don Fernand, que Rodrigue soit tué. Un jeune noble, Don Sanche, accepte de représenter Chimène dans un duel contre Rodrigue. La jeune femme s'engage à épouser le vainqueur. Voyant revenir Don Sanche du combat, Chimène en déduit qu'il a tué Rodrigue. Elle court supplier le roi, Don Fernand, de la délivrer de la promesse qu'elle avait faite.

p. 262 et p. 263 (haut) : *Le Cid*, mise en scène d'Alain Ollivier, Théâtre Gérard Philipe, Saint-Denis, octobre 2007.

Don Fernand, Don Diègue, Don Arias,
Don Sanche, Don Alonse, Chimène, Elvire

Chimène

Sire, il n'est plus besoin de vous dissimuler
Ce que tous mes efforts ne vous ont pu celer[1].
J'aimais, vous l'avez su ; mais pour venger mon père,
J'ai bien voulu proscrire[2] une tête si chère :
Votre Majesté, Sire, elle-même a pu voir
Comme j'ai fait céder mon amour au devoir.
Enfin Rodrigue est mort, et sa mort m'a changée
D'implacable ennemie en amante affligée[3].
J'ai dû cette vengeance à qui m'a mise au jour
Et je dois maintenant ces pleurs à mon amour.
Don Sanche m'a perdue en prenant ma défense
Et du bras qui me perd je suis la récompense !
Sire, si la pitié peut émouvoir un roi,
De grâce, révoquez une si dure loi[4] ;
Pour prix d'une victoire où je perds ce que j'aime,
Je lui laisse mon bien, qu'il me laisse à moi-même ;
Qu'en un cloître[5] sacré je pleure incessamment,
Jusqu'au dernier soupir, mon père et mon amant. [...]

Don Fernand

Chimène, sors d'erreur, ton amant n'est pas mort,
Et Don Sanche vaincu t'a fait un faux rapport. [...]
Ma fille, il ne faut point rougir d'un si beau feu[6],
Ni chercher les moyens d'en faire un désaveu[7].
Une louable honte en vain t'en sollicite[8] :
Ta gloire est dégagée, et ton devoir est quitte ;
Ton père est satisfait et c'était le venger
Que mettre tant de fois ton Rodrigue en danger.
Tu vois comme le ciel autrement en dispose.
Ayant tant fait pour lui, fais pour toi quelque chose
Et ne sois point rebelle à mon commandement,
Qui te donne un époux aimé si chèrement.

Pierre Corneille, *Le Cid*, 1636, Acte V, scène 6, vers 1723 à 1772.

1 **celer :** cacher.
2 **proscrire :** chasser, éloigner.
3 **amante affligée :** une femme amoureuse abattue par le chagrin.
4 **une si dure loi :** l'ordre selon lequel elle doit épouser l'assassin de celui qu'elle aimait.
5 **cloître :** lieu de prière.
6 **un si beau feu :** une passion si forte.
7 **un désaveu :** le fait de cacher sa passion.
8 **une louable honte... sollicite :** la honte d'aimer l'assassin de ton père te pousse à cacher ce sentiment.

Entrer dans la lecture

- Qui est Don Fernand ? Reportez-vous à la présentation de l'extrait pour répondre. Pourquoi Don Fernand peut-il apporter une solution ?
- Que demande Chimène ?

Étudier la fin du dilemme

Une héroïne abandonnée

1. Dans les vers 1 à 8, relevez ce qui montre l'amour de Chimène pour Rodrigue.

2. Relisez les vers 9 à 12. Expliquez en quoi la situation de Chimène est désespérée.

3. Quelle issue Chimène propose-t-elle finalement ?

Un monarque surprenant

4. D'après les vers 13-14, pour Chimène, un roi est-il capable de pitié ?

5. a. Pourquoi Don Fernand peut-il dire à Chimène : *Ton père est satisfait* (vers 25) ?
b. En quoi cette réplique est-elle importante pour sortir du dilemme ?

6. Qui est désigné par le pronom personnel *lui* au vers 28 ?

7. Expliquez ce que *commande* Don Fernand à la fin (vers 29). Que pensez-vous de cette solution ?

BILAN **8** **Pourquoi Don Fernand parvient-il à résoudre le dilemme qui fait souffrir Chimène ? Qu'est-ce qui lui en donne le pouvoir ?**

BILAN ▶ *Le Cid*, P. Corneille

Retracer l'évolution des héros

Complétez ce paragraphe en vous souvenant de ce que vous avez étudié dans ce chapitre.

Rodrigue et Chimène sont amants. Pourtant, Rodrigue assassine le père de Chimène pour venger ...1... et pour ne pas ...2... . En effet, Chimène ne voudrait plus d'un amant sans courage. L'héroïne exige que son père soit vengé, elle prétend qu'elle n'aime plus Rodrigue. Avec l'épée qui a assassiné le Comte, le jeune homme propose à Chimène ...3... . Finalement, Chimène, persuadée que Rodrigue est mort, vient avouer son désespoir à Don Fernand. Le roi permet à la jeune femme de ...4... .

LE SAVEZ-VOUS ?

La Querelle du *Cid*

En 1635, Richelieu crée l'Académie française, qui défend la pureté de la langue et préconise que les intrigues des pièces de théâtre soient crédibles. Les membres de l'Académie reprochent à Corneille qu'une jeune femme épouse l'assassin de son père. Scudéry, un auteur dramatique, traite Chimène de « prostituée », « parricide », « monstre ».
En 1637 se succèdent les attaques et les réponses. La critique théâtrale est née ! L'Académie française conclut que la pièce présente un « agrément inexplicable qui se mêle à tous ses défauts », c'est-à-dire que la pièce est très agréable à voir, malgré tous les défauts qu'on y trouve…

Histoire des arts
Arts du spectacle

Découvrir les lieux de théâtre au temps de Corneille

Au XVIIe siècle, les comédiens sont méprisés car leur profession est mal vue par l'Église. Ils sont sans cesse sur les routes et ont une grande liberté : ils ont donc mauvaise réputation. Formés à Paris, ils se rassemblent en troupes itinérantes qui se déplacent en province. En effet, depuis 1402, un seul théâtre, une seule troupe sont autorisés dans toute la France : ce sont les ***Confrères de la Passion*** *qui administrent l'****Hôtel de Bourgogne****, à Paris.*

L'Hôtel de Bourgogne en 1647,
André Degaine, *Histoire du théâtre dessinée*
© Éditions Nizet, 1992.

L'Hôtel de Bourgogne

Il est loué par les Confrères de la Passion aux **troupes itinérantes** (elles sont une quinzaine à travers la France) qui passent à Paris. Les Confrères pourchassent tous les comédiens qui s'installent dans des salles non déclarées. Le **cardinal de Richelieu**, principal ministre du roi Louis XIII, donne des subventions pour faire de ce lieu un théâtre. On y trouve aussi un **grand décorateur**. Pour toutes ces raisons, **le public est de plus en plus nombreux**.

Le Pont-Neuf à Paris

En 1607, la construction du pont s'achève et **Henri IV** décide qu'il ne sera pas bordé de maisons, à la différence des autres ponts de la capitale. On peut donc y admirer la Seine et les Parisiens viennent s'y promener. On y trouve aussi des trottoirs (une autre innovation), sur lesquels des comédiens peuvent **monter des scènes**. **Gros-Guillaume**, **Turlupin** et **Gaultier-Garguille** s'y illustrent grâce à leurs **dialogues comiques**. Ces trois comédiens jouent tous les jours dans la rue, ils sont **déguisés**. Leur succès est tel qu'ils seront engagés à l'Hôtel de Bourgogne !

Circulation sur le Pont-Neuf à Paris au XVIIe siècle.

Gros-Guillaume, Turlupin, l'Espagnol, le Français et Gaultier-Garguille à l'Hôtel de Bourgogne, gravure colorisée de Le Blond d'après un dessin d'Abraham Bosse.

Petit lexique du théâtre

- **Les fauteuils d'orchestre**

Devant le triomphe du *Cid*, l'acteur Montdory imagine d'ajouter des bancs sur la scène, de façon à gagner encore plus d'argent, en plaçant une centaine de spectateurs sur les côtés. Ce procédé est en usage jusqu'en 1759. Cette année-là, le comte de Lauraguais loue toute la scène pour profiter davantage d'une pièce. Des banquettes sont installées juste derrière l'orchestre, qui joue au pied de la scène. Voilà l'origine des « fauteuils d'orchestre ».

Lecture de l'image

1. Observez bien les mains des deux personnages comiques. Que sont-ils en train de faire ?
2. Les autres personnages s'en rendent-ils compte ?
3. Qu'est-ce qui crée le comique ?

Le théâtre du Marais

- En 1629, la troupe de l'acteur **Montdory** passe à Rouen. Un jeune auteur vient lui proposer une pièce, Montdory est stupéfait par la qualité de son travail et l'engage. Ce jeune auteur, qui n'est autre que **Pierre Corneille**, suit désormais la troupe à Paris.
- La troupe fait un coup de force : elle ouvre un théâtre à Paris, alors que c'est interdit ! C'est le **théâtre du Marais**. Corneille y triomphe avec *Le Cid*. En 1644, un **incendie** l'anéantit. Il rouvrira dix mois plus tard et la salle se spécialise dans les spectacles à effets spéciaux (théâtre à machines).
- Cette année-là, un autre théâtre vient de s'installer : il s'agit de l'**Illustre Théâtre** dirigé par un certain Jean-Baptiste Poquelin…

Graine de culture B2i

Extraire des informations d'un site internet

Une troisième troupe, celle du Palais-Royal, de Molière, voit le jour à la fin du XVIIe siècle.

- Pour connaître la suite de cette « guerre du théâtre », consultez le site de la Comédie Française.
- Rédigez un résumé des événements en une dizaine de lignes.

www.4e.jdl.magnard.fr/liens

Les tirades amoureuses

Texte 1

L'amour selon Perdican

Un baron organise les retrouvailles entre son fils, de vingt et un ans, promis à un brillant avenir, et sa nièce de dix-huit ans, élevée dans le meilleur couvent qui soit. Le baron souhaite marier les deux jeunes gens, très proches durant leur enfance.

Alfred de Musset *(1810-1857) est un brillant élève. Il tente des études de médecine, mais sa première dissection (étude pratiquée sur un cadavre) lui fait abandonner cette voie. À cette époque, il entame une relation tumultueuse avec George Sand (▸ p. 187). Il écrit alors ses meilleures pièces. Mais alcool et drogues viendront à bout de la santé du poète qui, épuisé et perdu dans la dépression, aurait dit avant de mourir:* Dormir… enfin je vais dormir.

Cette longue scène se déroule dans un bois. Perdican s'y entretient avec Camille : il lui déclare sa flamme. Pourtant, Camille pense que l'amour déçoit toujours et qu'il vaut mieux consacrer sa vie à Dieu.

PERDICAN. – Adieu, Camille, retourne à ton couvent, et lorsqu'on te fera de ces récits hideux qui t'ont empoisonnée[1], réponds ce que je vais te dire: tous les hommes sont menteurs, inconstants, faux, bavards, hypocrites, orgueilleux et lâches, méprisables et sensuels; toutes les femmes sont perfides, artificieuses[2], vaniteuses, curieuses et dépravées; le monde n'est qu'un égout sans fond où les phoques les plus informes rampent et se tordent sur des montagnes de fange[3]; mais il y au monde une chose sainte et sublime, c'est l'union de deux de ces êtres si imparfaits et si affreux. On est souvent trompé en amour, souvent blessé et souvent malheureux; mais on aime, et quand on est sur le bord de sa tombe, on se retourne pour regarder en arrière, et on se dit: j'ai souffert souvent, je me suis trompé quelquefois; mais j'ai aimé. C'est moi qui ai vécu, et non pas un être factice[4] créé par mon orgueil et mon ennui. *(Il sort.)*

Alfred de Musset, *On ne badine pas avec l'amour*, 1834, Acte II, scène 5 (extrait).

1 qui t'ont empoisonné l'esprit en la décourageant de toute relation.
2 **artificieuses :** pleines de ruse.
3 **fange :** boue presque liquide, sale.
4 **factice :** artificiel, qui manque de sincérité.

LE SAVEZ-VOUS ?

Les deux dernières phrases de cette tirade sont la reprise, mot pour mot, d'une lettre que George Sand avait écrite à Alfred de Musset. L'œuvre de l'artiste est donc nourrie de sa vie personnelle.

Entrer dans la lecture

- Selon Perdican, quel est le point commun entre les hommes et les femmes ?
- Quel est le but poursuivi par Perdican ?

Étudier les moyens mis en œuvre par Perdican pour persuader

Une construction logique

1. Cette tirade pourrait être divisée en trois parties : l. 1 à 3, l. 3 à 9, puis l. 9 à la fin.
→ Trouvez les titres qu'on pourrait donner à chacune de ces parties.

2. Expliquez le raisonnement des lignes 9 à la fin.

3. Que représente le pronom *je* dans les dernières lignes ?

Une construction musicale

4. Sur quoi insiste l'énumération d'adjectifs aux lignes 3 et 4 ? Quel effet crée cette énumération ?

5. *On est souvent trompé en amour, souvent blessé et souvent malheureux; mais on aime / J'ai souffert souvent, je me suis trompé quelquefois, mais j'ai aimé* : en quoi consiste le parallélisme dans ces phrases ? Selon vous, quel sentiment est mis en valeur par le parallélisme ?

BILAN **6** **En vous aidant de la dernière phrase, dites quel intérêt il y a donc à être amoureux, d'après Perdican.**

On ne badine pas avec l'amour, mise en scène d'Isabelle Ronayette, Compagnie LRIR, Théâtre Jean Vilar, Suresnes, mars 2003.

À l'oral

Imaginer une mise en scène à deux

Apprenez cette tirade par cœur. Un élève joue Camille, l'autre Perdican. Proposez les attitudes que peuvent prendre les deux personnages (y compris Camille, silencieuse dans cet extrait).

Texte 2

Un amoureux inspiré

Cyrano, affligé par la laideur de son nez, est convaincu que sa cousine, Roxane, ne peut l'aimer, alors que lui ne vit que pour elle. Il aide le jeune et beau Christian à conquérir le cœur de la jeune femme. Il met tous ses talents de poète amoureux au service de son ami, qui n'est pas doué pour l'éloquence.

Edmond Rostand *(1868-1918) se destine à une carrière juridique, mais écrit en parallèle : du théâtre, d'abord, puis de la poésie. Éternellement en proie au doute, Rostand est soutenu par sa femme. En 1897, la pièce* Cyrano de Bergerac *est montée à Paris. Rostand, anxieux, s'est glissé dans les figurants pour mieux les diriger sur scène. La pièce est un triomphe : elle est applaudie pendant une heure !*

L'extrait a lieu à la faveur de la nuit. Christian appelle Roxane, qui se penche à son balcon. Mais il ne sait que lui dire. Alors Cyrano, caché, lui souffle les premiers mots. Enhardi, Cyrano parle à la place de Christian, mais Roxane ne voit pas le manège.

ROXANE, CHRISTIAN, CYRANO, *d'abord caché sous le balcon.*

ROXANE *(d'une voix troublée)*

Oui, c'est bien de l'amour…

CYRANO

Certes, ce sentiment
Qui m'envahit, terrible et jaloux, c'est vraiment
De l'amour, il en a toute la fureur triste !
De l'amour, – et pourtant il n'est pas égoïste !
Ah ! que pour ton bonheur je donnerais le mien,
Quand même tu devrais n'en savoir jamais rien,
S'il se pouvait, parfois, que de loin, j'entendisse
Rire un peu le bonheur né de mon sacrifice !
– Chaque regard de toi suscite une vertu[1]
Nouvelle, une vaillance en moi ! Commences-tu
À comprendre, à présent ? voyons, te rends-tu compte ?
Sens-tu mon âme, un peu, dans cette ombre, qui monte ?...
Oh ! mais vraiment, ce soir, c'est trop beau, c'est trop doux !
Je vous dis tout cela, vous m'écoutez, moi, vous !
C'est trop ! Dans mon espoir même le moins modeste,
Je n'ai jamais espéré tant ! Il ne me reste
Qu'à mourir maintenant ! C'est à cause des mots
Que je dis qu'elle tremble entre les bleus rameaux[2] !
Car vous tremblez, comme une feuille entre les feuilles !
Car tu trembles ! car j'ai senti, que tu le veuilles
Ou non, le tremblement adoré de ta main
Descendre tout le long des branches du jasmin !
(Il baise éperdument l'extrémité d'une branche pendante.)

ROXANE

Oui, je tremble, et je pleure, et je t'aime, et suis tienne !
Et tu m'as enivrée !

1 **vertu :** énergie, force.
2 **rameaux :** branches d'arbres (ils sont rendus bleus par l'éclairage nocturne).

LE SAVEZ-VOUS ?

Savinien Cyrano de Bergerac a vraiment existé : il vécut de 1619 à 1655. Ce militaire-écrivain a raconté des voyages imaginaires sur la lune et le soleil. Dans ses écrits, il a discrètement critiqué des injustices de son époque, ce qui a valu la censure à certains de ses ouvrages.

Savinien Cyrano de Bergerac (1619-1655), gravure, XVIIIe siècle.

CYRANO

Alors, que la mort vienne !
Cette ivresse, c'est moi, moi, qui l'ai su causer !
Je ne demande plus qu'une chose…

CHRISTIAN *(sous le balcon)*

Un baiser !

ROXANE *(se rejetant en arrière)*

Hein ?

Edmond Rostand, *Cyrano de Bergerac*, 1897, Acte III, scène 7.

Cyrano de Bergerac, adaptation pour l'opéra, mise en scène de Petrika Ionesco, composé par Franco Alfano, Orchestre Symphonique de Navarre - Chœur du Châtelet, Théâtre du Châtelet, mai 2009.

Petit lexique du théâtre en vers

- Un **enjambement** consiste à reporter sur le vers suivant **plusieurs mots**, dont le sens est nécessaire pour comprendre le vers.

S'il se pouvait, parfois, que de loin, j'entendisse
Rire un peu le bonheur né de mon sacrifice !

Entrer dans la lecture

- À qui Roxane pense-t-elle parler ?
- De quoi Cyrano veut-il persuader Roxane ?

Analyser ce qui rend une tirade émouvante

Le sacrifice

1. Qu'est-ce qui, dans la mise en scène, montre le sacrifice de Cyrano ?

2. Expliquez le double sens que contiennent les vers 6 et 7. La déclaration de Cyrano est-elle sincère ?

3. a. De qui parle Roxane quand elle emploie le pronom ***t'*** au vers 23 ?
b. Quels procédés soulignent le pronom *moi* au vers suivant ? Pourquoi l'auteur souligne-t-il ce pronom ?

Le rapprochement

4. Quel effet produit l'alternance du vouvoiement et du tutoiement dans la tirade de Cyrano ?

5. En vous attachant au sens des vers, expliquez l'intérêt des enjambements aux vers 20 à 22.

6. Pourquoi Roxane emploie-t-elle le terme *enivrée* au vers 24 ?

BILAN **7** **Récapitulez tout ce qui rend cette scène émouvante pour le spectateur.**

SOCLE COMMUN C5

LECTURE AUTONOME

Voici quelques passages célèbres pour découvrir la pièce :

- La **tirade du nez** (fin de la scène 4 de l'Acte 1), dans laquelle un vicomte essaye de se moquer du nez de Cyrano. Or, c'est Cyrano qui l'aide à trouver l'inspiration :

  C'est un roc !… c'est un pic !… c'est un cap !
  Que dis-je, c'est un cap ?… c'est une péninsule !

- Acte II, scène 6, Roxane avoue à Cyrano son amour pour un jeune homme qui n'est pas au courant… Christian ! Cyrano cache son immense déception.
- Enfin, découvrez la réaction de Roxane lorsqu'elle comprend que toutes les déclarations qui l'ont émue, étaient des créations de Cyrano amoureux. Il s'agit de la fin de la pièce (Acte V, scène 5).

© Flammarion

À l'oral

Entraînez-vous à lire les vers *Chaque regard de toi… / …moi, vous !* (vers 9 à 14) en reconstituant les phrases coupées par les enjambements. Réfléchissez aux différents sentiments qui peuvent agiter Cyrano. Lisez ensuite à haute voix en donnant à entendre le sens du texte.

Pour retrouver **Cyrano en images**, voir Atelier de mise en scène ▸ p. 276.

Votre professeur choisira certains exercices pour vous préparer au sujet d'écrit.

LEXIQUE

Le jugement, la critique

Vocabulaire du jugement et de la critique ▸ leçon 5, p. 290

1 a. Classez ces verbes selon qu'ils expriment un jugement positif ou négatif.
Apprécier, décevoir, aimer, vénérer, haïr, exécrer, raffoler, affectionner, abhorrer, réprouver, abominer, idolâtrer, chérir, s'indigner.
b. Inventez une phrase pour chacun de ces verbes : *vénérer, abhorrer, réprouver*. **Attention! lisez les exemples du dictionnaire pour connaître la construction de ces verbes.**

2 a. Transformez chaque construction pour qu'elle ait un sens positif. Vous devez changer l'adjectif. Ex. : estimer qu'il est impossible de... → estimer qu'il est possible de...
1. Considérer comme inconcevable de... **2.** Tenir pour décevant... **3.** Trouver inacceptable de... **4.** Regarder comme inutile... **5.** Estimer que c'est intolérable...
b. Pour chaque tournure, choisissez le sens positif ou négatif, puis inventez une phrase d'exemple. Ex. : Chimène estime qu'il est désormais impossible d'épouser Rodrigue.

Qualités et défauts

3 a. Dans chacune de ces répliques, relevez un nom commun qui explique la difficulté du héros à parvenir à ses fins.

1. PERDICAN. – Orgueil, le plus fatal des conseillers humains, qu'es-tu venu faire entre cette fille et moi ?
(*On ne badine pas avec l'amour*, III, 8)
2. CHIMÈNE. – Maudite ambition, détestable manie,
Dont les plus généreux souffrent la tyrannie. (*Le Cid*, II, 3)
3. CYRANO. – C'est dans le conte
Que lorsqu'on dit: Je t'aime! au prince plein de honte,
Il sent sa laideur fondre à ces mots de soleil...
(*Cyrano de Bergerac*, V, 6)

b. Trouvez l'adjectif qui correspond à chacun de ces noms communs et employez-le dans une phrase de votre invention.

4 a. Lisez ce portrait de « dame Pluche ». Repérez toutes les tournures qui tournent le personnage en ridicule.

Durement cahotée sur son âne essoufflé, dame Pluche gravit la colline [...]. Ses longues jambes maigres trépignent de colère, tandis que, de ses mains osseuses, elle égratigne son chapelet. Bonjour donc, dame Pluche; vous arrivez comme la fièvre, avec le vent qui fait jaunir les bois.

Alfred de Musset, *On ne badine pas avec l'amour*, 1834, I, 1.

b. Récrivez ce portrait en donnant une vision méliorative du personnage.

GRAMMAIRE

Connecteurs argumentatifs ▸ leçon 38, p. 356

5 Précisez, pour chaque phrase, si la proposition en italique a une valeur d'opposition, de cause ou de but.
1. Roxane est venue *pour rejoindre celui qu'elle aime*.
2. Cyrano est amoureux *or il n'ose pas l'avouer*.
3. Chimène aime Rodrigue *cependant elle ne peut épouser l'assassin de son père*.
4. Camille éprouve les sentiments de Perdican *car elle craint d'être abandonnée*.
5. *En vue de persuader Camille*, Perdican entame une tirade éloquente.

6 Rédigez une cause pour chaque proposition grammaticale.
1. La jeune femme exige ce sacrifice car ... .
2. Antony dissimule son amour parce que ... .
3. Puisque ... , Cyrano n'épousera jamais Chimène.
4. C'est toujours pareil : ... puis la jeune femme est déçue.
5. À cause de ... , le héros n'ose pas s'adresser directement à celle qu'il aime.
6. Parce qu'il ... , le Comte veut persuader sa fille.

Les emplois du subjonctif ▸ leçon 26, p. 332
Les différents types de proposition subordonnées ▸ leçon 28, p. 336

7 a. Complétez les phrases suivantes en choisissant le mode subjonctif ou indicatif, selon le verbe de la proposition principale.
1. Corneille déclare qu'il ... .
2. Au XVIIe siècle, l'Académie française veut que ... .
3. Le roi décide qu'elle ... .
4. Les amoureux souhaitent que ... .
5. Le dramaturge craint que ... .
b. Recopiez la règle suivante et complétez-la grâce aux phrases qui précèdent.
Le subjonctif s'emploie obligatoirement dans une subordonnée qui complète un verbe exprimant une volonté ou un sentiment: *permettre, ordonner, regretter, désirer, douter*, ...[1], ...[2], ...[3].

8 Dans chaque phrase, précisez le type auquel appartient la proposition subordonnée en italique.
1. Roxane prétend *qu'elle ne viendra pas demain*.
2. Camille veut un mari *qui l'aime*.
3. Don Rodrigue se venge *parce que l'honneur le lui commande*.
4. Camille doute *que Perdican veuille changer*.
5. *Quand Cyrano apprend la vérité*, il s'écroule.

ORTHOGRAPHE-CONJUGAISON

Savoir distinguer les homonymes ▸ leçon 52, p. 384

9 a. Rédigez une phrase dans laquelle vous exprimez une préférence grâce à l'adverbe ***plutôt***.
b. Imaginez une seconde phrase dans laquelle vous employez la comparaison de temps / le groupe adverbial ***plus tôt*** (par opposition à *plus tard*).
c. Dictez vos phrases à votre voisin pour vérifier qu'il a compris la différence de sens entre ces deux homophones.

Le mode subjonctif ▸ leçon 42, p. 364

10 Conjuguez les verbes au subjonctif.
1. Je m'étonne qu'il *(aller)* mieux aussi rapidement.
2. Je veux qu'on *(rire)*, je veux qu'on *(danser)* comme des fous.
3. Il faut que Roxane *(savoir)* la vérité.
4. Camille est la plus belle personne que Perdican *(connaître)*.
5. Chimène voudrait que Rodrigue *(être)* son mari.
6. Que *(venir)* la vengeance, le Comte ne s'effraie pas !
7. Peu importe que nous *(remporter)* ou non la bataille.

Conjugaison de *devoir* et *valoir* RÉVISIONS

11 Mettez les phrases qui suivent au temps indiqué entre parenthèses.
1. Rodrigue ... combattre le père de Chimène. *(devoir, passé simple)*
2. Les comédiens ... trouver un théâtre qui les accueille. *(devoir, passé simple)*
3. Tu ... bien un duel ! *(valoir, présent de l'indicatif)*
4. Il ... mieux fuir ! *(valoir, présent de l'indicatif)*
5. Rodrigue n'est pas étonné qu'il ... combattre. *(devoir, présent du subjonctif)*
6. Le Comte ... partir sans prévenir Chimène. *(devoir, passé composé)*

dictée

12 Pour préparer cette dictée, justifiez toutes les terminaisons soulignées.

– Comment **j'ai retrouvé** l'armée ? Oh ! mais c'est tout simple : j'ai marché tant que j'ai vu le pays ravagé. Ah ! ces horreurs, il fallait que je les **voie** pour que je **puisse** y croire ! Messieurs, il **vaut** mieux être à mon service qu'à celui du Roi !
– Il **dut** être difficile de passer les lignes espagnoles ?
– Pas trop ! Mais il **est** temps que nous **combattions**. **J'ai mis** un chapeau qui fera très bien dans la bataille. Mais peut-être est-il temps que le comte s'en **aille** ?

D'après **Edmond Rostand**, *Cyrano de Bergerac*, 1897, IV, 5.

Sujet d'écrit

Raconter un dilemme cornélien SOCLE COMMUN C1

Imaginez une situation qui vous oblige à faire un choix délicat. Deux possibilités s'offrent à vous : toutes deux vous tiennent à cœur, mais pour des raisons différentes que vous expliquerez.

Pour s'éloigner du texte de Corneille, votre histoire ne devra pas mentionner de meurtre.

Consignes d'écriture

→ Vous commencerez par la narration au passé du conflit qui vous amène à ce dilemme. Quelques lignes doivent suffire pour raconter l'incident de départ.
→ Dans un second paragraphe, vous imaginerez deux solutions à ce conflit. Faites part de vos hésitations.
→ Dans un dernier paragraphe, vous expliquerez ce que vous choisissez de faire. N'oubliez pas de préciser les raisons qui vous poussent à cette décision.

Méthode

✓ Vous utiliserez le **vocabulaire du jugement** afin d'exprimer vos sentiments après l'incident de départ.
✓ Employez des **connecteurs argumentatifs** pour lier vos idées et montrer votre raisonnement.
✓ Employez le **mode subjonctif** pour exprimer des souhaits et des prières, après les verbes *craindre*, *souhaiter*, *se réjouir*, *vouloir*, *permettre*.

Attention !

⚠ Choisissez deux solutions pour résoudre votre dilemme avant d'écrire. Pour que votre devoir soit **clair** et **simple**, ne vous éloignez pas de votre choix de départ.

Le Cid, mise en scène de Bénédicte Budan, Théâtre Silvia Montfort, Paris, avril 2004.

Votre professeur choisira certains exercices pour vous préparer au sujet d'écrit.

LEXIQUE

L'expression de soi

Mots exclamatifs, interjections, onomatopées ▸ leçon 14, p. 308

1 Notez à côté de chacune de ces exclamations le sentiment qu'elle traduit (plusieurs réponses sont parfois possibles).

1. Hélas ! 2. Diantre ! 3. Si seulement… ! 4. Hourra ! 5. Hum !

Champ lexical — RÉVISION

2 a. Associez chaque mot de la liste 1 à sa définition (liste 2).

Liste 1 : regret ; remords ; repentir ; contrition.

Liste 2 :

- Sentiment douloureux accompagné de honte quand on a conscience d'avoir mal agi.
- Vif regret accompagné d'un désir de réparation.
- Mécontentement ou chagrin pour un geste passé (lorsqu'on a fait ou non une action).
- Douleur vive d'avoir offensé Dieu.

b. En une phrase ou deux, imaginez une situation qui provoque le regret ; puis une autre qui provoque le remords.

Antonymes et synonymes — RÉVISION

3 Voici une liste de mots construits sur le radical *passion*.

Passion ; passionnant ; passionné ; passionner.

a. Associez chaque terme à son antonyme, choisi dans cette liste.

Ennuyeux ; se désintéresser ; détachement ; indifférent.

b. Précisez la classe grammaticale des deux mots rapprochés. Attention ! deux antonymes doivent avoir la même classe grammaticale.

4 a. Classez les termes de la liste selon un ordre croissant d'intensité. Tendresse ; affection ; attachement ; amour ; passion ; sympathie ; amitié.

b. Inventez le même exercice en cherchant des synonymes du mot *haine* dans le dictionnaire. Proposez alors à un camarade de classer les termes selon leur intensité.

Figures de style et procédés ▸ leçons 8 et 9, p. 296 à 298

5 Récrivez chaque phrase en utilisant une litote pour adoucir la vérité énoncée.

Ex. : Tu es absolument insupportable ! → Tu es moins agréable que d'habitude.

1. Va-t'en, je ne te supporte plus !
2. Arrête, tu n'y arriveras jamais !
3. Vos vêtements sont de très mauvais goût.
4. Quand tu es comme ça, je te déteste !

6 Poursuivez la description du sujet donné à l'aide de trois adjectifs séparés par une virgule ; vous créez ainsi une énumération.

1. Le palais de Chimène est … , … , … .
2. Le nez de Cyrano est … , … , … .
3. L'amour me semble … , … , … .
4. Le courage de Don Rodrigue a l'air … , … , … .
5. La proposition de Don Fernand paraît … , … , … aux yeux de la jeune fille.

7 Donnez une suite à cette phrase en insérant au moins une répétition du mot en gras.

Ex. : Tu **trembles** comme une feuille, *car vous* ***tremblez****, je l'ai senti, tu* ***trembles*** *que tu le veuilles ou non.*

1. Tu peux me le dire à **moi**, … . 2. Tous les hommes sont **égoïstes**, … . 3. Malgré toute ma détermination, je ne cesse de penser à **Chimène**, … . 4. **Mon père** doit être vengé, … . 5. **L'amour** que je te promets est … .

GRAMMAIRE

Circonstancielles de temps ▸ leçon 29, p. 338

8 Conjuguez le verbe de la subordonnée circonstancielle de temps au mode et au temps qui conviennent.

1. Quand tu *(revenir)*, nous irons nous promener.
2. Son mari part avant que le soleil *(être)* levé.
3. La jeune femme blêmit, lorsqu'elle *(comprendre)* ce que cela signifiait.
4. Jusqu'à ce que Cyrano *(lire)* une lettre d'amour, Roxane ne devine rien.
5. Chimène se cache dans sa demeure, en attendant qu'elle *(pouvoir)* être vengée.
6. Après que Roxane *(être)* rentrée chez elle, Cyrano sortira de sa cachette.
7. Pendant que Rodrigue *(réfléchir)*, son père est déjà certain de l'avoir convaincu.

Expansions du GN ▸ leçons 15 à 17, p. 310 à 314

9 a. Choisissez cinq groupes nominaux dans cette tirade. Recopiez leur nom-noyau et leur article. Inventez une nouvelle expansion de ce nom-noyau.

CYRANO. – Un baiser, mais à tout prendre, qu'est-ce ?
Un serment fait d'un peu plus près, une promesse
Plus précise, un aveu qui veut se confirmer,
Un point rose qu'on met sur l'*i* du verbe aimer ;
C'est un secret qui prend la bouche pour oreille,
Un instant d'infini qui fait un bruit d'abeille,
Une communion ayant un goût de fleur,
Une façon d'un peu se respirer le cœur,
Et d'un peu se goûter, au bord des lèvres, l'âme !

Edmond Rostand, *Cyrano de Bergerac*, 1897, III, 10.

b. Apprenez cette tirade par cœur.

ORTHOGRAPHE-CONJUGAISON

Temps simples, temps composés
▸ leçon 40, p. 360

10 Orthographiez correctement la terminaison des verbes suivants, selon que les verbes sont au futur ou au conditionnel.

Astuce **Lorsque vous hésitez, transformez la phrase à la troisième personne !**

1. Je voudr... venir te voir plus souvent, mais j'en suis toujours empêché.
2. La semaine prochaine, il est certain que je pourr... te voir à cette heure-ci.
3. Quand je reviendr... du front, je t'écrir... tous les jours.
4. Si j'avais le temps, je t'écrir... tous les jours.
5. Quand j'aur... le temps, je t'écrir... tous les jours.
6. J'aimer... ne pas avoir à choisir entre mon père et mon amant.

11 Pour exprimer un regret, transformez chaque phrase en mettant le verbe en gras au conditionnel passé.

Ex. : Rosette ***aimerait*** que Perdican l'aime ➜ Rosette ***aurait aimé*** que Perdican l'aime.

1. Si Roxane savait, elle **regarderait** Cyrano d'un autre œil.
2. Chimène **aimerait** que son père ne gifle pas Don Diègue.
3. Sans jalousie, le Comte ne **giflerait** pas Don Diègue.
4. Cyrano **déclarerait** sa flamme à sa cousine, s'il n'était pas autant complexé par sa laideur.
5. Perdican **voudrait** que Camille accepte de l'épouser.
6. Pour ton bonheur, je **donnerais** le mien.

dictée

12 Récrivez ce passage au présent en employant les temps du passé.

Le père de Perdican est désespéré car son fils veut épouser une paysanne. Il s'en entretient avec Camille.

CAMILLE. – Vous devriez lui parler et lui faire entendre raison.

LE BARON. – Cela me jettera dans le désespoir pour tout le carnaval [...]. C'est un mariage disproportionné. Jamais on n'a entendu parler d'épouser la sœur de lait de sa cousine ; cela passe toute espèce de borne.

Alfred de Musset, *On ne badine pas avec l'amour*, III, 7, 1834.

Sujet d'écrit

Écrire la suite d'une déclaration d'amour

Adieu, je vais mourir. C'est pour ce soir, je crois, bien-aimé(e) ! J'ai l'âme lourde encore d'amour inexprimé, et je meurs ! Jamais plus je...

D'après **Edmond Rostand**, *Cyrano de Bergerac*, 1897, V, 5.

Écrivez la suite de cette déclaration d'amour faite au moment de mourir. Il est encore temps de dire ce que l'amoureux (ou l'amoureuse) n'avait pas osé avouer.

Consignes d'écriture

→ Vous vous exprimerez à la première personne. Celui, ou celle, qui fait cette déclaration rappelle ce qu'il ne pourra plus faire, avec l'être aimé, et qui lui plaisait tant.

→ Ensuite, il (ou elle) évoque ce qu'il aurait aimé faire encore.

→ La déclaration se termine par une formule courte et éloquente pour redire son amour : inspirez-vous des œuvres étudiées dans le chapitre !

Méthode

✓ Le vocabulaire de l'**expression de soi** doit être présent, puisqu'il s'agit d'une déclaration amoureuse.

✓ Pensez à introduire quelques **mots exclamatifs**. Ils montreront l'**émotion** éprouvée.

✓ Utilisez des **figures de style** qui donneront plus de force à votre discours, souvenez-vous de celles étudiées dans les textes : **énumération**, **répétition** qui a du sens, **litote**.

✓ N'oubliez pas que les subordonnées circonstancielles de temps sont suivies de l'indicatif ou du subjonctif : selon le verbe qui introduit la proposition, vous choisirez d'employer le mode **indicatif** ou **subjonctif**.

Attention !

⚠ Essayez de rendre votre lettre **émouvante** et **agréable à lire**. Par exemple, essayez d'**enrichir** les groupes nominaux au moyen d'**adjectifs**.

SYNTHÈSE

Comment exprimer des sentiments au théâtre ?

Au moyen de l'intrigue

- L'intrigue met en scène des **conflits**, souvent violents, entre les individus et la société. Dans *Le Cid*, Rodrigue est contraint de provoquer en duel le père de celle qu'il aime, afin de venger son propre père. La question de l'**honneur** s'oppose donc à ce que demande l'**amour**.
- Les tourments que connaît Camille, dans *On ne badine pas avec l'amour*, sont les interrogations qu'un individu se pose au moment de s'engager pour toujours.

Au moyen de la mise en scène

- Les auteurs montrent la **souffrance** des personnages **sur scène**. Edmond Rostand laisse Cyrano dans l'ombre du balcon, son don pour l'éloquence ne profite qu'à son cousin, Christian, resté dans la lumière. Cette scène permet de voir ce que dit le texte : elle montre le dégoût que Cyrano a de lui-même.
- Don Diègue, le père de Rodrigue, doit montrer son désarroi et sa tristesse lorsqu'il se retrouve **seul** sur scène, au moment de son **monologue**. Par exemple, le comédien peut être allongé sur le sol (▸ p. 257). La **mise en scène** donne toute sa **valeur** au monologue.

Au moyen du texte

- Dans le texte de Corneille, l'**alexandrin** n'est plus écrit sur une seule ligne, les différents interlocuteurs en prononcent chacun une partie. Plus **souple**, le **vers** exprime mieux alors les **doutes** et les **déchirements** des héros. Edmond Rostand, lui, affectionne l'enjambement (▸ p. 269). Les vers sont davantage liés les uns aux autres, se rapprochant ainsi de la prose.
- Mais la **prose**, elle aussi, dispose d'**outils pour émouvoir**. La **structure des phrases** remplace le vers, les **énumérations** peuvent créer un rythme. Les **figures de style** rendent la langue plus **expressive**. La tirade de Perdican (▸ p. 266) montre combien ce **rythme** aide à convaincre.

Le théâtre parle des doutes des hommes

- La pièce de théâtre montre, de façon vivante et dynamique, un individu **déchiré** entre les **exigences sociales** et ses **aspirations personnelles**.
- En cela, le théâtre reflète les **questions** et les **crises** de chaque époque, en même temps qu'il pose les **problèmes amoureux** que connaissent les hommes. Les solutions proposées par les dramaturges contribuent à **faire réfléchir** les hommes sur leur **société** et la **morale**.
- Selon les époques, on accordera une place plus ou moins grande aux questions d'honneur ou à celles de l'amour ; mais, à chaque fois, le spectateur aura, à travers le miroir de l'**illusion théâtrale**, l'occasion de voir un **aspect de la réalité**.

SOCLE COMMUN

Compétence	Item	Critères d'évaluation	
1 Maîtrise de la langue	Manifester par des moyens divers sa compréhension de textes variés.	Je suis capable de réagir et de donner un avis en prenant appui sur un texte.	▸ p. 259
5 Culture humaniste	Être sensible aux enjeux esthétiques et humains d'une œuvre artistique.	Je sais faire preuve de sensibilité, d'esprit critique et de curiosité face à une œuvre.	▸ p. 269
1 Maîtrise de la langue	Rédiger un texte bref, cohérent et ponctué, en réponses à des consignes données.	Je suis capable de construire un raisonnement et d'organiser son récit.	▸ p. 271

La fin du dilemme

Chimène demande à ce que Don Sanche et Don Rodrigue s'affrontent en duel pour venger la mort de son père, assassiné par Don Rodrigue. Elle promet d'épouser le vainqueur. Avant le combat, Rodrigue lui rend visite.

Le Cid, mise en scène de Brigitte Jacques-Wajeman, Comédie française, Paris, 2006.

CHIMÈNE

Quoi ! Rodrigue, en plein jour ! d'où te vient cette audace ?
Va, tu me perds d'honneur[1], retire-toi, de grâce.

DON RODRIGUE

Je vais mourir, Madame, et vous viens en ce lieu,
Avant le coup mortel, dire un dernier adieu :
Cet immuable amour qui sous vos lois m'engage[2]
N'ose accepter ma mort sans vous en faire hommage.

CHIMÈNE

Tu vas mourir !

DON RODRIGUE

Je cours à ces heureux moments
Qui vont livrer ma vie à vos ressentiments[3].

CHIMÈNE

Tu vas mourir ! Don Sanche est-il si redoutable
Qu'il donne l'épouvante à ce cœur indomptable ?
Qui t'a rendu si faible, ou qui le rend si fort ?
Rodrigue va combattre, et se croit déjà mort ! […]

DON RODRIGUE

Je cours à mon supplice[4], et non pas au combat ;
Et ma fidèle ardeur sait bien m'ôter l'envie,
Quand vous cherchez ma mort, de défendre ma vie.
J'ai toujours même cœur ; mais je n'ai point de bras
Quand il faut conserver ce qui ne vous plaît pas[5] ;

Pierre Corneille, *Le Cid*, 1636, Acte V, scène 1, vers 1465 à 1484.

1 **tu me perds d'honneur :** tu menaces ma réputation.
2 **sous vos lois m'engage :** cet amour qui m'oblige à toujours vous obéir.
3 **vos ressentiments :** vos désirs de vengeance.
4 **mon supplice :** ma mise à mort.
5 **ce qui ne vous plaît pas :** il s'agit de la vie de Rodrigue.

Culture littéraire

- D'après ce que vous savez de la pièce, pourquoi Don Rodrigue dit-il qu'il est prêt à se donner la mort ?

Comprendre comment Rodrigue résout le dilemme

Le geste fou de Rodrigue

1. Comment Rodrigue peut-il être sûr de mourir ?

2. Trouvez un synonyme du mot *cœur* au vers 16. Expliquez alors le sens des deux derniers vers.

3. a. Quelle différence remarquez-vous dans la manière dont les deux amoureux s'adressent l'un à l'autre ?
b. Expliquez cette différence grâce aux sentiments de chacun des personnages.

L'impossible aveu

4. Au début de l'extrait, Chimène demande à Rodrigue de se retirer au nom de l'honneur. À votre avis, pourquoi ne parle-t-elle plus de haine ?

5. a. Qu'éprouve Chimène quand elle s'exclame : *Tu vas mourir !* (v. 9) ?
b. Imaginez une didascalie pour indiquer la réaction de la jeune héroïne.

6. Quel est le nouveau dilemme devant lequel se retrouve Chimène ?

BILAN **7** **Pourquoi peut-on dire que Rodrigue résout son dilemme en respectant à la fois l'honneur et l'amour ? Organisez votre réponse en deux ou trois phrases.**

- Analyser une scène d'affrontement au cinéma
  Découvrir les notions de champ et contre-champ
- Repérer comment une œuvre théâtrale est adaptée en film
  Découvrir la notion de prise de vue
- Bilan et évaluation de l'atelier

Pour connaître l'intrigue de la pièce d'Edmond Rostand, voir chapitre 8 ▸ p. 268

Découvrir Cyrano de Bergerac en images

1. Une scène d'affrontement

Par amour pour Roxane, Cyrano a promis de protéger Christian de Neuvillette qui vient d'arriver dans sa compagnie de mousquetaires. Mais Christian, ignorant la demande de Roxane, provoque Cyrano sur un sujet à ne pas aborder : son nez. Cyrano doit surmonter sa colère pour tenir sa promesse.

Petit lexique du cinéma

Le champ / le contre-champ : après avoir montré une partie de la scène – le champ –, la caméra montre le contre-champ, c'est-à-dire ce que regardent les personnages du plan précédent. Par exemple, dans les photogrammes 1 et 2, Cyrano regarde Christian.

Questions

- Identifiez, pour chaque photogramme, le personnage principal présent à l'image.

Étudier le champ, le contre-champ

▸ Photogrammes 1 et 2

1. **a.** Que regardent les personnages du premier photogramme ?
b. Que regarde Christian dans le second photogramme ?
c. Quel lien unit donc les deux images ?

2. Que traduisent le visage et l'attitude des acteurs ?

3. À l'aide des questions 1 et 2, montrez que Cyrano et Christian s'affrontent.

Analyser la mise en scène

▸ Photogrammes 3 et 4

4. Indiquez, pour chaque photogramme, où se situent les personnages dans l'image (premier plan, second plan et arrière plan).

5. Quelle évolution constatez-vous entre les photogrammes 3 et 4 ?

Comment les images montrent-elles que Cyrano change de camp ?

Photogrammes du film réalisé par **Jean-Paul Rappeneau** en 1990, avec Gérard Depardieu (Cyrano), Anne Brochet (Roxane) et Vincent Pérez (Christian).

2. La scène du balcon

Vous allez maintenant pouvoir comparer quatre mises en scène de la célèbre scène du balcon (Acte III, scène 7). Dans la pénombre, Cyrano souffle ses mots à Christian qui déclare son amour à Roxane (voir aussi ▸ *p. 268**).*

CHRISTIAN *(à qui Cyrano souffle ses mots)*
L'amour grandit bercé dans mon âme inquiète
Que ce … cruel marmot[1] prit pour… barcelonnette[2].
ROXANE *(s'avançant sur le balcon)*
C'est mieux ! […]

CYRANO *(tirant Christian sous le balcon et se glissant à sa plac*
Chut ! Cela devient trop difficile !
ROXANE
Aujourd'hui…
Vos mots sont hésitants. Pourquoi ?

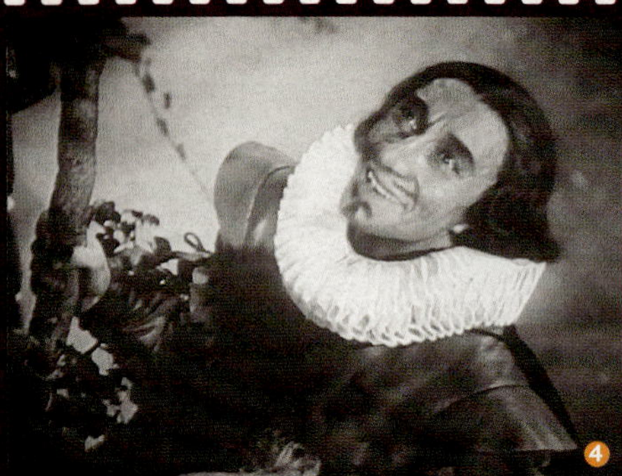

CYRANO
Sens-tu mon âme, un peu, dans cette ombre, qui monte ?…
Oh ! mais vraiment, ce soir, c'est trop beau, c'est trop doux !
Je vous dis tout cela, vous m'écoutez, moi, vous ! […]

ROXANE
Oui, je tremble, et je pleure, et je t'aime, et suis tienne !
Et tu m'as enivrée ! […]
Cyrano obtient un baiser de Roxane pour Christian, qui s'élance et atteint le balcon.

1 cruel marmot : le dieu Amour est souvent représenté sous les traits d'un enfant qui lance des flèches. **2 barcelonnette :** petit berceau.

Questions

Analyser les photogrammes

1. a. Qui voit qui ? : entourez la ou les bonnes réponses
- Roxane voit ☐ Christian ☐ Cyrano
- Christian voit ☐ Roxane ☐ Cyrano
- Cyrano voit ☐ Christian ☐ Roxane

b. Comment les acteurs sont-ils placés pour jouer cette scène ? Expliquez ce choix. ▸ Photogramme 1

2. Comment le jeu de Cyrano (geste, déplacement) montre qu'il prend la place de Christian ? ▸ Photogrammes 2 et 3

3. a. Qui est dans l'ombre ? Qui est dans la lumière ?
b. Justifiez ce choix de mise en scène. ▸ Photogramme 3

4. Expliquez, en vous aidant du texte, pourquoi le réalisateur a choisi de ne plus montrer Christian à l'image. ▸ Photogramme 4

5. Comment le jeu de l'actrice traduit-il les sentiments de Roxane ? ▸ Photogramme 5

›etit lexique du cinéma

.'angle de prise de vue : il s'agit de la hauteur de la caméra par ·apport au sujet qu'elle filme. On parle de ***plongée***, si la caméra ›st placée au-dessus de ce qu'elle filme, et de ***contre-plongée***, ;i la caméra est placée en-dessous de ce qu'elle filme.

CYRANO *(parlant à mi-voix, comme Christian)*
C'est qu'il fait nuit,
Dans cette ombre, à tâtons, ils cherchent votre oreille. [...]

CHRISTIAN
! Roxane !
enlace et
›enche sur
lèvres.

CYRANO
Aïe ! Au cœur, quel pincement bizarre !

›togrammes du téléfilm réalisé par **Claude Barma** en 1960, avec Daniel Sorano (Cyrano), Françoise Christophe (Roxane) et Michel Le Royer (Christian).

. a. Pourquoi, selon vous, le réalisateur a-t-il choisi de montrer la fois Roxane, Christian et Cyrano ? ▸ Photogramme 6
›. Comment la souffrance de Cyrano est-elle mise en images ? jeu de l'acteur, cadrage, lumière...) ▸ Photogrammes 6 et 7

:tudier les angles de prises de vue

:xpliquez le choix de la plongée ou de la contre-plongée lans les photogrammes 2, 3, 4 et 5.

Photogrammes du film réalisé par **Jean-Paul Rappeneau** en 1990.

Questions

Étudier une autre mise en scène de cinéma, comparer

• En vous référant au texte d'Edmond Rostand, identifiez d'abord à quel passage de la scène chaque photogramme peut correspondre.

1. Comment le rôle de Cyrano est-il mis en valeur ? ▸ Photogramme 1

2. Comparez la mise en scène de Jean-Paul Rappeneau avec celle de Claude Barma (▸ p. 278). Que pouvez vous dire sur : **a.** le choix de l'actrice et de ses vêtements ; **b.** la place des personnages, rôle du décor et angle de prise de vue ▸ Photogramme 2

Quelle version préférez-vous ? Justifiez votre réponse avec des arguments précis.

Cyrano de Bergerac, mise en scène de Denis Podalydès, avec Michel Vuillermoz (Cyrano), Françoise Gillard (Roxane) et Éric Ruf (Christian), Comédie française, Paris, mai 2006.

Questions

Comparer des mises en scène

Observez les photos p. 280 et 281 (mises en scène de D. Podalydès et G. Bouillon).

1. Décrivez les différents éléments utilisés par chaque metteur en scène pour composer le décor.

Observez maintenant les quatre mises en scène proposées **(▸ p. 278 à 281).**

2. Comparez les quatre versions de cette scène : laquelle vous semble la plus réaliste, la plus symbolique, la plus féerique… ?

3. Quelle version préférez-vous ? Justifiez votre réponse à l'aide arguments (lien avec le texte, beauté de l'image, originalité de la mise en scène …)

En vous inspirant de ces différents exemples, proposez à votre tour des éléments de mise en scène pour la scène du balcon dans *Cyrano de Bergerac*.

Cyrano de Bergerac, mise en scène de Gilles Bouillon, avec Christophe Brault (Cyrano), Emmanuelle Wion (Roxane) et Thibaut Corrion (Christian), Cartoucherie - Théâtre de la Tempête, Paris, novembre 2010.

Bilan et évaluation

SOCLE COMMUN

• La grille suivante fait la synthèse des savoir-faire pouvant être évalués lors de la mise en œuvre de l'atelier.

Compétence	Item	Critères d'évaluation
5 Culture humaniste	Établir des liens entre les œuvres (littéraires, artistiques) pour mieux les comprendre.	Je sais identifier des parentés et des contrastes et les utiliser pour comprendre la portée d'une œuvre.
	Être sensible aux enjeux esthétiques et humains d'une œuvre artistique.	Je suis capable d'identifier les enjeux que porte une création artistique.
	Connaître et pratiquer diverses formes d'expression à visée artistique.	Je suis capable d'exprimer une intention par des formes d'expression artistiques variées, je choisis les modalités techniques les plus appropriées pour mettre en œuvre un projet.

1 La formation des mots RÉVISIONS

Observer

Illisible. – Une ordonnance de médecin doit l'être. Toute signature idem. Cela indique que l'on est accablé de correspondance.

Gustave Flaubert, *Dictionnaire des idées reçues*, 1850-1880.

1. Que signifie le mot *illisible* ?

2. Décomposez ce mot en trois parties. Quelle est la signification de chacune d'elles ?

3. Trouvez des mots de la même famille.

Leçon

1 Un peu d'histoire

- Le **français** est une **langue romane** qui vient du **latin**, comme le portugais, l'italien, l'espagnol, le roumain. L'**ancien français** est la langue parlée au Moyen Âge. Elle a ensuite évolué pour devenir notre **français moderne**. D'autres mots – surtout scientifiques et techniques – viennent du **grec** : *orthographe, kinésithérapeute…*
- Le français conserve aussi quelques mots **gaulois** : *charrue, chêne…* Des mots **germaniques** amenés par les Francs : *trop, danser*. D'autres langues enrichissent aussi notre langue : l'**arabe** : *abricot, zéro…* l'**espagnol** : *cigare…* l'**italien** : *cavalier…* l'**anglais** : *football, marketing…*
- On invente tous les jours de nouveaux mots, des **néologismes**, pour désigner des objets, des activités qui n'existaient pas auparavant : *télétravail…* Ou bien on donne un sens nouveau à un mot existant : *la **souris** de l'ordinateur…*

2 Radicaux et familles de mots

- Une **famille de mots** regroupe les mots qui ont une **racine commune**. Cette racine peut se retrouver telle quelle ou sous la forme de **radicaux proches**. Certaines **particularités orthographiques** s'expliquent par la **forme différente** de chaque radical.
Le **radical** est l'**élément principal d'un mot**, qui exprime son **sens essentiel**.
Legere. → *Lire, lecteur, illisible.* Pied *vient du mot latin* **pedis**, *d'où la présence du d.*

3 Les mots dérivés

- On forme des mots par l'**ajout d'un préfixe avant** le radical ou d'un **suffixe après** le radical. On dit que ces mots sont **dérivés**.
- Les préfixes et les suffixes **modifient le sens du mot**.

– Les préfixes ***in-***, ***il-***, ***im-***, ***ir-*** sont **négatifs (privatifs)**. *Illisible.*

– Les suffixes ***-ble***, ***-ible***, ***-able*** indiquent la **possibilité**. *Lisible.*

- Les **suffixes** peuvent aussi **faire changer le mot de classe grammaticale**.
Lire. (verbe). → *Lisible.* (adjectif)

4 Les mots composés

- Les mots composés sont formés par la réunion :

– De **deux mots français**. *Lave-vaisselle, portefeuille, petits fours.*

– De **deux mots d'origine latine ou grecque**.
*Photographie (du grec **photo** : la lumière, et **graphie** : écriture).*

Exercices

1 Trouvez des mots français issus de chaque mot latin.

Ex. : *Pater*, le père. → paternité, paternel, paternaliste.

1. *Mare*, la mer. **2.** *Domus*, la maison. **3.** *Mater*, la mère. **4.** *Dominus*, le maître. **5.** *Audire*, entendre. **6.** *Vincere*, vaincre. **7.** *Timere*, craindre. **8.** *Major*, plus grand. **9.** *Verus*, vrai.

2 Dans chaque famille de mots, relevez les différentes formes du radical.

1. Dire, dictée, médisant, dictaphone, indicible, soi-disant, prédire.

2. Faire, réfection, défaite, faisable, malfaiteur, manufacture.

3. Main, manuel, manipulation, maintenir, manuscrit.

4. Croire, crédule, croyance, crédible, mécréant.

3 **Les mots en gras sont d'origine grecque. Trouvez d'autres mots français formés avec ces racines et employez-les dans des phrases.**

Il s'appelait **Micromégas**, nom qui convient fort à tous les grands. Il avait huit lieues de haut : j'entends, par huit lieues, vingt-quatre mille pas **géométriques** de cinq pieds chacun.

Voltaire, *Micromégas*, 1752.

4 **Triez ces mots par famille et trouvez dans le dictionnaire leur racine latine.**

Libérer, livre, animal, libraire, fils, enfiler, libre, animé, filature, âme, filial, louer, librairie, année, louanges, liberté, location, filiation, anniversaire, louer, fil, colocataire, annuel.

5 **Trouvez des mots de la même famille pour expliquer l'accent circonflexe dans ces noms.**

Hôpital, forêt, mâle, fête, bête, côte, château, bâtiment.

6 **Relevez le préfixe des mots en gras et indiquez son sens.**

Un homme dur, ce docteur Trifulgas. Peu **compatissant**, ne soignant que contre espèces, versées d'avance. Son vieux Hurzof, – un métis de bouledogue et d'épagneul – aurait eu plus de cœur que lui. La maison du Six-Quatre, **inhospitalière** aux pauvres gens, ne s'ouvrait que pour les riches. D'ailleurs, c'était tarifé ; tant pour une **congestion**, tant pour une **péricardite**.

Jules Verne, *Fritt-Flacc*, 1884.

7 **Ajoutez des suffixes pour former des mots de la même famille d'autres classes grammaticales, et indiquez cette classe.**

Ex. : Fier → fiable (adj.), fiabilité (nom), fiabiliser (verbe)…

Réguler, gourmand, brave, bête, petite, exact, simple, généreux, rond, inventer, égal, indiquer, fermer, corps, vaillant, jeter, Paris, saut, tendre, porter, lune.

8 **a. Identifiez les mots composés.**
b. Amusez-vous à en former d'autres à partir des mots : *porte, chien, gratte, cœur.*

Au rond-point des Champs-Élysées, la grand-mère et sa belle-fille admiraient l'arc-en-ciel qui dominait l'Arc de Triomphe. Elles venaient de déguster vingt-deux petits fours, un mille-feuille et un Paris-Brest.

9 **Ces mots comportent-ils un préfixe ?**

1. Repaire, renouvellement, refuge, renoncule, repartir, revanche.
2. Indien, indéfini, incroyant, index, indigo, injuste.
3. Démon, démoraliser, démographie, démodé, déformer.

10 **Trouvez l'antonyme de ces mots en changeant le préfixe ou ajoutez-en un.**

Mortel, adroit, paraître, coudre, bonheur, dépendant, régulier, logique, honnête, poli, accélérer, symétrique, conformiste, continu, entente.

11 **Pour chaque mot en gras, identifiez préfixe, radical et suffixe et indiquez son sens.**

J'ai été **mécontent**, **malheureux**, **injuste** ; mais pouvez-vous douter de mon **affection** profonde ? Nos âmes ne sont-elles pas **enchaînées** l'une à l'autre ?

Benjamin Constant, *Adolphe*, 1816.

12 **a. Le préfixe *co-*, *con-*, *com-*, *col-* vient de la préposition latine *cum* qui signifie *avec*. Expliquez le sens de ces mots.**

Copain, convive, co-président, coordination, conception, compromettre, collège.

b. Le préfixe *a-*, *ad-*, *ac-*, *ap-*, *at-* vient de la préposition latine *ad* qui signifie *vers*. Expliquez le sens de ces mots.

Accéder, abaisser, addition, atteindre, approcher, adoption.

S'exprimer

13 Inventez une machine fantaisiste. Baptisez-la d'un nom composé. Décrivez-la et expliquez-en l'utilité pour qu'on comprenne bien le choix de son nom. Dans votre texte, utilisez des mots dérivés comportant les préfixes grecs *auto-*, *micro-*, *télé-*, *péri-* et *hyper-*.

Bilan des acquis

SOCLE COMMUN C1

14 **a. Repérez les préfixes et suffixes des mots en gras, rappelez leur sens.**
b. Trouvez des mots de la même famille et indiquez leur classe grammaticale. Employez-les dans des phrases.
c. Relevez un mot composé. Proposez deux mots composés avec *feuille*.

© Le Livre de Poche

Les habitants de Paris sont d'une curiosité qui va jusqu'à l'**extravagance**. Lorsque j'**arrivai**, je fus regardé comme si j'avais été envoyé du ciel […]. Si j'étais aux Tuileries, je voyais aussitôt un cercle se former autour de moi : les femmes mêmes faisaient un arc-en-ciel, nuancé de mille couleurs, qui m'**entourait**. […] Chose **admirable** ! je trouvais de mes portraits partout ; je me voyais **multiplié** dans toutes les boutiques.

Montesquieu, *Lettres persanes*, 1721.

Compétence 1 : Maîtrise de la langue

Item	Connaissances	Capacités
Utiliser ses capacités de raisonnement, ses connaissances sur la langue, savoir faire appel à des outils appropriés pour lire	La définition de famille de mot, radical, préfixe, suffixe, mot composé	Repérer les éléments formant un mot et comprendre leur sens, constituer une famille de mots, connaître et écrire des mots composés

2 Sens propre, sens figuré RÉVISIONS

Observer

Bras. – Pour gouverner la France, il faut un bras de fer.
Gustave Flaubert, *Dictionnaire des idées reçues*, 1850-1880.

1. Trouve-t-on cette définition dans un autre dictionnaire ?
2. Quels sont les différents sens du mot *bras* ?
3. Connaissez-vous des expressions, employées dans le langage courant ou familier, où l'on trouve ce mot ?

Leçon

Un mot peut avoir plusieurs sens : il est ***polysémique***.

1 Le sens propre

Chaque mot a un **sens propre**, son sens d'origine, qui se trouve en premier dans le dictionnaire. En général, le sens propre désigne une **chose concrète**.

BRAS. – n. m. 1. Segment du membre supérieur compris entre l'épaule et le coude.

2 Le sens figuré

- Les mots ont souvent aussi un **sens figuré**, signalé par l'abréviation *Fig.* dans le dictionnaire.
  2. Fig. *Symbole de la force guerrière, du pouvoir.*
  *Ton **bras** est invaincu mais non pas invincible.* (Pierre Corneille, *Le Cid*)
- Le sens figuré est une **image** – métonymie, métaphore (▸ p.296) – passée dans le langage courant. Le sens figuré est souvent **abstrait**. Il existe un **lien de sens entre propre et figuré**.
  Le bras sert à exercer sa force physique, il prend donc le sens figuré de pouvoir.
- Un mot peut avoir plusieurs sens figurés.
  3. Fig. *Personne qui agit, travaille.* L'agriculture a besoin de bras.
  4. Fig. *Les bras d'une chaise.*
  5. Fig. *Les bras d'un cours d'eau.*
- Ces sens figurés se trouvent souvent dans des expressions figées, qu'on ne modifie jamais. Le sens figuré permet de **frapper l'imagination** du lecteur et de communiquer un sentiment, une idée, de façon plus imagée.
  *Prendre un problème à **bras-le-corps**. Le président a renvoyé son **bras droit**.*
  Les bras m'en tombent. (Expression plus frappante que *Je suis surpris*.)

3 Différencier sens figuré et images poétiques originales

- Les écrivains inventent sans cesse de nouvelles images qui ne deviennent le sens figuré d'un mot que si elles passent ensuite dans le langage courant.
  Le manteau blanc de l'hiver. (C'est une image passée dans le langage courant.)
  Le soleil s'est noyé dans son sang qui se fige. (C'est une personnification : dans le langage courant, on ne désigne jamais par le mot *sang* le rougeoiement du soleil couchant.) Charles Baudelaire, « Harmonie du soir », *Les Fleurs du mal*.

Exercices

1 Distinguez les expressions employées au sens propre et celles employées au sens figuré.

1. Il joue avec le feu. Il a allumé un feu de forêt. Il est dévoré par le feu de sa passion.
2. Pierre, mets la table ! Il a fait table rase du passé.
3. La fusée atterrit sur Mars. Ce marathonien, une fusée, a remporté la course.
4. J'ai gardé ce lourd secret pour moi. Cette valise est trop lourde pour moi.
5. Cet acteur est au sommet de la gloire. L'alpiniste vise le sommet du mont Blanc.

2 Expliquez le sens de ces expressions figurées.

1. Prendre la porte. 2. Avoir l'estomac dans les talons. 3. Prendre racine. 4. Prendre ses jambes à son cou. 5. Ne pas avoir sa langue dans sa poche. 6. Avoir un poil dans la main. 7. Mettre les pieds dans le plat. 8. Se faire des cheveux blancs.

3 Écrivez des phrases où vous emploierez ces mots au sens propre puis au sens figuré.

Tempête, riant, profond, droit, gauche, requin, aile, berceau, mur.

4 **Donnez le sens propre et le sens figuré des mots en gras.**

La carriole avait un toit où s'attachaient des rideaux. Celui de derrière, seul, **flottait** au vent, comme un drapeau. La femme, à côté de son époux, **s'épanouissait** dans une robe de soie **cerise** extraordinaire. À gauche, l'aqueduc de Marly **se dessinait** sur le ciel clair du matin. Le soleil commençait à **brûler** les visages.

D'après **Guy de Maupassant**, *Une partie de campagne*, 1881.

5 **Trouvez des expressions au sens figuré avec ces noms d'animaux.**

Poule, ours, loup, cigale, cochon, cheval, éléphant, chat, lapin.

6 **Trouvez des expressions où ces noms, désignant une partie du corps, sont employés au sens figuré.**

Dents, jambes, oreille, yeux, main, cheveux, cœur, poil, tête.

7 **Expliquez le rapport entre le sens propre et le sens figuré des mots en gras.**

1. Le journaliste a écrit son **papier** la nuit des événements.
2. Elle aime passer ses soirées en **boîte**.
3. Je n'ai pas compris ce cours : j'ai besoin des **lumières** de mon professeur.
4. Il interroge le témoin **clé** de l'affaire.
5. Quand il a rencontré cette femme, il était **tout feu tout flamme**.
6. Pour arrêter de fumer, il a fait preuve d'une volonté de **fer**.

8 **Écrivez des phrases où vous emploierez ces mots au sens propre puis au sens figuré.**

Girouette, étoile, plume, plateau, feuille, fleur, rayon, tableau, couverture, cultiver.

9 **Relevez six mots employés au sens figuré.**

De loin en loin, poussaient dans le sol stérile de longues cheminées de fabriques [...]. Enfin, on avait traversé la Seine une seconde fois, et, sur le pont, ç'avait été un ravissement. La rivière éclatait de lumière ; une buée s'en élevait, pompée par le soleil, et l'on éprouvait une quiétude douce, un rafraîchissement bienfaisant à respirer enfin un air plus pur qui n'avait point balayé la fumée noire des usines.

Guy de Maupassant, *Une partie de campagne*, 1881.

10 **Expliquez le sens des six métaphores.**

Aube

J'ai **embrassé l'aube** d'été.

Rien ne bougeait encore au front des palais. L'**eau** était **morte**. Les **camps d'ombre** ne quittaient pas la route du bois. J'ai marché, **réveillant les haleines** vives et tièdes, et les **pierreries regardèrent**, et les **ailes se levèrent** sans bruit.

Arthur Rimbaud, *Illuminations*, 1886.

11 **Relevez les mots employés au sens figuré pour accentuer l'expression des sentiments ou des sensations.**

1. C'était une belle fille de dix-huit à vingt ans ; une de ces femmes dont la rencontre dans la rue vous fouette d'un désir subit, et vous laisse jusqu'à la nuit une inquiétude vague et un soulèvement des sens.
2. Les étourdissements du vin, développés par la chaleur torrentielle qui ruisselait autour d'elle, faisaient saluer sur son passage tous les arbres de la berge.
3. Celui-ci devait avoir vu des choses bien drôles, car sa figure était sillonnée de rires subits qui la traversaient malgré lui.

D'après **Guy de Maupassant**, *Une partie de campagne*, 1881.

S'exprimer

12 Écrivez un dialogue théâtral où les employés d'un restaurant sont victimes de quiproquos (malentendus) par l'utilisation de ces expressions.

Dans le pétrin, mettre son grain de sel, c'est pas de la tarte, c'est pas du gâteau, tomber dans les pommes, rentrer dans le lard.

Ex. : La serveuse. – Il m'agace celui-là à toujours mettre son grain de sel dans nos affaires.

Le chef. – Comment ! Il a osé ajouter du sel dans le potage ?

13 Faites de l'humour en écrivant un bref récit qui illustrera une expression habituellement figurée que vous emploierez au sens propre.

Ex. : Un personnage qui casse véritablement sa pipe.

Bilan des acquis

SOCLE COMMUN C1

14 **a. Cherchez le sens figuré des expressions en gras.**
b. Employez-en deux au sens propre.

© Magnard

J'aime ce pays et j'aime y vivre parce que j'y ai mes **racines**, ces profondes et délicates racines qui **attachent** un homme à la terre où sont nés et morts ses aïeux. [...] À gauche, là-bas, la vaste ville aux toits bleus, sous le **peuple pointu des clochers gothiques**. Ils sont innombrables [...], pleins de cloches qui sonnent dans l'air bleu des belles matinées, jetant jusqu'à moi leur doux et lointain **bourdonnement** de fer, leur **chant d'airain** que la brise m'apporte, tantôt plus fort et tantôt plus affaibli, suivant qu'elle **se lève** ou **s'assoupit**.

Guy de Maupassant, *Le Horla*, 1887.

Compétence 1 : Maîtrise de la langue

Item	Connaissances	Capacités
Utiliser ses capacités de raisonnement, ses connaissances sur la langue, savoir faire appel à des outils appropriés pour lire	La définition du sens propre et du sens figuré d'un mot	Identifier le sens d'un mot d'après le contexte, savoir employer des mots dans un sens précis

3 Niveaux de langue

Observer

Jacqueline. – Par ma fi ! Monsieu, ceti-ci fera justement ce qu'ant fait les autres. Je pense que ce sera queussi queumi ; et la meilleure médeçaine que l'an pourrait bailler à votre fille, ce serait, selon moi, un biau et bon mari, pour qui alle eût de l'amiquié.

Géronte. – Ouais ! Nourrice, ma mie, vous vous mêlez de bien des choses !

Molière, *Le Médecin malgré lui*, 1666.

1. Qu'a de particulier le langage de Jacqueline ?

2. Géronte emploie lui aussi un mot familier : lequel ?

Leçon

1 Niveaux de langue et situation d'énonciation

- **Qui parle ? à qui ?** Selon le destinataire, la manière de s'exprimer diffère. On ne parle pas de la même façon à un inconnu *(Bonjour Monsieur)* ou à un ami *(Coucou !)*. Il faut s'adapter à la **situation d'énonciation** (▸ p.348).
- **Selon les époques, les mots peuvent changer de niveau de langue.**
  Louange, courant à l'époque de Molière, est devenu soutenu.
- **À l'oral, la langue a tendance à être plus relâchée qu'à l'écrit :** grammaire incorrecte, abréviations de mots… **Nos sentiments** peuvent influencer notre manière de parler.
  J'ai pas pris l'bus c'matin. Quel chantier cette chambre !

2 Les différents niveaux de langue

- **Le niveau de langue courant.**

– On l'emploie au quotidien, plutôt **avec les personnes qu'on ne connaît pas ou peu**, à l'école, dans les magasins, à la télévision…

– **Le vocabulaire est simple**, connu de tous, mais correct.

– **Les règles de grammaire sont respectées**, notamment la négation et l'interrogation.

__Peux-tu__ réciter ton poème ? Non, je __ne__ l'ai __pas__ appris.

- **Le niveau de langue familier.**

– On l'emploie avec certains membres de sa famille et surtout **avec ses amis**.

– Avec des inconnus quand on exprime un sentiment fort. *Vous avez ma taille ? Super !*

– Il peut devenir grossier *(jurons, insultes)* avec un **vocabulaire très relâché**. *Ouais.*

– **Les règles de grammaire ne sont pas respectées**, notamment la négation et l'interrogation.

Vous mêlez pas de ce qui vous regarde pas. De quoi vous vous mêlez ?

- **Le niveau de langue soutenu.**

– Il se trouve surtout **à l'écrit, dans des textes littéraires**.

– Le vocabulaire **est recherché**.

L'ombre était __nuptiale, auguste__ et __solennelle__. (Victor Hugo, « Booz endormi », *La Légende des siècles*)

– Les verbes peuvent être au **passé simple, passé antérieur, subjonctif imparfait** et **subjonctif plus-que-parfait**.

Nous __partîmes__ cinq cents ; mais par un prompt renfort
Nous nous __vîmes__ trois mille en arrivant au port. (Pierre Corneille, *Le Cid*)

Exercices

1 Classez ces mots selon le niveau de langue. Employez-en cinq dans des phrases qui respecteront ce niveau de langue.

Gronder, engueuler, réprimander, sermonner, enguirlander, tancer, disputer, houspiller, blâmer, chapitrer.

2 Trouvez des synonymes courants et familiers de ces mots soutenus.

Onde, disgracieux, faciès, désopilant, mets, labeur, s'esquiver, progéniture.

3 Repérez les caractéristiques de l'oral. Récrivez le texte en rectifiant les tournures ou prononciations familières.

Chicot s'assit près d'elle sur un escabeau.
« Eh bien ! la mère, et c'te santé, toujours bonne ?
– Pas trop mal, et vous, maît' Prosper ?
– Eh ! eh ! quéques douleurs ; sans ça, ce s'rait à satisfaction.
– Allons, tant mieux ! » [...]
« Dites donc, mère Magloire...
– Qué qu'i a pour votre service ?
– C'te ferme, vous n'voulez toujours point m'la vendre ? »

Guy de Maupassant, « Le Petit Fût », *Contes*, 1884.

4 Quel est le niveau de langue de chaque phrase ? Modifiez-le.

1. Cher ami, connaîtriez-vous l'œuvre philosophique de Voltaire ?
2. J'en ai jamais entendu parler.
3. Il est doué pour le dessin.
4. Que vouliez-vous qu'il fît ? – Qu'il se retirât !
5. Tu vas chercher ton frère à la gare ?

5 Selon le niveau de langue, ces mots peuvent avoir des sens différents. Employez-les dans deux phrases qui le montrent.

Flotte, pétrin, tuile, bobine, caisse, faucher, cloche, bocal, poire, punaise.

6 Trouvez une situation d'énonciation pour ces phrases.

1. Dans de telles circonstances, nous ne souhaitons pas vous importuner plus longtemps.
2. J'ai rien entendu.
3. Je crains fort que vous ne vous blessiez.
4. Ta robe, elle est top !
5. Quel émerveillement, ces étoffes chamarrées !

7 Dans ces vers, relevez les mots soutenus et proposez un synonyme courant.

L'océan resplendit sous sa vaste nuée
L'onde, de son combat sans fin exténuée,
S'assoupit, et, laissant l'écueil se reposer
Fait de toute la rive un immense baiser.

Victor Hugo, « Éclaircie », *Les Contemplations*, 1856.

8 À quels destinataires pourraient s'adresser ces formules d'appel et de salutation dans une lettre ?

1. Madame, ... 2. Chère Sophie, ... 3. Chère Madame Dulac, ... 4. Je vous prie d'agréer, cher Maître, l'expression de mes sentiments distingués. 5. À plus ! 6. Bisous.

9 Quel niveau de langue convient à ces situations ?

1. Exposé en cours d'histoire. 2. Interview d'un homme politique. 3. Lettre de motivation pour obtenir un emploi. 4. Discussion entre collégiens. 5. Carte postale à votre grand-mère.

10 Récrivez ces extraits, en maintenant le niveau de langue familier, mais en utilisant le vocabulaire et la syntaxe de notre époque.

1. C'te manante, si alle s'était point boissonnée, alle en avait bien pour dix ans de plus.

Guy de Maupassant, « Le Petit Fût », *Contes*, 1884.

2. « Tiens ! cria tout à coup le jeune homme aux cheveux jaunes, en voilà des bateaux qui sont chouet ! »

Guy de Maupassant, *Une partie de campagne*, 1881.

3. Lucas. – Taisez-vous, notre ménagère, Jacquelaine : ce n'est pas à vous à bouter là votre nez.

Molière, *Le Médecin malgré lui*, 1666.

4. Lucas. – Parguenne ! j'avons pris là tous deux une guèble de commission ; et je ne sais pas, moi, ce que je pensons attraper. *Ibid.*

5. Lucas. – Tout ce tripotage ne sart de rian ; je savons cen que je savons. *Ibid.*

S'exprimer

11 Écrivez un dialogue de théâtre où les personnages se disputent. Utilisez quelques insultes, jurons ou menaces parmi ceux employés par Molière. Jouez votre saynète avec vos camarades.

Je vous étrillerai. Je vous rosserai. Belître. Cuistre. Maraud. Infâme. Impudent. Diantre. Peste soit de l'âne bâté. Scélérat. Fripon. Gueux. Imposteurs. Pendard. Peste du fou fieffé.

Bilan des acquis

SOCLE COMMUN C1

12 Repérez les caractéristiques de l'oral et les marques du niveau de langue familier. Expliquez en quoi l'emploi de ce niveau de langue permet de caractériser les personnages.

© Le Livre de Poche Jeunesse

« Comment s'appelle votre mioche ?
– Cosette.
– Quel âge a-t-elle ?
– Elle va sur trois ans.
– C'est comme mon aînée. Les enfants, s'écria la mère Thénardier, comme ça se connaît tout de suite ! les voilà qu'on jurerait trois sœurs !
– Voulez-vous me garder mon enfant ?
– Il faudrait voir, dit la Thénardier.
– Je donnerai six francs par mois. »

D'après **Victor Hugo**, *Les Misérables*, 1862.

Compétence 1 : Maîtrise de la langue

Item	Connaissances	Capacités
Utiliser ses capacités de raisonnement, ses connaissances sur la langue, savoir faire appel à des outils appropriés pour lire	La définition des trois niveaux de langue	Identifier un niveau de langue, déduire d'un niveau de langue des informations sur les personnages

4 Vocabulaire des sentiments et des émotions

Observer

Un seul sentiment ne varia jamais dans le cœur d'Ellénore : ce fut sa tendresse pour moi. Sa faiblesse lui permettait rarement de me parler ; mais elle fixait sur moi ses yeux en silence. [...] Je craignais de lui causer une émotion violente ; j'inventais des prétextes pour sortir, [...] j'arrosais de mes pleurs les pierres, le pied des arbres, tous les objets qui me retraçaient son souvenir.

Benjamin Constant, *Adolphe*, 1816.

1. Que ressent la jeune femme ?

2. Comment le narrateur traduit-il ses propres sentiments ?

3. Peut-on intervertir les mots *sentiment* et *émotion* dans le texte ? Justifiez.

Leçon

Les champs lexicaux des **émotions** et des **sentiments** sont fréquemment employés dans le **registre lyrique** (▸ p.292) et les **récits fantastiques**.

1 Les émotions

- Ce sont des **réactions psychologiques** liées à une situation particulière *(dégoût, peur, colère, surprise...)*. Elles sont généralement de **courte durée** et se traduisent par des **manifestations physiques** *(rougeurs, tremblements, transpiration...)*.

  Il entendit un bruit étrange : il fut pris de panique ; son cœur se mit à battre la chamade.

  ce qui entraîne une émotion : le bruit — émotion : la panique — manifestation physique : l'accélération du rythme cardiaque

2 Les sentiments

- Contrairement aux émotions, les sentiments *(amour, haine, amitié...)* sont **durables** et ne se manifestent pas forcément par des réactions physiques.

  L'amour entre George Sand et Alfred de Musset s'est exprimé dans de nombreuses lettres.

3 Le langage des sentiments et des émotions

- Les sentiments et les émotions peuvent s'exprimer non seulement par le lexique, mais aussi par la **ponctuation** et les interjections.

  Ô rage ! ô désespoir ! ô vieillesse ennemie !
  N'ai-je donc tant vécu que pour cette infamie ? (Pierre Corneille, *Le Cid*).

- À l'oral, sentiments et émotions peuvent aussi se traduire par l'**intonation** et le langage du corps. *(**Mimiques**, gestes...)*

Remarque : Dans un message électronique, vous pouvez utiliser des visages exprimant une émotion : ce sont des **émoticônes**.

Exercices

1 Le mot *émotion* vient du latin *motio* (mouvement) qui signifie *mouvement, impulsion*.

a. **Retrouvez, dans la grille, dix mots appartenant à cette famille (horizontalement, verticalement, en diagonale).**

b. **Rédigez un paragraphe contenant quatre de ces mots.**

E	M	U	S	E	E	E	P	F	R
I	P	L	J	M	M	M	E	J	E
P	Q	E	E	O	O	O	M	M	H
W	E	M	J	T	U	T	O	N	Y
E	M	O	T	I	V	I	T	E	D
M	O	U	E	O	A	V	I	N	U
O	T	V	M	N	N	E	C	B	P
T	I	O	U	N	T	S	O	G	C
I	O	I	E	E	R	A	N	D	L
F	N	R	S	L	D	Z	E	W	I

2 Retrouvez les expressions imagées (comparaisons et métaphores) et dites quelle émotion elles traduisent.

1. Monter sur ses ... . **2.** Errer comme une ... . **3.** Avoir la moutarde qui ... . **4.** Être excité comme ... . **5.** Pleurer comme une ... . **6.** Se faire du mauvais ... .

3 Reconstituez les paires d'antonymes.

1. Enjoué. **2.** Vexé. **3.** Irrité. **4.** Satisfait. **5.** Honteux.
a. Déçu. **b.** Calme. **c.** Fier. **d.** Flatté. **e.** Triste.

4 **À partir des lettres données, trouvez le sentiment exprimé. Aidez-vous du dictionnaire.**

1. Vague tristesse : la M - - - - - - - - E.
2. Regret du passé : la N - - - - - - - E.
3. Tranquillité de l'esprit : la S - - - - - - É.
4. Envie de ce que l'autre possède : la J - - - - - -E.
5. Extrême bonheur : la F - - - - - - É.

5 **Lisez ce texte puis répondez aux questions.**

Dans le magasin « Au Vocabulaire de l'amour ». Une femme, quittée par son mari, souhaite acheter un mot pour qu'il comprenne sa douleur.

« Voilà, vous avez le choix : affliction…

– Ça sonne mal.

– Neurasthénie…

– On dirait un médicament.

– Désespérade.

– Je préfère celui-là, il me plaît. Désespérade, je suis en pleine désespérade ! »

Erik Orsenna, *La grammaire est une chanson douce*
© Stock, 2002.

a. **Parmi les trois mots proposés par le vendeur, quel est celui qui n'existe pas ? Quel sens peut-on lui donner ?**
b. **Vous voulez offrir à un ami, pour son anniversaire, un mot original. Vous entrez dans la boutique** *Au Vocabulaire de la joie*. **Imaginez un dialogue entre le vendeur et vous.**

6 **Lisez ce texte puis répondez aux questions.**

Le narrateur, un adolescent, est amoureux de la jolie Zinaïda.

Ma « passion » date de ce jour-là. Je me souviens d'avoir éprouvé un sentiment fort analogue à ce que doit vivre un employé qui vient d'obtenir son premier engagement : je n'étais plus un jeune garçon tout court, mais un amoureux.

Ma passion date de ce jour-là, ai-je dit ; je pourrais ajouter qu'il en est de même pour ma souffrance. Je dépérissais à vue d'œil quand Zinaïda n'était pas là : j'avais la tête vide, tout me tombait des mains et je passais mes journées à penser à elle…

Ivan Tourgueniev, *Premier amour*, 1860,
trad. Michel Rostislav Hofmann © Flammarion, 1976.

a. **Comment se manifeste la passion du narrateur ? S'agit-il d'un sentiment ou d'une émotion ?**
b. **Recherchez l'étymologie du nom** *passion*.
c. **Associez chaque mot à sa définition.**

Compassion, pathétique, sympathie, antipathie.

1. Manque de sympathie.
2. Sentiment chaleureux éprouvé pour un autre.
3. Capacité à partager la souffrance de quelqu'un.
4. Qui inspire la pitié.

d. **Employez-les dans une phrase pour valoriser leur sens.**

7 **Quel adjectif est répété quatre fois ? Que signifie-t-il ? Donnez le nom et le verbe dérivés de cet adjectif.**

[Pierre] n'avait presque plus le courage d'en vouloir à quelqu'un et de quoi que ce fût, et il laissait aller sa révolte à vau-l'eau[1] à la façon de son existence. Il se sentait tellement las de lutter, las de frapper, las de détester, las de tout qu'il n'en pouvait plus et tâchait d'engourdir son cœur dans l'oubli, comme on tombe dans le sommeil.

Guy de Maupassant, *Pierre et Jean*, 1887.

1 **à vau-l'eau :** à la dérive.

8 a. **Que ressent Phèdre lorsqu'elle aperçoit Hippolyte ?** b. **Quelles sont les manifestations physiques de son émotion ?** c. **Relevez les antithèses. Quel effet produisent-elles ?**

© Flammarion

Phèdre. – Je le vis, je rougis, je pâlis [à sa vue ;
Un trouble s'éleva dans mon âme [éperdue ;
Mes yeux ne voyaient plus, je ne pouvais parler,
Je sentis tout mon corps et transir et brûler.

Jean Racine, *Phèdre*, 1677.

S'exprimer

9 Décrivez un personnage en proie à la peur. Vous penserez à insérer des manifestations physiques de cette émotion.

Bilan des acquis

SOCLE COMMUN C1

10 **Lisez ce texte puis répondez aux questions.**

La jeune Zinaïda se confie un jour au narrateur.

« Tout me dégoûte, poursuivit-elle… Je voudrais être au bout du monde… Je ne peux pas m'y habituer… Et l'avenir, qu'est-ce qu'il me réserve ?… Ah ! je suis si malheureuse… Mon Dieu, comme je suis malheureuse !

– Pourquoi ? » fis-je timidement.

Elle haussa les épaules sans répondre. J'étais toujours à genoux et la regardais avec une détresse infinie. Chacune de ses paroles m'avait percé le cœur. J'étais prêt à donner ma vie pour qu'elle ne souffrît plus…

Ivan Tourgueniev, *Premier amour*, 1860,
trad. Michel Rostislav Hofmann © Flammarion, 1976.

a. **Quels sont les sentiments de Zinaïda ? Justifiez en relevant les mots du texte.** b. **Quels signes de ponctuation et quelle interjection expriment ses émotions ?** c. **Comment voit-on l'amour du narrateur pour cette jeune femme ?**

Compétence 1 : Maîtrise de la langue

Item	Connaissances	Capacités
Repérer des informations dans un texte à partir de ses éléments explicites et des éléments implicites nécessaires	Le lexique des sentiments et des émotions	Distinguer l'émotion du sentiment, identifier les manifestations physiques d'une émotion

5 Vocabulaire du jugement et de la critique

Observer

Edouard Manet a peint le portrait d'Émile Zola. Celui-ci en fait la critique.

Le portrait qu'il a exposé cette année est une de ses meilleures toiles. La couleur en est très intense et d'une harmonie puissante. C'est pourtant là le tableau d'un homme qu'on accuse de ne savoir ni peindre ni dessiner. Je défie tout autre portraitiste de mettre une figure dans un intérieur, avec une égale énergie.

Émile Zola, *Mon salon. Manet. Écrits sur l'art*, 1868.

1. Quel est le point de vue de l'auteur sur le tableau ?

2. Relevez les mots qui permettent d'exprimer son jugement.

3. Cet avis est-il partagé par tous ? Justifiez en citant une phrase.

Leçon

1 Définitions

- Le **jugement** est une **opinion favorable ou défavorable**, portée sur une personne ou sur une chose. La **critique** (du grec *krinein*, « juger ») est l'**analyse** des points positifs et négatifs **en vue de porter un jugement**. Donc, le nom ***critique*** n'est pas toujours péjoratif.
  Ce film a de bonnes critiques dans la presse.
- La critique peut porter sur une **œuvre** (critique d'art), la **société** (critique sociale), une **personne**. Dans ces deux derniers cas, les auteurs s'attaquent généralement aux **défauts de leur temps** et de l'être humain.
- Le jugement et la critique ont une **visée argumentative** : ils permettent d'exprimer un **point de vue** à l'aide d'arguments.

2 La modalisation

- Quand on exprime un avis personnel, on peut s'impliquer dans son discours grâce à des **modalisateurs** tels que :

– le lexique **mélioratif** ou **péjoratif** ;
– les **figures de style**, notamment l'**hyperbole**, l'**ironie** (▸ leçon 9, p. 298) ;
– les types de phrase : **déclarative**, **interrogative**, **exclamative** ;
– les verbes d'**opinion** *(penser, croire…)* et de **jugement** *(dénoncer, critiquer…)*.

3 Les discours du jugement et de la critique

– Le **débat** : discussion entre plusieurs personnes dont chacune expose ses arguments.
– La **polémique** (du grec *polemos*, « guerre ») **:** échange d'opinions contraires de façon **passionnée**.
– La **satire** : discours écrit ou oral qui s'attaque à quelque chose ou quelqu'un **en s'en moquant**.
Molière a souvent fait la satire de la médecine.
– Le **pamphlet** : discours écrit ou oral qui attaque de façon **violente** une personne, une institution…
– La **caricature** : œuvre qui **ridiculise** quelqu'un ou quelque chose en **accentuant ses défauts**.
Le **portrait-charge** est une caricature violente.
Au XIXe siècle, Honoré Daumier a dessiné ***un portrait-charge*** *du roi Louis-Philippe, ce qui lui a valu six mois d'emprisonnement.*

Exercices

1 **Reconstituez les verbes qui permettent d'exprimer un jugement en utilisant toutes les lettres et en gardant la première à sa place.**

EREVAUL, JEGUR, EMISTER, DEONCÉRN, CITRUQIRE, CADONNEMR, BMÂREL, ACRESCU, DENEFRED, RIVEDNQERUE.

2 **Jean Racine a écrit, au XVIIe siècle, une pièce intitulée *Les Plaideurs*. Cherchez la définition de ce mot. Donnez trois autres mots de la même famille et employez-les dans une phrase.**

3 **a. Classez ces adjectifs selon qu'ils sont péjoratifs ou mélioratifs.**

b. En quelques phrases, faites la critique d'un livre ou d'un film en utilisant plusieurs de ces mots.

Aberrant, brillant, superficiel, pertinent, judicieux, succinct, indigent, clair, incohérent, élégant, négligé, raffiné, dégradé, désuet, repoussant, hideux, misérable, délicat.

4 **Sur quoi porte la satire de Voltaire ? Identifiez les figures de style employées.**

Candide porte un regard naïf sur le monde ; il découvre la guerre.

Rien n'était si beau, si leste[1], si brillant, si bien ordonné que les deux armées. Les trompettes, les fifres[2], les hautbois, les tambours, les canons formaient une harmonie telle qu'il n'y en eut jamais en enfer. Les canons renversèrent d'abord à peu près six mille hommes de chaque côté, ensuite la mousqueterie ôta du meilleur des mondes neuf à dix mille coquins qui en infectaient la surface.

1 vif. 2 flûtes.

Voltaire, *Candide*, 1759.

5 **a. Sur quoi porte cette critique ? La description des femmes vous semble-t-elle réaliste ? Citez le texte.**
b. S'agit-il d'une satire ou d'un pamphlet ? Pourquoi ?

Deux voyageurs persans jugent par lettres la société française.

Quelquefois les coiffures montent insensiblement et une révolution les fait descendre tout à coup. Il a été un temps que leur hauteur immense mettait le visage d'une femme au milieu d'elle-même : dans un autre, c'étaient les pieds qui occupaient cette place ; les talons faisaient un piédestal qui les tenait en l'air. Qui pourrait le croire ? Les architectes ont été souvent obligés de hausser, de baisser et d'élargir leurs portes, selon que les parures des femmes exigeaient d'eux ce changement.

Montesquieu, *Lettres persanes*,
Lettre XCIX de Rica à Rhédi, 1721.

6 **Champ sémantique du mot *critique*.**
a. Quelles sont les deux classes grammaticales du mot *critique* ?
b. Complétez les phrases à l'aide des expressions : *une critique sociale, un critique, l'esprit critique, une situation critique, une autocritique, un œil critique.*

1. Zola s'est beaucoup intéressé à la peinture : c'était aussi ... d'art. **2.** Les philosophes des Lumières ont voulu développer le sens de la réflexion et ... . **3.** Dans ses pièces, Molière a souvent fait ... . **4.** Dans *Les Lettres persanes*, Usbek et Rica observent la société française d'... . **5.** Chez les Thénardier, Cosette, maltraitée, se trouve dans ... . **6.** Il est difficile de rire de soi et de faire ... .

7 **Ces auteurs ont subi un procès, un exil ou une censure. Faites une recherche pour associer chacun d'eux à l'œuvre qui lui a valu cette sanction.**

- Charles Baudelaire, Victor Hugo, Gustave Flaubert, Molière, Émile Zola.
- *Madame Bovary – Tartuffe – J'accuse ! – Napoléon le Petit – Les Fleurs du mal.*

8 **a. Que reproche principalement La Flèche à son maître ? Justifiez.**
b. Sur quelle figure de style repose l'ensemble de ce portrait-charge ? Donnez un exemple.
c. Quel effet produit la dernière phrase ? Pourquoi ?

La Flèche, serviteur du seigneur Harpagon, fait le portrait de son maître.

La Flèche. – Le seigneur Harpagon est de tous les humains le moins humain, le mortel de tous les mortels le plus dur et le plus serré. [...] De la louange, de l'estime, de la bienveillance en paroles, et de l'amitié tant qu'il vous plaira ; mais de l'argent, point d'affaires. Il n'est rien de plus sec et de plus aride que ses bonnes grâces et ses caresses ; et donner est un mot pour lequel il a tant d'aversion, qu'il ne dit jamais : *Je vous donne*, mais : *Je vous prête le bonjour.*

Molière, *L'Avare*, 1668.

S'exprimer

9 Lisez le texte de l'exercice 8 et faites le portrait à charge d'un personnage que vous jugez trop excessif. Vous emploierez notamment des hyperboles et un vocabulaire péjoratif.

Bilan des acquis

SOCLE COMMUN C1

10 **a. Quelle est l'idée essentielle de ce texte ?**
b. Par quels procédés (lexique, types de phrase, figures de style) Hugo exprime-t-il son opinion ?

© Magnard

Messieurs, il se coupe trop de têtes par an en France. Puisque vous êtes en train de faire des économies, faites-en là-dessus. Puisque vous êtes en verve de suppressions, supprimez le bourreau. Avec la solde[1] de vos quatre-vingts bourreaux, vous payerez six cents maîtres d'école. Songez au gros du peuple. Des écoles pour les enfants, des ateliers pour les hommes. Savez-vous que la France est un des pays de l'Europe où il y a le moins de natifs qui sachent lire ! Quoi ! la Suisse sait lire, la Belgique sait lire, le Danemark sait lire, la Grèce sait lire, l'Irlande sait lire, et la France ne sait pas lire ? C'est une honte.

Victor Hugo, *Claude Gueux*, 1834.

1 le salaire.

Compétence 1 : Maîtrise de la langue

Item	Connaissances	Capacités
Utiliser ses capacités de raisonnement, ses connaissances sur la langue, savoir faire appel à des outils appropriés pour lire	Le lexique du jugement, les types de phrase et l'effet de la répétition	Savoir dégager l'opinion d'un auteur et comprendre sa stratégie argumentative, repérer les marques de la modélisation

6 Lexique des genres et des registres

Observer

1. Se glisser dans ton ombre à la faveur de la nuit.
Suivre tes pas, ton ombre à la fenêtre.
Cette ombre à la fenêtre, c'est toi, ce n'est pas une autre, c'est toi.

Robert Desnos, « À la faveur de la nuit », *Corps et biens* © Éd. Gallimard, 1930.

2. Lundi 8 février 1943
Mes pauvres Parents chéris,
On va m'arracher cette vie que vous m'avez donnée et à laquelle je tenais tant. C'est infiniment dur pour moi et pour vous ! J'ai eu la chance de savoir avant de mourir que vous étiez courageux. Restez-le. *Votre Jacques.*

La vie à en mourir, Lettres de fusillés 1941-1944, présentés par Guy Krivopissko © Tallandier, 2003.

1. À quel genre littéraire appartient chaque extrait ?

2. Selon vous, lequel est lyrique ? lequel est pathétique ?

Leçon

1 Les genres littéraires

Les œuvres littéraires appartiennent à différentes catégories qui comportent des caractéristiques bien précises : ce sont les **genres**.

- **Le roman : Texte de fiction**, c'est-à-dire inventé, sous forme de **long récit** qui fait vivre des personnages dans un milieu et à une époque déterminés. On trouve des romans policiers, réalistes, historiques, d'aventures…
- **La nouvelle** : Récit plus bref que le roman ; son **action** est plus **resserrée**. Son dénouement est souvent surprenant : on parle alors de ***chute***. On distingue nouvelles **fantastiques** (▸ p. 60) et **réalistes** (▸ p. 24).
- **La lettre** : Écrit destiné à une personne précise. Elle peut être administrative ou intime. Elle obéit à certaines règles : **date** et **lieu d'écriture, formule d'appel, formule de politesse** et **signature**. L'échange de lettres constitue **une correspondance**. Certains romans se présentent sous forme de lettres (au XVIIIe siècle, *Les Lettres persanes* de Montesquieu) : ce sont des **romans épistolaires**.
- **La poésie** (▸ p. 202) et **le théâtre** (▸ p. 226) sont également des genres littéraires.

2 Les registres

- Selon l'effet voulu par l'auteur sur le lecteur, on distingue ces **registres** ou **tonalités** :
  - **Lyrique :** l'auteur fait partager ses **sentiments** et ses **émotions**. Ce registre est très utilisé dans la poésie.
  - **Pathétique :** l'auteur cherche à **émouvoir** le lecteur et à susciter sa **pitié**.
  - **Tragique :** l'auteur montre le **désespoir** des personnages qui luttent, sans y parvenir, contre leur **destin**. Il provoque un sentiment de terreur, de pitié ou d'admiration. On le trouve surtout au théâtre, dans les **tragédies** (Pierre Corneille, Jean Racine).
  - **Comique :** l'auteur fait **rire** par les **gestes**, les **mots**, les **situations**, le **caractère** des personnages comme on le voit notamment dans de nombreuses pièces de Molière.
  - **Ironique :** l'auteur veut faire entendre autre chose que son propos, ou même le contraire (on parle alors d'**antiphrase**). C'est une arme qui permet de **se moquer** et de **dénoncer**.
- On reconnaît le registre d'un texte à certains procédés d'écriture (champs lexicaux, types de phrase, figures de style…). Une **même œuvre** peut comporter **plusieurs registres**.

Exercices

1 a. Trouvez la réponse aux devinettes.

1. On me donne, on m'annonce. Attention à la chute ! Je suis un récit de quelques pages. **2.** On me connaît par cœur. Je suis images et musique. Je parle en vers ou en prose. **3.** J'apparais quand le rideau se lève. On me voit, on m'applaudit. J'aime qu'on me fasse des scènes, y compris de ménage !

b. À votre tour, inventez une devinette dont la réponse est *la lettre*. Pensez aux différentes significations de ce mot.

2 Faites une recherche pour associer chaque titre à son genre littéraire : ***roman, nouvelle, poésie, théâtre.***

La Parure, Guy de Maupassant – *L'Albatros*, Charles Baudelaire – *Les Caprices de Marianne*, Alfred de Musset – *Germinal*, Émile Zola.

3 **Ces auteurs se sont illustrés dans différents genres littéraires. Faites une recherche pour compléter le tableau.**
Notre-Dame de Paris, La Nuit d'octobre, Le Capitaine Fracasse, Hernani, Lorenzaccio, Les Misérables, La Morte amoureuse, Les Contemplations, Confessions d'un enfant du siècle, Émaux et Camées, Un Voyage en Espagne.

	Théâtre	Roman	Nouvelle	Poésie
Victor Hugo				
Alfred de Musset				
Théophile Gautier				

4 **a. À quel registre correspond chaque liste de mots ?**
1. Hilarant, désopilant, drôle, amusant.
2. Désespérant, funeste, fatal, macabre.
3. Émotions, épanchements, effusions, confidences.

b. À quel registre êtes-vous le plus sensible ? Pourquoi ?

5 **a. Que vous inspire le récit que Théramène fait au roi ? b. Quel effet produit le présent de narration ? c. À quel registre cet extrait appartient-il ?**

Le messager Théramène s'adresse au roi.

THÉRAMÈNE
Excusez ma douleur : cette image cruelle
Sera pour moi de pleurs une source éternelle.
J'ai vu, Seigneur, j'ai vu votre malheureux fils
Traîné par les chevaux que sa main a nourris.
Il veut les rappeler et sa voix les effraie ;
Il court, tout son corps n'est bientôt qu'une plaie.

Jean Racine, *Phèdre*, V, 6, 1677.

6 **a. À quel registre cet extrait appartient-il ? Justifiez.**
b. Expliquez ce que l'auteur veut faire comprendre.

La « Première Guerre mondiale », une trouvaille qui semble avoir plu : les gaz ont ouvert des horizons, donnés des idées, tout ça était très moderne… Toutes ces idées étaient déjà bien ancrées chez Cro-Magnon ; cette brutalité, c'est l'homme qui la porte en lui. Seuls les moyens d'extermination se sont sophistiqués, et dans ce registre, nous devons tirer un grand coup de chapeau à la guerre de 14-18.

Jacques Tardi, *C'était la guerre des tranchées* © Casterman, 1993.

7 **Transposez cette strophe dans une lettre d'une dizaine de lignes en respectant la situation d'énonciation et le registre. Vous veillerez à respecter la présentation caractéristique de ce genre.**

N'écris pas…
N'écris pas. Je suis triste, et je voudrais m'éteindre.
Les beaux étés sans toi, c'est la nuit sans flambeau.
J'ai refermé mes bras qui ne peuvent t'atteindre,
Et frapper à mon cœur, c'est frapper au tombeau.
N'écris pas ! […]

Marceline Desbordes-Valmore, *Poésies*, 1830.

8 **Indiquez si les extraits de nouvelles appartiennent au réalisme ou au fantastique. Justifiez de manière précise votre choix.**

1. Mais voilà que j'entendis un faible gémissement, et je reconnus que c'était le gémissement d'une terreur mortelle. Ce n'était pas un gémissement de douleur ou de chagrin ; – oh ! non – c'était le bruit sourd et étouffé qui s'élève du fond d'une âme surchargée d'effroi.

Edgar Allan Poe, *Le Cœur révélateur*, 1843.

2. L'estropié allait lentement, déplaçant ses supports l'un après l'autre d'un effort pénible, en se calant sur la jambe tordue qui lui restait, terminée par un pied bot et chaussé d'une loque. De temps en temps, il s'asseyait sur le fossé et se reposait quelques minutes. […] Il n'avait qu'une idée : « manger ».

Guy de Maupassant, *Le Gueux*, 1885.

S'exprimer

9 Écrivez deux paragraphes de cinq à dix lignes chacun : l'un réaliste, l'autre fantastique. Vous commencerez par : *Le vent frappe à ma fenêtre à grands coups. On dirait qu'il veut s'inviter… Je suis seul(e).*

Bilan des acquis

SOCLE COMMUN C1

10 **a. À quel genre littéraire cet extrait appartient-il ?**
b. Ce portrait est-il réaliste ou fantastique ? Justifiez.
c. Quel est le registre de ce texte ? Comment pouvez-vous l'identifier ?

© Flammarion

Vers la fin de la troisième année, le père Goriot réduisit encore ses dépenses, en montant au troisième étage et en se mettant à 45 francs de pension par mois. Il se passa de tabac, congédia son perruquier et ne mit plus de poudre. […] Sa physionomie, que des chagrins secrets avaient insensiblement rendue plus triste de jour en jour, semblait la plus désolée de toutes celles qui garnissaient la table. […] Il devint progressivement maigre ; ses mollets tombèrent ; sa figure, bouffie par le contentement d'un bonheur bourgeois, se rida démesurément ; son front se plissa, sa mâchoire se dessina.

Honoré de Balzac, *Le Père Goriot*, 1835.

Compétence 1 : Maîtrise de la langue

Item	Connaissances	Capacités
Repérer des informations dans un texte à partir de ses éléments explicites et des éléments implicites nécessaires	Le lexique des genres littéraires et des registres	Identifier un genre littéraire et un registre, distinguer le réalisme du fantastique

7 Lexique de la poésie

Observer

Mon rêve familier
Je fais souvent ce rêve étrange et pénétrant
D'une femme inconnue, et que j'aime, et qui m'aime,
Et qui n'est, chaque fois, ni tout à fait la même
Ni tout à fait une autre, et m'aime et me comprend.

Paul Verlaine, *Poèmes saturniens*, 1866.

1. Qu'est-ce qui caractérise le rêve du poète ?
2. Comment voit-on qu'il s'agit d'un poème ?
3. Comment faut-il prononcer le deuxième vers pour obtenir douze syllabes ?

Leçon

1 Vocabulaire de la versification

- **La strophe :** Ensemble de plusieurs vers ayant une unité de sens, séparé par une ligne. On trouve surtout des **quatrains** (4 vers) et des **tercets** (3 vers).
- **Le mètre du vers :** Il s'agit de sa longueur. Pour l'identifier, on compte les syllabes. Le **-*e*- muet** (qui ne s'entend pas dans la prose) ne se prononce pas s'il est suivi d'une voyelle ou en fin de vers, mais il faut le faire entendre devant une consonne.

  Quand / le / ciel / bas / et / lourd / pè/se / com/me un/ cou/vercle (Charles Baudelaire)

  Les mètres les plus fréquents sont : l'**alexandrin** (12 syllabes), le **décasyllabe** (10 syllabes) et l'**octosyllabe** (8 syllabes). Nous pouvons aussi trouver des **mètres impairs** comme le pentasyllabe (5 syllabes) et l'heptasyllabe (7 syllabes).
  Lorsque l'on prononce séparément deux voyelles qui se suivent, on parle de **diérèse**. *Mys/té/**ri/eux**.*
  Lorsque les voyelles sont prononcées dans une même syllabe, il s'agit d'une **synérèse**. *Mys/té/**rieux**.*
- **Les rimes : Répétition d'une sonorité en fin de vers**. Il existe plusieurs dispositions de rimes : les rimes plates ou **suivies** (AABB), les rimes **croisées** (ABAB), les rimes **embrassées** (ABBA). Dans les poèmes réguliers, les poètes alternent les **rimes féminines** (mots se terminant par un e muet) et **masculines** (toutes les autres terminaisons).
- **Le rythme :** Dans la poésie classique, **un vers doit correspondre à une proposition**. Quand on doit lire le vers suivant pour comprendre le sens de la phrase, on parle d'**enjambement**. Si cet enjambement est limité à un ou deux mots, c'est un **rejet**.

  Voici plus de mille ans que sa douce folie
  Enjambement *Murmure sa romance à la brise du soir.* (Arthur Rimbaud, « Ophélie »)

  Il dort dans le soleil, la main sur sa poitrine
  Rejet ***Tranquille**. Il a deux trous rouges au côté droit.* (Arthur Rimbaud, « Le dormeur du val »)
- L'**assonance** et l'**allitération :** Elles créent un **rythme** et des impressions en **insistant** sur des sonorités. Ces figures de style s'utilisent aussi en prose.
  - **Allitération :** Répétition d'un **son consonne**.
    L'autre source, presque invisible, froissait l'herbe comme un serpent, s'étalait secrète…
    (Colette, « Sido » © LGF)
  - **Assonance :** Répétition d'un **son voyelle**.
    Je fais souvent ce rêve étrange et pénétrant. (Paul Verlaine, « Mon rêve familier »)

2 Vocabulaire des formes poétiques

- **Quelques formes fixes :**
  - Le **rondeau** et la **ballade** : hérités du Moyen Âge, ils comportent un **refrain**.
  - Le **sonnet** : emprunté à l'Italie, il comprend **deux quatrains** et **deux tercets**. Généralement, les rimes respectent ce schéma : ABBA ABBA CCD EDE.
- **Les formes irrégulières :**
  - **Le poème en vers libres :** apparu à la fin du XIXe siècle, il se caractérise par un **nombre irrégulier de syllabes** dans chaque vers et par une **absence de rimes**.
  - **Le poème en prose :** il ne comporte pas de vers, mais de **petits paragraphes** rappelant des strophes.

1 **Faites une recherche pour associer chaque poème à sa forme : sonnet, rondeau, poème en prose, poème en vers libres.**
« *Ma bohème* », Arthur Rimbaud – « *Le temps a laissé son manteau* », Charles d'Orléans – « *Le port* », Charles Baudelaire – « *Dans la nuit* », Henri Michaux.

2 **a. Quels sont les deux mètres des vers suivants ? b. Comment faut-il prononcer *hyacinthe* pour obtenir le bon nombre de syllabes ? De quel procédé s'agit-il ?**

– Les soleils couchants
Revêtent les champs,
Les canaux, la ville entière,
D'hyacinthe et d'or ;
Le monde s'endort
Dans une chaude lumière.

Charles Baudelaire, « L'invitation au voyage » (extrait), *Les Fleurs du mal*, 1857.

3 **Retrouvez les bons mots pour obtenir des alexandrins de rimes croisées :** *fraîche, belle, routes, fossés, gouttes, ailes, pressés, caressés, nouvelle.*

Dans les champs printaniers la verdure ...
Et le gazon touffu sur le bord des ...
Sentiront palpiter et fuir comme des ...
Les ombres de mes mains qui les ont tant ...

Anna de Noailles, « L'empreinte » (extrait), *Le Cœur innommable*, 1901.

4 **a. Quel est le nom des deux strophes ? b. Donnez le mètre du vers. c. Quel effet produit la répétition du premier vers à la fin du poème ?**

À George Sand (V)

Toi qui me l'as appris, tu ne t'en souviens plus
De tout ce que mon cœur renfermait de tendresse,
Quand, dans la nuit profonde, ô ma belle maîtresse,
Je venais en pleurant tomber dans tes bras nus !

La mémoire en est morte, un jour te l'a ravie
Et cet amour si doux, qui faisait sur la vie
Glisser dans un baiser nos deux cœurs confondus,
Toi qui me l'as appris, tu ne t'en souviens plus.

Alfred de Musset, *Poésies posthumes*.

5 **a. De quelle forme poétique s'agit-il ? Justifiez. b. Qu'est-ce qui donne de la musicalité ?**

Ces trésors, ces meubles, ce luxe, cet ordre, ces parfums, ces fleurs miraculeuses, c'est toi. C'est encore toi, ces grands fleuves et ces canaux tranquilles. Ces énormes navires qu'ils charrient, tout chargés de richesses, et d'où montent les chants monotones de la manœuvre, ce sont mes pensées qui dorment ou qui roulent sur ton sein.

Charles Baudelaire, « L'invitation au voyage », *Ibid.*

6 **Écrivez deux strophes : un quatrain de rimes suivies et un de rimes croisées, à l'aide de ces mots. Rimes féminines :** *aurore, encore, colore, évapore, étincelle, appelle, aile, semelle.* **Rimes masculines :** *cœur, couleur, vapeur, odeur, cristal, végétal, natal.*

7 **a. Lisez le poème. Qu'observez-vous ? b. À votre tour, écrivez un texte dans lequel vous jouez avec le mot *vers* et ses sonorités :** *envers, revers, déverser...*

En m'ébattant, je fais rondeaux en rime,
Et en rimant bien souvent je m'enrime ;
Bref, c'est pitié, d'entre nous rimailleurs,
Car vous trouvez assez de rime ailleurs,
Et quand vous plaît, mieux que moi rimassez.
Des biens avez et de la rime assez [...].

Clément Marot, « Petite épître au roi », *Épîtres*, 1519.

8 **a. Que ressent le poète ? b. Quelle impression produit la lecture du deuxième vers ? c. Sur quelle assonance repose ce poème ? Quel bruit cette sonorité imite-t-elle ?**

© Éd. Gallimard Jeunesse

Le hibou

Mon pauvre cœur est un hibou
Qu'on cloue, qu'on décloue, qu'on recloue.
De sang, d'ardeur, il est à bout.
Tous ceux qui m'aiment, je les loue.

G. Apollinaire, *Le Bestiaire ou Cortège d'Orphée* © Éd. Gallimard, 1911.

S'exprimer

9 **a. À l'écrit :** Ajoutez une strophe au poème 8, commençant par « *Mon pauvre cœur est...* ». Utilisez anaphore, assonances et allitérations. **b. À l'oral :** Apprenez votre texte par cœur et récitez-le devant la classe.

Bilan des acquis

SOCLE COMMUN C1

10 **a. Étudiez la versification du poème : strophes, mètre du vers, disposition des rimes. b. Expliquez le titre « Sensation ».**

Par les soirs bleus d'été, j'irai par les sentiers,
Picoté par blés, fouler l'herbe menue :
Rêveur, j'en sentirai la fraîcheur à mes pieds.
Je laisserai le vent baigner ma tête nue.

Je ne parlerai pas, je ne penserai rien :
Mais l'amour infini me montera dans l'âme
Et j'irai loin, bien loin, comme un bohémien
Par la Nature, heureux, comme avec une femme.

Arthur Rimbaud, « Sensation », *Poésies*, 1870.

Compétence 1 : Maîtrise de la langue

Item	Connaissance	Capacités
Utiliser ses capacités de raisonnement, ses connaissances sur la langue, savoir faire appel à des outils appropriés pour lire	Le lexique de la versification	Identifier dans un poème le mètre d'un vers, la disposition des rimes...

8 Figures de l'image : comparaison, métaphore, personnification

Observer

Le violon frémit comme un cœur qu'on afflige,
Un cœur tendre qui hait le néant vaste et noir
Le ciel est triste et beau comme un grand reposoir;
Le soleil s'est noyé dans son sang qui se fige.

Charles Baudelaire, « Harmonie du soir », *Les Fleurs du mal*, 1857.

1. Relevez les noms présents dans les vers 1, 3 et 4. Comment sont-ils mis en relation ?

2. Quel mot est répété dans les vers 1 et 3 ?

3. Pourquoi le poète évoque-t-il le *soleil* et le *sang* dans le même vers ?

Leçon

Pour **émouvoir** le lecteur, le **persuader**, lui faire **imaginer un univers poétique**, les écrivains utilisent des **figures de style**.

1 La comparaison

La comparaison établit un **rapprochement entre deux choses qui se ressemblent**.

– Le **comparé** est la chose qu'on veut décrire. *Le violon.*

– Le **comparant** est la chose à laquelle on le compare. *Un cœur.*

– Le **point de comparaison** est la ressemblance entre les deux choses.

*La mélancolie des **sonorités du violon** le font ressembler à un **cœur qui ressent des émotions**;*
*la **forme** de cet instrument de musique évoque aussi un cœur.*

– On utilise **un mot de comparaison** : *comme, pareil à, semblable à, ainsi que, tel que, à la manière de, à la façon de, ressembler à...*

***Le violon** frémit **comme** **un cœur** qu'on afflige.*
Comparé — Mot de comp. — Comparant

2 La métaphore

- La métaphore établit aussi un **rapprochement entre deux éléments**, mais **sans mot de comparaison**, ce qui crée une sorte d'**assimilation** entre les deux éléments :
  Tes cheveux contiennent tout un rêve... (Charles Baudelaire, *Un hémisphère dans une chevelure* : le parfum de la chevelure de l'être aimé évoque de lointains voyages).
- Si la métaphore est développée par **plusieurs mots**, au fil d'un texte, on parle de **métaphore filée**.
  Sur ce géant, grandeur jusqu'alors épargnée,
  Le malheur, bûcheron sinistre, était monté;
  Et lui, chêne vivant, par la hache insulté,
  Il regardait tomber autour de lui ses branches. (Ici, l'auteur assimile l'empereur Napoléon III à un arbre. Victor Hugo, « L'Expiation », *Les Châtiments*)

3 La personnification

- Cette figure de style consiste à attribuer des **caractéristiques humaines** à ce qui ne l'est pas (objets, végétaux, animaux, éléments, saisons...).
  Le soleil s'est noyé dans son sang qui se fige. (On assimile le **rouge du soleil** couchant à du **sang**, et donc le **soleil** à une personne qui saigne et qui **se noie dans son sang**.)

Exercices

1 Relevez chaque figure de style en précisant si c'est une métaphore, une comparaison ou une personnification.

1. Les tulipes déploient leurs jupettes multicolores vers le ciel.
2. Les montagnes s'alignaient comme des pyramides givrées.
3. Une mer de nuages dissimule la vallée.
4. Regarde donc cette grande asperge !
5. Les fleurs du pommier, neige parfumée, recouvrent délicatement le sol.

2 a. Quelle figure de style met en relation le verre et le rire dans ce vers d'Apollinaire ? Expliquez cette image.
Mon verre s'est brisé comme un éclat de rire (« Nuit rhénane »)
b. Récrivez trois fois ce vers en changeant, à chaque fois, de comparant.

3 Donnez une définition de vous-même en deux ou trois vers. Vous utiliserez des métaphores et des comparaisons.
Ex. : Je suis un instrument qu'il faut que l'on accorde. Je suis comme le vent : insaisissable !

4 **Relevez les figures de style et dites si ce sont des comparaisons ou des métaphores.**

Mon bras pressait ta taille frêle
Et souple comme le roseau ;
Ton sein palpitait comme l'aile
D'un jeune oiseau. […]
Comme un ange qui se dévoile
Tu me regardais, dans ma nuit,
Avec ton beau regard d'étoile,
Qui m'éblouit.

Victor Hugo, *Les Contemplations*, 1856.

5 **a. Enrichissez ces phrases en ajoutant une comparaison.**
1. Ils aperçurent une rivière. 2. Le soleil se leva. 3. Une tour était érigée en haut de la colline. 4. Les feuilles d'automne s'envolaient. 5. Il se réfugia dans les bras de sa mère.

b. Enrichissez maintenant chacune de ces phrases avec des métaphores.

6 **Trouvez quelle image vous évoquent ces mots et écrivez une métaphore à partir de chacun d'entre eux. Réunissez vos plus belles métaphores pour composer un texte poétique collectif.**
Rose, vague, encre, neige, terre, feu, pierre, nuages.

7 **Quelle figure de style rencontrez-vous dans cet extrait ? Que demande le poète à la nuit et au sommeil ?**

Sois sage, ô ma Douleur, et tiens-toi plus tranquille !
Tu réclamais le soir, il descend, le voici.
Une atmosphère obscure enveloppe la ville,
Aux uns portant la paix, aux autres le souci.

Ch. Baudelaire, « Recueillement » (extrait), *Les Fleurs du mal*, 1857.

8 **a. Identifiez la figure de style présente dans ces vers.**
b. Expliquez-la avec vos propres mots.

Ma jeunesse ne fut qu'un ténébreux orage,
Traversé çà et là par de brillants soleils ;
Le tonnerre et la pluie ont fait un tel ravage
Qu'il reste en mon jardin bien peu de fruits vermeils.

Ch. Baudelaire, « L'ennemi » (extrait), *Les Fleurs du mal*, 1857.

9 **À quoi est assimilée** *la tête de l'homme du peuple ?* **Relevez tous les termes de cette métaphore filée.**

La tête de l'homme du peuple, voilà la question. Cette tête est pleine de germes utiles. Employez pour la faire mûrir et venir à bien ce qu'il y a de plus lumineux et mieux tempéré dans la vertu. Tel a assassiné sur les grandes routes qui, mieux dirigé, eût été le plus excellent serviteur de la cité. Cette tête de l'homme du peuple, cultivez-la, défrichez-la, arrosez-la, fécondez-la, éclairez-la, moralisez-la, utilisez-la ; vous n'aurez pas besoin de la couper.

Victor Hugo, *Claude Gueux*, 1834.

10 **Le langage courant est lui aussi plein de métaphores : expliquez les suivantes.**
1. En classe, c'est une vraie girouette. 2. Le monde de l'entreprise, c'est la jungle. 3. Quel panier percé ! 4. Au lieu de se concentrer, il papillonne. 5. Il m'a fait une fleur en m'accordant ce rabais.

S'exprimer

11 **Ajoutez des comparaisons de votre invention dans ce texte.**
La jeune fille était ronde et douce. Elle avait le teint clair. Sa robe rose était en soie. Lorsqu'elle riait, tout le monde se retournait sur son passage. Le jeune homme qui venait au devant d'elle était son strict opposé : maigre, grand, sec, sévère, vêtu d'un costume noir. C'était un drôle de couple, mal assorti. Ils avaient pourtant l'air très amoureux.

12 **Complétez ces phrases en créant, selon le cas, une métaphore, une comparaison ou une personnification. Précisez de quelle figure de style il s'agit.**
1. L'amitié, c'est … . 2. La voyelle *-i-* ressemble à … . 3. Ô Amour, tu … . 4. La poésie est comme … .

© Artéa

13 À la manière de Rimbaud, décrivez un objet auquel vous êtes attaché et qui suscite chez vous de la nostalgie. Employez des métaphores et des comparaisons.

C'est un large buffet sculpté ; le chêne sombre,
Très vieux, a pris cet air si bon des vieilles gens ;
Le buffet est ouvert, et verse dans son ombre
Comme un flot de vin vieux, des parfums engageants.

Arthur Rimbaud, « Le buffet », *Poésies*, 1870.

Bilan des acquis — SOCLE COMMUN C1

14 **a. À quel objet le cœur est-il associé dans les vers 3 à 8 ? b. Quelles figures de style trouve-t-on dans les vers 3 à 8 ? Expliquez le sens de ces images. c. Quel(s) sentiment(s) le poète évoque-t-il ? Relevez des termes qui le montrent.**

Souvent aussi la main qu'on aime
Effleurant le cœur, le meurtrit ;
Puis le cœur se fend de lui-même,
La fleur de son amour périt ;

Toujours intact aux yeux du monde,
Il sent croître et pleurer tout bas
Sa blessure fine et profonde :
Il est brisé, n'y touchez pas.

Sully Prudhomme, « Le vase brisé », *Stances et poèmes*, 1865.

Compétence 1 : Maîtrise de la langue

Item	Connaissances	Capacités
Utiliser ses capacités de raisonnement, ses connaissances sur la langue, faire appel à des outils appropriés pour lire	Les figures de style : métaphore, comparaison et personnification	Savoir distinguer personnification, métaphore et comparaison, comprendre leur sens et leur effet

9 Exagération, insistance, opposition, ironie

Observer

Le dépôt de mendicité abritait les miséreux sans logis.

Les membres du bureau d'administration avaient porté leur attention sur le dépôt de mendicité et ils s'étaient tout de suite aperçus d'une chose : les pauvres s'y plaisaient. C'était pour les miséreux une espèce de taverne où petit-déjeuner, déjeuner, dîner et souper leur étaient servis gratis tout au long de l'année.

Charles Dickens, *Oliver Twist*, 1837-1839, trad. M. Laporte © Hachette, 2005.

1. Que pensent les membres du bureau sur le dépôt de mendicité ?

2. L'auteur partage-t-il cette opinion ?

Leçon

1 L'exagération

- **L'hyperbole est une figure de style qui amplifie**, exagère la réalité pour frapper l'imagination, en utilisant :
  - un **vocabulaire excessif**. *Poussons jusques au ciel **mille** cris éclatants.* (Pierre Corneille, *Le Cid*)
  - un **superlatif**. ***Les plus épouvantés** reprenaient courage.*
  - un **adverbe d'intensité** ou de **quantité**. *Ô **combien** d'actions, **combien** d'exploits célèbres.*
  - une **métaphore** ou une **comparaison démesurée**. *Et nous faisons courir des **ruisseaux** de leur sang.*

2 L'insistance

Un auteur insiste sur une idée car elle est au cœur de son projet d'écriture.

- **La répétition :** le mot est répété car l'idée qu'il exprime est essentielle dans le texte.
  ***Viens**, mon fils, **viens**, mon sang, **viens** réparer ma honte ;* (Pierre Corneille, *Le Cid*)
- **L'anaphore** est une forme de répétition en début de phrase, de vers ou de strophe.
  ***Mon bras** qu'avec respect toute l'Espagne admire*
  ***Mon bras**, qui tant de fois a sauvé cet empire* (Pierre Corneille, *Le Cid*).
- Des **effets sonores** comme **l'allitération** (répétition d'un son-consonne) ou **l'assonance** (répétition d'un son-voyelle) insistent aussi sur une idée en mettant en valeur certains mots.
  *Chio, l'île des vins, n'est plus **qu**'un sombre écueil* (Victor Hugo, *Les Orientales*)

3 L'opposition

L'antithèse est une figure de style qui exprime l'**opposition** entre deux idées. Elle peut être exprimée par des mots antonymes ou un connecteur argumentatif.

*L'ouvrier était fort **maltraité** par l'éducation, fort **bien traité** par la nature.* (Victor Hugo, *Claude Gueux*)
*Ton bras est invaincu **mais** non pas invincible* (Pierre Corneille, *Le Cid*)

4 L'ironie

L'ironie consiste à **dire autre chose que son propos**, et parfois **le contraire**. On l'utilise pour **se moquer** ou **critiquer**. Plusieurs figures de style permettent de l'exprimer.

- **L'antiphrase :** l'auteur pense le contraire de ce qu'il dit. *Les pauvres s'y plaisaient.*
- **L'hyperbole**, au service de l'ironie, exagère pour montrer le peu d'importance de quelque chose.
  Son chagrin d'amour est une catastrophe planétaire.
- **La litote** atténue pour suggérer au contraire quelque chose d'important.
  Il n'est pas bien malin ! (Il est vraiment bête.)

Exercices

1 Dites si les phrases comportent une antithèse, une répétition ou un procédé d'ironie.

1. C'est un grand artiste : tout ce qu'il peint est hideux. **2.** Elle ne gère pas bien son budget : des dépenses, des dépenses, toujours des dépenses ! **3.** Dans certains pays, on jette de la nourriture, dans d'autres on meurt de faim. **4.** Dans ce débat télévisé, il a brillé par sa médiocrité.

2 Ces phrases sont ironiques. Identifiez le procédé utilisé : antiphrase, hyperbole, litote.

1. J'adore quand tu marches avec tes bottes boueuses sur mon tapis persan.
2. Juste un petit accrochage : ma voiture est à la casse.
3. Notre expédition au supermarché un samedi fut un rêve !
4. La perte de son journal intime est une affaire d'État !

3 **Relevez les antithèses et les procédés d'insistance : répétitions, effets sonores.**

J'avais douze ans ; elle en avait bien seize.
Elle était grande, et, moi, j'étais petit.
Pour lui parler le soir plus à mon aise,
Moi, j'attendais que sa mère sortît ;
Puis, je venais m'asseoir près de sa chaise
Pour lui parler le soir plus à mon aise.

Victor Hugo, « Lise », *Les Contemplations*, 1856.

4 **Indiquez deux situations d'énonciation pour chaque phrase : dans l'une, elle sera à comprendre au premier degré, dans l'autre, elle sera ironique.**

1. C'est un hôtel quatre étoiles. 2. Ne vous gênez pas. 3. Tu es très beau comme ça. 4. J'adore cet enfant. 5. Quel merveilleux paysage !

5 **Complétez les phrases en introduisant une antithèse.**

1. Sa voix au téléphone était très jeune, … .
2. Tantôt, il jouait avec sa petite sœur, … .
3. Son langage était vulgaire, … .
4. Le bruit des travaux nous assourdissait, … .
5. Cette jeune fille ne lui plut pas tout d'abord, … .

6 **Nommez la métaphore filée. Identifiez les hyperboles.**

La maison, maintenant, n'était plus qu'un bûcher horrible et magnifique, un bûcher monstrueux, éclairant toute la terre, un bûcher où brûlaient des hommes, et où il brûlait aussi, Lui, Lui, mon prisonnier, l'Être nouveau, le nouveau maître, le Horla !

Soudain le toit entier s'engloutit entre les murs, et un volcan de flammes jaillit jusqu'au ciel. Par toutes les fenêtres ouvertes sur la fournaise, je voyais la cuve de feu, et je pensais qu'il était là, dans ce four, mort…

Guy de Maupassant, *Le Horla*, 1887.

7 **Récrivez ces phrases de façon hyperbolique.**

1. Je suis heureux. 2. J'ai beaucoup de devoirs. 3. Ce film est effrayant. 4. Ce bébé est mignon. 5. Ta maison est grande.

8 **a. Quelle est l'idée essentielle de ce texte ?**
b. Par quels procédés (lexique, types de phrase, figure de style) Hugo exprime-t-il son opinion ?

La plaine où frissonnaient les drapeaux déchirés,
Ne fut plus, dans les cris des mourants qu'on égorge,
Qu'un gouffre flamboyant, rouge comme une forge ;
Gouffre où les régiments, comme des pans de murs,
Tombaient, où se couchaient comme des épis mûrs
Les hauts tambours-majors aux panaches énormes,
Où l'on entrevoyait des blessures difformes !
Carnage affreux ! Moment fatal !

Victor Hugo, « L'expiation », *Les Châtiments*, 1853.

9 **Écrivez une suite à ce poème en poursuivant l'anaphore.**

Et j'ai vu quelquefois ce que l'homme a cru voir !
J'ai vu le soleil bas, taché d'horreurs mystiques, […]
J'ai vu fermenter les marais, énormes nasses […]
J'ai vu des archipels sidéraux ! et des îles.

D'après **Arthur Rimbaud**, « Le Bateau ivre », *Poésies*, 1870.

10 **Quelle figure de style Don Diègue utilise-t-il pour convaincre son fils de se battre en duel ? Étudiez aussi les sonorités et leur pouvoir de persuasion.**

Enfin, tu sais l'affront, et tu tiens la [vengeance :
Je ne te dis plus rien. Venge-moi, venge-toi ;
Montre-toi digne fils d'un père tel que moi.
Accablé des malheurs où le destin me range,
Je vais les déplorer : va, cours, vole et nous venge.

Pierre Corneille, *Le Cid*, 1636.

S'exprimer

11 Vos parents vous interdisent d'aller au cinéma ce samedi après-midi avec vos amis. Vous vous rebellez. Écrivez un paragraphe où vous ferez preuve d'ironie, utiliserez une antithèse et une répétition.

12 À la manière de Voltaire, faites le portrait ironique d'un personnage qui se donne trop d'importance.

Monsieur le baron était un des plus puissants seigneurs de la Westphalie, car son château avait une porte et des fenêtres. Sa grande salle même était ornée d'une tapisserie.

Voltaire, *Candide*, 1759.

Bilan des acquis

SOCLE COMMUN C1

13 **a. Quels procédés d'insistance identifiez-vous ? Quel est leur rôle ? b. Le poète est-il ironique par rapport aux amours adolescentes ? Justifiez votre réponse.**

Vous êtes amoureux. Loué jusqu'au mois d'août.
Vous êtes amoureux. – Vos sonnets La font rire.
Tous vos amis s'en vont, vous êtes mauvais goût.
– Puis l'adorée, un soir, a daigné vous écrire !...

– Ce soir-là,… – vous rentrez aux cafés éclatants,
Vous demandez des bocks et de la limonade…
– On n'est pas sérieux, quand on a dix-sept ans
Et qu'on a des tilleuls verts sur la promenade.

Arthur Rimbaud, « Roman », *Poésies*, 1870.

Compétence 1 : Maîtrise de la langue

Item	Connaissances	Capacités
Utiliser ses capacités de raisonnement, ses connaissances sur la langue, savoir faire appel à des outils appropriés pour lire	La définition des figures de style : ironie, antithèse, insistance	Identifier des figures de style et leur donner du sens

10 Verbe, nom, adjectif qualificatif RÉVISIONS

Observer

8 mai. – Quelle journée admirable ! J'ai passé toute la matinée étendu sur l'herbe, devant ma maison, sous l'énorme platane qui la couvre, l'abrite et l'ombrage toute entière. J'aime ce pays.

Guy de Maupassant, *Le Horla*, 1887.

1. En quoi la première phrase est-elle différente des suivantes ?

2. Remplacez *platane* par *branches* : qu'observez-vous ?

3. Relevez, dans le texte, les noms, puis les adjectifs qualificatifs qui les accompagnent.

Leçon

Le **verbe**, le **nom** et l'**adjectif qualificatif** sont des **classes grammaticales**.

1 Le verbe

- Le verbe exprime une **action** *(abrite)* ou un **état** *(être)*.
  Le verbe est le **noyau de la phrase verbale**. Du verbe, dépendent un sujet et des compléments essentiels.
  *J'**aime** ce pays.* (sujet / VERBE / complément essentiel du verbe)
- **Comment reconnaître un verbe ?**
  – Il **se conjugue** et il peut changer de temps *(j'aime, j'aimais)*, de mode *(aimer, j'aime)*, de voix *(active : j'aime, passive : je suis aimé(e))*, de personne *(tu aimes, il aime…)*.
  – Il peut être accompagné d'une **négation** *(ne…pas)*.

2 Le nom

- Les **noms communs** désignent des êtres *(homme)*, des choses *(maison)*, des sentiments *(amour)*…
  Les **noms propres** désignent des individus ou des lieux uniques *(Guy de Maupassant, la Normandie)*. Ils s'écrivent avec une **majuscule**.
  Le nom est le **noyau du groupe nominal**. Il est généralement précédé d'un déterminant et peut être accompagné d'expansions du nom.
  *Une **journée** admirable.* (déterminant / NOM / expansion)
- Le nom possède un **genre** (masculin ou féminin) indiqué par le dictionnaire.
  Le nom varie en **nombre** (singulier, pluriel). Le pluriel est généralement marqué par un **-s** ou un **-x**.
  ***Une** livre, **un** livre. Des jeux, des branche**s**.*
- **Comment reconnaître un nom ?**

– Il est le plus souvent précédé d'un **déterminant**. *Un écrivain.*
– Il peut être précédé ou suivi d'un **adjectif qualificatif**. *Un **grand** écrivain **français**.*

3 L'adjectif qualificatif

- L'adjectif qualificatif indique une **caractéristique du nom**. Il sert à **décrire** l'être ou la chose désignés par le nom. *L'**énorme** platane.*
- Un adjectif qualificatif **s'accorde en genre et en nombre** avec le nom auquel il se rapporte.
  En général, la marque du féminin est **-e** et la marque du pluriel est **-s** ou **-x**.
  *Une petit**e** journée, de doux baiser**s**.*

Exercices

1 Repérez, dans chaque groupe, le nom noyau et les adjectifs qualificatifs qui s'y rapportent.

1. Une journée admirable.
2. La paisible maison d'enfance de Maupassant.
3. Toute la matinée.
4. Les racines profondes et délicates d'un homme.
5. La grande et large Seine.

2 Relevez les verbes, indiquez leur infinitif et leur groupe.

Après une enfance en Normandie, Maupassant assista à la débâcle de 1870, puis devint fonctionnaire à Paris. Il fit la connaissance de Flaubert qui l'orienta vers l'esthétique réaliste. Il remporta un grand succès avec ses recueils de nouvelles, et put désormais vivre de ses publications. Ses textes s'assombrirent à cause de ses troubles nerveux et de son angoisse de la mort.

3 **Relevez les adjectifs qualificatifs et indiquez à quels noms ils se rapportent.**

Vers onze heures, un long convoi de navires, traînés par un remorqueur, gros comme une mouche, et qui râlait de peine en vomissant une fumée épaisse, défila devant ma grille. Après deux goélettes anglaises, dont le pavillon rouge ondoyait dans le ciel, venait un superbe trois-mâts brésilien, tout blanc, admirablement propre et luisant.

Guy de Maupassant, *Le Horla*, 1887.

4 **Complétez chaque ligne avec des mots de la même famille.**

Verbe	Nom	Adjectif
comprendre		
	narrateur	
		présidentiel
travailler		
	calme	
		sec
bouleverser		
	brillance	
		amusant
se méfier		

5 **Employez chaque mot dans deux phrases où ils seront de classe grammaticale différente :** *compte, place, président, visite, trace, scie, résident, offre, porte, forme, lit.*

6 **Ajoutez des adjectifs aux noms en gras. Attention aux accords !**

M. Dufour, ayant emprunté la **voiture** du laitier, conduisait lui-même. La **carriole**, à deux roues, était fort propre ; elle avait un toit supporté par quatre montants de **fer** où s'attachaient des **rideaux** qu'on avait relevés pour voir le **paysage**. Celui de derrière, seul, flottait au **vent**, comme un **drapeau**.

Guy de Maupassant, *Une partie de campagne*, 1881.

7 **Mettez chaque nom au pluriel. Rappelez la règle d'orthographe correspondante.**

1. Cheveu, vœu, pneu.
2. Bateau, eau, étau.
3. Cheval, journal, animal, festival, bal.
4. Nez, voix, vernis, souris.
5. Clou, cou, trou, caillou, genou, pou.
6. Portail, éventail, travail, corail.

8 **Pour chaque verbe, indiquez son participe passé. Employez-le dans une phrase en tant qu'adjectif.**

Ex. : Cuire → cuit → J'ai acheté un poulet cuit.

Connaître, décorer, publier, finir, soigner, broder, peindre, user, battre.

9 **Relevez les verbes et indiquez si ce sont des verbes d'état ou des verbes d'action.**

© Éd. Gallimard Jeunesse

2 mai. – J'ai un peu de fièvre depuis quelques jours ; je me sens souffrant, ou plutôt je me sens triste. D'où viennent ces influences mystérieuses qui changent en découragement notre bonheur et notre confiance en détresse ? On dirait que l'air, l'air invisible est plein d'inconnaissables Puissances, dont nous subissons les voisinages mystérieux.

Guy de Maupassant, *Le Horla*, 1887.

10 **Ces mots sont des adjectifs qualificatifs. Employez-les comme nom. Ex. :** Bleu → Le bleu est ma couleur préférée.

Petit, jeune, blond, ancien, vrai, bon, mélomane, sot, rond.

11 **Indiquez si les participes passés en gras sont employés comme adjectif qualificatif ou comme verbe.**

Un grand jeune homme **distingué**, avec une chevelure **entretenue** à la Capoul, des ongles roses comme ceux des dames, et un sourire toujours aimable, lui fit voir le vêtement **demandé**. [...] Après l'avoir **examiné**, Patissot s'informa du prix.

Guy de Maupassant, *Les Dimanches d'un bourgeois de Paris*, 1880.

S'exprimer

12 Récrivez le poème en remplaçant chaque mot en gras par un mot de la même classe grammaticale.

Le **firmament** est plein de la **vaste clarté** ;
Tout est **joie**, **innocence**, **espoir**, **bonheur**, **bonté**.
Le **beau lac brille** au fond du **vallon** qui le **mure** ;
Le **champ** sera **fécond**, la **vigne** sera **mûre**.

Victor Hugo, « Aurore », *Les Contemplations*, 1856.

Bilan des acquis

SOCLE COMMUN C1

13 **a. Relevez les verbes, indiquez leur infinitif et leur groupe, dites s'il s'agit d'un verbe d'état ou d'action.**
b. Relevez les noms, indiquez leur genre et leur nombre.

J'aime la nuit avec passion. Je l'aime comme on aime son pays ou sa maîtresse, d'un amour instinctif, profond, invincible. Je l'aime avec tous mes sens, avec mes yeux qui la voient, avec mon odorat qui la respire, avec mes oreilles qui en écoutent le silence, avec toute ma chair que les ténèbres caressent.

Guy de Maupassant, *La Nuit*, 1887.

Compétence 1 : Maîtrise de la langue

Item	Connaissances	Capacités
Utiliser ses capacités de raisonnement, ses connaissances sur la langue, savoir faire appel à des outils appropriés pour lire	Les trois classes grammaticales : verbe, nom, adjectif	Identifier la classe grammaticale d'un mot

11 Déterminants RÉVISIONS

Observer

Cependant la grande allée, grâce au sable qui la recouvre, était sèche et praticable. Un jeune homme arpentait cette allée avec des signes visibles d'impatience. Son costume, d'une élégance un peu théâtrale, consistait en une redingote de velours noir […].

Théophile Gautier, *Deux acteurs pour un rôle*, 1841.

1. Dans la première phrase, quelle est la classe grammaticale des deux mots *la* ?

2. Pourquoi le mot *allée* est-il précédé d'abord de *la* puis de *cette* ?

Leçon

1 Rôle

Les déterminants précèdent le nom et forment avec lui **le groupe nominal** minimal. *L'allée.* (Dét. nom)

Ils portent la **marque du genre** et **du nombre** du nom et permettent ainsi de distinguer des homonymes. *Le mousse. La mousse.*

Ils permettent de **transformer en nom** des mots appartenant à d'**autres classes grammaticales**. *Des deux allées, seule **la grande** était praticable.*

2 Les déterminants définis

- **L'article défini : *le, la, les*.**
  - Il désigne quelque chose de **connu et identifié**. ***La** grande allée **du** Jardin impérial de Vienne.*
  - Il peut aussi désigner une catégorie générale. ***Le** sable est un minéral.*

  ATTENTION ! *Le* et *la* s'élident (l') devant une voyelle. ***L'**allée.*
  - L'article défini **se contracte** avec les prépositions *à* et *de* (*de + le = du, de + les = des, à + le = au, à + les = aux*). *Grâce **au** sable.*
- **Le déterminant démonstratif :** *ce, cet, cette, ces.*
  - Il désigne **un élément déjà cité**. *La grande allée… **Cette** allée.*
  - Il peut aussi renvoyer à la **situation d'énonciation**. *Suis-moi dans **cette** allée.*
- **Le déterminant possessif :** *mon, ta, ses, notre, vos, leurs…*
  - Il indique un **rapport de possession**. ***Son** costume était d'une élégance un peu théâtrale.*
  - Il peut avoir un **sens affectif**. ***Mon** cher Théophile.*

3 Les déterminants indéfinis

- **L'article indéfini : *un, une, des*.** Il désigne quelqu'un ou quelque chose dont on n'a pas parlé auparavant, ou non identifié. ***De** jeunes hommes arpentaient **une** allée.*
- **L'article partitif : *du, de la*.**
  Il désigne les éléments dont il est difficile de préciser la quantité *(du sable)* ou abstraits *(de l'impatience)*.
- **Les déterminants numéraux :** *un, deux, mille …*
- **Les déterminants interrogatifs.** ***Quelle** heure est-il ?*
- **Les déterminants exclamatifs.** ***Quelle** histoire !*
- **Les autres déterminants indéfinis :** *certain(s), tout, chaque, quelque(s), plusieurs …*
- **Les déterminants négatifs :** *aucun, nul…* Ils sont suivis ou précédés de *ne* dans les phrases négatives. *Il ne se trouvait **aucun** jeune homme dans ce jardin.*

Exercices

1 Les déterminants désignent-ils un être connu ou inconnu, une catégorie générale, un rapport de possession ?

1. Le jardin impérial de Vienne était désert.
2. C'était une promenade faite à souhait pour un poète.
3. Une jeune fille ne tarda pas à paraître au bout de l'allée.
4. Une coiffe de soie noire couvrait ses cheveux blonds.
5. Elle ressemblait à la statue de la Vénus d'Ille.

2 Relevez les déterminants et classez-les.

Théophile Gautier est un écrivain français. Il écrit de la poésie et des romans. Il recherche le dépaysement grâce à des voyages en Orient et en Espagne, et en évoquant dans ses romans des époques lointaines. Il cisèle ses poèmes, recherche des mots savants et des rythmes rares.

3 **Distinguez les formes contractées de l'article défini, de l'article indéfini et partitif.**

Tout ce monde, accoudé à des tables, mangeait et buvait : la boisson était de la bière forte et du vin rouge nouveau avec du vin blanc plus ancien [...]. Les femmes balayaient de leurs jupes les nuages de fumée de pipe et rafraîchissaient le visage des buveurs. Au comptoir, des improvisateurs morlaques[1] récitaient une espèce de complainte.

1 habitants d'Albanie.

Théophile Gautier, *Deux acteurs pour un rôle*, 1841.

4 **Quelles différences de sens notez-vous dans ces phrases ?**

1. Je viendrai mercredi. Je viendrai le mercredi. Je viendrai un mercredi. **2.** Je loue ma maison. Je loue une maison. **3.** Relevez les déterminants. Relevez des déterminants. **4.** Le chien aboie. Un chien aboie.

5 **Complétez avec des déterminants démonstratifs.**

1. ... personnage de roman est attachant.
2. ... maladie le cloua au lit pendant des semaines.
3. ... maison se distingue des autres dans le paysage.
4. Passe-moi ... livre.
5. ... événement a eu de lourdes conséquences.

6 **Complétez avec** ***ces, ses*** **ou** ***c'est.***

« Ma tante n'en finissait pas avec .1. sermons sur les dangers de la valse. Je suis sortie sous le prétexte d'acheter .2. brodequins gris dont je vous ai parlé. .3. pourtant pour vous, Heinrich, que je fais tous .4. petits mensonges ; aussi quelle idée avez-vous eue de vous livrer au théâtre ?

– Que veux-tu ! .5. un ascendant invincible, le théâtre m'attire. Toutes .6. passions que j'exprime, je les éprouve. »

Théophile Gautier, *Deux acteurs pour un rôle*, 1841.

7 **Déplacez les adjectifs dans les groupes nominaux : que remarquez-vous ?**

Des roses belles, des personnes chaleureuses, des histoires merveilleuses, des amis fidèles.

8 **Récrivez ce texte en remplaçant** ***un homme*** **par** ***je*** **puis par** ***ils*****. Attention aux accords.**

Seul, la tête renversée en arrière, un homme tambourinait distraitement avec ses doigts sur le fond de son chapeau. Ses yeux gris se nuançaient de teintes vertes ; quand ses lèvres pâles et plates se desserraient, elles laissaient voir deux rangées de dents de l'aspect le plus cannibale et féroce ; ses ongles longs prenaient de vagues apparences de griffes.

Théophile Gautier, *Deux acteurs pour un rôle*, 1841.

9 **Mettez chaque phrase à la forme négative en employant des déterminants négatifs variés.**

1. Tu as du savoir-vivre. **2.** J'en ai besoin. **3.** Il a des doutes sur sa réussite à l'examen. **4.** Ce mot est dans le dictionnaire. **5.** As-tu des nouvelles de Paul ?

10 **Indiquez la classe grammaticale des mots en gras.**

1. **Les** fraises sont mûres : je **les** ai cueillies. **2.** Je **la** dépose à **la** piscine. **3.** **Le** train est arrivé à l'heure : je **l'**ai manqué. **4.** **Le** jeune homme retrouve **sa** fiancée et il **la** serre dans **ses** bras.

11 **Même consigne que l'exercice 10.**

Portant machinalement **la** main à **la** petite croix de Katy, qui ne **le** quittait jamais, il essaya de **l'**appeler au secours ; mais **la** terreur lui serrait trop violemment **la** gorge : il ne put pousser qu'un faible râle.

Théophile Gautier, *Deux acteurs pour un rôle*, 1841.

12 **Étudiez l'emploi des déterminants négatifs, numéraux et partitifs : en quoi participent-ils à la création d'une atmosphère d'angoisse ?**

Aucune horloge ne sonnait dans les clochers ou dans les monuments. Plus rien, plus un frisson dans la ville, pas une lueur, pas un frôlement de son dans l'air. Rien ! La Seine coulait-elle encore ? Je voulus savoir, je trouvai l'escalier, je descendis... Des marches encore... puis du sable... de la vase... puis de l'eau...

D'après **Guy de Maupassant**, *La Nuit*, 1887.

S'exprimer

13 Poursuivez ce dialogue théâtral en utilisant, dans chaque réplique, un déterminant interrogatif ou un déterminant exclamatif.

ELLE. – Quel beau coucher de soleil !
LUI. – Quel enfant n'est pas couché ?
ELLE. – De quel éléphant parles-tu ?

Bilan des acquis

SOCLE COMMUN C1

© Le Livre de Poche Jeunesse

14 **Relevez les déterminants, classez-les et justifiez leur emploi.**

Les autres buveurs, attirés par ces exclamations, regardaient sérieusement Henrich, tout heureux d'avoir l'occasion d'examiner de près un homme si remarquable. Les jeunes gens s'approchaient de lui en lui serrant la main cordialement, comme s'ils eussent été ses amis intimes. Les plus jolies valseuses lui décochaient en passant le plus tendre regard de leurs yeux bleus et veloutés.

Théophile Gautier, *Deux acteurs pour un rôle*, 1841.

Compétence 1 : Maîtrise de la langue

Item	Connaissances	Capacités
Utiliser ses capacités de raisonnement, ses connaissances sur la langue, savoir faire appel à des outils appropriés pour lire	La classe grammaticale des déterminants, leur classification	Identifier la classe grammaticale d'un mot, comprendre le sens d'un déterminant dans un texte

12 Pronoms

Observer

Nous nous quittâmes. Je le perdis de vue au coin du mur, mais je courus pour le revoir encore ; et, en effet, je l'aperçus qui suivait d'un pas rapide le sentier qui conduisait à la grande route. Il me sembla qu'il y avait dans la rapidité de ce pas quelque chose qui contrastait singulièrement avec ma douleur à moi.

Alexandre Dumas, *Le Bagnard de l'Opéra*, 1844.

1. Combien de personnages compte cet extrait ? Par quels mots sont-ils désignés ?
2. Quel mot remplace le nom *sentier* ?

Leçon

1 Rôle

- Étymologie : **pronom** signifie ***à la place d'un nom***. Le pronom **remplace** :
  - **un nom**, *Gabriel me quitta. Je **le** perdis de vue.*
  - **un adjectif**, *Il était triste. Je l'étais aussi.*
  - **une proposition**. *Nous nous quittâmes. Je **le** déplorai.*
- Son sens dépend de la **situation d'énonciation**.
  Il gèle. (S'agit-il de la température ou d'un homme qui a froid ?)
- Il désigne une **personne** ou une **chose dont on a déjà parlé**.
  *Je **le** perdis de vue.* (**Le** remplace « Gabriel », cité auparavant.)

2 Les différents pronoms

- **Les pronoms personnels** sujet indiquent la personne du verbe. *Je chante, il chante.*

1e pers.	***Je**, me, moi*	***nous***
2e pers.	***tu**, te, toi*	***vous***
3e pers.	***il**, le, lui, **elle**, la, se*	***ils**, eux, **elles**, les, leur, se*

- **Les pronoms adverbiaux *y*** et ***en*** remplacent des compléments :
  - **de verbe**, *J'**y** pense. J'**en** mange.*
  - **circonstanciels**, *Il **y** habite.*
  - **d'adjectif**. *Il **en** est fier.*
- **Pronoms possessifs.**

1e pers.	*le mien, la mienne, les miens, les miennes, le nôtre, la nôtre, les nôtres.*
2e pers.	*le tien, la tienne, les tiens, les tiennes, le vôtre, la vôtre, les vôtres.*
3e pers.	*le sien, la sienne, les siens, les siennes, le leur, la leur, les leurs.*

- **Pronoms démonstratifs.**

Formes simples	*celui, celle, ce, ceux, celles.*
Formes composées	*celui-ci, celui-là, celle-ci, celle-là, ceci, cela, ceux-ci, ceux-là, celles-ci, celles-là.*

- **Pronoms interrogatifs :** ***qui ? que ? quoi ? où ? lequel ? auquel ? duquel ?***
- **Les pronoms relatifs** remplacent un nom appelé leur **antécédent**.
  *Le sentier **qui** conduisait à la route est fermé.*
  Il existe des formes simples ***(qui, que, quoi, dont, où)*** et composées ***(lequel, de laquelle, auxquels...)***
- **Les pronoms indéfinis** désignent :
  - une **quantité :** *certains, quelques-uns, la plupart, plusieurs, aucun, nul, personne, rien.*
  - une **totalité :** *tout, chacun...*
  - une **chose ou une personne :** *quelque chose, quelqu'un...*

  On désigne une personne non-identifiée ou remplace des pronoms personnels.
  *On sonne à la porte. Mes amis et moi, **on** adore le cinéma !*

1 Relevez les pronoms, indiquez ce qu'ils remplacent.

1. Mon frère est très émotif. Je lui ai déconseillé de voir ce film.
2. Marie aperçut Gabriel qui suivait le sentier. Elle le rappela.
3. Le chemin que nous suivons est gelé.
4. Le livre dont je t'ai parlé doit être réédité.
5. Gabriel quitta Marie. Cela lui brisa le cœur.

2 Remplacez les groupes en gras par les pronoms adverbiaux *en* et *y*.

1. Alexandre Dumas est né **à Paris**.
2. Il est l'auteur **de plus de cent pièces de théâtre**.
3. Il fit partie **des écrivains à succès en 1830**.
4. Il participa **à la libération de l'Italie**.
5. Il profita **de la mode des romans-feuilletons**.

3 Complétez avec un pronom relatif. Entourez son antécédent.

Cet état de son âme, .1. nous avons tenté d'analyser, était-il aussi clair pour Jean Valjean que nous avons essayé de le rendre pour ceux .2. nous lisent ? Voyait-il tous les éléments .3. se composait sa misère morale ? Cet homme rude et illettré s'était-il bien rendu compte de la succession par .4. il était monté et descendu jusqu'aux lugubres aspects .5. étaient l'horizon intérieur de son esprit ?

Victor Hugo, *Les Misérables*, 1862.

4 Évitez les répétitions grâce à des pronoms possessifs ou démonstratifs.

1. J'ai besoin de mes crayons : prenez vos crayons.
2. Cette peinture est un pastel. Cette peinture tire sur le vert. La peinture que j'ai choisie est grisâtre.
3. Ma veste est en coton. Ta veste est en laine.
4. Ton livre est dans le salon. Ce livre, c'est mon livre.

5 Rédigez les questions correspondant à ces réponses, en utilisant des pronoms interrogatifs.

1. Neil Armstrong fut le premier à marcher sur la lune. **2.** Je regarde un film. **3.** C'est Jean qui est le plus fort des deux. **4.** Il conduit au refuge. **5.** Je parle du magasin qui est rue Perrine.

6 Qui est désigné par le pronom *on* ? A-t-il son sens indéfini ou remplace-t-il un pronom personnel ?

1. Excusez-nous d'être en retard. On a eu une panne.
2. On frappe à la porte.
3. En France, on mange beaucoup de pain.
4. Comment ça va ? – On fait aller !
5. Dans quelques années, on marchera sur Mars.

7 Remplacez les formes simples des pronoms relatifs par des formes composées.

1. La maison où je passe mes vacances est spacieuse.
2. L'homme à qui je parle est inquiétant.
3. Le général, de qui dépend la victoire, est nerveux.
4. Les familles à qui appartiennent ces terres sont fortunées.
5. Je songe à cette fleur jaune, qui se nomme jonquille.

8 À quelle classe grammaticale appartiennent les mots en gras ?

© Magnard

Il aperçut sous **leurs** bonnets rouges, **quelques** têtes à caractère, il commença un croquis de la barque et de son terrible équipage. En effet, **les** douze hommes qui étaient là, calmes, obéissants, avaient commis chacun un crime. Je tirai de ma poche **quelques** pièces de monnaie, que je **leur** offris pour boire à ma santé mais pas une seule main ne s'étendit pour **les** prendre.

Alexandre Dumas, *Le Bagnard de l'Opéra*, 1844.

9 *Se* ou *ce* ?
Soulignez le pronom démonstratif *ce*.

1. Elle ... dit que ... jardin est paisible. **2.** Les deux complices décidèrent de ... venger de ... traître. **3.** Il vaut mieux que ... soit un professionnel qui refasse ... toit. **4.** J'ai commis une infraction, ... que je ne conteste pas, mais ... n'est pas un crime ! **5.** Où ... trouve mon chapeau ? Je l'avais posé sur ... guéridon.

10 Quelle est la fonction des pronoms en gras ?

Personne ne connaissait l'homme ; comme Cosette n'était plus en guenilles, **beaucoup** ne la reconnurent pas. Cosette s'en allait. Avec qui ? **Elle l'**ignorait. Où ? Elle ne savait. **Tout ce qu'**elle comprenait, c'est qu'**elle** laissait derrière elle la gargote Thénardier. **Personne** n'avait songé à **lui** dire adieu, ni **elle** à dire adieu à **personne**. Pauvre doux être **dont** le cœur n'avait été jusqu'à cette heure que comprimé !

Victor Hugo, *Les Misérables*, 1862.

S'exprimer

11 Choisissez un objet et décrivez-le pour qu'on le devine. Employez des pronoms variés.

Bilan des acquis

SOCLE COMMUN C1

12 Relevez les pronoms, indiquez quel élément ils remplacent (nom, proposition, ...) et classez-les (pronoms personnels, adverbiaux, démonstratifs, relatifs...).

Marie tente de rappeler le mystérieux Gabriel.

Je le rappelai, mais, sans doute de peur de se laisser attendrir, il continua son chemin. En tirant son mouchoir, il fit, sans s'en apercevoir, tomber un papier de sa poche. J'arrivai jusqu'à la place où le papier était tombé, et je le trouvai à terre. C'était un billet de cinq cents francs.

Alexandre Dumas, *Le Bagnard de l'Opéra*, 1844.

Compétence 1 : Maîtrise de la langue

Item	Connaissances	Capacités
Utiliser ses capacités de raisonnement, ses connaissances sur la langue, savoir faire appel à des outils appropriés pour lire	La classe grammaticale des pronoms ; leur classification	Identifier la classe grammaticale d'un mot, comprendre le sens d'un pronom dans un texte

13 Adverbes

Observer

Ils marchèrent longtemps; l'homme toujours criait: «tiiit»; le soir tomba. Le voile de brume qui couvre la campagne au crépuscule se déployait lentement, et une poésie flottait.

Guy de Maupassant, *Les Dimanches d'un bourgeois de Paris*, 1880.

1. Repérez les verbes. Parmi eux, certains sont accompagnés de mots qui nuancent leur sens. Relevez-les.

2. Peut-on les retirer du texte ? Peut-on modifier leur orthographe ?

Leçon

1 Définition

Étymologie: le mot **adverbe** signifie ***qui se trouve auprès du verbe***. Les adverbes sont des mots **invariables** qui apportent des **nuances de sens** à des mots ou à la phrase tout entière.

2 Rôle et sens

- Les adverbes nuancent **le sens d'un élément** de la phrase. Ils complètent aussi **toute la phrase**.

  *Il est **très** inquiet* (adjectif). *Il se déployait **lentement*** (verbe). *Il fait **vraiment** très froid* (autre adverbe).

  ***Ici**, on n'accepte pas les chèques. **Alors**, ils partirent se promener en forêt.* (adverbes qui complètent toute la phrase)

- Ils peuvent indiquer:
  - **le degré.** Très, fort, légèrement, extrêmement, un peu, trop…
  - **la quantité.** Environ, beaucoup, seulement, presque…
  - **le temps, le moment.** Maintenant, aujourd'hui, toujours…
  - **le lieu.** Ici, là…
  - **la manière d'accomplir une action.** Lentement, bien…
  - **le commentaire ou le jugement de la personne qui parle.** Probablement, bizarrement…
  - **le type de la phrase.**
    ***Comme** c'est beau !* (phrase exclamative) ***Pourquoi** étais-tu absent ?* (phrase interrogative)
  - **la forme de la phrase.** Ne…pas, ne…point, ne…jamais. *Il **ne** viendra **pas**.* (phrase négative)
  - **la construction du texte.** D'abord, ensuite, enfin, puis, premièrement, deuxièmement…

- On peut généralement **les retirer de la phrase** sans qu'elle perde son sens. Mais parfois ils **constituent une phrase à eux tout seuls**. *Veux-tu du gâteau ? – **Oui**. – **Certes**. – **Volontiers**.*

- Certains adjectifs sont employés comme des adverbes, et certains adverbes sont employés comme des adjectifs. *Manger **gras**. Sentir **bon**.* (adjectifs employés comme adverbes)
  *Un homme **bien**. Un texte **pas mal**. Le siège **arrière**.* (adverbes employés comme adjectifs)

3 Orthographe

- Les adverbes sont **invariables**. Certains adverbes se forment en ajoutant le **suffixe *-ment*** à l'adjectif au féminin, quelquefois au masculin. *Vive → vivement. Vrai → vraiment.*

- Les adverbes en ***-amment*** sont formés à partir d'adjectifs en ***-ant***. Les adverbes en ***-emment*** (prononcés *«ammant»*) sont formés à partir d'adjectifs en ***-ent***.
  Puissant → puissamment. Fréquent → fréquemment.

Exercices

1 Parmi ces mots en *-ment*, certains ne sont pas des adverbes: classez-les selon leur classe grammaticale (noms ou adverbes).

Enracinement, renseignement, franchement, enregistrement, indéfiniment, hébergement, fortement, renversement, énormément.

2 Formez des adverbes à partir de ces adjectifs.

Normal, régulier, brillant, intelligent, mou, prudent, mortel, massif, galant.

3 Trouvez l'adverbe de la même famille que ces mots.

Gaieté, résolution, bonheur, certitude, attention, majesté, vérité, se précipiter.

4 **Relevez les adverbes. Classez-les selon leur nuance de sens.**

Patissot raconta son aventure, et il dépeignait poétiquement les lieux qu'il avait traversés, s'indignant de rencontrer si peu d'enthousiasme autour de lui. Seul M. Boivin lui prêtait une attention soutenue. Il habitait lui-même la campagne, avait un petit jardin qu'il cultivait soigneusement; il se contentait de peu et était parfaitement heureux.

Guy de Maupassant, *Les Dimanches d'un bourgeois de Paris*, 1880.

5 **Même consigne que l'exercice 4.**

Sa fenêtre donnait sur une cour étroite, où montaient sans cesse toutes les puanteurs des ménages pauvres. Il leva les yeux aussitôt vers le petit carré de ciel qui apparaissait entre les toits. Alors une envie désordonnée lui vint de se perdre dans la fraîcheur des feuilles. Il s'habilla bien vite et demeura très longtemps à sangler ses guêtres.

Guy de Maupassant, *Les Dimanches d'un bourgeois de Paris*, 1880.

6 **Ajoutez des adverbes qui modifient le sens des mots en gras.**

Il **travaillait**; mais il ne savait pas le **faire valoir**: et puis il était **fier**, disait-il. Et puis sa fierté consistait à ne jamais **saluer** ses supérieurs comme le **faisaient**, à son avis, certains de ses collègues qu'il ne voulait pas nommer.

D'après **Guy de Maupassant**,
Les Dimanches d'un bourgeois de Paris, 1880.

7 **Remplacez le groupe en gras par des adverbes.**

1. Elle m'a accueillie **avec gentillesse**.
2. Les élèves travaillent **avec ardeur**.
3. Elle écoute les enfants **avec patience**.
4. Son fiancé l'embrasse **avec tendresse**.
5. Il se consacre à la musique **avec passion**.

8 **Indiquez quand les adjectifs sont employés comme adverbe, et quand les adverbes sont employés comme adjectif.**

1. Tu manges trop **gras**: ton cholestérol doit avoir **bien** monté.
2. Monte sur le siège **avant**: **derrière**, tu auras mal au cœur.
3. C'est un homme **bien**: il fait en sorte que tout tourne **rond**.
4. Comme ta cuisine sent **bon**! J'aime tant manger **chaud**!
5. Je n'ai eu qu'une place **debout** dans le train.

9 **Mettez les phrases à la forme négative et soulignez les adverbes de négation.**

1. Il met toujours du sucre dans son café.
2. Mon fils fait encore des fautes d'orthographe.
3. J'ai appris beaucoup de choses en lisant ce livre.
4. Cette lampe éclaire fortement.
5. On trouve du poisson frais partout.

10 **Quel(s) mot(s) ont leur sens modifié par l'adverbe en gras?**

© Magnard

Pour le remercier, il lui fit don d'une rose; mais d'une rose **tellement** épanouie qu'au contact de la redingote de Patissot, elle s'effeuilla **complètement**, laissant à sa boutonnière une sorte de poire verdâtre qui l'étonna **beaucoup**. Une grande carafe pleine d'eau **légèrement** teintée de rouge attirait l'œil de Patissot. Sa femme le dévisagea **furieusement**.

D'après **Guy de Maupassant**,
Les Dimanches d'un bourgeois de Paris, 1880.

11 **Les adverbes en gras indiquent-ils l'ordre chronologique des actions ou l'enchaînement des idées?**

1. Comme il était exténué, il s'assit. **Alors**, il voulut manger.
2. Pour sa sécurité, l'alpiniste emporte **d'abord** des provisions; **ensuite** des jumelles; **enfin**, une carte.
3. Il s'assit sur un banc. **Puis**, il leva les yeux au ciel.
4. Je suis innocent: **d'abord**, j'ai un alibi, **ensuite**, vous n'avez aucune preuve.
5. Lis le texte **d'abord**, tu l'illustreras **après**.

S'exprimer

12 Écrivez une notice d'utilisation pour un appareil ménager. Utilisez des adverbes pour indiquer comment et dans quel ordre accomplir les actions.

Bilan des acquis

SOCLE COMMUN C1

13 **a. Quels personnages portent des jugements sur Patissot? Relevez les adverbes qui les expriment.**

b. Relevez les autres adverbes: à quoi servent-ils dans ce texte?

Il devint ainsi tellement pareil à son modèle qu'on les aurait confondus, et des gens au ministère murmuraient, trouvant la chose inconvenante, grossière même; on en parla au ministre, qui manda cet employé. Mais à sa vue, il se mit à rire, et répéta deux ou trois fois: «C'est drôle, vraiment drôle!» Le lendemain, le supérieur direct de Patissot proposa son subordonné pour un avantage de trois cents francs, qu'il obtint immédiatement.

Guy de Maupassant, *Les Dimanches d'un bourgeois de Paris*, 1880.

Compétence 1: Maîtrise de la langue

Item	Connaissance	Capacités
Utiliser ses capacités de raisonnement, ses connaissances sur la langue, savoir faire appel à des outils appropriés pour lire	La définition de la classe grammaticale des adverbes	Identifier la classe grammaticale d'un mot, comprendre le sens d'un adverbe dans un texte

14 Mots exclamatifs, interjections, onomatopées

Observer

Octave, *s'enfuyant.* – Ô Ciel ! Je suis perdu !
Scapin. – Holà ! Octave, demeurez, Octave ! Le voilà enfui ! Quelle pauvre espèce d'homme ! Ne laissons pas d'attendre le vieillard.

Molière, *Les Fourberies de Scapin*, I, 3, 1671.

1. Quel signe de ponctuation domine ? Quels sont les types de phrase ?
2. Quels sont les sentiments exprimés et comment ? Quel mot appuie aussi l'expression de l'ordre ?
3. À quel genre littéraire appartient cet extrait ?

Leçon

Les **mots exclamatifs** et les **interjections** servent à **renforcer l'expression des sentiments**, notamment **à l'oral**, dans la **poésie lyrique** et au **théâtre**. Ils se trouvent dans des phrases exclamatives et relèvent de **tous les niveaux de langue**, du plus familier au plus soutenu.

1 Les mots exclamatifs

- **Que… !** *Qu'avec facilité on se laisse persuader par les personnes que l'on aime !* (Molière, *L'Avare*)
- **Combien… !** *Oh ! **combien** de marins, **combien** de capitaines*
  Qui sont partis joyeux pour des courses lointaines (Victor Hugo, « Oceano nox »)
- **Comme… !** ***Comme** elle est belle !*
- **Qui… !** ***Qui** songe à se moquer de vous !* (Molière, *Les Fourberies de Scapin*)
- **Quel… !** *Ah ! Frosine, **quelle** rencontre !* (Molière, *L'Avare*)
- **Ce que… ! Qu'est-ce que… !** ***Ce qu**'Harpagon est avare ! **Qu'est ce qu**'il est avare !*

2 Les interjections

- Les **interjections** sont **invariables**. Elles sont **suivies d'un point d'exclamation**, d'une virgule ou d'un point d'interrogation. *– **Oh** ! – **Ah**, maudite galère ! – **Hein** ?*
- Elles prennent leur sens **en fonction de la situation d'énonciation** : ***Ah !*** peut exprimer la joie, la colère, la crainte, la surprise… Certaines interjections expriment **toujours le même sentiment**. *Aïe !* (douleur). D'autres ont un **sens injonctif** (ordre). *Allez !* Elles peuvent **se cumuler**. *Oh pardon !*
- Certaines sont des :
  - **noms,** *Attention ! Ma parole ! Au secours ! Bonté divine !*
  - **adjectifs,** *Chic ! Mince ! Tout doux !*
  - **adverbes,** *Alors ! Comment ! Tant mieux !*
  - **verbes à l'impératif,** *Allons ! Tiens !*
  - **phrases figées.** *Sauve qui peut ! Que le diable l'emporte !*

  Des interjections évoquant Dieu ou la religion, et donc considérées comme sacrilèges, sont déformées.
  Morbleu ! Pardi ! Diantre ! Sapristi ! Nom d'une pipe !
- Les **onomatopées** sont des interjections. Étymologiquement, **onomatopée** signifie création de mots. Elles imitent un son ou un bruit. *Cocorico, miaou, boum, crac, tic-tac…*

Exercices

1 Repérez les mots exclamatifs.

1. Croire qu'ils resteraient ! Quel songe ! (V. Hugo, *Les Contemplations*)
2. Que je sens de rudes combats ! (P. Corneille, *Le Cid*)
3. Comme vous êtes loin, paradis parfumé ! (C. Baudelaire, *Les Fleurs du Mal*)
4. Combien de poètes ont chanté la femme !
5. Ce que ce poème est émouvant !

2 Repérez les interjections.

Scapin. – Chut ! Préparez-vous à soutenir avec fermeté l'abord de votre père.
Octave. – Je ferai du mieux que je pourrai.
Scapin. – Bon ! Imaginez-vous que je suis votre père qui arrive et répondez-moi fermement. « Comment ! pendard, vaurien, infâme, fils indigne d'un père comme moi, oses-tu bien paraître devant mes yeux ? » Allons donc ! Oh ! Que diable ! Vous demeurez interdit ?

D'après **Molière**, *Les Fourberies de Scapin*, 1671.

3 **Indiquez quels sentiments sont exprimés par chaque interjection.**

1. Quoi ! vous craignez si peu le pouvoir souverain…
2. Ah ! Madame, en ce cas je n'ai plus de souci.
3. Bon Dieu ! Je tremble.
4. Hélas ! que dans l'esprit je sens d'inquiétudes.
5. Eh bien ! ils se battront puisque vous le voulez.

4 **Même consigne que l'exercice 3.**

1. Ah ! Plût au ciel que votre âme comme la mienne…
2. Te tairas-tu ? – Oui, malgré moi. – Ah ! Ah !
3. Comment ! J'ai assez de bien ?
4. Ah ! traître que tu es, où t'es-tu donc allé fourrer ?
5. Tant mieux !

5 **Faites précéder les phrases injonctives par des interjections adaptées.**

1. Range ta chambre. 2. Avance, vieille carne ! 3. Tais-toi ! 4. Passe-moi les réponses ! 5. Ne traverse pas n'importe comment !

6 **Relevez les onomatopées.**

CYRANO. – Silence !
LE PARTERRE, *en délire.* – Hi han ! Bêê ! Ouah, ouah ! Cocorico !
CYRANO. – Je vous...
UN PAGE. – Miâou !
CYRANO. – Je vous ordonne de vous taire !

Edmond Rostand, *Cyrano de Bergerac*, I, 4, 1897.

7 **Trouvez, à l'oral, des onomatopées imitant ces bruits :** l'eau qui bout, une souris qui gratte, le satin qu'on froisse, le feu qui crépite, les vagues qui se brisent.

8 **Relevez les onomatopées, indiquez quels bruits et quels mouvements ou actions elles évoquent. Ajoutez deux onomatopées.**

FIGARO. – Tu prends de l'humeur contre la chambre du château la plus commode, et qui tient le milieu des deux appartements. La nuit, si Madame est incommodée, elle sonnera de son côté ; zeste, en deux pas tu es chez elle. Monsieur veut-il quelque chose : il n'a qu'à tinter du sien ; crac, en trois sauts me voilà rendu.

Beaumarchais, *Le Mariage de Figaro*, I, 1, 1778.

9 **Dites si les mots en gras sont ou non exclamatifs.**

1. J'apprécierais **que** ta chambre soit rangée ! 2. **Quelle** merveille ! 3. Elle est belle **comme** le jour ! 4. **Comme** tu danses bien ! 5. Je ne sais **quelle** mouche l'a piqué !

10 **Transformez ces phrases déclaratives en phrases exclamatives. Utilisez des mots exclamatifs variés.**

1. La ville est déserte.
2. J'ai aimé éperdument cette femme.
3. Ce fut une fête mémorable.
4. Personne ne s'amuse à voler une vieille dame.
5. Cet élève est très studieux.

11 **Relevez toutes les onomatopées et expliquez le son qu'elles imitent.**

Sur la plate-forme, pla pla pla, d'un autobus, teuff teuff teuff, de la ligne S (pour qui sont ces serpents qui sifflent sur), il était environ midi, ding din don, ding din don, un ridicule éphèbe, proüt, proüt, qui avait un de ces couvre-chefs, phui, se tourna (virevolte, virevolte) soudain vers son voisin d'un air de colère, rreuh, rreuh, et lui dit, hm hm : « Vous faites exprès de me bousculer, monsieur. » Et toc. Là-dessus, vroutt, il se jette sur une place libre et s'y assoit, boum. […]

Et toc.

Raymond Queneau, « Onomatopées », *Exercices de style*, 1947 © Éd. Gallimard.

12 **Écrivez des didascalies indiquant à l'acteur ce qu'il doit faire en disant les interjections en gras.**

1. **Allons**, mon bras, sauvons du moins l'honneur. 2. **Ô ciel !** je me serai trahi moi-même. 3. **Allons**, que l'on détale de chez moi. 4. **Euh ?** 5. **De grâce**, acceptez mon service.

S'exprimer

13 Écrivez un dialogue de théâtre comique en utilisant les interjections : *Ah, chut, ouf, hé, psst, bof, aïe, zut, parbleu, nom d'un petit bonhomme.*

Bilan des acquis

SOCLE COMMUN C1

14 **Relevez les mots exclamatifs et les interjections. Frosine est-elle sincère ? Pourquoi emploie-t-elle ces interjections et mots exclamatifs ?**

© Magnard

HARPAGON. – Hé bien ! Qu'est-ce, Frosine ?
FROSINE. – Ah ! Mon Dieu ! Que vous vous portez bien ! Et que vous avez là un vrai visage de santé !
HARPAGON. – Tout de bon ?
FROSINE. – Comment ! Vous n'avez de votre vie été si jeune que vous êtes, et je vois des gens de vingt-cinq ans qui sont plus vieux que vous.
HARPAGON. – Cependant, Frosine, j'en ai soixante bien comptés.
FROSINE. – Hé bien ! Qu'est ce que cela, soixante ans ? Tenez-vous un peu. Ô que voilà bien là, entre vos deux yeux, un signe de longue vie ! Montrez-moi votre main. Ah ! mon Dieu ! quelle ligne de vie !

D'après **Molière**, *L'Avare*, II, 5, 1668.

Compétence 1 : Maîtrise de la langue

Item	Connaissances	Capacités
Utiliser ses capacités de raisonnement, ses connaissances sur la langue, savoir faire appel à des outils appropriés pour lire	La définition de mots exclamatifs, interjections, onomatopées	Identifier des mots exclamatifs et des interjections, comprendre le sens de mots exclamatifs et d'interjections dans un texte

15 Expansions du GN : subordonnée relative

RÉVISIONS

Observer

Figurez-vous un homme qui dort, qu'on assassine, et qui se réveille avec un couteau dans la gorge ; et qui râle couvert de sang, et qui ne peut plus respirer, et qui va mourir, et qui ne comprend pas - voilà !

Guy de Maupassant, *Le Horla*, 1886.

1. Quelles informations sur le mot *homme* l'auteur nous donne-t-il pour le caractériser ?

2. Par quels mots ces informations sont-elles introduites ?

Leçon

1 Définition

- La **proposition subordonnée relative** est une **expansion du nom**. Elle donne une **information** sur un **nom** ou un **pronom**, elle le caractérise. Elle fait partie d'une **phrase complexe** et comporte un **verbe conjugué**.

  *Figurez-vous un homme **qui** dort.*
  ① ② ③

  ① nom caractérisé ② pronom relatif ③ verbe conjugué
- La proposition subordonnée relative est **introduite par un pronom relatif**.
- Le pronom relatif remplace le nom ou le pronom caractérisé par la relative. Ce nom (ou pronom) s'appelle l'**antécédent**.
  - **Formes simples : *qui, que, quoi, dont, où.***
    *Figurez-vous un homme **qui** dort.*
  - **Formes composées :** *lequel, de laquelle, auxquels…*
    *L'homme **auquel** je pense fait des cauchemars inquiétants.*
- Les pronoms relatifs peuvent avoir plusieurs fonctions.
  - **Sujet.** *Figurez-vous un homme **qui** dort.*
  - **COD.** *… **qu'**on assassine.*
  - **COI.** *L'homme **dont** je parle fait des cauchemars.*
  - **CC de lieu.** *La chambre **où** l'homme dort est spacieuse.*
  - **CC de temps.** *La nuit, **pendant laquelle** l'homme a fait ces cauchemars, a été horrible.*

2 Sens

- Une proposition subordonnée relative peut avoir un **sens déterminatif**, c'est-à-dire qu'elle limite le sens du nom. *L'homme **dont je parle** fait des cauchemars.* (Il ne s'agit pas de tous les hommes, mais seulement de celui dont je parle.)
- Elle peut aussi avoir un **sens descriptif**. *Cet homme, **qui était très angoissé**, a été hospitalisé.*

Exercices

1 Relevez la proposition subordonnée relative qui caractérise le nom en gras. Soulignez le pronom relatif.

1. La **neige** qui recouvre le champ luit au soleil.
2. Le **candidat** pour lequel j'ai voté a été élu.
3. La **ville** où je vis est polluée.
4. L'**oncle** dont tu ne te souviens pas est mort quand tu étais petit.
5. Le **cartable** que j'utilise est trop usé.

2 Complétez chaque phrase avec le pronom relatif qui convient.

1. La péniche … remonte le fleuve est en bois.
2. Je me confie à un ami … je fais confiance.
3. Les résultats … je suis le plus fier sont mes notes en SVT.
4. La maison … j'habite est délabrée
5. La femme … j'aime a beaucoup d'humour.

3 Relevez les propositions subordonnées relatives. Quel nom caractérisent-elles ?

C'est un trou de verdure où chante une rivière
Accrochant follement aux herbes des haillons
D'argent ; où le soleil, de la montagne fière,
Luit : c'est un petit val qui mousse de rayons.

Arthur Rimbaud, « Le dormeur du val », *Poésies*, 1870.

4 **Ajoutez une proposition relative à chaque GN. Variez les pronoms relatifs.**

1. Choisis cette voiture … .
2. La mer … regorge de poissons rares.
3. La cuisine … est digne d'un grand chef.
4. Je me souviendrai toujours de la journée … .
5. Ce roman … est passionnant.

5 **Remplacez le pronom relatif simple par un pronom relatif composé.**

1. La plage où j'aime m'étendre est jonchée de méduses.
2. Le bocal où vit le poisson est minuscule.
3. Les restaurants où je mange d'habitude sont bondés.
4. Les étagères où je range mes livres sont poussiéreuses.
5. Le garçon à qui je pense m'a brisé le cœur.
6. Les amies à qui appartient ce chat sont en vacances.

6 **Enrichissez cette description en ajoutant des propositions relatives. Variez les pronoms relatifs.**

En face de moi, mon lit. À droite, ma cheminée. À gauche, ma porte. Derrière moi, une très grande armoire à glace.

D'après **Guy de Maupassant**, *Le Horla*, 1887.

7 **Remplacez les expansions du nom en gras par des propositions subordonnées relatives.**

1. *Le Horla* est une nouvelle **angoissante**.
2. Une puissance **invisible** tourmente le narrateur.
3. Elle boit l'eau **du narrateur** pendant qu'il dort.
4. Il habite près de Rouen, la **vaste** ville **aux toits bleus**.
5. C'est un navire **brésilien**, **aux trois mâts luisants**, qui a transporté l'Être maléfique.

8 **Quelle est la fonction des pronoms relatifs en gras ?**

J'aime ce pays, et j'aime y vivre parce que j'y ai mes racines, ces profondes et délicates racines, **qui** attachent un homme à la terre **où** sont nés et morts ses aïeux, l'attachent à ce **qu**'on pense et à ce **qu**'on mange […].

J'aime ma maison **où** j'ai grandi. De mes fenêtres, je vois la Seine **qui** coule, la grande et large Seine, **qui** va de Rouen au Havre, couverte de bateaux **qui** passent.

Guy de Maupassant, *Le Horla*, 1887.

9 **a. Entourez le pronom relatif et son antécédent.**
b. Accordez le verbe entre parenthèses avec son sujet.

1. Les enfants qui *(chanter)* dans la chorale ont des voix d'ange. 2. Le roman que je *(lire)* en ce moment est remarquable. 3. C'est nous qui *(aller)* vous battre. 4. Quand tu grognes comme ça, on dirait un lion qui *(rugir)* dans la savane. 5. Les ouvrières que vous *(licencier)* auront du mal à retrouver un emploi.

10 **Indiquez si chaque mot *que* est un pronom relatif.**

1. On dirait que la température a chuté ce matin. 2. La rose que j'ai cueillie a perdu tous ses pétales. 3. Ah ! si c'était déjà Noël, que je serais joyeux ! 4. Que mangeons-nous ce soir ?

11 **a. Repérez les propositions relatives, le pronom relatif et son antécédent. b. Sur le modèle de Rimbaud, inventez d'autres phrases comportant une subordonnée relative et attribuant des caractéristiques fantaisistes aux noms.**

Ex. : Il y a de la neige qui vous brûle la peau et un feu qui vous glace le cœur.

© Pocket, dpt Univers Pocae

Il y a une horloge qui ne sonne pas.
Il y a une fondrière avec un nid de bêtes [blanches.
Il y a une cathédrale qui descend et un [lac qui monte.
Il y a une petite voiture abandonnée dans le taillis, ou qui descend le sentier en courant, [enrubannée.
Il y a enfin, quand l'on a faim et soif, quelqu'un qui [vous chasse.

Arthur Rimbaud, « Enfance », *Illuminations*, 1886.

12 **Précisez le sens des propositions relatives : déterminatif ou descriptif.**

1. Les voisins qui habitent au troisième étage sont bruyants.
2. Les chiens que nous dressons obéissent au doigt et à l'œil.
3. Les élèves qui travaillent réussissent.
4. Les élèves, qui sont en train de travailler, sont silencieux.

S'exprimer

13 Faites le portrait d'un personnage célèbre, sans citer son nom pour le faire deviner. Utilisez des propositions subordonnées relatives.

Bilan des acquis

SOCLE COMMUN C1

14 **a. Relevez les propositions subordonnées relatives.**
b. Soulignez le pronom relatif et indiquez son antécédent.
c. Essayez de retirer du texte les propositions subordonnées relatives : qu'en concluez-vous sur l'utilité de ces expansions du nom ?

Il reprit bientôt connaissance et put apercevoir une délicieuse tête de jeune fille, une de ces têtes qui souvent passent pour un caprice du pinceau, mais qui tout à coup réalisa pour lui les théories de ce beau idéal que se crée chaque artiste et d'où procède son talent. […] Puis, il finit par voir une vieille femme, qui ressemblait aux marquises de l'Ancien Régime, et qui tenait la lampe en donnant des conseils à la jeune inconnue.

Honoré de Balzac, *La Bourse*, 1832.

Compétence 1 : Maîtrise de la langue

Item	Connaissance	Capacités
Utiliser ses capacités de raisonnement, ses connaissances sur la langue, savoir faire appel à des outils appropriés pour lire	La définition de la proposition subordonnée relative	Identifier une proposition subordonnée relative, comprendre l'utilité des propositions subordonnées relatives dans un texte descriptif

16 Expansions du GN : épithète RÉVISIONS

Observer

Ô flots, que vous savez de lugubres histoires,
Flots profonds, redoutés des mères à genoux !
Vous vous les racontez en montant les marées
Et c'est ce qui vous fait ces voix désespérées
Que vous avez le soir quand vous venez vers nous.

Victor Hugo, « Oceano nox », *Les Rayons et les Ombres*, 1840.

1. Repérez les noms *histoires*, *flots* et *voix*.
2. Quels mots s'accordent en genre et en nombre avec eux ?
3. À quoi servent-ils ?

Leçon

1 Définition

- Une épithète est une **expansion du nom**, **elle caractérise le nom**.
- L'épithète est le plus souvent un **adjectif qualificatif**, elle peut aussi être le **participe présent** ou **passé d'un verbe**, ou bien un **nom**.
  Des flots ***profonds***, *une beauté* ***rayonnante***, *ces voix* ***désespérées***. *Un remède* ***miracle***.
- Quand **plusieurs épithètes** caractérisent le **même nom**, elles sont séparées les unes des autres par une **virgule** ou par une **conjonction de coordination**.
  Flots ***profonds***, ***redoutés***. *Flots* ***profonds*** *et* ***redoutés***.

ATTENTION ! Lorsqu'un seul adjectif est séparé du nom par une virgule, il est **mis en apposition**. Cette fonction est parfois appelée épithète détachée.
Les flots, ***profonds***, *savent de lugubres histoires.* (adjectif mis en apposition)

2 Place et sens de l'épithète

- **ATTENTION !** L'épithète n'est **JAMAIS** séparée du nom par un **verbe d'état** car dans ce cas, c'est un attribut du sujet (AS).
- L'adjectif épithète **précède ou suit le nom**. *De* ***lugubres*** *histoires. Flots* ***profonds***.
  Une jeune fille ***très*** *mince.* (épithète seulement séparée par un adverbe)
- Certains adjectifs épithètes se placent **toujours devant le nom** :
  – les **adjectifs ordinaux**, *La* ***deuxième*** *chance.*
  – les adjectifs courts très fréquents. *Un* ***bon*** *déjeuner.*
  Les **adjectifs de forme** et de **couleur** sont **toujours après le nom**. *Un crayon* ***pointu***. *Une robe* ***jaune***.
- Le **sens** d'un adjectif épithète peut changer selon sa place. *Un* ***grand*** *homme. Un homme* ***grand***.

3 Orthographe

- L'adjectif épithète s'accorde en **genre** et en **nombre** avec le nom qu'il caractérise. *Ces voix* ***désespérées***.
  ATTENTION ! Les adjectifs **épithètes de couleur composés** ou formés à partir d'un **nom de chose** ne s'accordent pas (▸ leçon 46, p. 372). *Des fleurs* ***bleu clair***. *Des jupes* ***marron***.
- Si l'adjectif épithète s'accorde avec **plusieurs noms au singulier**, il se met au **pluriel**. Si l'adjectif épithète s'accorde avec **plusieurs noms de genres différents**, il se met au **masculin pluriel**.
  Un camion et un autobus ***accidentés***. *Des hommes et des femmes* ***âgés***.

Exercices

1 Relevez les épithètes qui caractérisent les noms en gras.

1. Elle portait une magnifique **robe** jaune en soie.
2. Sa **résidence** secondaire est vaste et confortable.
3. C'est un vieil **ami** précieux.
4. Une difficile et longue **ascension** attendait les aventuriers.
5. Il a guéri d'une **maladie** génétique et rare.

2 Relevez les épithètes.

1. La neige recouvrait les grands sapins verts.
2. La jeune fille belle et charmante lui sourit.
3. Ce restaurant romantique plaît aux amoureux.
4. L'intense circulation pollue la métropole chinoise.
5. Le danseur élégant, rapide et aérien, évolue sur la piste.

3 Relevez les adjectifs. Précisez leur fonction : épithète ou apposition.

> Mlle Dufour essayait de se balancer debout, toute seule, sans parvenir à se donner un élan suffisant. C'était une belle fille de dix-huit à vingt ans. Grande, mince de taille et large des hanches, elle avait la peau très brune, les yeux très grands, les cheveux très noirs.
>
> **Guy de Maupassant**, *Une partie de campagne*, 1881.

4 Relevez les épithètes. Dites quelle est leur classe grammaticale (adjectif qualificatif, participe présent, participe passé, nom).

1. La neige luisante et poudreuse crée un paysage enchanteur.
2. Le gigantesque feu dévorant embrasait la forêt ravagée.
3. Ce roman passionnant est l'œuvre d'un écrivain norvégien.
4. Le cheval et son cavalier, épuisés, dévalèrent la pente aride.
5. Mon ami menuisier a sculpté cette table basse.

5 Remplacez les subordonnées relatives en gras par une épithète.

1. Regarde le fleuve **qui brille dans la vallée**. 2. L'enfant **qui souriait** regardait le manège. 3. Le château **qui était délabré** n'accueillait plus de visiteurs. 4. J'ai cueilli cette rose **qui sent bon** pour parfumer ma chambre. 5. Le jeune homme **qui chancelait** trouva appui contre une table.

6 Modifiez cette description en ajoutant des épithètes aux noms en gras, de manière à rendre la maison étrange et inquiétante.

> J'avais fait construire cette **maison** dans un **jardin** qui l'isolait des **routes**, et à la porte d'une **ville**. Tous mes domestiques couchaient dans un **bâtiment**, au fond du **potager**, qu'entourait un **mur**.
>
> D'après **Guy de Maupassant**, « Qui sait ? », *Contes*, 1890.

7 Remplacez les compléments du nom en gras par une épithète.

1. La voiture **du président** a été volée hier. 2. Les vacances **des écoliers** sont fréquentes. 3. La vie **des citadins** est épuisante. 4. Les racines **des végétaux** soulèvent les pavés. 5. Le manteau **de neige** a recouvert la campagne.

8 Accordez correctement les épithètes et les appositions.

> Ayant gravi la rue *(étroit)* et *(rapide)*, j'entrai dans la plus *(admirable)* demeure *(gothique)*, *(vaste)* comme une ville, *(plein)* de salles *(bas)* *(écrasé)* sous des voûtes et de *(haut)* galeries que soutiennent de *(frêle)* colonnes. J'entrai dans ce *(gigantesque)* bijou de granit *(couvert)* de tours, de *(svelte)* clochetons, où montent des escaliers *(tordu)* et qui lancent dans le ciel *(noir)* des nuits leurs têtes *(bizarre)* *(hérissé)* de chimères, de bêtes *(fantastique)*, de fleurs *(monstrueux)* et reliés par de *(fin)* arches *(ouvragé)*.
>
> **Guy de Maupassant**, *Le Horla*, 1887.

9 Employez chaque adjectif dans deux phrases, où ils seront placés tantôt avant, tantôt après le nom. Expliquez le changement de sens.

Misérable, petit, pauvre, seul, grand.

10 Expliquez l'accord des épithètes en gras.

1. Je me suis acheté une robe **vert émeraude**. 2. Il portait une chemise et un pantalon **verts**. 3. Les États et nations **européens** ont une culture **commune**. 4. Les monnaies **française** et **allemande** ont été remplacées par l'euro. 5. Il fut interpellé par cet indice et cette coïncidence **troublante**.

11 De quel type de texte s'agit-il ? Identifiez les épithètes. Qu'apportent-elles ?

© Magnard

> Tous portaient la blouse bleue par-dessus d'antiques et singulières vestes de drap noir ou verdâtre [...] et leurs chefs étaient coiffés de casquettes de soie, hautes comme des tours, suprême élégance dans la campagne normande.
>
> **Guy de Maupassant**, *La Bête à maît'Belhomme*, 1885.

12 Relevez les adjectifs et précisez leur fonction : épithète ou AS.

1. La vieille dame distinguée était gênée de parler.
2. Il semblait incommodé par la chaleur écrasante.
3. Mon beau-frère préféré est passionné d'automobiles.
4. C'était une superbe fille, élancée et élégante.
5. Ce jeune enfant est éveillé et souriant.

S'exprimer

13 Faites votre autoportrait, en complétant les phrases par un groupe nominal comportant une épithète. (Vous pouvez prolonger la liste !)

Si j'étais un animal, je serais ...1... . Si j'étais un objet, je serais ...2... . Si j'étais un lieu, je serais ...3... . Si j'étais une plante, je serais ...4... . Si j'étais un sentiment, je serais ...5... . Si j'étais une invention, je serais ...6... .

Bilan des acquis

SOCLE COMMUN C1

14 a. Relevez les épithètes. Expliquez leur accord en précisant le nom qu'elles qualifient. b. De quel type de texte s'agit-il ? Quel rôle y jouent les épithètes ?

> Il avait le front haut et déjà ridé, quelques cheveux gris perdus dans les touffes noires, l'œil doux et fort puissamment enfoncé sous une arcade sourcilière bien modelée, les narines ouvertes, le menton avancé, la lèvre dédaigneuse. C'était une belle tête.
>
> **Victor Hugo**, *Claude Gueux*, 1834.

Compétence 1 : Maîtrise de la langue

Item	Connaissance	Capacités
Utiliser ses capacités de raisonnement, ses connaissances sur la langue, savoir faire appel à des outils appropriés pour lire	La définition de la fonction épithète	Comprendre le rôle des épithètes dans un texte

17 Expansions du GN : complément du nom

RÉVISIONS

Observer

Son costume, d'une élégance un peu théâtrale, consistait en une redingote de velours noir à brandebourgs d'or bordée de fourrure, un pantalon de tricot gris, des bottes molles à glands montant jusqu'à mi-jambes.

Théophile Gautier, *Deux acteurs pour un rôle*, 1841.

1. Repérez les noms *costume, redingote, pantalon, bottes* : comment sont-ils caractérisés ?

2. Parmi les mots ou groupes qui les caractérisent, lesquels commencent par une préposition ?

Leçon

1 Définitions

- Le **complément du nom** (CDN) est une **expansion du nom**. Il **donne une information sur un nom**, il le **caractérise**.
- Le CDN se trouve toujours après le nom. *Une redingote **de velours noir**.*
- Il est, le plus souvent, composé d'une **préposition** (*à, avec, contre, de, en, entre, par, pour, sur, à côté de, au-dessus de…*) suivie **d'un nom** avec ou sans **déterminant**. *Des bottes **à glands**.*

2 Sens

- Le CDN peut indiquer :

- le temps,	*La vie **pendant l'Antiquité**.*
- le lieu,	*La maison **à côte de la mairie**.*
- le but,	*Un traitement **contre les poux**.*
- la qualité,	*Un homme **d'une grande gentillesse**.*
- la possession,	*Le costume **du jeune homme**.*
- l'accompagnement,	*Une mère **avec ses enfants**.*
- la relation partie-tout,	*Deux élèves **sur trois**.*
- la quantification,	*Une dinde **de trois kilos**.*
- le thème,	*Une émission **sur le sport**.*
- la matière.	*Un pantalon **de tricot gris**.*

- Après les noms d'actions ou de sentiments, il peut exister une **difficulté d'interprétation** avec la préposition ***de***. C'est le contexte qui éclaire le sens.

  *Elle évoquait l'amour **de son fils**.* (S'agit-il de l'amour qu'elle ressent pour son fils, ou de l'amour de son fils pour elle ou pour quelqu'un d'autre ?)

3 Distinguer CDN, COI et CC

Il ne faut pas confondre le complément du nom avec les autres compléments : compléments d'objet indirect (COI) ou compléments circonstanciels (CC).

- Le **COI** est un complément essentiel du verbe se construisant le plus souvent avec une préposition.

  *Son costume consiste (verbe) **en** (prép.) **une redingote** (COI).* *Il porte un pull (nom) **en** (prép.) **laine** (CDN de *pull*).*

- Le **CC** est un complément de phrase, que l'on peut déplacer.

  *Les enfants jouent **sur la plage**.* (prép. CC de lieu)

  *La maison **sur la plage** est jolie.* (prép. CDN de *maison*)

Exercices

1 Relevez les CDN qui caractérisent les noms en gras. Soulignez la préposition qui les introduit.

1. Il contemplait le **lever** du soleil.
2. Il prit la mer sous un **ciel** sans nuages.
3. Il portait un **manteau** en velours à large col.
4. Il a façonné un **bonhomme** de neige.
5. J'ai économisé l'**argent** pour notre **voyage** de noces.

2 Relevez les CDN et indiquez quel nom ils complètent.

1. Le château possédait une salle de bal aux proportions gigantesques. **2.** Son manteau sans boutons laissait passer les courants d'air. **3.** Il avait réalisé une pièce montée en pain d'épices. **4.** Le restaurant sur la place fait concurrence au fast-food à côté de l'église. **5.** J'ai acheté ces chaussures pour le jogging, même si je ne fais jamais de sport.

3 Relevez les CDN, indiquez le nom qu'ils complètent et soulignez la préposition qui les introduit.

Voyez, la grande sœur et la petite sœur
Sont assises au seuil du jardin, et sur elles
Un bouquet d'œillets blancs aux longues tiges frêles,
Dans une urne de marbre agité par le vent,
Se penche, et les regarde, immobile et vivant,
Et frissonne dans l'ombre, et semble, au bord du vase,
Un vol de papillons arrêté dans l'extase.

Victor Hugo, « Mes deux filles », *Les Contemplations*, 1856.

4 Relevez les CDN introduits par la préposition *de* et précisez leur sens : temps, lieu, possession, matière, qualité.

1. Il habitait la maison de son frère. 2. Les Romains de l'Antiquité étaient de grands conquérants. 3. Elle portait une robe de soie. 4. C'est un homme d'une grande valeur. 5. La pharmacie de la rue Michelet est la mieux approvisionnée.

5 Remplacez les adjectifs épithètes par des CDN de même sens.

1. Un gâteau chocolaté. 2. Des sapins étêtés. 3. La fillette blonde. 4. Le rat citadin et le rat campagnard. 5. Un parc animalier.

6 Remplacez les CDN par des adjectifs épithètes de même sens.

1. Il attend son magazine de la semaine. 2. La navigation sur la mer est dangereuse. 3. Les appareils photo d'aujourd'hui sont numériques. 4. La circulation des voitures produit de la pollution. 5. Les coureurs cyclistes ont les jambes sans poils.

7 De quel type de texte s'agit-il ? Relevez les CDN. Quelle est leur utilité dans ce type de texte ?

La partie honorable, qui servait à la fois d'antichambre et de salle à manger, était tendue d'un vieux papier de couleur aurore, à bordure veloutée. […] Des estampes représentant les batailles d'Alexandre par Lebrun, mais à cadres dédorés, garnissaient symétriquement les murs. Au milieu de cette pièce était une table en acajou massif, vieille de formes et à bords usés.

Honoré de Balzac, *La Bourse*, 1832.

8 Dans ce poème, les CDN servent à peindre une caricature des bourgeois de province dans un jardin public. Relevez-les et analysez le sens critique qu'ils contiennent.

Des rentiers à lorgnons soulignent tous les couacs :
Les gros bureaux bouffis traînent leurs grosses dames […]
Celles dont les volants ont des airs de réclames ;
Sur les bancs verts, des clubs d'épiciers retraités
Qui tisonnent le sable avec leur canne à pomme […]
Épatant sur son banc les rondeurs de ses reins,
Un bourgeois à boutons clairs, bedaine flamande, […].

Arthur Rimbaud, « À la musique », *Poésies*, 1872.

9 Dites si les groupes en gras sont des CC (lieu ou temps) ou des CDN.

1. **Dans le cabriolet**, la jeune femme regardait le paysage.
2. La jeune femme **dans le cabriolet** ressemblait à sa sœur.
3. Nous avons loué une chambre avec vue **sur la mer**.
4. **Sur la mer**, les navires semblent danser.
5. Cet homme est un ami **de longue date**.

10 Dites si les groupes en gras sont des COI ou des CDN.

1. As-tu pensé **à moi** pendant tes vacances ? 2. Range ta planche **à roulettes** ! 3. Il m'a parlé **de ses soucis**. 4. Mon père se souciait **de sa réussite professionnelle** et négligeait sa vie **de famille**.

11 Relevez les groupes en gras et classez-les : CDN, COI, CC.

© Pocket, dpt Univers Poche

C'était un ancien bijoutier parisien qu'un amour immodéré **de la navigation** et **de la pêche** avait arraché au comptoir dès qu'il eut assez d'aisance pour vivre modestement **de ses rentes**. Il se retira donc **au Havre**. Ses deux fils, Pierre et Jean, restèrent **à Paris** et vinrent en congé **de temps en temps** partager les plaisirs **de leur père**.

Guy de Maupassant, *Pierre et Jean*, 1887.

12 Ajoutez des CDN pour enrichir la description.

J'ai une grande demeure, au milieu d'un jardin. Tout cela est bordé par un fleuve. Derrière, une forêt s'étend, hérissée de rochers.

S'exprimer

13 À la manière de Rimbaud (exercice 8), dressez un portrait caricatural de la mode chez les adolescents, en utilisant des CDN.

Ex. : Les garçons portent des pantalons à la taille si basse que…

Bilan des acquis

SOCLE COMMUN C1

14 Relevez les CDN, indiquez le nom qu'ils complètent et soulignez la préposition qui les introduit. Quelle est leur utilité dans ce texte ?

Une jeune fille ne tarda pas à paraître au bout de l'allée : une coiffe de soie noire couvrait ses riches cheveux blonds, dont l'humidité du soir avait légèrement défrisé les longues boucles ; son teint, ordinairement d'une blancheur de cire vierge, avait pris sous les morsures du froid des nuances de roses du Bengale.

Théophile Gautier, *Deux acteurs pour un rôle*, 1841.

Compétence 1 : Maîtrise de la langue

Item	Connaissance	Capacités
Utiliser ses capacités de raisonnement, ses connaissances sur la langue, savoir faire appel à des outils appropriés pour lire	La définition du complément du nom	Identifier une fonction, comprendre le rôle des compléments du nom dans un texte

18 L'apposition

Observer

Le narrateur explique comment certains rois affichaient leur mépris pour leurs semblables.

Ce fut en vertu de ce système que François Ier écrasa la splendeur des titres que se donnait le pompeux Charles Quint en lui signant une réponse : François, seigneur de Vanves. Louis XI avait fait mieux encore, en mariant sa fille à un gentilhomme sans titre, à Pierre de Beaujeu.

Honoré de Balzac, *Les Secrets de la princesse de Cadignan*, 1839.

1. Comment François Ier se caractérise-t-il (l. 2 et 3) ?
2. Quel signe de ponctuation sépare le nom *François* du groupe qui le caractérise ?

Leçon

L'apposition est un **mot** ou un **groupe de mots** qui, comme les autres expansions du nom, donne des précisions sur le nom.

1 Construction de l'apposition

- Elle est **détachée du nom** qu'elle complète par un signe de ponctuation (une **virgule** ou **deux points**). Elle peut se placer avant ou après le nom.
  *François, **seigneur de Vanves**, signa sa réponse.*
- L'apposition peut être reliée au nom par l'intermédiaire d'une **préposition**. Dans ce cas, il ne faut pas la confondre avec un complément du nom.
  La ville de Paris. *Ville* et *Paris* désignent la même chose = apposition
  La splendeur de la ville. *Ville* précise *splendeur* mais n'est pas un équivalent = cpt. du nom

2 Classes de l'apposition

- L'apposition peut être un **nom**, un **pronom** ou un **groupe nominal**, un **verbe à l'infinitif** (suivi ou non de ses compléments) ou une **proposition subordonnée**.
  *Pierre de Beaujeu, **gentilhomme sans titre**, épousa la fille de Louis XI.* (GN)
- L'apposition peut également être un **adjectif qualificatif**, un **participe présent ou passé** (suivis ou non de leurs compléments). Dans ce cas, l'apposition énonce une **propriété du nom qu'elle complète**. Elle est alors souvent en position **détachée** par rapport au nom.
  *François, **décidé à ridiculiser Charles Quint**, montra sa simplicité dans sa lettre.*
  participe passé suivi de son complément

Exercices

1 Identifiez chaque apposition et soulignez le nom qu'elle complète.

1. Votre enfant, tant attendu, naîtra bientôt.
2. Un roi, entouré de toute sa cour, gère le royaume.
3. La princesse, fille du roi, fut élevée par une gouvernante.
4. Cet enfant, cadeau du ciel, apporte le bonheur dans sa famille.
5. Charlemagne, empereur à la barbe fleurie, régna longtemps.

2 Relevez les appositions et précisez si elles complètent un nom propre ou commun.

1. Les artistes, amis des rois, étaient chargés de glorifier leur règne dans leurs œuvres.
2. Léonard de Vinci, artiste italien, a peint *La Joconde*.
3. Belle, mystérieuse, *La Joconde* est une œuvre inestimable.
4. *La Joconde*, portrait de Mona Lisa, est devenue une œuvre de référence dans la peinture.
5. Regardant d'un air vague le lointain, Mona Lisa donne au tableau une impression mystérieuse.
6. Le titre du tableau, *La Joconde*, vient du nom : *Mona Lisa del Giocondo*.

3 Repérez chaque apposition et encadrez le nom qu'elle complète.

Le personnage définit la peur et raconte un épisode de sa vie.

La peur, une sensation atroce, une décomposition de l'âme, un spasme affreux de la pensée et du cœur, dont le souvenir seul donne des frissons d'angoisse, peut vous saisir à tout moment. Cela a lieu dans certaines circonstances anormales, certaines influences mystérieuses. Moi, j'ai deviné la peur en plein jour, épouvantable et mortelle.

D'après **Guy de Maupassant**, « La peur », *Les Contes de la bécasse*, 1883.

4 Relevez les appositions et analysez leur classe.

1. Un bruit, maléfique, résonna dans la maison.
2. Couchés sous les branchages, ils s'étaient endormis.
3. La peur, sentiment affreux, nous empêche parfois d'agir.
4. Le vent du désert a un pouvoir : rendre fous les voyageurs.
5. La pluie, tombant sans arrêt, nous a empêchés de sortir.
6. Une seule chose me ferait vraiment plaisir : que tu sois présent à mon anniversaire.

5 Même consigne que l'exercice 4.

1. Mme Lefèvre était une dame de campagne, une veuve, une de ces demi-paysannes à rubans et à chapeaux falbalas.
2. Elle faisait, après réflexion, mille objections, terrifiée par l'image d'une jatte pleine de pâtée.
3. Donc, il fut décidé qu'on aurait un chien, un tout petit chien.
4. On n'en trouvait que des grands, des avaleurs de soupe à faire frémir.
5. Elle aperçut un panier, un grand panier de fermier, abandonné.

D'après **Guy de Maupassant**, « Pierrot », *Les Contes de la bécasse*, 1883.

6 Précisez si les groupes en gras sont des appositions ou des CDN.

1. Pierrot, **le chien**, fut abandonné par sa maîtresse.
2. La niche **de Pierrot** était une vieille caisse à savon.
3. La ville **de Paris** attire de nombreux touristes.
4. Les musées **de Paris** sont extrêmement riches et nombreux.
5. Le titre, ***Contes de la bécasse***, se comprend dès les premières lignes du livre.
6. Le livre des ***Contes de la bécasse*** rassemble plusieurs nouvelles.

7 Ajoutez dans chaque phrase une apposition à partir des groupes entre parenthèses.

1. La Normandie est une région qui a inspiré les écrivains *(terre rude et généreuse)*.
2. Un vieux chien est avant tout un ami *(fidèle)*.
3. Les hommes peuvent être cruels *(ne pensant qu'à leur propre intérêt)*.
4. Pierrot mourut de faim, dans sa tourbière *(abandonné de ses maîtres)*.
5. Les villages de campagne parsèment le paysage *(petits îlots habités) (taches sombres et fumantes)*.

8 Ajoutez la ponctuation manquante à ces phrases qui comportent une apposition.

1. M. Miles le maître de pension affirmait pourtant que [la santé de John] serait parfaite si l'on envoyait un peu moins de gâteaux et de plats sucrés.
2. Accoutumée aux injures de John je n'avais jamais eu l'idée de lui répondre. [...]
– Vous êtes un méchant un misérable, m'écriai-je.
3. Quelle scandaleuse conduite, mademoiselle Eyre ! Battre un jeune noble le fils de votre bienfaitrice votre maître !
4. Pourquoi étais-je toujours traitée avec mépris ? Georgiana gâtée envieuse insolente querelleuse était traitée avec indulgence par tout le monde.

© École des Loisirs

Charlotte Brontë, *Jane Eyre*, 1847.

9 Ajoutez une apposition aux mots en gras.

1. Le **soleil** s'effaça à l'horizon. Les **nuages** assombrirent peu à peu le ciel. Les **collines** perdirent progressivement leurs **couleurs**.
2. Après avoir traversé une **forêt**, les **enfants** trouvèrent une cabane abandonnée. Ils entrèrent dans la **pièce**, et purent allumer un **feu**. **Ils** purent enfin se réchauffer tandis que dehors, l'immense **nuit** enveloppait la vallée.

S'exprimer

10 Cherchez à définir, comme Maupassant dans la nouvelle « La Peur » (exercice 3), le sentiment de la jalousie, en une ou deux longues phrases.

Aidez-vous de ces mots : *poison du cœur, terrible, souffrance, torture, soupçonneuse, maladive, emplie de soupçon.*

Votre texte peut commencer ainsi : *Connaissez-vous la jalousie, ... ? La jalousie, ...*

Bilan des acquis

SOCLE COMMUN C1

11 a. Relevez les appositions et encadrez le mot qu'elles complètent. b. Analysez leur classe.

Un jeune peintre, homme de talent, et qui dans l'art de peindre ne voyait que l'art même, était monté sur la double échelle qui lui servait à peindre une grande, une haute toile presque terminée. Là, se critiquant, s'admirant avec bonne foi, nageant au cours de ses pensées, il s'abîmait dans une de ces méditations qui ravissent l'âme et la grandissent, la caressent et la consolent. [...] Il tomba, sa tête porta sur un tabouret, il perdit connaissance. [...] Il reprit bientôt connaissance et put apercevoir [...] la plus délicieuse tête de jeune fille qu'il eût jamais vue, une de ces têtes qui souvent passent pour un caprice du pinceau.

Honoré de Balzac, *La Bourse*, 1832.

Compétence 1 : Maîtrise de la langue

Item	Connaissance	Capacités
Utiliser ses capacités de raisonnement, ses connaissances sur la langue, savoir faire appel à des outils appropriés pour lire	La définition de l'apposition	Analyser les appositions dans un texte

19 Sujet et attribut du sujet

Observer

Deux femmes mondaines échangent leur point de vue sur l'amour.

« Je me sens jeune et belle. Nous pouvons aimer sans être heureuses, nous pouvons être heureuses et ne pas aimer ; mais aimer et avoir du bonheur, réunir ces deux immenses jouissances humaines, est un prodige.

Honoré de Balzac, *Les Secrets de la princesse de Cadignan*, 1839.

1. Qui parle dans ce texte ? De qui parle ce personnage ?

2. Repérez le verbe *être* dans ces phrases et identifiez la classe du mot qui le suit.

Leçon

1 Le sujet

- **Rôle :** Le sujet est une **fonction essentielle**, qui constitue avec le verbe la base de la phrase. Il désigne celui qui est présenté, qui fait ou subit (au passif, ▸ leçon 41, p. 362) l'action exprimée par le verbe. Dans le cas où le verbe est impersonnel (▸ leçon 25, p. 330), il se définit seulement par son rôle grammatical et son accord avec le verbe.

  Il me manque la beauté. (*Il* est sujet grammatical du verbe impersonnel.)

- **Place :** Il se place généralement **avant le verbe**, sauf dans certaines phrases interrogatives, dans la proposition incise, ou pour introduire un effet d'insistance particulier.

  ***Nous** sommes jeunes, dit **la princesse**.*

- **Classe grammaticale :** Le sujet peut être un **nom propre** ou un **groupe nominal**, un **pronom**, un **infinitif** (suivi ou non de compléments) ou une **proposition subordonnée**.

  ***Aimer** est un prodige.* (sujet) ***Qu'elle soit triste** nous peine aussi.* (sujet)

2 L'attribut du sujet

- **Rôle :** L'attribut du sujet (AS) présente une qualité ou une propriété attribuée au sujet par l'intermédiaire d'un verbe attributif comme ***être, sembler, passer pour, être considéré comme, ressembler à…*** (▸ leçon 23, p. 326).

  Attention ! Ne pas confondre AS avec COD : l'AS renvoie à la même personne que le sujet tandis que le COD désigne une personne ou une chose différente.

  Je** passe pour **timide — *je* et *timide* = la même personne : AS

  ***La voiture** passe **la frontière**.* — *la voiture* et *la frontière* = deux éléments : COD

  Attention ! Ne pas confondre AS avec CC.

  *Il reste **étonné**.* (AS) *Il reste **cinq jours**.* (CC de temps du verbe *reste*)

- **Place :** Il est généralement placé **après le verbe**. Il le précède quand c'est un pronom, dans certaines phrases interrogatives et dans certaines tournures où il est mis en valeur.

  ***Être heureux**, tout le monde en rêve.*

- **Classe grammaticale :** Il peut être un **nom** (avec ou sans déterminant), un **adjectif** (ou participe passé employé comme adjectif), un **pronom**, un **infinitif** (suivi ou non de compléments) ou une **proposition subordonnée**. *L'essentiel est **que vous aimiez**.* (prop. sub.)

Exercices

1 Relevez chaque sujet et reliez-le au verbe conjugué.

1. Les vastes horizons, la mer et les montagnes enchantent la vue.
2. Tout vous fait rêver.
3. Ses amis le regardèrent.
4. Longuement se coucha le soleil dans le lointain.
5. Il est clair que tu reviendras.
6. Il se fait tard, remarqua le capitaine.
7. Qui vole un œuf vole un bœuf.

2 Identifiez les attributs du sujet.

Écoutez la chanson bien douce.
Qui ne pleure que pour vous plaire.
Elle est discrète, elle est légère :
Un frisson d'eau sur de la mousse !
La voix vous fut connue (et chère ?)
Mais à présent elle est voilée
Comme une veuve désolée,
Pourtant comme elle encore fière […].

Paul Verlaine, *Sagesse*, 1880.

3 **Relevez chaque sujet et chaque attribut du sujet. Reliez-les aux verbes dont ils dépendent.**

1. Il semblait si content !
2. L'important est de garder courage.
3. Balzac est considéré comme un maître du roman.
4. Rares sont les écrivains qui ont écrit autant de romans.
5. Un bateau parut à l'horizon et il me parut minuscule.
6. Êtes-vous effrayés ? Nous le sommes.
7. À qui ressembles-tu ?

4 **Même consigne que l'exercice 3.**

La princesse évoque ses amours passées.

De Marsay a joué avec moi comme avec une poupée. J'étais si jeune ! [...] Lucien ? C'était un Antinoüs et un grand poète, je l'ai bien consciencieusement adoré, j'aurais pu devenir heureuse ; mais il aimait une fille [...] elle était plus belle que moi, dit la princesse. Voici bientôt trois années que je passe dans une solitude entière, [...] ici, je me suis sentie heureuse. J'étais blasée d'adorations, fatiguée sans plaisir, émue à la superficie.

Honoré de Balzac, *Les Secrets de la princesse de Cadignan*, 1839.

5 **Pour chaque groupe en gras, distinguez AS et COD.**

1. Le père Maurice trouva chez lui **une vieille voisine**. 2. Le père Maurice se trouva **ému** devant ce spectacle. 3. Germain avait **une belle vie** dans sa ferme. 4. Germain vivait **heureux** dans sa ferme. 5. Elle s'appelle **Catherine**. 6. Elle regarda **Catherine**.

6 **Dans chaque groupe en gras, distinguez AS et CC.**

1. Il reste **jeune** malgré les années qui passent. 2. Il reste **au même étage de l'immeuble**. 3. Nous demeurons **plusieurs minutes** sans parler. 4. Nous demeurons **muets de stupeur**.

7 **Relevez les sujets et attributs du sujet. Donnez leur classe grammaticale.**

1. Au petit matin s'éloignèrent Germain et Marie.
2. Il est très gentil, reprit le laboureur.
3. Écouter de la musique avec ses amis est toujours un plaisir.
4. Qu'il ne te croie pas n'est pas un problème, je suis son ami et je le convaincrai.
5. Marie passe pour la plus jolie fille, et elle l'est vraiment !
6. Espérer est difficile quand tout a été détruit.

8 **Même consigne que l'exercice 7.**

Vous êtes pour moi le véritable type de la princesse fantastique, artiste, aimante et noble de manières, de langage et d'ajustements, comme les filles des rois aux temps poétiques. [...] En étant noble selon les mots, vous avez réussi à l'être suivant les idées, et [...] vous m'êtes apparue aimable et belle, douce comme la Valentine que j'ai rêvée autrefois, et plus intelligente ; car vous l'êtes diablement trop, et c'est le seul reproche que je trouve à vous faire.

George Sand, *Correspondance, à Mme la comtesse d'Agoult*, 1835.

9 **Complétez chaque phrase avec un AS, selon la classe grammaticale entre parenthèses.**

1. La princesse semblait ... *(adjectif)*. 2. Le plus simple est ... *(infinitif)*. 3. La bâtisse apparaissait comme ... *(GN)*. 4. La jeune fille devint ... *(part. passé employé comme adjectif)*. 5. C'était ... *(nom propre)*. 6. Le plus grave serait ... *(prop. subordonnée)*.

10 **Mettez en valeur le groupe en gras en modifiant la tournure habituelle de la phrase.**

Ex. : Mon cœur était **triste**. → **Triste** était mon cœur.

1. Le soleil ressemblait **à une boule de feu** à l'horizon. 2. Ma colère est **redoutable**. 3. Les champs sont **verts**, les arbres sont **verts**. 4. Les belles histoires restent **rares et précieuses**. 5. Il est **bête** !

S'exprimer

11 Écrivez, en quatre ou cinq vers, la suite de ce poème de Paul Verlaine, qui fait le portrait d'une jeune passante, en utilisant ces adjectifs et en variant les verbes attributifs : *fardée, frêle, fluets, blonde, mignon, divine, fine, vague*.

© Le Livre de Poche

Elle passe, sous les ramures assombries,
Dans l'allée où verdit la mousse des vieux bancs [...]
Sa longue robe est bleue [...]

Paul Verlaine, *Fêtes galantes*, 1869.

Bilan des acquis

SOCLE COMMUN C1

12 **a. Relevez les sujets et les AS, indiquez de quel verbe ils dépendent. b. Précisez leur classe grammaticale.**

Le personnage entre dans une maison abandonnée où il doit récupérer des lettres.

Il est resté l'enfant le plus candide, en se montrant l'observateur le plus instruit. Ce contraste, en apparence impossible, est très explicable pour ceux qui ont pu mesurer la profondeur qui sépare les facultés des sentiments [...]. On peut être un grand homme et un méchant, comme on peut être un sot et un amant sublime. D'Arthez est un de ces êtres privilégiés chez lesquels la finesse de l'esprit, l'étendue des qualités du cerveau n'excluent ni la force ni la grandeur des sentiments. Il est, par un rare privilège, homme d'action et homme de pensée tout à la fois. Sa vie privée est noble et pure.

Honoré de Balzac, *Les Secrets de la princesse de Cadignan*, 1839.

Compétence 1 : Maîtrise de la langue

Item	Connaissance	Capacités
Utiliser ses capacités de raisonnement, ses connaissances sur la langue, savoir faire appel à des outils appropriés pour lire	La définition de l'attribut du sujet	Identifier deux fonctions essentielles

20 Compléments d'objet (COD, COI, COS) RÉVISIONS

Observer

Marie regarda et demanda si de là on voyait les maisons de Belair.
« Sans doute, dit Germain, et la métairie et même la maison. [...]
– Ah ! je la vois, dit la petite. Et là-dessus, elle recommença de pleurer.
– J'ai eu tort de te faire songer à ça, dit Germain, je ne fais que des bêtises aujourd'hui ! »

George Sand, *La Mare au diable*, 1846.

1. Que demande Marie à Germain ?
2. Quels sont les compléments de *voyait* et *vois* ?
3. Quels sont les compléments de *faire songer* ?

Leçon

Les compléments d'objet se construisent avec des verbes transitifs (▸ leçon 22, p. 324).
Ce sont des compléments essentiels et ils ne peuvent être déplacés.

1 Le complément d'objet direct (COD)

- **Construction :** Le COD complète directement le verbe.

ATTENTION ! Pour ne pas confondre COD et attribut du sujet (AS), il faut s'assurer que le complément et le sujet désignent deux personnes ou objets différents.

*Marie regarda **les maisons** ; elles semblaient minuscules.*
deux éléments différents : COD — même objet : AS

- **Place :** Il se place généralement **après le verbe**, sauf quand il est pronom ou dans certaines phrases interrogatives et exclamatives.

Quelles maisons avez-vous vues ?
COD

- **Classe grammaticale :** Le COD peut être un **nom propre** ou un **groupe nominal**, un **pronom**, un **infinitif** (suivi ou non de compléments) ou une **proposition subordonnée conjonctive complétive**.

*Marie voit **que les maisons sont loin**.* (prop. sub.)

2 Le complément d'objet indirect (COI) et complément d'objet second (COS)

- **Construction :** Le COI complète le verbe par l'intermédiaire d'une préposition (souvent : *à* ou *de*, mais aussi *en*, *sur* ou *contre*). Certains pronoms COI peuvent être construits sans préposition.

*Elle parle **à Germain** ; elle **lui** parle.*

Un même verbe peut être construit avec deux compléments d'objet :
– soit un COD et un COI ; dans ce cas, le COI est appelé COS ;
– soit deux COI ; dans ce cas, le COI indiquant le destinataire de l'action est appelé COS.
Cette construction concerne notamment les verbes signifiants ***dire, donner*** ou leurs contraires : *confisquer quelque chose à quelqu'un, parler de quelque chose à quelqu'un...*

- **Place :** Le COI et le COS se placent généralement **après le verbe**, sauf quand ce sont des pronoms ou dans certaines phrases interrogatives et exclamatives.
- **Classe grammaticale :** Ils peuvent être un **nom propre** ou un **groupe nominal**, un **pronom**, un **infinitif** (suivi ou non de compléments) ou une **proposition subordonnée conjonctive complétive**.

*Elle se réjouit **que les maisons soient visibles**.* (prop. sub.)

Exercices

1 Repérez chaque COD en le soulignant et en encadrant le verbe dont il dépend.

1. Honoré de Balzac a composé une œuvre gigantesque.
2. Il a écrit plus de quatre-vingt-dix romans.
3. Il les rédigea entre 1829 et 1852.
4. Quels personnages créa-t-il ?
5. Il fit vivre dans ses récits toute une société.
6. Il expliqua qu'il décrivait les hommes de son temps.

2 Précisez si les groupes en gras sont COD ou AS.

1. La jeune fille devint **marquise** et oublia **sa vie passée**.
2. Deux équipes remportèrent **le tournoi** et elles furent nommées **championnes**.
3. **Que** deviendras-tu si je quitte **ce pays** ?
4. Tu as prétendu **que tu viendrais** et à présent tu passes pour un **menteur**.

3 Précisez si les groupes en gras sont COD ou COI.

1. Ils ont profité **de leurs vacances**, puis ils ont repris **le travail**.
2. Ils ont participé **à ce concours** et **l'**ont remporté.
3. **Que** veux-tu pour ton anniversaire ? Tu préfères **un livre ou un CD** ?
4. Je ne **l'**ai pas cru car il a déjà menti **à mes amis**.

4 Dans chaque phrase, repérez les COD, COI ou COS et reliez-les au verbe dont ils dépendent.

1. Je t'embrasse bien cordialement.
2. Écrivez-moi donc un mot si vous y pensez.
3. Marquez-moi le nom de l'auteur.
4. Pardon de ne pas te donner plus de détails.
5. Comment ne le connaissez-vous pas ?

D'après **Gérard de Nerval**, *Correspondance*, 1848.

5 Même consigne que l'exercice 4.

L'auteur présente un nouveau personnage.

Daniel d'Arthez, un des hommes rares qui de nos jours unissent un beau caractère à un beau talent, avait obtenu déjà non pas toute la popularité que devaient lui mériter ses œuvres, mais une estime respectueuse à laquelle les âmes choisies ne pouvaient rien ajouter. Sa réputation grandira certes encore, mais elle avait alors atteint tout son développement aux yeux des connaisseurs.

Honoré de Balzac, *Les Secrets de la princesse de Cadignan*, 1839.

6 Remplacez chaque complément d'objet par un pronom.

1. L'huissier appela le condamné Albin.
2. Le président du tribunal menaça les témoins d'une sanction.
3. Le juge demanda à Claude Gueux des nouvelles de sa santé.
4. Les armes causèrent au pauvre homme des blessures graves.
5. Il aida son ami à accomplir son travail.

7 Remplacez les mots en gras par un pronom. Attention aux accords. **Ex. :** J'ai appelé **Martine**. Je **l'**ai appelée.

1. Nous avons écouté **la symphonie**. 2. Ils ont préféré **les sonates**. 3. Elles ont reconnu **cet air**. 4. Vous avez aimé **ces chants**.

8 Complétez chaque phrase selon la consigne entre parenthèses.

1. Mes amis ont oublié … *(GN, COD)*.
2. Je promets … *(inf., COI)*.
3. Nous pensons … *(prop. sub., COD)*.
4. Nous ne … *(pronom, COD)* croyons plus.
5. On s'attend … *(prop. sub., COI)*.

9 Identifiez la fonction des mots en gras et des mots soulignés, et donnez leur classe grammaticale.

1. J'ai fait **un gâteau**, **en** voulez-vous ? 2. L'hôtesse **nous** a averti **que le train aurait du retard**. 3. Tu as voulu **partir tôt ce matin**. 4. Marie a compris **que ses résultats actuels l'amenaient à la catastrophe**. 5. Les hommes demandèrent **à parler**.

10 Même consigne que l'exercice 9.

L'écrivain Gérard de Nerval écrit à Théophile Gautier.

Mon cher Théo,

Impossible d'aller **te** voir ce matin. […] La copie n'était pas finie […]. Je **te** **la** porterai vers 10 heures. En attendant, tu pourrais **corriger et recopier** ceci **sur papier fin** et écrire **la lettre** **à Berlioz** pour mettre à la poste **le tout** avant midi. À demain donc, ton ami. Gérard.

Gérard de Nerval, *Correspondance*, 1848.

11 Remplacez chaque COD par une proposition subordonnée.

Ex. : Il a promis **un goûter à tous les élèves**. → Il a promis que tous les élèves auraient un goûter.

1. Nous espérons la victoire de notre équipe. 2. Je reconnais mes torts. 3. Les juges ont ordonné le report de la séance. 4. Les automobilistes craignent le retour des embouteillages.

S'exprimer

12 Écrivez la suite de cette lettre de George Sand à Marie Dorval, avec qui elle corrige une de ses pièces de théâtre. Imaginez ce que propose l'auteur à sa relectrice et utilisez des COD, COI et COS variés. Vous pouvez utiliser ces verbes : *demander, expliquer, rectifier, corriger, améliorer, proposer, remercier*.

© Éd. Gallimard

J'ai fait toutes les corrections du deuxième acte, et j'ai trouvé encore mieux que nous ne pensions. Je crois que tu seras contente mais il faut revenir aujourd'hui sans faute, de bonne heure.

George Sand, *Correspondance*, 1840.

Bilan des acquis

SOCLE COMMUN C1

13 Analysez les compléments d'objet.

a. Relevez les CO, indiquez de quel verbe ils dépendent.

b. Précisez leur classe grammaticale.

MARIANE. – J'ai de la considération pour ma mère. Elle m'a toujours élevée avec une tendresse extrême, et je ne [veux pas] lui donner du déplaisir. Faites, agissez auprès d'elle, employez tous vos soins à gagner son esprit : vous pouvez faire et dire tout ce que vous voudrez, je vous en donne la licence.

FROSINE. – Que pourrions-nous faire à ceci ?

CLÉANTE. – Songe un peu, je te prie.

D'après **Molière**, *L'Avare*, IV, 1, 1668.

Compétence 1 : Maîtrise de la langue

Item	Connaissances	Capacités
Utiliser ses capacités de raisonnement, ses connaissances sur la langue, savoir faire appel à des outils appropriés pour lire	La définition des différents compléments d'objet	Identifier et analyser les compléments d'objet dans un texte

21 Compléments circonstanciels RÉVISIONS

Observer

Voici le début de la lettre que George Sand adresse le 14 Juillet 1863 à un ami.

Marc-Antoine Sand est né ce matin, anniversaire de la prise de la Bastille. Il est grand et fort, et m'a regardée dans les yeux d'un air attentif et délibéré [...]. Ce soir, il tette[1] avec voracité, et sa nourrice, qui n'est autre que sa petite mère, est gaie comme un pinson.

1 ancienne orthographe du verbe *téter*.

George Sand, *Correspondance*, 1863.

1. Pouvez-vous expliquer à quelle date particulière est né l'enfant ?
2. Quels renseignements peuvent être supprimés dans la dernière phrase?

Leçon

1 Caractéristiques des compléments circonstanciels

- Les compléments circonstanciels précisent les **circonstances** de l'action (temps, lieu...).
- Ce sont des compléments de phrase : leur sens porte sur l'ensemble de la proposition où ils se trouvent, aussi peuvent-ils être **déplacés** ou **supprimés**.

Remarque : Certains compléments de lieu et de temps sont essentiels, c'est-à-dire qu'ils complètent le verbe et ne peuvent pas être déplacés ou supprimés (la phrase perdrait alors son sens).

Tous les jours, je vais au collège.

CC. de temps de la phrase. (peut être déplacé ou supprimé) — Cpt. de lieu du verbe *vais*. (ne peut pas être déplacé ou supprimé)

2 Classe grammaticale des compléments circonstanciels

- Les compléments circonstanciels peuvent être un **nom**, un **pronom** ou un **groupe nominal**, précédé ou non par une préposition (on parle dans ce cas de **groupe prépositionnel**).
- Certains peuvent être aussi un **adverbe**, un **verbe à l'infinitif** (suivi ou non de ses compléments), un **verbe au gérondif** (suivi ou non de ses compléments) ou une **proposition subordonnée**.

*Comme elle vivait à la campagne, George Sand garda **souvent** le contact avec ses amis **par lettre**.*

3 Les différentes fonctions d'un CC

- **CC de lieu :** il précise une situation, un déplacement, à l'aide de prépositions comme ***à, vers, dans...***
- **CC de temps :** il indique un moment, une durée ou une répétition, avec des prépositions telles que ***à, après, pendant***, ou la conjonction ***quand***.
- **CC de manière :** il indique la façon d'être ou d'agir, et est souvent un **adverbe**.
- **CC de moyen :** il indique l'objet avec lequel l'action s'accomplit, à l'aide de prépositions telles que : ***avec, au moyen de***...
- **CC de comparaison :** il indique ce à quoi fait penser l'action (par ressemblance ou différence), avec les prépositions ***comme, à la manière de***.
- **CC de but :** il présente l'objectif à atteindre, avec des prépositions telles que : ***pour, en vue de***, ou la conjonction ***pour que***.
- **CC de cause :** il donne l'explication de l'action avec des prépositions telles que : ***à cause de, par***, ou des conjonctions ***parce que*** ou ***comme***.
- **CC de conséquence :** il présente le résultat causé par l'action, et peut être introduit par ***au point de*** ou par la conjonction ***de sorte que***.

Exercices

1 Repérez les compléments circonstanciels (rappel : ils peuvent être supprimés ou déplacés).

1. À la surprise générale, c'est lui qui a remporté la course, ce dimanche.
2. Pour gagner du temps, j'ai fait le trajet en voiture.
3. Pendant l'été, il part au bord de la mer pour se reposer.
4. Bientôt, il rentrera chez lui, en ayant fait fortune.

2 Même consigne que l'exercice 1.

Par l'issue ouverte sur le boyau dans la craie,
En regardant la paroi adverse qui semble en nougat
On voit à gauche et à droite fuir l'humide couloir désert [...]

G. Apollinaire, « Le palais du tonnerre », *Calligrammes*, 1916 © Éd. Gallimard.

3 **Indiquez la circonstance exprimée dans chaque groupe en gras.**

1. **Pour réussir**, il était prêt à tout.
2. Il a pris l'avion **pour Paris**.
3. **Comme toi**, il a cru en sa réussite.
4. **Comme il faisait froid**, il s'est acheté un bonnet.
5. **Avec grâce**, la danseuse parcourait la scène.
6. Il a composé cette toile **avec dix pinceaux différents**.

4 **Identifiez les différents CC et précisez leur fonction.**

George Sand écrit à son fils.

Nous sommes arrivées en bonne santé, ta sœur et moi, mon cher petit amour. Solange n'a fait qu'un somme depuis Châteauroux jusqu'ici. Elle a pensé à toi et à sa bonne, elle a pleuré deux fois pour vous avoir. Mais elle s'est consolée bien vite, car à son âge le chagrin ne dure guère. [...] Elle mange comme six, elle s'endort dans les omnibus, elle se réveille quand on descend et se met à marcher sans grogner.

George Sand, *Correspondance*, 1832.

5 **Précisez la classe grammaticale des CC en gras.**

Au cours d'un duel, M. de Faverne est en mauvaise posture.

La sueur de l'impuissance et de la fatigue coulait **sur le front de monsieur de Faverne**; les muscles de son cou et de ses bras se gonflaient **comme des cordes**; mais sa main se fatiguait **visiblement**. [...] **Enfin, au bout d'un instant**, un sourire plus caractérisé se dessina **sur les lèvres d'Olivier**.

Alexandre Dumas, *Le Bagnard de l'Opéra*, 1838.

6 **Relevez les compléments circonstanciels en précisant leur classe grammaticale et leur fonction.**

1. En causant avec Mme Leseigneur, car Hippolyte lui donna ce nom à tout hasard, il examina le salon, mais décemment et à la dérobée.

2. Elle salua légèrement, alla dans l'antichambre, revint placer la lampe sur la cheminée et s'assit près de sa mère, un peu en arrière du peintre, afin de pouvoir le regarder très à son aise.

D'après **Honoré de Balzac**, *La Bourse*, 1832.

7 **Réduisez chaque phrase en supprimant tous les CC.**

1. Je sentais se glisser dans mes os la peur en face de ce cadavre aimé, dans ce trou incendié par le soleil, entre quatre monts de sable, tandis que l'écho inconnu nous jetait, à deux cents lieues de tout village français, le battement rapide du tambour.

2. Alors, pendant une heure, le chien hurla sans bouger, comme dans l'angoisse d'un rêve.

D'après **G. de Maupassant**, « La peur », *Les Contes de la bécasse*, 1883.

8 **Développez chaque phrase avec des CC.**

1. Cet avion part ... *(CC temps), (CC lieu)*. **2.** Tu devrais étudier ... *(CC cause), (CC temps)*. **3.** Les comédiens jouent ... *(CC manière), (CC lieu), (CC comparaison)*. **4.** La jeune fille sculptait ... *(CC manière), (CC moyen), (CC but)*.

9 **Développez chaque phrase selon les fonctions et les classes grammaticales entre parenthèses.**

1. La neige tomba ... *(CC temps; G prép.), (CC manière; adv.)*.
2. Le professeur rendit les devoirs ... *(CC manière; G prép.), (CC cause; G prép.)*.
3. Elle rentra ... *(CC moyen; G prép.), (CC cause; prop. sub.)*.
4. La jeune fille arriva ... *(CC manière; verbe au gérondif), (CC lieu; adverbe)*.

S'exprimer

10 **Par groupe de trois, jouez au cadavre exquis.**

Prenez une bande de papier, écrivez un groupe de mots selon la consigne, pliez le papier et transmettez-le à un camarade... À la fin, vous pourrez lire toute votre phrase.

1. CC temps / CC lieu / sujet au singulier / verbe sing. + COD / CC manière / CC but.
2. CC cause / CC lieu / sujet au pluriel / verbe d'état pluriel / AS / CC comparaison.
3. CC temps / CC but / sujet au singulier / verbe sing. + COD / CC moyen / CC manière.

Bilan des acquis

SOCLE COMMUN C1

11 **a. Repérez les compléments circonstanciels.**

b. Donnez leur fonction.

c. Précisez leur classe grammaticale.

© Le Livre de Poche Jeunesse

Le narrateur décrit une noce campagnarde, en Normandie.

Devant la porte, les femmes tapaient sur leurs robes pour en faire tomber la poussière, dénouaient les oriflammes qui servaient de rubans à leurs chapeaux, défaisaient leurs châles et les posaient sur leurs bras, puis entraient dans la maison pour se débarrasser définitivement de ces ornements. La table était mise dans la grande cuisine. [...] À huit heures, on mangeait encore. [...] Entre chaque plat on faisait un trou, le trou normand, avec un verre d'eau-de-vie.

Guy de Maupassant, « Farce normande », Les *Contes de la bécasse*, 1832.

Compétence 1 : Maîtrise de la langue

Item	Connaissances	Capacités
Utiliser ses capacités de raisonnement, ses connaissances sur la langue, savoir faire appel à des outils appropriés pour lire	La définition des différents compléments circonstanciels	Identifier et analyser les compléments circonstanciels dans un texte

22 Verbes transitifs, verbes intransitifs

Observer

J'ai vu la princesse, qui **parle** de vous, qui comprend ma douleur, qui vous aime, qui m'aime, et qui **prend** tous les jours douze tasses de thé. Elle le fait infuser comme nous, et remet encore dans la tasse plus de la moitié d'eau bouillante ; elle pensa me faire vomir. Cela, dit-elle, la guérit de tous ses maux. Elle m'**assura** que Monsieur le Landgrave en **prenait** quarante tasses tous les matins.

Madame de Sévigné, *Lettres*, 1684.

1. Peut-on supprimer les groupes de mots soulignés ? Précisez leur classe grammaticale.

2. Combien de compléments les verbes en gras ont-ils ?

Leçon

Le **complément du verbe** est un mot ou un groupe de mots qui fait partie du groupe verbal.
Il appartient à ce groupe pour deux raisons :

- Il apporte des **informations** qui rendent le sens du verbe plus clair.
  *Je comprends **ton chagrin**.*
- Sa **place** dans la phrase lui est donnée par la **construction du verbe**.
  *Elle a parlé **de** sa douleur **à** son amie.*

1 Les verbes intransitifs

- Les **verbes intransitifs** n'acceptent pas de complément. Certains verbes, en effet, n'en ont pas besoin.
  *Elle **a dormi**.* (On peut dire que *dormi* est intransitif.) *Elle a dormi sa sieste.* (Ne se dit pas.)

  REMARQUE : les **verbes d'état** sont intransitifs.
- Les verbes ne sont pas **toujours** construits avec un complément.
  *La princesse **boit**.* — *boire* est intransitif.
  *La princesse **boit son thé**.* — *boire* a un complément.

2 Les verbes transitifs

Les **verbes transitifs** reçoivent un ou plusieurs complément(s).

- On dit que le verbe est **transitif direct** quand le complément est directement relié au verbe : c'est un **complément d'objet direct** (COD).
  *Madame de Sévigné aime **écrire**.*
- On dit que le verbe est **transitif indirect** quand le complément est relié au verbe par une préposition : c'est un **complément d'objet indirect** (COI).
  *Je pense à **Madame de Sévigné**.*
- Un verbe peut recevoir **deux compléments d'objet** : un COD et un COI, qui prend alors le nom de **complément d'objet second** (COS) ; deux COI (celui indiquant le destinataire de l'action est appelé COS).
  *Elle a parlé **de sa fille à son amie**.* (2 CO : COI puis COS)

Exercices

1 Relevez chaque verbe et son complément.

1. Mme de Sévigné a une fille.
2. La fille de Mme de Sévigné a écrit une lettre.
3. Mme de Sévigné a reçu la lettre de Mme de Grignan.
4. La lettre contient plusieurs bonnes nouvelles.
5. Les lettres racontent la chronique de la ville.
6. Elle attend avec impatience l'arrivée du courrier.
7. La lettre annonce que le roi revient victorieux de la guerre.
8. Le courrier a du retard aujourd'hui.

2 Trouvez les CO de chaque verbe, précisez COD ou COI.

1. On raconte partout l'histoire du fils de Mme de Sévigné, qui a disparu.
2. Sa sœur pleure toutes les larmes de son corps.
3. Sa mère cherche à obtenir de ses nouvelles.
4. Personne n'entend parler de rien pendant des jours.
5. Soudain, le jeune homme envoie de ses nouvelles à sa mère.
6. La femme pousse des cris de joie au moment où elle ouvre la missive.
7. Son fils lui explique tout.
8. Il a décidé de s'engager dans la marine.

3 Trouvez le CO de chaque verbe en gras. Précisez COD ou COI et sa classe grammaticale.

Puisque vous voulez absolument qu'on vous **rende** votre petite boîte, la voilà. Je vous **conjure** de conserver et de recevoir, aussi tendrement que je vous le donne, un petit présent qu'il y a longtemps que je vous destine. J'ai fait retailler le diamant avec plaisir, dans la pensée que vous le **garderez** toute votre vie. Je vous en **conjure**, ma chère bonne, et que jamais je ne le voie en d'autres mains que les vôtres. Qu'il vous fasse souvenir de moi et de l'excessive tendresse que j'**ai** pour vous.

Madame de Sévigné, *Lettres*, 1671.

4 Pour chaque verbe, précisez s'il est transitif direct, transitif indirect, ou intransitif.

1. La marquise pleure dès qu'elle lit une lettre de sa fille. 2. Elle semble déprimée et son comportement trahit un profond abattement. 3. Elle a rangé les lettres dans son secrétaire. 4. Elle taille sa plume mais ne parvient pas à écrire, elle rêvasse. 5. À quoi songe-t-elle ? 6. Elle paraît insensible aux réflexions de ses amis. 7. De qui parle-t-elle ? 8. Elle exige de son gendre des nouvelles de la santé de sa fille.

5 Remplacez le complément du verbe en gras par le pronom qui convient.

1. Peu de gens sont dignes **de comprendre ce que je sens**.
2. J'ai cherché **les personnes capables de me comprendre**.
3. J'ai vu **Guitaut et sa femme**.
4. J'ai remercié mille fois Adhémar **de vous avoir prêté son lit**.
5. Vous voudriez quitter **votre splendeur** pour être une simple bergère.
6. Vous recevrez **une de mes lettres**.
7. Ayez soin de me mander si vous avez reçu **mes trois lettres**.
8. Quand on est fort éloignés, on ne se moque plus **des lettres qui commencent par *J'ai reçu la vôtre*, etc.**
9. Conservez bien **ce trésor**, ma pauvre bonne.
10. Je finirai tantôt **ma lettre**.

D'après **Madame de Sévigné**, *Lettres*, 1671.

6 Notez le nombre de compléments des verbes en gras. Précisez COD, COI ou COS.

1. Elle **confie** ses impressions à sa fille. 2. Le marquis **a parlé** de ses projets à sa mère. 3. Nous ne **cessons** d'en rire, Mme de Coulanges et moi. 4. Elle **copiera** la lettre en plusieurs exemplaires. 5. Elle **avait traduit** ce poème de l'italien pour sa fille. 6. Elle **a raconté** à sa fille l'exécution d'un criminel. 7. Le maréchal **rapporte** à ses nièces tout ce que l'on raconte à propos de Ninon. 8. Adieu, ma très aimable bonne, **continuez** à m'écrire et à m'aimer. 9. Le départ de ma fille m'**a causé** des vapeurs noires. 10. **Embrassez** votre cher mari.

7 Complétez chaque phrase selon le complément demandé entre parenthèses.

1. Je vous enverrai ... *(COD)*. 2. Mme de Grignan lui avait parlé ... *(COI)*. 3. Nous attendons ... *(COI)*. 4. Nous espérons ... *(COD), (COS)*. 5. Mme de Sévigné adresse ... *(COD), (COS)*. 6. La mère de la marquise a exigé ... *(COI), (COS)*. 7. Elle laisse ... *(COD), (COS)*. 8. Il parle ... *(COI), (COS)*. 9. Mme de Grignan a convaincu ... *(COD), (COI)*. 10. J'ai pris ... *(COD), (COI)*.

8 Complétez chaque phrase selon l'indication entre parenthèses (classe, fonction).

1. Mme de Grignan a ... *(GN, COD)*. 2. Mme de Sévigné reçoit ... *(GN, COD)*. 3. Le roi pense ... *(GN, COI)*. 4. Il avait exigé ... *(Prop. sub., COD)*. 5. Mme de Sévigné proposera ... *(Prop. sub., COD)*. 6. Vous ... *(Pronom, COD)* donnerez à votre ami. 7. Le valet de chambre a pu ... *(Verbe à l'infinitif, COD)*. 8. La nouvelle pourrait ... *(Verbe à l'infinitif, COD)*. 9. La guerre entraînera ... *(GN, COD), (GN, COS)*. 10. La lettre a causé ... *(GN, COD), (GN, COS)*.

S'exprimer

9 À votre tour, rédigez une lettre d'une vingtaine de lignes. Vous raconterez une anecdote inventée par vos soins, située dans l'univers de Madame de Sévigné. Construisez des phrases dans l'ordre *Groupe Sujet + Groupe Verbal + Complément(s)*. Vous tenterez de donner à chacun de vos verbes les compléments les plus nombreux et les plus précis possibles.

Bilan des acquis

SOCLE COMMUN C1

10 Lisez le texte. Donnez la classe grammaticale et la fonction des mots en gras.

© Magnard

Nous lisons fort ici. La Mousse m'a priée **de lire Le Tasse avec moi**. Je **le** sais fort bien parce que je l'ai très bien appris ; cela me divertit. Son latin et son bon sens le rendent **un bon écolier**, et ma routine et les bons maîtres **que** j'ai eus me rendent une bonne maîtresse. Mon fils nous lit **des bagatelles**, **des comédies**, qu'il joue comme Molière, des vers, des romans, des histoires. Il est fort amusant ; il a **de l'esprit**, il entend bien, il nous entraîne, et **nous** a empêchés de prendre aucune lecture sérieuse, comme nous en avions **le dessein**. Quand il sera parti, nous reprendrons **quelque belle Morale de ce M. Nicole**. Il s'en va dans quinze jours **à son devoir**. Je vous assure **que la Bretagne ne lui a point déplu**.

Madame de Sévigné, *Lettres*, 1671.

Compétence 1 : Maîtrise de la langue

Item	Connaissance	Capacités
Utiliser ses capacités de raisonnement, ses connaissances sur la langue, savoir faire appel à des outils appropriés pour lire	La définition de la transitivité	Identifier un verbe transitif / intransitif

23 Verbes attributifs

Observer

Le roi de France est **vieux**. [...] Il est **magnifique**, surtout dans ses bâtiments : il y a plus de statues dans les jardins de son palais que de citoyens dans une grande ville. Sa garde est **aussi forte** que celle du prince devant qui les trônes se renversent ; ses armées sont **aussi nombreuses**, ses ressources **aussi grandes**, et ses finances **aussi inépuisables**.

Montesquieu, *Lettres persanes*, XXXVII, 1721.

1. Quels mots ou groupes de mots les adjectifs en gras qualifient-ils ? Peut-on les supprimer ?
2. Par quel verbe est introduit, à chaque fois, l'adjectif ou le groupe de mots en gras ?

Leçon

1 Définition

- Un verbe est **attributif** s'il permet de préciser une qualité de son sujet et s'accorde avec lui. Le verbe **attributif** crée une relation entre le sujet et un autre élément de la phrase appelé **attribut du sujet** (AS) : un **adjectif**, un **participe passé** ou **un nom variable**.

*Le **roi** de France est **vieux**.*
masc. sg. — masc. sg.

*Les **enfants** paraissent **intéressés**.*
masc. pl. — masc. pl.

*La **reine** est **une cavalière émérite**.*
fém. sg. — fém. sg.

2 Types de verbe

Les verbes qui se construisent avec un attribut du sujet appartiennent à deux catégories :

- Les **verbes essentiellement attributifs** :
  Ce sont les verbes généralement appelés **verbes d'état**, ils marquent :
  – un **état** (*être, rester, demeurer*),
  – une **apparence** (*sembler, paraître, passer pour, avoir l'air...*),
  – un **changement** (*devenir*).
  *Le roi **est devenu** vieux. Son palais **reste** somptueux.*
- Les **verbes occasionnellement attributifs** :
  Ce sont des verbes qui **ne sont pas des verbes d'état**, mais qui se construisent parfois avec des termes ayant la fonction et les caractéristiques d'un **attribut du sujet**.
  *Le roi rentrera **satisfait** au palais.*
  *Montesquieu sortait **tout heureux** de l'Académie.*

Attention ! Il ne faut pas confondre l'AS avec le COD.
*Le roi sort **satisfait**.* (AS)
*Le roi sort **une lettre de cachet**.* (COD)

Exercices

1 Repérez les verbes attributifs. Attention, ils ne le sont pas tous !

1. Le chocolat chaud est le meilleur des réconfortants.
2. Jean a semblé surpris de ma réponse, pourtant il me connaît bien.
3. Son tableau devient incompréhensible, il rajoute trop de détails.
4. J'ai cru à son histoire du début à la fin : il est vraiment très habile !
5. Il a vu des choses étranges au cours de son voyage.
6. Karim ressemble à son père, il en est le portrait tout craché.
7. Nous irons dormir chez ma sœur pour profiter des fêtes.
8. Il est temps que tu deviennes indépendant.
9. Ces informations intéressantes n'apparaissent pas sur Wikipédia.

2 Les verbes en gras sont-ils attributifs ?

1. L'explication qu'il a donnée **était** incroyable.
2. La figure de l'homme **revêtit** une expression absolument neutre.
3. Il **est sorti** fou de joie de chez la voyante.
4. L'enfant **tomba** malade peu de temps après la rentrée scolaire.
5. Le voleur **s'enfuit** après avoir fait tomber le vase en porcelaine de ma tante.

6. Ce tableau **était** d'un grand prix, sa rareté en **faisait** une pièce unique.
7. Ce garçon **paraît** sensible aux réflexions de ses amis.
8. Crois-tu que Stephan **soit** amoureux de Céline ?
9. Les professeurs **sont** au courant pour le tournoi de foot.
10. Je **suis** de ton avis.
11. Elle **espère** toujours que les choses s'amélioreront.

3 Les groupes en gras sont-ils AS ou COD ?

1. Je crois **qu'elle raconte des bêtises**.
2. Julia a passé **de bonnes vacances** chez sa grand-mère.
3. Nous reviendrons **travailler avec vous** pour les vendanges.
4. Vous avez pensé à tout et vous méritez **une récompense**, vous êtes vraiment **les rois de l'organisation** !
5. Ma sœur est rentrée **épuisée** de son cours de judo.
6. Je vais écrire un livre qui deviendra probablement **le plus grand succès de librairie de tous les temps**.
7. Je sais **tout sur les projets de mon amie**. Ils me paraissent **ambitieux mais réalisables**.

4 Complétez chaque phrase avec un AS.

1. Ses yeux paraissent … .
2. L'étoile polaire ressemble … .
3. Mon père est sorti … .
4. Son regard était … .
5. Ma voiture avait l'air … .
6. Ta maison devient … .
7. Mon sac à dos a vraiment l'air … .
8. Les patois régionaux sont … .
9. Les idées des Lumières étaient … .

5 Répondez aux questions. Attention au choix du pronom personnel !

Ex. : Est-ce que Michel est fier d'avoir reçu le Prix Goncourt ? – Oui, il l'est.

1. Es-tu au courant de la dernière nouvelle ? – Oui, je … .
2. Philippe et Anne sont-ils mariés ? – Non, ils … .
3. Est-ce que Marie est devenue une élève modèle ? – Non … .
4. Est-ce que Paul a l'air d'être capable de s'en sortir ? – Oui … .
5. Miroir magique, deviendrai-je la plus belle de la ville ? – Non … .
6. Cher journal, demeureras-tu mon ami toute ma vie ? – Oui … .
7. Xavier passe-t-il pour être doué en maths ? – Oui … .
8. Ton ami est-il toujours en forme malgré son âge ? – Oui … .

6 Complétez ce texte en réinventant les attributs du sujet qui ont été effacés.

Mlle Leseigneur demanda bientôt à son amoureux un compte sévère de ses moindres actions : elle était …1… …2… quand Hippolyte ne venait pas […]. Adélaïde laissa percer la jalousie naturelle aux femmes en apprenant que […] le peintre faisait encore des visites et parcourait les salons les plus brillants de Paris. Selon elle, ce genre de vie était …3… . Le peintre fut donc …4… . Enfin, jamais amour ne fut …5… …6… .

Honoré de Balzac, *La Bourse*, 1832.

7 Construisez des phrases selon le modèle.

Ex. : Son style, ses idées / et l'on sentait qu'il lui importait de… → **Son style** était vif et imagé, **ses idées** originales, **et l'on sentait qu'il lui importait d'**être compris et apprécié.

1. Son regard, son visage / et l'on devinait qu'il lui importait de … .
2. Vos lunettes, votre manteau / et l'on voyait bien qu'il vous tenait à cœur de … .
3. Mes vêtements, ma silhouette / et l'on voyait qu'il m'était indifférent de … .
4. Son parfum, ses bijoux / et l'on percevait qu'il lui était indispensable de … .

8 Donnez la définition de ces mots en utilisant des AS que vous soulignerez.

1. Un triangle isocèle. 2. L'espoir. 3. Une soupe. 4. Une éruption. 5. Une montagne. 6. L'absolutisme.

9 Mettez chaque phrase au pluriel.

1. Je demeure persuadé d'être dans mon droit. 2. Le chameau est endurant et sobre. 3. Plus tu étudieras, plus tu deviendras savant. 4. Cette pièce reste trop petite et mal aérée. 5. Ce marchand passe pour le plus gros utilisateur de matériaux recyclés. 6. L'étagère de la bibliothèque paraît écrasée par le poids des livres.

S'exprimer

10 Faites le portrait d'un être mystérieux dans un court récit fantastique. Vous emploierez une dizaine de verbes attributifs.

Bilan des acquis

SOCLE COMMUN C1

11 Dictée.

© Magnard

Il serait assez difficile de traduire la conversation qui eut lieu entre ces trois personnes. Guidé par le tact que donnent presque toujours les malheurs éprouvés dès l'enfance, Hippolyte n'osait se permettre la moindre observation relative à la position de ses voisines, en voyant autour de lui les symptômes d'une gêne si mal déguisée. La plus simple question eût été indiscrète et ne devait être faite que par une amitié déjà vieille. Néanmoins le peintre était profondément préoccupé de cette misère cachée, son âme généreuse en souffrait ; mais sachant ce que toute espèce de pitié, même la plus amie, peut avoir d'offensant, il se trouvait mal à l'aise du désaccord qui existait entre ses pensées et ses paroles.

Honoré de Balzac, *La Bourse*, 1832.

Compétence 1 : Maîtrise de la langue

Item	Connaissances	Capacité
Utiliser ses capacités de raisonnement, ses connaissances sur la langue, savoir faire appel à des outils appropriés pour lire	La définition des verbes attributifs	Identifier un verbe attributif

24 Forme pronominale

Observer

Assis dans l'embrasure d'une fenêtre, [...] je pouvais contempler à mon aise le jardin de l'hôtel où je passais la soirée. Les arbres, imparfaitement couverts de neige, se détachaient faiblement du fond grisâtre que formait un ciel nuageux. [...] En me retournant de l'autre côté, je pouvais admirer [...] un salon splendide [...]. Là, fourmillaient, s'agitaient et papillonnaient les plus jolies femmes de Paris.

Honoré de Balzac, *Sarrasine*, 1831.

1. De quel verbe le GN *les arbres* est-il sujet ? Quels sont les deux éléments qui le composent ?

2. Trouvez l'autre verbe pronominal présent dans le texte et conjuguez-le à toutes les personnes.

Leçon

1 Les verbes pronominaux

- Les verbes pronominaux se construisent avec un **pronom personnel réfléchi** qui représente la même personne que le sujet.

  *Je **me** pose la question. Nous **nous** levons.*

- On distingue :
  - Les **verbes essentiellement pronominaux**. Ils ne peuvent se construire qu'avec un pronom réfléchi.

    *La femme **s'enfuit**.* (On ne peut dire *La femme enfuit.*)
  - Des verbes qui acceptent la construction pronominale. Dans ce cas, ils **changent de sens** en fonction de la présence ou non du pronom.

    *Le jeune homme **se recueille**. / Le jeune homme **recueille** un ami sans le sou.*

    forme pronominale — forme non pronominale

- Ils forment leurs temps composés à partir de l'auxiliaire être.

  *Je me **suis** lavé la figure. Vous vous **êtes** encore battus !*

2 La construction pronominale

Selon la construction pronominale, le sens des verbes peut être modifié.

- **Sens pronominal réfléchi :**

Les verbes expriment une action faite par le sujet sur lui-même.

- **Sens pronominal réciproque :**

Le sujet représente deux ou plusieurs personnes, donc le verbe est toujours au pluriel.

- **Sens passif :**

Le verbe pronominal peut être remplacé par un verbe à la voix passive : le sujet subit l'action.

*Il **s'offre** une agréable soirée.* (sens pronominal réfléchi)
*Les jeunes femmes **s'offrent** des cadeaux.* (sens pronominal réciproque)
*Un magnifique paysage **s'offre** à lui.* (sens passif)

Exercices

1 **Conjuguez ces verbes pronominaux aux temps et personnes indiqués.**

	Présent	Imparfait	Passé composé	Futur simple
Se maquiller	1re pers. sing.	1re pers. sing.	1re pers. sing.	1re pers. sing.
Se supporter	3e pers. plur.	3e pers. plur.	3e pers. plur.	3e pers. plur.
Se souvenir	2e pers. sing.	2e pers. sing.	2e pers. sing.	2e pers. sing.
Se rafraîchir	1re pers. plur.	1re pers. plur.	1re pers. plur.	1re pers. plur.
Se demander	2e pers. plur.	2e pers. plur.	2e pers. plur.	2e pers. plur.
Se réveiller	3e pers. sing.	3e pers. sing.	3e pers. sing.	3e pers. sing.

2 Identifiez les cinq verbes pronominaux. Donnez leur infinitif, puis mettez-les à la 1re personne du singulier.

Il ne voulait étudier qu'à sa guise, se révoltait souvent, […] occupé tantôt à contempler ses camarades quand ils jouaient, tantôt à se représenter les héros d'Homère. Puis, s'il lui arrivait de se divertir, il mettait une ardeur extraordinaire dans ses jeux. Lorsqu'une lutte s'élevait entre un camarade et lui, rarement le combat finissait sans qu'il y eût du sang répandu. […] Il s'amusait.

Honoré de Balzac, *Sarrasine*, 1831.

3 Parmi ces verbes, identifiez ceux qui sont essentiellement pronominaux.

1. Le voleur s'est enfui avec la statue de Marianne.
2. Paul s'admire.
3. Le boxeur s'est évanoui sous le coup.
4. Max s'est tellement démené qu'il a gagné.
5. Je me suis écroulée de fatigue le soir des vacances.
6. Le chien a mangé et s'est assoupi.
7. Tu te souviens certainement de Myriam.
8. Le conducteur s'est mépris sur mes intentions.

4 Dans cette liste, relevez les verbes qui acceptent les deux constructions, puis faites deux phrases.

S'expliquer, se méfier, s'entendre, s'étendre, se plaindre, se blottir, se dire, se tapir, se situer, s'évanouir.

Ex. : Se plier : Le serviteur **se plie** aux ordres de son maître. (Il lui obéit.) / Je **plie** cette feuille de papier.

5 Ces verbes pronominaux ont-ils un sens réfléchi, réciproque ou passif ? Classez-les en trois colonnes.

1. Léa et Luc se sont sacrifiés pour payer les études de Flo.
2. Mon professeur s'est entretenu avec mes parents au sujet de mes progrès.
3. Le billet de loto se remplit selon des règles mystérieuses.
4. Les vignerons se sont transmis le domaine de père en fils.
5. Ce rideau se tire à l'aide d'une cordelette.
6. Les deux personnages s'affrontent à coups de bâtons et se jettent des coussins sur la tête.

6 Employez chaque verbe pronominal proposé dans trois phrases :

a. avec un sens réciproque.

b. avec un sens réfléchi.

c. avec un sens passif.

Se regarder, s'offrir, s'enchaîner, se transmettre, s'apercevoir, s'expliquer.

Ex. : se réchauffer.

a. Sens réciproque : Les alpinistes se sont réchauffés en se frottant mutuellement le dos.

b. Sens réfléchi : Je me suis réchauffée en buvant un bon chocolat chaud.

c. Sens passif : Cette pièce se réchauffe vite grâce à ce gros radiateur !

7 Relevez les quatre verbes pronominaux et précisez si leur sens est réfléchi ou passif.

Une musique se fit entendre. La tapisserie se souleva ; quatre personnages bariolés et fardés en sortirent, se rangèrent en ligne devant le public qu'ils saluèrent profondément ; alors la symphonie se tut.

D'après **Victor Hugo**, *Notre-Dame de Paris*, 1831.

8 a. Récrivez le texte au passé composé en prenant comme sujet *les photographes*.

Chaque matin, Benjamin se lève de bonne heure. Il se rue d'abord sous la douche et se lave les cheveux. Puis, il s'essuie, se sèche les cheveux et se rase attentivement. Il s'observe dans le miroir et s'enduit les cheveux de gel. Après quoi, il se déplace jusqu'à la penderie et il se compose une tenue originale. Il se choisit des vêtements confortables. Il s'apprécie d'un coup d'œil et, après avoir déjeuné, il s'installe au volant de sa voiture : la journée commence.

b. Transposez votre nouveau texte au futur simple.

S'exprimer

9 Rédigez un texte d'une quinzaine de lignes où vous emploierez obligatoirement les verbes pronominaux : *se haïr, s'effaroucher, s'interroger, s'expliquer, s'enthousiasmer, s'étonner, se moucher, se renouveler, se soupçonner, se découper.*

Bilan des acquis

SOCLE COMMUN C1

10 a. Relevez les verbes pronominaux, indiquez le temps. b. Précisez leur sujet. c. Dites s'ils sont employés avec un sens réfléchi, réciproque ou passif.

© Magnard

Sarrasine partit pour l'Italie. Pendant le voyage, son imagination ardente s'enflamma à l'aspect des monuments merveilleux dont est semée la patrie des Arts. Il s'étonna des statues, des fresques, des tableaux ; et, plein d'émulation, il vint à Rome, en proie au désir de s'inscrire parmi les plus grands artistes. Il se partagea d'abord entre ses travaux d'atelier et l'examen des œuvres d'art qui abondent à Rome. Un soir, il entra au théâtre d'*Argentina*, devant lequel se pressait une grande foule. Il s'enquit des causes de cette affluence…

Honoré de Balzac, *Sarrasine*, 1831.

Compétence 1 : Maîtrise de la langue

Item	Connaissance	Capacité
Utiliser ses capacités de raisonnement, ses connaissances sur la langue, savoir faire appel à des outils appropriés pour lire	La définition de la forme pronominale	Identifier les verbes pronominaux

25 Forme impersonnelle

Observer

Il y a sept ou huit ans, un homme nommé Claude Gueux, pauvre ouvrier, vivait à Paris. Il avait avec lui une fille [...] et un enfant [...]. Un hiver, l'ouvrage manqua. [...] L'homme, la fille et l'enfant eurent froid et faim. L'homme vola. Je ne sais ce qu'il vola [...]. Ce que je sais, c'est que de ce vol il résulta trois jours de pain et de feu pour la femme et l'enfant, et cinq ans de prison pour l'homme.

Victor Hugo, *Claude Gueux*, 1834.

1. Relevez dans le texte les quatre verbes dont le sujet est *il*.
2. Pouvez-vous dire à quoi ou à qui renvoie ce pronom *il* ? Pourquoi ?

Leçon

1 Les verbes essentiellement impersonnels

Les verbes **essentiellement impersonnels** ne se conjuguent qu'à la troisième personne du singulier. Le pronom personnel sujet ***il*** ne représente rien ni personne.

Appartiennent à cette catégorie :

- Les verbes qui expriment un **phénomène météorologique** : *neiger, pleuvoir, tonner, venter, grêler...*
  Bruiner : il bruine. (Mais pas *je bruine* !)
- ***Advenir, falloir, s'agir.***
  Il s'agit de faire vite. *Il est advenu des changements.* *Il faut qu'il gagne.*

2 La double construction

- Cependant, d'autres verbes peuvent se construire avec ***il***, de la même manière que les verbes impersonnels : c'est le cas, notamment, d'***avoir***, ***être*** et ***faire***.
  *Il y **a** du monde à la terrasse.* (avoir)
  *Il **est** minuit, allez tous vous coucher !* (être)
  *Il **fait** grand vent, interdiction de sortir.* (faire)
- Certains verbes peuvent être construits de manière **personnelle** ou **impersonnelle**.
  *Cette fille **court** vite !* *Il **court** de drôles de rumeurs.*
- On appelle le ***il*** impersonnel, **sujet grammatical** ou **sujet** apparent.
- L'élément qui suit le verbe et qui effectue **vraiment l'action** se nomme **sujet réel**.
  Il arrive un petit ennui à Simon.
  (*Il* : sujet grammatical. Un petit ennui : sujet réel → un petit ennui arrive à Simon.)

ATTENTION ! ***Il*** impersonnel est parfois remplacé par **ça**. *Il tonne. Ça tonne.*

3 Pour reconnaître un verbe impersonnel

- Il faut qu'il soit impossible de remplacer le sujet ***il***. *Il pleut.* (On ne dit pas *le temps pleut* ou *elle pleut.*)
- Il faut que le pronom ***il*** précède immédiatement le verbe ou n'en soit séparé que par la négation.
  Il neige. *Il ne neige plus.*

Exercices

1 Précisez si les verbes en gras sont à la forme personnelle ou impersonnelle.

1. Sous les marronniers, à l'automne, il **pleut** des marrons.
2. Il **a été retrouvé** un tableau de Picasso sous un tas de vieux meubles.
3. Il **s'est passé** de drôles de choses dans le château.
4. L'anglais **se parle** dans les pays anglophones.
5. L'orateur **tonne** à la tribune de l'Assemblée nationale.
6. Pour ce concert, il **s'est vendu** plus de billets que de places disponibles !
7. Il **n'est pas tombé** de l'échelle, mais on l'a poussé.
8. Il **n'est pas tombé** une goutte de pluie depuis plusieurs semaines.
9. Elle **a aperçu** les baleines à bosse qu'elle avait souhaité voir toute sa vie.
10. Ils **se sont aperçus** hier à la sortie de la gare.

2 Employez chaque verbe à la forme impersonnelle dans de courtes phrases.

Courir, geler, advenir, falloir, pleuvoir, bruiner, tonner, être, se trouver, se faire.

3 **Relevez les verbes conjugués dans ces phrases. Quels sont ceux qui sont essentiellement impersonnels ?**

1. Il vaut mieux que tu ne sortes pas à une heure aussi tardive.
2. Il est souhaitable que tu réussisses cet examen si tu veux partir en Allemagne pendant l'été.
3. Je souhaite qu'il neige pour ne pas aller à la piscine demain.
4. Il a grêlé toute la nuit : les récoltes sont perdues et le troupeau est en piteux état.
5. Il est vraiment regrettable que tu n'aies pas retrouvé ce livre.
6. Qu'il sorte !
7. Quel temps fait-il ?
8. Il n'y a aucune raison que tu ne puisses pas franchir ce col.
9. Attention, ça se corse !
10. Il faut absolument que tu voies ce film, il est certain que tu vas l'adorer.

4 **Relevez les sept verbes à la forme impersonnelle. Indiquez pour chacun son sujet réel.**

Claude avait faim en prison. Il n'en parlait pas. Il existe des hommes qui refusent de se plaindre. Un jour il rencontra Albin, qui avait trop de pain, et qui lui donna la moitié de sa ration chaque jour. Ils devinrent amis. Il paraît qu'ils étaient heureux. Le directeur de la prison vit qu'il s'était établi une solide relation entre les deux hommes. Il décida, pour faire du mal à Claude, de changer Albin de prison. Quand Claude se vit séparé d'Albin, il demanda s'il pouvait le retrouver. Le gardien lui répondit : « Impossible. Il y a décision prise ». Il devint alors évident que Claude avait pris une grande décision. Il fallait qu'on lui rendît son camarade, il murmura : « Je crains qu'il n'arrive bientôt malheur au directeur de la prison ».

Victor Hugo, *Claude Gueux*, 1834.

5 **Transformez chaque phrase en phrase personnelle lorsque c'est possible.**

Ex. : Il reste encore une part de gâteau au chocolat. → Une part de gâteau reste encore.

1. Il nous a été impossible de rester indifférents à cette scène.
2. Combien de personnes entre-t-il dans cette salle ?
3. Il a gelé toute la nuit, mes géraniums sont morts.
4. Il faut que tu partes, il est plus de minuit.
5. Il s'agit de ne pas perdre la tête malgré le danger.
6. Combien de livres tient-il dans cette énorme bibliothèque ?
7. Il a fait une tempête exceptionnelle au moment des grandes marées.

6 **Transformez chaque phrase en phrase impersonnelle. Quel élément de la phrase de départ devient sujet réel ?**

Ex. : Un alpage se trouve au-dessus du village. → Il se trouve un alpage au-dessus du village.

1. Un trésor inestimable a été découvert.
2. La neige est tombée toute la semaine.
3. Le tonnerre a retenti toute la nuit.
4. Tu dois absolument rendre à ta sœur l'argent emprunté.
5. La maison est au fond du bois.

7 **Transformez ce bulletin météo en n'utilisant que des verbes à la forme impersonnelle.**

La Bourgogne connaîtra un temps ensoleillé. Il fera une température fraîche en Franche-Comté. Quant à l'Alsace, le brouillard y règnera pendant encore deux jours. Il neigera, bien sûr, sur les Alpes et le sud du Jura. La Provence sera sous la pluie, contrairement à d'habitude. Il tonnera sur certains points de l'Aquitaine et du Périgord, et les coups de vent seront violents dans le sud de la Bretagne. Le Nord et le Pas-de-Calais seront ensoleillés. Il fera aussi beau temps en région parisienne.

8 **Faites deux phrases avec ces verbes :** *être, avoir, faire, pleuvoir, tonner, arriver, surgir, pousser, voir*, **la 1re à la forme personnelle, la 2e à la forme impersonnelle.**

Ex. : Devoir. → Elle doit avoir fini de travailler (personnelle). Il doit se passer quelque chose de nouveau (impersonnelle).

S'exprimer

9 Utilisez ces verbes pour rédiger un texte de cinq à dix lignes : *advenir, se produire, demander, préciser, être, avoir, falloir, courir.*

Les verbes de la liste seront à la forme impersonnelle et au passé composé de l'indicatif. Vous pouvez ajouter d'autres verbes à la forme de votre choix.

Bilan des acquis

SOCLE COMMUN C1

10 **a. Relevez dans le texte les quatre verbes à la forme impersonnelle.**

b. Dites lesquels sont essentiellement impersonnels.

c. Précisez pour tous leurs sujets réels.

© Le Livre de Poche Jeunesse

Claude Gueux, honnête ouvrier naguère, voleur ensuite, désormais assassin d'un tyran, était une figure digne et grave. Il avait le front haut, déjà ridé, quoique jeune encore, quelques cheveux gris perdus dans les touffes noires, l'œil doux […], les narines ouvertes, le menton avancé, la lèvre dédaigneuse. C'était une belle tête.

À son procès, Claude parla. Il paraît que ce pauvre ouvrier contenait bien plutôt un orateur qu'un assassin. […] Il en résulta pourtant une condamnation à mort. Il se coupait encore trop de têtes en France en 1834.

D'après **Victor Hugo**, *Claude Gueux*, 1834.

Compétence 1 : Maîtrise de la langue

Item	Connaissance	Capacité
Utiliser ses capacités de raisonnement, ses connaissances sur la langue, savoir faire appel à des outils appropriés pour lire	La définition de la forme impersonnelle	Identifier l'emploi impersonnel d'un verbe

26 Les emplois du subjonctif

Observer

Quel que **soit** le souci que ta jeunesse endure,
Laisse-la s'élargir, cette sainte blessure […]
Mais, pour en être atteint, ne crois pas, ô poète,
Que ta voix ici-bas **doive** rester muette.

Alfred de Musset, *Poésies nouvelles*, 1835.

1. Donnez l'infinitif des verbes en gras. À quel temps et à quel mode sont-ils conjugués ?

2. Repérez trois autres verbes conjugués et conjuguez-les au présent et au passé du subjonctif.

Leçon

L'utilisation du subjonctif est souvent imposée par la construction de la phrase. Mais son emploi peut aussi révéler la manière dont on **envisage l'action**.

1 Propositions indépendantes et propositions principales

L'emploi du subjonctif permet de comprendre l'**intention** de celui qui parle.

- **Injonction :** Le subjonctif peut servir à exprimer un **ordre**, une **défense** ou un **souhait**. Il est souvent introduit par ***que***.
  Qu'ils entrent ! Qu'elle ne parte pas ! Vive la République !
- **Supposition :** Dans les phrases exclamatives, le subjonctif montre que le locuteur **rejette l'action envisagée**.
  Moi, que je me taise après cette insulte !
  Dans les phrases qui expriment une **possibilité**, le subjonctif peut remplacer ***si***.
  Qu'elle me parle, et je serai heureux. (Si elle me parle.)

2 Les propositions subordonnées

- **Dans la subordonnée complétive :**
  Il faut utiliser le subjonctif si la subordonnée est au **début de la phrase**.
  Qu'il soit entré pendant la cérémonie *est regrettable.*
  On l'utilise aussi après une construction **impersonnelle**.
  Il est urgent qu'il déménage. Il faut qu'il s'en aille.
  On peut choisir de l'utiliser ou pas derrière un verbe qui indique une **position personnelle**.
  *Je ne crois pas qu'il **vienne** / qu'il **viendra** demain.*
- **Dans la subordonnée circonstancielle :**
  Les **subordonnées complément circonstanciel de but** sont au **subjonctif**.
  *J'ai fait tout cela pour que tu **deviennes** puissant.*
  Les subordonnées introduites par ***quoique, bien que, sans que, à moins que, pourvu que*** sont au **subjonctif** car elles expriment la **condition** ou la **concession**.
- **Dans la subordonnée relative :** On utilise le subjonctif quand l'**antécédent** est choisi **parmi d'autres**.
  *Je cherche un appartement qui me **plaise**.*

Exercices

1 Conjuguez les verbes au présent du subjonctif.
Dire, aimer, faire, croire, penser, plaire, déguster, boire, se réjouir, espérer, sortir, parvenir.

2 Mettez le verbe entre parenthèses au présent du subjonctif ou au présent de l'indicatif. Expliquez vos choix.

1. Bien qu'il *(avoir)* compris que tu ne *(vouloir)* pas le revoir, il t'envoie ce bouquet de fleurs.
2. Il est très probable que tu *(avoir)* raison, mais je *(préférer)* attendre encore un peu.
3. Pourvu qu'il *(s'en sortir)* !
4. Je suis sûre que Maria *(sauter)* haut.
5. Il serait bon que vous *(réfléchir)* à la proposition, il ne faut pas que vous *(s'engager)* à la légère.
6. Je pense que mon frère *(vouloir)* se marier, mais qu'il ne *(prévenir)* les parents qu'au dernier moment.

3 Formez des phrases sur ce modèle.
Ex. : Il / vouloir / se lever de bonne heure → **Il veut** que ses enfants **se lèvent** (subjonctif) **de bonne heure** même pendant les vacances.

1. Tu / exiger / faire des excuses.
2. Le percepteur / ordonner / payer les impôts.

3. Nous / imposer / peindre la maison en gris.
4. Vous / espérer / partir ensemble en vacances.
5. Les soldats / attendre / permettre de se reposer.
6. Le maire / proposer / faire une grande fête.
7. Le directeur / veiller / fonctionner correctement.

4 Trouvez les verbes au subjonctif. Expriment-ils une supposition, une injonction ou un souhait ? Justifiez.

1. Je voudrais que tu fasses tes devoirs.
2. Surtout qu'il ne prenne pas la route de la montagne : elle est dangereuse.
3. Il faut absolument que tu m'aides : c'est une tâche trop pénible pour moi.
4. Qu'il accepte ou non ma proposition, je mènerai à bien mon projet.
5. Il faut bien qu'il ait dit quelque chose pour qu'elle soit dans un état pareil !
6. Que les vacances arrivent, c'est tout ce que j'attends en ce moment.

5 Dans quelles phrases le verbe est-il conjugué au subjonctif ? Justifiez l'emploi de ce mode.

1. J'estime qu'il devrait présenter ses excuses pour les dommages qu'il a causés.
2. Paul espère que sa grand-mère lui apportera un livre qui lui plaise, cette fois-ci.
3. Je me demande vraiment s'il ne faudrait pas plutôt passer par Dijon.
4. Elle a surmonté de nombreuses difficultés pour que sa sœur puisse faire de longues études.
5. Il arrive que nous passions les vacances dans le Berry.
6. J'ai couru tout le long du chemin pour que tu aies cette lettre au plus vite.
7. Pour les vacances, je cherche une station de ski qui soit enneigée.

6 À l'aide de ces verbes, formez des phrases pour exprimer une défense et un souhait : *partir, franchir, deviner, proposer, se démener*.

Ex. : Venir : Après ce débat, dis-lui qu'il ne vienne pas. (défense)
J'espère vraiment que vous veniez à ma fête. (souhait)

7 Relevez les verbes au subjonctif et justifiez leur emploi.

Suzanne me dit : « Jacques, n'as-tu rien à faire ?
– Non, voisine ! qu'est-ce qu'il y a pour votre service ?
– Je voudrais que tu prennes notre serpe, que tu viennes m'aider, que tu coupes ces branches, car c'est une besogne trop forte pour moi.
– Très volontiers, madame Suzanne… »
Je prends la serpe, et nous allons. Enfin, Suzanne me dit : « Jacques, est-ce que tu ne finiras pas bientôt ? Est-ce que tu ne vois pas, dit-elle à demi-voix, que je veux que tu finisses et que nous rentrions ? »

D'après **Diderot**, *Jacques le fataliste et son maître*, 1796.

8 Repérez les verbes au subjonctif. Recopiez ce texte en mettant ces verbes au présent du subjonctif.

© Flammarion

Je conviendrai […] qu'ils[1] aient passé la nuit chez un vieil ami qui les fêta de son mieux ; qu'ils se soient réfugiés chez des moines mendiants, où ils furent mal logés et mal repus pour l'amour de Dieu ; qu'ils aient été accueillis dans la maison d'un grand, où ils manquèrent de tout ce qui est nécessaire, au milieu de tout ce qui est superflu ; qu'ils soient sortis le matin d'une grande auberge, où on leur fit payer très chèrement un mauvais souper.

1. Jacques et son maître.

Diderot, *Jacques le fataliste et son maître*, 1796.

9 Insérez une proposition subordonnée relative au subjonctif après les principales suivantes. Justifiez l'emploi du subjonctif.

1. Cette maison est la seule qui … . 2. Parmi tous mes amis, il n'y a que toi qui … . 3. Dans cette famille, il n'y en pas un qui … . 4. Je cherche une piscine qui … . 5. Mon père rêve d'une voiture qui … .

S'exprimer

10 Comme le narrateur de l'exercice 8, vous imaginez où vos amis ont pu se faire héberger. Vous rédigerez un texte d'une douzaine de lignes en employant les locutions : *quoique, bien que, sans que, à moins que, pourvu que*.

Bilan des acquis

SOCLE COMMUN C1

11 a. Relevez les verbes conjugués au subjonctif.
b. Imaginez cinq souhaits formulés par la fille de Mme Jourdain en commençant par :
Et je veux, moi, que mon mari…

Je ne veux point qu'un gendre puisse à ma fille reprocher ses parents, et qu'elle ait des enfants qui aient honte de m'appeler leur grand'maman. S'il fallait qu'elle vînt me visiter en équipage de grande dame, et qu'elle manquât par mégarde à saluer quelqu'un du quartier, on ne manquerait pas aussitôt de dire cent sottises. […] Je ne veux point de tous ces caquets et je veux un homme, en un mot, qui m'ait obligation de ma fille, et à qui je puisse dire : « Mettez-vous là, mon gendre, et dînez avec moi. »

Molière, *Le Bourgeois gentilhomme*, III, 2, 1670.

Compétence 1 : Maîtrise de la langue

Item	Connaissances	Capacités
Utiliser ses capacités de raisonnement, ses connaissances sur la langue, savoir faire appel à des outils appropriés pour lire	La définition des emplois du subjonctif	Identifier les raisons de l'utilisation du subjonctif

27 Phrase simple, phrase complexe RÉVISIONS

Observer

Mathilde Loisel et son mari rentrent d'un bal.

Ils descendaient vers la Seine, désespérés, grelottants. Enfin ils trouvèrent sur le quai un de ces vieux coupés noctambules **qu'on ne voit dans Paris que la nuit venue** [...]. Il les ramena jusqu'à leur porte, rue des Martyrs, et ils remontèrent tristement chez eux. C'était fini, pour elle. [...] Elle ôta les vêtements **dont elle s'était enveloppé les épaules**, devant la glace, afin de se voir encore une fois dans sa gloire.

Guy de Maupassant, *La Parure*, 1884.

1. Relevez les deux phrases simples du texte.
2. Combien de propositions la 3e phrase compte-t-elle ? Délimitez-les. Comment sont-elles reliées ?
3. Les propositions en gras suffisent-elles à former une phrase complète ? Pourquoi ?

Leçon

1 Phrase simple, phrase complexe

- Une phrase **simple** est constituée d'une seule proposition : elle ne comporte qu'un seul verbe conjugué.
  *Mathilde et son mari **allèrent** à un bal au ministère.*
- Une phrase **complexe** est constituée d'au moins deux propositions, et comporte donc autant de verbes conjugués.
  *[Mathilde **était** heureuse d'aller au bal], mais [elle **avait** honte de sa pauvreté] et [**s'inquiétait** de sa tenue.]*

2 Les propositions juxtaposées et coordonnées

- Une phrase complexe peut être composée de propositions **indépendantes**. Chacune peut constituer une phrase complète avec un sens qui lui est propre.
  *[Mathilde **protesta**] : [elle n'**avait** pas les moyens de s'offrir une vraie tenue de bal !]*
  prop. indépendante 1 — prop. indépendante 2

  ATTENTION ! Le sujet du verbe peut être sous-entendu, pour éviter les répétitions.
  *[Mathilde **essaya** la robe], [**se regarda** dans la glace], [**parut** satisfaite.]*
  prop. indépendante 1 — prop. indépendante 2 — prop. indépendante 3
- Ces propositions indépendantes peuvent être reliées par un signe de ponctuation légère : virgule, deux points, point-virgule. Elles sont alors **juxtaposées**.
  *[Son mari lui **donna** de l'argent] : [elle **choisit** une belle robe.]*
- Elles peuvent aussi être reliées par une **conjonction de coordination** *(mais, ou, et, donc, or, ni, car)* ou un **adverbe de liaison** *(puis, alors, cependant ...)* : elles sont alors **coordonnées**.
  *[Son mari lui **donna** de l'argent], **alors** [elle **choisit** une belle robe] **et** [elle l'**acheta**.]*
  adv. de liaison — conj. de coordination

3 Les propositions subordonnées

- Les propositions **subordonnées** dépendent de la **proposition principale**, dont la présence est nécessaire pour constituer une phrase ayant du sens.
  Elles sont introduites par un **mot subordonnant** : **pronom relatif, conjonction de subordination ou mot interrogatif**.
  *[Les hommes **regardaient** Mathilde], [quand elle **dansait** la valse.]*
  prop. principale — prop. subordonnée

Exercices

1 Relevez les phrases complexes et délimitez les propositions.

1. Émile Zola a imaginé l'histoire singulière d'un homme nommé Olivier Bécaille.
2. Peu après son arrivée à Paris, il tombe malade : il ne peut plus bouger !
3. Sa femme croit qu'il est mort, parce qu'il ne peut ni bouger ni parler.
4. Désespérée, elle fait alors appel à son voisin.
5. Ensemble, ils appellent un médecin, mais celui-ci ne s'aperçoit pas qu'Olivier est vivant.
6. Pendant que sa femme le pleure, Olivier se remémore les raisons pour lesquelles ils sont venus à Paris.

2 **Relevez deux phrases simples, deux propositions juxtaposées et deux propositions coordonnées.**

Le docteur Fabien soigne le baron, qui lui donne plus d'argent que le montant de ses honoraires.

Je gardai le billet de cinq cents francs, et renvoyai au baron de Faverne celui de mille francs avec trois cents francs d'argent ; puis je mis ce billet dans un portefeuille où se trouvaient déjà une douzaine d'autres billets de la même somme. Le lendemain, j'eus quelques emplettes à faire chez un bijoutier. Ces emplettes se montaient à deux mille francs, je payai avec quatre billets de banque de cinq cents francs chacun. Huit jours après, le bijoutier, accompagné de deux exempts de police, se présenta chez moi.

Alexandre Dumas, *Le Bagnard de l'Opéra*, 1844.

3 a. **Relevez les conjonctions de coordination, indiquez leur nuance de sens : succession, opposition, cause, conséquence.** b. **Remplacez-les ensuite par un adverbe de liaison :** *cependant, alors, en effet, néanmoins, puis.*

1. Akaki, un employé russe, a trop froid dans son vieux manteau, donc il décide de le faire réparer.
2. Il en parle à son tailleur, et celui-ci le persuade d'en commander un neuf.
3. Akaki est pauvre, or il choisit de se priver pour économiser de quoi payer le manteau.
4. Ses collègues voient son nouveau manteau, mais refusent de croire que c'est le sien et se moquent de lui.
5. Un soir, des brigands volent le manteau d'Akaki, car celui-ci a été imprudent.

4 **Transformez les propositions juxtaposées en propositions coordonnées. Vous choisirez la conjonction ou l'adverbe de liaison qui convient selon le sens de la phrase.**

1. Fantine ne pouvait pas subvenir aux besoins de sa fille : elle la confia aux Thénardier.
2. Elle aimait tendrement sa fille, elle ne pouvait pas la garder avec elle pour chercher du travail.
3. Elle laissa Cosette aux aubergistes ; elle partit pour la ville ; elle n'oubliait pas sa fille.
4. Les Thénardier demandaient de plus en plus d'argent, ils ne l'utilisaient pas pour habiller Cosette.
5. Les aubergistes lui écrivaient souvent : ils lui mentaient, ils lui faisaient du chantage.
6. Fantine perdit son travail : elle ne pouvait plus payer, elle vendit ses cheveux.

5 **Complétez les phrases avec des propositions coordonnées. Ne pas utiliser deux fois le même mot coordonnant.**

1. Après un trajet très mouvementé, Théodore arriva chez son ami … .
2. Il se coucha aussitôt qu'il fut rentré … .
3. Soudain, un bruit inquiétant le réveilla … .
4. Il vit alors les tableaux de la chambre s'animer … .
5. Une très belle jeune fille apparut … .
6. Le lendemain, il crut avoir rêvé … .

6 **Relevez chaque proposition principale. Soulignez le mot subordonnant de la proposition subordonnée.**

1. Georges Duroy est un jeune homme pauvre, qui erre seul dans Paris. 2. Lorsqu'il le rencontra un soir dans la rue, son vieux camarade Forestier fut surpris. 3. Il lui proposa un emploi dans son journal, parce qu'il était chagriné de voir son ami dans une telle situation. 4. Mme Forestier l'aida à écrire des articles, qu'il fit passer pour les siens. 5. Georges, qui était très bel homme, fut bientôt surnommé Bel-Ami.

7 **Les propositions en gras sont-elles indépendantes ou subordonnées ? Justifiez oralement votre réponse.**

Un attentat horrible a été commis hier sur la personne d'un jeune homme, M. Pierre B…, étudiant en droit, **qui appartient à une des meilleures familles de Normandie**. Ce jeune homme était rentré chez lui vers dix heures du soir, **il renvoya son domestique** […]. Vers minuit, cet homme fut réveillé tout à coup par la sonnette de son maître **qu'on agitait avec fureur**. Il eut peur, **alluma une lumière** et attendit ; **la sonnette se tut environ une minute**, puis reprit.

Guy de Maupassant, *La Main d'écorché*, 1875.

8 **Complétez chaque phrase avec une proposition principale.**

1. … dès qu'elle entra dans la salle de bal.
2. Comme Mathilde avait emprunté un bijou à son amie … .
3. … qu'elle portait pour la première fois.

S'exprimer

9 Imaginez que vous vous perdez en forêt. Le soir tombe, l'inquiétude vous gagne… Racontez cet épisode en une dizaine de lignes, en utilisant des propositions juxtaposées ou coordonnées par : *puis, alors, néanmoins, mais, cependant, donc.*

Bilan des acquis

SOCLE COMMUN C1

10 a. **Relevez les propositions juxtaposées, coordonnées.** b. **Identifiez les propositions subordonnées et soulignez le mot subordonnant.**

© Le Livre de Poche Jeunesse

Puis tout à coup, il s'élança hors de l'appartement, monta rapidement l'escalier car il croyait son père à son cabinet ; mais il frappa vainement. Comme il était à la porte du cabinet, il entendit celle de l'appartement s'ouvrir, il se retourna et vit son père. […] M. Morrel poussa un cri de surprise en apercevant Maximilien ; il ignorait l'arrivée du jeune homme. Il demeura immobile à la même place, serrant avec son bras gauche un objet qu'il tenait caché sous sa redingote.

Alexandre Dumas, *Le Comte de Monte-Cristo*, 1846.

Compétence 1 : Maîtrise de la langue

Item	Connaissances	Capacités
Utiliser ses capacités de raisonnement, ses connaissances sur la langue, savoir faire appel à des outils appropriés pour lire	Les conjonctions de coordination et les adverbes de liaison courants	Distinguer les propositions selon leur nature et la façon dont elles sont reliées

28 Les différents types de propositions subordonnées

Observer

Il se rappelait en effet que, huit jours auparavant, un pauvre diable **qui mendiait sa vie** s'était jeté dans l'eau **parce qu'il n'avait plus d'argent**. Simon était là **lorsqu'on le repêchait**; et le triste bonhomme, **qui lui semblait ordinairement lamentable, malpropre et laid**, l'avait alors frappé par son air tranquille […]. Et Simon voulait aussi se noyer **parce qu'il n'avait pas de père**, comme ce misérable **qui n'avait pas d'argent**.

Guy de Maupassant, *Le Papa de Simon*, 1879.

1. Parmi les propositions en gras, relevez celles qui renseignent sur le mendiant. Quelle est leur classe ?
2. Par quels mots sont introduites les autres propositions ? Quelle est leur classe ?

Leçon

1 Les subordonnées relatives

- Une proposition introduite par un **pronom relatif** (*qui, que, quoi, dont, où, lequel*, et ses composés comme *duquel, auxquelles, par lequel* …) est appelée **proposition subordonnée relative** (▸ leçon 15, p. 310).

*Ils **se moquaient** de Simon, [qui **était élevé** par sa mère,] et [que son papa **avait abandonné**.]*

prop. sub. relative — prop. sub. relative

2 Les subordonnées conjonctives

- Une proposition introduite par une **conjonction de subordination** est une **subordonnée conjonctive**. Les principales **conjonctions** sont : *que, quand, comme, si, quoique, lorsque, puisque*. Elles peuvent se trouver sous la forme de **locutions conjonctives**, telles que : *parce que, dès que, pour que, avant que* …

*[**Quand** il **fit** la connaissance de Philippe], [Simon le **trouva** très gentil.]*

conj. de subordination

- Les **subordonnées conjonctives** introduites par ***que*** sont appelées **complétives** car elles sont **COD** du verbe de la principale. Ce verbe exprime en général la pensée, la volonté, l'opinion ou la parole.

*Les villageois **pensaient** [**que** la mère de Simon n'**était** pas respectable.]*

prop. sub. complétive, COD de *pensaient*

Attention ! ***Que*** peut aussi être un pronom relatif, ne confondez pas les **subordonnées complétives** avec les **relatives** (▸ leçon 15, p. 310).

3 Les subordonnées interrogatives indirectes

- La proposition subordonnée **interrogative indirecte** est introduite par un mot interrogatif : *où, quand, comment, quel, si, pourquoi* …

*Simon **se demandait** [**pourquoi** son papa ne **vivait** pas avec eux]. Il ne **savait** [**où** le chercher].*

prop. sub. interrogative indirecte — prop. sub. interrogative indirecte infinitive

Attention ! La phrase demeure déclarative, même si elle porte l'idée d'interrogation. Elle ne doit pas se terminer par un point d'interrogation.

Exercices

1 Relevez les propositions subordonnées en précisant si elles sont relatives ou conjonctives.

1. Le film que nous avons vu avec notre classe parle de la vie d'Alexandre Dumas.
2. Comme cet écrivain avait beaucoup de succès, il s'offrit une grande maison.
3. Le film montrait aussi un autre auteur, nommé Auguste Maquet, qui l'aidait à écrire ses nombreux livres.
4. Le scénariste a imaginé que cet auteur s'est fait passer pour Dumas, lorsqu'il a rencontré une belle jeune fille dont il est tombé amoureux.

2 Relevez les propositions subordonnées introduites par *que* en précisant si elles sont relatives ou conjonctives. Justifiez oralement votre réponse.

1. D'Artagnan part pour l'Angleterre, afin de récupérer les ferrets que la reine avait offerts au duc.
2. En effet, le roi a exigé que la reine porte ses ferrets lors du prochain bal.
3. Le duc, que cette affaire embarrasse, décide que son joaillier en fabriquera d'autres.
4. La reine pense que la mission a réussi et qu'elle pourra porter les ferrets que le roi aime tant.

3 **Relevez les propositions subordonnées conjonctives et précisez leur fonction :** *COD, CCtemps, CCcause, CCbut.*

Philippe ramena à sa mère le petit Simon qui avait tenté de se noyer dans la rivière, parce que ses camarades se moquaient de lui. Elle embrassa son fils, pendant que des larmes lui coulaient sur les joues. Elle s'essuya rapidement les yeux, afin que Philippe ne la voie pas pleurer. Il dit ensuite à Simon qu'il voulait bien être son papa. Cet inconnu jugeait donc qu'il pouvait la fréquenter sans gêne. Le lendemain, ses camarades ne crurent pas que Simon avait un Papa, puisqu'il n'était pas marié avec sa maman.

Guy de Maupassant, *Le Papa de Simon*, 1879.

4 **Complétez chaque phrase avec une subordonnée conjonctive introduite par la conjonction entre parenthèses.**

1. Marc prenait le frais sur la terrasse ... *(lorsque)*.
2. Il s'approcha alors du balcon ... *(parce que)*.
3. ... *(comme)* il rentra chez lui pour déjeuner.
4. Il pensait encore à ce splendide navire blanc ... *(puisque)*.
5. Il supposait ... *(que)*.
6. ... *(dès que)*, Marc oublia le navire.

5 **Relevez six subordonnées conjonctives et une subordonnée relative.**

Puis, peu à peu, Jacques parut s'ennuyer d'elle [...]. Elle fut consternée d'abord, puis une colère lui vint, plus forte chaque jour, parce qu'elle ne parvenait point à le trouver, tant il l'évitait avec soin. Enfin, une nuit, comme tout le monde dormait dans la ferme, elle sortit sans bruit, en jupon, pieds nus, traversa la cour et poussa la porte de l'écurie où Jacques était couché dans une grande boîte pleine de paille au-dessus de ses chevaux. [...] Quand il se fut assis, demandant : « Qu'est-ce que tu veux ? » elle prononça, les dents serrées, tremblante de fureur : « Je veux, je veux que tu m'épouses, puisque tu m'as promis le mariage. »

Guy de Maupassant, *Histoire d'une fille de ferme*, 1881.

6 **Relevez les propositions subordonnées interrogatives indirectes.**

Le narrateur se demande pourquoi il ne cesse d'être angoissé et à quel remède recourir. Il ignore pour quelle raison l'être invisible s'est introduit chez lui. Il raconte comment il procède pour trouver des preuves de son existence. Il ne sait plus où aller pour ne pas avoir à subir sa présence. Il se demande quel serait le meilleur moyen pour en venir à bout. Le lecteur ne sait pas très bien quelle hypothèse est la bonne à la fin du récit, et ne parvient pas à décider si le narrateur est atteint de folie ou non.

7 **Transformez chaque série de phrases en une phrase complexe, en utilisant des conjonctions de subordination ou des locutions conjonctives.**

1. Un étudiant nommé Louis acheta une main d'écorché. Il était intéressé par la médecine.
2. Il la ramena chez lui. Des phénomènes étranges commencèrent à se produire.
3. Louis montrait la main à ses amis. Ils se réunissaient chez lui.
4. Louis suspendit la main devant sa porte. Il voulait effrayer ses voisins.
5. La mort de Louis fut mystérieuse. Des traces de doigts furent retrouvées autour de son cou.

8 **Complétez chaque phrase avec des subordonnées introduites par *que* puis donnez la classe des propositions obtenues.**

1. Le duc veut séduire une demoiselle, qu' ... .
2. Celle-ci a remarqué que ... .
3. Cette demoiselle, que ..., est une des plus belles de Paris.
4. Il achète donc une bague, car il pense que ... .
5. Comme elle répond à ses regards, le duc s'imagine que ... .
6. Mais la belle demoiselle aime un autre homme, que ... .

S'exprimer

9 Dans une lettre à un ami, vous vous interrogez sur votre avenir. Employez au moins cinq propositions interrogatives indirectes et ces verbes : *se demander, ne pas savoir, ignorer, ne pas pouvoir dire.*

Bilan des acquis

SOCLE COMMUN C1

10 **Relevez et identifiez les propositions subordonnées.**

© Le Livre de Poche

Denise, maintenant, avait du pain tous les jours. Elle en gardait une vive gratitude au vieux marchand, dont elle sentait le bon cœur, sous les étrangetés violentes. Son vif désir était cependant de trouver ailleurs du travail, car elle le voyait inventer de petites besognes, elle comprenait qu'il n'avait pas besoin d'une ouvrière, dans la débâcle de son commerce, et qu'il l'employait par charité pure. [...] Le soir, Denise fut embarrassée pour annoncer à Bourras qu'elle le quittait. Il la traita en effet d'ingrate, s'emporta ; puis, lorsqu'elle se défendit, les larmes aux yeux, en lui faisant entendre qu'elle n'était pas dupe de ses charités, il s'attendrit à son tour, bégaya qu'il avait beaucoup de travaux, qu'elle l'abandonnait juste au moment où il allait lancer un parapluie de son invention.

Émile Zola, *Au Bonheur des dames*, 1883.

Compétence 1 : Maîtrise de la langue

Item	Connaissances	Capacité
Utiliser ses capacités de raisonnement, ses connaissances sur la langue, savoir faire appel à des outils appropriés pour lire	Les mots subordonnants : pronoms relatifs, conjonctions et locutions, mots interrogatifs	Distinguer les différents types de subordonnées

29 Subordonnées circonstancielles de temps

Observer

Dantès est emprisonné. Il veille l'abbé Faria mourant.

Il était six heures du matin, le jour commençait à paraître, et son rayon blafard, envahissant le cachot, faisait pâlir la lumière mourante de la lampe. [...] Tant que dura cette lutte du jour et de la nuit, Dantès put douter encore ; mais dès que le jour eut vaincu, il comprit qu'il était seul avec un cadavre.

Alexandre Dumas, *Le Comte de Monte-Cristo*, 1878.

1. Relevez les groupes de mots qui donnent des indications temporelles.
2. Lesquels sont introduits par des mots subordonnants ? Donnez leur classe grammaticale.

Leçon

1 Fonction de la subordonnée

- Une **subordonnée circonstancielle** qui donne une indication temporelle, peut être **déplacée ou supprimée**. Sa fonction est **Complément Circonstanciel de Temps**.

Quand je lis ce livre d'Alexandre Dumas, rien ne peut me distraire.
mot subordonnant : sub. circ. — prop. principale

2 La chronologie

Les **subordonnées circonstancielles de temps** précisent la **chronologie des actions**.

- L'**antériorité** : L'action de la subordonnée se produit **avant l'action de la principale**. Le sens de la conjonction de subordination indique donc que l'action de la principale se passe après : ***quand, après que, dès que, aussitôt que...***

Dès que Dantès arrive en prison, on l'enferme dans une cellule.

Passé

- La **simultanéité** : L'action de la subordonnée se produit **en même temps que l'action de la principale**. On emploie les conjonctions *quand* et *comme* ou les locutions conjonctives *pendant que, tandis que, alors que, tant que, en même temps que...*

Remarque : Dans les deux cas, l'action de la subordonnée a déjà été réalisée : le verbe est à l'indicatif.

Pendant que Dantès veille sur l'abbé, la peur et la tristesse l'envahissent peu à peu.

- La **postériorité** : L'action de la subordonnée se produit **après l'action de la principale**. Le sens de la conjonction de subordination indique donc que l'action de la principale se passe avant : *avant que, jusqu'à ce que...*

Dantès était désespéré avant qu'il s'évade de la prison.

Passé

Remarque : L'action de la subordonnée n'est pas encore réalisée, le verbe est au subjonctif.

*Il naviguera jusqu'à ce qu'il **soit** arrivé sur l'île de Monte-Cristo.*

Exercices

1 Indiquez si les subordonnées en gras sont des circonstancielles de temps. Justifiez votre réponse.

1. **Quand elle écrivait à sa fille Françoise**, la marquise de Sévigné lui racontait toutes les péripéties de la Cour.
2. **Depuis que sa fille s'était installée au château de Grignan**, elle lui écrivait très souvent.
3. La jeune femme attendait impatiemment ces lettres, **parce qu'elle vivait loin de Paris**.
4. Ainsi, **pendant qu'elle écrivait à sa fille**, la marquise ressentait moins de peine d'être séparée d'elle.

2 Dans chaque phrase, le mot *comme* a-t-il une valeur temporelle ? Aidez-vous d'un synonyme.

1. Mercédès aimait Edmond, et considérait Fernand **comme un ami**.
2. **Comme Fernand, son rival, naviguait sur le même bateau que lui**, il voulut l'éliminer.
3. **Comme le bateau s'éloignait**, Fernand complotait avec un marin contre Edmond.
4. Edmond fut emprisonné, s'évada et **comme il avait trouvé un trésor**, devint le Comte de Monte-Cristo.

3 **Mettez entre crochets chaque subordonnée circonstancielle de temps et soulignez la proposition principale dont elle dépend.**

1. Quand il vit les mousquetaires, le cœur du jeune homme se mit à battre à toute allure. **2.** Il admirait les exploits de ces héros depuis qu'il était tout petit. **3.** Cette fascination avait continué à s'exercer sur lui jusqu'à ce qu'il atteignît l'adolescence. **4.** Cependant, depuis que son père était mort, il devait nourrir sa famille. **5.** En même temps que défilaient les mousquetaires, il voyait passer devant lui ses rêves d'enfant.

4 **Relevez deux subordonnées circonstancielles de temps. Encadrez le mot subordonnant, remplacez-le par d'autres locutions de sens équivalent.**

Quand la princesse entendit ce spirituel écrivain disant des sottises de sous-lieutenant amoureux, elle l'écouta d'un air absorbé, tout attendrie, mais riant en elle-même. Quand d'Arthez fut dans la rue, il se demanda s'il n'aurait pas dû être moins respectueux.

Honoré de Balzac, *Les Secrets de la princesse de Cadignan*, 1839.

5 **Relevez les propositions circonstancielles de temps. Précisez si elles indiquent l'antériorité, la simultanéité ou la postériorité.**

1. Depuis qu'elle était toute petite, Diane voyait peu sa mère. **2.** Quand elle épousa le duc, elle ne savait rien de la vie. **3.** Aussitôt qu'elle eut un enfant, elle choisit de se consacrer à lui. **4.** Elle éduqua l'enfant jusqu'à ce qu'il devienne adulte. **5.** Pendant qu'elle s'occupait de lui, elle oubliait ses malheurs.

6 **Repérez les indications temporelles et modifiez selon le modèle. Attention à employer le mode qui convient !**

Ex. : Les invités partis, les mariés se retirèrent. → Quand les invités furent partis, les mariés se retirèrent.

1. La statue livrée, M. de Peyrehorade ne cessa de la montrer autour de lui.

2. Il ne peut pas connaître son origine avec certitude, avant la venue d'un expert.

3. Dès l'arrivée de l'archéologue, il le pressa de questions sur la statue.

4. Il met sa bague au doigt de la statue, jusqu'à la fin du jeu de paume.

5. Après avoir passé l'anneau au doigt, il ne parvenait pas à le retirer.

6. Après la célébration du mariage, Alphonse fut retrouvé mort.

7 **Complétez chaque phrase avec une subordonnée circonstancielle de temps selon les consignes entre parenthèses. Variez les mots subordonnants.**

1. Les voyageurs compostent leur billet ... *(postériorité)*.

2. Ils s'installent dans le compartiment ... *(antériorité)*.

3. Certains sont plongés dans un livre ... *(simultanéité)*.

4. Mélanie et Nicolas dorment ... *(postériorité)*.

5. Leurs amis viendront les accueillir ... *(antériorité)*.

8 **Remplacez les expressions en gras par des subordonnées circonstancielles de temps. Lesquelles expriment l'antériorité ? la simultanéité ?**

© Éd. Gallimard Jeunesse

Une fois entrés dans l'intérieur de la cour, le duc et la jeune femme suivirent le pied de la muraille pendant l'espace d'environ vingt-cinq pas ; **cet espace parcouru**, Mme Bonacieux poussa une petite porte de service, ouverte **le jour**, mais ordinairement fermée **la nuit** ; la porte céda ; tous deux entrèrent et se trouvèrent dans l'obscurité, mais Mme Bonacieux connaissait les tours et les détours de cette partie du Louvre.

Alexandre Dumas, *Les Trois Mousquetaires*, 1844.

9 **Mettez les verbes entre parenthèses au temps et au mode qui conviennent.**

1. Il faut battre les blancs d'œufs jusqu'à ce qu'ils *(devenir)* fermes.

2. Après que le gâteau *(cuire)*, nous pourrons le déguster.

3. Henri avait ouvert la bouteille de vin avant que les invités *(arriver)*.

4. Il servira le dessert dès que ses convives *(terminer)* le plat de résistance.

5. Avant que je te *(connaître)*, je n'avais jamais vu d'homme cuisiner !

S'exprimer

10 Racontez, en une dizaine de lignes, la découverte d'un trésor. Vous emploierez cinq subordonnées circonstancielles variées, marquant l'antériorité, la simultanéité et la postériorité.

Bilan des acquis

SOCLE COMMUN C1

11 **Relevez les subordonnées circonstancielles de temps et indiquez si elles expriment l'antériorité, la simultanéité ou la postériorité.**

Il poussa doucement la porte, et, dès qu'elle l'aperçut, Marguerite de nouveau éclata en larmes. La présence de cet ami, le seul homme qu'elle connût, réveillait en elle sa douleur. [...]

Mais, comme le jeune homme se retirait, Mme Gabin l'accompagna, et je l'entendis qui parlait d'argent. [...] Quand le silence recommença, je me demandai si ce cauchemar durerait longtemps ainsi. Je vivais, puisque je percevais les moindres faits extérieurs.

Émile Zola, *La Mort d'Olivier Bécaille*, 1879.

Compétence 1 : Maîtrise de la langue

Item	Connaissances	Capacités
Utiliser ses capacités de raisonnement, ses connaissances sur la langue, savoir faire appel à des outils appropriés pour lire	Les mots introduisant des circonstancielles de temps	Distinguer la simultanéité, l'antériorité, la postériorité des circonstancielles de temps

30 Subordonnées circonstancielles de cause et de conséquence

Observer

Le personnage explique comment il a décrypté un message codé en chiffres.

Puisque notre caractère dominant est 8, nous commencerons par le prendre pour le *e* de l'alphabet naturel. [...] Donc 8 représentera *e*. Maintenant, de tous les mots de la langue, *the* est le plus utilisé, de sorte qu'il nous faut voir si nous ne trouverons pas répétées plusieurs fois la même combinaison de trois caractères, ce 8 étant le dernier des trois.

D'après **E. A. Poe**, « Le scarabée d'or », *Histoires extraordinaires*, trad. Ch. Baudelaire, 1843.

1. Dans quelle phrase le personnage explique-t-il son raisonnement ? Quelle conjonction l'introduit ?
2. Par quel autre mot du texte la locution *de sorte qu'* peut-elle être remplacée ?

Leçon

1 Le rapport de cause à conséquence

- Cause et conséquence sont deux idées liées par un **rapport logique** : la cause est toujours le **premier fait**. Elle entraîne la conséquence, qui en est donc le **résultat**.
  Edgar Poe a écrit des nouvelles très appréciées. (fait n°1, cause) *Il devint célèbre.* (fait n°2, conséquence)
- Construction 1 : ***Parce qu'il a écrit des nouvelles très appréciées,*** *Edgar Poe devint célèbre.*
  prop. sub. circ. de cause — prop. principale (idée de conséquence)
  ➥ La subordonnée donne une **explication** du fait présenté dans la principale : c'est donc une proposition subordonnée circonstancielle de **cause**.
- Construction 2 : *Edgar Poe a composé des nouvelles très appréciées* ***de sorte qu'il devint célèbre****.*
  prop. principale (idée de cause) — prop. sub. circ. de conséquence
  ➥ La subordonnée exprime le **résultat** de l'action présentée dans la principale : c'est donc une proposition subordonnée circonstancielle de **conséquence**.

2 La proposition subordonnée circonstancielle de cause

- **Place** : Elle peut se trouver avant ou après la proposition principale.
- **Conjonctions de subordination :** *parce que, puisque* et leurs équivalents *(comme, étant donné que, sous prétexte que, etc.)*.
- **Mode du verbe :** Il est en général à l'**indicatif**. **Lorsque la cause est seulement possible**, il se met au **subjonctif**.
  Je n'ai pas trouvé Le Chat noir *à la bibliothèque, à moins* ***que je n'aie pas bien regardé****.*
  (explication présentée comme incertaine)

3 La proposition subordonnée circonstancielle de conséquence

- **Place :** Elle se place toujours après la proposition principale.
- **Conjonctions de subordination :** *de sorte que, si bien que, de façon que* ou *que* précédé d'un adverbe d'intensité : *tant, si, tellement* ...
- **Mode du verbe :** Il est en général à l'**indicatif**. Lorsque la conséquence est souhaitée et **pas encore réalisée**, il se met au **subjonctif**.
  L'énigme ***est simplifiée de sorte que le lecteur puisse la résoudre****.* (résultat souhaité)

Exercices

1 Identifiez dans chaque extrait l'idée de cause et l'idée de conséquence.

1. Edgar Poe est un écrivain célèbre. Ses nouvelles ont eu un grand succès.
2. Étant donné que ses parents décèdent alors qu'il est encore tout enfant, il est élevé par la famille Allan.
3. Il écrit dans un journal et se montre si talentueux qu'il fait augmenter le nombre d'abonnements.
4. Il est considéré comme un écrivain essentiel du XIXe siècle, de sorte que son œuvre est largement éditée.

2 a. Relevez la proposition subordonnée circonstancielle et soulignez la conjonction. b. Précisez s'il s'agit d'une circonstancielle de cause ou de conséquence.

1. Dans *Le Scarabée d'or*, le héros William Legrand arrive en Caroline du Sud parce qu'il a dû fuir sa ville natale.
2. Il y trouve un scarabée doré si fascinant que celui-ci devient son obsession.
3. Il est tellement enthousiaste qu'il le montre à son ami.
4. Legrand découvre un parchemin et, du fait qu'il parvient à le décoder, il localise un lieu de recherche.

3 **Même consigne que l'exercice 2.**

Cette histoire m'a tellement bouleversé l'esprit, a jeté en moi un trouble si profond, si épouvantable que je ne l'ai jamais racontée. [...] Un jour, comme je me promenais sur le quai, je rencontrai un homme que je crus reconnaître sans me rappeler au juste qui c'était. C'était un ami de jeunesse que j'avais beaucoup aimé. [...] « Puisque je te retrouve ainsi, me dit-il, je te demanderai de me rendre un grand service, c'est d'aller chercher chez moi dans le secrétaire de ma chambre, de notre chambre, quelques papiers dont j'ai le plus urgent besoin ».

Guy de Maupassant, *Apparition*, 1883.

4 **Complétez avec la conjonction de subordination qui convient et analysez la proposition ainsi formée.**

1. Mme de Sévigné écrit des lettres à sa fille ... elle s'en trouve séparée.
2. Celle-ci lui répond et lui raconte son existence ... sa mère est loin d'elle.
3. Mme de Sévigné écrit parfois plusieurs lettres par jour ... sa fille connaît tous ses sentiments.
4. ... elle possède un grand talent de conteuse, Mme de Sévigné permet à sa fille d'imaginer la vie à la cour.

5 **Repérez les subordonnées de cause et de conséquence et justifiez leur mode verbal.**

1. Comme il avait un long trajet, le conducteur fit une pause.
2. Il a été mis en quarantaine, parce qu'il a été en contact avec la maladie.
3. Cette note est trop insuffisante pour qu'elle te satisfasse.
4. L'homme parla si bien que tout le monde applaudit.
5. L'homme s'exerça à parler de sorte qu'on l'applaudît.

6 **Formez une phrase complexe qui traduise le lien de cause à conséquence. Variez les conjonctions.**

Ex. : Ce détective est un fin enquêteur. Il peut résoudre de nombreuses énigmes. ➜ Ce détective est un fin enquêteur, **si bien qu'il** peut résoudre de nombreuses énigmes.

1. Un meurtre s'est produit. Une enquête est ouverte.
2. Les policiers ne trouvent pas d'explication à ce meurtre. Les fenêtres sont restées fermées.
3. Les victimes ont crié. Des gens ont accouru.
4. Le détective se rend sur les lieux du crime. Ses contacts dans la police l'aident.
5. Il trouve plusieurs indices. Il peut conclure que le meurtre a été commis par un orang-outan.

7 **Inventez une subordonnée de cause ou de conséquence à la suite de chaque phrase.**

1. La comtesse s'était parée de ses bijoux les plus brillants ...
2. Une écharpe d'hermine entourait sa gorge délicate ...
3. Elle était si resplendissante ...
4. Eugène de Rastignac arriva dans la demeure avec un léger retard ...
5. Ils se croisèrent dans le petit salon, alors que les autres convives arrivaient ...

8 **Récrivez chaque phrase en faisant de la subordonnée de cause la proposition principale.**

Ex. : J'avais gardé ma place auprès du feu parce que j'avais toujours très froid. ➜ J'avais toujours très froid, si bien que j'avais gardé ma place auprès du feu.

© Livre de Poche Jeunesse

1. Un énorme chien terre-neuve se précipita dans la chambre et m'accabla de caresses, étant donné que je m'étais fort occupé de lui dans mes visites précédentes.
2. On confie rarement au parchemin des documents d'importance, puisqu'il répond beaucoup moins bien que le papier aux besoins ordinaires de l'écriture et du dessin.
3. Je le sais parce qu'il en parle, même en dormant.
4. Comme la lumière tombait sur nos personnes et nos outils, je ne pus m'empêcher de songer que nous composions un groupe vraiment pittoresque.

D'après **E. A. Poe**, *Le Scarabée d'or*, trad. C. Baudelaire, 1843.

S'exprimer

9 Inventez un message codé en chiffres et, comme dans le *Scarabée d'or*, expliquez à un camarade comment il peut déchiffrer le message. Vous utiliserez au moins quatre propositions subordonnées circonstancielles de cause ou de conséquence dans votre explication.

Bilan des acquis

SOCLE COMMUN C1

10 **Relevez les propositions subordonnées circonstancielles. Soulignez les conjonctions qui les introduisent. Précisez leur rapport logique (cause ou conséquence) et justifiez leur mode verbal.**

Le personnage entre dans une maison abandonnée où il doit récupérer des lettres.

L'appartement était tellement sombre que je n'y distinguai rien d'abord. Je m'arrêtai, saisi par cette odeur moisie et fade des pièces inhabitées et condamnées des chambres mortes. [...]

J'allai d'abord à la fenêtre pour donner un jour et je l'ouvris ; mais les ferrures du contrevent étaient tellement rouillées que je ne pus les faire céder. J'essayai même de les casser avec mon sabre, sans y parvenir. Comme je m'irritais de ces efforts inutiles, et comme mes yeux s'étaient enfin parfaitement accoutumés à l'ombre, je renonçais à l'espoir d'y voir plus clair et j'allai au secrétaire.

Guy de Maupassant, *Apparition*, 1883.

Compétence 1 : Maîtrise de la langue

Item	Connaissances	Capacités
Utiliser ses capacités de raisonnement, ses connaissances sur la langue, savoir faire appel à des outils variés pour améliorer son texte	La subordonnée de cause et de conséquence et révision des modes indicatif et subjonctif	Identifier les subordonnées de cause et de conséquence et leur mode

31 Subordonnées circonstancielles de but et de comparaison

Observer

La Duchesse de Brignoc s'adresse à Humulus, son petit-fils.

La Duchesse. – Monsieur mon petit-fils, avant même que vous lui offriez vos souhaits, votre grand-mère veut vous dire, la première, sa tendresse au seuil de cette nouvelle année. […] Soyez bon et vaillant comme un vrai Brignoc. […] Gouverneur, faites arrêter la musique, pour que mon petit-fils vienne me dire son mot.

Jean Anouilh, « Humulus le muet », *Pièces roses*, 1940 © Éd. de la Table Ronde, 1958.

1. Quelles qualités la Duchesse demande-t-elle à Humulus ? Pourquoi doit-il les posséder ?

2. Quelle expression le montre ? Par quel mot est-elle introduite ?

Leçon

1 La subordonnée circonstancielle de but

- La **proposition subordonnée circonstancielle de but** indique l'objectif recherché par le verbe de la proposition principale. Sa fonction est **complément circonstanciel de but**.

  *Le médecin a soigné Humulus, **pour qu'il puisse dire un mot par jour**.*
  prop. sub. cir. de but

- Elle est introduite par les **locutions conjonctives** *pour que, afin que* (pour indiquer le résultat que l'on souhaite obtenir) ou *de peur que* (qui indique ce que l'on souhaite éviter).

  *On le surveille de près, **de peur qu'**il ne dise son mot avant sa visite à la Duchesse.*
  prop. sub. cir. de but

- Dans une **subordonnée circonstancielle de but**, le verbe est conjugué au mode **subjonctif**, qui est le mode des actions non encore réalisées.

  *On a prévenu la Duchesse, afin qu'elle **connaisse** le handicap de Humulus.*

  Attention ! Dans un récit au passé, on emploie le **subjonctif imparfait**.

  *On avait prévenu la Duchesse, afin qu'elle **connût** le handicap de Humulus.*

2 La subordonnée circonstancielle de comparaison

- La **comparaison** (▸ leçon 8, p. 296) exprime une **différence** ou une **ressemblance** entre deux éléments. Le verbe est souvent sous-entendu dans la subordonnée.

  *Humulus ne veut plus agir **comme un petit garçon**.* (Comme agit un petit garçon.)

- La **subordonnée circonstancielle de comparaison** est introduite par la **conjonction de subordination** *comme* ou les **locutions conjonctives** *ainsi que, de même que,* ou l'expression *tel que*.

  *Humulus doit se comporter **comme** un petit-fils affectueux doit le faire.*
  prop. sub. circ. de comparaison

  *Sa grand-mère prétend l'aimer **tel qu'**il est.*
  prop. sub. circ. de comparaison

Exercices

1 Placez entre crochets les subordonnées circonstancielles de but. Précisez si elles indiquent le but à atteindre ou à éviter.

1. La mère de Nathanaël lui raconte une légende afin qu'il aille se coucher.
2. Copélius vient voir Nathanaël pour qu'il lui achète des instruments.
3. Naël n'ose pas danser avec Olympia, de peur qu'elle ne le rejette.
4. Il menace le professeur afin qu'il lui donne Olympia.
5. Clara soigne Nathanaël, de peur qu'il ne devienne fou.

2 Relevez les subordonnées circonstancielles de but. Indiquez le mode et le temps employés et justifiez cet emploi.

1. Il arriva que Toine eut une attaque et tomba paralysé. On coucha ce colosse dans la petite chambre derrière la cloison du café, afin qu'il pût entendre ce qu'on disait à côté, et causer avec les amis, car sa tête était demeurée libre, tandis que son corps, un corps énorme, impossible à remuer, à soulever, restait frappé d'immobilité. **Guy de Maupassant**, *Toine*, 1885.

2. Sa chambre était son unique refuge, le seul endroit où elle s'abandonnait encore à des crises de larmes, lorsqu'elle avait trop souffert durant le jour. Mais un froid terrible y tombait […] ; elle devait se pelotonner dans son lit, jeter tous ses vêtements sur elle, pleurer sous la couverture, pour que la gelée ne lui gerçât pas le visage.

Émile Zola, *Au Bonheur des dames*, 1883.

3 **Relevez chaque groupe de mots exprimant le but puis remplacez-les par une subordonnée.**

Ex. : Cet entraîneur travaille **pour faire progresser ses joueurs**. → Pour que ses joueurs progressent.

1. Hugo prononce ce discours dans le but de faire disparaître la peine de mort.
2. Il écrit *Les Misérables* afin d'émouvoir le lecteur.
3. Menacé, il quitte la France de peur d'être arrêté.
4. Après la mort de sa fille, il écrit des poèmes pour atténuer sa souffrance.
5. Ses œuvres sont adaptées pour être connues du jeune public.
6. Je te conseille ses romans afin d'en savoir davantage sur son époque.

4 **Complétez chaque phrase avec une subordonnée circonstancielle de but. Variez les mots subordonnants.**

1. Le suspect refuse de parler aux policiers.
2. Ses petits-enfants n'osent pas lui parler.
3. Le chirurgien nettoie méticuleusement ses mains.
4. Les parents suivent le travail de leurs enfants.
5. Les voyageurs doivent surveiller leurs bagages.
6. Je lui conseille de bien relire son devoir.

5 **Relevez les propositions introduites par *comme* et donnez un syonyme qui convient. Attention ! Toutes n'expriment pas la comparaison.**

1. Comme nous arrivons dans le Berry, il se met à pleuvoir.
2. Comme je veux connaître la région, nous allons vers Nohant.
3. Nous visitons la maison de George Sand, comme nous l'avions prévu.
4. Comme le mobilier est beau dans son salon !
5. Cette femme s'habillait souvent comme le faisaient les hommes.
6. Comme il est interdit de photographier, j'achète des cartes postales.

6 **Ajoutez des subordonnées circonstancielles de comparaison.**

1. Je retrouve mon vieil ami, tel que… .
2. Nous nous parlons avec plaisir, comme… .
3. Nous rions ensemble comme… .
4. Nous avons revu notre ancien lycée, ainsi que… .
5. Nous voulons nous revoir souvent, comme… .

7 **Relevez les subordonnées circonstancielles de comparaison. Quelle image donnent-elles de la princesse ?**

© Magnard

Elle avait mis une robe de velours bleu à grandes manches blanches traînantes, à corsage apparent, une de ces guimpes en tulle légèrement froncée […] comme on en voit dans quelques portraits de Raphaël[1]. […] Elle arriva de bonne heure, afin de se trouver posée sur la causeuse, au coin du feu, près de madame d'Espard, comme elle voulait être vue.

1 Peintre italien de la Renaissance.

Honoré de Balzac, *Les Secrets de la princesse de Cadignan*, 1844.

8 **Relevez la subordonnée circonstancielle de comparaison. Dites quels sont les éléments mis en rapport et quel lien les unit.**

Comme d'autres esprits voguent sur la musique,
Le mien, ô mon amour, nage sur ton parfum.

Charles Baudelaire, « La chevelure », *Les Fleurs du mal*, 1857.

S'exprimer

9 Écrivez des règles de conduite formulées par la Duchesse à l'intention d'Humulus. Elle insiste sur les qualités des Brignoc : politesse, courtoisie, culture, courage… Employez au moins cinq subordonnées circonstancielles de but et trois subordonnées circonstancielles de comparaison.

Bilan des acquis

SOCLE COMMUN C1

10 **Relevez une phrase simple, trois subordonnées relatives, puis cinq subordonnées circonstancielles et précisez leur fonction.**

L'héroïne est une petite fille pauvre.

Quand elle devint plus grande, on l'envoya faire la récolte des fonds de sièges avariés. […] Un jour – elle avait alors onze ans – comme elle passait par ce pays, elle rencontra derrière le cimetière le petit Chouquet qui pleurait parce qu'un camarade lui avait volé deux liards. Ces larmes d'un petit bourgeois, d'un de ces petits qu'elle s'imaginait dans sa frêle caboche de déshéritée, être toujours contents et joyeux, la bouleversèrent. Elle s'approcha, et, quand elle connut la raison de sa peine, elle versa entre ses mains toutes ses économies, sept sous, qu'il prit naturellement, en essuyant ses larmes. Alors, folle de joie, elle eut l'audace de l'embrasser. Comme il considérait attentivement sa monnaie, il se laissa faire.

Guy de Maupassant, *La Rempailleuse*, 1882.

Compétence 1 : Maîtrise de la langue

Item	Connaissances	Capacités
Utiliser ses capacités de raisonnement, ses connaissances sur la langue, savoir faire appel à des outils appropriés pour lire	Les mots subordonnants : pronoms relatifs, conjonctions et locutions	Identifier les subordonnées de but et de comparaison

32 Discours direct RÉVISIONS

Observer

Le narrateur emmène la fille qu'il aime au restaurant.

Dans la rue, je la complimente sur ses chaussures. Elle s'en offusque : « Ne me dis pas que tu ne les avais jamais vues, je les ai depuis Noël ! » Je pique du nez, elle me sourit, alors je la complimente sur ses chaussettes. Elle me dit que je suis bête. Tu penses si je le savais. C'est la plus jolie fille de la rue.

Anna Gavalda, « Happy meal » © Le Dillettante, 2004.

1. Repérez les deux passages où le narrateur rapporte les paroles de la jeune fille. Quels en sont les indices ?

2. Les deux passages produisent-ils le même effet ?

Leçon

1 Définition

- Un énoncé peut être rapporté tel qu'il a été prononcé, sans reformulation ; on parle de **discours direct** (ou paroles rapportées au style direct). Des **guillemets** encadrent la parole rapportée et signalent que le locuteur cite les paroles d'un autre dans ses propres paroles.
- Un **verbe** introducteur **de parole** *(dire, répondre, ajouter…)* est placé :
  – Soit **devant** la parole rapportée, il est **suivi de deux points**. *Julie m'**a confié** : « Demain, je pars à Rome. »*
  – Soit **au milieu** ou **à la fin** de la parole rapportée sous la forme d'une **proposition incise**. La proposition incise est séparée de la parole rapportée par une **virgule**, elle ne prend **pas de majuscule** et le **sujet** y est **inversé**. *« Demain, **m'a-t-elle confié**, je pars à Rome. »*

  Remarque : La **phrase déclarative** rapportée est suivie d'une **virgule** lorsque **l'incise est placée après**. Les **phrases interrogatives et exclamatives** rapportées conservent le **point d'interrogation ou d'exclamation**, la virgule avant l'incise disparaît alors. *« Demain, je pars à Rome », m'a-t-elle confié.*
  « C'est bien demain que je pars à Rome ? » m'a-t-elle demandé.
- Pour enrichir son expression, il faut varier les **verbes introducteurs** de parole et **leur place**.

Précision apportée	Verbes de parole
Mode de communication	*Dire, affirmer, assurer, annoncer, avertir, déclarer, avouer, nier, répliquer, demander, interroger, prier, supplier, ordonner, répondre, commencer, ajouter, continuer, enchaîner, poursuivre, couper, interrompre, intervenir, achever, conclure, finir.*
Sentiments, intention	*Gronder, rugir, menacer, injurier, vociférer, s'énerver, s'insurger, s'étonner, s'esclaffer, plaisanter, se lamenter, jubiler, encourager, féliciter, remercier.*
Intensité, volume, prononciation	*Hurler, crier, s'exclamer, tonner, s'époumoner, murmurer, susurrer, chuchoter, grogner, gémir, hoqueter, bégayer, bredouiller.*

2 Le cas particulier du dialogue

- Dans un récit, le dialogue est **ouvert** et **fermé par des guillemets**. À l'intérieur, chaque changement de locuteur est signalé par un **retour à la ligne** et un **tiret**. Certains auteurs n'utilisent que les tirets.
  Son ton solennel me surprit.
  « Vous sentez-vous indisposé ? lui demandai-je.
  – Non. »
  Et il se remit à boire. (Prosper Mérimée, *La Vénus d'Ille*)
- Dans le **dialogue de théâtre**, chaque réplique est précédée du **nom du personnage**. Le ton adopté peut être indiqué par des **didascalies**.

3 Les effets

- Les paroles rapportées directement laissent l'**impression d'entendre la voix** des personnages. Elles participent à l'**effet de réel** et rendent le récit plus **vivant**. Elles permettent aussi de **caractériser un personnage** par sa manière de parler. Elle marque son **origine sociale**, **géographique**, ses **tics de langage**.
- Dans un discours argumentatif, elles peuvent être la garantie de l'**objectivité du locuteur**. Elles peuvent donc, selon les cas, **émouvoir le lecteur**, le **frapper**, être une **source de comique**.

Exercices

1 Relevez les paroles rapportées directement.

1. Un gros paysan jovial déclara : « I n'en mangera pu, à c't'heure. Chacun son tour. »
2. « Mon Dieu ! m'écriai-je, qu'est-il donc arrivé ? ».
3. Je demandai à cet homme si M. Alphonse avait sa bague de diamants lorsqu'il lui parla.
4. KIKI-LA-DOUCETTE, *continuant*. – Banlieusard, dis-je, et mégalomane. Travailler ! Ô Phtah, tu l'entends, ce chien inutile. Travailler !
5. Mme de Coulanges dit : Voilà qui est bien difficile à deviner ; c'est Mme de la Vallière.

2 Transformez ces phrases en rapportant les paroles directement.

1. Elle ajouta qu'elle viendrait le lendemain.
2. Elle a annoncé à son père qu'elle s'était mariée sans son consentement.
3. Si on lui demande des explications, elle dira qu'elle n'est que remplaçante et qu'il faudra attendre le retour de sa collègue.
4. Le loup disait au chien qu'il préférait avoir faim et rester libre.
5. Elle criera au gardien qu'il vienne lui ouvrir.

3 Relevez les propositions incises, puis récrivez le passage en modifiant leur place.

M'asseoir près d'elle, regarder son profil, regarder les gens tout autour et tout laisser refroidir. Je l'aime.

« D'accord, me dit-elle, mais on va au McDonald. » Elle n'attend pas que je bougonne. « Ça fait si longtemps… ajoute-t-elle en posant son livre près d'elle, si longtemps… »

Anna Gavalda, « Happy meal » © Le Dillettante, 2004.

4 Inventez de courtes phrases qui rapportent des paroles directement en utilisant ces verbes introducteurs.
Interroger, tonner, se lamenter, conclure, supplier.

5 Complétez par une incise exprimant une émotion ou un sentiment en précisant laquelle ou lequel.

1. « Quoi ? » …
2. « Quel malheur ! » …
3. « Bien fait ! » …

6 Repérez les paroles rapportées directement et restituez la ponctuation qui convient.

Mais Loiseau dévorait des yeux la terrine de poulet. Il dit. À la bonne heure, Madame a eu plus de précaution que nous. Il y a des personnes qui savent toujours penser à tout. Elle leva la tête vers lui. Si vous désirez, Monsieur ? C'est dur de jeûner depuis le matin. Il salua. Ma foi, franchement, je ne refuse pas, je n'en peux plus. À la guerre comme à la guerre, n'est-ce pas, Madame ?

Guy de Maupassant, *Boule de Suif*, 1880.

7 Récrivez le dialogue tel qu'il serait présenté dans un récit, en opérant les modifications nécessaires et en ajoutant des incises.

DANIEL, *les yeux au ciel*. – Là n'est pas la question.
LE PROFESSEUR *(se levant brusquement)*. – Où est-elle alors ? À quoi sert-il d'exposer une vision du monde si le monde s'en fout ?
DANIEL. – Eh bien, c'est à nous d'éduquer les lecteurs afin que la lecture ne soit plus inutile !
LE PROFESSEUR. – Éduquer un lecteur ! Comme si on éduquait un lecteur ! Vous n'êtes plus assez jeune pour proférer de pareilles bêtises. Les gens sont les mêmes dans la lecture que dans la vie : égoïstes, avides de plaisir et inéducables.

Amélie Nothomb, *Les Combustibles*, 1994 © Albin Michel.

S'exprimer

8 Racontez une scène de coup de foudre. Vous rapporterez au discours direct les paroles et les pensées des personnages.

Bilan des acquis

SOCLE COMMUN C1

9 a. Repérez les paroles rapportées directement. Justifiez.
b. Relevez les propositions incises, qu'indiquent-elles ?
c. Quels sont les effets recherchés par le discours direct dans ce passage ? Relevez les procédés d'écriture qui les mettent en valeur.

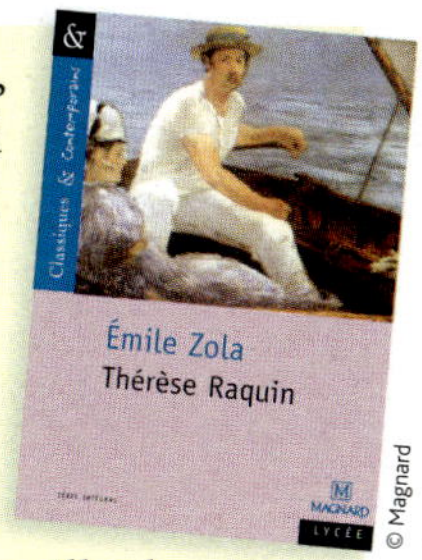

© Magnard

Un jeudi, en revenant de son bureau, Camille amena avec lui un grand gaillard, carré des épaules, qu'il poussa dans la boutique d'un geste familier.

« Mère, demanda-t-il à Madame Raquin en le lui montrant, reconnais-tu ce monsieur-là ? »

La vieille mercière regarda le grand gaillard, chercha dans ses souvenirs et ne trouva rien. […]

« Comment ! reprit Camille, tu ne reconnais pas Laurent, le petit Laurent, le fils du père Laurent qui a de si beaux champs de blé du côté de Jeufosse ?… Tu ne te rappelles pas ?… J'allais à l'école avec lui ; il venait me chercher le matin, en sortant de chez son oncle qui était notre voisin, et tu lui donnais des tartines de confiture. »

Émile Zola, *Thérèse Raquin*, 1867.

Compétence 1 : Maîtrise de la langue

Item	Connaissances	Capacités
Utiliser ses capacités de raisonnement, ses connaissances sur la langue, savoir faire appel à des outils appropriés pour lire	Les marques du discours direct	Produire des phrases dialoguées en respectant les marques du discours direct

33 Discours indirect

Observer

Germain, à la recherche de son fils et d'une jeune bergère, interroge la servante.

La servante lui dit qu'une jeune fille et un enfant étaient venus le demander, mais que, ne les connaissant pas, elle n'avait pas voulu les recevoir, et leur avait conseillé d'aller à Mers.

George Sand, *La Mare au diable*, 1845.

1. Que répond la servante à Germain ? Comment le savez-vous ?
2. Combien de propositions contient la phrase ?
3. Comment le verbe de parole est-il construit ?

Leçon

1 Définition

On peut rapporter des **paroles** ou des **pensées** sans chercher à les restituer précisément mais en donnant seulement leur **contenu**. On parle de **discours indirect** (ou paroles rapportées au style indirect).

2 Construction

- Un **verbe de parole** (*dire, répondre*…) est complété par une **proposition subordonnée :**
  – **complétive**, introduite par la conjonction de subordination ***que*** ;
  *Il dit **qu'il viendra**.*
  – **interrogative indirecte**.
  *Il demande **qui viendra, s'il fera beau, quand elle arrivera, quelle robe elle portera**.*
- Les **personnes** (pronoms de première et deuxième personne) et les **indices de lieu** des paroles prononcées sont **modifiés**.
- Quand le **verbe de parole est à un temps du passé**, les **indices de temps** sont modifiés.
  On applique la **concordance des temps** dans la subordonnée.

Discours direct	Discours indirect
*Julie me confia : « **Je pars demain.** »* (présent)	*Julie me confia qu'**elle partait le lendemain**.* (imparfait)
*Julie me confia : « **Je partirai après-demain.** »* (futur)	*Julie me confia qu'**elle partirait le surlendemain**.* (conditionnel : ici, futur dans le passé)
*Julie me confia : « **Je suis partie hier.** »* (passé composé)	*Julie me confia qu'**elle était partie la veille**.* (plus-que-parfait)

Exercices

1 Repérez les passages où des paroles sont rapportées au discours indirect.

Le fermier, qui connaissait ces sortes d'affaires, voulut prendre la chose en plaisanterie. Il prétendit que son péché n'était pas si grave, puisqu'il ne consistait qu'en paroles, et qu'il voulait bien demander pardon à condition que l'on irait boire au prochain cabaret, et qu'on se quitterait bons amis.

George Sand, *La Mare au diable*, 1845.

2 Délimitez les propositions subordonnées interrogatives, entourez les mots subordonnants et donnez leur classe grammaticale.

1. Vous me demandez, frère, si j'ai aimé ; oui.
2. Puis il me fit quelques questions sur la manière dont je dirigeais ma cure, si je m'y plaisais, à quoi je passais le temps que mon ministère me laissait libre, si j'avais fait quelques connaissances parmi les habitants du lieu, quelles étaient mes lectures favorites, et mille autres détails semblables.

Théophile Gautier, *La Morte amoureuse*, 1836.

3 **Parmi les verbes suivants, lesquels peuvent servir à rapporter des paroles indirectement ? Justifiez, en les utilisant dans une phrase d'exemple.**

Bredouiller, affirmer, interroger, poursuivre, ajouter, s'étonner, s'exclamer.

4 **Complétez chaque phrase par la proposition indiquée.**

1. La jeune maman se demande … *(prop. sub. interrogative introduite par si).*
2. L'accusé avoue … *(prop. sub. complétive).*
3. L'auteur se demande … *(prop. sub. interrogative introduite par un pronom interrogatif).*
4. Roméo crie à Juliette … *(prop. sub. complétive).*
5. Le détective ignore … *(prop. sub. introduite par une conjonction autre que si).*
6. Le touriste cherche à savoir … *(prop. sub. introduite par un déterminant interrogatif).*

5 **Repérez les paroles rapportées. Transformez cet extrait au discours direct.**

Cet homme-là a eu l'air de se fâcher parce que Marie lui disait qu'elle s'en irait. Il lui a dit qu'il lui donnerait tout ce qu'elle voudrait, cent francs ! Et ma Marie s'est fâchée aussi.

George Sand, *La Mare au diable*, 1845.

6 **Transposez ce texte au discours indirect en conservant le présent de narration.**

« Je n'ai pas appris ma leçon d'hier, ne cesse de se répéter Lucie ; si le professeur fait un contrôle surprise j'aurai une mauvaise note ! Je suis bonne pour être privée de sortie demain. »

7 **Récrivez ce passage au discours indirect (le verbe *dire* sera au présent de l'indicatif).**

« D'ailleurs, dit d'Artagnan […], je crois que nous ne sommes pas ici en lieu opportun pour faire des confidences. Les hommes que j'ai mis en fuite vont revenir avec main-forte ; s'ils nous retrouvent ici, nous sommes perdus. J'ai bien fait prévenir trois de mes amis. »

Alexandre Dumas, *Les Trois Mousquetaires*, 1844.

8 **Récrivez ce passage au discours indirect.**

« Oh ! répondit le commissaire, il a eu toute la nuit, et des complices sans doute. Cette maison doit communiquer avec les voisines. »

Guy de Maupassant, *Qui sait ?*, 1890.

9 **Transposez ce dialogue en discours indirect.**

« Vous ne m'aimez donc plus ? » disait-elle.
Il répondait : « Pouvez-vous dire des choses pareilles ? »
Elle reprenait : « La pêche cependant semble vous occuper plus que moi. »
Il gémissait : « Ne m'avez-vous point donné l'ordre de partir pêcher ? »
Et elle ajoutait gravement : « Si, mais je m'ennuie ! »

10 **Récrivez ce texte au discours indirect. Effectuez la concordance des temps.**

© École des Loisirs

« Qui ose, demanda-t-il d'une voix enrouée, aux courtisans debout près de lui, qui ose nous insulter par cette ironie ? »

Edgar Allan Poe, *Le Masque de la Mort rouge*, 1842.

11 **Récrivez cet extrait au discours indirect libre, en commençant votre texte ainsi :** *Corinne regarda Oswald avec passion. Elle lui déclara que…* **Veillez à varier les verbes de parole et effectuez la concordance des temps.**

Mon bonheur dépend en entier du sentiment que vous m'avez montré depuis six mois. Éloignez de vous toute idée de devoir […]. Un accent, un regard de vous suffiraient pour m'apprendre que votre cœur n'est plus le même, et je détesterais tout ce que vous pourriez m'offrir à la place de votre amour […]. Soyez donc libre maintenant, Oswald, libre chaque jour, libre encore, quand vous serez mon époux.

Madame de Staël, *Corinne ou l'Italie*, 1807.

S'exprimer

12 Rapportez les paroles (conseils, leçons) que vos parents, grands-parents vous donnaient quand vous étiez plus jeune et qui ont guidé votre façon de vous comporter ou de penser.

Ex. : Quand j'étais plus jeune, mes parents me disaient que…

Bilan des acquis

SOCLE COMMUN C1

13 **a. À quel type de discours les paroles sont-elles rapportées ? Justifiez. b. Récrivez le passage suivant en remplaçant** *embrasse* **par** *embrassa* **et en rapportant les paroles au discours indirect. Pensez à utiliser des verbes de parole précis et variés, à effectuer la concordance des temps et à modifier les pronoms.**

ROMÉO

Alors, ne bouge pas, tandis que je recueille
Le fruit de mes prières. Et que mon péché
S'efface de mes lèvres grâce aux tiennes.

Il l'embrasse.

JULIETTE

Il s'ensuit que ce sont mes lèvres
Qui portent le péché qu'elles vous ont pris.

William Shakespeare, *Roméo et Juliette*, I, 5, 1597, trad. Yves Bonnefoy © Éd. Gallimard, 2001.

Compétence 1 : Maîtrise de la langue

Item	Connaissances	Capacités
Utiliser ses capacités de raisonnement, ses connaissances sur la langue, savoir faire appel à des outils appropriés pour lire	La construction des verbes de parole au discours indirect	Effectuer les modifications pour passer du discours direct au discours indirect

34 Situation d'énonciation : qui parle ? à qui ? quand ? où ?

Observer

Samedi, trois heures du matin.

Je rentre. J'ai ta lettre. Cette douce lettre, je l'avais lue aujourd'hui dans tes yeux. Que tu étais belle tantôt aux Tuileries sous ce ciel de printemps, sous ces arbres verts, avec ces lilas en fleur au-dessus de ta tête.

Victor Hugo, *Lettres à Léonie*, 1845.

1. Qui écrit ? À qui ? Quels mots les désignent ?
2. Où et quand cette lettre a-t-elle été écrite ?
3. À quel autre moment et à quel autre lieu l'auteur fait-il référence ?

Leçon

1 Définition

- Lorsqu'on parle ou qu'on écrit, on produit des **énoncés**.
- **Qui parle ? à qui ? quand ? où ?** : répondre à ces questions, c'est définir la **situation d'énonciation**, c'est-à-dire les **circonstances des énoncés**.

2 Les énoncés dépendants de la situation d'énonciation (ancrés)

- Il est **indispensable de connaître la situation d'énonciation pour comprendre** certains énoncés.
  __Je__ rentre. __J'__ai ta lettre. Que __tu__ étais belle __tantôt__ aux Tuileries. (Si l'on ne connaît pas la situation d'énonciation, on ne sait pas qui est *je*, *tu*, ou quel moment désigne *tantôt*.)
- Ces **énoncés** se trouvent à l'**oral** et, à l'**écrit**, dans des formes d'écriture qui rapportent des paroles : les **lettres**, les **dialogues de théâtre**, les **dialogues au discours direct** dans les récits.
- Les **mots** suivants **ne peuvent être compris qu'en fonction de la situation d'énonciation** :
  – **Pronoms personnels** des **1re** et **2e** personnes : *je, tu, nous, vous*. *__Je__ rentre.*
  – **Déterminants et pronoms démonstratifs et possessifs.** *Sous __ces__ arbres verts. J'ai __ta__ lettre.*
- **Indications de lieu et de temps** : *ici, maintenant, aujourd'hui, demain, hier, le mois dernier…*
  Que tu étais belle __tantôt__ aux Tuileries.

3 Les énoncés indépendants de la situation d'énonciation (coupés)

- Certains énoncés **peuvent se comprendre même si l'on ne connaît pas la situation d'énonciation** :
  – **Les vérités générales et scientifiques.** *La Terre tourne autour du Soleil.*
  – **Les récits au passé.**
  Maître Chicot, l'aubergiste d'Épreville, arrêta son tilbury devant la ferme de la mère Magloire. C'était un grand gaillard de quarante ans. (Guy de Maupassant, « Le petit fût », *Contes*)
- **Pronoms personnels, déterminants et pronoms possessifs** sont alors ceux de la **3e personne**.
  __Son__ tilbury.
- **Déterminants et pronoms démonstratifs** désignent **un élément déjà cité** auparavant dans le récit. *__C'__était un grand gaillard.*
- **Indications de lieu et de temps** utilisées : *là, y, ce jour-là, le lendemain, la veille, le mois précédent, la semaine suivante…*

Exercices

1 Clarifiez la situation d'énonciation en ajoutant des informations : qui écrit ? à qui ? où ? quand ?

Ce séjour chez vous m'a beaucoup apporté. Je vous remercie donc infiniment de m'avoir accueillie au sein de votre famille pour ces quelques jours de vacances. J'espère revenir vous voir cet été.

Amicalement,

2 Imaginez deux situations d'énonciation différentes pour chaque phrase.

1. Il vole ! **2.** Servez-vous. **3.** Passe-moi dix balles. **4.** Il prend le train en marche. **5.** Elle entrera en scène demain.

3 Dans ces répliques, relevez les mots qui désignent les personnes qui parlent et une indication de temps.

ÉLISE. – Je vous demande pardon, mon père.
HARPAGON. – Je vous demande pardon, ma fille.
ÉLISE. – Je suis très humble servante au seigneur Anselme, mais, avec votre permission, je ne l'épouserai point.
HARPAGON. – Je suis votre très humble valet ; mais, avec votre permission, vous l'épouserez dès ce soir.
ÉLISE. – Dès ce soir ?
HARPAGON. – Dès ce soir.

Molière, *L'Avare*, 1668.

4 Imaginez des phrases correspondant à ces situations d'énonciation.

1. Surveillant. Collégien. 8 heures 15. Devant le collège.
2. Arbitre. Joueur de rugby. Après une mêlée. Sur le terrain.
3. Homme. Sa fiancée. Après une demande en mariage. Au café.
4. Jeune fille. Vieille dame. 18 heures. Dans un bus bondé.
5. Mère. Enfant. 20 heures. Dans une chambre désordonnée.

5 À qui les mots en gras renvoient-ils dans cette lettre ?

Nicolas Ceci
8 rue Perrine
93800 Rosny

Monsieur Roch
Directeur de la société RST
Rosny, le 12 janvier 2011.

***Monsieur**,*
*J'ai l'honneur de vous solliciter pour effectuer un stage dans **votre** entreprise. **Je vous** ai d'ailleurs envoyé **mon** CV par fax hier.*

6 Quels passages dépendent de la situation d'énonciation, quels passages en sont indépendants ? Pour désigner le jour de la sortie en mer, quelle modification constatez-vous ?

« Voulez-vous y venir ?
– Mais oui.
– Mardi prochain ?
– Oui, mardi prochain.
– Êtes-vous femme à partir à cinq heures du matin ? »

Elle poussa un cri de stupeur : « Ah ! mais non, par exemple. » Il fut désappointé, et refroidi [...]. Donc, le mardi suivant, la *Perle* avait été jeter l'ancre sous les rochers blancs du cap de la Hève.

Guy de Maupassant, *Pierre et Jean*, 1887.

7 Ces types de texte sont-ils dépendants ou indépendants de la situation d'énonciation ? Dites pourquoi.

1. Une carte postale. 2. Votre journal intime. 3. Le résumé d'un roman. 4. Un dialogue théâtral. 5. Un exposé sur la Révolution française.

8 Ces phrases sont-elles dépendantes ou indépendantes de la situation d'énonciation ?

1. Le mois prochain, je pars en vacances. 2. Ici, ce tableau sera mieux mis en valeur. 3. Une nuit, la terre trembla, et tout le village fut détruit. 4. Maintenant la maison est bien vide, sans les enfants. 5. Désormais, ils étaient majeurs et indépendants.

9 Transformez ce récit en dialogue théâtral.

Mlle Source partit voir ses parents et leur raconta que son fils la regardait fixement du matin au soir, ce qui lui donnait des envies de crier au secours, tant elle avait peur. Les cousines lui demandèrent s'il était brutal. Elle répondit qu'au contraire, il était gentil et serviable, mais elle était certaine qu'il avait quelque chose en tête. Elles décidèrent que Mlle Source devait trouver un logement en ville le jour même, et déménager le lendemain.

D'après **Guy de Maupassant**, « L'orphelin », *Contes*, 1883.

10 Transformez ce dialogue théâtral en récit au passé, à la troisième personne.

© Magnard

Adraste. – As-tu là tes musiciens ?
Hali. – Oui.
Adraste. – Fais-les approcher. Je veux, jusques au jour, les faire ici chanter, et voir si leur musique n'obligera point cette belle à paraître à quelque fenêtre.
Hali. – Les voici. Que chanteront-ils ?
Adraste. – Ce qu'ils jugeront de meilleur.
Hali. – Il faut qu'ils chantent un trio qu'ils m'ont chanté hier.
Adraste. – Non, ce n'est pas ce qu'il me faut.

D'après **Molière**, *Le Sicilien ou l'Amour peintre*, 1667.

11 Quels mots montrent que ce texte dépend de la situation d'énonciation ? Transformez-le en récit au passé à la troisième personne.

3 juillet. – J'ai mal dormi ; certes, il y a ici une influence fiévreuse, car mon cocher souffre du même mal que moi. En rentrant hier, j'avais remarqué sa pâleur singulière.

Guy de Maupassant, *Le Horla*, 1887.

S'exprimer

12 Créez une bande dessinée en utilisant les énoncés suivants. Vos dessins représenteront la situation d'énonciation.

1. Oh ! On dirait qu'il va pleuvoir. 2. Pleuvoir ? Mais il n'y a pas un nuage ! 3. Tu ne crois pas qu'il va pleuvoir ? 4. Non, va jouer. 5. Kévin !!!!!

Bilan des acquis

SOCLE COMMUN C1

13 Quelle est la situation d'énonciation ? Le Comte la connaît-il ? Quel est le but de la Comtesse ?

La Comtesse est déguisée en Suzanne.

Le Comte, *à la Comtesse, qu'il prend pour Suzanne, et prenant sa main.* – Mais quelle peau fine et douce, et qu'il s'en faut pour que la Comtesse ait la main aussi belle ! A-t-elle ce bras ferme et rondelet ? Ces jolis doigts pleins de grâce et d'espièglerie ?
La Comtesse. – Vous ne l'aimez plus ?
Le Comte. – Je l'aime beaucoup, mais trois ans d'union rendent l'hymen si respectable !
La Comtesse. – Que vouliez-vous en elle ?
Le Comte. – Ce que je trouve en toi, ma beauté...

D'après **Beaumarchais**, *Le Mariage de Figaro*, 1778.

Compétence 1 : Maîtrise de la langue

Item	Connaissance	Capacités
Utiliser ses capacités de raisonnement, ses connaissances sur la langue, savoir faire appel à des outils appropriés pour lire	La définition de la situation d'énonciation	Identifier une situation d'énonciation, comprendre le rôle de la situation d'énonciation dans le sens d'un texte

35 Situation d'énonciation : choix des temps verbaux

Observer

Aussitôt que ses amis furent réunis, il leur dit : « Je vais vous soumettre le cas le plus bizarre et le plus inquiétant que j'aie jamais rencontré. D'ailleurs, je n'ai rien à vous dire de mon client. Il parlera lui-même. » Le docteur alors sonna. Un domestique fit entrer un homme.

Guy de Maupassant, *Le Horla*, 1887.

1. Repérez les passages narratifs et les passages de dialogue.

2. Quels sont les temps employés ?

Leçon

1 Énoncés indépendants de la situation d'énonciation : le récit

- **Dans un récit** que l'on comprend sans connaître la situation d'énonciation, généralement à la 3e personne, on emploie le plus souvent les **temps du passé** : **imparfait**, **passé simple**, **plus-que-parfait**, **passé antérieur**, **conditionnel présent**.
  *Le docteur alors **sonna**. Un domestique **fit** entrer un homme.*
- Il existe aussi des **récits au passé composé**, qui apportent un ton plus proche du langage parlé.
  *Avant de me coucher, j'**ai placé** sur ma table du vin, du lait, de l'eau, du pain et des fraises.*
  (Guy de Maupassant, *Le Horla*)
- Certains récits sont au présent pour les rendre plus **vivants** : c'est le **présent de narration**.
  *Vers dix heures, je **monte** dans ma chambre. À peine entré, je **donne** deux tours de clef, et je **pousse** les verrous ; j'**ai** peur… de quoi ?* (Guy de Maupassant, *Le Horla*)

2 Énoncés dépendants de la situation d'énonciation : le discours

- On dit que les **énoncés dont le sens dépend de la situation d'énonciation** sont du ***discours***.
  On les trouve à l'**oral**, dans les **lettres**, dans les **dialogues de théâtre** et les **dialogues au discours direct dans les récits**.
  De plus, certains narrateurs commentent les actions qu'ils racontent.
  *Arrivé là, on le mit dans un cachot pour la nuit, et dans un atelier pour le jour. **Ce n'est pas l'atelier que je blâme.*** (Victor Hugo, *Claude Gueux*)
- Le temps dominant dans le discours est le **présent d'énonciation**.
  *D'ailleurs, je n'**ai** rien à vous dire de mon client.*
- Le **passé composé** est employé pour évoquer des actions antérieures au présent de l'énonciation.
  La nuit a été horrible. (Guy de Maupassant, *Le Horla*)
- Le **futur simple** et le **conditionnel** peuvent être utilisés pour évoquer l'avenir.
  *Il **parlera** lui-même. Il a décidé qu'il **deviendrait** médecin.*
- Le mode **impératif** peut être employé. *Tais-toi !*
- Tous les autres temps et modes peuvent être utilisés, mais **jamais le passé simple** ni le **passé antérieur**.

3 Les vérités générales et scientifiques

Elles sont indépendantes de la situation d'énonciation, et sont au **présent de vérité générale**.
*La Terre **tourne** autour du soleil.*

Exercices

1 Repérez les verbes et identifiez les temps employés. Ces phrases relèvent-elles du récit ou du discours ?

1. J'ai raté mon bus.
2. Il était une fois un bûcheron qui avait sept fils.
3. Je vais vous raconter une histoire.
4. Viens ici tout de suite.
5. Un loup survint à jeun qui cherchait aventure.

2 Même consigne que l'exercice 1.

1. Tu ne pourras pas partir en vacances sans ta voiture.
2. Guy de Maupassant passa son enfance en Normandie, puis il s'installa à Paris où il devint fonctionnaire.
3. Le loup emporte l'agneau dans la forêt et le mange sans autre forme de procès.
4. Au cours de sa vie, Victor Hugo s'est engagé dans la vie politique de son temps et a combattu l'esclavage et la peine de mort.
5. L'eau bout à cent degrés.

3 **Ce texte relève-t-il du récit ou du discours ? Justifiez votre réponse en vous appuyant sur les temps employés.**

– Messieurs, je sais pourquoi on vous a réunis ici et je suis prêt à vous raconter mon histoire, comme m'en a prié mon ami le docteur Marrande. Pendant longtemps, il m'a cru fou. Aujourd'hui, il doute. Dans quelque temps, vous saurez tous que j'ai l'esprit aussi sain, aussi lucide, aussi clairvoyant que les vôtres, malheureusement pour moi, et pour vous, et pour l'humanité tout entière.

Guy de Maupassant, *Le Horla*, 1887.

4 **Transformez ces phrases au discours indirect. Repérez les modifications de temps.**

1. Le médecin dit : « Je vais vous présenter l'un de mes patients. »
2. Ma mère m'expliqua : « J'ai décidé de déménager et tu devras changer d'école. »
3. Le président déclara : « Nous allons passer au vote, et nous en tirerons toutes les conséquences. »
4. Le surveillant cria : « Rangez-vous par deux. »
5. Mon ami rétorqua : « Si tu n'as pas réparé ton vélo, nous ne pourrons pas faire la course. »

5 **Transformez ces phrases au discours direct. Repérez les modifications de temps.**

1. Le capitaine ordonna de hisser la grand-voile.
2. La jeune fille annonça qu'elle se marierait prochainement.
3. Le petit garçon avoua qu'il avait mangé tous les chocolats.
4. Leur employeur accepta d'augmenter leur salaire.
5. Ses camarades lui conseillèrent de ne pas se lancer dans cette ascension alors qu'il n'était pas entraîné.

6 **Récrivez le texte sous forme d'un récit au passé à la 3ᵉ personne en commençant par** *Il se demanda…*

Ai-je perdu la raison ? Ce qui s'est passé, ce que j'ai vu la nuit dernière est tellement étrange, que ma tête s'égare quand j'y songe !

Comme je le fais maintenant chaque soir, j'avais fermé ma porte à clé ; puis, ayant soif, je bus un demi-verre d'eau, et je remarquai par hasard que ma carafe était pleine jusqu'au bouchon de cristal.

Guy de Maupassant, *Le Horla*, 1887.

7 **Repérez les verbes au présent. Ce texte relève-t-il du récit ou du discours ?**

L'archevêque de Reims revenait hier fort vite de Saint-Germain, c'était comme un tourbillon ; il croit bien être grand seigneur, mais ses gens le croient encore plus que lui. Ils passaient au travers de Nanterre, tra tra tra ! Ils rencontrent un homme à cheval. Ce pauvre homme veut se ranger, son cheval ne veut pas ; et enfin le carrosse et les six chevaux renversent cul par-dessus tête le pauvre homme et le cheval.

Madame de Sévigné, *Lettres*, 1674.

© L'Éd. J'ai Lu

8 **Quel mode peut vous aider à identifier le texte comme relevant du discours ? Repérez deux verbes conjugués au présent de vérité générale.**

DON RODRIGUE. – D'une indigne pitié
[ton audace est suivie :
Qui m'ose ôter l'honneur craint de m'ôter la vie !
LE COMTE. – Retire-toi d'ici.
DON RODRIGUE. – Marchons sans discourir.
LE COMTE. – Es-tu si las de vivre ?
DON RODRIGUE. – As-tu peur de mourir ?
LE COMTE. – Viens, tu fais ton devoir, et le fils dégénère
Qui survit un moment à l'honneur de son père.

Pierre Corneille, *Le Cid*, 1636.

9 **Dans cet article de presse, observez l'emploi des temps et repérez les caractéristiques du style journalistique.**

Mimi Perrin est morte en 2010 à 84 ans. Elle avait fondé le groupe *Les Double Six*. Elle a traduit les biographies de grands artistes du jazz. Sa mère coupa court à ses études de piano, lui interdit le conservatoire pour qu'elle ne devînt pas une saltimbanque. Elle suit des études à la Sorbonne, sans dire à sa mère que, la nuit, elle est la première pianiste dans un monde d'hommes.

S'exprimer

10 Écrivez une page de journal intime où un(e) adolescent(e) évoque une première rencontre amoureuse. Transformez-le ensuite en récit au passé à la 3ᵉ personne. Repérez les modifications de temps.

Bilan des acquis

SOCLE COMMUN C1

11 **Comparez ces deux textes : quelle modification l'auteur a-t-il opérée ? Quel est l'effet produit ?**

Le soir suivant, je voulus faire la même épreuve. Je fermai donc ma porte à clef pour être certain que personne ne pourrait pénétrer chez moi. Je m'endormis et me réveillai, comme chaque nuit. On avait bu toute l'eau que j'avais vue deux heures plus tôt.

Qui avait bu cette eau ? Moi, sans doute, et pourtant je me croyais sûr, absolument sûr, de n'avoir pas fait un mouvement dans mon sommeil profond et douloureux.

Guy de Maupassant, *Le Horla*, 1886.

6 juillet. – Je deviens fou. On a encore bu toute ma carafe cette nuit ; – ou plutôt, je l'ai bue !

Mais est-ce moi ? Est-ce moi ? Qui serait-ce ? Qui ? Oh ! mon Dieu ! Je deviens fou ! Qui me sauvera ?

Guy de Maupassant, *Le Horla*, 1887.

Compétence 1 : Maîtrise de la langue

Item	Connaissances	Capacités
Utiliser ses capacités de raisonnement, ses connaissances sur la langue, savoir faire appel à des outils appropriés pour lire	Les notions de récit, de discours et les temps qui y sont employés	Repérer les temps employés, identifier récit et discours, déduire d'une observation grammaticale un effet stylistique

36 Le point de vue

Observer

Un jour, ma mère arriva dans le salon avec un animal à long cou dont la queue mince et longue se terminait dans une prise de courant. Elle poussa un bouton et la bête amorça une plainte régulière et ininterrompue. La tête se mit à bouger sur le sol en un mouvement de va-et-vient qui entraînait le bras de maman derrière elle. Parfois, le corps avançait sur ses pattes qui étaient des roulettes.

Amélie Nothomb, *Métaphysique des tubes* © Albin Michel, 2000.

1. Qu'est-ce que la mère a apporté en réalité ?

2. Qui voit la scène ? Relevez tous les indices qui le montrent.

Leçon

1 Définition

Au sens premier, un **point de vue** désigne l'endroit d'où l'on est placé pour regarder un paysage. Identifier le point de vue adopté dans un texte narratif, descriptif, c'est répondre à la question : **qui voit la scène ?** (Personnages, lieux…)

2 Les différents points de vue

- **Le point de vue omniscient**

Dans les récits à la **troisième personne**, le plus souvent, le narrateur a une **vue d'ensemble** sur l'**espace**, le **temps** et les **personnages**. Le récit informe sur le **passé**, l'**avenir**, la **vie**, l'**identité** et le **caractère** des personnages. Le **point de vue omniscient** est le point de vue le plus fréquemment adopté (du latin *omnis*, « tout », et *scio*, « savoir »).

Il y a quelques années, florissait, orgueil de nos boulevards, certain vaste et lumineux café. […] Là, se réunissait quotidiennement l'élite de ces jeunes gens qui se sont distingués depuis, soit par leur valeur artistique, soit par leur incapacité, soit par leur attitude dans les jours troubles que nous avons traversés. (Auguste de Villiers de L'Isle-Adam, *Contes cruels*)

- **Le point de vue interne**

Une scène peut aussi être décrite **à travers le regard d'un des personnages**. Tout est perçu à travers lui, on parle alors de **point de vue interne**. Dans ce cas, le texte informe autant sur ce personnage que sur ce qu'il raconte ou décrit.

Le comte toucha par hasard le mouchoir de batiste dont les gouttes de sang étaient humides et rouges comme des œillets sur la neige !... Là, sur le piano, qui donc avait tourné la page finale de la mélodie d'autrefois ? Quoi ! […] Et ces fleurs orientales […] quelle main venait de les y placer ? (Auguste de Villiers de L'Isle-Adam, *Contes cruels*) Dans ce passage, la pièce est décrite à travers le regard du comte.

Les **indices** du point de vue interne sont :
- Les **verbes de perception** : *voir, regarder, entendre…*
- L'expression des **pensées** et des **sentiments**, l'emploi des **phrases interrogatives et exclamatives**, l'emploi du **discours indirect libre**.
- Le **registre de langue oral** ou **familier**, le vocabulaire en rapport avec l'**âge** ou la **condition sociale** du personnage.

Attention ! On trouve, par définition, le point de vue interne dans **tous les récits à la première personne** (tout est vu, rapporté à travers les yeux du **narrateur-personnage**), mais aussi dans certains récits à la **troisième personne**.

- **Le point de vue externe**

Dans certains récits, les faits et les personnages sont présentés **à travers le regard d'un témoin extérieur**. Le récit ressemble à un **scénario**. L'information est limitée à ce qui est **visible de l'extérieur** : actions, paroles, apparence des personnages. On parle de **point de vue externe**.

Deux hommes parurent. L'un venait de la Bastille, l'autre du Jardin des Plantes. Le plus grand, vêtu de toile, marchait le chapeau en arrière, le gilet déboutonné et sa cravate à la main. Le plus petit, dont le corps disparaissait dans une redingote marron, baissait la tête. (Gustave Flaubert, *Bouvard et Pécuchet*)

Les **indices** du point de vue externe sont :
- L'**absence de pensées et de sentiments**.
- La présence de **verbes d'action** et de **paroles rapportées directement**.
- L'utilisation d'une **désignation indéfinie** pour les personnages. *Un homme, une femme.*

1 **Ces passages, écrits à la 3e personne, adoptent le point de vue interne : identifiez qui voit qui, relevez tous les indices du point de vue interne.**

1. Madame de Rênal sortait par la porte-fenêtre du salon qui donnait sur le jardin, quand elle aperçut près de la porte d'entrée la figure d'un jeune paysan presque encore enfant, extrêmement pâle et qui venait de pleurer. Il était en chemise bien blanche, et avait sous le bras une veste fort propre de ratine violette.

Stendhal, *Le Rouge et le Noir*, 1830.

2. D'Artagnan, resté seul avec Mme Bonacieux, se retourna vers elle : la pauvre femme était renversée sur un fauteuil et à demi évanouie. D'Artagnan l'examina d'un coup d'œil rapide. C'était une charmante femme de vingt-cinq à vingt-six ans, brune avec des yeux bleus, ayant un nez légèrement retroussé, des dents admirables, un teint marbré de rose et d'opale.

Alexandre Dumas, *Les Trois Mousquetaires*, 1844.

3. Ce fut comme une apparition : elle était assise, au milieu du banc, toute seule ; ou du moins il ne distingua personne, dans l'éblouissement que lui envoyèrent ses yeux. […] Il la regarda. […] Jamais il n'avait vu cette splendeur de sa peau brune, la séduction de sa taille, ni cette finesse des doigts que la lumière traversait. Il considérait son panier à ouvrage avec ébahissement, comme une chose extraordinaire. Quels étaient son nom, sa demeure, sa vie, son passé ?

Gustave Flaubert, *L'Éducation sentimentale*, 1869.

2 **a. Quel est le point de vue adopté dans ce texte ? Repérez-en tous les indices. b. Justifiez son emploi.**

Dans les premiers jours d'octobre 1815, une heure avant le coucher du soleil, un homme qui voyageait à pied entrait dans la ville de Digne. Les rares habitants qui se trouvaient en ce moment à leurs fenêtres ou sur le seuil de leurs maisons regardaient ce voyageur avec inquiétude. Il était difficile de rencontrer un passant d'un aspect plus misérable. C'était un homme de taille moyenne, trapu et robuste, dans la force de l'âge. Il pouvait avoir quarante-six ou quarante-huit ans. Une casquette à visière de cuir rabattue cachait son visage brûlé par le soleil.

D'après **Victor Hugo**, *Les Misérables*, 1862.

3 **Pour chaque passage, dites s'il s'agit d'un point de vue omniscient, interne ou externe. Justifiez vos réponses.**

1. Il parut alors une beauté à la Cour, qui attira les yeux de tout le monde, et l'on doit croire que c'était une beauté parfaite, puisqu'elle donna de l'admiration dans un lieu où l'on était si accoutumé à voir de belles personnes. Elle était de la même maison que le Vidame de Chartres.

Mme de La Fayette, *La Princesse de Clèves*, 1678.

2. Je levai par hasard ma tête, que j'avais jusque-là tenue inclinée, et j'aperçus devant moi, si près que j'aurais pu la toucher, quoique en réalité elle fût à une assez grande distance et de l'autre côté de la balustrade, une jeune femme d'une beauté rare.

Théophile Gautier, *La Morte amoureuse*, 1836.

3. L'homme est descendu de la limousine, il fume une cigarette anglaise. Il regarde la jeune fille au feutre d'homme et aux chaussures d'or. Il vient vers elle lentement. C'est visible, il est intimidé. Il ne sourit pas tout d'abord. Tout d'abord, il lui offre une cigarette.

Marguerite Duras, *L'Amant* © Éditions de Minuit, 1984.

S'exprimer

4 Vous aimez particulièrement un film, une musique ou un sport qu'un membre de votre famille n'apprécie pas du tout. Rédigez deux paragraphes opposés, le premier de votre point de vue, l'autre du sien.

Bilan des acquis

SOCLE COMMUN C1

5 **a. Quel est le point de vue adopté dans ce passage ? Justifiez.**
b. Récrivez l'extrait en racontant la scène du point de vue de l'enfant à la 3e personne. Modifiez la désignation des personnages, précisez les sentiments et les pensées de l'enfant.

« Veux-tu lire ce qu'il y a d'écrit au-dessus de la partition ? demanda la dame.

– *Moderato cantabile*, dit l'enfant.

La dame ponctua cette réponse d'un coup de crayon sur le clavier. L'enfant resta immobile, la tête tournée vers sa partition.

– Et qu'est-ce que ça veut dire, *moderato cantabile* ? reprit la dame.

L'enfant ne répondit pas. La dame poussa un cri d'impuissance étouffé, tout en frappant de nouveau le clavier du crayon. Pas un cil de l'enfant ne bougea. »

Marguerite Duras, *Moderato cantabile* © Éditions de Minuit, 1958.

Compétence 1 : Maîtrise de la langue

Item	Connaissances	Capacités
Utiliser ses capacités de raisonnement, ses connaissances sur la langue, savoir faire appel à des outils appropriés pour lire	Les différents points de vue : interne, externe, omniscient…	Identifier le point de vue adopté dans un texte. Récrire un texte en changeant de point de vue

37 Connecteurs temporels et spatiaux

Observer

Soudain, à ma droite, une grenouille coassa. Je tressaillis. Alors, je m'étendis au fond du bateau. Pendant quelque temps, je demeurai tranquille, mais bientôt les légers mouvements de la barque m'inquiétèrent. Il me sembla qu'elle faisait des embardées gigantesques; puis je crus qu'une force invisible l'attirait au fond de l'eau.

D'après **Guy de Maupassant**, « Sur l'eau », *Contes et nouvelles*, 1881.

1. De quel type de texte s'agit-il ?
2. Quels sont les mots qui marquent la chronologie des actions ?

Leçon

1 Définition

Les connecteurs sont des éléments qui assurent la **liaison entre les différentes parties** du texte ou entre des propositions. Ils peuvent avoir plusieurs classes grammaticales : **conjonctions de coordination** ou **de subordination**, **adverbes** ou **groupes prépositionnels**...

2 Les connecteurs temporels

- Les connecteurs temporels marquent la **succession chronologique** dans un **récit** :
– l'**ordre** des actions : *d'abord, alors, après, auparavant, ensuite, et, puis, enfin, finalement...*
– la **simultanéité** : *cependant, en même temps...*
– la **fréquence** : *parfois, souvent...*
– la **soudaineté** : *soudain, tout à coup...*

__Soudain__, à ma droite, une grenouille coassa, __alors__ je m'étendis au fond du bateau. (adverbes)
__Pendant quelque temps__, je demeurai tranquille. (groupe prépositionnel CC temps)
__Après que__ le soleil fut couché, je décidai de rentrer. (conjonction de subordination)

- On peut aussi les trouver dans les **textes descriptifs** où ils renforcent l'**organisation** de la description.

Je ne voyais plus le fleuve, ni mes pieds, mais j'apercevais seulement la pointe des roseaux, __puis__ plus loin, la plaine toute pâle de la lumière de la lune.

- Lorsqu'on écrit un récit, on peut commencer **chaque nouvelle étape** du schéma narratif par un connecteur temporel et le placer au début d'un **nouveau paragraphe**.

3 Les connecteurs spatiaux

- Les connecteurs spatiaux structurent le plus souvent une **description** en situant **dans l'espace** les éléments les uns par rapport aux autres : *ici, là, en haut, en bas, à gauche, à droite, devant, derrière, au-dessus, en dessous...*

__Là-haut__, sur ma tête, s'étalait une grande lune illuminante. (adverbe)
__Sur chaque berge__, le brouillard avait formé une colline ininterrompue. (groupe prépositionnel CC lieu)

Exercices

1 Indiquez si les mots en gras sont des connecteurs.

1. Lorsque la mer monte, l'eau recouvre toute la plage. **2. Après**, nous irons au lit. **3.** J'ai posé mon sac **sous** la table. **4.** Il est sorti **alors** qu'il pleut. **5. Cependant**, il continua de jardiner. **6.** Je suis sur mon balcon ; **en dessous**, des chats miaulent.

2 Indiquez si les connecteurs en gras ont un sens temporel.

1. Il pleuvait fort. **Cependant**, un homme se promenait.
2. Les cheminots sont en grève. **Alors**, je ne peux pas voyager en train.
3. Il prétend qu'il n'était pas là. **Enfin**, il n'est pas très fiable.
4. Son costume se composait d'un chapeau mou, **et puis** d'un pantalon à carreaux, et **enfin**, d'une redingote.

3 Indiquez si les connecteurs en gras ont un sens spatial.

1. D'un côté, la maison était flanquée d'un appentis.
2. D'un côté, je la comprends, mais **d'un autre côté**, je la déteste.
3. Nous allons traiter **ici** de l'amour dans la poésie de V. Hugo.
4. Là, c'en est trop !
5. Ici et là, se posaient des feuilles mortes.

4 **Précisez si les connecteurs en gras sont temporels.**

Né en 1802, Victor Hugo voyagea avec son père, militaire. **Puis**, de retour à Paris, il se consacra à la littérature. **Plus tard**, il épousa Adèle Foucher. **Ensuite**, il publia des poèmes. **En même temps**, il se positionna comme le chef de l'école romantique. **Et désormais**, il se préoccupa aussi de politique. Sa fille Léopoldine mourut en 1843 et **après**, il s'exila à cause du coup d'État de Napoléon III. **Cependant**, il continua d'écrire.

5 **Relevez les connecteurs et classez-les : temporels ou spatiaux.**

Une porte de la cour, à gauche, donne sur le verger. Il est en trois parties : un jardin, le verger, un bois. Ces trois parties ont une enceinte commune. Du côté de l'entrée, les bâtiments du château et de la ferme ; à gauche, une haie ; à droite, un mur ; au fond, un mur. On entre dans le jardin d'abord.

D'après **Victor Hugo**, *Les Misérables*, 1862.

6 **Tous les connecteurs sont-ils employés dans un sens temporel ?**

J'eus soif **de nouveau** ; j'allumai une bougie et j'allai vers la table où était posée ma carafe. Je la soulevai en la penchant sur mon verre ; rien ne coula. – Elle était vide ! **D'abord**, je n'y compris rien ; **puis**, **tout à coup** je ressentis une émotion si terrible que je dus m'asseoir. On avait donc bu cette eau ? Qui ? moi ? Ce ne pouvait être que moi ! **Alors**, j'étais somnambule.

D'après **Guy de Maupassant**, *Le Horla*, 1887.

7 **Structurez cette description en ajoutant des connecteurs spatiaux.**

.1., c'était Argenteuil, dont le clocher se dressait ; .2., apparaissaient les buttes de Sannois et le moulin d'Orgemont. .3., l'aqueduc de Marly se dessinait sur le ciel clair du matin, et l'on apercevait aussi, .4., la terrasse de Saint-Germain ; tandis que .5., au bout d'une chaîne de collines, des terres remuées indiquaient le nouveau fort de Cormeilles.

Guy de Maupassant, *Une partie de campagne*, 1881.

8 **Évitez les répétitions en utilisant des connecteurs temporels variés.**

Le canotier revenait en barque d'un dîner chez un ami et décida de s'arrêter fumer une pipe. Puis, il fut étonné par le silence. Puis, il eut des sensations étranges et angoissantes. Puis, il décida de lever l'ancre. Puis, il se rendit compte qu'elle était coincée. Puis, il faillit se jeter à l'eau de terreur.

9 **Reliez les phrases par un connecteur temporel.**

1. L'élève apprend sa leçon. Il fait ses exercices.
2. Il était distrait au volant. Une voiture arrivait à toute vitesse.
3. Cassez les œufs. Séparez les blancs des jaunes. Montez les blancs en neige.

10 **Ajoutez des connecteurs temporels variés.**

© Éd. J'ai Lu

Le mari descendit .1. il ouvrit les bras pour recevoir sa femme. Pour atteindre le marchepied, Mme Dufour dut laisser voir le bas d'une jambe. .2. M. Dufour, que la campagne émoustillait déjà, lui pinça vivement le mollet. La prenant sous les bras, il la déposa .3. lourdement à terre comme un énorme paquet. .4. Elle tapa avec la main sa robe de soie pour en faire tomber la poussière, .5. regarda l'endroit où elle se trouvait .6..

D'après **Guy de Maupassant**, *Une partie de campagne*, 1881.

S'exprimer

11 Écrivez le résumé d'un roman que vous avez lu. Commencez chaque phrase par un connecteur temporel différent.

12 Décrivez un lieu angoissant (forêt obscure, manoir hanté…) en utilisant des connecteurs spatiaux.

13 Écrivez une lettre pour raconter à un ami une anecdote insolite qui vous est arrivée dans un lieu familier prenant des apparences étranges et inquiétantes. Utilisez des connecteurs temporels et spatiaux.

Bilan des acquis

SOCLE COMMUN C1

14 **a. Relevez les connecteurs et classez-les selon leur sens. b. Que montre l'accumulation des connecteurs à la fin du texte ?**

Je ne vis rien d'abord, puis, tout à coup, il me sembla qu'une page du livre resté ouvert sur ma table venait de tourner toute seule. Au bout de quarante minutes environ, je vis, oui, je vis de mes yeux une autre page se soulever. D'un bond furieux, je traversai ma chambre pour le saisir, mais mon siège se renversa comme si on eût fui devant moi… Donc, il s'était sauvé ; il avait eu peur de moi, lui ! Alors… alors… demain… ou après… ou un jour quelconque, je pourrai donc le tenir sous mes poings, et l'écraser contre le sol !

Guy de Maupassant, *Le Horla*, 1887.

Compétence 1 : Maîtrise de la langue

Item	Connaissances	Capacités
Utiliser ses capacités de raisonnement, ses connaissances sur la langue, savoir faire appel à des outils appropriés pour lire	La définition des connecteurs temporels et spatiaux	Repérer des connecteurs, comprendre le sens d'un connecteur dans un texte, déduire d'une observation grammaticale un effet stylistique

38 Connecteurs argumentatifs

Observer

Lorsqu'il s'était agi d'empêcher une rébellion, l'autorité sans titre de Claude avait prêté main-forte à l'autorité officielle du directeur. En effet, pour contenir les prisonniers, dix paroles de Claude valaient dix gendarmes. Aussi le directeur le détestait-il. Il était jaloux de ce voleur.

Victor Hugo, *Claude Gueux*, 1834.

1. Quelle qualité possède Claude Gueux ? Quels sentiments éprouve le directeur ?

2. Quels sont les mots qui introduisent une explication et une conclusion ?

Leçon

1 Définition

- Les connecteurs assurent la **liaison entre les différentes parties** du texte, entre des phrases ou entre des propositions.
- Les connecteurs **argumentatifs** (ou logiques) s'emploient dans une **explication**, un **raisonnement** ou une **argumentation**. Ils en marquent la **progression logique**.

  Claude Gueux a de l'autorité sur les prisonniers. ***Or*** *le directeur en a moins.* ***Donc*** *le directeur le déteste.*

2 Leur sens

Les connecteurs argumentatifs peuvent :

- Exprimer l'**opposition** : *mais, pourtant, cependant, néanmoins, toutefois, quand même, malgré tout, en revanche, au contraire…*

  Il ne pouvait prendre la vie du directeur sans donner la sienne propre, ***mais*** *il trouvait bon de donner sa vie pour une chose juste.*
- Introduire une **explication** ou une **justification** : *car, en effet…*

  En effet*, pour contenir les prisonniers, dix paroles de Claude valaient dix gendarmes.*
- Ajouter un **élément nouveau** : *or, d'ailleurs, et même, de plus, par surcroît, encore, en outre…*

  Le chagrin de cette séparation n'altéra en rien la voracité maladive du prisonnier. Rien ***d'ailleurs*** *ne parut sensiblement changé en lui.*
- **Énumérer** des exemples ou des arguments. Dans ce cas, des **connecteurs chronologiques** ou **spatiaux** peuvent être employés en tant que connecteurs argumentatifs : *d'abord, ensuite, enfin, d'une part, d'autre part, d'un côté, d'un autre côté…*

  Je l'ai aimé ***d'abord*** *parce qu'il m'a nourri,* ***ensuite*** *parce qu'il m'a aimé.*
- Marquer la **conclusion** : *donc, alors, aussi* (en tête de phrase), *c'est pourquoi, par conséquent, ainsi, en fin de compte, tout bien considéré, après tout, enfin, en définitive, finalement, en conclusion…*

  Aussi*, le directeur le détestait-il.*
- Apporter une **reformulation** : *autrement dit, en un mot, en d'autres termes, c'est-à-dire, bref, en résumé…* ***En un mot****, Claude Gueux était charismatique.*

Exercices

1 Indiquez le sens des connecteurs argumentatifs.

1. Il se fait aimer de tous. **En effet**, il est doux et attentionné.
2. Socrate est un homme. **Or** les hommes sont mortels. **Donc** Socrate est mortel.
3. Il était absent. Il a **néanmoins** fait ses devoirs.
4. Les températures étaient élevées. **En outre**, les cours d'eau étaient à sec. **Autrement dit**, c'était la canicule.

2 Relevez les connecteurs argumentatifs. Indiquez leur sens.

1. Quelle belle maison ! Pourtant elle est peu ensoleillée.
2. D'abord, il a commis un délit ; ensuite, il a fui. Par conséquent, il sera incarcéré.
3. Le directeur était autoritaire et cruel. Bref, c'était un homme mauvais.
4. J'avais rendez-vous. Mais un accident m'a retardé. C'est pourquoi je n'étais pas à l'heure.
5. Il faisait beau. Ainsi, nous avons pu pique-niquer.

3 **Même consigne que l'exercice 2.**

Rien d'ailleurs ne parut changé en lui. Cependant, ceux qui le connaissaient bien remarquaient quelque chose de sinistre et de sombre qui s'épaississait chaque jour un peu plus sur son visage. Du reste, il était plus doux que jamais.

Victor Hugo, *Claude Gueux*, 1834.

4 **Même consigne que l'exercice 2.**

On sait que ABCD est un quadrilatère tel que AB = CD et BC = AD. Or, si les côtés opposés d'un quadrilatère sont de même longueur, alors c'est un parallélogramme. Donc ABCD est un parallélogramme.

5 **Les mots en gras sont-ils employés comme connecteur argumentatif ?**

1. Ma mère sortit. **Alors**, je pris ma température.
2. J'avais 40 : **alors**, j'étais malade.
3. Emmène **aussi** ton maillot de bain.
4. Ils ont une piscine. **Aussi**, emmène ton maillot de bain.
5. **D'un côté**, j'aime les roses ; **d'un autre côté**, je planterais bien des tulipes.

6 **Remettez les phrases dans l'ordre et reliez-les par des connecteurs argumentatifs.**

1. L'un de ses collègues a disparu.
2. On a assassiné un employé de l'usine.
3. Ces employés n'avaient aucun ennemi.
4. Les policiers s'orientent sur la piste de l'espionnage industriel.
5. Il a reçu une balle tirée d'un immeuble voisin de son pavillon.

7 **Même consigne que l'exercice 6.**

1. Elles pèsent plusieurs tonnes. **2.** L'île aurait été peuplée par des Polynésiens. **3.** Les statues de l'île de Pâques sont un mystère. **4.** On se demande comment les insulaires ont pu les déplacer. **5.** Les nez aquilins et les lèvres fines des statues rappellent beaucoup plus les Péruviens.

8 **Reliez les phrases par des connecteurs argumentatifs.**

Il était évident que si le parricide avait pu être commis, tous les accusés étaient également coupables. ..1.. ils ne s'étaient pas quittés d'un moment. Il était ..2.. évident qu'ils ne l'étaient pas. Il était ..3.. évident que le père seul ne pouvait l'être. ..4.. l'arrêt condamna ce père seul à expirer sur la roue. ..5.. les juges furent confondus quand ce vieillard, en mourant sur la roue, prit Dieu à témoin de son innocence. ..6.. ils furent obligés de rendre un second arrêt contradictoire avec le premier.

D'après **Voltaire**, *Traité sur la tolérance*, 1763.

9 **Complétez les phrases avec un connecteur argumentatif et une proposition.**

1. Il fallait rebrousser chemin : d'abord, leurs vivres étaient épuisés, … . **2.** Certes, il était courageux, … . **3.** D'une part, l'équipe n'avait pas marqué, … . **4.** Non seulement il faisait chaud, … . **5.** D'un côté, elle est attachante, … .

10 **Quelle est l'opinion de l'auteur ? Reformulez ses arguments et reliez-les par des connecteurs.**

Le gros du peuple souffre. Le peuple a faim, le peuple a froid. La misère le pousse au crime. Messieurs, il se coupe trop de têtes par an en France. Avec la solde de vos quatre-vingts bourreaux, vous paierez six cents maîtres d'école. Tel a assassiné sur les grandes routes, qui, mieux dirigé, eût été le plus excellent serviteur de la cité. Cette tête de l'homme du peuple, cultivez-la, éclairez-la, moralisez-la ; vous n'aurez pas besoin de la couper.

D'après **Victor Hugo**, *Claude Gueux*, 1834.

11 **Relevez les connecteurs et classez-les : temporels, spatiaux ou argumentatifs.**

© Le Livre de Poche Jeunesse

Le fond du jardin se perdait dans la nuit. Cependant on y distinguait confusément des murailles. Il n'y avait personne, mais il ne semblait pas que cet endroit fût fait pour que quelqu'un y marchât, même en plein midi. Alors, ils entrèrent dans le hangar. Dehors, on entendait le bruit tumultueux de la patrouille. Jean Valjean ne respirait plus. Il avait posé sa main sur la bouche de Cosette. Au reste, l'enfant partageait son instinct de se cacher et de se blottir. Tout à coup, un bruit céleste, divin, s'éleva.

D'après **Victor Hugo**, *Les Misérables*, 1862.

S'exprimer

12 Écrivez un paragraphe où vous développerez votre opinion sur l'un de ces sujets : la chasse, la vidéosurveillance, l'uniforme à l'école. Utilisez des connecteurs argumentatifs. Confrontez ensuite vos opinions lors d'un débat oral.

Bilan des acquis

SOCLE COMMUN C1

13 **a.** **Relevez les connecteurs argumentatifs et indiquez leur sens.** **b.** **Quel est l'état mental du narrateur ? Pourquoi emploie-t-il tous ces connecteurs ?**

Alors, je fus pris d'une colère furieuse contre moi-même : car il n'est pas permis à un homme raisonnable et sérieux d'avoir de pareilles hallucinations. Mais était-ce bien une hallucination ? […] Alors, je rentrai chez moi l'âme bouleversée ; car je suis certain, maintenant qu'il existe près de moi un être invisible, qui peut toucher aux choses, et doué par conséquent d'une nature matérielle.

Guy de Maupassant, *Le Horla*, 1887.

Compétence 1 : Maîtrise de la langue

Item	Connaissances	Capacités
Utiliser ses capacités de raisonnement, ses connaissances sur la langue, savoir faire appel à des outils appropriés pour lire	La définition des connecteurs argumentatifs	Repérer des connecteurs argumentatifs, comprendre leur sens dans un texte

39 Analyse du verbe

Observer

Le verbe « lire » ne supporte pas l'impératif. Aversion[1] qu'il partage avec quelques autres : le verbe « aimer »… le verbe « rêver »…

On peut toujours essayer, bien sûr. Allez-y : « Aime-moi ! » « Rêve ! » « Lis ! » « Lis ! Mais lis donc, bon sang, je t'ordonne de lire ! »

1 horreur, répulsion.

Daniel Pennac, *Comme un roman* © Éd. Gallimard, 1992.

1. Relevez les verbes qui expriment des ordres.
2. Que signifie la première phrase ?

Leçon

1 Conjugaison et formes du verbe

Conjuguer, au sens propre, signifie *combiner, lier deux éléments*.

Le verbe est variable : on appelle « conjugaison d'un verbe » l'ensemble des **formes** que ce verbe peut prendre en fonction de la **personne** (et du **nombre**), du **mode**, du **temps** et de la **voix**.

*Au **présent de l'indicatif**, le verbe* manger *présente six formes :* mange, manges, mange, mangeons, mangez, mangent. *Au **présent de l'impératif**, il ne présente que trois formes :* mange, mangeons, mangez.

2 Temps et modes

- Les différents **temps** et **modes verbaux** permettent de **situer l'action** dans le temps ou de **modaliser l'énoncé**.
- **Le mode** indique la façon dont l'action est présentée par celui qui parle. Il existe **trois modes personnels** : l'**indicatif**, le **subjonctif**, l'**impératif**. À ces modes, le verbe se conjugue à plusieurs personnes.
  Remarque : L'expression *verbe conjugué* désigne une forme conjuguée à un **mode personnel**.
- Il existe **deux modes impersonnels** : l'**infinitif** et le **participe**.
  À ces modes, le verbe ne **varie pas en personne**.
  L'**infinitif** est la forme à laquelle le verbe apparaît dans le dictionnaire. C'est en fonction de l'infinitif qu'on classe les verbes en trois **groupes**.

Premier groupe	Deuxième groupe	Troisième groupe
Verbes en *-er* sauf le verbe *aller*	**Verbes en *-ir*** qui se terminent en ***-issons*** à la première personne du pluriel du présent de l'indicatif ou en ***-issant*** au participe présent.	**Tous les autres verbes** *aller*, les verbes en *-ir* qui ne sont pas du deuxième groupe, en *-re*, en *-oir*…

- Chaque mode comporte différents **temps** avec des **formes simples** et des **formes composées** (▶ leçon 40, p. 360).
- Les temps verbaux ont d'abord une **valeur temporelle** : ils situent l'action dans le passé, le présent ou le futur.
  – Par rapport au moment où l'on parle (moment de l'énonciation). *« J'ai soif. »* : le présent sert à exprimer un fait qui se réalise **au moment où je l'énonce**.

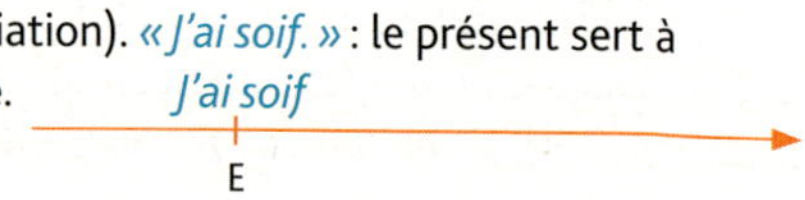

  – Par rapport à un autre fait, **une autre action**. *Je **te dis** que je **viendrai*** : le futur permet de situer l'action de *venir* après l'action de *dire*.

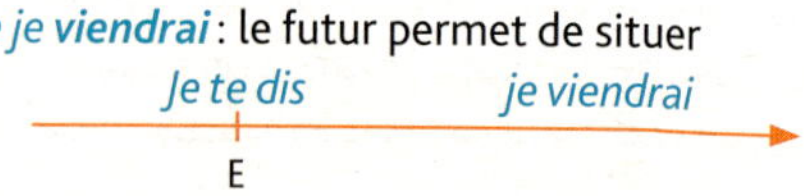

- Les temps ont aussi d'autres valeurs que temporelles. Le futur permet ainsi d'exprimer l'**ordre**.
  *Vous **prendrez** une copie double et un stylo bleu.*

3 La voix (▶ leçon 41, p. 362)

Les **verbes transitifs** peuvent varier en fonction de la voix, c'est-à-dire du **rôle du sujet dans l'action**.

– À la **voix active**, le sujet du verbe **accomplit l'action** exprimée par le verbe.
  L'enquêteur a démasqué l'assassin.

– À la **voix passive**, les rôles sont permutés : le **sujet** du verbe **subit l'action**.
  L'assassin est découvert par l'enquêteur.

1 Classez les verbes suivants selon leur groupe.
Aller, chanter, dormir, paraître, valser, rougir, étendre, partir.

2 Classez les formes verbales en modes personnels et impersonnels. Épuisé, avoir été, s'envoler, finissais, partant, partent, manger, mangeais, aura chanté.

3 Relevez les formes verbales et classez-les en modes personnels et impersonnels.

À Madame de Grignan

À Caen, ce jeudi 5 mai 1689

Un mot de notre voyage, ma chère enfant. Nous sommes venues en trois jours de Rouen ici, sans aventures, avec un temps et un printemps charmants, ne mangeant que les meilleures choses du monde, nous couchant de bonne heure, et n'ayant aucune sorte d'incommodités. Nous sommes arrivées ici ce matin, nous n'en partirons que demain, pour être dans trois jours à Dol, et puis à Rennes. [...] Adieu, ma très aimable : je vous embrasse mille fois.

Mme de Sévigné, *Lettres*, 1674.

4 Complétez ce tableau.

Infinitif	Participe présent	Participe passé
étonner		
répartir		
		infligé
	réjouissant	
	ayant	
		été

5 Classez dans un tableau les participes passés, les participes présents, les infinitifs et les formes conjuguées. Certains mots peuvent se retrouver dans deux colonnes !

George Sand fait le récit d'un voyage qu'elle effectue avec Chopin aux Baléares (archipel à l'ouest de l'Espagne).

Majorque, que M. Laurens appelle *Balearis Major*, comme les Romains, que le roi des historiens majorquins, le docteur Juan Dameto, dit avoir été plus anciennement appelée *Clumba* ou *Columba*, se nomme réellement aujourd'hui par corruption *Mallorca*, et la capitale ne s'est jamais appelée Majorque, comme il a plu à plusieurs de nos géographes de l'établir, mais Palma.

Cette île est la plus grande et la plus fertile de l'archipel Baléare, vestige d'un continent dont la Méditerranée doit avoir envahi le bassin, et qui, ayant uni sans doute l'Espagne à l'Afrique, participe du climat et des productions de l'une et de l'autre.

George Sand, *Un hiver à Majorque*, 1839.

6 Relevez chaque verbe conjugué, donnez son infinitif.
1. Mme de Sévigné est née en 1626. **2.** Étant très attachée à sa fille, elle lui a écrit des centaines de lettres. **3.** C'est sa petite fille qui fera découvrir ses lettres au public. **4.** Le premier recueil a été publié après sa mort. **5.** Au total, cette grande épistolière aura écrit près de mille cinq cents lettres.

7 Indiquez la valeur de chaque futur de l'indicatif.
1. Quand vous viendrez, je vous ferai visiter la ville.
2. Vous viendrez demain, avec toutes vos affaires.
3. Vous viendrez, n'est-ce pas ?

8 Identifiez chaque verbe conjugué et donnez son infinitif.

© Éd. Gallimard jeunesse

Je m'étais aussi trompé relativement à la forme de l'enceinte. En tâtant ma route, j'avais trouvé beaucoup d'angles, et j'en avais déduit l'idée d'une grande irrégularité ; tant est puissant l'effet d'une totale léthargie ou d'un sommeil ! Ces angles étaient simplement produits par quelques légères dépressions ou retraits à des intervalles inégaux. La forme générale de la prison était un carré. Ce que j'avais pris pour de la maçonnerie semblait maintenant du fer, ou tout autre métal, en plaques énormes, dont les sutures et les joints occasionnaient des dépressions.

Edgar Allan Poe, *Le Chat noir*, 1843.

S'exprimer

9 Rédigez la recette d'un bon roman policier. Vous choisirez de mettre vos verbes à l'infinitif ou à l'impératif.

Bilan des acquis

SOCLE COMMUN C1

10 Dans un tableau, relevez les verbes et indiquez leur mode. Pour les verbes conjugués à l'indicatif, indiquez la voix et s'ils situent l'action dans le présent, le passé ou l'avenir.

La Flèche. – Vous avez de l'argent caché ?
Harpagon. – Non, coquin, je ne dis pas cela. *(À part.)* J'enrage ! *(Haut.)* Je demande si malicieusement tu n'irais point faire courir le bruit que j'en ai.
La Flèche. – Hé ! Que nous importe que vous en ayez ou que vous n'en ayez pas, si c'est pour nous la même chose ?
Harpagon. – Tu fais le raisonneur ! Je te baillerai de ce raisonnement-ci par les oreilles. *(Il lève la main pour lui donner un soufflet.)* Sors d'ici, encore une fois.
La Flèche. – Hé bien, je sors.
Harpagon. – Attends. Ne m'emportes-tu rien ?
La Flèche. – Que vous emporterais-je ?
Harpagon. – Viens ça, que je voie. Montre-moi tes mains.

Molière, *L'Avare*, I, 3, 1668.

Compétence 1 : Maîtrise de la langue

Item	Connaissances	Capacités
Utiliser ses capacités de raisonnement, ses connaissances sur la langue, savoir faire appel à des outils appropriés pour lire	Les différentes caractéristiques du verbe : temps, mode, voix, personne, groupe	Identifier une forme verbale et l'analyser

40 Temps simples, temps composés RÉVISIONS

Observer

Je vous ai aimée, je vous aime, je vous aimerai, et j'ai soixante et un ans et je connais le monde et n'ai pas une illusion.

Hector Berlioz, *Correspondance générale*, 1864-1869.

1. Relevez les verbes conjugués et donnez leur infinitif.

2. Combien de formes du verbe *aimer* pouvez-vous compter dans cette phrase ?

Leçon

1 Correspondance entre temps simples et temps composés

Le temps se divise en trois époques : le passé, le présent et le futur. Mais il existe de **nombreux temps verbaux**. À l'intérieur de chaque mode, **temps simples** et **temps composés** se **correspondent**, ils fonctionnent par paires.

INDICATIF		SUBJONCTIF	
Temps simples	*Temps composés*	*Temps simples*	*Temps composés*
Présent *J'ai*	**Passé composé** *J'ai eu*	**Présent** *Que j'aie*	**Passé** *Que j'aie eu*
Imparfait *J'avais*	**Plus-que-parfait** *J'avais eu*	**Imparfait** *Que j'eusse*	**Plus-que-parfait** *Que j'eusse eu*
Passé simple *J'eus*	**Passé antérieur** *J'eus eu*	**IMPÉRATIF**	
Futur *J'aurai*	**Futur antérieur** *J'aurai eu*	*Temps simple*	*Temps composé*
Conditionnel présent ou simple *J'aurais*	**Conditionnel passé ou composé** *J'aurais eu*	**Présent** *Aie*	**Passé** *Aie chanté*

2 Formation des temps simples

- Les formes des temps simples sont constituées d'un **radical** et d'une **terminaison** qui varie en fonction de la **personne**, du **mode**, du **temps** et du **groupe** du verbe (▸ leçon 39, p. 358).
  ATTENTION ! Parfois la **forme du radical varie**. Pour le 3e groupe, il existe de nombreux verbes au radical variable et irrégulier qu'il faut apprendre (▸ tableaux de conjugaison, p. 392).
- Pour le **1er groupe**, les variations du radical obéissent à des règles :
  – Les verbes en ***-cer*** prennent une **cédille** sous le ***-c-*** devant ***-a-*** et ***-o-***. *Nous plaçons, il plaçait.*
  – Les verbes en ***-ger*** prennent un ***-e-*** après le ***-g-*** devant ***-a-*** et ***-o-***. *Nous mangeons, il mangeait.*
  – Les verbes en ***-guer*** gardent le ***-u-*** devant le ***-a-*** et le ***-o-***. *Nous naviguons, il naviguait.*
  – Les verbes en ***-oyer*** et ***-uyer*** changent l'***-y-*** en ***-i-*** devant un ***-e-* muet**. *J'envoie, nous envoyons.*
  – Les verbes en ***-ayer*** peuvent conserver l'***-y-*** devant un ***-e-* muet**. *Je paie ou je paye.*
  – La plupart des verbes en ***-eler*** et ***-eter*** doublent la consonne ***-l-*** ou ***-t-*** devant un ***-e-* muet**.
  J'appelle, nous appelons. Je jette, nous jetons.
  Sauf : *acheter, ciseler, déceler, geler, haleter, modeler* et *peler* qui prennent un accent grave ***(-è-)***.
  Je gèle, nous gelons. J'achète, nous achetons.
  – Les verbes ayant un **e** ou un **é** à l'**avant-dernière syllabe** *(semer, lever, espérer…)* le changent en ***-è-*** quand la syllabe finale contient un ***-e-* muet**.
  Je sème, nous semons. Je lève, nous levons. J'espère, nous espérons.
- Le **radical de l'infinitif** ne sert pas toujours de base pour conjuguer un verbe. Ainsi pour former l'**imparfait**, il faut utiliser le **radical de la première personne du pluriel au présent** de l'indicatif.
  Peindre : Nous peignons. (présent de l'indicatif) *Nous peignions.* (imparfait de l'indicatif)

Leçon (suite)

3 Formation des temps composés

Les formes des temps composés sont constituées d'un **auxiliaire** (***être*** ou ***avoir***) et du **participe passé** du verbe. Le **choix de l'auxiliaire** varie :

– La majorité des verbes se conjuguent avec l'auxiliaire ***avoir***. *Je l'**ai** vu. Nous les **avions** lus.*

– Certains **verbes intransitifs** (*aller, arriver, partir, venir, tomber* et la plupart de leurs composés), les **verbes d'état** *(rester, naître, devenir, mourir, décéder…)* se conjuguent avec l'auxiliaire ***être***.

– Les verbes **tantôt transitifs, tantôt intransitifs** *(entrer, sortir, monter, retourner…)* se construisent avec ***avoir*** quand ils sont **transitifs** et ***être*** quand ils sont **intransitifs**.

*J'**ai sorti** le rôti du four.* (transitif : *avoir*) *Je **suis sorti** pendant la matinée.* (intransitif : *être*)

Exercices

1 Classez les verbes en deux groupes : temps simple et temps composé. Vois, était venu, s'appelle, viendrait, était vendue, avoir eu, ayant été, étant, partîmes.

2 Conjuguez ces verbes à l'indicatif, au temps indiqué.
1. Nager *(présent)* **2.** Plonger *(imparfait)* **3.** Bouger *(passé simple)* **4.** Longer *(imparfait)* **5.** Juger *(passé simple)*.

Même consigne pour les exercices 3, 4 et 5.

3 **1.** Bercer *(présent)* **2.** Percer *(imparfait)* **3.** Déplacer *(passé simple)* **4.** Annoncer *(imparfait)* **5.** Renoncer *(passé simple)*.

4 **1.** Festoyer *(présent)* **2.** Oublier *(imparfait)* **3.** Justifier *(imparfait)* **4.** Rayer *(présent)* **5.** Étudier *(imparfait)* **6.** Crier *(imparfait)*.

5 **1.** Projeter *(présent)* **2.** Épeler *(présent)* **3.** Geler *(présent)* **4.** Haleter *(présent)* **5.** Racheter *(présent)* **6.** Déceler *(présent)*.

6 Relevez les verbes conjugués. Précisez leur temps et donnez leur infinitif.
1. Molière est né en 1622. **2.** Il s'appelait en réalité Jean-Baptiste Poquelin. **3.** Il aura été à la fois auteur, comédien et metteur en scène. **4.** Pourtant son père avait voulu faire de lui un tapissier. **5.** Ses espoirs furent déçus par la passion de son fils pour l'art dramatique.

7 Pour chaque verbe, rédigez deux phrases : l'une avec l'auxiliaire *avoir*, l'autre avec l'auxiliaire *être*.
Ex. : J'**ai sorti** le rôti du four. Je **suis sorti** pendant la matinée.
Entrer, descendre, monter, retourner.

8 a. Conjuguez les verbes au temps de l'indicatif indiqué. b. Conjuguez ensuite ces verbes au temps composé correspondant.
1. Toute l'équipe *(inaugurer, présent)* le nouveau CDI. **2.** La cérémonie ne *(être, futur)* pas longue. **3.** Les anciens meubles *(finir, imparfait)* par devenir très dangereux. **4.** Les réparer *(revenir, conditionnel)* trop cher.

9 a. Relevez les formes verbales, indiquez leur mode et leur temps. b. Récrivez cette lettre en la signant *Hector et Julien*.

Vous m'avez accueilli avec une bienveillance simple et digne, dont bien peu de femmes eussent été capables en pareil cas. […] Je vous ai aimée depuis mon enfance, malgré les orages qui ont ravagé ma vie.

Hector Berlioz, *Correspondance générale*, 1864-1869.

10 Associez les temps simples aux temps composés correspondants. Chante, avaient dessiné, noircîmes, tracerons, avez souligné, brossaient, aura peint, eûmes figuré.

11 Identifiez le temps des verbes conjugués. Que remarquez-vous ?

© Éditions Ouest-France

Vois-tu, ma Juju, ils ont encore été bien beaux ces jours d'automne mêlés de pluie et de vent dont nous allons sortir. Ne nous plaignons pas de cette année. Elle a été bonne, radieuse et douce. Je pense seulement avec tristesse que tu as eu souvent tes pauvres pieds mouillés et froids.

Victor Hugo, *Lettres à Juliette Drouet* © Ouest-France, 2005.

S'exprimer

12 Un grand chanteur, sportif ou comédien met fin à sa carrière. Vous lui rendez hommage en rédigeant un article dans lequel vous emploierez, au choix, le futur antérieur, le passé composé ou le plus-que-parfait.

Bilan des acquis

SOCLE COMMUN C1

13 a. Identifiez les formes verbales soulignées, expliquez leur formation. b. Récrivez le texte en conjuguant les verbes au temps composé correspondant.

Eugénie se sauva dans le jardin, tout épouvantée en entendant trembler l'escalier sous le poids de son père. Elle éprouvait déjà les effets de cette profonde pudeur […] qui nous fait croire, non sans raison peut-être, que nos pensées sont gravées sur notre front et sautent aux yeux d'autrui. En s'apercevant enfin du froid dénuement de la maison paternelle, la pauvre fille concevait une sorte de dépit.

Honoré de Balzac, *Eugénie Grandet*, 1833.

Compétence 1 : Maîtrise de la langue

Item	Connaissances	Capacités
Utiliser ses capacités de raisonnement, ses connaissances sur la langue, savoir faire appel à des outils appropriés pour lire	Les temps simples et les temps composés correspondants	Identifier les temps simples et former les temps composés

41 Voix active et voix passive

Observer

L'auteur défend l'idée que la lecture fait vivre les livres.

[Un livre] est fait pour être publié, diffusé, lancé, acheté, lu. [...] Un livre n'a pas un auteur, mais un nombre indéfini d'auteurs. Car à celui qui l'a écrit s'ajoutent de plein droit dans l'acte créateur l'ensemble de ceux qui l'ont lu, le lisent ou le liront. Un livre écrit mais non lu n'existe pas pleinement.

Michel Tournier, *Le Vol du vampire : notes de lecture* © Mercure de France, 1981.

1. Repérez les verbes de la première phrase. Quel est le sujet du premier ? Qui sont les véritables acteurs des actions exprimées par ces verbes ?

2. Dans quelle autre phrase observez-vous une construction du verbe identique ?

Leçon

1 Les formes du verbe à la voix active et passive

- Un **verbe transitif direct** est à la voix active quand le sujet du verbe est l'**auteur de l'action** exprimée par le verbe. Il est à la voix passive quand le sujet du verbe n'est pas l'auteur de l'action mais la **subit**.

  *L'élève **récite** un poème.* (sujet actif) *Un poème **est récité** (par l'élève).* (sujet passif)

- À la **voix passive**, le verbe est une forme composée : l'**auxiliaire *être*** et le **participe passé** du verbe.

2 De la voix active à la voix passive

- **Permutation des rôles** : lors du passage de la voix active à la voix passive, les rôles permutent. Le **complément d'objet direct** du verbe devient **sujet** (passif) et le **sujet** (actif) du verbe devient **complément d'agent** (il indique qui agit, qui fait l'action).

  *L'enfant lit un **livre**.* (voix active)
  sujet — COD

  ***Un livre** est lu par l'enfant.* (voix passive)
  sujet — cpmt d'agent

- Le complément d'agent se construit souvent grâce aux **prépositions *par*** ou ***de*** mais il peut ne pas être exprimé. Dans ce cas, on peut choisir le pronom indéfini ***on*** comme sujet pour repasser à la **voix active**.

  L'assassin a été découvert. (voix passive) ***On** a découvert l'assassin.* (voix active)

3 Temps verbaux

À la **voix passive**, le **temps de l'auxiliaire** est celui du **verbe** à la **voix active**.

Temps de l'indicatif		Voix active	Voix passive
Temps simples	Présent	*aide*	*est aidé(e)*
	Futur simple	*aidera*	*sera aidé(e)*
	Futur du passé	*aiderait*	*serait aidé(e)*
	Imparfait	*aidait*	*était aidé(e)*
	Passé simple	*aida*	*fut aidé(e)*
Temps composés	Passé composé	*a aidé*	*a été aidé(e)*
	Futur antérieur	*aura aidé*	*aura été aidé(e)*
	Conditionnel passé	*aurait aidé*	*aurait été aidé(e)*
	Plus-que-parfait	*avait aidé*	*avait été aidé(e)*
	Passé antérieur	*eut aidé*	*eut été aidé(e)*

Attention ! Ne confondez pas :

– Les **formes composées** à la **voix active** et les **formes de la voix passive**.
Était mangé. (imparfait de l'indicatif passif) *Avait mangé.* (plus-que-parfait de l'indicatif actif)

– Les **formes passives** et les **formes composées** avec l'auxiliaire *être*.
La lettre est envoyée. (présent à la voix passive)
La lettre est partie. (passé composé à la voix active)
La lettre est ouverte sur la table. (verbe d'état au présent à la voix active suivi d'un participe passé)

1 Indiquez l'infinitif de ces formes verbales et dites à quelle voix elles sont conjuguées.

Est identifiée, est partie, aura appris, sera vérifié, était restée, fut emprunté, avait été réalisée.

2 Indiquez l'infinitif de ces formes verbales. Précisez la voix et le temps.

Ont sorti, sont sortis, est bercée, avait bercé, s'est baigné, aurons baigné, eûmes avancé, furent avancées.

3 Indiquez la voix utilisée dans chacune des propositions soulignées.

1. Un livre est fait pour être lu.
2. Sinon, il n'existe pas pleinement.
3. Il est nourri de l'imaginaire de son lecteur.
4. Une fois qu'il est parvenu dans les mains d'un lecteur, il échappe à son auteur.
5. Le lecteur devient alors lui-même un auteur.

4 Indiquez la voix de chacune des formes verbales en gras.

Je **fus arrachée** de mon lit. En une seconde, je **compris** : ma porte **venait** d'**être enfoncée**. Quatre ou cinq zappeurs **étaient** là, dans ma chambre. Je **reconnus** aussitôt ceux qui m'**avaient abordée** dans le train : le garçon aux oreilles tatouées et l'Homme-Écran, son compère.

Christian Grenier, *Virus L.I.V.3 ou la Mort des livres*
© Le Livre de Poche Jeunesse, 1998.

5 Conjuguez chaque verbe à la voix passive, au temps indiqué. Attention à l'accord du participe passé.

Le comédien *(ovationner, présent)* par les spectateurs. Ils *(émouvoir, passé composé)* par son jeu. Ses répliques *(dire, imparfait)* avec une justesse troublante. Le spectacle *(retenir, futur simple)* sans aucun doute parmi les cinq meilleurs de l'année.

6 Transformez chaque phrase à la voix passive. Soulignez le complément d'agent.

1. Le numéro 13 passe la balle au numéro 18.
2. Celui-ci la renvoie vers le but.
3. Mais le gardien intercepte le ballon.
4. Quelques minutes plus tard, c'est le capitaine de l'équipe qui marque le troisième but.
5. La foule applaudit les joueurs.

7 a. Identifiez les compléments d'agent.
b. Transformez les phrases à la voix active.

1. L'homme fut allongé sur un grand lit blanc.
2. Il avait été pris quelques heures auparavant d'un soudain vertige.
3. À cette heure, la cause de son malaise n'était toujours pas connue.
4. Ses hôtes ne pourraient pas être avertis de son retard.
5. Il commençait à être assailli de visions étranges.

8 Transposez ces phrases à la voix passive et dites dans quel contexte on les rencontre ainsi.

1. On recommande d'espacer les prises de six heures.
2. On a construit cette forteresse au XIIIe siècle. On l'a détruite pendant la Première Guerre mondiale.
3. On n'a pas le droit de circuler le dimanche.
4. On sert le petit déjeuner de 8 h 00 à 10 h 00.

9 Transposez, quand c'est possible, les phrases à la voix active en phrases passives et inversement.

Deux touristes anglais découvrirent, il y a, je crois, une cinquantaine d'années, la vallée de Chamonix, ainsi que l'atteste une inscription taillée sur un quartier de roche à l'entrée de la Mer-de-Glace. […] On peut dire en général, et en se plaçant au point de vue de la mode, que la Suisse n'a été découverte par le beau monde et par les artistes que depuis le siècle dernier.

George Sand, *Un hiver à Majorque*, 1839.

S'exprimer

10 Imaginez une fin amusante à ce dessin. Rédigez un court récit à la voix passive, au temps de votre choix.

© École des Loisirs

Bilan des acquis

SOCLE COMMUN C1

11 Récrivez le texte en conjuguant les verbes à la voix passive. Attention aux temps.

Monsieur Grandet obtint alors le nouveau titre de noblesse que notre manie d'égalité n'effacera jamais. […] Il exploitait cent arpents de vigne […]. Il possédait treize métairies, une vieille abbaye où, par économie, il avait muré les croisées, les ogives, les vitraux.

Honoré de Balzac, *Eugénie Grandet*, 1833.

Compétence 1 : Maîtrise de la langue

Item	Connaissances	Capacités
Utiliser ses capacités de raisonnement, ses connaissances sur la langue, savoir faire appel à des outils appropriés pour lire	Les voix active et passive	Transformer un verbe, une phrase, de l'actif au passif

42 Le mode subjonctif

Observer

« Il faut, qui que ce **soit** qui **ait fait** le coup, qu'avec beaucoup de soin on ait épié l'heure ; et l'on a choisi justement le temps que je parlais à mon traître de fils. Sortons. [...] Que de gens assemblés ! Je ne jette mes regards sur personne qui ne me **donne** des soupçons, et tout me semble mon voleur. [...] De grâce, si l'on sait des nouvelles de mon voleur, je supplie que l'on m'en **dise**. »

Molière, *L'Avare*, IV, 7, 1668

1. Quel est l'infinitif des verbes en gras ? Donnez la forme au présent de l'indicatif.
2. À quel mode chaque verbe est-il conjugué ?
3. Quelle remarque pouvez-vous faire sur *donne* ?

Leçon

1 La formation du présent du subjonctif

- Le présent du subjonctif est un **temps simple**. Il est formé d'un **radical** auquel s'ajoutent ces terminaisons :

1er et 3e groupes	2e groupe
-e	-sse
-es	-sses
-e	-sse
-ions	-ssions
-iez	-ssiez
-ent	-ssent

- Seuls les verbes ***être*** et ***avoir*** ont des terminaisons irrégulières :

*Que je sois, que tu sois, qu'il soit, que nous so**yons**, que vous so**yez**, qu'ils soient.*

*Que j'aie, que tu aies, qu'il ai**t**, que nous a**yons**, que vous a**yez**, qu'ils aient.*

- Pour les verbes des 1er et 2e groupes, le **radical** utilisé est le **même qu'au présent de l'indicatif**.

*Que je **lèv**e, que tu **lèv**es, qu'il **lèv**e, que nous **lev**ions, que vous **lev**iez, qu'ils **lèv**ent.*

Que j'agisse, que tu agisses, qu'il agisse, que nous agissions, que vous agissiez, qu'ils agissent.

Attention ! Certaines **formes du subjonctif présent** sont **identiques** à certaines **formes de l'indicatif**.

Présent du subjonctif	Présent de l'indicatif	Imparfait de l'indicatif
Que je mange	*Je mange*	
Que tu manges	*Tu manges*	
Qu'il mange	*Il mange*	
Que nous mangions		*Nous mangions*
Que vous mangiez		*Vous mangiez*
Qu'ils mangent	*Ils mangent*	

- Pour déterminer si un verbe est au **subjonctif** ou à l'**indicatif**, on peut s'aider du **contexte**, de **l'emploi du temps** ou essayer de le remplacer par un verbe dont les formes sont différentes au présent de l'indicatif et au présent du subjonctif, comme le verbe ***être***.

*Il faut que je **mange**. Il faut que je **sois**.* (Donc le verbe est au présent du subjonctif.)

- Au **troisième groupe**, le radical est souvent **modifié** (▸ tableaux de conjugaison, p. 394).

2 La formation du passé du subjonctif

Le passé du subjonctif est un **temps composé**. Il est formé de l'auxiliaire *avoir* ou *être* au **présent du subjonctif** et du **participe passé** du verbe.

*Qu'il **ait couru**. Qu'il **soit venu**.*

1 Relevez les verbes au subjonctif.

Mangeons, dormions, eus fini, finissait, eûmes, étions, soyez, vienne, fasse, aient participé, fut parti, soit venu.

2 Relevez les verbes au subjonctif et indiquez leur infinitif.

1. Je veux que ces visions cessent.
2. Il ne faut pas qu'elles m'envahissent.
3. Il est important que je garde mon sang-froid.
4. Elle a voulu que je sorte mais j'aurais dû rester.
5. Bien que cette lumière soit très faible, elle m'éblouit.
6. Comment est-il possible que j'aie l'esprit aussi troublé ?

3 Transposez à la personne du singulier correspondante ces verbes au présent du subjonctif.

1. Que vous teniez. 2. Que nous levions. 3. Qu'ils réfléchissent. 4. Que nous achetions. 5. Qu'ils interpellent. 6. Que nous percevions. 7. Que vous preniez. 8. Que nous voulions. 9. Que vous voyiez. 10. Que nous allions.

4 Conjuguez les verbes entre parenthèses au présent du subjonctif.

1. Vous regrettez que je ne ... *(venir)* pas avec vous.
2. Mais où que vous ... *(être)*, quoi que vous ... *(faire)* je serai avec vous par la pensée.
3. Je ne veux pas que vous ... *(fléchir)*. Vous devez poursuivre votre but.
4. Bien que vous ... *(avoir)* une longue route à parcourir, vous devez tenir bon.
5. Que les oiseaux ... *(égayer)* votre chemin de leur chant et que le soleil ... *(briller)*.
6. Partez avant que je ne me ... *(mettre)* à pleurer.
7. Je ne suis d'ailleurs pas certaine que vous ... *(pouvoir)* le faire à temps.

5 Conjuguez les verbes au présent ou au passé du subjonctif.

1. Je ne crois pas que nous ... *(se rencontrer)* avant aujourd'hui.
2. Je souhaite qu'il ... *(promulguer)* cette loi.
3. Il est onze heures. L'examen est terminé. J'aimerais qu'il ... *(avoir)* le temps de finir.
4. Je doute qu'il ... *(pouvoir)* finir pour ce soir.
5. Qui m'aime me ... *(suivre)*.
6. Vous ne sortirez pas de table avant que tout le monde ... *(finir)* son assiette.
7. Quelles que soient les fleurs que tu ... *(cueillir)*, pense à les mettre dans l'eau.

6 Complétez les propositions subordonnées en utilisant des verbes conjugués au subjonctif.

1. Arthur Rimbaud a été un poète maudit avant que ... .
2. *Le Chat noir* est une des nouvelles les plus terrifiantes que ... .
3. Madame de Sévigné écrit à sa fille pour que ... .
4. Bien que ... , Molière a choisi de se jeter dans l'aventure théâtrale.
5. Victor Hugo s'est exilé car il craignait que ... .

7 Identifiez les verbes à l'indicatif et ceux au subjonctif. Justifiez l'emploi du subjonctif.

Pierre de Belay (1890-1947), *Portrait de Guillaume Apollinaire, 1905*, ©BNF.

Le Pont Mirabeau

Sous le pont Mirabeau coule la Seine
Et nos amours
Faut-il qu'il m'en souvienne
La joie venait toujours après la peine
Vienne la nuit sonne l'heure
Les jours s'en vont je demeure

Guillaume Apollinaire, « Le pont Mirabeau », *Alcools*
© Éd. Gallimard, 1913.

S'exprimer

8 Composez un poème où vous évoquez un de vos souhaits les plus chers. Votre poème sera construit sur l'anaphore – c'est-à-dire la répétition – de l'expression *je voudrais que*. Vous compléterez à chaque fois par une proposition complétive au subjonctif.

J'ai un rêve. Je voudrais que ... .
Je voudrais que ... .
Je voudrais que ... .

Bilan des acquis

SOCLE COMMUN C1

9 a. Repérez les verbes au subjonctif et donnez leur infinitif. b. Récrivez la deuxième strophe en remplaçant *il* par *vous* comme si la chanteuse s'adressait directement aux livres.

Malgré les monstres et les bizarres
Je me suis fait quelques amis
Alors, j'ouvre une page au hasard
D'un livre usé que je relis
Et puis – j'attends je dois l'avouer –
Au coin d'un chapitre émouvant
Que vienne, d'un prince ou d'une fée,
Un amour comme dans les romans
Comme dans les romans

À voix basse
Qu'il me fasse
Oublier tous mes chagrins
Qu'il susurre
Doux murmures
Des « toujours » et des « demain » [...]

Juliette, « À voix basse » (extrait), *Bijoux et babioles*
© Studio Mademoiselle, 2008.

Compétence 1 : Maîtrise de la langue

Item	Connaissance	Capacités
Utiliser ses capacités de raisonnement, ses connaissances sur la langue, savoir faire appel à des outils appropriés pour lire	La formation du subjonctif présent	Identifier les formes du subjonctif. Justifier leur emploi

43 Accords complexes sujet / verbe

Observer

Vous, hommes de persévérance,
Qui voulez toujours le bonheur,
Et tenez encor l'espérance,
Ce pan du manteau du Seigneur !

Victor Hugo, « Fonction du poète », *Les Rayons et les Ombres*, 1840.

1. Avec quel mot les verbes *voulez* et *tenez* sont-ils accordés dans la strophe ?

2. Expliquez cet accord.

Leçon

- **Révision :** Le **verbe** s'accorde avec son **sujet** (en **nombre** et en **personne**).
  Attention ! Le sujet peut être **inversé**, c'est-à-dire se trouver après le verbe.
  *Dans le ciel bleu, volait **une hirondelle**.*
- Si le sujet grammatical est un **pronom démonstratif *(ce, c')***, l'accord se fait avec le **sujet réel**.
  ***Ce** sont **les défauts** de cet appareil.*
- Lorsque le sujet est le **pronom relatif *qui***, l'accord se fait en fonction de l'**antécédent** (**personne**, **genre** et **nombre**). *C'est toi **qui** parles le mieux.*
- Lorsque le verbe a **plusieurs sujets**, il se met au **pluriel**. Cependant, si plusieurs sujets sont résumés par un **seul mot singulier *(tout, rien, cela...)***, le verbe s'accorde **au singulier** avec ce mot.
  ***Le froid, le vent, la faim** ne pourr**ont** jamais l'empêcher d'avancer.*
  *Le froid, le vent, la faim, **rien** ne pourr**a** jamais l'empêcher d'avancer.*
- Lorsque **deux sujets** sont reliés par ***comme***, ***de même que***, ***ainsi que*** :
  – le verbe est au **singulier** si le deuxième sujet est **entre virgules** ;
  – il est au **pluriel** si les deux sujets ne sont **pas séparés** par une virgule.
  Anne, ainsi que lui, sera là. Anne ainsi que lui seront là.
- Si le sujet est un **GN** dont le noyau est **un nom collectif**, l'accord se fait le plus souvent au **singulier**.
  ***Un groupe d'élèves** chuchotait.*
- Quand le **sujet** est ***peu***, ***beaucoup***, ***assez***, ***combien***, ***la plupart***, ***tant***, le verbe s'accorde au **pluriel**.
  ***La plupart** des gens veulent que plus de temps soit accordé aux loisirs.*
  Remarque : ***Plus d'un(e)*** + singulier (rarement le pluriel).
  ***Plus d'un enfant** a rêvé de devenir footballeur.*

Exercices

1 Soulignez les sujets et justifiez chaque accord du verbe.

1. C'était le début de la nuit.
2. Une foule de femmes se pressait dans les rayons.
3. Beaucoup d'enfants ne mangent pas à leur faim.
4. C'est vous qui allez partir !
5. Marie, ainsi que sa sœur, a réussi de belles études.
6. Plus d'une chanteuse rêve de devenir une star.
7. C'étaient les voisins du troisième.
8. Un escadron de cigognes passa dans le ciel.

2 Transformez chaque phrase en utilisant le présentatif *c'est*.

Ex. : Le vélo **est** rouge. → **C'est** un vélo rouge.

1. La jupe est bleue.
2. Les enfants sont petits.
3. La nuit était claire.
4. Les nuages étaient noirs.
5. Les gens qui arrivaient de la campagne étaient pauvres.

3 Soulignez le sujet des verbes en gras et justifiez l'accord du verbe.

Denise **hocha** la tête. Elle **avait passé** deux ans là-bas, chez Cornaille, le premier marchand de nouveautés de la ville ; et ce magasin rencontré brusquement, cette maison énorme pour elle, lui **gonflait** le cœur, la **retenait**, émue, intéressée, oublieuse du reste. Dans le pan coupé donnant sur la place Gaillon, la haute porte, toute en glace, **montait** jusqu'à l'entresol, au milieu d'une complication d'ornements, chargés de dorures. Deux figures allégoriques, deux femmes riantes, la gorge nue et renversée, **déroulaient** l'enseigne : *Au Bonheur des dames*. Puis, les vitrines **s'enfonçaient**, **longeaient** la rue de la Michodière et la rue Neuve-Saint-Augustin.

Émile Zola, *Au Bonheur des dames*, 1883.

4 Répondez aux questions selon le modèle.

Ex. : Qui est arrivé ? *(moi)*. → **C'est moi** qui suis arrivé.

1. Qui est parti le premier ? *(lui)*.
2. Qui a mangé le gâteau ? *(toi)*.
3. Qui s'est proposé pour la vaisselle ? *(nous)*.
4. Qui va à la plage avec Noémie ? *(vous)*.
5. Qui sera notre porte-parole ? *(elle)*.

5 Résumez les sujets par *tout* ou *rien*.

Ex. : La couleur et la forme me plaisent. → La couleur et la forme, **tout** me plaît.

1. La taille et la couleur ne conviennent pas.
2. Le chocolat et la sauce ne résistent pas à cette nouvelle lessive.
3. Le paysage, le climat et le logement sont parfaits.
4. Les jupes, les pantalons et même les shorts lui vont.
5. Les papiers et les visas ne sont pas à jour pour les vacances.
6. Sa froideur et son orgueil m'exaspèrent en lui.

6 Accordez correctement le verbe.

1. Le loyer ainsi que la nourriture manqu... chaque jour.
2. Le froid de l'hiver, de même que l'humidité, rend... la vie difficile.
3. Jules comme Arthur jou... au basket.
4. Les logements insalubres, ainsi que des conditions d'hygiène défavorables, nuis... au progrès de la société.
5. Zola de même que Balzac décrivi... la société de leur époque.

7 Introduisez le GN entre parenthèses dans le groupe sujet.

Ex. : Les **élèves** bavardent. → Un **groupe d'élèves** bavarde.

1. Les joueurs entrent sur le terrain. *(une équipe)*. **2.** Des soldats défilent sur l'avenue. *(un régiment)*. **3.** Des admirateurs sont venus le voir. *(une foule)*. **4.** Des oiseaux traversent le ciel. *(une nuée)*. **5.** Des feuilles s'envolèrent sur son passage. *(un nuage)*. **6.** Des lumières envahirent le paysage. *(une multitude)*.

8 Accordez correctement le verbe.

1. La plupart des enfants aime... les bonbons. **2.** Combien d'entre eux partir... en vacances ? **3.** Beaucoup de femmes travaillai... au XIXe siècle dans des conditions très dures. **4.** Tant de fillettes manqu... de jouets ! **5.** Peu d'enfants allai... à l'école.

9 Accordez le verbe entre parenthèses avec son sujet, en employant le passé simple.

Plusieurs hommes *(être renversé)*; quelques-uns *(tomber)* par-dessus le bord. Bientôt le vaisseau *(se relever)* fièrement [...]. Le vent *(redoubler)* d'efforts, et tout d'un coup, avec un bruit horrible, *(tomber)* les deux mâts, cassés à quelques pieds du pont. [...] Tamango *(relever)* fièrement la tête. [...] Il *(ramasser)* les deux fusils, *(faire)* signe à sa femme de le suivre, *(traverser)* la foule, qui *(s'ouvrir devant lui)*, et *(se diriger)* vers l'avant du vaisseau.

Prosper Mérimée, *Tamango*, 1829.

10 Identifiez le sujet de chaque verbe en gras.

© Magnard

« Eh quoi ! » **s'écria** l'inconnu, le sort **compte**-t-il les heures avant de nous frapper ? **Peut**-on [...] repousser un être humain, quand le salut de cet être **peut** dépendre d'une minute ?

Cette insistance, cette voix mêlée de sanglots, et qui semblait sortir d'une poitrine de jeune homme [...] mais surtout le charme ineffable qu'**éprouve** une vieille femme à écouter un compliment flatteur, **séduisirent** si bien La Martinière, qu'elle **oublia** toute défiance et **vint** ouvrir la porte.

E.T.A Hoffmann, *Mademoiselle de Scudéry*, 1821.

11 Terminez ces phrases avec un verbe et des compléments. Faites les accords nécessaires.

1. Sa sœur, comme sa nièce, ...
2. Combien de passants ... .
3. Une armée de jeunes filles ... .
4. C'est vous qui ... .
5. La plupart des garçons ... .
6. Le vent, la pluie et le froid, tout ... .

S'exprimer

12 Rédigez un paragraphe de cinq phrases sur le thème : *Quels sont les bienfaits du sport ?* Vous utiliserez des accords sujets-verbes variés.

Bilan des acquis

SOCLE COMMUN C1

13 a. Conjuguez chaque verbe à l'imparfait après avoir souligné son sujet.

b. Récrivez les phrases en mettant le sujet au pluriel. Faites les transformations nécessaires.

1. Dans cette chambre une femme admirable *(être assis)*.
2. C'*(être)* une véritable statue.
3. Peut-être, dans ses songes, *(rêver)* elle à quelque monde meilleur ?
4. Peu de gens *(être)* capables de rester ainsi à regarder par la fenêtre.
5. « À quoi *(penser)* donc la jeune fille ? » *(se demander)* les gens qui la *(voir)*.
6. Dans ses yeux *(briller)* une lueur vague.
7. Chaque nuit le terrible homme m'*(apparaître)*.
8. Il *(être vêtu)* d'un habit sombre.

D'après **E.T.A Hoffmann**, *L'Homme au sable*, 1817.

Compétence 1 : Maîtrise de la langue

Item	Connaissances	Capacités
Écrire lisiblement un texte, spontanément ou sous la dictée, en respectant l'orthographe et la grammaire	Les accords sujet-verbe (sujet inversé, nom collectif, présentatif, pronom relatif). La conjugaison de l'imparfait	Récrire un texte en respectant les règles d'accord

44 Particularités des verbes du 3e groupe

Observer

J'insulte les passants et je ne me bats point !
Ô pieds-plats ! votre plume au fond de vos masures
Griffonne, va, vient, court, boit l'encre, rend du fiel,
Bave, égratigne et crache, et ses éclaboussures
Font des taches jusques au ciel !

Victor Hugo, *Les Châtiments*, 1853.

1. Dans le premier vers, quelle partie de l'infinitif trouvez-vous dans le verbe *bats* ?

2. Dans le troisième vers, relevez tous les verbes du troisième groupe. Quelle est la particularité du verbe *rend* par rapport aux autres?

Leçon

1 Les verbes dont l'infinitif se termine par *-dre*

- Les verbes en ***-dre*** conservent le ***-d*** au présent de l'indicatif.

Attention ! les verbes qui se finissent par ***-indre*** et ***-soudre*** perdent le ***-d***.

Rendre : Il rend la monnaie. Rejoindre : Il rejoint ses amis tous les jours.

- Les verbes en ***-indre*** ont un pluriel en ***-gn***. Les verbes en ***-soudre*** ont un pluriel en ***-olv***.

Atteindre : Ils atteignent le sommet. Résoudre : Holmes et Watson résolvent toutes les enquêtes.

2 Les verbes dont l'infinitif se termine par *-tre*

- Les verbes en ***-tre (mettre, paraître, croître...)*** perdent un ***-t*** de leur infinitif.

Je mets, je parais.

- Les verbes de la famille du verbe ***croître*** gardent **l'accent circonflexe** quand on peut les confondre avec le verbe ***croire***.

Croître : Je croîs. (Ressemble à *je crois* du verbe *croire*.)
Ils croissent. (Sans accent car on dit *ils croient*, du verbe *croire*.)

3 Quelques verbes à la conjugaison difficile

- Les verbes en ***-tir*** du troisième groupe, comme ***sentir***, ***partir***..., perdent le ***-t*** de leur infinitif au **présent** de l'indicatif **aux deux premières personnes du singulier**.

Je pars, tu pars, il part, nous partons...

Attention ! ***Venir***, ***tenir*** et tous leurs dérivés se conjuguent au **passé simple** avec le son ***-in***.

Retenir : Je retins ma leçon.

- Les verbes ***faire***, ***dire*** et ***redire*** ont la terminaison ***-tes*** à la **2e personne du pluriel**. En revanche, ***médire***, ***contredire***, ***interdire***, ***prédire***, ***se dédire*** ont la **terminaison normale**.

Vous faites, vous dites... (Attention, pas d'accent circonflexe sur le *-i-*.) *Vous médisez, vous contredisez...*

- À l'**impératif présent**, on retrouve les mêmes formes qu'au présent de l'indicatif aux personnes correspondantes. *Mets, mettons, mettez.*

Attention ! Il existe quelques exceptions. *Savoir : sache, sachons, sachez.*

Exercices

1 Relevez les verbes conjugués, classez-les en deux colonnes selon que leur infinitif se termine par *-dre*, *-indre* ou *-soudre*. Que remarquez-vous ?

1. Aujourd'hui, Charlotte ne rejoint pas ses cousins sur la plage.
2. On repeint la grille tous les étés.
3. Tu ne mords pas dans ta pastèque ?
4. Mademoiselle attend sa revanche depuis si longtemps.
5. Ma famille ne se résout pas à abandonner le fidèle Coco.
6. Si tu enfreins le règlement, tu prends des risques !

2 Conjuguez au présent de l'indicatif le verbe entre parenthèses. Attention à la terminaison de son infinitif.

1. Cette machine *(moudre)* du poivre à toute vitesse.
2. L'homme pressé *(descendre)* du tramway en marche.
3. Le détective *(résoudre)* tous les mystères.
4. Il *(se détendre)* après le match.
5. Cet enfant *(geindre)* sans arrêt, je pense qu'il est certainement malade.
6. Charles *(peindre)* la chambre des enfants avant leur retour.

3 **Inventez une phrase pour chaque verbe en le conjuguant au présent de l'indicatif.**
Fondre, suspendre, prétendre, défendre, tordre.

4 **Transposez les phrases en mettant le sujet en gras au pluriel. Faites les transformations qui s'imposent.**
1. **L'alpiniste** atteint enfin le sommet.
2. **Le vent** éteint sans arrêt les bougies.
3. **Le président** dissout l'assemblée.
4. **Le poète** plaint l'homme qui souffre.
5. **Le joueur** s'astreint à un entraînement très régulier.

5 **Imaginez une phrase avec le verbe *croire*, une autre avec le verbe *croître*, et une dernière, dans laquelle vous emploierez les deux. Vous conjuguerez les verbes à la troisième personne du pluriel au présent de l'indicatif.**

6 **Conjuguez les verbes entre parenthèses au présent de l'indicatif.**
1. Le jeune homme *(paraître)* à l'aise.
2. Au fond de cette forêt obscure, le bûcheron *(abattre)* les chênes centenaires.
3. L'arbre *(croître)* régulièrement depuis des siècles.
4. Félicité *(croire)* que Virginie va mourir.
5. J'*(admettre)* volontiers mon erreur.
6. Tu *(combattre)* sans honneur.

7 **Même consigne que l'exercice 6.**
1. Le journaliste *(démentir)* cette rumeur qui s'est vite répandue.
2. Tous les matins, je *(sentir)* le parfum des fleurs.
3. Tu es à peine arrivé et, déjà, tu *(repartir)* ?
4. La couturière *(assortir)* les étoffes avec un talent rare.
5. Si cela te fait plaisir, je *(consentir)* à ce que tu m'accompagnes.

8 **Transposez les phrases en mettant les verbes en gras au passé simple.**
1. Après la pluie **vient** le beau temps.
2. Le sénateur **soutient** la proposition de tout son poids.
3. Le château **devient** désormais propriété de l'état.
4. Tu **te souviens** de nos premières vacances.
5. Le colonel et son aide **reviennent** piteux.
6. Dans le brouillard, le paysage **devient** féerique.

9 **Orthographiez correctement chaque verbe dans ces trois textes.**

Plus je me *(débattre)* contre ma misère,
Plus s'éveille en moi l'instinct du malheur ;
Et, dès que je *(vouloir)* faire un pas sur terre,
Je *(sentir)* tout à coup s'arrêter mon cœur.

Alfred de Musset, *Derniers vers*, 1857.

Notre image a disparu, la voilà qui *(revenir)* peu à peu ; l'eau qui s'était troublée *(reprendre)* son équilibre ; elle tremble encore, de grands cercles noirs *(courir)* à sa surface ; patience, nous *(reparaître)*.

Alfred de Musset, *On ne badine pas avec l'amour*, III, 3, 1834.

Or, beaucoup *(commettre)* des actes qui seraient des crimes à nos yeux ; mais l'Église *(absoudre)* sans peine ces forfaits quand ils sont accomplis pour la gloire de Dieu.

Guy de Maupassant, *Boule de Suif*, 1880.

10 **Transformez les phrases pour que les verbes au présent de l'impératif soient conjugués au présent du subjonctif.**
Ex. : Pars demain ! → Il faut que **tu partes** demain.

© Magnard

1. Sachez que j'ai passé d'importantes commandes, payées d'avance, à votre père !
2. Mademoiselle, regardez ce dessin humoristique !
3. Suivez cette automobile ! Ne la perdez pas de vue !
4. Ne partez pas ! Mais enfin, que s'est-il passé, expliquez-moi, je vous en prie !
5. Joseph ! Fais-moi couler un bain et fais les bagages. Jérôme, passez par le Pont-Neuf !

Jacques Tardi, « Adèle et la Bête », *Adèle Blanc-sec*
© Casterman, 1976.

11 **Conjuguez le verbe entre parenthèses au présent de l'indicatif.**
1. Vraiment, Madame, vous ne *(faire)* pas votre âge.
2. Tes amis et toi *(médire)* tout le temps sur moi, j'en ai assez.
3. Si vous *(contredire)* sans arrêt vos camarades, le débat ne peut pas avancer.
4. Vous *(dire)* ce que vous savez, c'est tout ce qu'on vous demande.

S'exprimer

12 Imaginez un paragraphe de dix phrases. Chacune d'elles comprendra un des verbes suivants : *rendre, venir, partir, rejoindre, mettre, sentir, interdire, prédire, prendre, retenir*. Vous pouvez les employer dans l'ordre de votre choix, en variant, si possible, temps, mode et personne.

Bilan des acquis

SOCLE COMMUN C1

13 **Conjuguez les verbes au présent de l'indicatif.**
On *(mettre)* le corps du fils sur la table. La vieille mère ne *(se plaindre)* pas. Elle *(pressentir)* que la suite sera terrible mais elle ne *(se départir)* pas de son calme. Sa colère *(croître)* à mesure que la peine l'*(étreindre)*. Elle *(prendre)* sa décision, elle ne *(craindre)* personne : la vengeance *(devenir)* son idée fixe, jusqu'à la folie.

Compétence 1 : Maîtrise de la langue

Item	Connaissances	Capacités
Utiliser ses capacités de raisonnement, ses connaissances sur la langue, savoir faire appel à des outils appropriés pour lire	Les difficultés orthographiques de certains verbes du 3e groupe	Identifier les verbes du 3e groupe à la conjugaison particulière

45 Pluriel des noms composés

Observer

Le couvre-feu était sonné depuis longtemps, et l'on commençait à ne plus rencontrer qu'à de rares intervalles un passant sur le pavé, une lumière aux fenêtres ; Gringoire s'était engagé, à la suite de l'Égyptienne, dans ce dédale inextricable de ruelles, de carrefours et de culs-de-sac.

Victor Hugo, *Notre-Dame de Paris*, 1831.

1. Relevez deux noms composés.
2. À quelle classe grammaticale appartiennent les mots qui les composent ?
3. En vous aidant du dictionnaire, mettez le premier de ces mots au pluriel.

Leçon

1 La formation des noms composés

- Les noms composés sont formés par la réunion de mots français, latins ou grecs. Ces mots sont reliés par un trait d'union ou soudés (parfois, un simple blanc les sépare). *Couvre-feu, porte-clef, biographie, portemanteau, chaise longue.*
- Ces mots peuvent être :
  - **un nom + un nom** — *Un chien-loup.*
  - **un nom + un adjectif** — *Un coffre-fort.*
  - **un adjectif + un adjectif** — *Un sourd-muet.*
  - **un verbe + un nom** — *Un couvre-feu.*
  - **deux verbes** — *Un laissez-passer.*
  - **un adverbe + un nom** — *Un haut-parleur.*
  - **un verbe + un adverbe** — *Un couche-tôt.*
  - **un verbe + un pronom** — *Un rendez-vous.*
  - **un nom + une préposition + un nom** — *Un cul-de-sac.*

2 Le pluriel des noms composés

- Lorsque les mots sont **soudés**, le pluriel est le même que pour les autres noms.
  Des biographies, des portemanteaux.

  Sauf pour : *monsieur / messieurs ; madame / mesdames ; mademoiselle / mesdemoiselles ; gentilhomme / gentilshommes ; bonhomme / bonshommes.*
- Lorsque les mots sont reliés par un **trait d'union**, ils ne prennent la marque du **pluriel** que s'il s'agit de **noms** ou d'**adjectifs**, et pas s'il s'agit de **verbes**, de **prépositions**, d'**adverbes** ou de **pronoms**.
  Des chiens-loups, des coffres-forts. Des couvre-feux, des haut-parleurs.

  ATTENTION ! Lorsque, dans un nom composé, on trouve un **nom** + un **complément du nom**, ce dernier reste **invariable**. *Des culs-de-sac* (de-sac : cpmt du nom). *Des timbres-poste* (poste : cpmt du nom). *(de la poste)*
- Le **sens** peut imposer de mettre au **singulier** ou au **pluriel** les mots qui composent le nom.
  Un compte-gouttes. (on compte **des** gouttes) *Des pauses-café.* (pour boire **du** café)
- **Cas particuliers :**
  - ***garde*** se met au pluriel si le nom composé désigne une **personne**, il est invariable dans le cas d'un objet. *Des gardes-malades. Des garde-fous.*
  - ***grand*** ne varie qu'en **nombre** et pas en **genre**. *Des grands-pères. Des grands-mères.*
  - ***demi***, ***mi***, ***semi*** et ***nu*** restent **invariables**. *Des demi-lunes.*
  - ***nouveau*** varie en **nombre** *(des nouveaux venus)* sauf dans des ***nouveau-nés***.

Exercices

1 Repérez les noms composés et dites à quelle classe grammaticale appartiennent les mots qui les composent.

1. Le capitaine observe l'île avec une longue-vue.
2. Le maître-nageur surveille la baignade des enfants.
3. Ses essuie-glaces sont cassés.
4. Elle n'a pas trouvé le mot-clef pour résoudre l'énigme.
5. J'aimais passer mes après-midi avec mon grand-père.

2 Expliquez l'orthographe des noms composés en gras.

1. Quatre **portes-fenêtres** s'ouvraient sur le jardin.
2. J'ai garni les chambres de **couvre-lits**.
3. Tous les **sous-sols** de l'immeuble ont été inondés.
4. Tu devras tourner à gauche après trois **ronds-points**.
5. Seuls ses **pare-chocs** ont été abîmés dans l'accident.

3 Relevez les mots composés, dites à quelle classe grammaticale appartiennent les mots qui les composent et expliquez leur orthographe.

Quelle merveille qu'une telle ville ! Ses explosions, ses journées, ses rendez-vous, ses chefs-d'œuvre, ses prodiges, ses bas-fonds, ses épopées, ses coq-à-l'âne, ses cafés-théâtres, vont au bout de l'univers.

Victor Hugo, *Les Misérables*, 1862.

4 Mettez au pluriel ces noms composés.

Un porte-clef, une pause-café, un cache-pot, un rendez-vous, un savoir-faire, un couche-tôt, un pur-sang, un trois-mâts, un porte-bonheur, un garde champêtre.

5 Même consigne que l'exercice 4.

Un demi-frère, une demi-heure, un nu-pieds, un demi-cercle, un mi-bas, un demi-pensionnaire, une mi-temps.

6 Récrivez le texte en mettant au pluriel les noms composés en gras. Faites toutes les modifications nécessaires.

Toute la nature déjeunait. Le **rouge-gorge** trouvait des vers, l'abeille trouvait des fleurs. Presque au même instant que les deux enfants, un autre couple s'approchait du grand bassin. C'était un **bonhomme** de cinquante ans qui menait par la main un **bonhomme** de six ans. Les deux petits pauvres regardèrent venir « ce **monsieur** » et se cachèrent un peu plus.

D'après **Victor Hugo**, *Les Misérables*, 1862.

7 À quels noms composés correspondent les définitions ? Mettez-les au pluriel.

1. Personne chargée de surveiller la chasse.
2. Ensemble de vêtements.
3. Pièce où l'on conserve les aliments.
4. Personne qui surveille les passages à niveau.
5. Lieu où l'on stocke du mobilier.

8 Accordez les noms composés.

1. La maman des petits jumeaux embrassait ses *(nouveau-né)*.
2. Les élèves, à la rentrée, accueillaient aussi les *(nouveau-venu)*.
3. Mes *(grand-mère)* et *(grand-tante)* me félicitèrent pour mon diplôme.
4. Ils quittèrent les chemins et rejoignirent les *(grand-route)*.

9 Même consigne que l'exercice 8.

1. Des *(nid-de-poule)* ont endommagé mes pneus.
2. Sa chambre était éclairée par deux *(œil-de-bœuf)*.
3. J'adore grignoter des *(langue-de-chat)* avec mon thé.
4. Il a peint de nombreux *(chef-d'œuvre)*.
5. J'adore les couleurs des *(arc-en-ciel)*.

10 Relevez les noms composés. Justifiez l'orthographe de ceux qui sont au pluriel. Pourrait-on tous les mettre au pluriel ? Pourquoi ?

© École des Loisirs

C'est Notre-Dame de Paris, édifice ogival, qui s'enfonce par ses premiers piliers dans cette zone romane où sont plongés le portail de Saint-Denis et la nef de Saint-Germain-des-Prés. Ce sont toujours les bas-côtés pour les processions intérieures. Statues, vitraux, rosaces, arabesques, dentelures, chapiteaux, bas-reliefs, elle combine toutes ces imaginations selon le logarithme qui lui convient.

D'après **Victor Hugo**, *Notre-Dame de Paris*, 1831.

11 Appuyez-vous sur le sens du nom composé pour l'orthographier correctement.

1. Cet hôtel est équipé de plusieurs *(chauffe-eau)* solaires.
2. New York est une ville composée de nombreux *(gratte-ciel)*.
3. Le *(mille-patte)* est un animal qui me répugne.
4. J'aime cuisiner des *(pot-au-feu)* pour ma famille.
5. J'ai plusieurs *(pied-à-terre)* dans différentes villes.

S'exprimer

12 Inventez des mots composés pour les objets fantaisistes suivants et mettez-les au pluriel.

1. Petit appareil permettant de se débarrasser du sable quand on rentre de la plage. **2.** Télécommande pour prolonger le feu vert de quelques secondes. **3.** Dictionnaire dématérialisé qui nous souffle la bonne orthographe. **4.** Animal domestique qui nettoie les carreaux à la perfection avec sa langue. **5.** Sorte de scanner dans lequel on entre pour effacer ses mauvais souvenirs.

Bilan des acquis

SOCLE COMMUN C1

13 Relevez les mots composés. Mettez-les au pluriel. Justifiez l'orthographe.

Ce petit soldat naïf, hier paysan de la Beauce, qui rôde, le coupe-choux au côté, autour des bonnes d'enfants dans le Luxembourg, ce jeune étudiant pâle penché sur une pièce d'anatomie ou sur un livre, mettez-les en face l'un de l'autre dans le clair-obscur du cul-de-sac Planche-Mibray, et que l'un combatte pour son drapeau, et que l'autre combatte pour son idéal ; la lutte sera colossale.

D'après **Victor Hugo**, *Les Misérables*, 1862.

Compétence 1 : Maîtrise de la langue

Item	Connaissances	Capacités
Utiliser ses capacités de raisonnement, ses connaissances sur la langue, savoir faire appel à des outils variés pour améliorer son texte	Les règles d'orthographe des mots composés	Repérer des mots composés, appliquer des règles d'orthographe, justifier ses choix orthographiques

46 Accord des adjectifs de couleur RÉVISIONS

Observer

Mais, depuis quelques minutes, sans cesser de parler, il suivait du regard le travail de Hutin, qui s'attardait à mettre des soies **bleues** à côté de soies grises et de soies **jaunes**, puis qui se reculait, pour juger de l'harmonie des tons. [...]

Mais ce qui ameutait la foule, c'était, à la ganterie, un chalet suisse fait uniquement avec des gants : un chef-d'œuvre de Mignot, qui avait exigé deux jours de travail. D'abord, les gants **noirs** établissaient le rez-de-chaussée ; puis, venaient des gants paille, réséda, sang de bœuf, distribués dans la décoration, bordant les fenêtres, indiquant les balcons, remplaçant les tuiles.

Émile Zola, *Au Bonheur des dames*, 1883.

1. Avec quels noms sont accordés les adjectifs en gras ?
2. Cherchez dans un dictionnaire les noms *paille*, *réséda* et *sang de bœuf*. À quelle couleur chacun correspond-il ?

Leçon

- **Règle générale :**
Les **adjectifs de couleur** s'accordent en **genre** et en **nombre** avec le **nom** qu'ils complètent.
Les soies grises.
- Mais ils sont **invariables** lorsqu'ils désignent un nom de **fruit**, de **fleur**, de **matière**... Sauf : *mauve, rose, fauve, écarlate et pourpre*.
Des gants paille, des soies orange ou marron. Des soies roses, écarlates ou pourpres.
- Quand une **seule couleur** est désignée par un **ensemble de plusieurs adjectifs**, on parle d'**adjectifs composés**. Ils sont **invariables**.
Des tissus bleu pâle.

ATTENTION ! *Des tissus rouge et blanc* n'a pas la même signification que *des tissus rouges et blancs*. Dans le premier cas *(des tissus rouge et blanc)*, cela signifie que les tissus sont **bicolores** ; dans le second cas *(des tissus rouges et blancs)*, cela signifie que **certains tissus sont rouges** et **d'autres sont blancs**.

Exercices

1 Soulignez le nom avec lequel l'adjectif doit s'accorder, puis faites cet accord.

Une ombre *(noir)* traversa les rayons de la boutique. Elle circulait à travers les guirlandes *(rouge)* ornées de lutins *(vert)* et d'oiseaux *(blanc)*. Un sapin majestueux, surmonté d'une étoile *(doré)*, trônait au centre du hall, éclairé de lumières *(bleu)*. Un rideau *(cramoisi)*, maintenu par une corde *(gris)*, fermait la pièce.

2 Placez les adjectifs dans le tableau. Vérifiez dans le dictionnaire les mots inconnus.

Vert, groseille, brun, indigo, rose, moutarde, orange, marron, bleu, prune, fuchsia, violet, chocolat, pourpre, blanc, pistache.

Adjectif désignant seulement une couleur	Adjectif désignant à la fois une couleur et un fruit, une fleur ou une matière

3 Remplacez chaque adjectif en gras par un adjectif de la liste correspondant à la même couleur.

Coquelicot, saphir, améthyste, corail, ardoise, perle, pistache, framboise.

Portrait d'une originale : Ce qu'on voyait d'abord c'étaient des chaussures **vertes** avec des talons **roses**. Une main aux ongles **rouges** tenait une valise **orangée**. Enfin apparut une robe **violette**, rehaussée d'une dentelle **blanche**. Le chapeau **gris** orné d'un galon **bleu** donnait une touche bizarrement sobre.

4 Recherchez dans le dictionnaire le sens des adjectifs : *mauve*, *fauve*, *écarlate* et *pourpre*. Puis, complétez les phrases.

1. Les pétales rouge vif du coquelicot attirent le regard. Les coquelicots sont des fleurs ... .
2. Les iris formaient des taches violettes au milieu du jardin. Les iris sont des fleurs ... .
3. Les roses rouge foncé se dressent majestueusement. Ce sont des roses ... .
4. Les foins d'un jaune tirant sur le roux jonchent le sol. Les foins sont ... .

5 Accordez les adjectifs de couleur comme il convient.

Les murs *(vert)* de la chambre tranchent avec les rideaux *(pourpre)*. Quelques jouets égaient la pièce : une vache *(bleu)* aux taches *(cerise)*, des balles *(rouge)*, des clowns *(citron)* aux cheveux *(pervenche)*, des éléphants *(turquoise)* aux oreilles *(mauve)*. Un enfant aux yeux *(marron)* vêtu d'un pull *(crème)* aux rayures *(indigo)* sourit au photographe.

6 **Associez un mot de chaque liste afin de créer un adjectif composé. Les mots de la première liste peuvent servir plusieurs fois.** **Ex :** Gris souris.

A : Bleu, jaune, vert, rouge, gris.

B : Citron, eau, nuit, laitue, horizon, grenat, safran, olive, ardoise, sang.

7 **Nuancez les adjectifs proposés en les composant avec ces mots.** *Pâle, profond, clair, foncé, vif, tendre.*

1. Le bleu marine est un bleu … .
2. Le rouge … donne une touche de gaieté à une tenue.
3. Le vert …, le rose … et le bleu … sont des couleurs pastel.
4. Une nuit très sombre est d'un noir … .

8 **Remplacez les adjectifs de couleur en gras par des adjectifs composés de sens équivalent.**

Ex : Denise avait les yeux bleus. → Denise avait les yeux bleu azur.

1. Hutin s'attardait à mettre des soies **bleues** à côté de soies **grises** et de soies **jaunes**.
2. Des pièces de tissus **grises**, **bleues** et **vertes** portaient de grandes étiquettes **jaunes**.
3. Des parapluies ouverts accrochés au plafond formaient un ciel tantôt **bleu** tantôt **gris** parsemé de nuages **blancs**.
4. Les tapis **rouges** menaient à des étalages d'étoffes **bleues** ou **vertes** d'où émergeait parfois une main **rose**.

9 **Dessinez l'objet correspondant à la définition.**

1. Un drapeau bleu-blanc-rouge. **2.** Des tulipes jaunes et rouges. **3.** Des cœurs roses et rouges. **4.** Des chapeaux noir et gris. **5.** Des jupes jaunes et bleues. **6.** Des sacs vert et rouge.

10 **Complétez la description en ajoutant aux noms en gras des adjectifs de couleur variés, illustrant les différentes règles d'accord.**

C'est une petite **maison** au toit de **tuiles**. À cette heure matinale, les **volets de bois** ainsi que la **porte** étaient fermés. Le jardin qui l'entourait n'était qu'une vaste pelouse parsemée de **pâquerettes** et de **fleurettes**. Des massifs **d'hortensias** s'étendaient tout au long de la **façade**. À l'arrière, des **arbustes** supportaient des fruits mûrs : **groseilles**, **fraises**, **framboises** et **mûres** régalaient l'œil du gourmand. Au fond, un grand **chien** se prélassait dans **les rayons du soleil** devant sa **niche**.

11 **a. Soulignez les adjectifs de couleur dans le texte et justifiez leur accord. b. Continuez cette description en ajoutant deux phrases comportant au moins trois adjectifs de couleur.**

Il y a quelques années, en face de cette marchande, se trouvait une boutique dont les boiseries d'un vert bouteille suaient l'humidité par toutes leurs fentes. L'enseigne, faite d'une planche étroite et longue, portait, en lettres noires, le mot : *Mercerie*, et sur une des vitres de la porte était écrit un nom de femme : *Thérèse Raquin*, en caractères rouges. À droite et à gauche s'enfonçaient des vitrines profondes, tapissées de papier bleu.

Émile Zola, *Thérèse Raquin*, 1867.

12 **Rédigez la description de la vitrine d'un fleuriste en utilisant ces mots.**

Noms : œillets, feuillage, anémones, roses, tulipes, giroflées, fougères, dahlias.

Adjectifs : écarlate, mauve, jaune citron, pourpre, améthyste, vert profond, émeraude, rose.

S'exprimer

13 **Décrivez ce tableau en utilisant au moins dix adjectifs de couleur différents illustrant les différentes règles d'accord.**

Alfred Sisley (1839-1899), *Le Pont de Moret*, 1893, huile sur toile (73 cm x 92 cm), Musée d'Orsay, Paris.

Bilan des acquis

SOCLE COMMUN C1

14 **Accordez correctement les adjectifs de couleur.**

1. Ils portaient des uniformes *(bleu horizon)* rehaussés de galons *(rouge)*.
2. Dans ses yeux *(vert d'eau)* soulignés d'un maquillage *(bronze)* qui ne faisait qu'accentuer ses cernes *(mauve)*, il put lire un profond désespoir.
3. Le jardin du peintre cachait de merveilleux nénuphars *(pourpre)* qui se reflétaient dans l'eau *(vert foncé)* de l'étang où plongeaient parfois les branches *(noir)* des saules pleureurs.
4. Dans la nuit *(noir)* éclataient des étincelles *(jaune or)* qui se mêlaient aux gerbes *(rouge)*, *(azur)* et *(émeraude)* des feux d'artifice.
5. Si tu associes une veste *(vert pomme)* avec une jupe *(fuchsia)* c'est assurément très gai. Mais es-tu sûre que l'écharpe *(pervenche)* soit nécessaire ?

Compétence 1 : Maîtrise de la langue

Item	Connaissances	Capacités
Utiliser ses capacités de raisonnement, ses connaissances sur la langue, savoir faire appel à des outils variés pour améliorer son texte	Les accords des adjectifs de couleur	Savoir identifier un GN. Accorder correctement à l'intérieur du GN les adjectifs de couleur

47 Nul, tel / quel, qu'elle

Observer

Chez les habitants de la campagne, il n'y a **nulle** élévation dans les sentiments […] ; leurs corps ne sont point robustes, ils n'ont **nul** amour pour la patrie.

Saint-Lambert, « Luxe », *Encyclopédie*, 1751.

1. Expliquez la différence de terminaison des mots en gras.
2. Quel est ici le sens de *nul* ?

Leçon

1 Nul et tel

- ***Nul*** et ***tel*** peuvent être :
  – des **adjectifs qualificatifs** qui qualifient un nom.
  Ces habitants sont ***tels*** *que je te les décris.*
  – des **déterminants** devant un nom commun.
  Il n'y a ***nulle*** *élévation dans les sentiments.*
  Dans ces cas, ils **s'accordent**.
- ***Nul*** et ***tel*** peuvent être également des **pronoms indéfinis**.
  Tel *est pris qui croyait prendre.*
  Dans ce cas, ils sont **invariables**.
  Attention ! Cas particulier de la locution ***nulle part***, qui est **invariable**.

2 Quel ou qu'elle

- ***Quel***, en un mot, est :
  – un **déterminant interrogatif** ou **exclamatif**. Il s'accorde en **genre** et en **nombre** avec le **nom** auquel il se rapporte.
  Quelle *aubaine !* ***Quelle*** *heure est-il ?*
  – un **pronom interrogatif**. Il s'accorde aussi en **genre** et en **nombre** avec le **nom** qu'il représente.
  Quelles *sont ces notes que j'entends ?*
- ***Qu'elle*** est la contraction de ***que + elle***, l'ensemble commande un **verbe**.
  Je veux ***qu'elle*** *parte demain.* (On peut alors remplacer par *qu'il*.)
- L'expression ***tel quel*** s'accorde avec le **nom** auquel elle se rapporte.
  N'ajoute rien, je regarderai tes tableaux ***tels quels***.
  Attention ! Ne confondez pas avec ***tel(le) qu'elle*** (qu'on peut remplacer par ***tel qu'il***).
  Les petites filles sont ***telles qu'elle*** *les imaginait.*
  Dans tous les cas, ***tel*** s'accorde avec le **nom dont il dépend**.

Exercices

1 Dans ces phrases, remplacez *aucun* par le déterminant *nul*.

1. Aucun enfant ne veut croiser le loup.
2. Aucune affaire ne pourra être jugée demain.
3. Aucun endroit n'est aussi beau que ce coin de paradis.

2 Remplacez l'adjectif *pareil* par l'adjectif *tel*.

1. Un ciel pareil ne se voit que l'été.
2. La jeune vendeuse n'avait jamais rencontré de pareilles clientes.
3. Une pareille idée se rencontre rarement, quelle audace !

3 Précisez, à la suite de ces phrases, si *nul* et *tel* sont déterminants, adjectifs ou pronoms indéfinis.

1. Un tel comportement me semble inacceptable.
2. Nul ne pouvait supporter une telle histoire sans éprouver de la compassion.
3. Nulle actrice ne pouvait convenir mieux que Sandrine Bonnaire.
4. Telle ambition s'est rarement vue si jeune.
5. Telles furent les premières paroles qu'il nous adressa.

4 ***Nul*** **et** ***tel*** **sont employés comme déterminants dans ces GN. Accordez-les correctement.**

1. Tel… héroïne. 2. Tel… héros. 3. Tel… habitudes. 4. Tel… parents. 5. Tel… comportement. 6. Nul… effort. 7. Nul… voix. 8. Nul… pays.

5 **Accordez correctement** ***tel*** **et** ***nul*** **employés comme adjectifs dans ces GN.**

1. Une idée tel… . 2. De tel… frais. 3. Une tel… entreprise. 4. Un tel… avenir. 5. Les matchs nul… . 6. Un bénéfice nul… . 7. Une somme nul… . 8. Des estimations nul… .

6 **Écrivez le mot entre parenthèses correctement, donnez sa classe grammaticale.**

1. Comment une *(tel)* pensée a-t-elle pu vous traverser l'esprit ?
2. J'ai eu beau les appeler, *(nul)* n'est venu.
3. La vision était *(tel)* qu'elle en resta pétrifiée.
4. *(nul)* gouvernement ne peut se passer de sagesse.
5. *(tel)* que le boudoir était agencé, les fauteuils restaient toujours dans l'ombre.
6. *(nul)* ne pouvait concevoir un *(tel)* destin !
7. Elle somnolait sur sa chaise sans que *(nul)* participant ne s'en aperçoive.
8. Il était évident qu'une *(tel)* diligence ne passerait pas inaperçue.

7 **Accordez correctement** ***quel*** **avec le GN.**

1. Quel… temps !
2. Quel… beau cadeau !
3. Quel… attention charmante !
4. Quel… nez immense !
5. Quel… fleurs superbes !
6. Quel… chats téméraires !
7. Quel… chambres accueillantes !

8 **Accordez correctement** ***tel*** **dans ces phrases.**

1. Nana a trouvé une maison tel… qu'elle en rêvait.
2. Les vagues sont tel… que les bateaux restent au port.
3. Tel… que tu le vois, son cœur est pris.
4. Il est rare de trouver de tel… fleurs à une tel… altitude.

9 **Complétez les phrases.**

1. Dis à Félicité **qu'elle** … .
2. En quittant Paris, Nana savait **qu'elle** … .
3. Mme Aubain a rapporté à Paul des bonbons **qu'elle** … .
4. Juliette m'a avoué **qu'elle** … .

10 **Complétez les pointillés par** ***quel*** **ou** ***qu'elle.***

1. À partir de ce moment, elle parut nerveuse et dit à Marc tout ce … put trouver de désagréable.
2. Vous savez … amitié j'avais pour votre père.
3. … ne fut pas sa surprise en découvrant le jeune Georges sous la pluie !
4. Du reste, sa tante n'aurait pas voulu … franchît le seuil. Alors elle avait pris une place … avait trouvée par hasard.
5. … fut sa réaction quand elle comprit … n'y arriverait pas ?
6. … magnifique paysage enneigé !

11 **Observez toutes les formes de** ***quelle*** **et** ***qu'elle.*** **Pourriez-vous les remplacer par** ***qu'il*** **?**

La pauvre malade allait un peu mieux, mais elle gardait encore le lit ; et, **quelle** que fut sa reconnaissance envers son bienfaiteur inconnu, elle fit dire à ces messieurs, **qu'elle** les priait de l'excuser, et **qu'elle** n'était pas en état de les recevoir.

Alfred de Musset, *Mimi Pinson*, 1845.

© Flammarion

12 **Choisissez entre** ***tel quel*** **et** ***tel qu'elle.***

1. Au printemps, je ne cueille aucune fleur, je laisse le jardin … .
2. Perdican imagine toujours Camille … lui est apparue à leur séparation.
3. Des exclamations exotiques … n'en avait jamais entendues, la faisaient rougir et sourire.
4. Les années ont eu beau passer, la foi de Félicité est restée … .
5. Victor, en écoutant sa mère, ne pouvait s'imaginer les paysages … les lui décrivait. Ils étaient pourtant restés … dans sa mémoire.

13 **Complétez chaque phrase de deux façons différentes : en utilisant** ***telle quelle*****, puis en employant** ***telle qu'elle.***

1. Sur scène, la jeune femme reçut la fleur… .
2. La symphonie achevée, le compositeur la … .
3. Le poète revit sa chambre qui était demeurée … .

S'exprimer

14 **a.** Inventez une phrase pour chaque mot : *nul*, en tant que déterminant, *tel*, en tant qu'adjectif et *tel qu'elle*.
b. Dictez-les à votre voisin. Il devra vous expliquer l'orthographe choisie.

Bilan des acquis

SOCLE COMMUN C1

15 **Complétez le paragraphe.**

Mais quel…[1] histoire! On a décidé que Camille aimerait son cousin et qu…[2] déciderait de l'épouser. Mais nul…[3] ne sait qu…[4] sont les intentions de la chère enfant. Elle peut poursuivre sa vie de religieuse tel… qu…[5]. À moins qu…[6] ne considère son engagement religieux comme nul…[7]. Tel…[8] qu'elle m'est apparue, je la soupçonne d'être amoureuse de son cousin, Perdican. On ne les voit nul…[9] part ensemble, pourtant de tel…[10] jeunes gens ont tout pour se plaire.

Compétence 1 : Maîtrise de la langue

Item	Connaissances	Capacités
Utiliser ses capacités de raisonnement, ses connaissances sur la langue, savoir faire appel à des outils appropriés pour lire	La définition des adjectifs, des déterminants et des pronoms	Identifier si l'accord est nécessaire ou non, distinguer deux homonymes

48 L'adverbe en *-ment*

Observer

Qui naîtra comme toi portant une caresse [...]
Dans les balancements de ta tête penchée,
Dans ta taille dolente et mollement couchée
Et dans ton pur sourire amoureux et souffrant ?

Alfred de Vigny, « La maison du berger », *Les Destinées*, 1864.

1. Relevez tous les mots qui ont le suffixe *-ment*, quelle que soit leur terminaison (pluriel, féminin...).
2. Que remarquez-vous en ce qui concerne la terminaison de *mollement* ?

Leçon

1 Règle générale

Pour former un **adverbe de manière**, on ajoute généralement la **terminaison *-ment*** au **féminin** des adjectifs. *Molle : mollement.* (signifie d'une manière *molle*)

2 Cas particuliers

Toutefois, un certain nombre d'adverbes en ***-ment*** sont construits sur une **base différente**.

- Quand le **masculin d'un adjectif** se termine par une **voyelle autre que -*e***, on ajoute le préfixe ***-ment*** au **masculin**.
  Vrai : vraiment. Malaisé : malaisément. Conforme : conformément.
- Le ***-e* du féminin** peut parfois être remplacé par un **accent circonflexe** sur le ***-u* final**.
  Indûment, crûment, assidûment...

REMARQUE : L'adverbe issu de l'adjectif ***gai*** accepte les **deux orthographes** : ***gaiement*** et ***gaîment***.

- Les **adjectifs** en ***-ent*** produisent des adverbes en ***-emment*** et les adjectifs en ***-ant*** produisent des adverbes en ***-amment***. Ils se prononcent tous [aman].
  Prudent : prudemment. Constant : constamment.
- Une série d'adverbes remplace le ***-e* final** de l'adjectif par ***-é***.
  Aveuglément, confusément, intensément, précisément...
- Quelques **formations irrégulières** sont souvent dues à des formes d'adjectifs qui ne sont **plus employées**.
  Traître : traîtreusement. Bref : brièvement. Journalier : journellement. Grave : grièvement.

ATTENTION ! Les adverbes en ***-ment***, comme tous les adverbes, sont **invariables**. Il ne faut pas les confondre avec des **mots** qui ont la **même terminaison** mais qui ne sont **pas des adverbes**.
Des mouvements. (Il s'agit d'un nom commun.)

Exercices

1 Identifiez tous les mots qui se terminent par le son [an]. Puis, classez-les selon leur classe grammaticale : nom commun, adjectif, adverbe, participe présent.

Ô doux commencements d'azur qui me trompiez,
Ô bonheurs ! je vous ai durement expiés. [...]
Oh ! que ne suis-je encore le rêveur d'autrefois,
Qui s'égarait dans l'herbe, et les prés, et les bois,
Qui marchait souriant, le soir, quand le ciel brille,
Tenant la main petite et blanche de sa fille,
Et qui, joyeux, laissant fuir le firmament,
Laissant l'enfant parler, se sentait lentement
Emplir de cet azur et de cette innocence !

Victor Hugo, « À celle qui est restée en France », *Les Contemplations*, 1856.

2 Récrivez ce texte en mettant les noms *luxe* et *désir* au pluriel. Soulignez les noms communs en bleu, les adverbes en rouge. Que remarquez-vous ?

Le *luxe* a pour cause première ce mécontentement de notre état ; ce désir d'être mieux qui est dans tous les hommes. [...] Ce désir doit nécessairement faire aimer et rechercher la richesse. Le désir de s'enrichir doit normalement entrer dans tout gouvernement qui n'est pas fondé sur l'égalité.

Saint-Lambert, « Luxe », *Encyclopédie*, 1751.

3 Écrivez les noms communs formés à partir de ces verbes.

Se déhancher, mouvoir, ruisseler, craquer, ajuster, chuchoter, glisser, affaisser.

4 Transposez ces phrases au pluriel.

1. Il brava courageusement le mécontentement populaire.
2. Le médicament était absolument interdit dans ce cas précis.
3. Le versement de la somme doit être effectué régulièrement.
4. Tout doucement, le chuchotement s'amplifia jusqu'à devenir un brouhaha assourdissant.
5. C'est obligatoirement l'écoulement de l'eau qui forme cette infiltration.

5 Dans chaque phrase, mettez le terme entre parenthèses au pluriel, quand cela est nécessaire.

1. Nous étions *(tellement)* concentrés que nous ne l'avons pas entendu.
2. Dans les vieilles maisons, de sinistres *(craquement)* retentissent *(régulièrement)*.
3. « Jacques et Jean reviendront *(nécessairement)* avant la nuit », répétait-elle pour se rassurer.
4. Nous ne connaîtrons que *(rarement)* de tels *(moment)*.

6 Trouvez l'adverbe qui correspond à chaque définition.

1. Qui est une habitude.
2. Qui agit avec douceur.
3. Pour toujours.
4. Qui est fidèle.

7 Formez les adverbes qui correspondent à ces adjectifs, à partir de leur féminin.

Bizarre, sage, habile, lourd, conventionnel, subtil, mystérieux.

8 Formez les adverbes qui correspondent à ces adjectifs. Aidez-vous du dictionnaire, si besoin est.

Goulu, désespéré, gentil, assidu, intense, indépendant, conforme.

9 Trouvez les adverbes qui correspondent à ces adjectifs. Choisissez entre la terminaison *-emment* ou *-amment*.

Indépendant, pertinent, étonnant, violent, suffisant, vaillant, méchant.

10 Complétez les phrases avec un adverbe de votre choix.

1. Félicité se précipita ... au chevet de la mourante.
2. La servante attendait ... le retour de son neveu.
3. ..., une voiture freina dans un nuage de poussière devant les misérables masures.
4. La jeune femme entreprit ... de convaincre les paysans.
5. Le perroquet engloutissait ... tout ce qu'on lui présentait.
6. Ses yeux brillaient déjà et son visage s'illumina ... .

11 Employez chaque adverbe dans une phrase de votre choix.

Abruptement, confusément, éperdument, dramatiquement, curieusement.

12 Orthographiez correctement la terminaison de chaque adverbe.

1. Il a poncé pati... pendant des heures.
2. Il m'a menti sci..., il savait très bien qui était le coupable.
3. Le soleil brillait ard... cet après-midi-là.
4. Le combat s'est engagé passion... .

13 Recopiez cet extrait. À chaque verbe en gras, ajoutez un adverbe que vous choisirez pour éclairer le sens du texte.

© Pocket, dpt Univers Poche

Tout d'un coup, la jeune femme du manufacturier **poussa** un soupir qui fit **retourner** toutes les têtes ; [...] ses yeux **se fermèrent**, son front tomba : elle **avait perdu** connaissance. Son mari, affolé, **implorait** le secours de tout le monde.

Guy de Maupassant, *Boule de Suif*, 1880.

14 a. Expliquez la formation des trois adverbes en gras.
b. Relevez deux verbes au pluriel. Faut-il les prononcer comme les adverbes ?

Elle courut aux enfants, prit un des deux derniers, [...] et, [...] le baisa **passionnément** sur ses joues sales, [...] tandis que son mari attendait **patiemment** dans sa frêle voiture.

Les Vallin étaient à table, en train de manger avec lenteur des tranches de pain qu'ils frottaient **parcimonieusement** avec un peu de beurre piqué au couteau, dans une assiette entre eux deux.

Guy de Maupassant, « Aux champs »,
Les Contes de la bécasse, 1883.

S'exprimer

15 Vous êtes témoin d'un vol dans la rue. Décrivez, dans un paragraphe de quelques lignes, la course spectaculaire du voleur dans la ville. Vous utiliserez au moins six adverbes. Voici le début de votre paragraphe :

L'homme bouscula la victime et s'élança vers le boulevard bondé...

Bilan des acquis

SOCLE COMMUN C1

16 Orthographiez correctement la terminaison en *-ment* de ces mots.

Les parents étaient complète.[1]. abasourdis par cette nouvelle : ils avaient subite.[2]. regretté leurs premiers mouve.[3]. d'humeur. Ils auraient dû accepter instinctive.[4]. la proposition, cela leur aurait évité bien des tour.[5]. ! Quand on leur avait proposé de leur acheter leur fils, ils avaient été étonn.[6]. calmes : ils avaient nette.[7]. refusé. C'est ensuite que les questionn.[8]. sans fin avaient surgi ! Ils étaient const.[9]. assaillis par le doute, leur fils aurait-il été plus heureux ? L'argent peut donc remplacer l'affection de deux parents absolu.[10]. dévoués à leur enfant ?

Compétence 1 : Maîtrise de la langue

Item	Connaissances	Capacités
Utiliser ses capacités de raisonnement, ses connaissances sur la langue, savoir faire appel à des outils appropriés pour lire	La formation d'un adverbe pour en comprendre le sens	Développer une attitude active face au vocabulaire inconnu

49 Famille de mots

Observer

Un cadet de Gascogne met en garde Christian : on ne doit pas parler du nez de Cyrano.

LE CADET. – Deux nasillards par lui furent exterminés
Parce qu'il lui déplut qu'ils parlassent du nez ! [...]
CYRANO. – Va, Cyrano ! Et ce disant, je me hasarde,
Quand, dans l'ombre, quelqu'un me porte...
CHRISTIAN. – Une nasarde[1].
CYRANO. – Je la pare et soudain me trouve...
CHRISTIAN. – Nez à nez...

1 coup sur le nez.

Edmond Rostand, *Cyrano de Bergerac*, II, 9, 1897.

1. Relevez les mots et expressions utilisés par Christian pour provoquer Cyrano.

2. Quel est leur point commun ?

Leçon

- Une famille de mots est un **ensemble de mots** qui ont une **racine** en **commun**.
  Parents, parenté, parental.
- Parfois la **racine** se retrouve **telle quelle** dans l'ensemble des mots de la famille, comme c'est le cas pour la famille de *parent*. Mais, le plus souvent, elle se présente sous la forme de **plusieurs radicaux proches**.
  Courtois, cordial et cœur. (Ils appartiennent à la même famille issue du **latin** *cor, cordis* signifiant le *cœur*.)
- Au radical, peuvent s'ajouter préfixe et suffixe. *Apparenté.*

Exercices

1 Soulignez le radical commun à chaque liste de mots.

1. Dentiste, dentaire, dentition, édenté, dentifrice.
2. Bûcher, bûchette, bûcheur, bûcheron.
3. Porte, apporter, porteur, emportement, portatif.
4. Arme, armure, désarmer, armée, armoire.
5. Herbe, désherbant, herbivore, herbage, herboriste.

2 Donnez le radical commun à chaque liste de mots.

1. Marcheur, marchand, supermarché, démarche.
2. Terre, terrier, déterrer, souterrain.
3. Misère, misérablement, miséreux, misérabilisme.
4. Jeter, rejet, projeter, jetée.
5. Terreur, terroriste, terroriser, terrifier.

3 Chassez l'intrus dans chaque liste.

1. Merveilleux, s'émerveiller, s'éveiller, merveille.
2. Terreur, terre, atterrir, terrestre.
3. Marée, mer, amiral, maritime.
4. Libre, libération, libraire, librement.
5. Aquatique, laque, aquarium, aqueux.

4 Même consigne que l'exercice 3.

1. Salir, salissant, saler, salement.
2. Sauter, sottement, sursauter, assaut.
3. Professeur, prophétie, professer, professoral.
4. Ardeur, adroit, ardent, ardemment.
5. Bourgade, bourgeois, embourgeoiser, bouger.

5 Associez le nom (liste A) à l'adjectif de la même famille (liste B).

A : Lait, précision, gentillesse, proximité, majorité, mollesse.
B : Mou, précis, lacté, gentil, majeur, proche.

6 Associez le verbe (liste A) au nom de la même famille (liste B).

A : Rouler, aboyer, partir, discuter, crier, écrire.
B : Écriture, départ, cri, aboiement, roue, discussion.

7 Associez le nom (liste A) au verbe de la même famille (liste B).

A : Retour, débarras, débris, lecture, pleur, paiement.
B : Débarrasser, payer, retourner, briser, pleurer, lire.

8 Transformez les phrases selon le modèle.

Ex. : Le tonnerre **gronde**. → On entendit le **grondement** du tonnerre.

1. Le voleur a **fui** dans les ruelles ; le voleur a pris la ... dans les ruelles.
2. Le joueur a **abandonné** le tournoi. Cet ... remet en cause les chances françaises.
3. Cela commença à le **démanger**, mais la ... devint vite insupportable.
4. Elle choisit d'**allaiter** son enfant car on dit que le ... maternel est meilleur.
5. Il a choisi de **rompre** le contrat, mais cette ... risque de lui coûter cher.

9 En vous aidant de l'étymologie, trouvez les adjectifs correspondant à ces noms.

Ex. : Dos (latin : *dorsum*) → dorsal.

Été, frère, mère, oncle, femme, île, mer, poumon.

10 Trouvez trois mots de la même famille pour chaque mot. Jour, ami, plonger, main, œil.

11 a. Recherchez dans le dictionnaire le sens étymologique de ces mots.
b. Trouvez l'équivalent en anglais de cette famille de mots.

Lundi, mardi, mercredi, jeudi, vendredi, samedi.

12 a. Quel est le radical commun à ces trois mots ?
b. Cherchez dans un dictionnaire le sens de ce radical.

Démographie, démocratie, démagogie.

13 Justifiez l'orthographe des mots à l'aide d'un mot de la même famille.

1. J'ai fait un accro**c** à mon pull.
2. En route pour la b**ai**gnade !
3. Il a appuyé sur la pédale de fr**ei**n.
4. Son travail est par**ti**el.
5. Il se mit à faire des acroba**t**ies.

14 Complétez l'orthographe des mots en faisant le lien avec un mot de la même famille.

1. Il fait preuve d'un grand resp... à l'égard de ses parents. *(respecter)*
2. Ce jardin a besoin d'être dés...rbé. *(herbe)*
3. Il a porté pl... contre le voleur. *(se plaindre)*
4. Il veut obtenir son indép...dance. *(dépendre)*
5. C'est un appr...ti très consciencieux. *(apprendre)*

15 a. Relevez, dans le texte, tous les mots appartenant à la famille de *question*.
b. Réutilisez deux de ces mots dans des phrases de votre invention.

L'homme entra dans la pièce, qu'il examina d'un regard inquisiteur. Il commença par s'enquérir de l'évolution de l'interrogatoire. Le policier qui menait l'enquête lui apprit qu'il avait lui-même questionné le suspect mais celui-ci refusait toujours de parler. Il se tourna alors vers les enquêteurs de terrain qui s'étaient mis en quête de nouveaux indices. Il avait besoin de fouiller la maison du suspect : il promit alors d'aller déposer une requête chez le juge.

16 Soulignez en bleu les mots de la famille de *terre* et en rouge ceux de la famille de *terreur*.

Ce jour-là, le chat avait décidé de semer la terreur dans le quartier.

Il commença par attraper une souris et joua avec elle jusqu'à ce qu'elle atterrisse dans son gosier.

Il terrorisa ensuite le canari de la voisine.

Poursuivi par celle-ci, il réussit à fuir de l'immeuble en passant par quelque passage souterrain connu de lui seul.

Dehors, il décida de courser un lapin, qui, terrifié, alla se jeter dans son terrier.

17 Recherchez dans un dictionnaire les mots en gras et trouvez pour chacun d'eux un mot courant de la même famille.

La **malnutrition** est un état **pathologique** provoqué par la **déficience** ou l'excès de **nutriments**. L'**apport** alimentaire anormal a pour origine une quantité de nourriture inadaptée aux besoins ou de mauvaise qualité (**carences nutritionnelles** par exemple) ; mais peuvent aussi intervenir des **facteurs psychologiques**.

18 Sans vérifier dans le dictionnaire, devinez le sens des mots en gras en trouvant pour chacun d'eux un mot courant de la même famille.

1. Elle répondit d'une voix **mielleuse** : « Je n'aurais pas fait mieux, évidemment ». Mais elle n'en pensait pas un mot.
2. L'homme l'attrapa avec une telle **poigne** qu'il ne put réussir à s'échapper.
3. Un feu d'artifice marqua la fin des **festivités**.
4. Arrête donc d'**infantiliser** ton fils : il a vingt ans maintenant !
5. Suite à un cas de choléra, le navire a été mis en **quarantaine** : plus d'un mois coincés à bord !
6. La voiture a subi des dégâts **irrémédiables**.
7. L'**ossature** de ce monument a été faite en bois.
8. La révolution **enfiévra** toute la population.

S'exprimer

19 Écrivez la description d'un jardin en un paragraphe de cinq phrases. Vous utiliserez six mots de la famille de *terre*.

Bilan des acquis

SOCLE COMMUN C1

20 Trouvez, pour chaque mot en gras, au moins un mot de la même famille et justifiez l'orthographe du mot du texte.

© Le Livre de Poche Jeunesse

CYRANO. – Ah ! non ! c'est un peu [court, jeune homme !
On pouvait dire... Oh ! Dieu !... bien [des choses en somme...
En variant le **ton**, – par exemple, tenez
Agressif : « Moi, monsieur, si j'avais un tel nez,
Il faudrait sur-le-champ que je me l'amputasse ! »
Amical : « Mais il doit tremper dans votre tasse
Pour boire, faites-vous fabriquer un hanap ! »
Descriptif : « C'est un **roc** !... c'est un pic !... c'est un **cap** !
Que dis-je, c'est un cap ?... C'est une **péninsule** ! »
Curieux : « De quoi sert cette **oblongue** capsule ?
D'**écritoire**, monsieur, ou de boîte à ciseaux ? »

Edmond Rostand, *Cyrano de Bergerac*, I, 4, 1897.

Compétence 1 : Maîtrise de la langue

Item	Connaissances	Capacités
Utiliser ses capacités de raisonnement, ses connaissances sur la langue, savoir faire appel à des outils variés pour améliorer son texte	Les familles de mots	Reconstituer des familles de mots. Vérifier l'orthographe d'un mot en s'aidant de son radical

50 Les suffixes : -oire / -oir ; -ote / -otte; -ette / -ète

Observer

Chanson
Monsieur Miroir marchand d'habits
Est mort hier soir à Paris
Il fait nuit
Il fait noir
Il fait nuit noire à Paris

Philippe Soupault, « Funèbre », *Georgia*, 1921 © Éd. Gallimard, 1999.

1. Repérez les mots en *-oir* et *-oire* du texte.

2. Distinguez parmi ces mots en les noms et les adjectifs.

Leçon

1 *-Oire* ou *-oir* ?

- Les **noms féminins** ont la terminaison en ***-oire***. *Une bouilloire, une armoire.*
- La plupart des **noms masculins** se terminent par ***-oire***. Mais certains noms masculins se terminent par ***-oir***, par exemple ceux formés à partir d'un **verbe**. *Compter : comptoir.*
  Mais les noms en ***-itoire*** et ***-atoire*** prennent toujours un **-e final**. *Un laboratoire.*
- Les adjectifs, qu'ils soient au **masculin** ou au **féminin**, ont la terminaison ***-oire*** (sauf **noir**, **noire**).
  Une aventure illusoire. Un monde illusoire.
- Les **verbes** se terminent tous par ***-oir*** (sauf ***boire*** et ***croire***). *Avoir, apercevoir.*
  Attention ! Ne pas confondre le verbe ***voir*** avec l'adverbe ***voire*** qui signifie « et même ».
  *Il est imprudent, **voire** dangereux, de faire cette escalade.*

2 *-Ote* ou *-otte* ?

- Les **noms** en [ot] s'écrivent généralement ***-ote***. Mais certains mots très courants s'écrivent ***-otte***.
  Il faut donc **vérifier l'orthographe** des mots inconnus dans un dictionnaire. *Une note. Une carotte.*
- Les **adjectifs** en ***-ot*** ont leur féminin en ***-ote*** parfois en ***-otte***. *Idiot, idiote. Sot, sotte.*
- Ce suffixe (***-ot*** au masculin ***-ote*** / ***-otte*** au féminin) a une valeur de diminutif, parfois **péjorative**.
  Camelote, tremblote, confiote (pour confiture), vieillotte.
- La plupart des verbes se terminent par ***-oter*** *(voter, ôter)* mais certains s'écrivent ***-otter*** *(culotter)*.
  Il faut donc **vérifier leur orthographe** dans le dictionnaire.

3 *-Ète* ou *-ette* ?

- **Les suffixes *-et*** et ***-ette*** ont une valeur de **diminutif**. *Un garçonnet, une bouclette.*
- Les **adjectifs** masculins en ***-et*** ont leur féminin en ***-ette***. *Un garçon muet, une fille muette.*
- Mais certains adjectifs ont leur **féminin** en ***-ète***, comme *discret, complet, concret, inquiet* et *secret*.
- La plupart des **noms** en [et] s'écrivent ***-ette*** sauf :
  – quelques **exceptions en *-ète*** : *analphabète, athlète, cacahuète, diabète, diète, épithète, planète, poète et saynète…* ;
  – les **noms en *-ête*** dont l'**accent circonflexe** vient d'un ancien « ***s*** » **latin** que l'on retrouve dans des mots de la **même famille**. *Fête, festivités.*

Exercices

1 **Complétez chaque radical par *-oir* ou *-oire* et classez le nom dans un tableau selon le modèle ci-contre.**

Ras…, supposit…, dev…, désesp…, orat…, conservat…, observat…, vict…, mouch…, interrogat…, coul…, esp…, trott…, arros…, tir…, av…, pouv…, mange…, baign…, arm…, répert…, patin…, balanç… .

	Masculin	Féminin
-oir	rasoir	
-oire		

2 Trouvez le nom en *-oir* ou *-oire* dérivé de ces verbes.

Bouillir, compter, réserver, sécher, observer, bouder, dormir, écumer, baver, nager, plonger.

3 Remplacez le mot en gras par un mot en *-oir* / *-oire* de sens proche.

1. Un instant ! Je sors de la **douche** !
2. À la fin du repas, il a laissé **une pièce** au serveur.
3. Il n'a pas beaucoup de **tête** : il oublie tout !
4. À l'internat, les élèves sont quatre par **chambre**.
5. Sur scène l'acteur se fit apporter de nombreux **objets**.
6. Il a fini par **tomber** de sa chaise !
7. Elle ne cesse de se regarder dans **la glace**.

4 Complétez par *voir* ou *voire*.

1. Je vais … s'ils arrivent. **2.** Il faudrait songer à faire réparer, … à jeter, cette vieille montre. **3.** C'est un garçon timide, … sauvage. **4.** Tu dis que c'est solide ? C'est à …. **5.** Ce chanteur ! Je ne peux ni l'entendre ni le … .

5 Ces mots se terminent-ils par *-ote* ou *-otte* ? Aidez-vous d'un dictionnaire.

Une anecd…, un antid…, une bisc…, une b…, une cagn…, une cul…, une échal…, une fl…, une gr…, une masc…, une men…, un pil…, une s….

6 Récrivez le texte au féminin en utilisant le nom entre parenthèses.

L'employé *(l'employée)*, qui n'était ni pâlot ni maigriot, eut un geste *(une attitude)* idiot et fit tomber un vase *(une assiette)* vieillot : il n'était pourtant ni sot ni manchot.

7 Complétez la phrase par un verbe en *-oter* ou *-otter*.

1. J'adore b… dans la mer.
2. Je t'ai m… un bon petit repas.
3. L'enfant t… vers sa mère.
4. Il g… de froid sur le quai de la gare.
5. Il est déconseillé de g… entre les repas.
6. Il se mit alors à pleurer et à s… sur son épaule.
7. Où es-tu encore allé traîner ! Tu es tout c… : ton pantalon est plein de boue.
8. Ils l… le prisonnier afin qu'il ne se sauve pas.
9. Une feuille f… à la surface de l'eau.

8 Complétez le tableau.

Mot	Diminutif
camion	
	balayette
statue	
chemise	
	fléchette
langue	
	starlette

9 Ajoutez la bonne terminaison *-ète* ou *-ette*.

C.[1]. fille, la blondin.[2]. un peu grassouill.[3]. en robe viol.[4]., est ma sœur cad.[5]. Sans te faire une confidence indiscr.[6]., je t'avoue qu'elle touche une somme rondel.[7]. pour être mu.[8]. dans des affaires pas très n.[9]. Cela permet à cette femme coqu.[10]. de mener une vie douill.[11]. Et de ne plus être inqui.[12]. pour l'avenir.

10 Complétez l'énigme par un mot en [et].

1. J'écris de la poésie, je suis un … .
2. Cela va plus vite qu'un vélo mais moins vite qu'une voiture : une … .
3. C'est une pâtisserie parfois fourrée avec de la crème : une gau… .
4. Quand on est à la …, on mange en petite quantité des aliments peu gras et peu sucrés.
5. On n'en fait jamais sans casser d'œufs : une … .
6. Nous sommes sur la table au moment du repas : a… et f… .
7. Avec nous, tout brille ! Nous sommes des ….

11 Complétez les mots avec la terminaison *-ête* , *-ette(s)*, *-ète*.

1. Elle songeait aux antichambres mu…
2. Le jour de la f… approchait, et Mme Loisel semblait triste, inqui…, anxieuse.
3. Sa toil… était pr… cependant.
4. Que tu es b… ! Va trouver ton amie Mme Forestier.
5. Il fallait payer cette d… effroyable.

© Magnard

S'exprimer

12 Rédigez un poème de deux strophes de quatre vers. Vous utiliserez des rimes en *-oir* / *-oire*, des rimes en *-ote* / *-otte* et des rimes en *-ète* /*-ette*.

Bilan des acquis

SOCLE COMMUN C1

13 Choisissez la bonne orthographe.

Mi-*(loir/loire)*, mi-*(marmote/marmotte)*, j'avais dormi une partie de la *(fête/fète)*. À mon réveil, je me serais cru sur une autre *(planette/planète)* ! Dans le *(noir/noire)*, se détachaient quelques *(silhouettes/silhouètes)* *(malhonnêtes/malhonnètes)*. Des *(bottes/botes)* résonnaient sur le pavé des rues, arpentant le *(territoire/territoir)*. En cachette, dans les caves, quelques *(patriotes/patriottes)* complotaient la chute du *(despote/despotte)*. C'était le jour des élections et ils espéraient que les *(votes/vottes)* leur donneraient enfin la *(victoire/victoir)*. Ce n'était qu'un rêve *(illusoire/illusoir)* de *(poète/poette)*. Et moi, pendant cette *(tempette/tempête)*, dans ma *(roulotte/roulote)* aux boiseries *(vieillottes/vieillotes)*, je tournais en rond comme une *(girouette/girouète)* *(dérisoire/dérisoir)*.

Compétence 1 : Maîtrise de la langue

Item	Connaissances	Capacités
Utiliser ses capacités de raisonnement, ses connaissances sur la langue, savoir faire appel à des outils variés pour améliorer son texte	L'orthographe des mots en -oire / -oir ; -ote / -otte ; -ette / -ète	Choisir la bonne orthographe pour un suffixe

51 Quelques préfixes : *bi(s)-, dé(s)-, sous-, trans-, con-*

Observer

Cyrano. – Eh bien ! oui, c'est mon vice.
Déplaire est mon plaisir, j'aime qu'on me haïsse.

Edmond Rostand, *Cyrano de Bergerac*, Acte I, Scène 8, 1897.

1. Quelles sont les deux associations de mots contraires ?
2. Quel est le rapport entre *déplaire* et *plaisir* ?

Leçon

Les préfixes servent à créer de nouveaux mots. On les ajoute devant le radical, ce qui en change le sens. L'ajout d'un préfixe ne change pas la classe grammaticale du mot.

Préfixes	Sens du préfixe	Exemples
bi-	Indique le **redoublement**.	*Un oiseau **bi**colore.* (qui comporte deux couleurs)
dé-	Indique qu'une action s'effectue en **sens inverse**, ou qu'elle est **annulée**. (issue de la particule latine *dis-*)	***Dé**caféiner.* (enlever la caféine)
sous-	Indique la **position**, le **degré inférieur**, l'**insuffisance**. (aussi utilisé sous ses formes latines *sub-*, *infra-*, ou grecque *hypo-*) Ce préfixe a une valeur **de préposition** ou d'**adverbe**.	*Des êtres **sous**-alimentés.* *Des rivages **sub**mergés.* *Des aliments **hypo**caloriques.*
trans-	A le sens de ***au-delà***, ***à travers***.	***Trans**percer.* (de part en part)
con-	Élément d'origine latine, qui signifie ***avec***. Attention aux **variantes**, on trouve : • ***col-*** devant ***l*** • ***com-*** devant ***m, b, p*** • ***cor-*** devant ***r***	***Con**courir.* (courir avec d'autres)

Exercices

1 Parmi les mots de la liste, recopiez ceux qui sont formés avec le préfixe *bi-* indiquant le redoublement. Vérifiez vos réponses en cherchant l'étymologie des mots que vous n'aurez pas retenus.

Bicolore, bimensuel, bijou, bipède, bizarre, bicyclette, biberon, bilingue.

2 En vous aidant du contexte, trouvez le sens des mots en gras qui commencent par *bi(s)-*.

1. Mon **bisaïeul** est mort trente ans avant ma naissance.
2. Mon copilote et moi sommes montés dans ce petit **biplace**.
3. Ce monument **bicentenaire** date de 1800.
4. À la **bifurcation**, le fuyard a hésité : fallait-il prendre à droite ou à gauche ?
5. Cet excellent journal **bimensuel** paraît le 1er et le 15 du mois.

3 a. Expliquez la formation du mot en gras. b. Sur le même modèle, formez l'antonyme du verbe *fait* (vers 2).

Mets-toi sur ton séant, lève tes yeux, **dérange**
Ce drap glacé qui fait des plis sur ton front d'ange,
Ouvre tes mains, et prends ce livre : il est à toi.

Victor Hugo, *Les Contemplations*, 1856.

4 Formez des mots de sens contraire en ajoutant le préfixe *dé-*. Attention, il faut parfois changer le préfixe qui est déjà présent.

Garnir, encourager, placer, couvrir, attacher, accrocher, dire.

5 Même consigne que l'exercice 4. Que remarquez-vous ?

Approuver, hydrater, espérer, hériter, avouer, armer.

6 Trouvez un verbe, commençant par *dé-*, pour remplacer le groupe en gras.

1. À l'hôpital, l'infirmière **a enlevé l'infection** de la plaie.
2. Ce matin, il a fallu **enlever le givre** sur le pare-brise.
3. Malheureusement, le train **est sorti des rails** brutalement.
4. L'envoyé du prince **a ôté la chaussure de** Cendrillon.
5. Avant de se jeter à l'eau, il faut **enlever ses habits** !

7 Trouvez les mots qui ne sont pas formés avec le préfixe *dé-*. S'agit-il de contraires ?

Dégoupiller, défricher, dégât, défigurer, dédale, décor, dégainer, déluge.

8 À partir de ces mots, trouvez-en un nouveau, formé avec le préfixe *sous-*.

Un verre, une main, un sol, un chef, un bois, équipé.

9 **Trouvez un mot, commençant par *sou-* (ou *sous-*), pour remplacer les groupes en gras.**

1. Nicolas **a loué** son appartement **à d'autres locataires**.
2. Le prisonnier est passé par des tunnels **sous terre**.
3. Les piliers sculptés **tiennent** le plafond **par en dessous**.
4. **Le titre, placé sous le titre principal,** fait référence à l'enfance de l'auteur.
5. Ce tableau était un Renoir, il a été **estimé au-dessous de sa valeur**.

10 **Aidez-vous de l'étymologie donnée entre parenthèses pour comprendre le sens du mot. Rédigez vous-même une définition.**

1. Hypocrite (grec *krita*, « le masque »).
2. Hypogée (grec *gê*, « la terre »).
3. Hypoglycémie (glycémie, « teneur du sang en glucose »).
4. Hypothèse (grec *thésis*, « action de poser »).
5. Subaquatique (grec *aqua*, « l'eau »).
6. Submerger (latin *mergere*, « plonger »).

11 **Rédigez la définition des mots en expliquant le rapport avec le préfixe *trans-*.**

1. Cette fenêtre est si sale qu'elle n'est plus transparente.
2. La victime a perdu beaucoup de sang, elle risque une transfusion.
3. Ce joueur est un transfuge de l'équipe adverse.
4. Cette maladie est dangereuse car elle est transmissible.
5. En refusant de s'arrêter, le conducteur a transgressé la loi.

12 **Complétez avec la consonne *-m-* ou *-n-*.**

1. Ne baisse pas tes armes, il faut co...battre!
2. En co...sidérant le problème sous cet angle, il est vrai que l'amour est dangereux.
3. C'est une co...munion de l'homme avec la nature.
4. Pour ce crime, il a dû co...paraître devant un tribunal.
5. Les enfants ont la rougeole, je crains la co...tagion.
6. Les parents y ont co...senti de bon cœur.

13 **Trouvez les mots qui sont formés avec le préfixe *con-* ou *com-*.**

1. Le texte qui est autour: pour comprendre, aide-toi du ... immédiat.
2. Appeler à se réunir impérativement: le prévenu a été ... devant le juge.
3. Celui avec qui on partage le pain: ce pauvre mendiant fut mon ... d'infortune.
4. La terre qui tient enfermée dans la mer: entre les deux hémisphères s'étend le ... américain.
5. Accepter avec les autres, tous ensemble: il faut nous revoir, nous devons ... d'une date.

14 **Transformez ces verbes en leur ajoutant les préfixes étudiés dans la leçon. Inventez ensuite une phrase pour chaque verbe que vous aurez créé.**

Tracter, porter, tirer, paraître, mettre, courir.

15 **a. Expliquez comment sont formés les mots en gras. Vous préciserez le sens du préfixe.**
b. Pour chacun d'entre eux, trouvez un autre mot construit sur le même radical mais avec un autre préfixe (et, donc, un autre sens).

COELIO. – Ah! Que je fusse né dans le temps des tournois et des batailles! Qu'il m'eût été permis de porter les couleurs de Marianne et de les teindre de mon sang! Qu'on m'eût donné un rival à **combattre**, une armée entière à **défier**! Que le sacrifice de ma vie eût pu lui être utile! Je sais agir, mais je ne puis parler. Ma langue ne sert point mon cœur, et je mourrai sans m'être fait **comprendre**, comme un muet dans une prison.

Il sort.

Alfred de Musset, *Les Caprices de Marianne*, II, 2, 1833.

S'exprimer

16 Imaginez un récit d'une dizaine de lignes dans lequel vous racontez un voyage, en train ou en voiture. Vous utiliserez au moins une fois des mots formés avec les préfixes suivants: *bi-*, *trans-*, *dés-*, *sous-*, *con-* dans l'ordre de votre choix (noms, adjectifs, verbes, adverbes).

Bilan des acquis

SOCLE COMMUN C1

17 **Définissez les mots en gras de ces citations, en précisant le sens du préfixe.**

1. Elle était **déchaussée**, elle était **décoiffée**. (Victor Hugo)
2. Cet endroit avait l'air tout à la fois d'une chapelle et d'un bazar, tant il **contenait** d'objets religieux. (Gustave Flaubert)
3. Félicité en coupa une grosse mèche, dont elle glissa la moitié dans sa poitrine, résolue à ne jamais s'en **dessaisir**. (Gustave Flaubert)
4. Elle n'ouvrit pas l'écrin, ce que redoutait son amie. Si elle s'était aperçue de la **substitution**, qu'aurait-elle pensé? (Guy de Maupassant)
5. Je souffre; mais je vis. Par vous, loin de mes peines,
D'espérance un vaste torrent
Me **transporte**. [...] (André Chénier)

Compétence 1 : Maîtrise de la langue

Item	Connaissance	Capacités
Utiliser ses capacités de raisonnement, ses connaissances sur la langue, savoir faire appel à des outils appropriés pour lire	La formation d'un mot pour savoir l'orthographier	Comprendre le sens d'un mot selon son préfixe

52 Savoir distinguer les homonymes

Observer

Ceux qui vivent, ce sont ceux qui luttent ; ce sont
Ceux dont un dessein ferme emplit l'âme et le front,
Ceux qui d'un haut destin gravissent l'âpre cime.

Victor Hugo, *Les Châtiments*, 1853.

1. Quels sont les deux mots qui ont le même son dans ces vers mais pas la même orthographe ?

2. Transposez ces vers au singulier. Que désigne le pronom *ceux* ?

Leçon

Des **homonymes** sont des mots qui se **prononcent de la même façon** mais sont de **sens différent**.

1 Distinguer deux homonymes dont l'un est un verbe

	a / as / à	est / et	sont / son
Verbes conjugués	**a, as** Verbe **avoir** conjugué.	**est** Verbe **être** conjugué au **singulier**.	**sont** Verbe **être** conjugué au **pluriel**.
Exemples	*Loulou **a** mal. Tu **as** mal.* (Il avait mal. Tu avais mal.)	*Loulou **est** malade* (Il était malade.)	*Les animaux **sont** malades.* (Ils étaient malades.)
Autres classes grammaticales	**à** préposition	**et** conjonction de coordination	**son** déterminant possessif
Exemples	*Il a mal **à** la tête.*	*Il est malade **et** immobilisé.*	*Ils sont partis dans **son** véhicule.*

2 Distinguer deux homonymes grâce à l'accent

	des / dès	ou / où	sur / sûr
Mot accentué	**dès** préposition	**où** pronom relatif	**sûr** adjectif qualificatif
Exemples	***Dès** l'aube, je partirai.* (*au moment de…* temporel)	*C'est la chambre **où** elle vécut.*	*Il rejoue bien qu'il soit **sûr** de perdre.* (certain de)
Mot sans accent	**des** article indéfini	**ou** conjonction de coordination	**sur** préposition
Exemples	*J'exige **des** excuses.*	*Choisis : c'est ta vengeance **ou** moi !* (= *ou bien*)	*Il a juré, la main **sur** le cœur.*

3 Distinguer des homonymes grâce à l'analyse grammaticale

l'ai / les	quand / quant / qu'en
Pronom ***l'*** + verbe ***avoir*** conjugué au **présent** de l'indicatif. On peut le mettre à l'imparfait : *l'avais.*	***Quand*** exprime le **temps**, c'est une **conjonction** qui introduit une subordonnée ou un adverbe interrogatif.
Article défini ***les*** devant un **nom**.	***Quant à*** signifie ***concernant***. Il se construit toujours avec la préposition ***à***.
Pronom personnel ***les*** devant un **verbe**.	***Qu'en*** est la contraction de ***que*** + ***en***.
*Je **l'ai** vite compris : **les** bijoux, il ne me **les** rendra jamais.* pronom + verbe — article défini — pronom personnel	***Quant** à cette nouvelle, **quand** Roger l'apprit,* = *concernant* — conjonction *il ne put **qu'en** pleurer davantage.* contraction

on / on n'	s'est / c'est
Pronom personnel sujet ***on***.	Forme issue d'un **verbe pronominal** : ***s'est*** On peut la mettre au **pluriel**. Toujours **précédé d'un sujet**.
Pronom ***on*** suivi de l'adverbe de négation ***ne***, qui s'écrit ***n'*** devant une voyelle. On peut le **transposer** avec le pronom ***il***.	Présentatif ***c'est***, présente le complément qui suit.
***On n'**aime jamais autant que lorsqu'**on** a dix-sept ans.* pronom + négation — pronom personnel	***C'est** dommage, Mme Loisel **s'est** déjà habillée.* présentatif — verbe pronominal

ce / ceux / se
Déterminant démonstratif singulier **ce** devant un **nom au singulier**.
Pronom démonstratif singulier ***ce***. Il peut être remplacé par ***cela***.
Pronom démonstratif masculin pluriel ***ceux*** généralement suivi par un pronom relatif. On peut le remplacer par le féminin ***celles***.
Pronom personnel **réfléchi** ***se*** devant un verbe à la 3e personne.
*Connaissez-vous **ce** dicton ? L'avenir appartient à **ceux** qui **se** lèvent tôt. C'est **ce** qu'il faut.* dét. démonstratif — pronom démonstratif — pronom pers. — pronom démonstratif

près / prêt	plus tôt / plutôt
Adverbe (donc **invariable**) marquant la **proximité** ***près***.	Adverbe qui exprime une **préférence** ***plutôt***.
Adjectif qualificatif ***prêt***. On peut donc le mettre au **féminin**.	S'écrit en **deux mots** pour exprimer une **idée temporelle** ***plus tôt***. Contraire de *plus tard*.
***Près** des fleurs, un papillon dépliait ses ailes, **prêt** à s'envoler.* adverbe — adjectif	***Plutôt** que la voiture, ils ont pris le train : pour arriver **plus tôt**.* adverbe — temps

Exercices

1 **a. Repérez toutes les prépositions *à*. b. Récrivez ensuite cet extrait à l'imparfait.**

> **Don Fernand.** – […] Le Comte à m'obéir ne peut perdre sa gloire.
> D'ailleurs, l'affront m'a touché : il a perdu d'honneur
> Celui que de mon fils j'ai fait le gouverneur ;
> S'attaquer à mon choix, c'est se prendre à moi-même.
>
> D'après **Corneille**, *Le Cid*, II, 7, 1636.

2 **Complétez les pointillés avec le verbe *être sont* ou le déterminant possessif *son*.**

1. Les brigands … partis sans lui demander … avis.
2. Ce … vos bonnes amies qui vous ont fait cette chanson-là ?
3. Le dîner fut long et bruyant : chacun était figé devant … assiette.
4. Les lettres … signées de la main de Gabrielle, mais ce n'est pas … écriture.
5. … avis et le mien … très différents.

3 **Inventez une suite à ces débuts de phrases.**

1. Le vieil homme se souvient de l'endroit où … .
2. Tu préfères des roses ou … ?
3. Une fois parti, le jeune homme dormit là où … .
4. Les convives de la duchesse s'étonnaient : fallait-il faire une remarque ou … ?
5. Perdican propose à Rosette de le rejoindre près de cette mare où … .

4 **Complétez par *dès*, préposition, ou *des*, article indéfini, selon qu'est exprimée ou non une nuance temporelle.**

1. … roses éclosent … à présent.
2. Tu porteras … compliments à Roxane, … son retour.
3. … leur plus jeune âge, les cousins savaient qu'ils couleraient … jours heureux.
4. C'est … maintenant que Camille doit choisir entre la vie … religieuses et le mariage.
5. Nous partirons … Antilles, … que tu iras mieux.

5 **Transformez le groupe complément en gras en pronom.**

Ex. : Je veux ces documents. ➜ Je **les** veux.

1. Le Hollandais gagne toutes **les parties**.
2. Mon voisin répète toutes **mes remarques** à haute voix.
3. À mon tour, j'ai répété **toutes ses remarques**.
4. J'ai étonné **mon voisin**, il est resté muet.

6 **Décrivez ce tableau en employant le verbe *est* et la conjonction de coordination *et*. Vous utiliserez chaque terme quatre fois. Pensez à décrire l'arrière-plan aussi bien que les personnages.**

A. Renoir, *Jeunes filles au piano*, 1892, huile sur toile (0,9 x 1,16 m), Musée d'Orsay, Paris.

7 Complétez les pointillés avec *les* article défini, *les* pronom, ou *l'ai* contraction de *le + ai*.

1. Je ... toujours dit: plus je ... vois ensemble, plus je ... les confonds. **2.** ... témoins sont formels: ils ... ont tous reconnus. **3.** Ce collier? Mais je ... payé une misère: c'est un faux. **4.** Quand je pense que, tous ... diamants, je ... ai remboursés l'un après l'autre.

8 a. Recopiez chaque phrase en précisant si elle est négative ou affirmative.
b. Complétez les pointillés avec *on* ou *on n'*.

1. Par-dessus le marché, ... la disait la plus capricieuse qui soit.
2. ... avait jamais vu une actrice aussi douée.
3. Sur un bateau, ... se connaît trop bien, hélas!
4. Pour un aussi long voyage, ... emporte que ce dont on a besoin.

9 Complétez avec *quant à*, en faisant la contraction si nécessaire.

1. Quant ... toi, je t'avais prévenu!
2. Quant ... enfants, ils ne doivent jamais être mis au courant.
3. Quant ... capitaine dont tu me parles, c'était le plus doux des hommes.

10 Choisissez de compléter avec *quand* ou *quant*.

1. Quan... à l'heure du couchant, les hirondelles viennent boire, j'aime les observer.
2. Quan... à ces fragiles oiseaux, il faut les protéger.
3. Quan... à l'avis de l'opposition, il nous semble infondé.
4. Quan... à Barcelone, c'est une ville que vous devez visiter.
5. Quan..., à Barcelone, les travaux de la cathédrale seront terminés, on sera impressionné par ses dimensions.

11 Complétez les pointillés avec l'une des trois formes: *quand*, *quant*, *qu'en*.

1. Qu... M. de Franchi demanda à lui parler, il comprit qu'il était trop tard.
2. Ce n'est qu... descendant l'escalier que le baron comprit ce qui s'était passé.
3. C'est qu... mon domestique referma vivement la porte, que je pris conscience de sa présence.
4. Orlandi regagna sa chambre fort tard, qu... à sa sœur, elle n'en sut jamais rien.
5. Qu... aux artistes, ce n'est qu... peignant régulièrement, qu'ils comprirent que la réalité était si changeante.

12 Complétez avec l'adverbe *plutôt*, ou la comparaison *plus tôt*.

1. ... que de partir à l'aurore, toute la famille s'accorda une journée de repos.
2. Colona arriva à l'improviste, beaucoup ... que prévu.
3. Un peu ... dans l'après-midi, l'arrière-salle du café Musain était déserte.
4. Pour étouffer le bruit des pas, Cosette marchait ... sur les branches.
5. Thénardier était hagard, louche, ... peu sympathique.
6. Il fallait arriver ..., si tu voulais vraiment voir la mer.

13 Accordez l'adjectif *prêt* avec le mot (nom commun ou pronom) auquel il se rapporte.

1. Jean Valjean n'était pas prêt... à partir.
2. Les jeunes filles n'étaient pas prêt... à ce sacrifice.
3. Ses frères et elle se tenaient prêt... pour l'offensive.
4. On n'est jamais prêt... pour quitter ceux qu'on aime.

14 Complétez les phrases suivantes, en choisissant entre l'adverbe *près* et l'adjectif *prêt*.

1. Tout ... de la victoire, il a avoué qu'il se sentait enfin ... .
2. Il était tout ... de baisser les bras, alors que sa besogne était pour ainsi dire achevée.
3. Placés si ... des victuailles, tous les passagers salivaient.
4. Boule de Suif et Cornudet étaient ... à engager la conversation.
5. Ce jour-là, si ... du mariage, le jeune couple passa son temps à s'embrasser.
6. Si tu n'étais pas si ... de tes sous, ce serait quand même plus simple!

15 Conjuguez les verbes pronominaux suivants au passé composé, à la personne demandée.

1. Se coiffer avec soin. *(elle)* **2.** Se conduire prudemment. *(ils)* **3.** Se demander ce qu'il fallait faire. *(il)* **4.** Se retrouver toute seule. *(elle)*

16 Complétez par *s'est* ou le présentatif *c'est*.

1. ... la verte douceur des soirs sur la Dordogne. **2.** Marius ... retrouvé dans ce guet-apens malgré lui. **3.** Après tant d'émotions, il ... jeté dans les bras de sa bien-aimée. **4.** Quoi que l'on fasse, ... toujours trop tard, le temps passe! **5.** ... la raison pour laquelle, tu dois venir sans faute demain. **6.** Devant tant de violence, le colonel ... pris au jeu de la guerre.

S'exprimer

17 Imaginez un court dialogue dans lequel deux personnes portent un jugement sur une troisième. Vous utiliserez au moins deux homonymes par phrase, choisissez-les dans la liste que propose la leçon.

Bilan des acquis

SOCLE COMMUN C1

18 Choisissez l'orthographe qui convient. À l'oral, justifiez chacun de vos choix.

Jean Valjean voulait demander **à/a** Cosette: «Quel âge **a/as/à** tu? **Où/ou** habites-tu?» Mais, **plutôt/plus tôt** que de poser ces questions, il préféra la raccompagner en lui tenant **son/sont** seau. Au bout de quelques centaines de mètres, il lui dit alors: «**On/on n'**a que peu de chemin à faire maintenant, **quand/qu'en** penses-tu? Les lumières des maisons sont tout **prêt/près**. Je **l'ai/les** vois déjà. Demain, **c'est/s'est sûr/sur**, j'essaierai de te faire venir avec moi, peut-être même **des/dès ce/ceux/se** soir. Mais il **est/et** déjà tard.»

Compétence 1: Maîtrise de la langue

Item	Connaissances	Capacités
Utiliser ses capacités de raisonnement, ses connaissances sur la langue, savoir faire appel à des outils appropriés pour lire	Les points de comparaison entre homonymes	Développer une compréhension de la langue pour améliorer l'orthographe

Comprendre les consignes

Sujet n° 1

Le narrateur, Gaston, se rend à dîner chez les Chantal qui ont deux jeunes filles. Au dessert, il trouve la « fève » dans sa part de gâteau des rois.

« C'est Gaston. C'est Gaston. Vive le roi ! vive le roi ! » Tout le monde reprit en chœur : « Vive le roi ! » Et je rougis jusqu'aux oreilles, comme on rougit souvent, sans raison, dans les situations un peu sottes. Je demeurais les yeux baissés, tenant entre deux doigts ce grain de faïence, m'efforçant de rire et ne sachant que faire ni que dire, lorsque Chantal reprit :

« Maintenant, il faut choisir une reine. »

Alors je fus atterré. En une seconde, mille pensées, mille suppositions me traversèrent l'esprit. Voulait-on me faire désigner une des demoiselles Chantal ? Était-ce là un moyen de me faire dire celle que je préférais ? Était-ce une douce, légère, insensible poussée des parents vers un mariage possible ? L'idée de mariage rôde sans cesse dans toutes les maisons à grandes filles et prend toutes les formes, tous les déguisements, tous les moyens. Une peur atroce de me compromettre m'envahit, et aussi une extrême timidité, devant l'attitude si obstinément correcte et fermée de Mlles Louise et Pauline. Élire l'une d'elles au détriment de l'autre me sembla aussi difficile que de choisir entre deux gouttes d'eau ; et puis, la crainte de m'aventurer dans une histoire où je serais conduit au mariage malgré moi, tout doucement, par des procédés aussi discrets, aussi inaperçus et aussi calmes que cette royauté insignifiante, me troublait horriblement.

Mais tout à coup, j'eus une inspiration, et je tendis à Mlle Perle la poupée symbolique. Tout le monde fut d'abord surpris, puis on apprécia sans doute ma délicatesse et ma discrétion, car on applaudit avec furie. On criait.

« Vive la reine ! vive la reine ! »

Guy de Maupassant, « Mademoiselle Perle », *La Petite Roque*, 1886.

Structure du sujet

- Les **titres** orientent les questions sur un thème ou un aspect du texte. Il est important d'en tenir compte pour répondre.
- Chaque **question** correspond à un nombre de **points**, les questions qui comptent le plus de points sont souvent des questions :
  - qui comportent plusieurs réponses attendues.
  - qui supposent une réponse rédigée et détaillée.
- Les questions sont souvent progressives et la dernière s'appuie sur les réponses précédentes.

Questions [15 pts]

I. Un repas festif

1. Quelle est la particularité du repas évoqué dans cette scène ? [1 pt]
2. **Relevez** dans le texte les différents personnages présents. [2 pts]
3. Quel terme est utilisé pour désigner Gaston au début du texte ? À quel mot de la fin du texte correspond-il ? **Citez** deux termes de la même famille. [2 pts]
4. **Expliquez** le mot *symbolique* (l. 16). [2 pts]

II. Les sentiments du personnage

5. **Identifiez** le point de vue dominant adopté dans ce texte. [1 pt]
6. *Mille pensées, mille suppositions* (l. 6) : quelle est la figure de style employée ici ? **Donnez un autre exemple** d'utilisation de cette figure dans le texte. [2 pts]
7. Quelles sont les causes de l'inquiétude du narrateur ? **Nommez**-les et donnez pour chacune une citation prélevée dans le texte. [2,5 pts]
8. Pourquoi le narrateur choisit-il alors Mlle Perle ? **Justifiez** votre réponse en donnant un argument fondé sur des éléments du texte. [2,5 pts]

Les verbes utilisés

- ***Relevez*** : l'information que vous devez apporter est présente à un ou plusieurs endroits du texte. Vous la prélevez et la présentez dans une phrase qui répond directement à la question.
- ***Citez*** : ce verbe peut avoir deux significations. **1/** Il s'agit de prélever un passage précis du texte que l'on copie de manière exacte entre guillemets. **2/** Il s'agit de trouver et d'énumérer des mots répondant à une consigne précise : vous devez apporter une réponse rapide (par exemple des mots de même famille ou de même nature).
- ***Expliquez*** : votre réponse, qui s'appuie sur un passage du texte, doit être rédigée avec vos propres mots pour faire comprendre le sens de ce passage.
- ***Identifiez*** : il s'agit de reconnaître un aspect particulier d'un mot, d'un passage ou du texte dans son entier, en faisant appel à ses connaissances.
- ***Donnez un (autre) exemple*** : il s'agit d'illustrer la notion précédemment identifiée. La consigne vous précise si vous devez créer cet exemple vous-même ou le trouver dans le texte.
- ***Nommez*** : il s'agit de mettre un nom précis sur des aspects du texte que l'on vous propose d'analyser.
- ***Justifiez*** : vous devez expliquer votre point de vue en donnant les raisons précises de votre réponse.

Formuler les réponses

Sujet n° 2

Harpagon, vieil avare, se prépare à épouser une femme beaucoup plus jeune que lui. Frosine accepte de jouer les intermédiaires, mais compte en retour obtenir un service d'Harpagon.

HARPAGON, FROSINE.

HARPAGON. – Tout va comme il faut. Hé bien, qu'est-ce, Frosine ?

FROSINE. – Ah, mon Dieu ! que vous vous portez bien ! et que vous avez là un vrai visage de santé !

HARPAGON. – Qui, moi ?

FROSINE. – Jamais je ne vous vis un teint si frais, et si gaillard.

HARPAGON. – Tout de bon ?

FROSINE. – Comment ? Vous n'avez de votre vie été si jeune que vous êtes ; et je vois des gens de vingt-cinq ans qui sont plus vieux que vous.

HARPAGON. – Cependant, Frosine, j'en ai soixante bien comptés.

FROSINE. – Hé bien, qu'est-ce que cela, soixante ans ? Voilà bien de quoi[1] ! C'est la fleur de l'âge cela ; et vous entrez maintenant dans la belle saison de l'homme.

HARPAGON. – Il est vrai ; mais vingt années de moins pourtant ne me feraient point de mal, que je crois.

FROSINE. – Vous moquez-vous ? Vous n'avez pas besoin de cela ; et vous êtes d'une pâte à vivre jusques à cent ans.

HARPAGON. – Tu le crois ?

FROSINE. – Assurément. Vous en avez toutes les marques. Tenez-vous un peu. Ô que voilà bien là entre vos deux yeux un signe de longue vie !

HARPAGON. – Tu te connais à cela ?

FROSINE. – Sans doute. Montrez-moi votre main. Ah ! mon Dieu ! quelle ligne de vie !

HARPAGON. – Comment ?

FROSINE. – Ne voyez-vous pas jusqu'où va cette ligne-là ?

HARPAGON. – Hé bien, qu'est-ce que cela veut dire ?

FROSINE. – Par ma foi, je disais cent ans, mais vous passerez les six-vingts[2].

HARPAGON. – Est-il possible ?

FROSINE. – Il faudra vous assommer, vous dis-je ; et vous mettrez en terre, et vos enfants, et les enfants de vos enfants.

Molière, *L'Avare*, 1668, Acte II, scène 5.

1 **voilà bien de quoi :** il n'y a pas de raison de s'inquiéter.

2 **les six-vingts :** cent vingt ans.

Questions [15 pts]

I. Un dialogue vivant

1. À quel genre ce texte appartient-il ? Justifiez votre réponse au moyen de deux indices minimum. [2 pts]
2. Quel personnage est au centre de la discussion ? Expliquez pourquoi. [1,5 pts]
3. Quel personnage parle le plus dans ce passage ? Pourquoi ? [2 pts]
4. Quels sont les types de phrase majoritairement employées par Harpagon ? Justifiez cet emploi dans la scène. [2 pts]

II. Un discours de flatterie

5. Quel est le sujet principal de cet échange ? Citez un champ lexical qui le prouve (l. 1 à 8). [1,5 pts]
6. a. Quelle figure de style est employée dans *fleur de l'âge* (l. 11) ? Expliquez cette expression.
b. Quel âge désigne habituellement cette expression ? Lequel désigne-t-elle dans cette scène ? [2 pts]
7. Expliquez l'expression de la dernière réplique *Il faudra vous assommer, vous dis-je*. En quoi est-elle comique ? [2 pts]
8. Montrez, en vous appuyant sur des éléments précis du texte, que le discours de Frosine est flatteur et mensonger. [2 pts]

Voici un guide de réponses pour la partie I. du questionnaire : Un dialogue vivant.

Méthode

1. À quel genre ce texte appartient-il ? Justifiez votre réponse au moyen de deux indices minimum. [2 pts]

✓ Votre réponse à la première partie de question doit être courte et reprendre la question. Vous devez vous rappeler les genres littéraires que vous connaissez (roman, théâtre, poésie, nouvelles…).

Ce texte appartient au genre …

✓ La deuxième partie de la question sert à prouver votre première réponse. Elle doit donc être rédigée en lien avec celle-ci. Par exemple :

En effet, on peut repérer des indices qui le prouvent : …

2. Quel personnage est au centre de la discussion ? Expliquez pourquoi. [1,5 pts]

✓ Votre réponse à la première partie de la question doit être courte et reprendre la question :

Le personnage qui est au centre de la discussion est …

✓ Ensuite, il s'agit de justifier celle-ci : pour cela, vous pouvez soit vous appuyer sur le texte (en citant des passages qui prouvent votre réponse), soit interpréter le sens de certains passages pour justifier votre réponse.

En effet, dans le texte, plusieurs éléments le prouvent : …

En effet, plusieurs passages du texte évoquent celui-ci : …

3. Quel personnage parle le plus dans ce passage ? Pourquoi ? [2 pts]

✓ Cette question fonctionne sur le même modèle. Comment devez-vous donc répondre ?

4. Quels sont les types de phrase majoritairement employés par Harpagon ? Justifiez cet emploi dans la scène. [2 pts]

✓ La première partie de la question fait référence à une connaissance précise : les types de phrases, en grammaire (déclaratif, interrogatif, exclamatif, injonctif). La réponse reprend la question et précise le type de phrase identifié.

Le type de phrase qu'emploie majoritairement Harpagon est le type…

✓ La deuxième partie de la question exige d'interpréter le premier élément de réponse. Il s'agit de donner les raisons qui expliquent l'utilisation de ce type de phrase. Il est donc demandé ici de relier un indice grammatical à un comportement du personnage dans la scène.

Le personnage utilise ce type de phrase car il se trouve / car il se montre…

À présent, en utilisant ce guide de réponses, répondez à la partie II. du questionnaire : Un discours de flatterie.

Mettre en application

Sujet n° 3

L'histoire se passe au Moyen Âge. Quasimodo, un bossu difforme et sourd, vit dans la cathédrale Notre-Dame de Paris. Pendant le carnaval, il est arrêté pour avoir tenté d'aider la bohémienne Esméralda et pour s'être opposé aux forces de l'ordre. Il est jugé par maître Florian, qui, lui aussi, est sourd.

« Votre nom ? »

Or, voici un cas qui n'avait pas été « prévu par la loi », celui où un sourd aurait à interroger un sourd.

Quasimodo, que rien n'avertissait de la question à lui adressée[1], continua de regarder le juge fixement et ne répondit pas. Le juge, sourd et que rien n'avertissait de la surdité de l'accusé, crut qu'il avait répondu, comme faisaient en général tous les accusés, et poursuivit avec son aplomb[2] mécanique et stupide.

« C'est bien. Votre âge ? »

Quasimodo ne répondit pas davantage à cette question. Le juge la crut satisfaite, et continua.

« Maintenant, votre état ? »

Toujours même silence. L'auditoire cependant commençait à chuchoter et à s'entreregarder.

« Il suffit, reprit l'imperturbable auditeur quand il supposa que l'accusé avait consommé sa troisième réponse. [...] Greffier[3], avez-vous écrit ce que l'accusé a dit jusqu'ici ? »

À cette question malencontreuse, un éclat de rire s'éleva, du greffe[4] à l'auditoire, si violent, si fou, si contagieux, si universel que force fut bien aux deux sourds de s'en apercevoir. Quasimodo se retourna en haussant sa bosse, avec dédain, tandis que maître Florian, étonné comme lui et supposant que le rire des spectateurs avait été provoqué par quelque réplique irrévérente[5] de l'accusé, rendue visible pour lui par ce haussement d'épaules, l'apostropha avec indignation.

« Vous avez fait là, drôle, une réponse qui mériterait la hart[6] ! Savez-vous à qui vous parlez ? »

Victor Hugo, *Notre-Dame de Paris*, 1831.

1 **rien n'avertissait de la question à lui adressée :** qui n'était pas averti qu'on lui adressait une question.

2 **aplomb :** état d'une personne qui est sûre d'elle.

3 **greffier :** officier chargé de noter ce qui se passe à chaque minute d'un procès.

4 **greffe :** bureau du greffier.

5 **irrévérente :** qui manque de respect, insolente.

6 **hart :** pendaison.

Questions [15 pts]

I. Un dialogue de sourds

1. Dans quel lieu précis se déroule cette scène ? Qui sont les personnages présents ? Justifiez votre réponse en citant des éléments du texte. **[1 pt]**

2. a. À quelle classe grammaticale appartient le mot *sourd* l. 2 ? l. 5 ?
b. Trouvez dans le texte un mot de la famille de *sourd*.
c. Combien de personnages dans le texte sont touchés par ce handicap ? Nommez-les. **[1,5 pts]**

3. *Que rien n'avertissait de la question à lui adressée* (l. 4) ; *que rien n'avertissait de la surdité de l'accusé* (l. 5-6).
a. De quel type d'expansion du nom s'agit-il ?
b. Pourquoi, selon vous, Victor Hugo a-t-il choisi de répéter la même structure ? **[2 pts]**

4. Quel type de phrase est le plus utilisé par le juge ? Expliquez pourquoi. **[1 pt]**

5. Relevez dans le texte les réactions successives de Quasimodo. **[1 pt]**

6. a. Peut-on dire qu'il y a un dialogue entre ces deux personnages ?
b. Expliquez, en vous appuyant sur cette scène, le sens figuré de l'expression « dialogue de sourds ». **[1,5 pt]**

7. a. Quelles sont les réactions successives du public ?
b. Définissez le sens de *s'entreregarder* (l. 13) en expliquant la formation de ce mot. **[1 pt]**

8. Quelle réaction est attendue du lecteur devant ce dialogue de sourds ?
Justifiez votre réponse. **[1 pt]**

II. Une critique de la justice

9. a. Le juge tient-il compte des réponses des accusés ? Pourquoi ?
b. Quels sont les deux verbes (l. 6 et l. 9, l. 14 et l. 20) qui le confirment ? **[1 pt]**

10. Quelle erreur d'interprétation commet le juge ? (l. 19 à 23) **[1 pt]**

11. Selon vous, s'agit-il d'un bon juge ? Justifiez votre réponse. **[1 pt]**

12. *Mécanique et stupide* (l. 7).
a. Ces mots appartiennent-ils à un registre mélioratif ou péjoratif ?
b. Qui porte un tel avis sur le juge ? **[1 pt]**

13. Sur quoi Hugo cherche-t-il à nous faire réfléchir dans ce texte ? **[1 pt]**

Réécriture [4 pts]

Quasimodo, que rien **n'avertissait** de la question à lui adressée, **continua** de regarder le juge fixement et ne **répondit** pas. Le juge, sourd et que rien **n'avertissait** de la surdité de l'accusé, **crut** qu'il avait répondu, comme **faisaient** en général tous les accusés, et **poursuivit** avec son aplomb mécanique et stupide.

▶ Mettez les verbes en gras au présent et respectez la concordance des temps.

Attention !

⚠ Le texte doit être **entièrement recopié**, sans faute, avec les modifications demandées.

⚠ *Avait répondu* n'est pas en gras mais doit être modifié pour respecter la concordance des temps.

AUXILIAIRES

AVOIR

INDICATIF

Présent	Passé composé
j' ai	j' ai eu
tu as	tu as eu
il a	il a eu
nous avons	nous avons eu
vous avez	vous avez eu
ils ont	ils ont eu
Imparfait	**Plus-que-parfait**
j' avais	j' avais eu
tu avais	tu avais eu
il avait	il avait eu
nous avions	nous avions eu
vous aviez	vous aviez eu
ils avaient	ils avaient eu
Passé simple	**Passé antérieur**
j' eus	j' eus eu
tu eus	tu eus eu
il eut	il eut eu
nous eûmes	nous eûmes eu
vous eûtes	vous eûtes eu
ils eurent	ils eurent eu
Futur simple	**Futur antérieur**
j' aurai	j' aurai eu
tu auras	tu auras eu
il aura	il aura eu
nous aurons	nous aurons eu
vous aurez	vous aurez eu
ils auront	ils auront eu
Conditionnel* simple	**Conditionnel* composé**
j' aurais	j' aurais eu
tu aurais	tu aurais eu
il aurait	il aurait eu
nous aurions	nous aurions eu
vous auriez	vous auriez eu
ils auraient	ils auraient eu

SUBJONCTIF

Présent
que j'aie
que tu aies
qu'il ait
que nous ayons
que vous ayez
qu'ils aient

IMPERATIF

Présent
aie
ayons
ayez

INFINITIF

Présent	Passé
avoir	avoir eu

PARTICIPE

Présent	Passé
ayant	eu

ÊTRE

INDICATIF

Présent	Passé composé
je suis	j' ai été
tu es	tu as été
il est	il a été
nous sommes	nous avons été
vous êtes	vous avez été
ils sont	ils ont été
Imparfait	**Plus-que-parfait**
j' étais	j' avais été
tu étais	tu avais été
il était	il avait été
nous étions	nous avions été
vous étiez	vous aviez été
ils étaient	ils avaient été
Passé simple	**Passé antérieur**
je fus	j' eus été
tu fus	tu eus été
il fut	il eut été
nous fûmes	nous eûmes été
vous fûtes	vous eûtes été
ils furent	ils eurent été
Futur simple	**Futur antérieur**
je serai	j' aurai été
tu seras	tu auras été
il sera	il aura été
nous serons	nous aurons été
vous serez	vous aurez été
ils seront	ils auront été
Conditionnel* simple	**Conditionnel* composé**
je serais	j' aurais été
tu serais	tu aurais été
il serait	il aurait été
nous serions	nous aurions été
vous seriez	vous auriez été
ils seraient	ils auraient été

SUBJONCTIF

Présent
que je sois
que tu sois
qu'il soit
que nous soyons
que vous soyez
qu'ils soient

IMPERATIF

Présent
sois
soyons
soyez

INFINITIF

Présent	Passé
être	avoir été

PARTICIPE

Présent	Passé
étant	été

CRIER

INDICATIF

Présent	Passé composé
je crie	j' ai crié
tu cries	tu as crié
il crie	il a crié
nous crions	nous avons crié
vous criez	vous avez crié
ils crient	ils ont crié
Imparfait	**Plus-que-parfait**
je criais	j' avais crié
tu criais	tu avais crié
il criait	il avait crié
nous criions	nous avions crié
vous criiez	vous aviez crié
ils criaient	ils avaient crié
Passé simple	**Passé antérieur**
je criai	j' eus crié
tu crias	tu eus crié
il cria	il eut crié
nous criâmes	nous eûmes crié
vous criâtes	vous eûtes crié
ils crièrent	ils eurent crié
Futur simple	**Futur antérieur**
je crierai	j' aurai crié
tu crieras	tu auras crié
il criera	il aura crié
nous crierons	nous aurons crié
vous crierez	vous aurez crié
ils crieront	ils auront crié
Conditionnel* simple	**Conditionnel* composé**
je crierais	j' aurais crié
tu crierais	tu auras crié
il crierait	il aura crié
nous crierions	nous aurions crié
vous crieriez	vous auriez crié
ils crieraient	ils auraient crié

SUBJONCTIF

Présent
que je crie
que tu cries
qu'il crie
que nous criions
que vous criiez
qu'ils crient

IMPERATIF

Présent
crie
crions
criez

INFINITIF

Présent	Passé
crier	avoir crié

PARTICIPE

Présent	Passé
criant	crié

**Le conditionnel est employé parfois comme un temps, parfois comme un mode.*

DE CONJUGAISON

PREMIER GROUPE				DEUXIÈME GROUPE	
ACHETER	**AVANCER**	**JETER**	**MANGER**	**FINIR**	

INDICATIF

ACHETER	AVANCER	JETER	MANGER	FINIR	FINIR
Présent	**Présent**	**Présent**	**Présent**	**Présent**	**Passé composé**
j' achète	j' avance	je jette	je mange	je finis	j' ai fini
tu achètes	tu avances	tu jettes	tu manges	tu finis	tu as fini
il achète	il avance	il jette	il mange	il finit	il a fini
nous achetons	nous avançons	nous jetons	nous mangeons	nous finissons	nous avons fini
vous achetez	vous avancez	vous jetez	vous mangez	vous finissez	vous avez fini
ils achètent	ils avancent	ils jettent	ils mangent	ils finissent	ils ont fini
Imparfait	**Imparfait**	**Imparfait**	**Imparfait**	**Imparfait**	**Plus-que-parfait**
j' achetais	j' avançais	je jetais	je mangeais	je finissais	j' avais fini
tu achetais	tu avançais	tu jetais	tu mangeais	tu finissais	tu avais fini
il achetait	il avançait	il jetait	il mangeait	il finissait	il avait fini
nous achetions	nous avancions	nous jetions	nous mangions	nous finissions	nous avions fini
vous achetiez	vous avanciez	vous jetiez	vous mangiez	vous finissiez	vous aviez fini
ils achetaient	ils avançaient	ils jetaient	ils mangeaient	ils finissaient	ils avaient fini
Passé simple	**Passé simple**	**Passé simple**	**Passé simple**	**Passé simple**	**Passé antérieur**
j' achetai	j' avançai	je jetai	je mangeai	je finis	j' eus fini
tu achetas	tu avanças	tu jetas	tu mangeas	tu finis	tu eus fini
il acheta	il avança	il jeta	il mangea	il finit	il eut fini
nous achetâmes	nous avançâmes	nous jetâmes	nous mangeâmes	nous finîmes	nous eûmes fini
vous achetâtes	vous avançâtes	vous jetâtes	vous mangeâtes	vous finîtes	vous eûtes fini
ils achetèrent	ils avancèrent	ils jetèrent	ils mangèrent	ils finirent	ils eurent fini
Futur simple	**Futur simple**	**Futur simple**	**Futur simple**	**Futur simple**	**Futur antérieur**
j' achèterai	j' avancerai	je jetterai	je mangerai	je finirai	j' aurai fini
tu achèteras	tu avanceras	tu jetteras	tu mangeras	tu finiras	tu auras fini
il achètera	il avancera	il jettera	il mangera	il finira	il aura fini
nous achèterons	nous avancerons	nous jetterons	nous mangerons	nous finirons	nous aurons fini
vous achèterez	vous avancerez	vous jetterez	vous mangerez	vous finirez	vous aurez fini
ils achèteront	ils avanceront	ils jetteront	ils mangeront	ils finiront	ils auront fini
Conditionnel* simple	**Conditionnel* simple**	**Conditionnel* simple**	**Conditionnel* simple**	**Conditionnel* simple**	**Conditionnel* composé**
j' achèterais	j' avancerais	je jetterais	je mangerais	je finirais	j' aurais fini
tu achèterais	tu avancerais	tu jetterais	tu mangerais	tu finirais	tu aurais fini
il achèterait	il avancerait	il jetterait	il mangerait	il finirait	il aurait fini
nous achèterions	nous avancerions	nous jetterions	nous mangerions	nous finirions	nous aurions fini
vous achèteriez	vous avanceriez	vous jetteriez	vous mangeriez	vous finiriez	vous auriez fini
ils achèteraient	ils avanceraient	ils jetteraient	ils mangeraient	ils finiraient	ils auraient fini

SUBJONCTIF

ACHETER	AVANCER	JETER	MANGER	FINIR
Présent	**Présent**	**Présent**	**Présent**	**Présent**
que j'achète	que j'avance	que je jette	que je mange	que je finisse
que tu achètes	que tu avances	que tu jettes	que tu manges	que tu finisses
qu'il achète	qu'il avance	qu'il jette	qu'il mange	qu'il finisse
que nous achetions	que nous avancions	que nous jetions	que nous mangions	que nous finissions
que vous achetiez	que vous avanciez	que vous jetiez	que vous mangiez	que vous finissiez
qu'ils achètent	qu'ils avancent	qu'ils jettent	qu'ils mangent	qu'ils finissent

IMPERATIF

ACHETER	AVANCER	JETER	MANGER	FINIR
Présent	**Présent**	**Présent**	**Présent**	**Présent**
achète	avance	jette	mange	finis
achetons	avançons	jetons	mangeons	finissons
achetez	avancez	jetez	mangez	finissez

INFINITIF

	Présent	Passé
ACHETER	acheter	avoir acheté
AVANCER	avancer	avoir avancé
JETER	jeter	avoir jeté
MANGER	manger	avoir mangé
FINIR	finir	avoir fini

PARTICIPE

	Présent	Passé
ACHETER	achetant	acheté
AVANCER	avançant	avancé
JETER	jetant	jeté
MANGER	mangeant	mangé
FINIR	finissant	fini

ALLER

INDICATIF

Présent	Passé composé
je vais	je suis allé
tu vas	tu es allé
il va	il est allé
nous allons	nous sommes allés
vous allez	vous êtes allés
ils vont	ils sont allés
Imparfait	**Plus-que-parfait**
j' allais	j' étais allé
tu allais	tu étais allé
il allait	il était allé
nous allions	nous étions allés
vous alliez	vous étiez allés
ils allaient	ils étaient allés
Passé simple	**Passé antérieur**
j' allai	je fus allé
tu allas	tu fus allé
il alla	il fut allé
nous allâmes	nous fûmes allés
vous allâtes	vous fûtes allés
ils allèrent	ils furent allés
Futur simple	**Futur antérieur**
j' irai	je serai allé
tu iras	tu seras allé
il ira	il sera allé
nous irons	nous serons allés
vous irez	vous serez allés
ils iront	ils seront allés
Conditionnel* simple	**Conditionnel* composé**
j' irais	je serais allé
tu irais	tu serais allé
il irait	il serait allé
nous irions	nous serions allés
vous iriez	vous seriez allés
ils iraient	ils seraient allés

SUBJONCTIF

Présent
que j'aille
que tu ailles
qu'il aille
que nous allions
que vous alliez
qu'ils aillent

IMPERATIF

Présent
va
allons
allez

INFINITIF

Présent	Passé
aller	être allé(e)(s)

PARTICIPE

Présent	Passé
allant	allé(e)(s)

BATTRE

INDICATIF

Présent	Passé composé
je bats	j' ai battu
tu bats	tu as battu
il bat	il a battu
nous battons	nous avons battu
vous battez	vous avez battu
ils battent	ils ont battu
Imparfait	**Plus-que-parfait**
je battais	j' avais battu
tu battais	tu avais battu
il battait	il avait battu
nous battions	nous avions battu
vous battiez	vous aviez battu
ils battaient	ils avaient battu
Passé simple	**Passé antérieur**
je battis	j' eus battu
tu battis	tu eus battu
il battit	il eut battu
nous battîmes	nous eûmes battu
vous battîtes	vous eûtes battu
ils battirent	ils eurent battu
Futur simple	**Futur antérieur**
je battrai	j' aurai battu
tu battras	tu auras battu
il battra	il aura battu
nous battrons	nous aurons battu
vous battrez	vous aurez battu
ils battront	ils auront battu
Conditionnel* simple	**Conditionnel* composé**
je battrais	j' aurais battu
tu battrais	tu aurais battu
il battrait	il aurait battu
nous battrions	nous aurions battu
vous battriez	vous auriez battu
ils battraient	ils auraient battu

SUBJONCTIF

Présent
que je batte
que tu battes
qu'il batte
que nous battions
que vous battiez
qu'ils battent

IMPERATIF

Présent
bats
battons
battez

INFINITIF

Présent	Passé
battre	avoir battu

PARTICIPE

Présent	Passé
battant	battu

CONDUIRE

INDICATIF

Présent	Passé composé
je conduis	j' ai conduit
tu conduis	tu as conduit
il conduit	il a conduit
nous conduisons	nous avons conduit
vous conduisez	vous avez conduit
ils conduisent	ils ont conduit
Imparfait	**Plus-que-parfait**
je conduisais	j' avais conduit
tu conduisais	tu avais conduit
il conduisait	il avait conduit
nous conduisions	nous avions conduit
vous conduisiez	vous aviez conduit
ils conduisaient	ils avaient conduit
Passé simple	**Passé antérieur**
je conduisis	j' eus conduit
tu conduisis	tu eus conduit
il conduisit	il eut conduit
nous conduisîmes	nous eûmes conduit
vous conduisîtes	vous eûtes conduit
ils conduisirent	ils eurent conduit
Futur simple	**Futur antérieur**
je conduirai	j' aurai conduit
tu conduiras	tu auras conduit
il conduira	il aura conduit
nous conduirons	nous aurons conduit
vous conduirez	vous aurez conduit
ils conduiront	ils auront conduit
Conditionnel* simple	**Conditionnel* composé**
je conduirais	j' aurais conduit
tu conduirais	tu aurais conduit
il conduirait	il aurait conduit
nous conduirions	nous aurions conduit
vous conduiriez	vous auriez conduit
ils conduiraient	ils auraient conduit

SUBJONCTIF

Présent
que je conduise
que tu conduises
qu'il conduise
que nous conduisions
que vous conduisiez
qu'ils conduisent

IMPERATIF

Présent
conduis
conduisons
conduisez

INFINITIF

Présent	Passé
conduire	avoir conduit

PARTICIPE

Présent	Passé
conduisant	conduit

**Le conditionnel est employé parfois comme un temps, parfois comme un mode.*

CRAINDRE

INDICATIF

Présent	Imparfait	Passé simple	Futur simple	Conditionnel* simple
je crains	je craignais	je craignis	je craindrai	je craindrais
tu crains	tu craignais	tu craignis	tu craindras	tu craindrais
il craint	il craignait	il craignit	il craindra	il craindrait
nous craignons	nous craignions	nous craignîmes	nous craindrons	nous craindrions
vous craignez	vous craigniez	vous craignîtes	vous craindrez	vous craindriez
ils craignent	ils craignaient	ils craignirent	ils craindront	ils craindraient

SUBJONCTIF

Présent
que je craigne
que tu craignes
qu'il craigne
que nous craignions
que vous craigniez
qu'ils craignent

IMPERATIF

Présent
crains
craignons
craignez

INFINITIF

Présent	Passé
craindre	avoir craint

PARTICIPE

Présent	Passé
craignant	craint

CROIRE

INDICATIF

Présent	Passé composé
je crois	j' ai cru
tu crois	tu as cru
il croit	il a cru
nous croyons	nous avons cru
vous croyez	vous avez cru
ils croient	ils ont cru

Imparfait	Plus-que-parfait
je croyais	j' avais cru
tu croyais	tu avais cru
il croyait	il avait cru
nous croyions	nous avions cru
vous croyiez	vous aviez cru
ils croyaient	ils avaient cru

Passé simple	Passé antérieur
je crus	j' eus cru
tu crus	tu eus cru
il crut	il eut cru
nous crûmes	nous eûmes cru
vous crûtes	vous eûtes cru
ils crurent	ils eurent cru

Futur simple	Futur antérieur
je croirai	j' aurai cru
tu croiras	tu auras cru
il croira	il aura cru
nous croirons	nous aurons cru
vous croirez	vous aurez cru
ils croiront	ils auront cru

Conditionnel* simple	Conditionnel* composé
je croirais	j' aurais cru
tu croirais	tu aurais cru
il croirait	il aurait cru
nous croirions	nous aurions cru
vous croiriez	vous auriez cru
ils croiraient	ils auraient cru

SUBJONCTIF

Présent
que je croie
que tu croies
qu'il croie
que nous croyions
que vous croyiez
qu'ils croient

IMPERATIF

Présent
crois
croyons
croyez

INFINITIF

Présent	Passé
croire	avoir cru

PARTICIPE

Présent	Passé
croyant	cru

CUEILLIR

INDICATIF

Présent	Imparfait	Passé simple	Futur simple	Conditionnel* simple
je cueille	je cueillais	je cueillis	je cueillerai	je cueillerais
tu cueilles	tu cueillais	tu cueillis	tu cueilleras	tu cueillerais
il cueille	il cueillait	il cueillit	il cueillera	il cueillerait
nous cueillons	nous cueillions	nous cueillîmes	nous cueillerons	nous cueillerions
vous cueillez	vous cueilliez	vous cueillîtes	vous cueillerez	vous cueilleriez
ils cueillent	ils cueillaient	ils cueillirent	ils cueilleront	ils cueilleraient

SUBJONCTIF

Présent
que je cueille
que tu cueilles
qu'il cueille
que nous cueillions
que vous cueilliez
qu'ils cueillent

IMPERATIF

Présent
cueille
cueillons
cueillez

INFINITIF

Présent	Passé
cueillir	avoir cueilli

PARTICIPE

Présent	Passé
cueillant	cueilli

DIRE

INDICATIF

Présent	Imparfait	Passé simple	Futur simple	Conditionnel* simple
je dis	je disais	je dis	je dirai	je dirais
tu dis	tu disais	tu dis	tu diras	tu dirais
il dit	il disait	il dit	il dira	il dirait
nous disons	nous disions	nous dîmes	nous dirons	nous dirions
vous dites	vous disiez	vous dîtes	vous direz	vous diriez
ils disent	ils disaient	ils dirent	ils diront	ils diraient

SUBJONCTIF

Présent
que je dise
que tu dises
qu'il dise
que nous disions
que vous disiez
qu'ils disent

IMPERATIF

Présent
dis
disons
dites

INFINITIF

Présent	Passé
dire	avoir dit

PARTICIPE

Présent	Passé
disant	dit

FAIRE

INDICATIF

Présent	Imparfait	Passé simple	Futur simple	Conditionnel* simple
je fais	je faisais	je fis	je ferai	je ferais
tu fais	tu faisais	tu fis	tu feras	tu ferais
il fait	il faisait	il fit	il fera	il ferait
nous faisons	nous faisions	nous fîmes	nous ferons	nous ferions
vous faites	vous faisiez	vous fîtes	vous ferez	vous feriez
ils font	ils faisaient	ils firent	ils feront	ils feraient

SUBJONCTIF

Présent
que je fasse
que tu fasses
qu'il fasse
que nous fassions
que vous fassiez
qu'ils fassent

IMPERATIF

Présent
fais
faisons
faites

INFINITIF

Présent	Passé
faire	avoir fait

PARTICIPE

Présent	Passé
faisant	fait

METTRE

INDICATIF

Présent	
je	mets
tu	mets
il	met
nous	mettons
vous	mettez
ils	mettent
Imparfait	
je	mettais
tu	mettais
il	mettait
nous	mettions
vous	mettiez
ils	mettaient
Passé simple	
je	mis
tu	mis
il	mit
nous	mîmes
vous	mîtes
ils	mirent
Futur simple	
je	mettrai
tu	mettras
il	mettra
nous	mettrons
vous	mettrez
ils	mettront
Conditionnel* simple	
je	mettrais
tu	mettrais
il	mettrait
nous	mettrions
vous	mettriez
ils	mettraient

SUBJONCTIF

Présent
que je mette
que tu mettes
qu'il mette
que nous mettions
que vous mettiez
qu'ils mettent

IMPERATIF

Présent
mets
mettons
mettez

INFINITIF

Présent	Passé
mettre	avoir mis

PARTICIPE

Présent	Passé
mettre	mis

PARAÎTRE

INDICATIF

Présent	
je	parais
tu	parais
il	paraît
nous	paraissons
vous	paraissez
ils	paraissent
Imparfait	
je	paraissais
tu	paraissais
il	paraissait
nous	paraissions
vous	paraissiez
ils	paraissaient
Passé simple	
je	parus
tu	parus
il	parut
nous	parûmes
vous	parûtes
ils	parurent
Futur simple	
je	paraîtrai
tu	paraîtras
il	paraîtra
nous	paraîtrons
vous	paraîtrez
ils	paraîtront
Conditionnel* simple	
je	paraîtrais
tu	paraîtrais
il	paraîtrait
nous	paraîtrions
vous	paraîtriez
ils	paraîtraient

SUBJONCTIF

Présent
que je paraisse
que tu paraisses
qu'il paraisse
que nous paraissions
que vous paraissiez
qu'ils paraissent

IMPERATIF

Présent
parais
paraissons
paraissez

INFINITIF

Présent	Passé
paraître	avoir paru

PARTICIPE

Présent	Passé
paraissant	paru

PERCEVOIR

INDICATIF

Présent		Passé composé	
je	perçois	j'	ai perçu
tu	perçois	tu	as perçu
il	perçoit	il	a perçu
nous	percevons	nous	avons perçu
vous	percevez	vous	avez perçu
ils	perçoivent	ils	ont perçu
Imparfait		**Plus-que-parfait**	
je	percevais	j'	avais perçu
tu	percevais	tu	avais perçu
il	percevait	il	avait perçu
nous	percevions	nous	avions perçu
vous	perceviez	vous	aviez perçu
ils	percevaient	ils	avaient perçu
Passé simple		**Passé antérieur**	
je	perçus	j'	eus perçu
tu	perçus	tu	eus perçu
il	perçut	il	eut perçu
nous	perçûmes	nous	eûmes perçu
vous	perçûtes	vous	eûtes perçu
ils	perçurent	ils	eurent perçu
Futur simple		**Futur antérieur**	
je	percevrai	j'	aurai perçu
tu	percevras	tu	auras perçu
il	percevra	il	aura perçu
nous	percevrons	nous	aurons perçu
vous	percevrez	vous	aurez perçu
ils	percevront	ils	auront perçu
Conditionnel* simple		**Conditionnel* composé**	
je	percevrais	j'	aurais perçu
tu	percevrais	tu	aurais perçu
il	percevrait	il	aurait perçu
nous	percevrions	nous	aurions perçu
vous	percevriez	vous	auriez perçu
ils	percevraient	ils	auraient perçu

SUBJONCTIF

Présent
que je perçoive
que tu perçoives
qu'il perçoive
que nous percevions
que vous perceviez
qu'ils perçoivent

IMPERATIF

Présent
perçois
percevons
percevez

INFINITIF

Présent	Passé
percevoir	avoir perçu

PARTICIPE

Présent	Passé
percevant	perçu

PERDRE

INDICATIF

Présent		Passé composé	
je	perds	j'	ai perdu
tu	perds	tu	as perdu
il	perd	il	a perdu
nous	perdons	nous	avons perdu
vous	perdez	vous	avez perdu
ils	perdent	ils	ont perdu
Imparfait		**Plus-que-parfait**	
je	perdais	j'	avais perdu
tu	perdais	tu	avais perdu
il	perdait	il	avait perdu
nous	perdions	nous	avions perdu
vous	perdiez	vous	aviez perdu
ils	perdaient	ils	avaient perdu
Passé simple		**Passé antérieur**	
je	perdis	j'	eus perdu
tu	perdis	tu	eus perdu
il	perdit	il	eut perdu
nous	perdîmes	nous	eûmes perdu
vous	perdîtes	vous	eûtes perdu
ils	perdirent	ils	eurent perdu
Futur simple		**Futur antérieur**	
je	perdrai	j'	aurai perdu
tu	perdras	tu	auras perdu
il	perdra	il	aura perdu
nous	perdrons	nous	aurons perdu
vous	perdrez	vous	aurez perdu
ils	perdront	ils	auront perdu
Conditionnel* simple		**Conditionnel* composé**	
je	perdrais	j'	aurais perdu
tu	perdrais	tu	aurais perdu
il	perdrait	il	aurait perdu
nous	perdrions	nous	aurions perdu
vous	perdriez	vous	auriez perdu
ils	perdraient	ils	auraient perdu

SUBJONCTIF

Présent
que je perde
que tu perdes
qu'il perde
que nous perdions
que vous perdiez
qu'ils perdent

IMPERATIF

Présent
perds
perdons
perdez

INFINITIF

Présent	Passé
perdre	avoir perdu

PARTICIPE

Présent	Passé
perdant	perdu

**Le conditionnel est employé parfois comme un temps, parfois comme un mode.*

INDICATIF

Présent

PRENDRE	POUVOIR	VOIR	VOULOIR	SORTIR	TENIR
je prends	je peux	je vois	je veux	je sors	je tiens
tu prends	tu peux	tu vois	tu veux	tu sors	tu tiens
il prend	il peut	il voit	il veut	il sort	il tient
nous prenons	nous pouvons	nous voyons	nous voulons	nous sortons	nous tenons
vous prenez	vous pouvez	vous voyez	vous voulez	vous sortez	vous tenez
ils prennent	ils peuvent	ils voient	ils veulent	ils sortent	ils tiennent

Imparfait

PRENDRE	POUVOIR	VOIR	VOULOIR	SORTIR	TENIR
je prenais	je pouvais	je voyais	je voulais	je sortais	je tenais
tu prenais	tu pouvais	tu voyais	tu voulais	tu sortais	tu tenais
il prenait	il pouvait	il voyait	il voulait	il sortait	il tenait
nous prenions	nous pouvions	nous voyions	nous voulions	nous sortions	nous tenions
vous preniez	vous pouviez	vous voyiez	vous vouliez	vous sortiez	vous teniez
ils prenaient	ils pouvaient	ils voyaient	ils voulaient	ils sortaient	ils tenaient

Passé simple

PRENDRE	POUVOIR	VOIR	VOULOIR	SORTIR	TENIR
je pris	je pus	je vis	je voulus	je sortis	je tins
tu pris	tu pus	tu vis	tu voulus	tu sortis	tu tins
il prit	il put	il vit	il voulut	il sortit	il tint
nous prîmes	nous pûmes	nous vîmes	nous voulûmes	nous sortîmes	nous tînmes
vous prîtes	vous pûtes	vous vîtes	vous voulûtes	vous sortîtes	vous tîntes
ils prirent	ils purent	ils virent	ils voulurent	ils sortirent	ils tinrent

Futur simple

PRENDRE	POUVOIR	VOIR	VOULOIR	SORTIR	TENIR
je prendrai	je pourrai	je verrai	je voudrai	je sortirai	je tiendrai
tu prendras	tu pourras	tu verras	tu voudras	tu sortiras	tu tiendras
il prendra	il pourra	il verra	il voudra	il sortira	il tiendra
nous prendrons	nous pourrons	nous verrons	nous voudrons	nous sortirons	nous tiendrons
vous prendrez	vous pourrez	vous verrez	vous voudrez	vous sortirez	vous tiendrez
ils prendront	ils pourront	ils verront	ils voudront	ils sortiront	ils tiendront

Conditionnel* simple

PRENDRE	POUVOIR	VOIR	VOULOIR	SORTIR	TENIR
je prendrais	je pourrais	je verrais	je voudrais	je sortirais	je tiendrais
tu prendrais	tu pourrais	tu verrais	tu voudrais	tu sortirais	tu tiendrais
il prendrait	il pourrait	il verrait	il voudrait	il sortirait	il tiendrait
nous prendrions	nous pourrions	nous verrions	nous voudrions	nous sortirions	nous tiendrions
vous prendriez	vous pourriez	vous verriez	vous voudriez	vous sortiriez	vous tiendriez
ils prendraient	ils pourraient	ils verraient	ils voudraient	ils sortiraient	ils tiendraient

SUBJONCTIF

Présent

PRENDRE	POUVOIR	VOIR	VOULOIR	SORTIR	TENIR
que je prenne	que je puisse	que je voie	que je veuille	que je sorte	que je tienne
que tu prennes	que tu puisses	que tu voies	que tu veuilles	que tu sortes	que tu tiennes
qu'il prenne	qu'il puisse	qu'il voie	qu'il veuille	qu'il sorte	qu'il tienne
que nous prenions	que nous puissions	que nous voyions	que nous voulions	que nous sortions	que nous tenions
que vous preniez	que vous puissiez	que vous voyiez	que vous vouliez	que vous sortiez	que vous teniez
qu'ils prennent	qu'ils puissent	qu'ils voient	qu'ils veuillent	qu'ils sortent	qu'ils tiennent

IMPERATIF

Présent

PRENDRE	POUVOIR	VOIR	VOULOIR	SORTIR	TENIR
prends	*pas d'impératif*	vois	veux	sors	tiens
prenons		voyons	voulons	sortons	tenons
prenez		voyez	voulez	sortez	tenez

INFINITIF

Verbe	Présent	Passé
PRENDRE	prendre	avoir pris
POUVOIR	pouvoir	avoir pu
VOIR	voir	avoir vu
VOULOIR	vouloir	avoir voulu
SORTIR	sortir	avoir sorti
TENIR	tenir	avoir tenu

PARTICIPE

Verbe	Présent	Passé
PRENDRE	prenant	pris
POUVOIR	pouvant	pu
VOIR	voyant	vu
VOULOIR	voulant	voulu
SORTIR	sortant	sorti
TENIR	tenant	tenu

Index des auteurs et des œuvres

Cet index reprend les textes présents dans les chapitres de littérature, les ateliers et les dossiers.
Les textes suivis de la mention TI sont reproduits dans leur intégralité.

Index des artistes et des œuvres

Crédits iconographiques

Couverture Agf/Leemage ; akg ; Photo Josse/Leemage ; Leemage ; Enguerrand **Gardes avant** : RMN – Gérard Blot ;Leemage ; Prod DB © Pathé-Nathan/DR ; Leemage/Adagp, Paris 2011 ; Roger-Viollet **4** FineArtImages/Leemage **5** Leemage ; akg-images **6** Leemage ; Christophe L **7** Leemage ; Norton Simon Art Foundation **8** akg-images ; Aisa/Leemage **9** Marc ENGUERAND **10** akg-images **11** Agf/ Leemage **14** AISA/Leemage ; dagli-orti ; Collection Grob/KHARBINE-TAPABOR ; akg-images **15** Josse/Leemage ; Leemage ; Harlingue/ Roger-Viollet ; Leemage **16** Galy / Andia.fr ; Roger-Viollet **17** Birmingham Museums and Art Gallery/The Bridgeman Art Library ; Leemage **18** Bernard Michel PALAZON CDDS Enguerand ; Leemage ; Bibliotheque Nationale Paris, France/Giraudon/The Brifgeman Art Library ; Marc ENGUERAND ; **19** Electa/Leemage ; Photo Josse/Leemage ; Leemage **20-23 24** Leemage ; AISA/Leemage ; La collection **25** Leemage **26-28** Leemage ; Roger-viollet **29** akg-images **30-32** Leemage **33** Luisa Ricciarini/Leemage **34** Leemage ; Heritage Images/ Leemage **35** National Museum Wales/The Bridgeman Art Library **36** Leemage **37** National Gallery of Australia, Canberra/The Bridgeman Art Library **38** Leemage **39** Roger-viollet **40** Leemage ; RMN/Hervé Lewandowski **41-42** akg-images ; Leemage **43** Luisa Ricciarini/ Leemage **44-45** Leemage ; Roger-Viollet ; Prod DB © Panthéon Productions/DR **46-47** dagli-orti ; AISA/Leemage **48** dagli-orti ; Leemage **49** Ravenna/Leemage ; The Art Archive/Armenian Museum Isfahan/Dagli Orti **51** Luisa Ricciarini/Leemage **55-56** Leemage ; akg-images **57** Musée des Beaux-Arts, Dunkerque, France/Giraudon/The Bridgeman Art Library **58** La collection **60** Leemage ; Collection Dagli Orti/ Musée Carnavalet Paris/Gianni Dagli Orti ; Musée Carnavalet/Roger-Viollet ; Bianchetti/Leemage ; Ria Novosti/Lebrecht/Leemage ; Aisa/Leemage ; akg-images ; Csta/Leemage **61** akg-images **62** akg-images ; Bianchetti/Leemage **63** Abbot Hall Art Gallery, Kendal, Cumbria, UK/The Bridgeman Art Library **64** akg-images ; Mary evans/Rue des archives **65** Axel Saxe/Fedephoto.com **66** akg-images ; Mary evans/Rue des archives **67** Pascal GELY Agence Bernand ; RMN/Jean-Gilles Berizzi ; akg-images **68** Musée Carnavalet/Roger-Viollet ; Leemage **69** Private Collection/Archives Charmet/The Bridgeman Art Library **70** Leemage ; The bridgeman art company **71** Josse/Leemage **72-73** Leemage ; Sylvia Willink-Quiël **74** Collection Grob/KHARBINE-TAPABOR ; Leemage **75** La Collection **76-79** KHARBINE-TAPABOR **80** Collection Grob/KHARBINE-TAPABOR ; Founders Society purchase with Mr and Mrs Bert L. Smokler and Mr and Mrs Lawrence A. Fleischman funds/Bridgeman **81** Rue des archives ; Heritage Images/Leemage **82** Leemage ; AISA/Leemage ; Collection Dagli Orti/Musée Carnavalet Paris/Gianni Dagli Orti ; Aisa/Leemage **89** electra/akg **90** Leemage **91** Valentine Richmond history center **93** Mary evans/rue des archives **94** Larrieu-Licorne/KHARBINE-TAPABOR **98** Leemage ; BNF **99** Costa/Leemage ; akg-images ; BNF **100** Leemage ; Jean Bernard/Leemage **101** Kharbine-Tapabor ; BNF **103** Lee/Leemage **104** Bibliotheque de l'Institut de France, Paris, France/Archives Charmet/The Bridgeman Art Library ; Roger-Viollet ; Harlingue/Roger-Viollet ; BNF ; aisa/Leemage ; Leemage ; Musée de la Ville de Paris, Musée du Petit-Palais, France/The Bridgeman Art Library **105** Edition atlas ; Time Life/gettyimages **106** Lee/Leemage ; Leemage ; Bibliotheque Nationale, Paris, France/Giraudon/The Bridgeman Art Library **107-108** Christophe L ; Lee/ Leemage **109** Collection Dagli Orti/Museum der Stadt Wien Vienne/Alfredo Dagli Orti **110-112** Lee/Leemage ; Roger-Viollet **113** Christophe L ; Lee/Leemage **114-115** Maison de Balzac/Roger-Viollet ; BNF ; **116-117** Roger-Viollet ; akg-images ; Gusman/Leemage **118-119** Roger-Viollet ; Leemage **120-121** Leemage ; Roger-Viollet ; BNF **122-123** Gusman/Leemage ; Leemage **127** Lee/Leemage **129** Christophe L **130-133** Leemage ; Roger-Viollet **134** Josse/Leemage ; Maison Victor Hugo/Leemage ; Rue des Archives/PVDE **135** Roger-Viollet ; JEAN VIGNE/KHARBINE-TAPABOR ; akg-images **136** Maisons de Victor Hugo/Roger-Viollet ; Roger-Viollet ; Archivio Arici/Leemage **137** Private Collection/Archives Charmet/The Bridgeman Art Library ; Maisons de Victor Hugo/Roger-Viollet **138-139** Maisons de Victor Hugo/Roger-Viollet ; Roger-Viollet ; Bianchetti/Leemage **140-142** Maisons de Victor Hugo/Roger-Viollet ; Christophe L **143** Editions Adonis/Glénat **144-149** Maisons de Victor Hugo/Roger-Viollet ; TCD ; Leemage **150** Maisons de Victor Hugo/ Roger-Viollet ; Leemage ; DW2/ZOB/WENN.COM/SIPA **151** ALFONSO MANZANO/AFP ; B M PALAZON CDDS Enguerand ; TCD ; Christophe L ; Nippon animation/Fuji TV **152** Josse/Leemage **153** Roger-Viollet ; Pancho ; Audie-Fluide Glacial, 2007 **154-155** Josse/ Leemage ; Christophe L **156** Leemage ; akg-images ; **157** Kharbine-Tapabor **158** Leemage ; akg-images **159** TCD ; **160-161** Leemage **163** Coll. Jonas/KHARBINE-TAPABOR **165** Leemage **167** MAESTRACCI/TF1/SIPA **170** Collection Dagli Orti/Musée Carnavalet Paris/ Gianni Dagli Orti; Roger-Viollet ; AISA/Leemage ; Josse/Leemage ; bridgeman **171** australian Post **172** selva/Leemage ; Collection Dagli Orti/Musée Carnavalet Paris/Gianni Dagli Orti ; akg-images **173** Wallace Collection, London, UK/The Bridgeman Art Library **174** Collection Dagli Orti/Musée Carnavalet Paris/Gianni Dagli Orti ; THE BRIDGEMAN ART LIBRARY ; Private Collection/© Look and Learn/The Bridgeman Art Library **176** Collection Dagli Orti/Musée Carnavalet Paris/Gianni Dagli Orti **177** Norton Simon Art Foundation **178** Leemage ; Roger-Viollet ; Collection Dagli Orti/Musée Nationale Damas Syrie/Gianni Dagli Orti **179** Josse/Leemage **180** Leemage ; Josse/Leemage ; Roger-Viollet **181** RMN/Hervé Lewandowski **182** Leemage ; AISA/Leemage **183** Roger-Viollet ; La Collection/Gilles Mermet ; Leemage **184** Selva/Leemage **185** Leemage **186** bridgeman ; Leemage ; Roger-Viollet **187** Bibliothèque de l'Institut de France, Bianchetti/Leemage ; rue des archives ; Leemage ; akg-images ; Musée de la Ville de Paris, Musée du Petit-Palais, France/The Bridgeman Art Library **188** bridgeman **189** Musée de la Ville de Paris, Musée du Petit Palais, France/The Bridgeman Art Library ; bridgeman **190** Bridgeman ; rue des archives **191** Collection Kharbine-Tapabor ; Collection IM/KHARBINE-TAPABOR ; rue des archives ; **193** Mary evans/rue des archives ; akg-image/La Poste 2005 **197-198** Leemage **199** The Art Archive/Tate Gallery London/Eileen Tweedy **200-201** Leemage ; akg-images **202** Private Collection/Giraudon/The Bridgeman Art Library/Adagp, Paris 2011 **203** Josse/Leemage **204** fotolia ; Roger-viollet **205** FineArtImages/Leemage **206-207** fotolia ; Birmingham Museums and Art Gallery/The Bridgeman Art Library **208** fotolia ; Leemage **209-210** Bergen Art Museum, Norway/The Bridgeman Art Library Nationality The Munch-Museum/The Munch-Ellingsen Group - Adagp, Paris 2011 **211** La Collection/Artothek **213** Leemage ; La Collection/Artothek **214** fotolia ; Boris Lipnitzki/ Roger-Viollet ; Roger-Viollet ; La Collection **215** Aisa/Leemage **216** fotolia ; Henri Martinie/Roger-Viollet **217** fotolia ; DeAgostini/Leemage **218** Roger-Viollet ; Superstock/Leemage **219** Sipa ; Géromine Derigny/picturetank **223** [The Art Archive/British Museum/Eileen Tweedy]dagli orti **225** Josse/Leemage ; Erich Lessing/AKG London **226** Roger-Viollet **227** Bernard Michel PALAZON CDDS Enguerand **228** Marc ENGUERAND ; Leemage **229-230** Marc ENGUERAND **231** Ramon SENERA CDDS Enguerand ; Agathe Poupeney/fedephoto ; Brigitte ENGUERAND ; Pascal GELY Agence Bernand **232-233** Marc ENGUERAND **234-237** RENOUT Benjamin Agence Enguerand ; Bernard Michel PALAZON CDDS Enguerand **238-239** Marc ENGUERAND **240-247** Dalmas/sipa, Jean-Denis Malclès/Icône Centrale **247** Jean-Denis Malclès/Icône Centrale ; Marc Eguerand CDDS **253** Pascal GELY Agence Bernand **254** RMN/Agence Bulloz ; Electa/Leemage ; The Art Archive/Casa Goldoni Museum Venice/Dagli Orti ; Aisa/Leemage ; Jean Bernard/Leemage **255** Brigitte ENGUERAND **256** The Art Archive/Pierre Corneille Museum Rouen/Dagli Orti] ; Brigitte ENGUERAND **257** Ramon SENERA Agence Bernand **258-261** Bernard Michel PALAZON CDDS Enguerand ; Brigitte ENGUERAND **262-263** Bernard Michel PALAZON CDDS Enguerand ; Brigitte ENGUERAND **264** Bernard Michel PALAZON CDDS Enguerand ; editions nizet ; The Art Archive/Bibliothèque des Arts Décoratifs Paris/Dagli Orti **265** Roger-Viollet **266-267** Enguerrand ; Leemage **268** Enguerrand ; Leemage ; Jean Bernard/Leemage **269** Pascal GELY CDDS Enguerand **271** Bernard Michel PALAZON CDDS Enguerand **275** Ramon SENERA Agence Bernand **276-77** Europimages international **278-279** Cyrano de Bergerac, RTF, 25/12/1960©INA/TCD ; Europimages international **280** Brigitte ENGUERAND **281** Pascal GELY CDDS Enguerand **373** Leemage **384** Josse/Leemage

IMPRIM'VERT

Achevé d'imprimer en août 2011 par Rotolito Lombarda
Dépôt légal: Avril 2011
N° éditeur 2011/2030

Certifié PEFC
Ce produit est issu de forêt gérées durablement et de sources contrôlées
www.pefc.it

CLASSES GRAMMATICALES ET FONCTIONS

- La **classe grammaticale** est l'identité d'un mot, indiquée par le dictionnaire, qui ne change pas. Le mot *chat* est un **nom**.
- La **fonction** est le rôle qu'un mot ou qu'un groupe de mots joue dans une phrase. *Le chat miaule.* → *Le chat* est **sujet**. *Je caresse le chat.* → *Le chat* est COD.

CLASSES GRAMMATICALES

Mots variables	Le verbe	*Le chat **miaule**.*	Il exprime une **action** ou un **état**, se conjugue.
	Le nom	*Le **chat** miaule.*	Il désigne des **personnes**, des **objets**, des **sentiments**…
	L'adjectif qualificatif	*Le chat **gris**.*	Il **caractérise le nom**.
	Le déterminant	***Le** chat gris.*	Il **précède un nom** dont il précise le genre et le nombre. • **définis** : *le, la, les, l'* • **démonstratifs** : *ce, cette, ces…* • **possessifs** : *mon, ta, ses, notre, vos, leur…* • **indéfinis** : *un, une, des* • **partitifs** : *du, de la* • **négatifs** : *nul, aucun…* • **interrogatifs** : *quel(le)… ?* • **exclamatifs** : *quel… !* • **numéraux** : *un, deux…*
	Le pronom	***Il** miaule.*	Il **remplace un nom** (ou un adjectif, ou une proposition). • **personnels** : *je, il, le, la, se, leur…* • **adverbiaux** : *y, en* • **possessifs** : *le mien, le nôtre…* • **démonstratifs** : *cela, celui…* • **interrogatifs** : *qui… ? lequel… ?* • **relatifs** : *qui, que, quoi, dont, où + lequel, auquel…* • **indéfinis** : *certains, on, tout, personne, quelque chose…*
Mots invariables	L'adverbe	*Mon chat miaule **doucement**.*	Il apporte une **nuance de sens** à un verbe, à un adjectif, à un autre adverbe, à la phrase tout entière.
	L'interjection	***Aïe** ! Mon chat m'a griffé.*	Elle **exprime un sentiment**. **L'onomatopée** est une sorte d'interjection imitant un son ou un bruit. *Miaou.*
	La préposition	*Le chat **de** la voisine miaule.*	Elle **introduit des compléments** : du nom (*Le chat **de** la voisine*), du verbe (*Je parle **à** mon chat*) ou circonstanciels (*Je vis **dans** Paris*). *à, en, de, sans, pour, vers, dans, sur…*
	La conjonction	*Le chat miaule **et** je le caresse **parce que** je l'aime bien.*	• Les conjonctions **de coordination** (*mais, ou, et, donc, or, ni, car*) : elles **relient des mots ou des groupes.** • Les conjonctions **de subordination** (*parce que, que, puisque, quand, si…*) : elles **introduisent une proposition subordonnée**.

FONCTIONS

Fonctions par rapport au verbe	Sujet	***Le bateau** navigue.*	**Il fait l'action du verbe** (voix active) **ou subit cette action** (voix passive). Le sujet s'accorde avec le verbe en nombre et en personne.
	Compléments essentiels du verbe	COD *Il construit **une maison**.*	**Complément d'un verbe d'action**, il est **construit directement**.
		COI *Je parle **de mes vacances**.*	**Complément d'un verbe d'action**, il est **construit indirectement**, c'est-à-dire par l'intermédiaire d'une préposition à, de.
		COS *Je parle de mes vacances **à mes amis**.*	**Deuxième CO indiquant le destinataire**, lorsqu'un verbe d'action possède déjà un COD ou un COI.
		Complément essentiel de lieu ou de temps *Il va **chez toi**.*	**Compléments de lieu et de temps** que l'on ne peut ni déplacer ni supprimer.
		Attribut du sujet *Ce film est **passionnant**.*	**Complément d'un verbe d'état** (*être, sembler, paraître…*) **qui caractérise le sujet**.
	Complément d'agent	*La souris est mangée **par le chat**.*	Il **désigne la personne qui fait l'action d'un verbe à la voix passive** ; il est généralement introduit par ***par***.
Fonctions par rapport à la phrase	Compléments circonstanciels	***L'hiver**, il faisait froid **dans la masure**.*	Ils donnent des **indications de lieu, de temps, de manière, de moyen**… **Ils peuvent être supprimés ou déplacés.**
Fonctions par rapport au nom	Épithète	*Il faisait froid dans la masure **humide**.*	Elle **caractérise le nom**.
	Complément du nom	*Le berger passait l'été dans sa cabane **en pierre**.*	Il **caractérise le nom** ; il se trouve toujours après le nom, il est composé d'une préposition (*à, de, avec, en …*) suivie d'un nom.

20 RÈGLES D'OR EN ORTHOGRAPHE

1 Problèmes de son

- **c / ç :** la **cédille** se place sous le **c**, devant les voyelles *-a-*, *-o-* et *-u-* pour produire le **son** *s*.
  Il avança, un maçon, un reçu.
- **s / ss :** la consonne *s* est **doublée** entre deux voyelles pour garder le **son** *s*. *Un coussin.*
- **g / gu / ge :**
  – pour produire le **son** *gu* devant les voyelles *-i-* et *-e-* on ajoute un *-u-*. *Une guinguette, une mangue.*
  – pour produire le **son** *j* devant les voyelles *-a-* et *-o-* on ajoute un *-e-*. *Mangeait, mangeoire.*
- Le **son** *é* devant deux consonnes : pour produire le **son** *é* devant deux consonnes, l'accent est **inutile**.
  Je jette, espace.

2 Mots en *acc-* et en *app-*

- La plupart des mots en **acc-** ou **occ-** prennent **deux c**.
  Accord, occuper.
- Presque tous les mots en ***app-*** prennent **deux *p***.
  Apprendre.

→ **Exceptions les plus courantes :** *apaiser, apercevoir, apitoyer, aplatir, aplanir, apostropher, apeurer, aparté, apesanteur, apiculture, aphone, apnée.*

3 Noms féminins en *-é* ou *-ée*

- Lorsque le nom désigne une **qualité**, un **défaut**, une **propriété**, il s'écrit ***-é***. *Beauté, honnêteté.*
- Lorsque le nom désigne un **contenu** ou un **contenant**, il s'écrit ***-ée***. *Cuillérée.*

4 -m- devant *-b-*, *-m-*, *-p-*

- Devant les lettres ***-b-***, ***-m-*** et ***-p-***, on écrit ***-m-*** (et non ***-n-***).
  Le temps, ensemble, emmener.

→ **Exceptions :** *bonbon, bonbonne, néanmoins, embonpoint.*

5 Les nombres

- Si ***vingt*** et ***cent*** sont précédés d'un **chiffre** qui les **multiplie**, sans être suivis d'un chiffre, ils prennent un ***-s***. *Quatre-vingts, trois cents, mais trois cent trente.*
- ***Mille*** est toujours invariable. *Trois mille hommes.*
- On utilise un **tiret** seulement entre les **dizaines** et les **unités** ne comportant pas de ***et***. *Vingt-deux*, mais *vingt et un.*

6 Accords du verbe avec son sujet

- Le verbe s'accorde en nombre et en personne avec son sujet. Attention aux sujets qui se trouvent après le verbe !
  Dans la forêt couraient des biches.
- Lorsque le verbe a plusieurs sujets au singulier, il se met au pluriel.
  Dans la forêt couraient une biche et un cerf.
  - Après ***je***, toujours -e ou ***-s***.
  - Après ***tu***, toujours ***-s***.
  - Après ***il***, jamais ***-s***.

7 Finale des participes passés

1er groupe	***-é :*** *j'ai chanté*
2e groupe	***-i :*** *j'ai fini*
3e groupe	***-u :*** *j'ai bu* ***-t :*** *j'ai craint* ***-ert :*** *j'ai couvert* ***-is :*** *j'ai acquis* ***-s :*** *j'ai clos*

REMARQUE : Pour être sûr de la terminaison d'un participe passé, on le met au féminin.
*Acqui*** ? → une chose acquise → j'ai acquis.*

8 Accords du participe passé

Avec l'auxiliaire *être*	Avec l'auxiliaire *avoir*
Le participe passé s'accorde avec le **sujet**. *Les maisons sont décorées pour Noël.*	Le participe passé ne s'accorde **jamais** avec le **sujet**. *Elles ont décoré leur maison pour Noël.*
	ATTENTION ! Le participe passé peut s'accorder avec le **COD** du verbe si ce COD est placé **avant le verbe**. *Les maisons, elles les ont admirées.*

9 *-é* ou *-er* à la fin des verbes du 1er groupe ?

- Quand on peut remplacer par ***pris***, on écrit ***-é***.
  J'ai mangé.
- Quand on peut remplacer par ***prendre***, on écrit ***-er***.
  Il laissa tomber.

REMARQUE : Après une préposition, les verbes du premier groupe s'écrivent toujours ***-er***.
C'est à prendre ou à laisser.